国家社会科学基金青年项目（项目编号：16CGL064）研究成果
本著作获得北京中医药大学"双一流"专著出版基金立项资助

公立医院
与社会资本合作
法律问题研究

邓勇 著

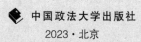
中国政法大学出版社
2023·北京

图书在版编目（ＣＩＰ）数据

公立医院与社会资本合作法律问题研究/邓勇著. —北京:中国政法大学出版社,2023.12
ISBN 978-7-5764-1321-2

Ⅰ.①公…　Ⅱ.①邓…　Ⅲ.①医院—合作—社会资本—法规—研究—中国　Ⅳ.①D922.164

中国国家版本馆CIP数据核字(2023)第249948号

出 版 者	中国政法大学出版社
地　　　址	北京市海淀区西土城路 25 号
邮寄地址	北京 100088 信箱 8034 分箱　邮编 100088
网　　　址	http://www.cuplpress.com (网络实名: 中国政法大学出版社)
电　　　话	010-58908441(编辑室)　58908334(邮购部)
承　　　印	保定市中画美凯印刷有限公司
开　　　本	720mm×960mm　1/16
印　　　张	38
字　　　数	600 千字
版　　　次	2023 年 12 月第 1 版
印　　　次	2023 年 12 月第 1 次印刷
定　　　价	160.00 元

前　言

　　人的一生，从摇篮到坟墓，都离不开医院。伴随着生活水平的提高和健康意识的增强，我国人民群众对医疗服务的需求也在持续增长，但仍存在民众在公立医院"看病难"和"看病贵"，公共财政在公立医院投入不足，公立医院管理能力和医疗技术水平有限等问题。近年来党中央、国务院和地方政府为解决上述问题，从中央到地方纷纷出台了诸多政策文件，比较相关和重要的文件有2017年国务院办公厅《关于支持社会力量提供多层次多样化医疗服务的意见》，该意见规定："允许公立医院根据规划和需求，与社会力量合作举办新的非营利性医疗机构。鼓励公立医院与社会办医疗机构在人才、管理、服务、技术、品牌等方面建立协议合作关系，支持社会力量办好多层次多样化医疗服务。严格落实公立医院举办特需医疗有关规定，除保留合理部分外，逐步交由市场提供。"在此利好政策出台后，社会资本与公立医院积极开展了形式多样的合作，实现优势互补、资源共享、互惠互利。

　　"立善法于天下，则天下治，立善法于一国，则一国治。"在前述政策的强力推动下，社会资本积极与公立医院展开合作。但理想与现实总是存在差距，由于相关法律法规的缺位滞后，所涉政策可操作性不强，地方政府及卫生行政相关部门认识、重视、领导能力不一，以及社会资本方对医疗投资"投资额大、投资周期长、专业性强、回报慢又微、受政策变动影响大、医疗的公益目的与投资的盈利目的存在天然博弈"等问题存在固有认知，加之自身缺乏灵活运用"医院投资+金融资本+运营管理"手段的专业能力，致使实践中要么社会资本方投资屡屡受挫，要么公立医院为发展壮大盲目与社会资本合作，出现诸如北京远程视界科技集团有限公司融资租赁中上千家公立医院被追债等事件，严重损耗有限的资本资源、行政资源和医疗资源。2020年《中华人民共和国基本医疗卫生与健康促进法》施行后，规定了公立医院不得与社会资本合作举办营利性医疗卫生机构，医疗卫生机构不得对外出租、承包医疗科室等政策红线，对公立医院与社会资本合作产生了利弊均沾的影响，但公立医院与社会资本合作确有其推动公立医院综合改革发展、提升民众求医看病便捷性和满意度、减轻政府公共财政投入的多重价值与作用。社会资本在合法合规且理性良性投资的前提下，与公立医院开展相应的合作或者参与到医院的综合改革中去，具有强大的生命力和时代使命感。

本书在新公共服务理论、公私合作理论、委托代理理论、激励约束机制等理论的指导下，既从宏观层面明确公立医院与社会资本合作应遵循的基本原则，厘清公立医院与社会资本合作的操作流程，明晰公立医院与社会资本合作的监管部门和监管内容；又从微观层面重点研究公立医院公私合作（Public-Private Partnership，以下简称PPP）、品牌特许经营、委托管理、混合所有制改革、股权投资并购等模式在运行中存在的问题与破解对策，梳理每种合作模式的实操流程，对实践中具有代表性的诸多案例进行剖析，具体、深入分析每种模式在实操中面临的挑战与解决对策。

本书通过多学科文献研究法，从管理学、法学、经济学文献搜集与阅读的视角，探讨公立医院与社会资本PPP模式的内涵与外延，使用统计法、图示法与列表法等方法直观描述公立医院与社会资本合作的商业模式；采取管理学与经济学理论分析法，综合运用新公共服务理论、物有所值（VFM）评估法、PET-SWOT模型分析法、成本效益分析法（CBA）等多种经济分析方法，对公立医院与社会资本PPP方案的选择、评估与优化展开研究；运用比较研究法，考察了解国外PPP的主要模式所涉理论与实践，为公立医院与社会资本合作的管理创新与法律完善提供经验借鉴；

采用问卷调研、数据统计分析和访谈、座谈等实证分析法，对公立医院与社会资本合作模式、合作效益、合作过程中存在的问题等展开实证研究，实现定性与定量研究相结合。

本书分为绪论、正文、结语以及附录。

第一章为绪论，分为研究背景与研究意义、国内外公立医院与社会资本合作的研究现状、研究内容与研究方法三节。主要介绍了本书的研究背景、研究意义、研究现状、研究内容与研究方法。

第二章为公立医院与社会资本合作所涉基础理论，分为新公共服务理论、公私合作理论、委托代理理论、激励约束机制四节。主要介绍了本书研究的理论基础。

第三章为公立医院与社会资本合作政策梳理分析，分为公立医院与社会资本合作政策发展演变、央地公立医院与社会资本合作政策分析两节。汇总了中央和地方在公立医院与社会资本合作方面所涉政策及主要内容。

第四章为社会资本进入公立医院面临的机遇与挑战，分为社会资本进入公立医院面临的机遇、社会资本进入公立医院面临的挑战两节。主要是从正、反两面分析社会资本进入公立医院面临的机遇和挑战。

第五章为公立医院与社会资本合作的总体操作思路，分为合作应遵循的基本原则、合作的操作流程、合作的监督管理和合作的合规风控四节。主要总结了公立医院与社会资本合法、合规合作的操作思路。

第六章为公立医院与社会资本合作模式一：医院 PPP 项目，分为社会资本运用 PPP 模式投资医院的必要性及可行性、医院 PPP 项目社会资本准入条件及选择要素模型、医院 PPP 项目操作流程及注意事项、医院 PPP 合作项目中的合作协议、医院 PPP 运营中的投资回报机制、医院 PPP 项目的行政监管、医院 PPP 项目面临的挑战及破解对策。合作理论离不开实际案例的分析，本章还对三个医院 PPP 案例进行了详细分析，分别为案例一：北京友谊医院 PPP 项目、案例二：长兴县人民医院 PPP 项目、案例三：北京市门头沟区医院 ROT 项目。

第七章为公立医院与社会资本合作模式二：特许经营，分为公立医院特许经营概述、公立医院特许经营实操指南、特许经营模式下的回报机制、公立医院特许经营中品牌使用的法律监管、公立医院特许经营运行中存在的主要风险、公立医院特许经营运行风险防控对策。主要深入分析了安贞国际医院特许经营项目。

第八章为公立医院与社会资本合作模式三：委托管理，分为医院委托管理概述、发达国家公立医院的委托管理、医院委托管理的具体操作方式、医院委托管理中面临的主要法律风险及防控对策。主要分析论证了本人实操或调研的四个医院委托管理项目：北京大学第三医院托管首都机场医院项目、中南大学湘雅医院托管常德湘雅医院项目、莆田华亭镇卫生院托管项目、汕大第一附属医院托管潮南民生医院项目。

第九章为公立医院与社会资本合作模式四：混合所有制改革，分为公立医院混合所有制改革概述、公立医院开展混合所有制改革实操指南、混合所有制改革模式下的投资回报机制、公立医院混合所有制改革面临的主要困境、公立医院混合所有制改革主要困境的破解对策。主要分析论证了本人调研的四个项目：成都铁路局贵阳铁路分局医院混改为贵阳第六医院项目、人福医药投资参与宜昌市妇幼保健院建设宜昌市妇女儿童医院项目、海南第一投资控股集团投资混改海南省肿瘤医院项目、洛阳市公立医院改制项目。

第十章为公立医院与社会资本合作模式五：股权投资并购，分为医院股权投资并购概述、股权投资并购的操作流程与要点、医院股权投资并购中各参与方的主要风险、医院股权投资并购中各参与方风险的规避对策。主要分析论证了本人调研的四个项目：恒康医疗投资盱眙县中医院项目、神州长城拟投资湖南中医药大学附属岳麓医院项目、复星医药投建温州老年病医院项目、重庆医科大学附属医院青杠老年护养中心项目。

第十一章为公立医院与社会资本合作模式六：科室合作共建，分为科室合作共建概述、科室合作共建政策法律梳理、科室合作共建的常见法律风险及风险防控逻辑、科室合作共建的风险防控路径。主要分析了某医学检验公司与某老年康复护理院科室合作共建项目、公立医院与第三方科室合作共建项目。

　　第十二章为公立医院与社会资本合作模式七：提升运营管理，分为《关于加强公立医院运营管理的指导意见》解读、社会资本合作参与公立医院运营管理的必要性和可行性。主要分析了以下七大案例：人工智能推动医院安保改革及风险防控、医疗废物溯源管理系统的应用与风险防控、县级城市推进中医药信息化建设、第三方医学检验纳入医保提升医院医检效率与水平、医药企业合法合规赞助公立医院学术会议、"互联网＋"医保服务中的规制缺陷和综合治理、职业陪诊服务缓解就医难题。

　　第十三章为新政策下社会资本自主发展之路：投资新建新型医疗健康类机构，分为投资新建第三方医学检验中心、投资新建健康体检中心、投资新建医学影像中心、投资新建中医网约护士服务平台、投资新建连锁中医馆、投资新建医养结合综合体和投资运动医学产业。

　　第十四章为公立医院等主体与社会资本合作代表性司法裁判案例分析，分别为黔南布依族苗族自治州人民医院与北京力天斯瑞国际投资集团有限公司合同纠纷案、北京力天斯瑞国际投资集团有限公司与黔南布依族苗族自治州人民医院合同纠纷案，滨州市妇幼保健院与滨州市生殖医学医院有限公司公司解散纠纷案、辽宁大型钢管有限公司与辽阳市太子河区卫生健康局、辽阳市太子河区人民政府合同纠纷案、宁波兴合医疗投资管理有限公司与安丘市中医院联营合同纠纷案、宋某琳与西安美新君成医疗科技有限责任公司、西安美新君成医疗科技有限责任公司雁塔诊所合伙协议纠纷案、枣庄市皮肤病性病防治院、褚某宁等确认合同效力纠纷案、浙江中健医院投资管理有限公司与睢宁天虹医院合同纠纷案、上海颐渊科贸有限公司与周口民生医院服务合同纠纷案、湖南省中晟医疗器械有限公司与宜章县中医医院合同纠纷案、息县中心医院、息县第一医疗健康服务集团等医疗服务合同纠纷案、任某武、天津国联医药发展有限公司等合同纠纷案。

　　结论部分分为研究结论、研究的局限与后续研究方向两节，在总结全书的基础上，发现不足，探索日后改进方向。

综上而言，本书是一本专门研究公立医院与社会资本合作中法律问题的著作。我们希望能够以一己之力，抛砖引玉，为从事此方面研究和实务的同仁带来更多素材、案例和启发，帮助同仁厘清我国公立医院与社会资本合作的政策背景、发展现状、合作模式、典型案例，为规范公立医院与社会资本合作提出更多合规意见和理性建议。在本书的写作过程中，笔者带领团队成员竭尽所能开展文献检索分析、外文资料翻译和课题调研访谈，但囿于现有知识、能力、资料和研究时间等方面的多重限制，本书研究纰漏、瑕疵甚至错误等都在所难免，还请各位同仁们不吝赐教、包容谅解。后续我们将继续对公立医院与社会资本合作过程中产生的新的法律问题开展深入研究。

公立医院与社会资本合作由来已久，也曾辉煌，也曾落寞，但事物发展的趋势总是波浪式前进和螺旋式上升的，虽然目前还面临着诸多挑战，但其在现行法律、法规和政策的规范和指引下还存在着较大的发展空间。相信在中央和地方政府及其职能部门的宏观领导和综合治理下，在公立医院、社会资本等多方的共同努力下，公立医院与社会资本的合作必将在规范中良性发展，为公立医院改革发展推波助澜，也为更广大人民群众提供更加便捷、高效和优质的医疗服务，助推"健康中国"伟大战略的深入践行！

2022 年 10 月 18 日
于北京中医药大学良乡校区刺猬河畔

目 录

CONTENTS

公立医院与社会资本合作法律问题研究

第一章

绪 论

·········· ◆ ··········

第一节 研究背景与研究意义

一、研究背景

2009年我国开始实施"新医改"政策，其中公立医院改革被视为该过程中最大的难题。随着"新医改"渐入深水区，近几年来，国家出台了一系列相关的政策和文件支持公立医院改革，并发布了指导意见，引入社会资本参与公立医院改革，为提升公立医院的服务能力和激发医疗市场的发展活力开辟了道路。新医改方案首次明确了"积极引导社会资本以多种方式参与包括国有企业所办医院在内的部分公立医院改制重组"的方向。2015年，李克强主持召开国务院常务会议，提出深化医药卫生体制改革，大力发展社会办医，鼓励社会力量与公立医院共同举办新的非营利性医疗机构、参与公立医院改制重组，支持发展专业性医院管理集团。随后各地方政府亦纷纷出台了多项政策鼓励社会资本以多种形式参与包括国有企业所办医院在内的公立医院改制，促进公立医院合理布局，形成多元化办医格局。2017年国务院办公厅发布的《关于支持社会力量提供多层次多样化医疗服务的意见》（国办发〔2017〕44号）指出："随着我国经济社会发展和人民生活水平提高，多样化、差异化、个性化健康需求持续增长，社会办医服务内容和模式有待拓展升级，同时仍存在放宽准入不彻底、扶持政策不完善、监管机制不健全等问题。"在切实落实政府责任、保障人民群众基本医疗卫生需求的基础上，为进一步激发医疗领域社会投资活力，国家和各地亟需出台政策调动社会办医积极性，支持社会力量提供多层次多样化医疗服务，让社会资本有动力、有信心参与到公立医院改革工作中。

在此政策背景下，对于公立医院而言，其大多存在医疗设备陈旧、医疗环境欠佳、医院以药养医、医疗收入入不敷出等问题，迫切需要通过资金引入、设备更新、迁址别建、改善管理运作等方式提升地方医疗服务水平，因而对社会资本参与公立医院改革有强烈的需求。对于社会资本而言，医院和医疗服务属于垄断资源，社会资本原本无法渗透，但随着人口老龄化问题日益显著，健康问题愈发成为社会大众关注的焦点。此外由于公立医院的公益性质、税收优惠、良好的品牌效应，社会资本看好医院，尤其是公立医院的发展前景，主观上也希望参与到公立医院的投资（采用的方式包括但不限于PPP、特许经营、委托管理、医联体等）、运营和管理等改革中。

然而，"理想很丰满，现实很骨感"，社会资本在参与公立医院改革的探索与实践中，因为相关法律法规缺位滞后，所涉政策可操作性不强，地方政府及卫生行政等部门对社会资本参与公立医院改革的认识、重视和领导能力不一社会资本方对医疗投资"投资额大、投资周期长、专业性强、回报慢又微、受政策变动影响大、医疗的公益目的与投资的盈利目的存在天然博弈"等固有问题认识不足，加之自身缺乏灵活运用"医院投资+金融资本+运营管理"手段的专业能力，造成社会资本方在参与公立医院改革之前是"雄赳赳，气昂昂，信心满满，抱有倡导医疗投资公益大情怀理念"，而当实际参与到公立医院改革之中时，却是"在投资信心屡屡受挫，发展前景迷茫无向，投资巨大但收益长期甚微的压力之下，违背初心，或重演莆田系医疗投资运营模式，或中途退出，狼狈而逃"，严重损害有限的资本资源、行政资源和医疗资源。

因此，笔者特根据《国家社会科学基金项目2016年度课题指南》中管理学学科课题《公立医院综合改革研究》的这一选题，将该课题研究对象予以细化，锁定为对公立医院与社会资本合作法律问题加以研究。

二、研究意义

医疗行业是一个具有高度复杂性和特殊性的领域。近年来，国家出台了十多个文件放宽社会办医准入条件，鼓励政府与社会资本合作办医，加快公立医院改革，导致这个行业的敏感性和复杂性加剧。从公私合作（Public-Private Partnership，以下简称PPP）模式的推广看，由于国家层面缺乏操之可行的顶层政策设计，配套法律制度体系缺位，改革尚处在"摸石头过河"阶段，而社会资本又对于公立医院开展 PPP 合作项目尤为热衷，此类项目在各地如雨后春笋般涌现。在此背景下，亟待公共卫生管理学界、法学界与经济学界对此进行理论上的回应。对公立医院与社会资本合作（PPP）模式的内涵与外延以及相关政策与法律问题进行全方位、跨学科、多层次的深入研究，具有重要的学术意义和实践意义。

学术意义方面，一是我国当前有关医院 PPP 的理论研究成果甚少。笔者申报时利用"医院+PPP""医院+PFI""医院+公私合作"等作为主题词在中国知网检索，符合条件的论文仅有 20 篇。说明我国在医院 PPP 方面的研究人员和成果较少，这是一个亟待相关学科密集开发的"学术金矿"。本选题与时俱进，积极响应课题指南选题并加以关注和研究。二是从管理学新公共服务理论视角出发，指出政府及相关职能部门在公立医院与社会资本合作（PPP）中，应发挥"掌舵者"和"服务者"角色，积极引导 PPP 各参与方投身合作之中，履行好监管与服务职责，积极应对医疗行业 PPP 这一新生事物，不断丰富和发展管理学理论。三是从委托代理理论出发，认为需要设计一个有效的激励约束机制，减少代理人可能采取的机会主义行为，防止损害委托人利益，保证医疗服务的效率。引进社会资本进入公立医院，清晰界定产权，通过利润激励委托人的产权私有者。发挥市场竞争作用，加强信息公开，使得委托人能够有效监督代理人，减少医院所有者与经营者之间的委托代理关系所产生的交易费用的代理成本。四是从激励约束机制视角出发，认为各级政府和卫生行政等部门应综合运用多种激励手段，满足作为激励对象的社会资本方在参与公立医院改革中的各种合法合理的需要，同时对社会资本方在参与公立医院改革中的行为进行制约和束缚，抑制其违反"合作规则"的行为，使双方实现各自的效用最大化。

实践意义方面，当前公立医院和社会资本采用的 PPP 模式开展得如火如荼，但由于国家层面相关政策过于宏观且缺乏可操作性、相关立法缺位滞后，导致采用该模式的改革先行者只能"摸着石头过河"，引发诸多管理、法律与投资难题，影响 PPP 项目正常推进。而本课题的研究无疑将成为解决上述难题的"及时雨"，其必将能起到"随风潜入夜，润物细无声"的社会效益。具体而言：一是为国家发展和改革委员会、财政部、卫生健康委员会、最高人民法院制定和出台有关公立医院和社会资本合作（PPP）模式相关政策与法规提供学术支撑；二是为各级公立医院与社会资本方选择 PPP 模式合作提

公立医院与社会资本合作法律问题研究

供相应政策与法律解读、风险提示与规避、模式选择与优化等智力支持；三是对实操流程的详细梳理为实务中公立医院与社会资本合作办医提供具体可操作的指南，帮助其提升合作效率，提高项目成功落地的概率；四是对每种模式的代表性案例深度剖析，为公立医院与社会资本合作提供生动的案例指引，供其借鉴经验、吸取教训。

第二节　国内外公立医院与社会资本合作的研究现状

一、国内研究现状

目前，学界对此问题的研究主要集中在以下几个方面。

（一）探讨公立医疗服务市场是否应该引入社会资本

张维迎在《医疗体制的主要问题在于政府垄断》一文中提出中国医改陷入困境的根本原因是"政府垄断"，认为医疗市场与其他经济性市场并无本质区别，市场竞争机制和市场规律同样适用于医疗服务，倡导政府开放医疗服务市场，形成自由市场竞争格局[1]。周俐平认为政府对公立医院实行管办分离，可以与导入PPP机制相结合，该PPP模式的物有所值是多方面的：实现体制创新，减轻政府卫生投资压力，提高医院管理和运营质量，政府转移风险，为民营资本提供投资渠道等[2]。但也有学者持反对意见，如李玲等认为医疗卫生服务市场的特殊性导致竞争未必带来效率的提高与成本的降低，社会资本本质是逐利的，此举最终会增加患者的费用负担，引起医疗市场混乱[3]。

实务中，以原北京市卫生和计划生育委员会副主任钟东波为代表的群体明确反对公立医院与社会资本合作，认为要坚决鼓励、支持和引导医疗体系多元化，但同时要反对机构内部多元化。由政府或国有事业、国有企业参与的股份制，会存在伦理及法律风险。若医院采取股份制，则参与的公立医院就能拿到分红，完全违背公立医院非营利性属性与公益事业单位性质。公立医院资产属于政府，公立医院参与举办营利性医院，意味着百姓生病、政府

---

〔1〕　张维迎："医疗体制的主要问题在于政府垄断"，载《医药产业资讯》2006年第13期。

〔2〕　周俐平等："我国公立医院导入PPP机制的思考"，载《中国卫生经济》2006年第7期。

〔3〕　李玲："医改方向：政府主导下市场补充"，载《中国医疗前沿》2006年第1期。

赚钱〔1〕。而以原国家卫生和计划生育委员会卫生发展研究中心研究员李卫平、倪鑫等为代表的群体则认为，公立医院与社会资本合作办医是深化医改的重要举措。并且倪鑫认为，目前公私合作办医主要有三种模式：一是托管，实现优势互补；二是公立医院出资持股；三是公立医院不出资，以技术和品牌占股〔2〕。

（二）关于社会资本参与公立医院改革的策略研究

高解春认为社会资本办医参与公立医院改革应谨慎对待。盲目引入社会资本将更加模糊产权归属、引发医院逐利，应先明确医院产权归属及定位。可通过管办分离、租赁、购买等方式让社会资本参与公立医院改制，并通过签订契约规范政府、社会资本和各利益相关者的权责利，以达到共赢的目标。〔3〕周小梅在《提升医疗服务业绩效的制度经济学分析》一书中认为通过市场激励提供医疗服务的同时，应实施相应的管制约束，在一定程度上对提升医疗服务业的绩效可以产生引导作用。但是管制在一定程度上也会限制医院的发展，并且产生交易成本。所以不少国家选择引入竞争机制，以提高医院运营效率。〔4〕

（三）关于推进社会资本参与公立医院改革的政策研究

李荣华对我国公立医院导入 PPP 机制的政策及制度环境进行了梳理，对医疗卫生事业民营化的政策与法律制度环境展开分析，指出相关政策立法存在位阶低、权威性差、缺乏可操作性的问题〔5〕。史逸华等认为社会资本参与公立医院改革涉及政策、医疗市场、医疗保障、医务人员、人民群众、出资人等多方利益关系，关键是如何落实在服务准入、监督管理等方面同公立医院一视同仁。另外，在土地、税收、资金、医保定点、科研立项、职称评定

---

〔1〕　张颂奇：“医院公私合作困境待解”，载 https：//mp. weixin. qq. com/s/RLcu6XW8aU0cfh_pqZ3GYg，最后访问日期：2022 年 9 月 29 日。

〔2〕　健康界：“倪鑫详解北京儿童医院公私合作地图”，载 https：//mp. weixin. qq. com/s/4BFIH9U-wxD_OcCIKH5ncQ，最后访问日期：2022 年 9 月 29 日。

〔3〕　高解春：“走出多元化办医的误区”，载《中国卫生》2012 年第 7 期。

〔4〕　周小梅：《提升医疗服务业绩效的制度经济学分析》，中国社会科学出版社 2009 年版，第 3 页。

〔5〕　李荣华等：“我国公立医院导入 PPP 机制的政策及制度环境”，载《中国卫生经济》2006 年第 6 期。

和继续教育等方面，应与公立医院享受同等待遇。[1]赵大仁等认为探索公立医院与社会资本对接，有利于发挥市场在资源配置中的决定性作用，构建覆盖广、多层次、个性化的医疗卫生服务体系，是现阶段我国医改的主要方向。社会资本参与公立医院改革为政府、医疗机构、投资者等多方实现多赢提供了契机，但在具体实践中仍存亟待解决之"梗阻"。可以运用 ROCCIPI 理论，识别分析社会资本在参与公立医院改革中存在的问题，并提出相应策略，为社会资本参与公立医院改革提供借鉴。[2]石建伟总结出国外医院典型 PPP 模式的经验在于成熟法律机制的保障、严格的监督约束和专门机构的助推发展，但各国 PPP 实践中也出现了维护成本过高、为节约成本导致质量低下等问题。基于国外的经验与教训，他提出在我国公立医院 PPP 模式环境尚不成熟的背景下，应坚持政府主导，完备相关制度建设，建立相应的配套机构，并引导规范市场的形成[3]。

(四) 从现状、实践、模式等角度研究社会资本参与公立医院改革

王守清、程哲运用 PEST-SWOT 分析法，分析民营资本参与医院 PPP 的宏观环境，识别民营资本面临的机会与威胁，通过与国有企业的比较，识别民营资本及企业自身的优势和劣势，并根据不同的组合提出了相应的发展战略和应对措施，从而为民营资本的投资决策提供参考依据[4]。吴茜以凤凰医疗采用投资-运营-移交（Investment-Operate-Transfer，以下简称 IOT）模式与北京市门头沟区医院合作的案例，分析了当前我国公立医院 PPP 商业运行模式，剖析了投资方的收益方式与政府如何实现"管办分离"[5]。赵大仁等通过文献研究法、鱼骨图法和层次分析法，了解现阶段社会资本参与公立医院改革存在的问题，提出对策建议，认为现阶段影响社会资本参与公立医

〔1〕 史逸华、江玲雅："社会资本参与公立医院改革的政策建议"，载《医院管理论坛》2014 年第 5 期。

〔2〕 赵大仁等："ROCCIPI 理论下的社会资本参与公立医院改革分析"，载《现代医院管理》2015 年第 2 期。

〔3〕 石建伟、马莎、耿劲松："国外医院公私合营模式经验及对我国的启示"，载《医学与哲学》2015 年第 10 期。

〔4〕 程哲、王守清："我国民营资本参与医院 PPP 的 PEST-SWOT 分析"，载《工程管理学报》2012 年第 1 期。

〔5〕 吴茜："公立医院 PPP 模式应用：两个案例对比"，载《地方财政研究》2015 年第 8 期。

改革的主要因素依次为政策因素、组织因素、人员因素等，进而提出政府应加强责任落实，完善配套政策，推进医院院长职业化和提高医务人员待遇。张远妮等认为随着一系列政策出台，公立医院改制成为各方关注的焦点。其根据社会资本参与程度大小，选取了三种公立医院的改制模式：托管经营模式、PPP-ROT 模式、股份制合作模式，通过分析其改革背景、改制目标、改制过程、存在的问题、风险因素、改革成效等，以期更好地评价社会资本参与公立医院改制的不同模式的适用性[1]。

上述研究对于引导社会资本参与公立医院改革的管理、立法和实践具有重要理论与实践意义，但总体观之，当前我国理论与实务界对该问题的研究还不够系统、全面和深入，大都是从某单一学科的角度来研究，并停留在"理论分析应然"的定性层面，缺乏"田野实证式"的个案分析。

二、国外研究现状

（一）欧洲

1. 欧盟

欧盟采用的 PPP 模式建设医院分为两类：一是私营部门仅负责建造、设计、运营医院的非医疗服务系统；二是私营部门除了提供医疗支持性服务外，也可提供医疗服务。PPP 模式使公共部门在利用私人资本之余，可以依靠私营部门的生产管理技术，实现共同决策、风险共担及利益共享。

2. 德国

根据德国联邦统计局以及德国医院协会的文献资料，德国的医院可以分为公立医院、非营利医院和私立医院。其中，公立医院的所有权属于联邦、州、市或区政府；非营利医院由教会或矿工协会等非营利组织经营；私立医院由营利性的个人或公司经营。上述三类医院中，公立医院所占比重最大，在国家医疗服务体系中起主导作用。德国的公立医院私有化分为实体私有化和形式私有化两种，实体私有化通常通过出售政府股份给私立医院来实现产权的转变，形式私有化是在保持政府持有股份不变的前提下通过引入私立医院的管理方式和管理工具实行公司化的经营模式。德国医院的转制包括公立

---

[1] 张远妮、姜虹："社会资本参与公立医院改制的模式及其比较"，载《卫生经济研究》2016年第9期。

医院转制成为私立医院或非营利医院，以及非营利医院转制成为私立医院，其中以公立医院转制成为私立医院最为常见。德国公立医院私有化减轻了财政负担，降低了公共债务。德国还制定了专门规范私有化过程和结果的私有化法，详细列明私有化的目的、范围、程序和出卖企业私有化收入的适用途径等。[1]

3. 英国

英国学者约翰·爱德华兹（John Edwards）认为英国是世界上最先提出和采用 PPP 模式的国家，PPP 模式较为成熟，规模较大，法规健全，运作规范，被世界上许多国家引为 PPP 建设的借鉴标杆。但 PPP 不是融资，也不是私有化，而是一种资本密集型的公共服务。PPP 模式在医疗领域的实施必须依靠政府支持以及特许经营权、投资回报分配和税收等法律制度的保障。

实践中，英国于 1992 年引入了"私人筹资计划"，并允许银行在把医院回租给国家卫生服务部门之后，至少拥有 25 年的有效期对医院进行筹资、建设和经营。[2]英国公立医院私有化的方式有：国家将公立医院资产剥离并直接出售给私人；公司医院特许经营或承包给私人、营利及非营利性机构；自我管理，允许服务提供者获得和使用公立医院资源；取消对公立医院的严格管制，通过市场化和激励措施增加私人部门供给；对公立医院完全停止国家供给，用人们对健康日益增长的需求倒逼社会资本医疗投资运营的迅速发展。[3]

（二）北美洲

1. 美国

随着市场化竞争程度的深入，许多大型的私有企业，如通用、福特、西屋等公司也纷纷进入医疗市场，创立私营医院。除了营利性医院收购非营利性医院外，还出现了非医疗产业收购医院的局面。[4]但这样高市场化程度的公立医院转制会带来两个重要的政策问题：第一个是产权的形式（非营利或

〔1〕 陈利平、王发渭："德国医院管理情况介绍"，载《军医进修学院学报》2001 年第 3 期。

〔2〕 陈建平："英国医院私人筹资计划解析"，载《中国卫生资源》2002 年第 5 期。

〔3〕 周子君："英国公立医院改革：我们能从中学到什么？"，载《医院管理论坛》2013 年第 9 期。

〔4〕 Gordon K. MacLeod："美国医疗卫生的失误与教训"，载《中华医院管理杂志》2000 年第 1 期。

者营利）对卫生服务提供有无影响；第二个是当产权发生改变时，医院的公益性如何保留。这也是我国目前在公立医院改制中必须面对和回答的重要问题。弗兰克·斯隆（Frank A. Sloan）等人分析了美国的医院转制类型，认为主要集中在私立非营利性医院转为营利性医院和公立医院转为私立非营利性医院两类。[1]改制形式主要包括资产拍卖、组建有限公司、健康维护组织（HMO）等向公众发行股票、直接转变。[2]而且出台了一系列法律对改制进行规制，包括《慈善信托法》（Charitable Trust Law）、《公司法》（Corporation Law），以及 1997 年州检察长国家协会为非营利性医院性质转变起草的示范法案。[3]

2. 加拿大

加拿大因相关 PPP 制度滞后和不完备，设立了专门机构负责组织协调。其职能是促进政府与私营部门合作关系的稳定，降低政府公共投资的成本，对 PPP 项目投入资金的保值增值进行管理，推进 PPP 项目的实施，弥补法律机制的空缺和不完善。

（三）大洋洲

澳大利亚的医疗机构建设中，PPP 模式开展较多，如私营部门能外包公立医院的专业临床服务、常规手术乃至在特定约束下可负责公立医院的全部运营活动。政府采取资金价值评价等前瞻性的评估方法衡量项目价值。项目实施的投资建设环节，国家审计署负责审计各项公共开支，并将公共资金的经济效率等审计结果向国会汇报。

（四）亚洲

新加坡政府在 1982 年通过推行一种替代性的筹资方式，即强制性储蓄概念基础上建立的中央公积金（The Cental Provident，CPF）来开展改革。新加坡政府于 1983 年建立国家健康计划制度，并引进"保健储蓄制度"。筹资系统的变化促进新加坡医院改革的启动。在 1985 年，新加坡通过市场化组织变革的方式，尤其是法人化模式来解决其公立医院存在的问题。经改革的医院

---

〔1〕 Frank A. Sloan, Jan Ostermann, Christopher J. Conover, "Antecedents of Hospital Ownership Conversions, Mergers, and Closures", *Inquiry*, Vol. 40, 1（2003），pp. 39-56.

〔2〕 唐智柳等："美国非营利性医院转换对我国医院性质转换的启示"，载《中国医院管理》2002 年第 1 期。

〔3〕 刘荣梅："私立医疗机构性质转变的规制研究"，北京协和医学院 2013 年硕士学位论文。

具有自主决策权、剩余索取权等，市场化程度增加，并且建立董事会进行问责制度，确保公立医院社会功能的实现。筹资改革就是政府将筹资压力在个人、家庭、雇主之间进行分担，引入社会资本参与，避免福利制国家和税收筹资体制相伴而生的一些问题。[1]

综上所述，实施公立医院改革的国家及地区的范围较广，不同国家和地区在政治、社会、文化以及卫生体系上存在差异，但大都充分认识到利用社会资本参与公立医院改革的必要性和重要性。政府为振兴医疗等公益性事业，普遍采取优惠政策鼓励社会资本进入，强调政府对社会资本参与公立医院改革中的决策控制权。为确保改革的成功和稳定，各国家和地区普遍建立了完善的法律保障体系，并对改革的公立医院进行有效的监督。然而，近年来域外有关公立医院吸收社会资本合作的探索和实践又有了新的进展、经验和教训，亟待我国学者及时对此进行相应文献检索分析、实地调研访谈，以便准确了解域外国家和地区社会资本进入公立医院的改革模式、主要特点、立法政策出台情况、政府行政监管方式、激励约束机制设立、绩效考核评估等情况，从而取长补短，得以学习借鉴。

第三节　研究内容与研究方法

一、研究内容

（一）宏观层面

本书从公立医院与社会资本合作的政策依据和现实需求出发，梳理公立医院与社会资本合作涉及的基本理论，剖析国内外公立医院与社会资本合作的研究现状，全面汇总中央、地方有关公立医院与社会资本合作办医的政策，分析政策导向，预测未来发展趋势，进而立足于我国当下已有实践，明确公立医院与社会资本合作应遵循的基本原则，厘清公立医院与社会资本合作的操作流程，宏观把握公立医院与社会资本合作的监管部门和监管内容。

（二）微观层面

本书以近年来实践中运用较多的医院 PPP 项目为重点，研究采用医院

---

〔1〕　[英] 亚历山大·S.普力克、[美] 阿普里尔·哈丁主编：《卫生服务提供体系创新 公立医院法人化》，李卫平、王云屏、宋大平主译，中国人民大学出版社 2011 年，第 148—149 页。

PPP 项目的合理性、社会资本参与医院 PPP 项目应具备的条件、医院 PPP 项目选择要素模型、医院 PPP 项目实操流程及注意事项，并对医院 PPP 合作项目中的合作协议、医院 PPP 运营中的投资回报机制、医院 PPP 项目的行政监管、医院 PPP 项目面临的挑战及破解对策等核心问题进行深入研究。

本书以公立医院与社会资本合作办医的典型模式为导向，在微观层面重点研究建设-运营-移交（Build-Operate-Transfer，以下简称 BOT）、品牌特许经营、委托管理、混合所有制改革、股权投资并购这五种模式运行中存在的问题与破解对策，梳理每种合作模式的实操流程，对实践中具有代表性的诸多个案进行剖析，具体、深入分析每种模式在实操中面临的挑战与解决对策。最后总结本书的研究结论与不足，以期为日后公立医院与社会资本合作实践提供工具指引，为学者开展这方面的理论研究提供现实资料。

二、研究方法

（一）多学科文献研究法

从管理学、法学、经济学文献搜集与阅读的视角，探讨公立医院与社会资本 PPP 模式的内涵与外延，并同时使用统计法、图示法与列表法等辅助性研究方法。

（二）管理学与经济学理论分析法

综合运用新公共服务理论、物有所值（VFM）评估法、PET-SWOT 模型分析法、成本效益分析法（CBA）等多种经济分析方法，为公立医院与社会资本 PPP 方案选择、评估与优化提供重要现实依据。

（三）比较研究法

通过考察了解国外 PPP 的主要方案，即私人主动融资（Private-Finance-Initiative，以下简称 PFI）、重构-运营-移交（Renovate-Operate-Transfer，以下简称 ROT）、设计-采购-施工（EPC）、运行-维护（O&M）、股份制改造、特许经营等理论与实践，为我国公立医院与社会资本 PPP 的管理创新与法律完善提供经验借鉴。

（四）实证分析法

对国内公立医院与社会资本 PPP 典型模式进行汇总研究，通过问卷调研、数据统计分析和访谈、座谈等实证分析方法进行理论探讨，实现定性研究与定量研究相结合，增强研究的实效性。

第二章

公立医院与社会资本合作所涉基础理论

◆◆◆

目前，世界各国并未对公立医院有一个确切统一的定义，大多是基于本国情况，对公立医院相关功能进行描述定义，如投资主体、举办目的等层面。我国暂未对公立医院作出统一的官方定义。有学者认为公立医院最主要的性质就是非营利性。非营利性是指公立医院正常业务工作的开展，不以谋求利润为目的，具有公益性，由国家和集体投资，享受财政投入和税费减免等政策，并且在经营管理中的结余要按照医疗机构分类管理办法规定，收益只能用于医院再发展，不得用于投资者的经济回报。[1]本书基于公立医院产权组成结构及所发挥的社会功能等方面，将公立医院的范围界定为：资本结构为国有独资或是国有控股的医院，其基本特征为体现国有资本意志，具有公益性质，提供最基本的医疗服务，承担维护健康公平的社会责任等。[2]

本书基于社会资本理论内涵，参考有关学者定义，认为社会资本是指除政府资本以外的所有参与经济活动并谋求回报的社会资金。从来源分，包括海外资本与国内资本。主要包括大型财团、投资公司、上市公司、创业投资、产业基金等。[3]目前可观察到的医疗资源行业投资者主要有五类：风险投资（VC）和私募股权投资（PE）、上市公司、产业资本、外资医疗集团和本土医疗集团。广州市《进一步鼓励和引导社会资本举办医疗机构实施办法》第2条对其有较为完整的概括："本办法所指社会资本包括个体和民营企业资本、慈善机构及基金会资本、商业保险资金、港澳台资本、国外资本及各类股份制资本等。"

社会资本参与公立医院改革是指社会资本以委托管理、合资合作、公办民营等多种形式参与到公立医院改制重组中，如股份制改革、托管、特许经

---

〔1〕 蒋祥虎主编：《公立医院运行机制改革创新研究》，中国经济出版社2005年版。

〔2〕 方鹏骞：《中国公立医院法人治理及其路径研究》，科学出版社2010年版。

〔3〕 王力扬：《公立医院改制与投融资实务》，复旦大学出版社2004年版。

营、医院集团、租赁经营、拍卖出售、PPP（包括但不限于 PPP、IOT、ROT、BOT）模式等。

当今学界尚未明确定义公立医院与社会资本合作的概念，我们可试将公立医院与社会资本合作简单定义为：为提升医疗服务质量，由政府主办的非营利性医院通过融资、贷款、捐赠等形式引入非政府财政投入。其作为不同于社会资本办医的新型医药卫生体制改革模式，主要资金由政府划拨，而医院公立性质保持不变，不存在身份上的不公正对待，在当前国情下更易实现办医目标。[1]

第一节　新公共服务理论

20世纪七八十年代，西方国家普遍经历资本主义发展的黄金时期，西方乃至世界都受到了信息技术革命的深刻影响。与此同时，政府所面临的各种公共问题以及政府运作的行政环境，较之以前都更加复杂，这对政府的行政管理职能提出了新的挑战和更高的要求，使得各国迫切需要开展政府重塑运动，于是在西方国家掀起了声势浩大的"新公共管理"运动。随后，新公共管理运动迅速成为整个西方公共管理改革的主导方向。新公共服务理论主要包括如下内容。

一、政府的职能是服务，而不是掌舵

新公共服务理论强调政府的职能是服务，而非掌舵。在新公共管理理论中，奥斯本和盖布勒指出新公共管理的基本原则之一——政府是起催化作用的，要掌舵而不是划桨。也就是说，新公共管理理论倡导的政府职能更侧重于政府决策层面，而非执行层面。新公共服务理论的提出者登哈特认为，当前许多行政官员都更加关注"掌舵"，即"他们更加关注成为一个更倾向于日益私有化的新政府的企业家"，而政府的工作重点应该是服务。

---

〔1〕 邓勇、方乐、张光卉："公立医院联姻社会资本现状及完善对策研究"，载《中国医院》2015年第9期。

二、追求公共利益

公共利益不是公民单个个人利益的叠加或集合，而是管理者和公民共同的利益和共同的责任，它是目标而不是副产品。"公共行政官员必须致力于建立集体的、共享的公共利益观念……要创造共享利益和共同责任"，政府应该致力于为公众营造一个无拘无束、真诚的对话环境，使公民能够清楚地表达共同的利益和价值观念，使公共利益居于主导地位，并鼓励公民为了公共利益采取一致行动。

三、为公民服务，而不是为顾客服务

新公共服务理论认为政府与公民的关系不同于企业与顾客的关系，因为政府服务的对象是全体公民，顾客的需求有先后之分、利益有长期和短期之分，而对于公民，政府必须关注其需要和利益，要以公平和公正为原则为他们提供服务，因此没有先后之分。政府要关注的是全体公民的公共利益，而公共利益产生于关于共同价值观念的对话中，故政府必须努力在其与公民的关系中建立信任与合作关系，重视公民的呼声。

四、公民权和公共服务比企业家精神更重要

企业家注重的是最大限度地提高生产率和增加企业利润，而公共行政官员绝对不能采取这样的行为和思维方式，他们不是公共机构的所有者，政府的所有者是公民。公共行政官员有责任通过担当公共资源的管理员、公共组织的监督者、公民权利和民主对话的促进者、社区参与的催化剂以及基层领导等角色来为公民服务。因而，公共行政官员必须将其在解决和治理公共问题的角色定位为负责任的参与者。[1]

具体到公立医院与社会资本合作办医领域，新公共服务理论要求政府放宽准入，引入社会资本参与办医。同时，政府应积极履行职权为社会资本顺利参与办医提供服务，为公民提供良好的医疗服务。引入社会力量办医，一定要坚持医疗服务供给的公益性，提升医疗服务的可及性以维护公民获得医疗服务的基本权益，防止社会资本通过医疗服务这一核心内容盈利，保障医

---

〔1〕 赵莹莹、李思妍："浅析新公共服务理论"，载《商品与质量》2011 年第 S3 期。

疗服务供给的公平性。

第二节　公私合作理论

PPP，译为公私合作、公私伙伴关系或者公私协力。它是政府与社会资本的一种合作模式，也是政府与社会资本合作为公众提供公共产品或服务的主要方式。

PPP 含义多种多样，其核心就是公共部门与社会资本的合作关系，可以从广义和狭义来分析。广义的 PPP 模式泛指所有政府公共部门与社会资本为社会公众提供某种公共产品或服务而建立起来的合作共赢的关系，主要包括外包、特许经营和私有化三种方式。狭义的 PPP 模式主要指的是政府与社会资本在合作时双方对于项目融资方式和模式的总称，强调政府在项目中的所有权，以及合作过程中的风险分担和利益共享机制。

财政部与国家发展和改革委员会的定义有一定关联和区别。其中，财政部将"政府和社会资本合作模式"（即 PPP）界定为："政府部门和社会资本在基础设施及公共服务领域建立的一种长期合作关系，通常模式是由社会资本承担设计、建设、运营、维护基础设施的大部分工作，并通过'使用者付费'及必要的'政府付费'获得合理投资回报；政府部门负责基础设施及公共服务价格和质量监管，以保证公共利益最大化。"这一描述将私人资本进一步扩大到社会资本范围，界定了中国 PPP 模式下政府和社会资本在合作中的分工模式和盈利模式。国家发展和改革委员会则将 PPP 界定为："政府为增强公共产品和服务供给能力、提高供给效率，通过特许经营、购买服务、股权合作等方式，与社会资本建立的利益共享、风险分担及长期合作关系。"

中央政府为拓展社会有效投资空间，决定创新重点领域投融资机制。在公共服务领域引入社会资本成为未来重要的改革方向，也明确了 PPP 模式的定义，那就是强化政府公权力部门和社会资本之间的合作，建立一种长期合作共赢模式。在该模式下，政府与社会资本各司其职，由社会资本负责项目设计、建设、投融资、运营、维护基础设施，政府和市场通过"使用者付费""消费者付费"及必要的"政府付费"等模式，让社会资本从项目中取得合理投资回报；政府公权力部门则负责服务、监管、法治等方面，从而确保合作项目不损害公众利益。

因此，由政府主办的非营利性医院通过融资、贷款、捐赠等形式引入非政府财政投入，既合法合规，又能更好地提升医疗服务质量。

公私合作治理强调双方合作契约关系、可行性研究、全过程理念等三方面特征。

第一，强调双方为合作契约关系。该关系以利益共享、风险合理分配为原则。新一轮 PPP 模式更强调"利益共享与风险共担"这一核心理念，将公权力部门（政府）与社会资本方组成一个利益共同体，通过合作契约，强化双方联系，规定双方权利与义务，既保证项目公司合理收益，又满足人民群众基础设施及公共服务需求。双方不再是传统模式中的管制关系，而更强调政府和社会资本是平等合作关系，都坚守契约精神，具备风险控制意识，共同分享项目收益。

第二，强化项目建设可行性研究。项目建设可行性着重从项目本身的物有所值（价值）和政府财政承受能力（财力）进行论证。物有所值要求对项目建设的必要性、合规性、PPP 模式的适用性等多方面进行可行性论证评估，以确保项目的"物有所值"，这意味着少花钱、多办事、办好事，评估结果为项目提供科学决策的基础。同时，PPP 项目要求地方政府要根据中长期建设规划的需要和项目使用周期内的财政承受能力进行有效且科学的论证。这有助于控制项目风险，避免财政紧张。

第三，引入全过程治理理念。该理念是将项目的设计、建造、融资、运营和维护等形成一个紧密联系的全过程，通过一个长期合同契约，把全过程交由社会资本合作方实施，政府负责监管，以此提高项目建设质量，降低项目成本。在 PPP 项目组织实施过程中，政府与社会资本相互之间存在着一种平等、长期合作的伙伴关系，双方依照合同明确各自职责分工，行使权利、履行义务，从项目全过程周期角度制定项目实施方案，计算项目成本收益，使项目全生命周期成本降到最低。[1]

第三节　委托代理理论

委托代理理论（Principal-Agency Theory）是研究激励问题最通用的工具，

---

〔1〕　黄昱："公私合作理论视角下政府治理的角色定位研究——以南宁市那考河项目治理为例"，广西大学 2020 年硕士学位论文。

也是设计绩效激励模型和最优激励合约的理论基础。委托代理关系是一种契约关系，在此契约下，委托人聘用代理人代表其提供某些服务，包括把若干决策权托付给代理人[1]。同时，委托人试图为代理人建立一种激励机制，使其行动能最大限度地有利于实现委托人的目标。代理人的决策对委托人的利益实现有重要影响[2]。如果二者目标和利益一致，则委托代理的效果是理想的；如果二者利益和目标有偏差，如代理人最关心自己的利益回报，而委托人最关心代理人是否勤恳付出，此时二者之间的矛盾和冲突便显现出来。

委托代理理论正是研究在上述非对称信息下委托双方关系、风险控制以及激励约束机制构建问题的，从委托人与代理人之间的信息不对称、利益不一致和代理人的经济行为结果的不确定性角度，深入研究企业内部信息不对称和激励问题、代理人的激励问题以及代理人的风险分担问题等。[3]委托代理理论的中心任务是研究在利益相冲突和信息不对称的环境下，委托人如何设计最优契约激励代理人。它通过模型化研究当委托人不能直接观测到代理人选择的行动，而仅能观测到由代理人行动和其他外生随机因素共同决定的变量时，即在获知代理人行动的不完全信息的情形下，委托人如何依据这些观测到的信息制定一个机制奖惩代理人，使代理人按照委托人的利益选择行动。

公立医院存在多个层级的委托代理问题：一是全体公民委托政府行使社会公共服务权利，提供公共品与公共服务满足公民需求；二是国家委托公立医院提供公共医疗服务，让公立医院承担医疗卫生服务职能；三是公立医院委托医生行使医疗权，为病人看病；四是患者委托医生，选择医生为自己提供诊疗服务。在这些委托代理中有不同的利益阶层，包括政府追求资本保值增值，希望用最少的投资解决最多的卫生问题；医生追求个人收入最大化；患者希望用最少的钱得到最好的医疗服务。各个利益相关者的利益目标很难统一。政府与公立医院、医生与患者等等之间信息不对称，导致委托人有必

---

〔1〕　[美]迈克尔·詹森、威廉·梅克林：《企业理论：管理行为、代理成本与所有权结构》，转引自陈郁编：《所有权、控制与激励——代理经济学文选》，上海人民出版社、上海三联书店1998年版，第5页。

〔2〕　[澳]欧文·E. 修斯：《公共管理导论》（第二版），彭和平等译，中国人民大学出版社2001年版，第14页。

〔3〕　Michael C. Jensen and William H. Meckling, "Theory of the Firm: Managerial Behavior, Agency Costs and Ownership Structure", *Journal of Financial Economics*, Vol. 3, 4 (1976), pp. 305-360.

要监督代理人，有必要设计一个有效的激励约束机制，减少代理人有可能采取的一些机会主义行为，防止损害委托人利益，使医疗服务的效率得到保证。而通过引入社会资本进入公立医院、进行公立医院改革，通过产权合理清晰的界定，能够对作为委托人的产权私有者起到较强的利润激励作用，使其愿意花成本去治理；再辅以市场竞争的作用，使得信息相对透明，减少医疗服务供给过程中的信息不对称，使委托人能够较好地实施对代理人的监督。激励制度的设计减少由医院所有者与经营者之间的委托代理关系所产生的交易费用的代理成本。

第四节　激励约束机制

激励约束机制（Incentive Constraint Mechanism），即激励约束主体根据组织目标、人的行为规律，通过各种方式去激发人的动力，使人有一股内在的动力和要求，迸发出积极性、主动性和创造性，同时规范人的行为，使其朝着激励主体所期望的目标前进。激励约束是现代经济学和管理学的重要内容，它一般包括五个基本要素，即激励约束主体、客体、方法、目标和环境条件，解决谁去激励约束、对谁激励约束、怎样激励约束、向什么方向激励约束，以及在什么条件下进行激励约束的问题。[1]

具体到社会资本参与公立医院改革领域，当前，我国公立医院由政府举办，属于国家产权，政府作为国家选择的代理人对公立医院进行管理。而医院管理者作为政府的代理人，扮演着医院权利使用者的角色。医院管理者对公立医院资源的使用与转让以及成果分配等事项不具有充分权能，这导致医院管理者对公立医院的经济绩效和员工的监督激励程度不够，加之政府主管部门为追求政治利益而偏离利润最大化的动机，导致公立医院效率低下。因此，应充分发挥激励约束机制的作用，各级政府和卫生行政等部门综合运用多种激励手段，满足作为激励对象的社会资本方在参与公立医院改革中的需要，同时对社会资本方在参与公立医院改革中的行为进行制约和束缚，促使其收敛不当行为，抑制其违反"合作规则"的行为，使双方实现各自效用的最大化，从而实现分享公立医院改革成果的契约目的。

---

〔1〕 刘正周："管理激励与激励机制"，载《管理世界》1996年第5期。

第三章

公立医院与社会资本合作政策梳理分析

◆◇◆

经过长期发展，我国已经建立了覆盖城乡的医疗卫生服务体系，但医疗资源总量不足、分布不均衡的问题依然存在。公立医院无论在技术人才储备、资产规模还是业务规模都具有绝对的优势，但政府投入不足，加上中国庞大的人口基数以及人口的增长速度等情况，导致现有的公立医疗机构已经无法满足人们的需求。

"医改"之所以需要社会资本的参与，从根本上来讲，是因为国家财政无法以一己之力为全民提供高质量的医疗服务。社会资本参与办医的主要目的是获取投资收益，也有部分企业是想通过投资社会公益事业来树立正面的企业形象，扩大企业的影响力。社会办医政策层面的松绑是资本进军医院的直接推动力。从 2010 年起，国家出台一系列政策鼓励社会办医，为社会办医"拆墙松绑"，资本纷纷涌入，始于 2013 年的医院并购潮在 2016 年达到井喷状态。[1]

对政府的信赖，是社会资本持续对医疗健康领域投入资金的另一个原因。在黔南州医院与斯瑞公司一案中，贵州省高级人民法院在（2018）黔民初 49 号判决中就曾提到："案涉项目的合作经过了黔南州政府、发展和改革委员会、卫生和计划生育委员会等部门的反复论证和推进，黔南州政府多次召开会议支持并推进项目的实施。斯瑞公司作为民营企业，其通过当地政府的一系列行为，有正当理由可以合理期待、信赖当地政府经过多次商讨决定的招商引资计划能得以顺利实施，斯瑞公司为此亦投入了资金，案涉项目一期主体工程已经完工，斯瑞公司对《投资协议》享有相应的信赖利益。"

站在社会资本的角度，在目前医疗行业人员自由执业仍然有诸多限制的

---

〔1〕 邓勇："社会资本进公立医院，缘何事与愿违？"，载《财经》2021 年第 10 期。

情况下，与作为行业主体的公立医院合作，是社会资本实现行业渗透的最佳途径。公立医院与社会资本合作办医，则主要有几种考虑：其一，自身经营遇到困难，且难以拿到政府进一步的支持和补贴；其二，医院基础建设滞后，想要扩大规模、新建院区、购买设备，又难以筹措资金；其三，管理层、关键科室或学科带头人具有开放性思维，希望对接资本市场实现自身价值。对于群众而言，相对个性化的医疗服务需求的附加值通常较高，公立医院受自身条件限制也难以实现。

因此，公立医院亟需引进社会资本，整合优质资源，提升自身的整体实力。同时，公立医院的管理者也希望引进社会资本进行混合所有制改革，以突破医院内部人事薪酬、投融资、药品耗材及设备器械招标采购等方面的行政干预。为了更好地解决群众"看病难、看病贵"的问题，公立医院与社会资本合作日渐引发国家和社会关注。

针对这种情况，中共中央、国务院立足国情，广泛调研，于 2009 年 3 月公布了《关于深化医药卫生体制改革的意见》，提出鼓励和引导社会资本发展医疗卫生事业。这份文件的公布标志着新医改的到来，也为"新医改"后公立医院与社会资本合作提供了最初的政策依据。此后，中央多次下发文件鼓励社会资本以各种方式与公立医院合作，地方也积极响应创新实践。特别是 2014 年以来，伴随我国 PPP 模式如火如荼地开展，在医疗卫生领域，公立医疗机构和社会资本合作更加迅速地发展起来。现通过梳理相关文件，分析公立医院与社会资本合作发展的政策演变和特点。

第一节　公立医院与社会资本合作政策发展演变

一、中央部署

新一轮医药卫生体制改革后，中央为促进办医体制多元化，陆续出台了一系列的政策。如 2010 年 2 月通过的《关于公立医院改革试点的指导意见》，同年 11 月发布的《关于进一步鼓励和引导社会资本举办医疗机构意见的通知》（国办发〔2010〕58 号），2013 年国务院公布的《关于促进健康服务业发展的若干意见》（国发〔2013〕40 号）……这些文件虽没有具体指明公立医院应该怎样与社会资本合作，但都贯彻"要鼓励、支持和引导社会资本发展医疗卫生事业，加快形成投资主体多元化、投资方式多样化的办医体制"的原则，表明了中央支持公立医院与社会资本合作的政策导向。此后，更多针对公立医院与社会资本合作办医的政策法案出台，为公立医院与社会资本合作提出更加系统而具体的指导。

2015 年 3 月 30 日，国务院办公厅正式印发《全国医疗卫生服务体系规划纲要（2015—2020 年）》，纲要中提出了"坚持政府主导与市场机制相结合……大力发挥市场机制在配置资源方面的作用，充分调动社会力量的积极性和创造性"的原则；又专设"多元发展"一节，指出"社会力量可以直接投向资源稀缺及满足多元需求的服务领域，也可以多种形式参与国有企业所办医疗机构等部分公立医院改制重组。鼓励公立医院与社会力量以合资合作的方式共同举办新的非营利性医疗机构，满足群众多层次医疗服务需求"，不仅强调了鼓励社会力量参与办医的原则，而且提出了公立医院与社会资本合作的两种方式。

2015 年 6 月 11 日，国务院办公厅公布《关于促进社会办医加快发展的若干政策措施》（国办发〔2015〕45 号），指出在医疗卫生服务领域要"进一步放宽准入""扩宽投融资渠道"，并允许"通过特许经营、公建民营、民办公助等模式，支持社会力量举办非营利性医疗机构，健全法人治理结构，建立现代医院管理制度"，为公立医院与社会资本提供了具体可行的合作模式。

2016 年 12 月 27 日，在"十二五"医改后取得的重大成果基础上，国务院又发布了《关于印发"十三五"深化医药卫生体制改革规划的通知》，其中关于鼓励公立医疗机构和社会资本合作的原则依然没有改变，坚持"完善医疗资源规划调控方式，加快社会办医发展。允许公立医院根据规划和需求，与社会力量合作举办新的非营利性医疗机构，支持社会办医疗机构与公立医院加强合作，共享人才、技术、品牌"。

2017 年 5 月，国务院办公厅《关于支持社会力量提供多层次多样化医疗服务的意见》发布，进一步落实了"十三五"深化医药卫生体制改革。文件规定："允许公立医院根据规划和需求，与社会力量合作举办新的非营利性医疗机构。鼓励公立医院与社会办医疗机构在人才、管理、服务、技术、品牌等方面建立协议合作关系，支持社会力量办好多层次多样化医疗服务。严格落实公立医院举办特需医疗有关规定，除保留合理部分外，逐步交由市场提供。"

但 2018 年初，《中华人民共和国基本医疗卫生与健康促进法（草案）》

公布后，一改先前大力鼓励公立医院和社会资本合作的政策倾向，对公立医疗机构与社会资本合作进行了严格的限制。草案规定："医疗卫生机构以公立医疗卫生机构为主导。坚持非营利性医疗机构为主体、营利性医疗机构为补充的总体布局。""以政府预算资金、捐赠资产举办或者参与举办的医疗卫生机构不得设立为营利性医疗卫生机构。……政府举办的医疗机构不得与其他组织投资设立非独立法人资格的机构。""禁止政府办公立医疗卫生机构与社会资本合作举办营利性机构。""公立医院所有收支全部纳入部门预算管理，适度控制规模，坚持公益性质。严格控制公立医院对外投资。"

2019 年颁布的《中华人民共和国基本医疗卫生与健康促进法》（以下简称《卫健法》）在鼓励社会资本积极参与医疗行业的基础上，划定了社会资本与公立医院合作的政策红线。该法规定："国家鼓励和支持公民、法人和其他组织通过依法举办机构和捐赠、资助等方式，参与医疗卫生与健康事业，满足公民多样化、差异化、个性化健康需求。""国家鼓励政府举办的医疗卫生机构与社会力量合作举办非营利性医疗卫生机构。政府举办的医疗卫生机构不得与其他组织投资设立非独立法人资格的医疗卫生机构，不得与社会资本合作举办营利性医疗卫生机构。""国家采取多种措施，鼓励和引导社会力量依法举办医疗卫生机构，支持和规范社会力量举办的医疗卫生机构与政府举办的医疗卫生机构开展多种类型的医疗业务、学科建设、人才培养等合作。社会力量举办的医疗卫生机构在基本医疗保险定点、重点专科建设、科研教学、等级评审、特定医疗技术准入、医疗卫生人员职称评定等方面享有与政府举办的医疗卫生机构同等的权利。社会力量可以选择设立非营利性或者营利性医疗卫生机构。社会力量举办的非营利性医疗卫生机构按照规定享受与政府举办的医疗卫生机构同等的税收、财政补助、用地、用水、用电、用气、用热等政策，并依法接受监督管理。"

表 3-1　我国公立医疗机构与社会资本合作相关中央文件及政策内容

颁布年份	文件	主要内容
2009	《关于深化医药卫生体制改革的意见》	鼓励和引导社会资本发展医疗卫生事业

续表

颁布年份	文件	主要内容
2010	《关于公立医院改革试点的指导意见》	鼓励、支持和引导社会资本进入医疗服务领域，促进不同所有制医疗卫生机构的相互合作和有序竞争
2010	《关于进一步鼓励和引导社会资本举办医疗机构的意见》（国办发〔2010〕58号）	鼓励和支持社会资本举办各类医疗机构。引导社会资本以多种方式参与包括国有企业所办医院在内的公立医院改制
2013	《关于促进健康服务业发展的若干意见》（国发〔2013〕40号）	鼓励企业、慈善机构、基金会、商业保险机构等以出资新建、参与改制、托管、公办民营等多种形式投资医疗服务业
2015	《全国医疗卫生服务体系规划纲要（2015—2020年）》	社会力量可以多种形式参与国有企业所办医疗机构等部分公立医院改制重组，鼓励公立医院与社会力量以合资合作的方式共同举办新的非营利性医疗机构
2015	《关于促进社会办医加快发展的若干政策措施》（国办发〔2015〕45号）	通过特许经营、公建民营、民办公助等模式，支持社会力量举办非营利性医疗机构
2016	《"十三五"深化医药卫生体制改革规划》	允许公立医院根据规划和需求，与社会力量合作举办新的非营利性医疗机构，支持社会办医疗机构与公立医院加强合作，共享人才、技术、品牌
2017	《关于支持社会力量提供多层次多样化医疗服务的意见》	允许公立医院根据规划和需求，与社会力量合作举办新的非营利性医疗机构。鼓励公立医院与社会办医疗机构在人才、管理、服务、技术、品牌等方面建立协议合作关系
2018	《中华人民共和国基本医疗卫生与健康促进法（草案）》	以政府预算资金、捐赠资产举办或者参与举办的医疗卫生机构不得设立为营利性医疗卫生机构。……政府举办的医疗机构不得与其他组织投资设立非独立法人资格的机构。禁止政府办公立医疗卫生机构与社会资本合作举办营利性机构

颁布年份	文件	主要内容
2019	《中华人民共和国基本医疗卫生与健康促进法》	国家鼓励和支持公民、法人和其他组织通过依法举办机构和捐赠、资助等方式,参与医疗卫生与健康事业,满足公民多样化、差异化、个性化健康需求。 国家鼓励政府举办的医疗卫生机构与社会力量合作举办非营利性医疗卫生机构。政府举办的医疗卫生机构不得与其他组织投资设立非独立法人资格的医疗卫生机构,不得与社会资本合作举办营利性医疗卫生机构。 国家采取多种措施,鼓励和引导社会力量依法举办医疗卫生机构,支持和规范社会力量举办的医疗卫生机构与政府举办的医疗卫生机构开展多种类型的医疗业务、学科建设、人才培养等合作。社会力量举办的医疗卫生机构在基本医疗保险定点、重点专科建设、科研教学、等级评审、特定医疗技术准入、医疗卫生人员职称评定等方面享有与政府举办的医疗卫生机构同等的权利。社会力量可以选择设立非营利性或者营利性医疗卫生机构。社会力量举办的非营利性医疗卫生机构按照规定享受与政府举办的医疗卫生机构同等的税收、财政补助、用地、用水、用电、用气、用热等政策,并依法接受监督管理

二、地方实践

在国家层面有关公立医院与社会资本合作的政策倡导下,为深入贯彻和落实中央的政策,全国各省市纷纷出台相关配套政策文件。但是由于各地社会资本的集中程度和公立医院发展现状存在差异,政策方面也存在一定的地域差别。

(一)辽宁省

2015年以来,辽宁省出台了《辽宁省医疗卫生服务体系规划(2015—2020年)》和辽宁省人民政府办公厅《关于促进社会办医加快发展的实施意见》等鼓励社会资本投入医疗行业的政策,其中表达了鼓励社会资本与公立医院展开合作的政策导向。原辽宁省卫生和计划生育委员会在 2017 年颁布的《关于进一步激发社会领域投资兴办医疗机构活力的通知》提到，"支持社会办医疗机构参与区域医联体建设和分级诊疗工作，鼓励其与公立医院和基层医疗机构开展学科建设、疑难危重患者转诊等合作"，以鼓励社会办医机构加入"医联体"的形式，推动社会资本与公立医院展开合作。

（二）北京市

北京市是全国较早鼓励公立医院与社会资本合作办医的地区之一，特别是在鼓励公立医院与社会资本以特许经营的方式合作方面，一直走在各省市前列。2014 年，北京市政府发布了《关于促进健康服务业发展的实施意见》，首先在全国提出公立医疗机构特许经营的概念。2015 年 7 月 24 日，北京安贞医院和财政部直属的中国东方资产管理公司签订了我国首例以特许经营方式合作的办医协议。此后，北京市 2016 年专门出台了《北京市公立医院特许经营管理指南（试行）》，2017 年 3 月在《关于促进卫生与健康事业改革发展的意见》中进一步强调："探索政府与社会资本合作模式，允许公立医院在保障资产安全、医疗质量安全的前提下，以特许经营的方式与社会资本开展合作。"

（三）福建省

福建省位于沿海地区，社会资本较为集中，公立医院与社会资本合作发展较好。2016 年 8 月，福建省政府印发《福建省属公立医院与社会资本合作办医实施方案（试行）》的通知；2017 年 2 月 21 日，原福建省卫生和计划生育委员会发布《关于规范省属公立医院与社会资本合作办医立项工作的通知》。后一通知是对前一通知的补充，两个通知共同对福建省属公立医院的合作模式、立项工作等方面作了规定。根据上述通知规定，福建省属公立医院与社会资本合作办医可采取股权合作、托管、特许经营三种模式，并且详细规定了公立医院和社会资本合作办医提出立项申请需要上交的材料和审批的具体程序。[1]

（四）江西省

2014 年以来，江西省在"加快形成多元化办医格局"原则的指导下，颁布了许多促进社会办医、加强公立医院与社会资本合作的政策文件。如

---

〔1〕 蒋剑："福建省社会资本举办医疗机构政策措施分析"，载《中国医疗管理科学》2018 年第 1 期。

2014 年 3 月颁布的《关于加快推进社会资本举办医疗机构的若干意见》，2016 年 7 月江西省人民政府办公厅颁布的《关于促进社会办医加快发展的实施意见》（赣府厅发〔2016〕34 号）等。而江西省人民政府办公厅在 2018 年颁布的《江西省支持社会力量提供多层次多样化医疗服务实施方案》中提出了多种公立医院与社会资本合作方案，如"各级医疗机构通过购买服务等方式与社会办专业医疗机构实现资源共享""支持社会办医疗机构加入医联体，医联体牵头的公立医疗机构应将社会办医疗机构纳入医联体建设范畴""经营不善的公立医院可采取改制、托管或公办民营等形成引入社会力量""鼓励采取政府和社会资本合作（PPP）模式，吸引社会资本投资健康服务业"等。

表 3-2　我国公立医院和社会资本合作的相关地方文件及政策内容

省（自治区、直辖市）	年份	文件	主要内容
黑龙江	2016	《黑龙江省医疗卫生服务体系规划（2016—2020 年）》	鼓励企业、慈善机构、基金会、商业保险机构等以出资新建、参与改制、托管、公办民营等多种形式投资医疗服务业。……鼓励公立医院与社会力量以合资合作的方式共同举办新的非营利性医疗机构
	2017	《黑龙江省支持社会力量提供多层次多样化医疗服务发展健康产业实施方案》	允许公立医院根据规划和需求，与社会力量以合资合作的方式共同举办新的非营利性医疗机构。鼓励公立医院与社会办医疗机构在人才、管理、服务、技术、品牌等方面建立协议合作关系
辽宁	2015	《关于促进社会办医加快发展的实施意见》	鼓励地方探索公立医疗机构与社会办医疗机构加强业务合作的有效形式和具体途径。鼓励具备先进医院管理经验的社会力量通过医院管理集团等多种形式，在明确责权关系的前提下，参与公立医疗机构管理
	2017	《关于进一步激发社会领域投资兴办医疗机构活力的通知》	支持社会办医疗机构参与区域医联体建设和分级诊疗工作，鼓励其与公立医院和基层医疗机构开展学科建设、疑难危重患者转诊等合作

续表

省（自治区、直辖市）	年份	文件	主要内容
北京	2014	《关于促进健康服务业发展的实施意见》	允许公立医院在保障资产安全、医疗质量安全且具备相应管理能力的前提下，以特许经营的方式开展与社会资本的合作。支持社会办医疗机构在政府主导下组建或参与区域医联体建设
	2017	《关于促进卫生与健康事业改革发展的意见》	探索政府与社会资本合作模式，允许公立医院在保障资产安全、医疗质量安全的前提下，以特许经营的方式与社会资本开展合作
天津	2015	《关于推进公立医院综合改革试点工作的若干意见》	鼓励社会力量通过出资新建、参与改制等多种形式投资医疗机构，优先支持社会力量举办非营利性医疗机构。探索公立医院利用人才、技术、管理等优质资源与社会资本合作举办新的医疗机构。对经营不善的公立医院可采取托管、公办民营等形式进行改革
河南	2016	《关于进一步促进社会办医加快发展的意见》	鼓励社会资本参与公立医院改革。在公立资源丰富的地区，积极稳妥推动部分公立医院转制，支持社会资本通过合资合作、收购兼并、托管等多种形式，参与公立医院改制。 支持公立医院与社会资本通过合资合作等形式举办独立医疗机构
新疆	2016	《关于加快发展社会办医的实施意见》	在公立医疗资源丰富的地区，当地医疗资源已满足群众基本医疗卫生服务需求的前提下，采取有效择优措施，优先支持实力强、信誉好、管理能力强的社会力量参与公立医院改制重组
湖北	2018	《关于支持社会力量提供多层次多样化医疗服务的实施意见》	鼓励公立医疗机构与社会办医疗机构开展合作，探索建立共享医疗模式，在确保医疗安全和满足医疗核心功能前提下，实现医学影像、医学检验等结果互认和资源共享

续表

省（自治区、直辖市）	年份	文件	主要内容
山西	2016	《关于促进社会办医加快发展的实施意见》	引进国内知名企业投资或合作办医，探索开展PPP（政府和社会资本合作模式）试点工作，扶持特色明显、疗效确切、在省内外有影响力的专科专病医院，打造医产研结合、跨地域连锁的医院管理集团
	2018	《关于山西省国有企业办教育医疗机构深化改革的实施意见》	鼓励国有企业将所办医疗机构产权转移给社会资本，实行股权多元化改造，积极发展混合所有制医疗机构。改制后按照现代医院管理制度，建立法人治理结构，实现医院的所有权和经营权分离管理
福建	2016	《福建省属公立医院与社会资本合作办医实施方案（试行）》	省属公立医院可以人才、技术、品牌等无形资产以及资金或除房地产外的固定资产作价入股，而且股权比例不低于30%
	2017	《关于规范省属公立医院与社会资本合作办医立项工作的通知》	省属公立医院拟与社会资本合作办医的，由医院提出申请，并提交以下材料：（一）合作办医事项的请示；（二）双方合作方案及可行性研究报告
江西	2018	《江西省支持社会力量提供多层次多样化医疗服务实施方案》	鼓励采取政府和社会资本合作（PPP）模式，吸引社会资本投资健康服务业

第二节　央地公立医院与社会资本合作政策分析

一、相关政策进入制定具体细则阶段

自"新医改"以来，在我国现实国情的驱动下，建立多元化办医格局成为医药卫生体制改革的重点，公立医院与社会资本合作也成为一种趋势。中央在科学调研、多方论证的基础上，出台了一系列政策，各省市在中央文件的指导下结合地区实情出台相关文件落实创新。随着时间的推移，政策从开始时原则化的规定步入制定具体细则阶段。以福建省为例，2015 年国务院办公厅印发《全国医疗卫生服务体系规划纲要（2015—2020 年）》中仅作出了"鼓励公立医院与社会力量以合资合作的方式共同举办新的非营利性医疗机构"的原则性规定。福建省政府在结合福建省地区实际的情况下，先后颁布了《福建省属公立医院与社会资本合作办医实施方案（试行）》和《关于规范省属公立医院与社会资本合作办医立项工作的通知》两个具体实施细则。《福建省属公立医院与社会资本合作办医实施方案（试行）》中不仅规定了公立医院与社会资本合作的三种模式，还对其内容做了较为详细的阐述；《关于规范省属公立医院与社会资本合作办医立项工作的通知》更是明确了合作项目申请需要上交的材料及审批程序。当然，我们也应看到，福建省作为医疗卫生综合改革的试点区域，相关政策制定和落实较之其他各省发展更快，其他一些省份如云南省则不如福建省的政策详细和完善。但纵观全国政策情况，公立医院和社会资本合作的相关政策和文件在不断细化，不再只是原则性规定，而是进入了细则制定阶段。

二、政策中提及的三种主要合作模式

中央到地方的文件中，许多都对公立医院与社会资本的合作模式作出了规定，各地在落实时也有所选择和侧重，如北京地区的"特许经营"模式落实良好，辽宁省则更侧重以"医联体"的形式促进公立医院与社会资本合作。但是，纵观现实情况，应用较为广泛的主要有以下三种模式：一是特许经营模式。特许经营是指经授权的政府举办的公立医院（以下简称"特许方"）依规将公立医院品牌、商标、专利等无形资产以及技术、服务、管理等以特许经营协议的形式提供给社会资本举办的医疗机构（以下简称"被特许方"）使用，被特许方按照特许经营协议约定，在特定的期限内以统一的经营、管理方式和服务流程向社会提供健康服务，并向特许方支付特许经营费用的活动。二是股权合作模式。即公立医院可以人才、技术、品牌等无形资产以及资金或除房地产外的固定资产作价入股，采用股权合作方式与社会资本共同新建医疗机构（以非营利性医疗机构为主）。三是托管模式。即由社会资本出资成立医疗机构（以非营利性医疗机构为主），委托公立医院进行管理。省属公立医院提供人才、技术支持，并收取一定的管理费用。

三、所存问题及未来发展预测

虽然公立医院与社会资本合作已经成为一种趋势，现阶段政策也更为详细具体，但是公立医院与社会资本合作的政策体系依然存在许多问题。

（一）不成体系，缺乏独立的指导文件

虽然也存在像《福建省属公立医院与社会资本合作办医实施方案（试行）》《北京市公立医院特许经营管理指南（试行）》这样专门规定公立医院与社会资本合作的文件，但是整体来说，公立医院与社会资本合作的相关规定，特别是国家层面政策更多是散见在有关多元办医或是促进社会办医发展的政策文件中，双方合作缺乏专门的政策文件指导。

（二）缺乏配套监管制度

无论是国家层面的政策还是地方层面的政策，都在不同程度上对公立医院和社会资本合作作出了一些规定，但更多是涉及合作模式、合作原则等方面，几乎没有对合作监督机制作出规定，也没有配套的监管措施维护公立医院与社会资本合作。对于现实中出现的问题该如何解决，政策法规并没有给出明确的答复。

（三）政策内部存在矛盾

在纵观合作相关政策的发展脉络时我们发现，在《中华人民共和国基本医疗卫生与健康促进法（草案）》颁布以前，国家层面的政策对公立医院与社会资本合作采取的几乎是一边倒的大力支持和鼓励发展的态度，而没有什么限制性规定。但是在草案里却对公立医院与社会资本合作进行了严格的限制："政府举办的医疗机构不得与其他组织投资设立非独立法人资格的机构""禁止政府办公立医疗卫生机构与社会资本合作举办营利性机构""严格控制公立医院对外投资"。这样也就意味着此前一些合作形式，包括合作项目、承包科室、新建私人医院等在此后再也不能进行。虽然该文件还属于草案阶段，并没有正式施行，但一旦出台，公立医院与社会资本合作的形式会大大受限，而且现实中已经存在的公立医院与社会资本合作的"非法"项目该何去何从，该草案里并没有作出明确规定。自该草案公布后，一些省份根据国务院办公厅《关于支持社会力量提供多层次多样化医疗服务的意见》出台了地方关于支持社会力量提供多层次多样化医疗服务的意见，允许公立医院根据规划和需求，与社会力量合作举办新的非营利性医疗机构，鼓励公立医院与社会办医疗机构在人才、管理、服务、技术、品牌等方面建立协议合作关系。政策规定与草案的规定显然存在矛盾之处，究竟怎样对待政策和法律的不同规定，公立医院与社会资本的未来发展会是什么样，还有待进一步探索。

近年来，公立医院与社会资本合作的政策已经进入制定细则阶段，公立医院与社会资本合作政策愈加完善，但是也依然存在不成体系、缺乏相关监管制度、政策法规存在矛盾等问题。结合中国国情和医药卫生体制改革发展历程可知，建立多元化办医格局依然是深化医药卫生体制改革的重点方向，公立医院与社会资本合作的潮流并没有减退，只是具体合作模式、发展方式等方面会随着政策法规的不同规定而有所改变。

第四章
社会资本进入公立医院面临的机遇与挑战

近年来，在政策的强力推动下，社会资本积极参与医药卫生体制改革，医疗健康行业受到各方关注。但是，市场各方参与者必须对行业中的一些发展迹象高度重视。

公立医院引入社会资本，主要有融资租赁、共同设立营利法人、特许经营、整体转让、管理外包、服务外包等合作模式。无论哪种合作模式，双方各自的权利与义务都较为相似。医院以无形资产参与合作，以品牌、技术等优势医疗资源出资，负责协调合作范围内与所在地各主管部门的关系，保证合作项目具有合法资质，同时也为社会资本方免费提供所需场地。当设备折旧期满时，所有权归属医院。社会资本方的权利义务是，社会资本以现金、管理技术出资，帮助公立医院提高管理和技术水平，不定期邀请国内外专家顾问到公立医院访问讲学，举办学术会议，或者邀请专家到指定的医院进行培训讲课，提高专家和医院的知名度。

合作也给双方带来颇为明显的收益。在严格限制医院规模扩张的政策下，公立医院通过吸收社会资本"借鸡生蛋"，迂回扩张。比如，采购高精尖医疗设备不仅审批采购流程便捷，而且价廉物美；突破事业单位人事薪酬管理的限制，薪酬自主权提高，对人才引进十分有利；新设医疗机构不触动原有医院的产权性质，成为公立医院医师多点执业的场所，有效扩大医疗服务容量，患者可以在更大范围内得到优质服务。社会资本方则借公立医院的平台，快速进入医疗服务市场，依托医疗行业现金流大的优势，在金融市场获取高额回报。同时，社会资本还看重医疗设备、药品或耗材等供应链渠道的高额利润，进入医疗机构后以此获取丰厚回报。然而，社会资本投资公立医院也带来一些新的问题，如产权不清、合理回报问题等。[1]

第一节　社会资市进入公立医院面临的机遇

一、国家政策支持

从 2010 年起，我国中央层面和地方层面均出台了诸多利好政策来鼓励、支持和引导社会资本进入医疗服务领域，这些政策为社会资本进入公立医院提供了先决条件。中央层面如《关于进一步鼓励和引导社会资本举办医疗机构的意见》（国办发〔2010〕58 号），鼓励引导社会资本以多种方式参与包括国有企业所办医院在内的公立医院改制，《全国医疗卫生服务体系规划纲要（2015—2020 年）》明确"社会力量可以多种形式参与国有企业所办医疗机构等部分公立医院改制重组"；地方层面如北京市出台的《关于促进健康服务业发展的实施意见》《关于促进卫生与健康事业改革发展的意见》等文件鼓励公立医院与社会资本以特许经营的方式合作，福建省发布的《福建省属公立医院与社会资本合作办医实施方案（试行）》《关于规范省属公立医院与社会资本合作办医立项工作的通知》对福建省属公立医院的合作模式、立项工作等方面进行规定。这些国家政策不仅体现出社会资本参与医疗服务领域的重要性，还为社会资本合法地进入公立医院营造了良好的市场氛围。可以说，社会办医政策层面的松绑是资本进军医院的直接推动力。

二、医疗卫生服务需求增长

伴随着社会与医疗水平的发展进步，居民健康意识增强、老龄化社会到来等因素致使人们对基本医疗服务的需求不断增加，医疗市场也在不断扩大，为社会资本进入医疗服务领域创造了前提与机遇。"医改"之所以需要社会资本的参与，从根本上来讲，是因为国家财政无法以一己之力为全民提供高质量的医疗服务。

（一）人口老龄化

国家卫生健康委员会发布的《2021 年我国卫生健康事业发展统计公报》

---

〔1〕　邓勇："社会资本进入公立医院，缘何事与愿违?"，载《财经》2021 年第 10 期。

显示，截至 2021 年底，中国居民人均预期寿命由 2020 年的 77.93 岁提高到 2021 年的 78.2 岁。随着人口老龄化的加剧，我国已经进入老龄化阶段。据统计，截至 2021 年底，江苏 60 周岁及以上常住老年人口达 1883.68 万人，老龄化率达 22.15%，是全国最早进入老龄化社会和老龄化程度较高的地区之一[1]；北京市常住老年人达到 441.6 万人，占比 20.2%，正式迈入中度人口老龄化社会[2]。伴随着人口老龄化的到来，患心血管疾病等慢性病的人口同样越来越多，因此，社会对医疗服务尤其是慢性病等长期护理和非急性诊疗的需求也相应增加。但是现阶段护理康复床位占总床位的比例仍很低，医疗服务供给缺口较大。巨大的医疗市场和医养结合的发展趋势，对社会资本而言有着极大的吸引力。

（二）居民可支配收入增加

近年来，我国城镇居民人均可支配收入不断增加。根据国务院新闻办举行的 2021 年国民经济运行情况新闻发布会公布数据显示，2021 年全国城镇居民人均可支配收入为 47412 元。相应地，居民也加大了对医疗服务的支出，数据显示，2014—2019 年中国居民人均消费支出和人均医疗保健消费支出呈现同步增长的态势，2019 年中国居民人均消费支出达 21559 元，人均医疗保健消费支出达 1902 元。[3]虽然 2020 年受疫情影响，人均医疗保健消费支出略有下降，为 1843 元，但是总体来看，随着我国经济的快速增长，居民对医疗卫生服务的需求也在不断增长。

（三）居民健康意识提升

随着健康观念的转变，越来越多的人意识到疾病预防和健康管理的重要性。伴随着中国经济的快速发展，人均可支配收入逐年增加，居民在健康医疗领域所投入的资金也不断增加。虽然相对于其他国家，尤其是发达国家而言，我国居民医疗卫生总支出占国内生产总值的比例还是较小，根据世界银

---

〔1〕 每经网："老龄化率超过 22%，这个省明确：父母 60 岁后患病住院，独生子女可享带薪护理假"，载 http://www.nbd.com.cn/articles/2022-10-01/2487953.html，最后访问日期：2022 年 10 月 13 日。

〔2〕 中国新闻网："北京迈入中度人口老龄化社会 基本建立老年健康支撑体系"，载 http://www.chinanews.com.cn/cj/2022/09-30/9864655.shtml，最后访问日期：2022 年 10 月 1 日。

〔3〕 艾媒网："大健康行业数据分析：2020 年中国居民人均医疗保健消费支出达 1843 元"，载 https://www.iimedia.cn/c460/78378.html，最后访问日期：2022 年 10 月 10 日。

行 2014 年的数据，中国医疗卫生总支出占国内生产总值的 5.55%，还有很大的上升空间。[1]根据马斯洛需求层次理论，富裕起来的人们为了更健康、更有质量的生活，势必会将更多的资金投入到疾病预防和健康领域，这为社会资本进入医疗服务领域提供了巨大的市场。

（四）全民医保

我国全民基本医保体系逐渐完善，根据国家医疗保障局《2021 年全国医疗保障事业发展统计公报》数据显示，截至 2021 年底，我国城镇基本医疗保险和新农合的参保人数已达到 136 297 万人，参保率稳定在 95% 以上，基本实现城乡医保全覆盖。外媒评论中国的医疗保险堪称人类有史以来最大的社会福利计划。由于看病成本的大幅下降，就医人数出现了爆发式增长：2004 年以前，全国医疗卫生机构的年诊疗次数从未超过 23 亿次，2009 年这一数字暴增到 55 亿次，2015 年则达到 77 亿次。[2]全民医保的实施给居民医疗卫生服务需求提供了有力的经济保障，对已经进入或有意进入医疗服务领域的社会资本来说也是一大利好消息。

三、公立医疗资源存在不足

我国的医疗行业发展还存在不足，医疗费用上涨过快、医疗卫生资源总量不足、医疗质量不高、医疗资源结构与布局不合理等问题依旧突出，现实医疗需求难以满足，产生了"看病难、看病贵"的社会现象。

（一）供给不足且供需不平衡

我国公立医院每千人口床位数与每千人口执业（助理）医师、注册护士的数量都相对不足。与此同时，受到城镇化和老龄化的影响，就医难的问题表现明显，医患之间的矛盾增加，医疗资源供需不平衡问题日益加重，急需解决。[3]此外，随着我国群众对美好生活的日渐向往，公众对医疗服务的需求日益迫切，但我国公立医院医疗卫生服务供给难以满足社会公众多层次与多样化的医疗卫生服务需求，尤其是针对高收入人群的高端服务、贫困人群

---

〔1〕　胡慧心、于筠："对社会资本进入基层公立医院的初步探索"，载《现代医院管理》2017 年第 6 期。

〔2〕　胡慧心、于筠："对社会资本进入基层公立医院的初步探索"，载《现代医院管理》2017 年第 6 期。

〔3〕　张旭凯："公立医院引入社会资本模式研究"，福建师范大学 2021 年硕士学位论文。

的底线服务以及针对特定对象的特殊服务。

（二）医疗费用未得到有效控制

医药卫生体制改革后公立医院取消了药品加成，探索多种方式优化费用结构，在增加医院收入的同时期望可以尽量减轻病人的负担。然而公立医院的收入机制和方式并未从根本上改变，医疗成本高居不下，这既给病人增加了负担，又在一定程度上造成了医疗卫生资源的严重浪费。[1]

（三）人才有短缺和流失风险

我国公立医院承担着许多政府指令性任务，医务人员紧缺，工作负担重。此外，我国医疗行业风险高，医闹现象层出不穷，严重扰乱了医疗秩序，甚至涉及医护人员的生命安全。压力大、工作时间长、待遇低等因素使得公立医院面临人才短缺和流失的风险。

四、公立医院改革和发展的需要

公立医疗体系要改革，首先要解放和发展医疗服务能力。延续过去在经济领域"改革开放"的经验，发展民营医院、鼓励社会资本参与公立医院改革成了医药卫生体制改革中的重点话题。事实上也确实有许多社会资本向公立医院抛出橄榄枝，意在寻求多方位的合作，如中信医疗侧重于区域性产业运营，在广东省汕头市参与三家公立医院改革，布局康复、养老等机构；北大医疗则利用其系统内优质的医疗资源，收购鲁中医院、枣庄医院等多家公立医院，让各家医院的医生形成互动，形成自身的品牌阵营；而凤凰医疗与公立医院的合作则集中在托管运营，并不涉及医院产权。[2]据统计，公立医院数量连续6年下降，2021年有66家公立医院被兼并或重组，民营医院数量增加了1242个。

（一）拓宽资金渠道

我国公立医院属于事业单位，由政府投入资金并负责公立医院全寿命过程的资金提供。从政府财政投入来看，2015—2018年期间，全国医疗卫生与

---

〔1〕 王惠丹、时媛媛、王雅琴："从供给侧结构性改革看公立医院改革"，载《中国市场》2020年第27期。

〔2〕 雷公："从'兵家必争'到'烫手山芋'：社会资本难入公立医院"，载 https://mp. weix-in. qq. com/s/g6I9lUei4B2DSl_ U0hQRiQ，最后访问日期：2022年10月1日。

计划生育支出年增速总体呈递减趋势，其中 2018 年我国医疗卫生支出占全年 GDP 比重约 1.7%，距离发达国家占 GDP 比重 10% 的平均水平仍有不小的差距，整体医疗服务体系布局供给依然欠缺。[1] 公立医院运营较难，而传统的银行贷款融资又存在着额度低、还款周期短、利率较高等问题，公立医院不得不自行开拓融资渠道。为谋求更好的发展，公立医院需要多元化的筹资渠道，引入社会资本不失为其拓宽资金渠道的方法之一。社会资本进入公立医院，不仅可以缓解政府财政压力，拓宽了资金来源的渠道，还可有效分散与降低政府承担的风险。对于社会资本而言，也有利于盘活社会存量资本，拓宽社会资本投资空间。因此，对于有意向进入公立医院的社会资本，公立医院应当持开放、寻求合作的积极态度。

（二）提升管理水平

公立医院产权所属不明晰、财务制度松散、缺乏激励机制、管理理念滞后等问题，致使公立医院未来发展方向受到制约。在公立医院监督管理过程中，行政化特征显著，存在"管办不分"的问题：卫生部门与公立医院是行政方面的上下级关系，但同时卫生部门又需要对公立医院进行监督管理。由于该运作模式本身具备固有制度的限制，导致公立医院缺乏管理理念，没有降低医疗服务成本的动力，整体经营效率不高，难以发挥医疗资源的最大效用。在此背景下，公立医院有必要联手社会资本，引入国际先进的管理理念和体系，建立医院法人治理结构，通过企业化管理与经营，降低医疗服务成本，提高医院经营效率，激发公立医院提升优质资源的配置效率，给患者提供优质低价的服务，解决大众"看病难、看病贵"的顽疾。

同时，社会资本进入公立医院引入了竞争机制，促使公立医院不断增强管理能力、提高效率，有利于形成充分、合理、有序的竞争格局，在更好满足居民就医需求的同时，为其提供更大的自由。

（三）限制公立医院建设规模

公立医院规模过大会导致医疗卫生资源分配不均衡问题加剧，进而激化城乡医疗卫生发展不平衡的矛盾，收入水平较低的居民易形成因病致贫甚至因病返贫的现象。同时，公立医院规模扩张，对医护人员的需求量自然会上升，大量未经培训、经验不足的医护人员上岗，必定会造成医疗质量的滑坡

---

〔1〕　施佳："公立医院引入社会资本模式的探究"，载《现代经济信息》2019 年第 18 期。

公立医院与社会资本合作法律问题研究

和医疗风险加大。[1]因此，我国政府按照"总量控制、结构调整、规模适度"的原则，严格调控公立医院的规模，规定当公立医院每千常住人口医疗卫生机构床位数达到4张的，原则上不再扩大其规模。因为公立医院规模受限，其无法接待的患者势必会转向其他各级各类医院。在此背景下，有必要引入社会资本进入医疗服务市场，与公立医院合作，共同满足居民就医需求。

五、社会资本信赖政府

对政府的信赖，是社会资本持续对医疗健康领域投入资金的另一个原因。在黔南州医院与斯瑞公司一案中，贵州省高级人民法院（2018）黔民初49号判决中就曾提到："案涉项目的合作经过了黔南州政府、发展和改革委员会、卫生和计划生育委员会等部门的反复论证和推进，黔南州政府多次召开会议支持并推进项目的实施，斯瑞公司作为民营企业，其通过当地政府的一系列行为，有正当理由可以合理期待、信赖当地政府经过多次商讨决定的招商引资计划能得以顺利实施，斯瑞公司为此亦投入了资金，案涉项目一期主体工程已经完工，斯瑞公司对《投资协议》享有相应的信赖利益。"

六、社会资本的自身优势

医疗卫生服务作为一种准公共产品，具有公益性、非竞争性、非排他性和外部经济性的特征，可以而且有必要引入社会资本。[2]与事业单位体制的公立医院相比，社会资本具有灵活的运营机制和组织架构、市场意识强、创新能力好、有较高素质的人才队伍和管理经营能力，以及积极的投资热情和资金实力。因此其所办医疗机构在市场管理方面占有较大优势，有完善的职业化流程，有理念先进的管理方法，在管理体系方面趋于完善，在运营的过程中能够提升医院的整体工作效率，充分挖掘员工的潜能。社会资本与公立医院对客户需求的重视范围不同，社会资本更侧重于顾客的实际需求，商业嗅觉灵敏、创新动力足，将民营医疗机构引入市场，能够带动市场需求，有

---

〔1〕 张凤先："我国公立医院政府与社会资本合作（PPP）模式应用研究"，北京交通大学2018年硕士学位论文。

〔2〕 彭洁："公立医院PPP模式应用的影响因素研究——基于QCA的实证分析"，南京大学2021年硕士学位论文。

助于满足人民群众的多元化需求。[1]站在社会资本的角度，在目前医疗行业人员自由执业仍然有诸多限制的情况下，与作为行业主体的公立医院合作，是实现社会资本行业渗透的最佳途径。因此，将社会资本融入公立医院之中，双方可以优势互补，既有利于解决公立医院发展资金不足、运营管理滞后、资源供给不足等问题，又有利于社会资本分享医疗服务领域的市场。

第二节　社会资本进入公立医院面临的挑战

资本的本性是逐利，上市公司之所以抛售手中的亿元资产，必然是出于利益的考量。例如，2020年12月初，"民营医院第一股"恒康医疗决定转让旗下大连辽渔医院100%的出资人权益及与之相关的全部权益，转让价格为9000万元。曾经资本市场上的"香饽饽"，一时间成为烫手山芋。

社会资本不断涌入的同时，与医院的纠纷也在增加。以北京远程视界科技集团有限公司（以下简称"远程视界"）为例，在中国裁判文书网进行检索，从2017年10月起就有"远程视界"的诉讼信息。因逾期付款，一家融资租赁公司将合作医院及"远程视界"等告上法庭。一年后，同样因未收到租金，租赁公司将与其合作的一百多家医院告上法庭。尔后多家医院陆续收到法院判决败诉的通知，被要求继续履行租赁合同。

我们通过对公立医院与社会资本合作纠纷的部分裁判案例进行分析，发现社会资本进入公立医院面临诸多挑战。

一、国家制度方面仍有缺失

虽然国家之前已经出台了许多利好政策，鼓励社会资本进入公立医院，在保持医院公益性质的前提下使社会资本与公立医院进行相互融合。但目前的政策大多为纲领性的规划，在实际的操作中还是存在很多问题，比如在项目审批阶段手段复杂、程序不规范等，都是社会资本办医的阻碍，具体性和可操作性有待进一步明确。同时，社会资本的逐利性与公立医院强调的公益性互相矛盾，两者结合会存在一定的风险。因此，国家相关部门要给出合理

---

〔1〕 霍尔斯智库："关于社会资本进驻公立医院的思考与建议"，载 https://view.inews.qq.com/k/20210617A09HBW00？web_channel＝wap&openApp＝false，最后访问日期：2022年10月1日。

的框架，约定公私合作的具体方案和实施细则，既能够保持公立医院的公益性，又能使社会资本目标得到实现，同时还能有效控制国有资产流失的风险。

此外，2020年施行的《卫健法》一改先前的宽松态度，对公立医疗机构与社会资本合作进行了严格的限制，规定医疗卫生机构以公立医疗卫生机构为主导，且政府举办的医疗机构不得与其他组织投资设立非独立法人资格的机构，禁止政府办公立医疗卫生机构与社会资本合作举办营利性机构。

二、公众对社会资本不信任

社会办医毕竟不同于有政府背书保障的公立医院，相较之下，社会资本逐利性更强，公众及部分社会媒体对社会资本参与医疗服务抱有深深的戒心和担忧，持怀疑和反对态度，唯恐社会资本的参与会导致公立医院医疗服务质量下降、公共利益受损。社会资本进入公立医院或许能改善居民对社会资本的信任度，但是另一方面也可能起到相反作用，降低居民对公立医院的信任。

三、公立医院的公益性与社会资本趋利性之间存在冲突

公立医院把公益性放在首位，致力于为大众提供质优价廉的医疗服务，而社会资本更重视营利性。公立医院与社会资本目的的不同可能会导致在一些关乎医院和社会利益的重大决策上存在分歧，这种由于出发点不同导致的分歧和冲突不仅存在于项目的前期协商阶段，在项目后期的运营过程中也可能会出现，造成社会资本与公立医院合作的障碍。[1]换言之，社会资本进入公立医院，能够缓解公立医院资金不足的窘境，但公立医院也需要接受社会资本所带来的利益性经营。目前，还没有既能保证公立医院公益性，又能适合社会资本的投资回报形式及回报率的营利模式。

四、医院及其员工的抵制

社会资本进入公立医院后，医生和资本之间的摩擦时有发生，矛盾不止。如2020年5月，为了抵制三胞集团收购，彻底实现医院私有化，徐州市第三

---

〔1〕 霍尔斯智库：“关于社会资本进驻公立医院的思考与建议”，载 https://view.inews.qq.com/k/20210617A09HBW00? web_ channel＝wap&openApp＝false，最后访问日期：2022 年 10 月 1 日。

人民医院医务人员曾在病房大楼门前集合抗议，甚至拉出条幅，强烈要求纪检部门进驻医院；2019 年 8 月，湖北江汉油田总医院收购案中，副院长雷正秀公开抵制，直指收购方海王生物存在财务状况堪忧、收购操作不透明等问题。

很多大型公立医院本身其实并不愿意"转制"，公立医院是事业单位性质，如果社会资本进入，医院性质是否会发生改变尚无明确定论，一旦转制，对"人"的影响是最大的挑战。医务人员核心关注的是事业编制身份问题，另外，医生们在医院改制后是否能经营下去、医生如何回流、科研及临床平台的提供、个人上升通道等问题上也表示担忧。公立医院改制对人员安置包括医院原有的退休职工、编制内在岗职工、无编制人员及新聘人员等问题并未提出有效实施方案，这也是改革合作的争议所在。[1]

五、公立医院运营环境存在限制

现行公立医院的运营环境存在限制，无法满足所有形式的社会资本进入。公立医院的运营管理具有较高的技术复杂性，一般的社会资本都不具备医院运营管理的能力，尤其是大型三甲医院，运营起来更加复杂困难。从整体上讲，我国还未形成满足各种社会资本状况的政策体系。国内学者研究表明，引入债权资本和公益资本发展我国公立医院更具有现实操作意义，但即便是债权资本，也并不意味着所有形式的债权资本都可进入社会资本。因此，科学区分不同形式的社会资本，引导"优势"社会资本进入公立医院是鼓励和约束投资方的关键。[2]另外，医药卫生体制改革政策鼓励社会资本与公立医院合作新建非营利性医院，而非营利医院的利润只能用于医院自身的运营和发展，不能用于分红，这也给社会资本进入公立医院造成了阻碍。

六、产权不清晰

因有的合作模式涉及公立医院的混合所有制改革，从产权的角度分析，医院重组后由政府和投资方持股，有的社会资本所持股权比例甚至高于政府，当社会资本拥有医院的控股权后，很难避免其利用持股优势地位转变医院的

---

〔1〕　张广智等："社会资本参与公立医院改制重组的模式分析"，载《医学争鸣》2017 年第 2 期。

〔2〕　王丽秋："公立医院发展中社会资本运行模式及作用"，复旦大学 2010 年硕士学位论文。

经营性质谋取回报，也无法避免其通过控股权合法地变卖或置换资产，从而与医院的公益性相悖，并可能触及国有资产流失的问题。

但若社会资本持有的比例过低，将导致社会资本缺乏话语权，在医院的经营管理中难以实现自己的目的，从而导致投资医疗行业的积极性受挫。

七、投资回报的限制

（一）相对有限的投资回报率

公立医院所能获得的利润来源于基本的门诊、住院费、检查费、手术费等，若是没有利润较高的大检查和大手术，或者大检查和大手术数量少，则只能靠诊疗数量来提高医院收入，对社会资本吸引力相对较弱，需要找到共赢的投资回报方式，提升投资回报率。

（二）相对较长的投资回报周期

新建医院需要投入巨大的固定成本，收回成本并盈利的周期极长，就算社会资本进入公立医院后提高效率、扩大规模，也很难在短期内得到令其满意的回报。投资回报周期较长，意味着无法立竿见影地取得投资收益，社会资本未来收益情况的不确定性增加，这也成为社会资本进入公立医院的限制之一。因此，如果没有雄厚的产业资本，没有医院经营管理的经验，投资医院是一个冒险的选择。即使是财力雄厚的社会资本方，也需吃透国家支持医药卫生行业的政策，不要触碰政策红线。并且在与经营不善的公立医院进行合作前要审慎地进行背景调查，不要为取得一纸许可证书而去接手一个"烂摊子"。

八、社会资本的自身劣势

（一）融资能力不足

我国目前的投资环境对社会资本不是十分有利，尤其是在融资渠道和融资规模方面。主流的贷款融资中，银行偏好大国企，对社会资本设置重重障碍，在项目融资上尤其困难，一般都要求母公司连带担保；在其他融资渠道上，对社会资本开放的也较少。融资能力的不足制约了社会资本进入公立医院，尤其是大项目的竞标。[1]

---

〔1〕 程哲、王守清："我国民营资本参与医院 PPP 的 PEST-SWOT 分析"，载《工程管理学报》2012 年第 1 期。

（二）抗风险能力有限

与公立医院合作的项目往往具有较高风险以及较长的项目期，而社会资本一般规模偏小，资产负债率偏高，抗风险能力有限，整体竞争力不强。例如，在新郑市公立医院的私有化改制时，民营企业老板赵某先后控股新郑市中医院、新郑市第二人民医院，但随着其盲目扩张的投资策略失利后，该民营企业陷入资金短缺、运营困难的泥潭，赵某本人则自 2019 年 5 月之后，先后多次被上海市浦东新区人民法院、新郑市人民法院、郑州市中级人民法院等多地法院列入"老赖"名单。[1]此外，如果社会资本与公立医院发生纠纷，从已有案例来看，法院更倾向于维护公立医院一方的利益，若公立医院败诉，则多是源于其自身的原因。

---

〔1〕健康养老地产："民企老板拖垮本地两家公立医院成'老赖'，医院改制失败案例多 功过是非谁人解得？"，载 https://mp.weixin.qq.com/s? src = 11&timestamp = 1665405234&ver = 4096&signature = Cbe-znpoqnIzwPswXJKV4YaM2vwSjy * gkuXry9BYC6vFscD1JKvcaEPSBFBDiL3QIgNA6IyfMuq * HSXfAU906 sPj5PFDQNaOUoNA5VPReuvRwnDHOxZFI8ifcBmhq8UL&new = 1，最后访问日期：2022 年 10 月 10 日。

第五章

公立医院与社会资本合作的总体操作思路

2016年4月26日北京市医院管理局发布了本市首个公立医院医疗合作管理制度——《市属医院医疗合作项目管理办法（试行）》。据此，市属医院以托管、技术合作、医联体等形式开展的医疗合作，必须坚持公益性原则，未经批准，各医院不得以合作为由擅自输出医院品牌，谋取私利。作为首善之都，北京市医院管理局发布的公立医院医疗合作管理制度，对全国各地公立医院与社会资本方开展医疗合作项目管理工作具有较强的政策参考价值和业务指导意义。

第一节　合作应遵循的基本原则

一、坚持合作法治化原则

坚持合作法治化原则是依法执政、依法行政的必然要求。党的十八届四中全会提出"重大改革于法有据"，公立医院与社会资本合作办医是党领导深化医药卫生体制改革的重要举措，整个合作过程需要严格遵守法律，在法律的指引下合法合规操作。同时，政府在公立医院与社会资本合作过程中扮演着主导作用，坚持合作法治化原则也是政府通过行政协议、行政指导、行政监管等手段依法行政的具体表现。因此，合作法治化原则是公立医院与社会资本合作应遵循的首要基本原则。

坚持合作法治化原则，具体表现在以下方面：一是公立医院与社会资本合作办医本身是顺应党和国家的大政方针、于法有据的，本书"公立医院与社会资本合作政策梳理"章节中已经有明确体现。二是公立医院与社会资本合作的全流程要坚持合法合规进行。从项目的发起、框架协议的签订、不同合作模式下各类大大小小的合同的签订、合同履行、纠纷解决，直至社会资本最终退出机制等环节都要由专业法律人士严格把关，确保整个合作经得起法律的检验。三是政府在主导公立医院与社会资本合作的过程中要坚持依法行政。合作项目的发起、行政协议的变更和解除、有关信息的公开、医院建设、运行过程中的监管等均要依法进行，切忌"官僚作风"，超越职权、滥用职权，损害社会资本、国家和人民的利益。

当然，法律具有滞后性，合作法治化原则也不是僵硬死板的，要根据实际情况和利益协调并建立容错机制。在一定的条件下，应建立试点，允许公立医院与社会资本积极创新，先行先试。政府要在其中全面协调衡量，把控风险，积极防损减损。值得注意的是，政府、公立医院、社会资本三方应在坚持合作法治化原则的基础上做到"随心所欲不逾矩"。

二、坚持公益性原则

（一）公益性与逐利性并不矛盾

公立医院的公益性和医疗服务的公益性是两个不同的概念，公立医院与社会资本合作办医既要坚持公立医院的公益性，又要坚持医疗服务的公益性。并且，坚持公益性原则与社会资本逐利性并不矛盾，二者完全可以统一起来、相得益彰。

公立医院的公益性至少表现在以下三个方面。其一，保障公立医院的正常运行，保证国有资产不流失。随着财政支持程度的降低，公立医院为了保证自身生存、发展新技术、吸引和引进高水平人才，将医疗服务作出适度高于成本的定价，正是其公益性的体现。[1]其二，为了节约医疗资源，减少国有资产的浪费，公立医院所实施的一系列提高医疗效率的行为也是其公益性的体现。其三，公立医院为民众提供基本的医疗保障服务，维持尽可能齐全的科室，满足民众（特别是那些民营医院不愿意收治的患者）多层次的医疗需求，为公共卫生突发事件（如地震、矿难、瘟疫等重大自然灾害和安全事故）提供医学救援，更是其公益性的体现。

医疗服务具有公益性，实质上是将医疗服务视为一种公共产品。事实上，公共产品完全可以由民营企业来提供，只要政府同意采购即可。同时，医疗服务的公益性要求国家在向公民提供医疗服务的过程中要注重公平和效率，

---

〔1〕 杨菲："论公立医疗机构的公共利益性"，载《医学与社会》2008 年第 8 期。

既要保证充足的医疗服务供给，又要压缩成本，提高供给的质量和效率。也就是说，如果要求国家对不同收入水平的病人所接受的不同类型的医疗服务都不加区别地全部买单，不仅会造成国家财政的巨大压力，还会影响社会公平。实际上，更务实的做法是，国家设计基本医疗保险制度，保障全民都能享受到基本医疗卫生服务。[1]同时，为低收入人群在基本医疗保险覆盖范围之外产生的医疗费用提供适当的补贴，或者通过公立医院救济在基本医疗保险制度覆盖的费用之外无支付能力的病人。[2]

基于上述分析，社会资本完全具有投入到医疗服务供给的大潮中的积极性，与政府一道，共同完成具有公益性的医疗服务的供给任务。

（二）公益性并非公立医院所独有

医疗服务公益性的本质在于促进全民健康，包括预防疾病和治疗疾病。医疗服务公益性的着眼点应该是病人和健康，而不是医院或者疾病。从这一点出发，医疗服务的公益性并非为公立医院所垄断，而是所有医疗机构的基本属性。任何一家医院，不管其承担的是医疗保健职能还是疾病治疗职能，不管其产权性质如何，不管其是否以营利为目的[3]，只要它能提供促进民众健康的医疗产品，它都具有医疗服务的公益性。

另外，医疗服务的公益性还表现在患者承担的医疗费用的比例上，即医疗费用能报销多少。能报销的比例越高，民众医疗服务公益性的直观感受就越强烈。由此可见，医疗服务的公益性与医院的所有权性质无关，只要产生的医疗费用能够得到相应的财政补贴，此类医院就可以表现出公益性。同时，在一些地方，由于财政补贴比例的降低，一些公立医院会采取过度医疗等方式，攫取不当利益，这也是近来被人们诟病的公立医院公益性淡化的表现。相反，如果民营医院能够为民众提供公平可及、质量优良的医疗服务，其也可以作为实现医疗服务公益性的主体。

（三）公立医院与社会资本合作办医公益性之体现

只苛求公立医院履行义务，提供赔本医疗服务的是伪公益性。真正评价

〔1〕 陈竺、高强："走中国特色卫生改革发展道路 使人人享有基本医疗卫生服务"，载《中国卫生产业》2008 年第 3 期。

〔2〕 严妮、沈晓："非营利性公立医院改革：弱势群体的医疗服务"，载《中国医院管理》2015 年第 5 期。

〔3〕 牛正乾："维护公立医院公益性是个伪命题"，载《中国社会保障》2008 年第 11 期。

公立医院是否具有公益性，要将其放在整个社会医疗保障体系中来观察。从这个角度，要评价公立医院的改制方式是否具有公益性，主要有三个标准：其一，这种方式是否符合公立医院的生存发展需求；其二，这种方式能否保障民众获得公平、可及的基本医疗服务；其三，这种方式能否帮助公立医院提高效率、压缩成本。据此三点，本书中提及的公立医院与社会资本合作办医模式均坚持了公益性原则。

1. 公立医院 PPP

公立医院 PPP 通常是由社会资本承担基础设施的设计、建设、运营、维护等工作，通过必要的"政府付费"和"使用者付费"来获得投资回报。同时，为了保证公共利益，政府还会对基础设施的质量及公共服务质量和价格进行监管。例如，在凤凰医疗集团的 IOT 模式中，通过对医院进行投资，改善医院的医疗设施和诊疗服务水平，凤凰集团能够获得在一定年限内管理和运营医院，收取医院管理费，以及为医院供应药品、器械及耗材的权利。合作期满后，凤凰医疗集团从公立医院退出，整个医院移交给政府管理，移交的内容包括医院的所有软件、硬件资产，还包括管理方式、运营机制、员工团队及合作期间取得的知识产权等。运用此种模式，医院的医治效率得到明显提升，过度医疗基本得到遏制，患者满意度也得到明显提高。

对于这种模式，公立医院建设的资金部分由社会筹集，首先解决了公立医院的生存问题。同时，在这种模式下，政府有限的资金可以举办更多的医院，能够有效保证医疗服务的充足供给。结合我国确立的基本医疗保障体系，这种模式可以保障民众以公平的价格享受到医疗服务。此外，政府和社会资本都会积极地对公立医院的运行效率和运行成本进行监督，这可以倒逼公立医院降低成本、提高效率。因此，这种模式符合公立医院的公益性原则。

2. 特许经营

特许经营是指，经授权的政府办公立医院依法将公立医院的品牌、商标、专利等无形资产以及技术、服务、管理等以特许经营协议的形式提供给社会资本举办的医疗机构使用，被特许方按照特许经营协议约定，在特定的期限内以统一的经营、管理方式和服务流程向社会提供健康服务，并向特许方支付特许经营费用的活动。特许经营能够达到引入社会资本的效果，而且对获取特许经营权的主体没有非营利性的强制要求。

特许经营模式下，公立医院获得的特许经营费用能够缓解多数公立医院负债经营的现状，保证其健康生存。同时又能相应减少公立医院因过度检查、大处方等形式获得的不合理收入，压缩公立医院成本、提高效率，还能将优质医疗资源下沉到被特许的医疗机构，使基本医疗服务和优质医疗资源更加公平可及。因此，特许经营模式符合公立医院的公益性原则。

3. 委托管理

公立医院托管包括大型公立医院对中小医院的托管、医院对专门管理机构的托管和原医院内部管理层对医院的托管，比较常见的是第一种。委托管理模式的公益性可以借助宁夏医科大学总医院托管民营慈济医院事件剖析：一位患者去宁夏医科大学总医院就医时，却被告知要到慈济医院做检查，而慈济医院所有的门诊医生，都是来自宁夏医科大学总医院的专家。同时，宁夏医科大学总医院有近千名医生入股了慈济医院。对于这种情况，原宁夏卫生和计划生育委员会进行了紧急叫停（宁卫计发〔2017〕249 号），但并没有对医院托管给出最终的定性。在这一事件中，公立医院职工入股托管民营医院，要求患者转到其他医院重新挂号、重新排队，满足的是医院职工的逐利意愿，而不是公立医院的生存发展，并不能保障民众获得公平的医疗服务，也增加了医院的服务时间和服务成本，降低了服务效率，不能体现公立医院的公益性。但是，如果仅为医院间的托管行为，大型公立医院能帮助中小医院提高服务质量和水平，从而帮助中小医院吸引患者，这符合中小医院的生存发展需求，同时，也能帮大医院疏解人流量，给大医院更多的时间去研发新技术、新服务，也符合大型公立医院的生存发展需求。此外，这使得民众在家门口就能享受到公平可及的优质服务，盘活了中小医院闲置的医疗资源，提高了整个医疗保障体系的资源利用率，能够很好地体现公立医院的公益性。

4. 混合所有制改革

混合所有制医院是指由公有资本和社会资本按一定比例出资参股，以国家法律、制度和市场规则为医院治理机制的混合经济性质的医院。[1]混合所有制模式下，通过引进社会资本，完善公立医院的医疗设施，建立先进的法人治理结构，使公立医院的运作更加高效规范，改变公立医院先前管理机构庞大、管理费用浪费严重等现象，减少不必要开支，促进公立医院良性生存

---

〔1〕 方鹏骞、张凤帆："关于构建混合所有制医院的思考"，载《中国机构改革与管理》2015 年第 2 期。

发展。典型的如贵阳第六人民医院，其通过混合所有制改革，建立和重点发展了成熟的科室，在惠及更多患者的同时，医院运营效益也有所改善，运行效益进一步转化为公平、优质的医疗服务，从而形成良性循环，真正保证公立医院和医疗服务的公益性。

5. 股权投资并购

股权投资并购模式下，出资方医院以品牌、技术等优势医疗资源出资，社会资本以现金、管理技术出资，新建或者改造原有医院，所设医院不触动原有医院产权性质。新设医院以原有优势专科、品牌效应为筹码，打造营利性医疗连锁机构。医院可在不同地区选择不同社会资本进行合作，利用连锁方式新设医院。连锁医疗机构在实际运营中将优质医院方的品牌、技术、管理不断延伸和下沉，满足更多患者不同层次的需求，惠及更多的地区和百姓。

股权投资并购模式的典型案例有温州老年病医院。温州老年病医院借助中医院的特色学科和精干医疗团队作为老年病医院的业务支撑，在满足老年患者看病基本需求的同时，实现了门诊和住院的"双增长"。因此，股权投资并购模式保证了公益性基本原则的贯彻。

三、坚持国有资产保值增值原则

公立医院由政府相关部门出资建立，政府对其进行财政拨款和补助，因此公立医院是全民所有的，公立医院资产属于国有资产或者集体资产，政府仅是所有者代表，代表人民对医疗服务行业进行管理，公立医院的管理层则是政府手臂的延伸。因此，公立医院在与社会资本合作的过程中，不能随意处置医院资产，必须保证国有资产不流失，做到国有资产的保值甚至是增值，这是公立医院与社会资本合作办医过程中正确处理国家、集体、个人之间利益关系的必然要求。

为此，在实操中需要对公立医院现有资产进行全面、公正、科学、规范地评估，准确测算出国有资产所占的比例，真正做到产权明晰。在制定医院收益分配方案时，要首先考虑到国有资产所创造的收益，切实实现国有资产的保值与增值[1]。

---

〔1〕岳荣荣："我国公立医院产权改革股份制模式研究——以张家港市某医院为例"，南京中医药大学 2012 年硕士学位论文。

四、政府主导与监管相结合原则

公立医院与社会资本合作本质上是政府履行医疗卫生供给服务的一种形式，政府在整个过程中应积极发挥"掌舵者"的角色。同时，在新公共服务理论背景下，管办分离理念也要求政府不能既做运动员又做裁判员，政府也应积极扮演好"服务者"的角色。因此，公立医院与社会资本合作应坚持政府主导与监管相结合的原则。

（一）政府主导

公立医院是由政府举办的医院，是带有福利政策的公益性事业单位，提供医疗服务尤其是基本医疗服务是政府不可推卸的责任。因此政府在公立医院股份制改革中要切实发挥主导作用，主动承担责任，指挥、协调、推进公立医院与社会资本合作的各个环节，确保合作顺利、有序进行[1]。

具体而言，合作发起阶段，政府要积极做好合法合规性审查，严格把关社会资本的各项资质，确保合作符合法律和各地方政府政策文件的要求。合作推进阶段，政府要克服懒政、怠政之风，积极履行审核、批复等各项职责，引导公立医院与社会资本的合作高效展开。合作终止阶段，政府要协调做好各项安排，妥善处理可能出现的纠纷及争议，确保合作平稳终止，甚至是主导引入新的社会资本。同时，在整个合作过程中，政府要做好公共利益的代言人，耐心答复并解决来自媒体、公众等方面的质疑，对社会资本方予以合理管制，防控社会资本不合理的逐利行为对公益性的侵蚀风险。

（二）政府监管

医疗服务市场不同于一般的商品市场，公立医院承载着公益与效率的双重职能，公益性医疗服务存在市场机制失灵的缺陷。开放市场在扩大社会资本流入空间、增加医疗服务的供给、引入竞争性、提高了医疗服务质量的同时也导致许多始料未及的问题，如寻租问题、逆向选择问题、道德风险、撇脂行为、引导患者过度消费等。因此，政府应作为公立医院与社会资本合作过程中的主导力量，扮演好公共利益代言人的角色。否则，不仅会加大公立医院与社会资本合作的阻力，而且可能导致合作本身的合法性受到社会公众

---

〔1〕 赵映："公立医院产权制度改革的股份制模式研究——基于河南省某医院的实证调查"，南方医科大学2015年硕士学位论文。

的质疑。此外，政府作为公共医疗卫生服务的提供者，公立医院与社会资本合作办医不能全面取代政府的角色。因此，政府应做好公立医院与社会资本合作的掌舵人，强化自身的监管能力，承担起监督与评估的核心使命。

为保证良好的市场运行秩序，政府应对医疗机构进行严格监督，保证医疗服务市场公平竞争，打击垄断行为[1]。但是，政府在履行监管职责的同时，需要注意，公立医院与社会资本合作办医的意义在于释放市场的力量，按照公益法人模式，政府出资设立公立医院后，就应进行所有权与经营权的分离，不随意干预公立医院的经营[2]。

政府在公立医院与社会资本合作的过程中要指挥协调合作的各方面工作，妥善处理出现的矛盾和问题，确保合作顺利、稳步推进。在实现公立医院与社会资本合作改革的平稳过渡后，政府依旧不能"甩包袱"。政府需要清晰地认识到自己在医疗服务行业的监管责任，不断强化监管能力，防范医院后期运营过程中各种违法违规行为的发生，确保医疗服务机构沿着正确的轨道发展[3]。

五、坚持风险防范控制原则

风险是指某一特定环境和时间中，某种损失发生的可能性。风险防控，也称风险管理，主要是指可能面临风险的个人或组织有目的、有计划地进行风险识别、风险分析、风险评估、风险处理等工作，以降低风险可能造成的损害的决策及行动过程[4]。具体到公立医院与社会资本合作办医领域，风险防范和控制原则是指政府、公立医院和社会资本等主体在合作办医的过程中，要有意识地识别、预判可能存在的政策、法律、不可抗力等各方面的风险，并采取针对性的措施应对风险，及时防损减损。

首先，政府作为"掌舵者"和公共利益的代表，在公立医院与社会资本

---

〔1〕 冯显威、黄严："公立医院产权制度改革理论与模式分析"，载《医学与哲学》2005年第5期。

〔2〕 陈文贵、邬力祥："新医改背景下公立医院产权多元化改制机理研究"，载《求索》2017年第3期。

〔3〕 赵映："公立医院产权制度改革的股份制模式研究——基于河南省某医院的实证调查"，南方医科大学2015年硕士学位论文。

〔4〕 高颀："《行政诉讼法》修订背景下的交通运输行政诉讼风险防控"，载《现代法治研究》2017年第4期。

合作过程中面临诸多风险，例如，如何对公立医院的产权进行合理、公平地定价，如何具体操作改制，如何避免国有资产流失，如何防止操作过程中的腐败等。其次，公立医院在合作前期和实操阶段均面临风险。公立医院在合作前期面临的风险主要是来自职工的反对。典型的如娄底市第一人民医院，职工对社会资本的资质、经营情况、合作后医院的发展方向等充满质疑，强烈反对合作的推进，给公立医院改革工作造成巨大阻力。在合作实操阶段，公立医院还面临着增挂牌的名称、医院的诊疗范围、诊疗技术的审批、医师多点执业、院内制剂等多方面合法合规的风险，上述事宜均要符合卫生行政部门的有关规定。再其次，社会资本在合作过程中也面临投资的主体选择、回报机制的合法性、政府违约等多重风险。最后，公立医院与社会资本合作办医还应考虑社会效益，保证医疗服务的公益性。由此可见，政府、社会资本、公立医院、社会公众均面临着一定的风险。因此，公立医院与社会资本合作的过程中一定要坚持风险防范控制原则，不断完善各种管理制度和措施，做到合法合规，多方共赢，有效防范和化解各类风险。

本书在具体分析各个合作模式的过程中，将重点对各种合作模式的风险和防控进行论述。

六、坚持正当程序原则

坚持正当程序原则是公立医院与社会资本合作法治化的必然要求。首先，正当程序原则要求政府、公立医院和社会资本方应遵循一定的操作流程开展合作。比如合作前要进行充分的调研、考察，进行可行性论证。合作过程中要严格按照法律规定的程序到有关部门履行各项审批手续。其次，正当程序原则要求信息公开。政府、公立医院要将应当公开的事项向公众和医院职工公开，特别是医院混合所有制改革模式下，要确保职工知情。最后，正当程序原则要求公众参与。涉及公共利益的事项，政府要召开听证会，征求公众意见。涉及医院职工权益的事项，公立医院要召开职工大会，倾听职工意见，必要时还应征得职工同意。

本书将在具体分析各个合作模式的过程中，结合有关案例对合作的操作流程、信息公开、职工参与等进行详细论述。

第二节　合作的操作流程

一、合作前的考察评估

公立医院应在开展医疗合作前对合作医疗机构或社会资本方的资质、诚信记录、技术管理水平和综合实力等情况进行考察评估，对合作方提供的相关资料严格审核，客观分析自身承载能力，结合医院功能定位、发展战略、总体规划等合理选择合作对象及合作模式。

二、明确合作对象的资质要求

应当对合作对象的资质作出以下要求：一是应具有独立法人资格，能独立承担民事责任；二是托管对象、被特许对象、技术合作对象和医联体的合作对象必须为经当地卫生行政部门批准成立的医疗机构；三是在医疗行业或监管机构无不良记录；四是应获得医疗机构资产所有权方同意。

三、明确申报合作意向应提交的材料

一是申请方应提交《医疗合作项目申请书》，该申请书中应简要说明申请医疗合作项目的理由（背景、意义、合作的必要性和可行性），合作内容及目标，拟解决的关键问题及预期成果（内容要具体，方案要可行，目标、成果要明确），合作双方对项目的投入（包括人才、技术、理论、资金和设备等资源的投入和使用方案，各方优势及互补性），实施方案及方式（包括合作各方任务分配、工作计划等），公立医院简况（说明公立医院开展医疗合作的承载能力以及与医院发展战略、总体规划、目标定位的关系），合作方机构简况（合作方机构的基本情况、资质、诚信记录、技术管理水平和综合实力等）以及双方已具备的合作基础；二是公私医疗合作可行性研究报告，主要评估合作是否影响公立医院的事业发展和正常工作，包括合作情况（如合作理由、合作方式、合作期限、预期经济效益和社会效益分析等）、实施方案等。

四、明确报批合作项目应提交的材料

一是应提交合作请示，明确合作目的；二是应提交按照医院"三重一大"

事项决策程序讨论通过的会议纪要、会议决议等相关材料和经医院办公会、党委会（理事会）、职工代表大会等讨论通过的会议纪要等相关材料；三是应提交征求法律机构意见后，拟签订的合作协议文本。此外，上述合作中，凡涉及国有资产管理、评估的，应执行当地财政部门的有关要求。

五、明确合作协议的必备内容

公立医院开展对外医疗合作必须聘请专业律师，起草和签订书面合作协议。合作协议中应明确合作方、合作目的、合作内容、合作范围、合作有效期限、双方的权利和义务、合作相关费用的确定方法、合作相关费用的标准、合作相关费用的资金流转、调整程序、合约的终止和变更、违约责任、争议解决方式以及双方认为应该约定的其他事项。

六、批复合作项目

一是医院管理部门中的牵头处室应根据合作类型及内容，征求相关业务处室和外聘法律顾问（如有）或单位中法务工作者的意见、建议。二是医院管理部门的牵头处室汇总相关业务处室意见、建议，经主管领导同意后，提交医院管理部门负责人办公会（如院长办公会）讨论。同时，各公立医院要根据医院管理部门业务处室的意见、建议，修订、完善合作协议及相关材料，并在院长办公会进行汇报。三是医院管理部门中的牵头处室应根据院长办公会意见要求各公立医院完善合作协议。四是涉及对外投资、非经营转经营等国有资产的重大调整和使用的，应经所在地卫生行政部门审核后报所在地的财政部门审批。五是医院管理部门中的牵头处室根据院长办公会及所在地的卫生行政部门与财政部门的意见，下发是否同意签署合作协议的批复，或补充完善材料后再下发是否同意的批复；不予批准的，应说明理由。

第三节　合作的监督管理

一、监督管理所涉部门

一是涉及公立医院品牌使用、商标、专利、技术及管理等有合作收益的项目，应由当地医院管理部门中的改革发展部门来牵头，会同相关处室共同管理，负责医疗合作工作的指导、协调、日常管理和评估工作；二是涉及对口支援、政府指令性任务及技术合作等无合作收益的项目，应由当地医院管理部门中的医疗护理部门来牵头，会同相关处室共同管理，负责医疗合作工作的指导、协调、日常管理和评估工作；三是涉及公立医院国有资产评估、转让、拍卖等，应当由公立医院所属的国有资产管理部门来牵头负责。

二、监督管理的主要内容

一是公立医院应认真履行协议（合同）约定事项，加强合作管理，坚持责、权、利相统一。协议有效期内，需对协议进行修改，涉及合作内容、收益等问题的，经双方协商一致，应及时报当地医院管理部门审核。二是合作期满需延长的，应在合作期满前 3 个月报医院管理部门审核批准。合同提前解约的，须向医院管理部门报告，并说明有关情况。三是委托管理、特许经营合作期限内，公立医院每年须对合作项目进行总结，并上报医院管理部门。四是医院管理部门对合作工作进行监督和管理，除政府指令性任务要求外，不参与合作具体事项开展。如认为有必要，医院管理部门可组织专家对合作情况进行评估，提出合理化建议，医院应予以采纳。五是合作收益方面，各类医疗合作所取得的收益，应按照行政事业单位国有资产收益及处置资金预算管理文件以及有关国有资产管理的相关规定，做好预算管理工作。六是医疗合作项目的命名一般应遵照以下原则：①委托管理合作项目可命名为"××医院（受托方）托管××医院（委托方）"；②共建共管合作项目可命名为"××医院与××（合作方）共建共管××"；③特许经营合作项目可根据市属医院名称命名为"××医院特许经营"或"××医院××专业（科）特许经营"；④技术合作项目可根据合作内容命名为"××医院与××医院合作"或"××专业（科）与××专业（科）合作"；⑤医疗联合体合作项目可根据合作内容以核心医院名称命名为"××医院区域医联体"或"××医院××学科医联体"；⑥医疗集团合作项目可根据核心医院名称命名为"××医疗集团"。

最后，我们认为，通过以上举措的具体实施，必将进一步规范和加强公立医院对外医疗合作的管理工作，有效防范公立医院对外经营中的风险，从而保障医院的合法权益，促进医院健康良性发展。

第四节　合作的合规风控

一、公立医院不得与社会资本合作举办营利性医疗卫生机构

《卫健法》第 39 条第 3 款规定："以政府资金、捐赠资产举办或者参与举办的医疗卫生机构不得设立为营利性医疗卫生机构。"第 40 条"不得与社会资本合作举办营利性医疗卫生机构"的规定进一步明确了公立医疗卫生机构与社会资本合作的路径，那就是只能设立非营利性医疗机构，不能改变医疗机构的性质，而且"非营利性医疗卫生机构不得向出资人、举办者分配或者变相分配收益"。这一规定既是对既往公立医疗卫生机构改变性质，从非营利性转制为营利性与社会资本合作分成模式的否定，同时也是对部分大型公立医院与社会资本合作成立混合所有制营利性医疗机构模式的否定。[1]

虽然法律并未规定"合作举办"的具体内涵，但按照通常理解，公立医院直接以货币或非货币形式出资与社会资本共同设立营利性医疗卫生机构，今后应属违规。另外，《卫健法》第九章法律责任部分并未明确规定公立医院与社会资本合作举办营利性医疗卫生机构的法律责任，但并不意味着此举没有违法成本。一方面，不排除后续出台的配套法规作出补充性规定的可能；另一方面，即便没有设定行政法律责任，从民事法律风险角度来看，《中华人民共和国民法典》第 153 条第 1 款规定："违反法律、行政法规的强制性规定的民事法律行为无效。但是，该强制性规定不导致该民事法律行为无效的除外。"因此，违反《卫健法》第 40 条第 3 款的行为，易导致双方合作协议效力争议纠纷。[2]

二、公立医院不得与社会资本合作举办非独立性医疗卫生机构

《卫健法》第 40 条第 3 款明确提出"政府举办的医疗卫生机构不得与其他组织投资设立非独立法人资格的医疗卫生机构，……"这一条款规定了合

---

〔1〕　谈在祥："公立医疗机构与社会资本合作办医的政策与法律边界研究——基于《基本医疗卫生与健康促进法》"，载《卫生经济研究》2020 年第 8 期。

〔2〕　姚嘉："《基本医疗法》出台后，公立医院如何与社会资本合作？"，载 https://mp.weixin.qq.com/s/NoV0lNtgd15aIENpUACeVQ，最后访问日期：2022 年 10 月 14 日。

作的另一红线，打破了既往政策在这一领域的尝试。该规定是对 2015 年国务院办公厅颁布的《关于促进社会办医加快发展的若干政策措施》的限制，国务院办公厅文件当时未明确禁止社会资本与公立医疗机构合作举办营利性机构。近年来，公立医院承包有关科室给社会资本、公立医院有关科室与社会资本合作约定收益分成、社会资本通过在公立医疗机构投放大型医疗设备获取高额回报、社会资本与公立医院合作举办非独立法人的院中院等合作方式为法律所禁止，同时，《卫健法》第 39 条进一步明确医疗卫生机构不得对外出租、承包医疗科室。因此，公立医院和社会资本应当守住底线，避免设立非独立性医疗卫生机构。[1]

三、保持公益属性

习近平总书记强调要把保障人民健康放在优先发展的战略位置，坚持基本医疗卫生事业的公益性，聚焦影响人民健康的重大疾病和主要问题，加快实施健康中国行动，织牢国家公共卫生防护网，推动公立医院高质量发展，为人民提供全方位全周期健康服务。

《卫健法》第 3 条规定："医疗卫生与健康事业应当坚持以人民为中心，为人民健康服务。医疗卫生事业应当坚持公益性原则。"公立医院回归公益性，是医疗卫生规律和制度发展现实的双重必然。公益性是指为社会公众谋取利益。医疗卫生服务作为满足公众医疗卫生需求的一项公共服务活动，具有普遍可及性和普遍可负担性。所谓普遍可及性指的是居民能够很方便的看病就诊，即解决看病难问题；所谓普遍可负担性指的是居民能够以可承受的价格看病，也就是解决看病贵问题。公众只有享受到基本的医疗卫生服务，才能有精力去做更多的事。[2]公立医院的公益属性是其存在的根本，在与社会资本合作时，应当坚持提供公共卫生服务与基本医疗服务的根本宗旨，允许社会资本在高端医疗、特殊需求、产业链和非医疗核心之外的经营中获得利益，以补偿基本医疗服务的损失，但任何时候，与任何投资者合作，都不能改变公立医院的公益属性和公益特征，在保障公众基本健康需求的前提下

---

〔1〕　谈在祥："公立医疗机构与社会资本合作办医的政策与法律边界研究——基于《基本医疗卫生与健康促进法》"，载《卫生经济研究》2020 年第 8 期。

〔2〕　宋元超："我国医疗卫生服务公私合作研究"，长安大学 2015 年硕士学位论文。

开展合作。

具体而言，公立医院和社会资本合作时应从以下几个方面保持和体现公立医院的公益性：①在定位上，公立医院运行的目标应当体现政府意志和社会利益，而不是以自身的发展和营利为主要目标；②在资源配置上，公立医院的资源配置应当着眼于缩小地区、城乡和人群之间的医疗服务水平差距，尤其注重为弱势群体提供医疗服务，保障全体人民能够公平地享有安全、方便、支付得起的基本医疗卫生服务；③在成本控制上，公立医院体系应当起到平抑医疗服务价格，控制医疗服务总成本的作用，采取符合我国国情的低成本、高收益的适宜技术、适宜药品，严格控制高端服务和享受性消费挤占资源；④政府建立起有利于公立医院实现公益性的投入机制、管理体制和激励机制。[1]

四、仔细调查辨别社会资本

从已有案例看，法院更加倾向于维护代表社会公共利益一方的公立医院。院方败诉的案例，多是源于自身的原因。如在"远程视界"与医院的纠纷案中，据不完全统计，截至 2020 年 7 月 11 日，有 65 家医院收到败诉判决。首先是地方医院的轻信。例如，四川省某县中医院，因为"远程视界"拿出一份名为"四川省扶贫基金会远程会诊互联网+扶贫项目实施指南"的文书，医院误以为其具有"官方"身份。其次是被利益诱惑失去戒心。有的公立医院面对极具诱惑的合作条件，仅凭以往经历草率决策。社会资本从医院的痛点切入，提供设备、专家、技术等打包服务来打动地方医院。在"远程视界"与医院的协议中可以看到，医院用每个月远程医疗项目收入的 25% 来归还医疗设备的融资租赁本息。本息偿还后，医疗设备归医院所有，此外还有 25% 的诊疗收入。若诊疗收入不足以完成还款计划，差额部分由"远程视界"垫付。最后就是公立医院法律意识不强。比如在医院与"远程视界"的合作中，设备采购协议虽然是租赁公司与"远程视界"签署的，金融租赁保证金和手续费由"远程视界"替合作医院支付，但采购设备清单要由合作医院盖章确认，且医院需提供融资租赁所需材料。医院负责人在签订合同几天前才知道需要医院担保融资，并在签订合同时才看到合同原文。对方反复强调该合同

---

〔1〕 李玲、江宇，"公立医院改革如何破题"，载《中共中央党校学报》2009 年第 4 期。

为格式合同，所有医院签订的内容都一样，没法更改。由此可见，公立医院与社会资本合作时应当在做过详细背景调查以及审核之后再开展，提高风险防范意识。[1]

五、确保程序合法

在合作前进行考察评估，明确合作对象的资质要求之后，进入合作阶段需要确保程序合法，注重提交材料的真实性和完整性。

首先要进行申报，申报环节要提交的材料具体包括：一是《医疗合作项目申请书》，申请书中应简要说明申请医疗合作项目的理由，合作内容、目标、拟解决的关键问题及预期成果，合作双方对项目的投入、实施方案及方式。二是公立医院简况、合作方机构简况以及双方已具备的合作基础。三是医疗合作可行性研究报告，需要评估合作是否影响公立医院的事业发展和正常工作。

进入报批环节应提交的材料具体包括：一是合作请示，明确合作目的。二是提交按照医院"三重一大"事项决策程序讨论通过的会议纪要、会议决议等相关材料。三是拟签订的合作协议文本，文本内容事先应征求法律机构意见。此外，上述合作中，凡涉及国有资产管理、评估的，应执行当地财政部门的有关要求。

签订对外医疗合作协议时需要明确必备内容，包括合作方，合作目的，合作内容、范围及有效期限，双方的权利和义务，合作相关费用的确定方法、标准以及资金流转，调整程序，合约的终止和变更，违约责任，争议解决方式以及双方认为应该约定的其他事项。

批复合作项目需要经过多方把关之后审批同意。一是征求相关业务处室和外聘法律顾问或单位中法务工作者的意见、建议。二是汇总相关业务处室意见、建议，经主管领导同意，提交医院管理部门负责人办公会（如院长办公会）讨论。根据讨论建议修订、完善合作协议及相关材料，并在院长办公会进行汇报。三是医院管理部门中的牵头处室应根据院长办公会意见要求各公立医院完善合作协议，至此协议已根据多方建议修改完善。四是涉及对外

---

〔1〕　邓勇："社会资本进公立医院，光有钱还不够"，载 https://mp. weixin. qq. com/s/8tmA9_UBUwo448MSaewqmw，最后访问日期：2022 年 10 月 14 日。

投资、非经营转经营等国有资产的重大调整和使用的，应经所在地卫生行政部门审核后报所在地的财政部门审批。五是医院管理部门中的牵头处室根据院长办公会及所在地的卫生行政部门与财政部门的意见，下发是否同意签署合作协议的批复，或补充完善材料后再下发是否同意的批复；不予批准的，应说明理由。[1]

〔1〕 邓勇："公立医院对外医疗合作问题研究"，载《中国医院》2017 年第 9 期。

第六章

公立医院与社会资本合作模式一：医院 PPP 项目

⸺⸺⸺⸺⸺ ◆ ⸺⸺⸺⸺⸺

PPP 模式，即政府和社会资本合作，是公共基础设施中的一种项目运作模式。该模式鼓励私营企业、民营资本与政府进行合作，参与公共基础设施的建设。政府（Public）与私人（Private）之间，基于提供产品和服务的出发点，达成特许权协议，形成"利益共享、风险共担、全程合作"的合作伙伴关系。PPP 模式的优势在于使合作各方达成比单独行动预期更为有利的结果：政府的财政支出更少，企业的投资风险更轻。医院 PPP 项目是 PPP 模式在医疗领域中的应用，即通过公私合作的方式向社会提供医疗服务。

医院 PPP 项目的主要运作模式有"建设–租赁–移交（BLT）"模式、BOT 模式、"建设–拥有–运营（Build–Own–Operate，以下简称 BOO）"模式、"改建–拥有–运营（ROO）"模式、ROT 模式。在实践中，较为常见的是 BOT 模式，因此本书主要以 BOT 模式为代表展开研究。

BOT，指由民营机构设计、建造公立医院，完成后，民营机构可在若干年的时间内拥有医院建筑物所有权，负责医院的维修保养等后勤服务，期限满后建筑所有权转交给政府，民营机构退出该项目，医疗服务自始至终完全由公立医院提供。

BOT 模式的具体操作方式为政府授权卫生主管部门作为项目实施机构，通过严格的 PPP 政府采购程序选择社会资本合作伙伴，并指定专门的政府投资主体与中标社会资本共同组建项目公司。卫生主管部门授予项目公司约定期限内的特许经营权，由项目公司负责医疗建设项目的施工、优化、融资与建设管理工作，项目建成后以资产可用性服务的形式提供给政府指定的办医主体用于设立公立医疗机构（或直接提供给存量公立医疗机构），同时项目公司通过后勤托管（含环卫保洁、停车场管理、食堂供应、医废处理等内容）、医院管理咨询服务输出、医疗信息化服务、医疗供应链服务、医院配套商业设施运营等方面的运营内容（甚至包括健康体检、康复养老等），充分挖掘医院非核心医疗服务方面的运营价值，以提升社会资本方的经营收入，从而整体减轻政府支出义务。以上运营收益与合理回报的差额部分由政府通过可行性缺口补助的方式进行收入补偿。经营期满后项目公司将项目设施无偿移交给指定的公立医院。

第一节　社会资市运用 PPP 模式投资医院的必要性及可行性

一、必要性分析

（一）推动各地区医疗产业发展

医院 PPP 模式引进社会资金参与医疗事业建设，能够为医疗事业的发展提供充足的资金支持，有效降低项目成本。项目建成后，社会资本方的先进管理经验、医疗服务技术以及先进的医疗服务理念，有利于提高医院运营质量及服务质量[1]，整体提升当地的医疗服务水平和医疗质量，推动当地医疗产业发展。

（二）项目实施 PPP 模式可解决财政资金不足的问题

医疗事业的发展需要大量的资金投入，但是目前我国大部分地区对医疗事业的资金投入相对不足，有些地区自身财政收入本来就相对较少，更是无力负担建立医疗机构需要投入的巨额资金。医院 PPP 模式可以弥补政府公共财力的不足，帮助政府在短时间内投资新建、改建大批公立医院，全面改善就医环境，满足人民群众的需求。同时医院硬件设施的建设和维护由私营部门承担，可将投资建设的风险转移[2]。

（三）项目实施 PPP 模式是创新融资方式的需要

PPP 模式打通并规范了社会资本进入医疗服务领域的渠道，充分发挥社会资本的灵活性和优越性，使得具有品牌、人才、学科、技术优势的公立医院与具有资金、机制、场所优势的社会资本有效"联姻"，发挥各自优势，提高医疗

---

〔1〕　程子彦："青海省海东市儿童诊疗中心 PPP 项目：激励公立医院提高运营服务质量"，载《中国经济周刊》2016 年第 49 期。

〔2〕　郭永瑾："公私合作模式在我国公立医院投资建设领域中应用的探讨"，载《中华医院管理杂志》2005 年第 10 期。

资源使用效率，扩大优质资源供给，并获取相应回报，创新融资方式[1]。

（四）项目实施 PPP 模式可提高项目的综合效率

以 PPP 模式引入社会资本，社会投资人深度参与项目，可以充分发挥其专业分工的优势，利用其成熟的技术和经验，从成本、质量和管理等方面综合提高项目资源的使用效率和经济效益，比如资金投入规模、经营管理效率、运行绩效、服务质量等领域的较全面的激励性提高[2]。

二、可行性分析

（一）PPP 模式的优点

PPP 模式与传统投融资体制相比，具有无可比拟的优越性。一是能够创新资金来源渠道，缓解政府财政压力，为社会资本进军医疗行业开辟道路。二是可以集社会资本在高度市场化的领域之特长与政府在政策规划方面的优势于一体，提高政府和社会资本合作建设和运营医疗机构的质量和效率。三是合理分配和控制风险。在 PPP 项目中，经营风险、市场风险通常由控制力更强的私人承担，而政府则承担政策变动、利率变动等系统性风险，二者在长期合作的基础上，通过合理的风险分摊机制使风险降到最小，实现帕累托效率[3]。

（二）政策环境支持

为引导、推广 PPP 模式，国家印发了《关于推广运用政府和社会资本合作模式有关问题的通知》（财金〔2014〕76 号）、《关于印发政府和社会资本合作模式操作指南（试行）的通知》（财金〔2014〕113 号）、《关于促进社会办医加快发展的若干政策措施》（国办发〔2015〕45 号）、《关于进一步激发社会领域投资活力的意见》（国办发〔2017〕21 号）等政策文件，在医疗卫生等公共服务领域筛选征集适宜采用 PPP 的项目，要求各地积极引导社会资本以合作、托管、参与改制、特许经营、公建民营、民办公助等形式投资

---

〔1〕郑大喜："公立医院公私合作面临的投融资政策困境及其出路"，载《中国卫生政策研究》2017 年第 3 期。

〔2〕郑巧凤："温州市瓯江口新区土地开发 PPP 模式研究"，载《国土与自然资源研究》2015 年第 4 期。

〔3〕马秋萍："提升公立医院医疗服务效率的 PPP 治理模式研究"，载《经济研究导刊》2014 年第 14 期。

医疗服务业。文件强调放宽社会资本举办医疗机构的准入范围，优先支持社会资本举办非营利性医疗机构，鼓励社会资本直接投向资源稀缺领域，满足多元需求。2016 年 10 月 13 日，财政部挂网公示《关于联合公布第三批政府和社会资本合作示范项目加快推动示范项目建设的通知》，其中医疗卫生类项目共 17 个，涉及项目总投资金额 983 270 万元，这表明较为成熟的政策环境为社会资本参与医疗产业设施建设运营提供了重大利好。

第二节 医院 PPP 项目社会资市准入条件及选择要素模型

一、社会资本准入条件

当前，各地公立医院 PPP 项目的规模、运营方式等方面差异较大，其对社会资本方的要求也会不尽相同，因此，对于社会资本方来说，在参与项目时，需要对以下方面特别关注。

（一）具有合法的法人主体

目前，公立医院 PPP 项目均要求参与的社会资本方具有合法的法人主体资格，自然人、个体工商户、个人独资企业以及其他非法人组织目前还不能直接参与此类项目。由于我国的法人主体类型比较复杂，分散于多部法律，需要区分以下几类情况。其一，公司法项下的法人主体。对于公司设立的合法性，需要注意出资来源的合法、出资行为的合法有效（不存在虚假出资、抽逃出资及无权处分等情形）以及出资人的合法资格（具备完全民事行为能力以及不存在法律法规禁止的情形）。其二，合伙企业。原则上合伙企业属于我国法律规定的商事法人主体，但实践中并不多见，因此，具体项目中需要就此与招标方咨询，是否对合伙企业的类型（即普通合伙和有限合伙）有特别的要求。其三，非企业法人。主要是民办非营利医疗机构参与公立医院 PPP 项目的情形，对此需要结合具体项目内容而定。如果是建设项目则要求投标方具备建筑业资质，通常医疗机构就不能作为单独的投标方，只能作为联合体的一方（项目允许联合体投标的情况下）。但有的项目会有特别说明，例如，唐山市中心医院 PPP 项目招标文件中规定"资格预申请人应为依据中国法律设立且有效存续的，具有法人资格的医疗机构和内资企业，包括符合条件的专业投资机构或金融机构"。在该项目中，招标方明确允许医疗机构作为合法主体参与投标。如果项目未明确规定，一般情况下需要就此与政府招标方进行咨询。其四，国有控股或参股的企业。国有资本是否可以作为社会资本方参与 PPP 项目，目前还有争议。虽然财政部 2014 年的 113 号文件《政府和社会资本合作模式操作指南（试行）》排除了"本级政府所属融资平台公司及其他控股国有企业"作为社会资本方，但《关于银行业支持重点领域重大工程建设的指导意见》中规定，符合下列三个条件的地方政府融资平台公司，可以作为社会资本，参与当地政府的 PPP 项目：①已经建立现代企业制度，实现市场化运营；②其承担的地方政府债务已纳入政府财政预算，得到妥善处置；③明确公告今后不再承担地方政府举债融资职能。因此，从理论上而言，如果是国有控股或参股的企业以市场化运作的方式参与公立医院 PPP 项目，原则上是可以认定为社会资本方的。其五，外资企业。《中外合资、合作医疗机构管理暂行办法》第 35 条规定："申请在中国境内设立外商独资医疗机构的，不予以批准。"因此，外商独资设立医疗机构目前不被允许（港澳除外）。但根据该暂行办法的规定，外国企业可以在中国境内与中国企业以合资或合作的方式设立医疗机构，设立的中外合资、合作医疗机构，投资总额不得低于 2000 万元人民币，中方的股权比例或权益不得低于 30%。因此，原则上经过相关部门的审批，符合上述条件的外资企业是可以参与公立医院 PPP 项目的。此外，根据《中外合资、合作医疗机构管理暂行办法》的补充规定二，"香港、澳门服务提供者在广东省可以独资形式设立门诊部"。

需要特别注意的是，我国对外资设立医疗机构的政策从 2011 年开始松动后，至 2015 年又开始收紧，2015 年修订的《外商投资产业指导目录》和上海自贸区负面清单相继将医疗机构重新置入限制类，仅限于合资，不允许独资，并取消了原有的试点省份和上海自贸区的特殊规定，回归到上述《中外合资、合作医疗机构管理暂行办法》的规定。

（二）企业财务状况良好

其一，注册资本符合要求。首先，《中华人民共和国公司法》修订后对一般企业的注册资本取消了法定资本的要求，但特殊行业对注册资本最低限额的要求仍然适用。其次，由于具体项目对注册资本的要求是基于投标方的资金实力的考虑，对注册资本的实缴情况会进行实质审查，如果投标方只是认缴资本额达到要求而没有完成实际出资，可能不能通过招标方的审查，这需要投标方特别注意。其二，净资产需要经过审计。即投标方需要提交具有法定资格的第三方审计机构进行独立审计后出具的财务报表。其三，资信情况良好。如果投标方近期有重大涉诉、资产被冻结或银行贷款逾期偿还等情况，可能会影响其参与公立医院 PPP 项目的投标。其四，健全的财务制度和依法纳税。投标方财务状况良好，不仅仅要求其具备充足的资金，还需要有完善的财务会计制度，并依法纳税。因此，投标方在准备投标公立医院 PPP 项目前一般需要出具依法缴纳税金和社会保障资金的良好记录证明。

（三）具备一定的资金实力和融资能力

通过搜集分析几家有代表性的公立医院 PPP 项目招标文件，特对社会资本方的资金实力和融资能力作以下归纳。①肥城市中医医院项目资金实力和融资能力要求：申请人如若中标，一期注册资金人民币 1.44 亿元须在中标通知书发出后 3 个工作日内汇入招标人指定账户，否则视为自动放弃中标资格；提供金融机构为本项目出具的承诺贷款金额不低于人民币 5 亿元的贷款意向书。②荥阳市人民医院项目资金实力和融资能力要求：申请人应具备相应的资金能力，不低于人民币 2 亿元的银行存款；提供金融机构为本项目出具的承诺贷款金额不低于人民币 4.5 亿元的贷款意向书。③濮阳市肿瘤医院项目资金实力和融资能力要求：投资人应具有相应的融资能力，能够提供合法有效的金融机构或投资管理公司授信证明，或银行资金证明，且额度不得低于人民币 3.5 亿元。

总结分析发现，需要注意以下问题：一是可支配的自由现金流问题。由于项目对投标方资金数额上的要求是基于真实资金实力的考量，投标方法人实体的账户资金必须是可支配的自由现金流，不能是通过短期拆借甚至是不合法的募集取得的。因为项目一旦中标，可能要求中标方将资金存入指定的账户以作为担保金。因此，投标方必须保证其资金可以自由支配，避免出现项目运行过程中的刚性兑付发生。二是与银行签订的贷款意向书必须是具有约束性的协议问题。该协议必须明确只要投标人未出现重大的财务状况恶化等情形，银行需要无条件在授信额度内就相应的项目批准贷款。三是向银行托管账户存入担保金问题。如果存在联合体投标或与其他第三方的融资协议，需要采取事前向银行托管账户存入担保金的方式以保障项目运行，避免第三方违约造成项目中断。

（四）具有一定的运营能力和业绩要求

通过搜集分析公立医院 PPP 项目的招标文件，特对社会资本方的运营能力和业绩要求作以下归纳。①双流区第一人民医院项目运营能力和业绩要求：自 2008 年以来，申请人至少已完成三个房屋建筑类分类项目业绩。②肥城市中医医院项目运营能力和业绩要求：近 3 年内，申请人在中国大陆地区具有至少一个投资或建设项目单体建筑面积不低于 10 万平方米的建筑工程业绩；且具备本项目需要的投资能力、融资能力、财务管理能力、施工管理能力。③望都县中医院项目运营能力和业绩要求：申请人治理结构健全，内部管理和监督制度完善；拥有投资和运营医院配套设施、食堂、养老公寓项目的经验和业绩。④荥阳市人民医院项目运营能力和业绩要求：申请人自 2010 年 1 月 1 日以来，具有建筑面积 15 万平方米及以上（含 15 万平方米）的投资或建设类似项目（限医院项目）业绩。证明文件以已签署的合同为准。

因此，社会资本方一方面要注意运营能力和业绩的定性与定量问题。如果相应的要求是可量化的指标，投标人需要提供相应的证明文件，比如签署的合同；如果招标文件中只是定性的要求而没有可量化的指标，则需要投标方对相关的材料准备充分，突出自身优势，比如有第三方的评估认证则会增加可信度。另一方面需要注意通过联合体投标以达到项目招标要求问题。通常公立医院 PPP 项目对投标方工程建设、投融资和医院管理方面有综合要求，因此，如果单一法人实体不具备相应的运营能力和业绩要求，可以考虑采用联合体投标的方式，联合体成员通常限定为具有施工资质的建设企业、金融机构或医疗运营类企业。

（五）具备相应的技术能力和资质

通过搜集分析公立医院 PPP 项目的招标文件，特对社会资本方的技术能力和资质要求作以下归纳。①邵阳市中心医院项目运营能力和业绩要求：按照建设部颁发的《施工企业资质等级标准》规定，具备建设行政主管部门颁发的房屋建筑工程施工总承包二级及以上资质，安全生产许可证处于有效期；在人员、设备、资金等方面具备相应的施工能力；本项目的拟任技术负责人须具备建筑工程专业中级及以上职称资格。②乐陵市人民医院项目运营能力和业绩要求：投标人须具备房屋建筑工程施工总承包一级及以上资质，并在人员、设备、资金等方面具有相应的施工能力，其中投标人拟派项目经理须具备建筑工程专业一级注册建造师执业资格，具备有效的安全生产考核合格证书，且未担任其他在施建设工程项目的项目经理。③平沙医院项目运营能力和业绩要求：投标人须具备国家建设行政主管部门颁发的建筑工程施工总承包一级及以上资质。

总结发现，需要注意以下问题：其一，严禁挂靠资质。实践中很多建设工程项目存在挂靠资质的情形，即联合体投标中具备资质的法人实体在后期并未实际参与项目建设，而是与不具备相应资质的其他法人私下签订协议并收取管理费。在公立医院 PPP 项目中不具备资质的投标方需要对此予以高度重视，否则项目运行中止会造成投资的巨大损失。其二，转包和分包的限制。一是法律法规明确规定的限制和禁止转包和分包情形；二是招标文件中的补充规定。例如，邵阳市中心医院东院项目招标文件中明确规定"本工程不接受联合体投标申请，不得转包分包"。在此情形下，中标方就不能转包和分包包括非主体工程在内的部分，这比法律法规的强制性规定要求还要高，需要予以关注。其三，注意地方性法规或政策性文件对资质要求的特殊规定。虽然原则上建筑和医疗行业的资质许可都是全国性的，而且《中华人民共和国行政许可法》对地方性法规和省级政府规章设立许可也有限制，但如果地方性法规和规章以及政策性文件有特殊的要求，也需要予以注意。

（六）公司应合法合规经营

首先，要注意进行合法合规的尽职调查。由于企业经营合法合规涉及面广，而相应的招标文件中对此规定一般又不会太具体，如果拟参与公立医院PPP 项目的企业在提交招标文件规定的证明文件之外，聘请独立的第三方法律服务机构对其进行尽职调查并提供法律意见书，可以大大提高其合法合规经营的可信度，增加中标的机会。其次，要明悉存在违法违规记录时的应对办法。如果投标方法人实体因近期存在违法违规的历史记录导致不具备投标资格，可以考虑重新设立法人实体或通过并购其他法人实体加以变通。但采取这种方式可能会因存在以下障碍而不可行：一是对经营期限有要求而导致新设法人不可行；二是如果需要披露投标方的关联方，则新设或并购方式可能均不可行。

二、医院 PPP 项目的选择要素模型

虽然医院 PPP 项目较业务单一的 PPP 项目而言技术要求复杂、运营内容多样、边界弹性充分，涉及产权属性、运营设计、融资需求、改扩建需求、项目状况、风险分配框架、项目投资收益水平、收费定价机制、期满处置等多种要素选择类型，但是考虑到目前的主流情况，将医院 PPP 项目选择要素

模型主要归为四类：医院产权属性、医院项目类型、运营结构安排和投资市场热度。

（一）医院产权属性

在我国，从产权属性方面来看，医疗机构主要分为两大类：第一类为公办医疗机构，通常为政府举办的医疗机构（含一部分国有企业或事业单位举办的医疗机构，目前大多数进行了改制），在我国的医疗体系中居于主导地位；第二类为社会办医疗机构，包括非公立非营利性医疗机构和营利性医疗机构，主要为民营企业、社会团体举办的医疗机构以及混合所有制医疗机构。医院 PPP 运作的产权属性的政府定位对于政府方的支出责任、项目控制、政策安排，以及社会资本方的投资方向、回报预期、风险识别、参与兴趣具有重要的影响，是医院 PPP 运作模式决策的基础要素。

（二）医院项目类型

在产权要素的基础之上，医院 PPP 运作的项目类型可以归纳为建设类、运营类两类。以建设为核心内容的医疗机构项目主要包括新建、迁建、改扩建、续建等形式；以运营为核心的医疗机构项目主要包括公立医疗机构产权转移、委托运营、托管等形式；部分项目兼具以上两类项目的混合形式。以上分类在一定程度上确立了项目内容、项目需求、潜在社会资本采购方向等内容，是医院 PPP 运作模式决策的方向要素。

（三）运营结构安排

一般医疗机构项目的运作内容囊括核心医疗服务、基本行政后勤服务、医疗信息化服务和医疗供应链管理（包括医疗器械、医疗药品、医疗耗材等内容），根据政府承诺安排和项目发展现状，可以延伸至医疗工程设计咨询、医疗工程建设、医疗服务培训、医疗管理或服务输出、配套经营性设施运营管理、周边经营性资源开发等方面。以上运作范围和结构的设计在一定程度上影响政府方的公共服务供应品质和社会资本的回报预期、投资兴趣以及项目采购的竞争可行性，是非营利性医院 PPP 运作模式决策的调节要素。

（四）投资市场热度

潜在社会资本机构覆盖领域包括：投资端——专注医疗产业链的股权投资机构、综合性医疗投资机构、大型跨界产业资本集团、金融机构等财务投资方；建设端——大型工程设计咨询公司、传统基本建设施工公司、医疗专业工程施工企业；运营端——大型综合性医疗机构、医药制造企业、医药物流企业、医用设备租赁公司、医院管理公司（物业管理公司）。以上潜在社会资本在投资项目方面均有独特的偏好要求，从而形成了对于医院项目的不同细分投资市场。不同的细分投资市场参与者热度在一定程度上影响政府方对于医疗公共服务项目产权属性、产出品质和项目收益的预期以及项目采购竞争程度的判断、选择，是非营利性医院PPP运作模式决策的参考要素。

第三节　医院 PPP 项目操作流程及注意事项

一、医院 PPP 项目操作流程

当前，越来越多的医院PPP项目在我国各地实施开展起来，但是，更多的医院PPP项目正处于酝酿筹备阶段。一般来说，医院PPP项目从筹备到落地的基本服务流程包括项目识别、项目准备、项目采购、项目执行和项目移交五个部分。

（一）项目识别阶段

一般来说，政府和社会资本合作项目可由政府或社会资本发起，但以政府发起为主。如果是政府发起项目，则政府和社会资本合作中心应负责向医疗行业主管部门征集潜在政府和社会资本合作项目，行业主管部门可从国民经济和社会发展规划及行业专项规划中的新建、改建项目或存量公共资产中遴选潜在项目；如果是社会资本发起项目，则应以项目建议书的方式向政府和社会资本合作中心推荐潜在政府和社会资本合作项目。

项目发起后，便是对项目的筛选过程。总体来看，投资规模较大、需求长期稳定、价格调整机制灵活、市场化程度较高的基础设施及公共服务类项目适宜采用PPP模式。财政部门（政府和社会资本合作中心）会同行业主管部门，对潜在的政府和社会资本合作项目进行评估筛选，确定备选项目。财政部门应根据筛选结果制定项目年度和中期开发计划。对于列入年度开发计划的项目，项目发起方应按财政部门的要求提交相关资料。

对于筛选后的项目，财政部门应会同行业主管部门，从定性和定量两方面开展物有所值评价工作。其中，定量评价工作由各地根据实际情况开展，定性评价重点关注的内容包括两种模式（政府和社会资本合作模式、政府传统采购模式）中，哪种更能增加供给、优化风险分配、提高运营效率、促进创新和公平竞争等。

为确保财政的长期可持续性，财政部门应根据项目全生命周期内的财政支出、政府债务等因素，对部分政府付费或政府补贴的项目，开展财政承受能力论证，每年政府付费或政府补贴等财政支出不得超出当年财政收入的一定比例。

（二）项目准备阶段

首先，政府和社会资本要按照地方政府的相关要求，成立相应的项目实施组织。考虑到 PPP 运作的专业性，通常情况下需要聘请 PPP 咨询服务机构。项目实施组织通常会建立项目领导小组和工作小组，领导小组负责重大问题的决策、政府高层沟通、总体工作的指导等，工作小组负责项目的具体开展，以 PPP 咨询服务机构为主要组成部分。

其次，对项目进行尽职调查。项目尽职调查工作包含两个方面：①项目内部调查。项目实施机构拟定调研提纲，主要包括政府项目的批文和授权书，国家、省和地方对项目关于土地、税收等方面的优惠政策、特许经营和收费的相关规定等；社会经济发展现状及总体发展规划、与项目有关的市政基础设施建设情况、建设规划、现有管理体制、现有收费情况及结算和调整机制等；项目可行性研究报告、环境影响评价报告、初步设计、已形成的相关资产、配套设施的建设情况、项目用地的征地情况等。②外部投资人调查。根据项目基本情况、行业现状、发展规划等情况，与潜在投资人进行联系沟通，获得潜在投资人的投资意愿信息，并对各类投资人的投资偏好、资金实力、运营能力、项目诉求等因素进行分析研究。

再其次，开展项目实施方案编制工作。这其中包括项目概况（基本情况、经济技术指标和项目公司股权情况等内容）、风险分配基本框架、PPP 运作模式、交易结构（主要包括项目投融资结构、回报机制和相关配套安排）、合同体系（主要包括项目合同、股东合同、融资合同、工程承包合同、运营服务合同、原料供应合同、产品采购合同和保险合同等）、监管框架（授权关系和监管方式）、采购方式选择等七大类主要内容。

在上述内容中，选择恰当合适的 PPP 运作模式至关重要。常见的 PPP 运作模式主要包括委托运营、管理合同、BOT 模式、BOO 模式、"转让-运营-移交（TOT）模式"和 ROT 模式等。而在项目的合同体系中，项目合同是其中最核心的法律文件。

最后，对项目实施方案进行审核。为提高工作效率，财政部门应当会同相关部门及外部专家建立 PPP 项目的评审机制，从项目建设的必要性及合规性、PPP 模式的适用性、财政承受能力以及价格的合理性等方面，对项目实施方案进行评估，确保"物有所值"。

（三）项目采购阶段

第一，项目预审。项目实施机构应根据项目需要准备资格预审文件，发布资格预审公告，邀请社会资本和与其合作的金融机构参与资格预审，验证项目能否获得社会资本响应和实现充分竞争，并将资格预审的评审报告提交财政部门备案。项目有 3 家以上社会资本通过资格预审的，项目实施机构可以继续开展采购文件准备工作；项目通过资格预审的社会资本不足 3 家，项目实施机构应在实施方案调整后重新组织资格预审；项目经重新资格预审后，社会资本仍不够 3 家的，可依法调整实施方案选择的采购方式。提交资格预审申请文件的时间自项目预审公告发布之日起不得少于 15 个工作日。

第二，采购文件编制。项目采购文件应包括采购邀请，竞争者须知，竞争者应提供的资格、资信及业绩证明文件，采购方式，政府对项目实施机构的授权、实施方案的批复和项目相关审批文件，采购程序，响应文件编制要求，提交响应文件的截止时间、开启时间及地点，强制担保的保证金交纳数额和形式，评审方法，评审标准，政府采购政策要求，项目合同草案及其他法律文本等。

第三，响应文件评审。医院 PPP 项目运作需建立方案评审小组。评审小组由项目实施机构代表和评审专家共 5 人以上单数组成，其中评审专家人数不得少于评审小组成员总数的 2/3。评审专家可以由项目实施机构自行选定，但评审专家中应至少包含 1 名财务专家和 1 名法律专家。其中，项目实施机构代表不得以评审专家身份参加项目的评审。

第四，谈判与合同签署。在项目的谈判阶段，项目实施机构应成立专门的采购结果确认谈判工作组，按照候选社会资本的排名，依次与候选社会资本及与其合作的金融机构就合同中可变的细节问题进行合同签署前的确认谈判，率先达成一致的即为中选者。确认谈判完成后，项目实施机构应与中选社会资本签署确认谈判备忘录，并将采购结果和根据采购文件、响应文件、补遗文件及确认谈判备忘录拟定的合同文本进行公示，公示期不得少于 5 个工作日。公示期满且各方无异议后，应在政府审核同意后，由项目实施机构与中选社会资本共同签署项目合同。

（四）项目执行阶段

项目执行的第一步是设立项目公司。该公司可由社会资本依法设立，政府可指定相关机构依法参股项目公司。项目公司设立后的项目融资由社会资本或项目公司负责，社会资本或项目公司应及时开展融资方案设计、机构接洽、合同签订和融资交割等工作。

项目实施机构应根据项目合同约定，监督社会资本或项目公司履行合同义务，定期监测项目产出绩效指标，编制季报和年报，并报财政部门备案。项目合同中涉及的政府支付义务，财政部门应结合中长期财政规划统筹考虑，纳入同级政府预算，按照预算管理相关规定执行。项目实施机构应根据项目合同约定的产出说明，按照实际绩效直接或通知财政部门向社会资本或项目公司及时足额支付。

在项目执行过程中，项目实施机构应每三到五年对项目进行中期评估，重点分析项目运行状况和项目合同的合规性、适应性和合理性，及时评估已发现问题的风险，制定应对措施，并报财政部门备案。

（五）项目移交阶段

项目执行到约定的期限后，要进行项目移交准备，并通过性能测试、资产交割、绩效评价等一系列后续程序进行移交。

二、医院 PPP 项目实操注意事项

从目前实践来看，医院 PPP 主要包括医疗机构项目（公立医院改制、特许经营、政府购买民营医疗服务等）、医疗与养老结合项目（医疗与非医疗健康管理、养老社区）以及医疗旅游项目。其特点表现为以医疗业务为基础，向大健康产业链的下游延伸，通过非医疗手段提高健康水平和生活质量。相较其他领域的 PPP 项目，其投资和运营周期长，不仅需要遵循一般 PPP 项目的法规、政策，还需要特别关注国家对医疗健康领域的监管政策变化。

（一）法律规范和政策性文件的适用问题

在相关法律法规及政策性文件中，财政部于 2016 年 9 月印发的《政府和社会资本合作项目财政管理暂行办法》对 PPP 项目的评估立项、政府采购、政府预算及项目监督等方面作出了明确具体和具有可操作性的规定，公立医院改制、医养结合和医疗旅游等方面的 PPP 项目都可适用该办法的规定。

（二）项目识别论证

1. 项目实施方案的编制和审核评估

根据《政府和社会资本合作项目财政管理暂行办法》的规定，医院 PPP 项目的发起人可以是医疗卫生主管部门（即卫生健康委员会）或社会资本方，但均需要卫生健康委员会提请当地人民政府批准和同级财政部门进行评估（物有所值评价和财政承受能力论证）。唯一的区别是项目的实施方案建议是由社会资本方完成还是由人民政府授权的项目实施机构编制。从实践的情况来看，由于医院 PPP 项目的实施方案比较复杂，且具有较强的专业性，通常都是由专门从事医疗健康领域投资经营的社会资本方（或由其委托的第三方咨询机构）完成，这与一般的基础设施建设项目（政府部门提供方案）有所区别。

新建、改扩建项目的实施方案应当依据项目建议书、项目可行性研究报告等前期论证文件编制，而存量项目实施方案的编制依据还应包括存量公共资产建设、运营维护的历史资料以及第三方出具的资产评估报告等。项目实施方案应当包括项目基本情况、风险分配框架、运作方式、交易结构、合同体系、监管架构、采购方式选择等内容。对于公立医院改扩建或新建、养老社区或医疗旅游项目新建等，社会资本方编制实施方案时需要根据项目的性质区别对待。需要注意的是，虽然规定实施方案未通过审核可以在调整后重新提交审核，但这会大大增加社会资本方的时间成本和资金成本，因此，在实施方案的编制过程中务必与当地政府部门充分沟通，尊重当地的实际情况，切勿将其他项目的模式生搬硬套，造成事倍功半的效果。

2. 项目的确认

根据《政府和社会资本合作项目财政管理暂行办法》规定，各级财政部门应当建立本地区 PPP 项目开发目录，将经审核通过物有所值评价和财政承受能力论证的项目纳入 PPP 项目开发目录管理，这是 PPP 项目确认最为关键的一环。从以往项目的经验来看，这一规定往往在很多情况下被社会资本方忽视，认为这仅仅是政府部门内部形式化的流程。但社会资本方需要注意的是，拟实施的项目是否纳入 PPP 项目开发目录直接关系到是否符合国家对 PPP 项目的认定。实践中大量的"伪 PPP"项目表面看起来是政府和社会资本方的合作，但其实不符合 PPP 项目的实质认定。最终对社会资本方来说，由于合作项目不符合政府采购和预算的要求导致政府方无法通过预算支出保障项目的财政资金投入，实际合同根本无法履行。

（三）项目中的政府采购

1. 采购方式

根据《政府和社会资本合作项目财政管理暂行办法》规定，项目实施机构应当优先采用公开招标、竞争性谈判、竞争性磋商等竞争性方式采购社会资本方，鼓励社会资本积极参与、充分竞争。根据项目需求必须采用单一来源采购方式的，应当严格符合法定条件，并经上级政府采购主管部门批准。PPP 项目中政府行为的性质仍然认定为政府采购，适用《中华人民共和国政府采购法》规定的方式。从形式上来看，医院 PPP 项目中政府采购的项目和金额符合公开招标的要求；从实践中的项目来看，大多数项目也基本以公开招标的形式进行。但由于医院 PPP 项目的专业性和实施方案的个性化，不排除潜在的可供选择供应商范围极小，或实施方案特别复杂，不能确定具体的金额和要求的问题。此时可以合理利用《中华人民共和国政府采购法》的规定，采用竞争性谈判的方式，这对最初已取得初步合作意向的社会资本方更为有利。在此种情形下，必须经设区的市级以上人民政府财政部门批准。由于前期的实施方案由最初洽谈的社会资本方编制，从资格条件的角度当然就对其更为有利，必要时根据项目具体的实施方案可以设计一些"量身定做"的条款以更好地保证最后的中标结果符合预期。但需要注意的是，这些"量身定做"的资格条件只是为了保障后期项目的实施效果，而不能沦为招标项目"内定中标人"的工具，否则会潜藏巨大的法律风险。

2. 关于对投标人范围限制的问题

《中华人民共和国政府采购法实施条例》第 18 条规定："单位负责人为同一人或者存在直接控股、管理关系的不同供应商，不得参加同一合同项下的政府采购活动。除单一来源采购项目外，为采购项目提供整体设计、规范编制或者项目管理、监理、检测等服务的供应商，不得再参加该采购项目的其他采购活动。"医院 PPP 项目的特点之一就表现为社会资本方的主动性。在立项阶段，政府可能委托第三方机构对项目进行评估，此种情形下如果某社会资本方或其控股的实体参与了项目评估阶段的政府采购，则根据上述规定该社会资本不能再参与项目实施的政府采购。实践中可能出现社会资本方急于使项目方案通过审核而积极参与评估的情况，因此，社会资本方务必要引起重视，如果拟参与项目实施，就不能参与项目评估阶段的工作，切勿"因小失大"。

(四) 项目的实施

1. 医院 PPP 项目中国有资产产权的特殊处理

根据《政府和社会资本合作项目财政管理暂行办法》规定，存量 PPP 项目中涉及存量国有资产、股权转让的，应由项目实施机构会同行业主管部门和财政部门按照国有资产管理相关办法，依法进行资产评估，防止国有资产流失。在公立医院改制项目中，目前已经有较多采用股份制改造的案例，就项目实施而言，最大的法律风险可能来自国有资产的评估，这主要表现为两个方面：一是没有按规定的程序评估，例如评估机构不合格、没有取得国有资产管理部门的审批、评估方法不合规定等；二是评估的价值不合理，资产评估本来就具有重大的不确定性，更何况公立医院财务按照非企业会计处理，其资产计价、折旧分摊等与企业会计有较大区别，而最终的资产需要注入项目公司，按企业会计计量，这就给评估的准确性又增添了一道难题。基于以上分析，笔者认为，对于医院 PPP 项目可能涉及国有资产尤其是公立医院资产产权变更的，在项目实施方案编制阶段就应充分考虑风险收益，如果可以采用不改变产权的模式，就尽可能予以避免。如果取得对产权的控制对社会资本方非常关键，就必须在项目编制和合同签订环节充分考虑，并在实施阶段严格控制，同时对政策的不确定性要有替代机制或兜底措施。一旦未来政策出现不利的变动，至少可以取得部分甚至是足额的补偿。

2. 项目实施阶段的融资问题

在 PPP 项目中，通常对社会资本方的资金实力都有一定的要求，项目正式实施之前社会资本方一般也会以一定金额的自有资金和自筹资金担保项目的正式启动。但由于实际运行中医院 PPP 项目周期长、成本高以及利润率相对较低等特点，项目实施阶段的再融资通常在所难免。《政府和社会资本合作项目财政管理暂行办法》虽然没有对融资的具体方式、政府税收优惠以及金融机构参与等内容作出具体规定，但其第 32 条规定："项目实施机构与项目应当根据法律法规和 PPP 项目合同约定确定项目公司资产权属。对于归属项目公司的资产及权益的所有权和收益权，经行业主管部门和财政部门同意，可以依法设置抵押、质押等担保权益，或进行结构化融资，但应及时在财政部 PPP 综合信息平台上公示。项目建设完成进入稳定运营期后，社会资本方可以通过结构性融资实现部分或全部退出，但影响公共安全及公共服务持续稳定提供的除外。"这为项目的再融资提供了更为明确的政策和法律依据。项目的再融资主要包括担保融资和收益权的资产证券化（结构化融资），但前提是经行业主管部门和财政部门同意。由于医院 PPP 项目的公益属性，资产担保融资在很多情况下受到限制，但同时由于项目在较长的期间内能保持较为稳定的现金流入（医疗健康服务收费的稳定性所决定），以未来的收益权进行资产证券化是一个可以重点考虑的方向。

（五）项目的监督管理

1. 明确禁止的行为

《政府和社会资本合作项目财政管理暂行办法》规定了 PPP 项目中的禁止行为，归纳起来主要包括以下四个方面：①严禁政府以 PPP 项目名义举借债务，即以公私合营的名义向私人借债；②项目实施不得采用建设-移交方式；③不得将当期政府购买服务支出代替 PPP 项目中长期的支付责任；④政府与社会资本合资设立项目公司的，不得在股东协议中约定由政府股东或政府指定的其他机构对社会资本方股东的股权进行回购安排。这些是社会资本方在项目实施方案编制和实施过程中需要规避的政策红线。

2. 项目全生命周期成本监测

根据《政府和社会资本合作项目财政管理暂行办法》规定，行业主管部门应当会同各级财政部门做好项目全生命周期成本监测工作。医院 PPP 项目中的社会资本方或项目公司需要考虑的是政府方对项目成本的监测和控制是否会影响其投资回报甚至项目的正常运行。由于医院 PPP 项目中的服务定价多涉及国家指导价或统一定价、集中采购等因素，而且项目运行中最大的成本即人力成本，如果项目生命周期内政府对医疗健康服务的定价政策有变化或人力成本上升，都会对项目运行成本产生重大影响。因此，在项目实施方案中需要对成本核算和变动制度做出合理的安排。

3. PPP 项目绩效评价制度

一是项目运行目标的纠偏。根据《政府和社会资本合作项目财政管理暂行办法》规定，各级财政部门应当会同行业主管部门开展 PPP 项目绩效运行监控，对绩效目标运行情况进行跟踪管理和定期检查，确保阶段性目标与资金支付相匹配，开展中期绩效评估，最终促进实现项目绩效目标。医疗健康 PPP 项目通常以公益性和社会效益为主，以经济效益为辅，公立医院提供基础公共医疗服务的数量和质量是评价项目运行目标的核心指标。实践中政府方也会采取多种监督手段，如定期检查、群众投诉以及评估财务或非财务指标的增长情况等。如果项目公司片面追求经济效益，尤其是为了追求营业收入而放松对医疗服务质量的控制，一方面可能存在医疗服务纠纷的风险，另一方面也可能导致项目评价不合格。因此，社会资本方一定要平衡好经济效益与社会效益的关系。二是按业绩付费。根据《政府和社会资本合作项目财政管理暂行办法》规定，各级财政部门应当会同行业主管部门在 PPP 项目全生命周期内，按照事先约定的绩效目标，对项目产出、实际效果、成本收益、可持续性等方面进行绩效评价，也可委托第三方专业机构提出评价意见。各级财政部门应依据绩效评价结果合理安排财政预算资金。对于绩效评价达标的项目，财政部门应当按照合同约定，向项目公司或社会资本方及时足额安排相关支出；对于绩效评价不达标的项目，财政部门应当按照合同约定扣减相应费用或补贴支出。笔者认为，只要在合同中对不可抗力或政府单方行为造成的业绩不达标进行除外规定，社会资本方的风险收益在总体上来说还是均衡的。需要注意的是，在项目方案编制和投标阶段不能为了促成项目实施而做出不切实际的承诺，尤其是一些非财务指标方面的不可控目标。

4. 项目提前终止

根据《政府和社会资本合作项目财政管理暂行办法》规定，项目因故提前终止的，如因政府或不可抗力导致提前终止的，应当依据合同约定给予社会资本方相应补偿，并妥善处置项目公司存续债务，保障债权人合法权益；如因社会资本方导致提前终止的，应当依据合同约定要求社会资本方承担相应赔偿责任。这一规定将不可抗力的风险归由政府承担，有其合理性，因为相较而言，政府方风险承受能力较强。

第四节　医院 PPP 合作项目中的合作协议

一、医院 PPP 合作协议的性质

（一）对合作协议性质的分析

公立医院公私合作项目（或者非 PPP 项目的政府与社会资本合作）中，社会资本方与政府方的合作协议与普通商品或服务的政府采购协议最本质的区别在于，后者大多数是单纯的民事合同，而前者既有民事合同成分也有行政合同的成分。行政合同是行政行为的一种方式，是行政主体为完成一定的行政管理目的（或为了公共利益）而寻求的一种与公民或组织进行合作的形式[1]。对行政合同的判断除了形式上要求合同一方为行政主体，实质上还要以公权力因素和公益因素加以判断[2]。公立医院改革中政府与社会资本方合作，既有平等主体之间的投资合作关系，又有行政管理关系。例如，社会资本方在项目的建设和运营过程中受到行政主体政策和法律上的审批、监督和管理。但由于我国目前没有基于行政合同的专门法律法规，实践中对于此类既有民事法律关系又有行政法律关系的"混合协议"的处理路径也不尽相同，有完全按照民事合同处理或完全按行政合同处理的，也有采取二元化处理的，同一份协议中民事诉讼救济和行政诉讼救济并存。

《中华人民共和国政府采购法》对 PPP 合作协议这种既有民事关系又有行政管理关系的混合合同没有作总体上的定性，在规则适用与纠纷解决上采用"二阶段说"，即涉及公权力行使部分适用行政法规则，其纠纷通过行政诉讼解决；不涉及公权力行使部分适用私法规则，纠纷解决适用民事诉讼法。这其实为合同的规制适用和纠纷解决增加了更多的不稳定因素，合同的社会资本方当事人的预期也可能因政府方的行为而落空。因为协议的哪些条款或内容涉及公权力行使，首先就是一个司法判断问题，而且同一合同争议需要同时通过多种救济手段才能解决，既不符合法律救济的一般逻辑，也给社会资本方当事人增加了更多的负担。

另外，财政部 2014 年《PPP 项目合同指南（试行）》在其"编制说明"中明确指出："PPP 从行为性质上属于政府向社会资本采购公共服务的民事法律行为，构成民事主体之间的民事法律关系。"且在其第二十节"适用法律及争议解决"中将"仲裁"列为争议解决的方式之一。众所周知，只有特定的民商事合同可以采用仲裁的争议解决方式，行政纠纷只能通过行政复议、行政诉讼解决。《政府和社会资本合作项目通用合同指南（2014 年版）》也在其"使用说明"中明确指出："强调合同各方的平等主体地位。合同各方均是平等主体，以市场机制为基础建立互惠合作关系，通过合同条款约定并保障

---

〔1〕 杨解君、陈咏梅："中国大陆行政合同的纠纷解决：现状、问题与路径选择"，载《行政法学研究》2014 年第 1 期。

〔2〕 杨欣："论行政合同与民事合同的区分标准"，载《行政法学研究》2004 年第 3 期。

权利义务。"这一规定看似给参与 PPP 项目的社会资本方吃了一颗定心丸，但需要特别说明的是：首先，该指南不是法律规范，只具有指导意义，没有强制性，而且如果公立医院改制项目中采用非 PPP 的协议合作模式，上述指南甚至都不具备指导意义。其次，公立医院改制项目中可能涉及多种行政许可，如政府土地出让、建设部门对建设项目的许可和审批及医疗许可等多方面都是典型的行政许可和行政合同。一旦这些方面发生争议，不论是民事诉讼还是仲裁都无法受理，只能通过行政诉讼或复议解决。最后，根据上述指南的表述来看，所谓的合作各方平等主体地位和市场化的合作关系更多是基于投资合作的民事法律关系中政府方不得滥用行政权力而言，而不是意图在 PPP 项目中开创用民事手段解决行政争议的特例。

（二）合作协议性质对合同体系和内容的影响

通过上述分析不难发现，公立医院与社会资本合作的项目中难免会出现民事关系和行政管理关系并存的情形。因此，在签订一系列合作协议时，就需要对合同的规则适用和纠纷解决做出恰当的预期和安排。

首先，应尽量避免出现混合合同，降低不可预期性，将合作协议中纯民事关系的内容以民事合同加以确定并约定争议解决方式，而体现行政管理关系的内容则单独签订协议并选择适格的行政主体作为签约主体，做到"民行分开"。其次，要明确一些难以准确确定性质的事项，如政府的承诺（如配套建设或人员编制）或批准（类许可）、财政补贴以及其他特殊事项，除了在协议中明确说明，还需要取得诸如会议纪要、批准通知书等相应的证明文件。最后，还需要注意特定民事合同中对行政机关主体限制的情形，例如，不能作为担保人、借款人或承担连带责任等。有些构建专门行政法律关系的合同又必须要求有合格的行政主体，例如，PPP 项目合同的政府方必须是县级以上人民政府或取得明确授权的政府部门。因此，如果项目合作协议中有类似情形，就需要对签订合同的主体进行把关。

二、医院 PPP 合作协议体系及其构建

（一）PPP 项目合同体系

在公立医院 PPP 项目中，项目参与方通过签订一系列合同来确立和调整彼此之间的权利义务关系，构成 PPP 项目的基本合同体系。根据项目的不同特点，相应的合同体系也会不同。PPP 项目的基本合同通常包括 PPP 项目合

同、股东协议、履约合同、融资合同和保险合同等。其中，PPP 项目合同是整个 PPP 项目合同体系的基础和核心。PPP 项目合同体系各部分的详细内容可以参考财政部的《PPP 项目合同指南（试行）》，本文限于篇幅，仅结合公立医院 PPP 项目的特点对项目中涉及的各种协议及整个框架体系做介绍，该框架体系也基本适用于非 PPP 项目的合作协议。

1. PPP 项目合同

PPP 项目合同是项目实施机构与中标社会资本签订的（若需要成立专门项目公司的，由项目实施机构与项目公司签订）约定项目合作主要内容和双方基本权利义务的协议。其目的是在项目实施机构与社会资本之间合理分配项目风险，明确双方的权利义务关系，保障双方能够依据合同约定合理主张权利，妥善履行义务，确保项目全生命周期内的顺利实施。PPP 项目合同是其他合同产生的基础，也是整个 PPP 项目合同体系的核心[1]。

对于公立医院改制项目而言，项目公司通常是由工程建设、金融机构和医院管理公司单独或联合设立，参与招投标并签订项目合同。合同中通常需要明确改制的方式、运营模式及周期、风险分配、回报机制以及是否涉及公立医院产权或性质变更等重要事项。此外，如果协议中有涉及特许经营和行政许可等特殊事项，建议采用前文介绍的"民行分开"的方式将项目合同分解为多份合同。

2. 股东协议

股东协议由项目公司的股东签订，用以在股东之间建立长期、有约束力的合约关系。在公立医院股份制改造中，通常社会资本需要与政府方合资成立股份制医院（通常为医院管理公司），此种公私合营情形下需要对股东协议格外慎重。此外，如果公立医院项目中不涉及建设项目或组建项目公司，可以将相关内容放到项目合同中。

3. 履约合同

履约合同即项目实施过程中各环节涉及的合同，主要包括工程承包合同、原材料供应合同、运营服务合同、购买商品或服务合同等。工程承包合同主要出现在公立医院改扩建的 PPP 项目中，项目公司通过订立合同契约的方式

---

〔1〕 中国投资咨询网："PPP 项目合同体系解析"，载 http//www.ocn.com.cn/chanye/201605/nogvp31143723.shtml，最后访问日期：2022 年 10 月 6 日。

将一些涉及设计、采购、建设的工作委托给具有医院建设经验的工程承包商，事先约定好双方的权利义务、风险的分配以及争议的解决方式等可预见性问题，保证项目工程的顺利进行；运营服务合同是基于公立医院 PPP 项目运营内容和项目公司管理能力的差异，项目公司将项目全部或部分的运营和维护事务外包给有医院管理经验的运营商而与其签订的合同。在公立医院委托经营模式下，受托方还可以将医院的后勤、物业管理等辅助服务外包给第三方，但是在 PPP 项目合同中约定的项目公司的运营和维护义务，并不因项目公司将全部或部分运营维护事务分包给其他运营商实施而豁免或解除。此外需注意的是，个别运营维护事务的外包可能需要事先取得政府的同意，尤其是涉及医疗机构核心业务等禁止外包的事务。

4. 融资合同

PPP 项目涉及资金规模比较大，所以通常需要依靠融资来确保项目的资金支持力度，故项目公司往往会与其贷款方之间成立项目贷款合同。此外，出于贷款方对资金安全和政府对 PPP 项目的公益性质的考量，还有可能出现项目公司担保人就项目贷款与贷款方之间签订的担保合同、政府与贷款方和项目公司签订的直接介入协议等多个涉及融资的合同。值得注意的是，在公立医院改制项目中，医院资产通常由于其公益性而被法律禁止用于担保财产。因此，在融资涉及的担保合同中需要对标的严格控制，或者尽量采用第三方（非政府机关）保证的方式提供担保。

5. 保险合同

由于 PPP 项目通常资金规模大、生命周期长，负责项目实施的项目公司及其他相关参与方通常需要对项目融资、建设、运营等不同阶段的不同类型的风险分别进行投保。对于公立医院项目而言，在社会资本方较多介入医院核心医疗业务的情况下，也应该考虑购买相应的险种。

6. 其他合同

就公立医院 PPP 项目而言，由于我国医疗行业法律政策的复杂性和不确定性，其过程会比较烦琐。项目谈判取得初步进展时会签订投资框架协议，此外还可能有房屋租赁合同、医疗设备融资租赁合同等根据项目特别要求而签订的专门协议。除了以正式的合同形式存在，公立医院与社会资本合作的项目中还有许多非正式却对项目的稳步推进至关重要的文件，例如，政府的承诺函、会谈纪要，以及政府、银行和社会资本方达成的授信备忘录等。这些文件也构成项目合同体系的重要组成部分。

（二）合同体系构建过程中应注意的问题

1. 主合同与补充合同的协调

PPP 项目合同是整个合同体系的核心，其他合同都是以此为基础。在项目谈判进入最后阶段时，就要签订一系列的协议，此时一定要注意先主后次、先易后难以及求同存异。先主后次是指项目合同是基础，因此，应首先确定主合同的内容并签订正式协议。否则如果先签订其他合同，而主合同内容未定，可能造成其他合同的变更或违约。先易后难是指项目谈判过程中，先将容易达成一致的内容确定好，就基本框架达成协议，再围绕框架协议谈判具体内容，对于有分歧的地方可以暂时搁置，放到最后解决。

2. 处理好民事合同与行政合同关系

民事合同与行政合同都是项目合同体系的一部分，因此不能完全割裂，甚至有时为了一份合同的完整性，会同时有民事关系的约定和行政许可的内容，即前文提到的混合合同问题。但为了分别适用规则和争议解决方式，又需要对两者进行适当的物理隔离，即便有时会让整个体系显得有些冗余、不够简洁，但为了有效降低法律风险，采取适当措施也在所难免。

三、医院 PPP 合作协议中的关键条款

（一）公、私部门风险配置条款

良好的风险配置机制是隔离 PPP 项目经营风险和公共财政风险的屏障。对于公、私部门在 PPP 项目风险的分配上，财政部发布的《政府和社会资本合作模式操作指南（试行）》中明确指出："原则上，项目设计、建造、财务和运营维护等商业风险由社会资本承担，法律、政策和最低需求等风险由政府承担，不可抗力等风险由政府和社会资本合理共担。"但这仅是原则性的规定，且该指南并不具有普适性。因此，对"不可抗力等风险"以及最低需求风险之上的风险分配还需要公私双方进一步实践细化。此外，需要特别说明的是，风险分配是合同当事人均无过错的情形下的一种损失承担，与违约责任或过错赔偿具有本质的区别，在条款设计时需要注意区分。

（二）退出机制及项目移交条款

公立医院与社会资本的合作项目一般周期较长，尤其是涉及基础设施建设的公立医院 PPP 项目。为保证项目发起时的项目结构长时间的稳定性以及

项目管理的有效性，通常公共部门会在合作协议文本中要求关键的项目参与方在一定期限内不得退出，融资方也通常以此设定违约事项条款来规避风险。

一般来说，合作协议的退出过程分为限制退出、选择性退出以及强制退出三个阶段。限制退出主要是出于维护项目正常有序运行、保护公共利益的目的，确保项目在常态化运行前管理结构的稳定性。限制退出期结束之后，相关参与方可以根据协议选择性退出，协议应事先对权益转让方与承接方做适当的资格限制，以保证项目承接移交后工作的高质量正常运行。强制退出阶段即将 PPP 项目完全移交给公共部门，但这不是所有项目的必经过程，例如，公立医院的股份制改造等。对于需要完全移交公共部门的项目，一般在协议之初会事先约定好项目的运行年限或事先设定好项目移交需达到的条件，一旦达到年限或者预期的条件成立即由公共部门完全接管项目。由此，协议要特别注重公私双方的承受能力，对年限的把握和预期条件的设立应符合双方以及项目的实际情况，确保移交后公共财产的保值增值。

（三）项目工期延误条款

在涉及工程建设项目的公立医院新建和改扩建项目中，需要对工期延误条款特别重视。工期延误条款往往和建设期违约金相关联。在有建设内容的 PPP 项目中，对项目公司最好的约束手段之一即工期延误违约金（一般是按日罚款），因此控制工期对于项目公司来讲是建设期中非常重要的内容。一般来说，工期延误条款需要注意以下几点：①工期延误的原因。工期延误的原因通常有多重，可分为政府方原因（如政府方要求的设计变更）、项目公司原因（如因为管理不善导致拖期）、第三方原因（如土地拆迁进度缓慢）、不可控的其他原因（如施工现场有考古发现、出现不可抗力等）。对于不同类型的工期延误，应有不同类型的处理方式。对于项目公司不可控的原因导致的拖期，政府方应对工期延误的事实予以认可，对于因此产生的额外支出也应予认可；对于因项目公司过错导致的拖期，则应适用相应的罚则。②工期延长的程序。当出现工期延误的情况时，双方应尽合理通知义务，即由预计将发生延误的一方迅速通知另一方。一般来说，由于工期关系重大，和项目公司的运营、收费息息相关，对于工期延误的通知、处理方式、争议解决等，在 PPP 项目合同中均应有明确的约定，以便执行。③对建设投资的影响。发生工期延误后，由于拖期、窝工等情形都将导致项目公司产生额外的费用，应遵循过错责任原则，由过错方承担。如果由政府方承担，可通过一次性补偿、一般补偿、延长合作期、调整政府付费等方式进行。④违约金。对于工期延误违约金和运营期延误的违约金，不宜同时适用，否则将构成双重处罚，对项目公司而言并不公平。另外，对于建设周期比较长的项目，也可以仅就关键工期设定违约金。如果局部工程的工期发生延误，但关键工期并未延误，应相应免除工期延误违约金。总之，工期延误条款的规定相对复杂，需要和相关条款（投资、违约、争议解决等）相互协调，配合执行。

（四）项目资产权属

关于项目资产权属，在财政部《PPP 项目合同指南（试行）》中没有明确的概念描述，而是国家发展和改革委员会《政府和社会资本合作项目通用合同指南》第 8 条第 5 项："明确合作各阶段项目有形及无形资产的所有权、使用权、收益权、处置权的归属。"公立医院 PPP 项目用地一般都是划拨土地，但不管是划拨还是出让，为防止国有资产的滥用，协议应明确未经政府批准，项目公司不得将该项目涉及的土地使用权转让给第三方或用于该项目以外的其他用途。同时，协议还应明确项目土地附着物、建（构）筑物、污水处理设施及设备等产权（所有权）属于政府方，在特许经营期内由项目公司使用，期满后应由项目公司无偿移交给政府或政府指定的单位。此外，协议对项目经营期间获得的各类医疗知识产权等无形资产应明确其权属，避免项目移交时发生争议。

（五）回报机制

关于回报模式中金额的计算和确定，由于公立医院项目的投资回报多取决于公立医院改制后的经济效益和社会效益，有关投资回报金额的确定方式上不宜太复杂，而应该尽可能具体明确，特别是对经济效益和社会效益的衡量指标要可量化、可操作。对此，使用者付费、可行性缺口补助和政府付费三种传统的方式应在公立医院 PPP 项目中做出相应的变通。

一般来说，出于公共利益最大化以及公私双方能力的考量，公立医院的PPP 项目很少采用政府支付和使用者付费的方式，往往都是采用可行性缺口补助的方式。广义上的可行性缺口补助既包括政府方负责的土地征迁支出，也包括政府方以货币方式对项目公司的财政补贴。从政府方角度，为平滑财政支付曲线，在补贴额一定的情况下，一般希望补贴的年份越长越好，这在采购阶段的评分标准中有所体现；而从社会资本角度，为减轻其融资压力以及避免地方政府的信用风险，其往往希望在项目开工前即能全部补贴到位。

因此，在公私双方协议过程中对回报机制条款的制定应在确保项目能正常运行的前提下，平衡好公私双方的需求。

（六）项目提前终止条款

对项目的提前终止实质上是出于维护社会公共利益的需要而实施的一种政府介入机制。公立医院 PPP 项目关涉公众健康，因此，在出现紧急状况时政府很可能对委托私人运营的公立医院临时接管或提前终止合作协议。由此，为确保双方对政府介入法律后果有一个清晰的认识，提前终止条款的设定尤为重要。在设定条款时应注意以下几点。

第一，提前终止的法律后果。一般来说，由于 PPP 项目多为基础设施建设类项目，一旦发生合同提前终止，项目公司需要进行项目设施移交，政府方要根据事先约定的金额，向项目公司支付提前终止补偿金。需要注意的是，从提前终止事件发生到合同实际提前终止（一般以合同约定的"终止日"为准），往往还有一段时间（例如，双方对提前终止事件的发生进行通知、对争议进行协商、对提前终止补偿金额进行计算等），截至提前终止日，PPP 项目合同依然有效，双方仍应履行合同项下的义务。即使是在终止日之后，PPP 项目合同已经终止，双方仅是不负有继续履行合同的义务，但对于终止日之前由于双方的履约行为已经实际产生的合同义务，仍应该继续履行（例如，按照约定支付服务费）。此外，由于提前终止后将进行资产的清点、移交等工作，项目公司在项目设施移交完毕之前，应尽到谨慎管理人的义务，合理地对项目设施进行照管。此外，即使发生 PPP 项目合同的提前终止，并不意味着全部合同条款的终止，在 PPP 项目合同中约定的一些通用条款，例如，争议解决程序、适用法、合同文件的组成和效力等，均应继续保持有效。

第二，提前终止补偿。指当发生 PPP 项目合同提前终止时，项目公司把项目设施（无论是否完工）移交给政府方，由政府方支付给项目公司的补偿款。提前终止补偿款的计算是一个综合类问题，需要从法律和财务两个角度通盘考虑双方的责任（哪一方违约导致提前终止）、项目建设情况（建设期还是运营期、项目设施是否已经可直接使用）、项目融资情况等多种因素，并要结合已有的违约条款、移交条款、权属变更条款等进行综合分析。

第三，提前终止后的解押安排。提前终止发生后，由于项目公司需要将项目设施移交给政府方，通常会被要求提前解除设置在项目设施、项目用地及项目收益权之上的抵押或质押安排，其中涉及解押成本及资金来源的问题。

但在现有的 PPP 项目合同文本中，这个问题较少被关注，或直接要求项目公司自行提前解押，或者语焉不详。从公平合理的角度出发，建议将上述解押安排与提前终止补偿金的支付挂钩考虑，一方面降低提前终止补偿金被滥用的风险，另一方面对政府方的付款也有促进作用，有助于提前终止程序的顺利实施。

（七）项目合同变更、展期、改扩建

在公立医院 PPP 项目中需要对于法律的变更而导致合同变更的情况引起特别重视。在通常情况下，法律变更分为两种：一种是项目实施机构可控，一种是项目实施机构不可控。对于前者（实施机构可控的法律变更），一般来说，一旦发生，需要判断其后果。如果仅是对项目公司项目的建设、运营产生不利影响，则应由实施机构予以补偿（可通过一般补偿或者其他补偿方式）；如果对项目公司产生严重不利影响，甚至导致项目公司无法继续按照原有条件继续履行 PPP 项目合同，则可以视同发生实施机构的违约，允许项目公司提前解除 PPP 项目合同。对于实施机构不可控制的法律变更，通常有两种处理方式，一种是将其归于不可抗力事件或参照不可抗力事件处理，另一种是视为特殊事件予以特殊处理。鉴于不可抗力条款中的通知、协商机制（通常协商期不少于 90 天）和损失共担原则并不完全适用于法律变更的情形，对其予以特别约定可能是更为妥当的处理方式。简言之，对于法律变更条款，切忌不区分具体情况，一概混同视之。

（八）违约处理、替代机制和合同解除

对于合同中涉及违约的各种情形在合同中予以集中约定，并对相应的违约责任进行明确细化。同时由于 PPP 项目运营周期长、投资规模大，与普通的商事合同相比，一般的违约行为不会触发合同的解除和中止，而是需要针对不同的情况设计替代性机制。如果替代机制仍不能保证项目的继续运行，则需要对合同解除事由、解除程序以及合同解除后的结算、项目移交等事项详细规定以保障各方的利益，具体可参照上述合同提前终止的情形。

（九）合同主体和各方承诺

在合同主体的确定上，有以下问题需要关注。一是由于 PPP 项目的政府支付义务应当纳入预算，以确保政府支付责任的落实，保护项目公司的权益，社会资本应与相应的市、县、区政府签订合同，以避免出现政府支付义务由于无同级人民代表大会通过而导致支付责任落空的被动局面。二是对于某些复杂项目而言，可能需要多个部门的批准，此时需要考虑相应的部门是否应作为项目的实施方，对于合同主体的政府方如果有多个政府部门作为主体，则各主体均需要获取当地政府的明确授权。PPP 项目协议中的双方承诺是整个合同中最重要的条款之一，明确了政府方需要在项目上兑付的主要条件，包括同意授权、可行性缺口补助、土地提供条件、协助审批、不干涉、竞争性项目的禁止、监督检查等；社会资本方需要在项目上兑付的主要条件包括接受授权、完成融资、依法按时完成项目建设、对项目进行运营维护、收取项目使用费用、获得政府可行性缺口补助、按时移交等。

双方承诺的具体条件取决于项目自身的条件及双方的具体谈判地位。对于合同主体的各方承诺，由于内容庞杂，且其中涉及政府方的各项承诺和批准事项以及特许经营事项，通常在主合同之外签订多项单独的书面协议或承诺书，必要的情况下还需要聘请专门的法律服务机构就整个合同体系出具法律意见书。

目前实践中的 PPP 项目合同版本基本上大同小异，均包含定义、合作期、融资、土地、建设、运营、移交、违约、终止等内容。但由于项目的实际情况各不相同，政府方和社会资本方的诉求、可匹配的相关资源也不尽相同，对交易架构的设计、融资条件的安排以及合同条款的表现形式，每个项目都有很大不同，实际上并不存在，也不应该存在一个通用、可以解决一切问题的版本。尤其公立医院 PPP 项目与传统的 PPP 项目相比，更缺少成熟的模式可借鉴，因此对于任何一个项目的 PPP 合作协议或者特许经营协议，双方均应认真对待，仔细研究其中的条款，做到因地制宜。如果只为了赶进度、拿项目，忽视了对合同条款的研究，那么在项目执行阶段就容易出现争议，甚至对簿公堂，造成项目各方及社会公众的多输局面。

第五节 医院 PPP 运营中的投资回报机制

一、传统行业 PPP 模式中常见的投资回报机制

PPP 模式在我国最初是基于基础建设领域的投融资需求而诞生的，目前在高速公路建设、城市轨道交通建设等领域发展比较成熟，其回报机制也较为明确。例如，在收费高速公路 PPP 项目中，社会资本方主要通过公路收费

权的未来现金流、政府补贴以及回报补偿资源（如公路沿线土地使用权、加油、加气站特许经营权等）等形式逐年收回投资成本和获取投资收益[1]。其中，高速公路未来的收费提供了主要保障，不足部分再由政府财政予以补贴或授予其他回报资源的形式予以补充。

在城市轨道交通 PPP 项目中，通常有三种投资回报形式：①使用者付费，是指由最终消费用户直接付费购买公共产品和服务；②可行性缺口补助，是指使用者付费不足以满足项目公司成本回收和合理回报，而由政府以财政补贴、股本投入、优惠贷款和其他优惠政策的形式，给予项目公司经济补助；③政府付费，是指政府直接付费购买公共产品和服务[2]。其中使用者付费是我国目前实践中社会资本投资者取得回报的主要方式，只有在使用者付费不足以满足项目公司成本回收和合理回报时才会考虑政府的财政补贴或购买服务。

综合以上两个传统 PPP 领域的回报机制来看，社会资本方投资回报机制的设计思路是：首先由项目本身的未来收益（来自使用者的付费）提供保障，不足部分采用政府补贴或以其他资源如特许经营权或土地使用权进行相应补偿。

传统的 PPP 投资回报机制与当前我国公立医院体制存在冲突。虽然在传统的基础设施建设领域，PPP 项目的投资回报机制成熟且运行不悖，但如果直接运用在公立医院 PPP 项目中会面临以下问题。

首先，在传统的 PPP 回报机制中，社会资本所参与项目本身的预期收益可以作为其取得回报的主要保障，而这与我国医疗卫生法律体制下公立医院（或非营利性医院）的性质和收益分配的特殊性相冲突。从性质上来讲，我国公立医院属于事业单位（或参照事业单位管理），不同于一般的商事主体；从收益分配上来讲，与其他行业的 PPP 项目相比，由于非营利性医院经营的目标是向社会提供基本的医疗服务，满足人民群众基本的医疗需求，社会效益是其活动的准则。根据我国相关法律法规的规定，非营利性医院的盈利只能用于医院的发展，如改善就医环境、购置仪器设备等，不论社会资本以何种

---

〔1〕　吴植勇："关于非经营性收费公路 PPP 回报机制的探索"，载《交通财会》2015 年第 9 期。

〔2〕　滕铁岚、袁竞峰、李启明："城市轨道交通 PPP 项目回报机制的案例对比分析"，载《建筑经济》2016 年第 2 期。

方式参与公立医院的 PPP 项目，都不能直接参与项目运营后的医院收益分配，即公立医院的医疗服务收益不能用于投资回报。即便是近几年如火如荼的公立医院股份制改革，其本身也不能改变公立医院的性质和收益分配制度，这也是我国公立医院改革的底线。例如，被公认为公立医院股份制改革最典型的昆明市第一人民医院、昆明市儿童医院等项目，且不论其改制过程的艰辛和漫长，即便改制完成后，出资方也不能直接享有医院收益分红的权利。

其次，有学者认为，公立医院这种特殊的非经营性 PPP 项目本身具有较强的公益性、较好的社会效益，但缺乏收费基础，因此只能通过政府购买服务的方式收回成本并获得合理收益[1]。虽然从理论上可行，但从政府角度而言，实行公立医院 PPP 的主要出发点往往就是减轻财政负担，社会资本方期望以财政补贴的方式来满足其投资回报也不现实。同时，由于社会资本参与公立医院改制并不改变其非营利性质，政府购买服务的范围通常也只能局限于非医疗服务，如物业和后勤等外包服务或其他委托管理服务。

最后，以特许经营权或土地使用权等资源补偿的方式在公立医院 PPP 项目中也受到较大限制。一是医疗卫生许可本身需要社会资本方符合相应的许可条件，例如，取得医疗机构执业许可证，因而准入门槛较高；二是用于医疗卫生的土地使用权通常以划拨方式取得且用途单一，而医院周边往往又很少有闲置土地资源可供转让，这与传统的基础设施建设领域有很大的区别。

二、构建新的盈利模式是设计公立医院 PPP 项目回报机制的关键

既然不能照搬传统领域 PPP 项目回报机制，就必须从我国公立医院运营模式和医疗产业的特点出发，构建新的盈利模式以实现社会资本方的投资回报。笔者认为，可以从以下几方面着手。

第一，通过提高公立医院经营水平获取管理收益。公立医院本身具备较强的人才和技术优势，但其经营水平的提高往往受限于资金和管理水平。因此，如果社会资本方在投入资金的同时，能引入先进的医院管理模式，整合医疗产业供应链，提高医疗服务水平，改善患者接受服务的体验，一方面可以有效提高医院的收益，减轻政府的财政负担，另一方面自身也可以通过提

---

〔1〕 梁岩："政府和社会资本合作项目投资回报机制探究"，载《招标采购管理》2015 年第 10 期。

供的增值管理服务收取合理可观的管理费用以实现投资回报。

第二，提供高端增值服务带来新的盈利点。由于公立医院的医疗服务本身以公益性为出发点，其服务的特点必然是以基本医疗服务为主。随着我国经济水平的不断提高，高端客户的就医需求日益增长却往往得不到满足，只能转而寻求营利性医疗机构或境外医疗机构的服务。但我国目前的基本状况是公立医院的技术水平远远高于私立医院，如果社会资本方能充分利用公立医院的医疗技术资源，以高端增值医疗服务（比如肿瘤全面检查、基因测序、血液净化技术等）补充原有的基础医疗，必然能以优质高价的战略占领高端医疗市场，以其收益弥补投资回报的不足。

第三，完善大健康产业链视角下的盈利模式。近年来，随着居民生活水平的提高，健康问题也日益受到关注，传统的以医疗为主的单一模式也转变为预防、治疗和非医疗健康管理为一体的大健康产业模式。目前我国健康产业由医疗性健康服务和非医疗性健康服务两大部分构成，已形成了四大基本产业群体：以医疗服务机构为主体的医疗产业，以药品、医疗器械以及其他医疗耗材产销为主体的医药产业，以保健食品、健康产品产销为主体的保健品产业，以个性化健康检测评估、咨询服务、调理康复、保障促进等为主体的健康管理服务产业[1]。但就我国目前总体的产业格局来看，医疗服务不仅占有最大的市场份额，而且是大健康产业的基础。因此，如果社会资本以公立医院 PPP 项目为契机，合理布局大健康产业，如非医疗保健、疾病康复、慢病管理及医养结合等项目，不仅能充分利用已有的医疗资源，还能在 PPP 项目投资回报基础上取得额外的高收益。

三、现有公立医院 PPP 运营模式下的投资回报机制分析——以 BOT/ROT 模式下的投资回报机制为例

（一）BOT/ROT 模式概述

BOT 模式在新建公立医院项目中较为常见，由社会资本或社会资本与政府资本共同设立的项目公司进行投资建设，获得项目一段时间的运营权，并在期满后移交政府。BOT 模式中有一种比较特殊的类型即 PFI，是完全利用社

---

[1]　胡凡、杜小磊：“中国大健康产业面临态势及对策分析”，载《经营管理者》2015 年第 32 期。

会机构的资金、人员、技术和管理优势进行公共项目的投资、开发建设与经营，不需要政府出资。实践中还有一些与 BOT 模式相近的如"建设-拥有-回租"和 BOO 模式，其回报机制都取决于运营期间的逐年收益，因此本书在讨论时不再单独说明，均归入广义的 BOT 模式。

ROT 模式采取"政府购买服务、医院重组重构"的模式，政府部门或公立医院将既有的医院改造项目移交给民营机构，由后者负责既有设施的运营管理以及改扩建项目的资金筹措、建设及其运营管理，当约定期限届满后，将全部设施无偿移交给政府部门，此种模式在医院改扩建项目中比较常见。还有一种特殊的 IOT 模式与 ROT 模式相似，只是在这种模式下社会投资方承诺在运营期间向公立医院投入资金（但不能取得相应财产权）以改善医院的运营状况，后期由政府方或医院分期返还[1]。

上述两种模式的主要特征是社会资本方通过对公立医院的建设投资，以交换在若干年期限内对相关医院的管理及运营权，并收取医院的管理费或租赁费。一般而言，在该种模式中，公立医院的公益职能、非营利性质、国有性质、国有资产所有权、政府监管、职工身份、党支部、团支部、工人联合会、妇女联合会等组织体系和医院名称均保持不变。

（二）回报机制及适用条件

传统领域的 BOT/ROT 项目中，在协议规定的特许期限内，政府许可社会资本方经营特定的公用基础设施，并准许其通过向用户收取费用或出售产品以清偿贷款，回收投资成本并赚取利润。但在公立医院 BOT/ROT 模式下，社会资本方虽然也有权经营公立医院的建设项目，但由于不能直接从公立医院的医疗服务收益中取得分红，其回报机制受到较大限制，需要对传统 BOT/ROT 模式下的回报机制加以变通，实践中一般表现为以下几种方式。

1. 管理服务费或政府财政补贴

在 BOT/ROT 模式下，社会资本运营收入不能直接来源于公立医院的经营收益，只能以管理费（包括政府购买服务费）或政府补贴的形式分阶段收回前期建设和后期运营中所投入的成本以及合理的收益。以财政部示范项目荥阳市人民医院 PPP 整体建设项目为例，其整体项目由两部分构成：1 号病房

---

〔1〕 李金龙、郭凌燕："非营利性医院 PPP 项目运作模式研究"，载《经营管理者》2015 年第 31 期。

楼地上 1—4 层由政府负责投资，项目公司负责建设；剩余部分工程项目由社会资本投资建设。社会资本和政府按投资比例成立项目公司（其中社会资本方 80%，政府城市建设投资公司 20%），建设完成后项目公司将项目设施交付给医院使用，并负责提供指定的后勤服务。在该模式中，政府将按照项目协议约定向项目公司支付相应的可用性服务费，荥阳市人民医院按项目协议约定向项目公司支付后勤服务费用。项目公司通过获取可用性服务费及后勤服务费弥补其投资及运营成本，获得合理回报。

需要说明的是，一方面，BOT/ROT 模式对社会资本的资金和运营能力有非常高的要求，这在相应的 PPP 项目资格预审中都会有明确的说明；另一方面，该模式下社会资本方前期建设的投资收益并不会太高，通常协议中都会有诸如"合作期内社会资本投资收益率不高于 6%/年"的约定。而后期的管理费不论是由公立医院直接支付还是以政府财政补贴的形式支付，受医院公益性和政府财政支出的限制，其收益率通常也不会太高。但实践中社会投资方可从以下两个途径提高实际的投资回报率：一是充分利用 PPP 项目的税收优惠政策，提高投资回报的税后收入；二是可与政府方或公立医院就后期的管理绩效奖励达成一致，通过提高医院的经营管理水平获取额外的回报。

2. 不动产租赁收入

传统的 BOT/ROT 模式下，社会资本方或项目公司并不因建设而取得相应不动产的物权，而是运营一定期限后移交给政府。因此，以不动产租赁收入作为投资回报的方式需要对传统的合作模式做出变通，进而达到与传统的"建设-拥有-回租"模式更为相似，还需要在合作协议中明确政府方的回租方式和租金的支付。在公立医院 PPP 项目中，项目公司承担医院项目的融资和建造等工作，项目建成后，由医院租赁使用建设项目，项目公司负责项目的日常维护工作。同时，项目公司通过医院支付的租金回收项目投入成本并获得合理的回报。这种以租金的形式替代上述荥阳市人民医院项目中"可用性服务费"有以下几个优点：一是收益率可量化；二是法律关系明晰；三是社会资本方拥有不动产物权，可以更好地保障债权实现。但此种投资回报机制的设计需要注意几个关键问题：一是建设项目用地往往是政府划拨的医疗用地，项目公司或社会资本方通常不能取得该土地的建设用地使用权，必须与政府签订长期的土地租赁合同来加以保障。由于租赁合同最长期限为 20 年，所以还需要考虑合同到期后优先租赁权的问题。二是投资方所有的建设项目如何完成不动产登记的问题。根据我国房地一体原则（即"房随地走、地随房走"），社会资本方虽然能通过合法建造取得建筑物的所有权，但如何完成登记取得不动产产权证书需要在项目可行性研究阶段与当地政府部门达成一致意见。

3. 药品、医疗设备采购

ROT 模式中通常会考虑通过供应链的管理获取额外的收益，但该种投资回报方式的设计需要注意以下几个方面的问题：一是公立医院药品、医疗设备的采购可能需要遵循国家统一的价格政策和采购方式，如果项目谈判过程中未能就该事项达成一致，后期该部分投资回报可能缺乏保障；二是投资方本身可能缺乏强大的医药产业资源和较高的运营能力，即便取得改制后的公立医院的药品和医疗设备采购管理权，也可能不会取得预期的收益；三是药品、医疗设备的采购管理可能会存在较高的产品质量责任风险，需要提前做出风险防范。

4. 大型医疗设备融资租赁收入

相比于前几种传统的方式，融资租赁可以量化收益水平且法律上没有障碍，而且相比于不动产租赁，投资收回周期也较短，是社会资本投资方可以重点考虑的回报方式。需要注意的是，融资租赁合同相对比较复杂，通常需要律师的参与来做好风险防控工作。

5. 医院周边配套设施开发与运营收入

由于 BOT/ROT 模式下社会资本方通常具备较强的建设和运营能力，可以考虑通过医院周边配套设施开发与运营获取额外的收益以提高实际的投资回报率。除了传统的餐饮、住宿及购物等日常消费的配套项目，最能借助医院周边地缘优势的配套服务主要是在大健康产业视角下以公立医院医疗服务为基础，向上下游扩充以完善产业链，建立如高端体检中心、医养结合型院区及慢病管理和非医疗保健项目等。

此种投资回报机制的设计需要满足以下几个条件：一是医院周边有可供开发的土地资源。因此，此种投资回报机制往往在医院整体搬迁或新建的情况下才会考虑。改扩建项目通常位于已经充分开发的中心城区，很难满足条件。二是需要政府批准。将周边土地的建设用地使用权出让打包在 PPP 的合作协议中，可以省略土地使用权出让的"招拍挂"程序。三是需要社会资本方有较强的健康产业运营能力或具备优秀运营能力的合作伙伴，以管理后期开发和运营中的商业风险。

四、医院 PPP 项目中投资回报机制设计应注意的问题

（一）合理的投资回报机制是确定项目可行的前提

在项目谈判的过程中，项目投资回报机制必须具体明确且双方达成一致。具体明确是指对投资回报的条款不能是框架性的，也不能有歧义，并且尽可能使用专业的法律语言。此外尤其需要注意的是，在各方就具体的投资回报机制达成一致意见之前，不能签订有约束力的合作框架协议，否则后期如果经过论证发现回报机制不可行，将面临违约的风险或投资损失。

（二）投资回报机制的法律和政策论证

由于公立医院 PPP 改制本身面临较大的政策和其他规范性文件的不确定性，回报机制的设计不仅需要各方达成一致意见，还需要与相关行政监管部门积极沟通，以回避回报机制中可能面临的法律和政策障碍。整个过程如果有专业律师的参与，可以很大程度地提高项目运营效率和质量。

（三）替代机制的设计

即便经过严格周密的论证，一旦国家政策和法律发生变化，或是出现其他因素，都有可能导致协议无法继续履行，此时如果简单地终止合同或追究违约责任并不是解决问题的好办法。笔者建议，在原有的回报机制不可行时，首先需要考虑的就是启动替代方案，促使协议能够继续履行。因为公立医院改制项目本身投资金额大、周期长、不确定因素多，一旦终止合同，对政府和社会资本双方都会造成巨大损失。因此，在起草和审查合作协议过程中，需要对未来的风险合理预期并制定替代方案，尤其是设计可替代的回报机制，这样可以有效降低或消除项目违约和投资损失的风险。

第六节 医院 PPP 项目的行政监管

一、医院 PPP 项目行政监管现状及完善对策

（一）医院 PPP 项目监管现状

在我国 PPP 模式运作势头如此强劲的情况下，医院 PPP 项目所占比例不足 5%，且规模呈下降趋势。通过前文的讨论分析，这与相关部门前期准备不

充分、项目运行的监管力不足有关。

1. 识别论证监管流于形式

PPP项目的识别论证是PPP项目的立项"门槛",对项目的成败有着"源头"作用。就目前来看,我国医院PPP项目地区主管部门在项目识别监管上实质性能力弱,直接导致了项目在开始之初的先天不足。首先,在PPP模式迸发式增长下,我国医院PPP项目的监管部门缺乏审查其可行性研究报告的专业性与普遍性。有的监管主导部门忽略自身监管能力的短板,在报告未达到充分研究分析之时即将项目往下一步推进。其次,医院PPP项目的物有所值论证往往流于形式。物有所值评价是指一个组织运用其可利用资源所能获得的长期最大利益,其论证需要主客观多方面、深层次的定性、定量考量。现实中,我国公私双方对其考量的重点仅在其经济效益与社会效益的比较上,往往忽略了设置的其他指标以及卫生行业特点对实际操作的不可见性阻碍。另外,财政监管部门会同卫生行业部门以及有关中介机构对政府财政承受能力论证时,对医疗行业可行性缺口补助问题以及政府的中长期预算能力大多把控不足,且存在地区性差异。

2. 政府采购监管问题重重

医院PPP项目的政府采购环节是政府寻求最优资源开展合作的环节。最优资源不是单一性评判,而是综合性比较,要确保以最合理的资金获取最大的效益。这一采购环节对医院PPP项目来说往往通过公开招标的方式进行,但是目前很多地区出现招标监管混乱的问题,应公开招标的不招标,或者以询价和单一来源采购方式替代公开招标,弄虚作假情况严重。此外,相关监管部门在采购方和中标方签订合同时对合同文本的规范性审查要求过低,很容易为后续项目开展埋下隐患。

3. 绩效评价监管虚假严重

为了确保医院PPP项目达到目标效益,必须保证项目进程的有序化,因此,绩效监管必须贯穿项目全过程。我国对PPP项目的绩效评价要求形成政府、服务使用者共同参与的综合性评价体系,对该评价体系的监管则由财政部门会同行业主管部门来主导。目前,由于项目前期论证的不严格以及项目实施双方私下的利益输送等多方面原因,多数项目在运行过程中进行绩效评价时存在弄虚作假的情况,这不仅对PPP模式在医疗行业的运用造成隐形冲击,也极易造成国有资产的滥用和流失。

公立医院与社会资本合作法律问题研究

· 096 ·

4. 信息公开监管虚有其表

PPP 项目信息公开能有效地促进合作双方的包容性、利益攸关者的参与性以及公众监督，同时又会加强项目和政策设计实施的参与性，有利于改善发展效益[1]。我国自 PPP 模式开展以来，PPP 项目的信息公开存在诸多问题，而地区信息监管部门（即地区财政部门以及行业主管部门）为了确保项目的顺利进行，对公开的掌控度以及适时度把关往往不严。财政部发布的《政府和社会资本合作（PPP）综合信息平台信息公开管理暂行办法》虽进一步细化了 PPP 项目的信息公开工作，明确了项目公开的内容与公开时间，但有关对接落实工作还有望进一步观察。

（二）医院 PPP 项目运行中行政监管的法律短板

从前文分析的我国医院 PPP 项目监管现状来看，从监管政策的制定到政策与工作的实务性对接，政府对整个监管工作的权威公正性和科学有序性都缺乏足够的掌控力，客观上纵容了项目乱象的频发。

1. 监管主体定位存在缺陷

目前我国医院 PPP 项目的监管工作主要是采取以同级财政部门和卫生行政部门为主导，第三方机构和社会公众程序性参与的综合性监管模式。但是，此种监管主体模式对医院 PPP 项目来说存在其固有缺陷和操作缺陷。

（1）监管主导性不足

2016 年 7 月，国务院明确地将在公共服务领域牵头推广 PPP 模式的权责划分给财政部，奠定了财政部门监管医院 PPP 项目的权责基础。而财政部发布的政策文件则进一步明确了医院 PPP 项目监管的行业性，即财政部门应会同同级卫生行政部门对项目实行监管。这种双部门、多层次的监管模式虽然体现出监管的平衡性和针对性，但在实际操作中，由于财政部门的监管内容和卫生行政部门的监管内容尚未有普适性的行政文件对其作出明确的划分，二者又存在专业上的不对等，其在主导项目监管时可能出现相互矛盾的现象，客观上会削弱二者对项目监管的主导力量。

（2）监管公正性存疑

医院 PPP 模式的特殊性使财政部门和卫生行政部门扮演着项目的监管者

[1]　陈贺阳："借鉴国际经验推动中国 PPP 项目信息公开"，载《石家庄经济学院学报》2016年第 3 期。

和参与者这一双重身份，而这种固有的双重身份是由政府的社会公共服务职能和监管职能所决定的。在政府以往的公共服务建设上，这两种行政职能部门交叉性较低，但 PPP 模式的出现将二者集中于一体之上，在满足政府行政机构设置精简性的同时，也引发了投资者和社会公众对项目监管公正性的担忧。

2. 监管能力匹配度低

目前，我国对 PPP 项目运行的监管能力与 PPP 项目的增长速度不成正比，成为阻碍 PPP 模式发展的一大隐患。

（1）准入监管能力地域局限化

我国对 PPP 项目的准入监管方法结合了公共部门比较因子法（Public-Sector-Comparator，PSC）和竞争性投标法，即不仅基于 PSC 来考察物有所值，还利用竞争性投标来实现物有所值[1]。财政部为此于 2015 年陆续发布了《政府和社会资本合作项目财政承受能力论证指引》《PPP 物有所值评价指引（试行）》等多项 PPP 项目准入评价性文件。但根据近两年的实施情况来看，文件的具体操作出现了很多现实问题。在医疗领域，地区财政部门和卫生行政部门差异化的评估能力、地区专家机构对医院 PPP 模式研究程度的高低等因素都给医院 PPP 项目的准入监管带来了地区性的差异化。医疗环境较为落后的地区往往在监管能力上比较落后，特别是在对医院无形资产投资价值的认定、政府财政中长期预算的把控、可行性缺口补助等问题上的评估监管能力上，而这些地区恰恰又是最需要引入 PPP 模式改善当地落后的医疗大环境的。如此一来，这种区域性的局限自然成为医院 PPP 项目落地的隐患。

（2）绩效监管能力普遍偏低

目前，我国并没有全局性地出台一个细化的绩效评价规范，对绩效评价的监管考核主要由地方性政府部门制定规范。然而，我国医院 PPP 项目并没有大数据或者广泛的模式供所有地区参考，所以地方对医院 PPP 项目的运用操作并不能达到熟练且具有针对性的程度。因此，在对评价体系的制定和具体监管上经常出现心有余而力不足的情况。同时，政府的双重身份亦从监管公平性上加重了对地区监管部门监管能力的考验。如何实质性地提高和完善

---

〔1〕 王守清、刘婷："PPP 项目监管：国内外经验和政策建议"，载《地方财政研究》2014 年第 9 期。

医院 PPP 项目的绩效评价监管能力是目前医院 PPP 项目运行中直面的问题。

3. 监管措施惩戒性评价不足

我国当前对医院 PPP 项目监管不仅仅在程序和执行上有所偏差，对监管的惩戒性规范也存在设计上的漏洞，使监管工作在监管规范制定之初就埋下了违规的隐患。

从财政部、国家发展和改革委员会陆续发布的有关 PPP 项目运行的规范性文件来看，其中涉及监管惩戒性的条文大多是一些委任性规则和准用性规则。例如，《政府和社会资本合作项目财政管理暂行办法》中关于监管的惩戒性规定："对违反本办法规定实施 PPP 项目的，依据《预算法》《政府采购法》及其实施条例、《财政违法行为处罚处分条例》等法律法规追究有关人员责任；涉嫌犯罪的，依法移交司法机关处理。"但值得注意的是，医院 PPP 项目的监管有自己的一套流程，其程序的规范性不可能完全与其他法律规范重合，而根据法律保留原则，行政机关在采取行政措施时必须有立法性规定的明确授权，没有立法性规定的授权，行政机关不得作出不利的行政行为。因此，若是出现仅违反医院 PPP 项目监管规范但未违反其他规范的情况，就有可能造成无法可依的局面。

（三）建立健全医院 PPP 项目综合监管的对策

医院 PPP 模式的运用推广，有利于地区经济转型升级发展，有利于我国医疗城镇化建设的推进以及政府执政效能的提高。但是，从前文的分析来看，当前我国对医院 PPP 项目的监管存在诸多问题，客观上对 PPP 模式在医疗领域的运用造成了不小的冲击。笔者认为，其解决完善必须从监管体系入手，全方位、多层次地健全、完善对医院 PPP 项目运行的综合性监管。

1. 完善监管权责体系

监管的权责性是监管有效性和公正性的保证，因此，对医院 PPP 项目运行监管必须有一套成熟的监管权责体系。

（1）重构行政监管实施主体

对医院 PPP 项目运行实行监管是政府履行行政职能的体现。为了确保行政监管行为的合法性和合理性，必须明确行政监管的实施主体。目前我国对医院 PPP 项目的监管实施主体在落实上局限于财政部门与卫生行政部门，这不仅忽略了与二者相互配合、联动沟通的其他部门的监管正当性，而且极易因监管独立性不足而引发公众对监管公正性的担忧。因此，在明确医院 PPP

项目的监管实施主体时，应注重监管主体双向体系化的构建。即在确定财政部门和卫生行政部门及其下属的 PPP 专业机构、地方 PPP 办公室进行相对独立的纵向一体化监管的同时，也要明确其他相关政府部门（如住建部门、自然资源部门等）的横向监管权力，必要时还可赋予某些医疗行业协会、消费者组织监管职权。此外，在体系构建的同时，也要重视具体监管人员的组成，必须确保整个监管队伍对财政、医疗管理、法律等多个领域的熟悉度与专业度。

（2）确定项目监管程序内容

医院 PPP 项目的监管内容分为宏观监管和微观监管两个层面。宏观层面涉及上层的法律监管体系构建和私营部门的市场准入监管，需要通过立法体现，旨在构建一个公平、公开的外部环境。对此，必须在制度层面上对监管体系的具体内容进行科学化设计，让监管者、被监管者以及社会公众都能清楚认识到项目的可操作限度，并确保在避免过多行政干预的前提下做到监管的有法可依。监管微观层面是从项目的服务价格监管、服务质量监管、移交退出监管和项目后评价制度四个角度入手，以灵敏、主动、高效、透明为准则，侧重服务价格的上限控制，确保公立医院的公益性[1]。精细化的监管内容设置反而不利于监管部门的操作，为兼顾监管的灵活性和规范性，可以对微观监管内容作出框架性的规定并明确各个框架下不同监管部门的主导和配合地位。

（3）保证监管措施权责对等性

权责统一的原则要求医院 PPP 项目的监管部门在运用由法律、法规赋予其相应的执法手段时，若存在违法或者不当行使职权的行为，应当依法承担相应的法律责任。这种行政权力和法律责任的统一是监管有效性的重要保障。针对当前权责不对等的情况，有关部门不仅要从制度运行上消除项目监管的"权"大于"责"问题，从源头上加快建立横纵双向监管体系，从内部平衡政府双重身份带来的监管公信力缺失局面，还要从逆向完善监管惩戒性评价体系，确保责任与权力的挂钩。

---

〔1〕 徐霞、郑志林、周松："PPP 模式下的政府监管体制研究"，载《建筑经济》2009 年第 7 期。

2. 法律层面提升监管能力

医院 PPP 项目监管能力的提升不能一蹴而就，必须先从立法源头入手，逐渐加强中央对地方立法、执法部门在项目监管上的引导作用，在确保地方层面对项目监管程序、监管的必要性和重要性有清晰认识的基础上探索地区政策性的监管模式。

（1）加快 PPP 顶层法律建设

面对我国医院 PPP 项目监管能力地区不平衡的现状，需要从上位法层面对监管的规范性作出科学合理的评价，使之具备全国统一的原则性做法和较强的法律效力。这样不仅能避免由中央部门或地方性法规政策所带来的监管性冲突，特别是处理过去国家层面其他法律如《中华人民共和国招标投标法》《中华人民共和国政府采购法》《中华人民共和国会计法》《中华人民共和国商业银行法》《中华人民共和国仲裁法》、税法等未覆盖到或与 PPP 模式有冲突的内容[1]，还能为地方监管提供总纲性思路，较大程度上保证医院 PPP 项目运行监管的科学性，同时也能防止地区滥用监管权的现象。

（2）加强监管政策区域化对接

财政部陆续发布了系列有关 PPP 项目的政策性文件，但是在地方落实上还存在较大的对接问题，很多地区在政策落地上都忽略了对当地地区发展特点的考察。针对地区医疗行业的特性，医院 PPP 项目的地区性监管细则可由地方卫生行政部门来主导制定，财政部门和其他部门共同监督配合，具体内容要充分考虑本地区的医疗特点、卫生需求、财政能力等多方面因素。

3. 信息公开促进监管有效性

医院 PPP 项目涉及公众切身利益，需要社会公众广泛知晓或者参与，有公开项目运行进程信息的正当性与必要性。政府公开有效信息，不仅有利于潜在投标企业评估和决策，提高项目对企业的吸引力，还有利于社会其他各方的参与，为其提供合理化建议，对其进行监督，预防腐败现象的发生。

（1）加强信息平台监管流程化建设

《政府和社会资本合作（PPP）综合信息平台信息公开管理暂行办法》的出台进一步强调了财政部门对 PPP 信息公开的监管地位，但这种监管过于单一，容易出现领域性信息监管不足的问题。对此，可以探索在 PPP 信息平台

---

〔1〕　夏卫英："我国养老房地产产业发展研究"，载《决策探索》（下半月）2013 年第 11 期。

上建立行业分类公开模块，对公开的 PPP 项目信息按照 PPP 项目一级行业分类，由财政部门对所有项目信息公开情况进行基础性监管，行业主管部门对本行业的项目信息公开进行二次监管。此外，对于涉及商业秘密、国家秘密等不便公开的信息，PPP 综合信息平台可以考虑通过分级授权的方式让 PPP 项目监管部门掌握相关的信息，确保有关部门对 PPP 项目的综合性评估。

（2）通过信息平台落实公众参与监管机制

医疗建设与公众的生命健康安全息息相关，因此，保证公众参与监管在医院 PPP 项目运行中显得极为重要。尽管政策文件一再强调要建立公众参与项目监管机制，但在实际操作上，公众很难以实际参与者的角色进入项目中，其监管信息来源只能依托 PPP 信息平台。为确保公众最大程度地参与医院 PPP 项目监管，在设置信息平台时要重视公众的反馈信息，完善公众的质疑投诉机制，加大平台操作部门与项目监管部门、实施部门的信息对接性，保证公众在平台上发表的建议性、质疑性、举报性的监管评论信息能及时得到处理回复，将公众参与监管落到实处。

二、医院 PPP 项目运行各阶段中行政监管所存问题及完善对策

随着新医改的深入实施，国家鼓励和引导社会资本举办医疗机构，形成多元化办医格局。PPP 是社会资本参与医药卫生体制改革的重要路径之一，医院 PPP 项目对缓解地区财政压力，满足不断增长的医疗卫生需求具有积极意义。在 2016 年 7 月 7 日召开的国务院常务会议上，国家层面首次由财政部门负责牵头公共服务领域的 PPP 项目，从行政监管角度下厘清部门职责规范。2017 年 3 月 16 日国务院印发的《关于进一步激发社会领域投资活力的意见》明确提出引导社会资本以 PPP 模式参与医疗机构、养老服务机构等领域的建设运营，开展 PPP 项目示范。在上述背景下，医院 PPP 项目发展理应势头强劲，但从 2016 年财政部公布的第三批 PPP 示范项目名单里分析得知，医疗卫生领域仅有 17 个项目，涉及投资额度 98.327 亿元，占比不足 1%。这与医院 PPP 项目运作方式尚不成熟，相关部门前期准备不足，政府的行政监管体系还未完善、管控力不足等有关。从现状来看，当前公用事业特许经营立法主要包括中央部委规章、地方性法规、地方政府规章和规范性文件，其法律效力较低，而且框架性的规范与领域性的实时监管之间仍具有较大的不平衡性。因此，根据现有相关立法规定，可以按照行政过程的视角将医院 PPP 项目周

期划分为项目准备、项目招标、项目建设、项目实施四个阶段，结合医院项目的特点分析各个阶段的行政监管要点及存在问题，并在此基础上对我国政府提出相关监管对策。

（一）医院 PPP 模式下政府职能的转变

PPP 模式改变了过往由政府垄断公共物品的传统行政模式，构建了公共物品供给方式现代转型的逻辑结构：政府提供—合作协议—公私合作提供[1]。这种逻辑结构下意味着政府职能的转变，衍生了政府与社会资本合作中的行政监管权。医院 PPP 项目涉及医疗公益性、风险分担、利益共享等问题，需要以法律规范或契约条款的形式规范其行为准则。再加上社会资本参与办医的内在动力是资本逐利性，核心在于能够获得可预期的利润，有必要对其进行行政监管。另外，提供公共产品或者公共服务的终极责任还是政府的，故政府应加强对 PPP 项目的监管，以保证获政府授权的企业法人或其他组织所提供的服务满足要求，促进市政公用事业市场化健康发展[2]。在"简政放权、放管结合"背景下，在大量减少审批后，政府要更多转为事中事后监管，转变职能[3]。新公共服务管理也要求政府应善于放权，实行参与式管理，分散公用行政成本，角色从直接的服务提供者转为调停者、中介人甚至裁判员[4]。当然，社会资本的引入也亟需政府转变职能以及改善治理能力。政府部门能够进行行政控制，而社会资本方可以在变化的环境中快速做出反应，自发适应性强，且专业化程度高。此外，在公共管理过程中有四大资源：自然资源、资本资源、人力资源和信息资源。PPP 模式可以使自然资源和资本资源实现公私共享，进而提高人力资源和信息资源的利用率，最终达到资源利用最大

[1] 肖北庚、周斌："PPP 模式行政监管权之生成逻辑及配置"，载《财经理论与实践》2017 年第 1 期。

[2] 王守清、刘婷："PPP 项目监管：国内外经验和政策建议"，载《地方财政研究》2014 年第 9 期。

[3] 李克强："简政放权 放管结合 优化服务 深化行政体制改革 切实转变政府职能——在全国推进简政放权放管结合职能转变工作电视电话会议上的讲话（2015 年 5 月 12 日）"，载《北京周报》2015 年 5 月 15 日，第 2 版。

[4] [美] 罗伯特·B. 丹哈特、珍妮特·V. 丹哈特："新公共服务：服务而非掌舵"，刘俊生译，载《中国行政管理》2002 年第 10 期。

化的目的[1]。医院 PPP 模式可以充分发挥不同组织的优势，规避风险，实现经济效益和社会效益的最大化。

(二) 医院 PPP 项目各环节监管中存在的问题

1. 项目准备阶段

(1) 项目识别论证门槛虚

项目识别论证阶段作为医院 PPP 项目立项的"门槛"，其对项目运行成败有不可忽视的作用，但目前"门槛"在设置和运行时科学性不足，控制力不强，使得项目在申报过程中，筛查性监管环节流于形式，造成大量"伪PPP""劣 PPP"，低层次的医院 PPP 项目充斥项目市场。

(2) 可行性研究报告不充分

可行性研究报告是用来确定项目的边界条件和准确参数，并以此作为调整实施方案和防控风险的重要依据的，是项目开展所必需的。在当前各地紧锣密鼓的申报和推进医院 PPP 项目的背景下，如果严格按照程序一步一步地实施，那么很可能错过国家政策支持时间节点。因此，一些由社会资本方建议发起的 PPP 项目，将《项目建议书》报相关部门审批确定立项之后，先提交医院 PPP 项目的初步实施方案，而后再将可行性研究报告同步推进，有的甚至直接用《项目建议书》代替可行性研究报告。

(3) 缺乏深度的物有所值评价论证

物有所值评价是判断一个组织运用其可利用资源所能获得的长期最大利益的方式。物有所值评价目前包括定性评价和定量评价，其中的定量评价要对"政府支出成本的净现值 (PPP 值) 与公共部门比较值 (PSC 值) 进行比较"，而现在的难点是缺乏公共部门比较值 (PSC 值) 数据，无法进行比较[2]。目前许多医院新建或改扩建项目都想以 PPP 的模式来进行，但其对PPP 项目的定性评价标准基本上仅考虑运作此项目的经济成本价值与社会效益价值，对具体的评价指标没有一个清楚的概念和基本的认识；对定量评价更是往往将其做成"数字游戏"，有的甚至采用"不折现"的方法，以求"速战速决"。这种缺乏深度双重评价甚至回避评价的医院 PPP 项目，在实施

[1] 康静宁："PPP 模式在我国医疗卫生领域的应用研究——兼论 PPP 模式在政府公共管理转型中的作用"，载《海峡科学》2013 年第 10 期。

[2] 王朝才："当前推进 PPP 工作面临的几个难点"，载《经济研究参考》2016 年第 15 期。

过程中一旦出现资本性问题，极易发生由逆向选择和道德风险引发的公共社会问题。

（4）政府投资价值认定能力不足

投资价值认定是 PPP 项目实践过程中的关键环节，指的是在 PPP 项目建设过程中政府对社会资本所投入资金的认定值，它是政府支付运营补贴或服务费用的基准值，也是政府在监管 PPP 项目运行时必须严格监控的部分。但目前的主要问题是，医院 PPP 项目容易受社会资本控制，出现投资额的虚高或缩水。一方面是在资金的投入上出现虚高；另一方面是在原医院土地、商誉，尤其是"小偏方""自制药"等无形资产上进行人为缩水，作出有利于社会资本的认定。医院及相关的医疗行业部门在这方面缺乏专业的认识，缺少认定的规范标准，缺乏相关的认定能力，很容易被社会资本方牵着鼻子走，造成国有资产的流失。

2. 项目招投标阶段

（1）招投标环节管理混乱

在我国的招投标阶段监管中，没有专门的针对 PPP 项目的市场准入措施，与完善的招投标阶段监管仍然有很大的差距。在运营阶段监管中，我国提出了应该对价格制定监管、对产品服务质量评价标准监管、对特许经营者违法行为依法进行查处等各方面的内容，但是仍然存在规则过于笼统、可操作性差、没有合适的监管机构、没有明确监管流程说明、没有全国性的监管方面的专门政策、对 PPP 项目可能发生的意外考虑不足等问题〔1〕。医院 PPP 项目的招投标混乱主要体现在两个方面：一是应公开招标的不招标，招标人违规指定服务企业。医院 PPP 项目复杂，涉及招标项目（标段）多，部分医院 PPP 项目的实际控制人对达到招标法定标准的设备等采购项目不采取公开招标的办法，而是指定服务企业，进行利益输送，或是利用关联企业回笼资金。二是利用政府采购和招投标的部门管理的盲点，化整为零，规避公开招标。比如，部分医院 PPP 项目未纳入项目概算的部分设备采购，既不纳入政府采购管理，也不纳入招投标管理公开招标，而是采取单一来源采购和询价的方式，规避公开招标，虚抬设备价款，变相回收投资。

---

〔1〕　黄腾等："中外 PPP 模式的政府管理比较分析"，载《项目管理技术》2009 年第 1 期。

（2）PPP 合同签订不规范

医院 PPP 项目的公私合作性质体现在严格的合同文本中。首先，PPP 项目参与各方合作合同应规范、细致、完整；其次，招标方与中标方应严格按照招投标标书签订合同文书。但是现在部分 PPP 项目的合同文本签订层级不够，承诺事项超出职权范围或授权不足，有的对争议条款模糊带过，对专项条款设定无法确定，惩罚条款也不够具体，甚至连基本的调整内容也不甚明确，一旦出现纠纷，依据合同往往得不到解决，极易出现相互推诿、扯皮的局面，影响项目实施，甚至造成项目停工。

3. 项目建设阶段

（1）概算执行监管不严

概算的严格执行是 PPP 项目顺利进行的重要保证，因此，在项目建设过程中，概算的执行应是行业主管部门及财政部门监管的重点。但目前医院 PPP 项目概算执行监管的不力，直接导致了项目概算执行情况的偏差。在项目准备阶段，部分项目在初步设计阶段就"逃脱"监管，概算明显缺乏科学性；在实施阶段，部分项目随意更改概算，导致项目目标无法完成，概算沦为"一张废纸"。还有部分项目建设概算包括项目范围外的工程，或是扩大建设规模、提高建设标准，超概算严重。

（2）行政干预影响进程

医院 PPP 项目各方关注度高，在推进过程中，有关工程、建设不可避免地会涉及许多部门。目前大部分项目在论证阶段中的规划设计和审查都局限于行业内部，缺乏与各个部门之间的联动沟通，如果论证不充分，一旦进入实施阶段很容易遭到相关部门的干预，造成设计变更、施工难度变化等情况，影响整体造价认定和实施进程。

4. 项目实施阶段

（1）工程验收形式化

工程验收是医院 PPP 项目建成后，投入运营前的一道关键环节。目前，出于投入运营的迫切需要和短期利益的驱使，多数项目在验收阶段流于形式。有的项目部分设备并没有完全按设计要求安装或配置完毕就投入运行，有的项目未经消防验收或者验收不合格即投入使用。此外，一些项目在验收完毕后未及时按规定移交工程建设档案资料或是未按要求报有关部门备案，妨碍了二次监管的实施。这种形式化做法极易造成项目质量隐患，对于直接涉及生命健康领域的医疗行业来说是致命的，完全违背了医院 PPP 模式为求建设优质化管理、提供优质化公共服务的初衷。

（2）决算审计跟不上

项目建成后，应及时编制项目决算，及时审计。但许多 PPP 项目在完成建设后，编制竣工决算的周期长，无法委托中介机构进行竣工决算审计，只能对总投资价值以暂估价、合同价和签证的形式代替，易造成各方权益的模糊，在产权界定、资产登记等方面极易引发新的纠纷和国有资产流失。

（3）地方政府可行性缺口补助不到位

社会资本参与公立医院改革必然是以得到合理的投资回报为前提的，但医疗行业的公益性决定了其并不是一个高回报的行业。在这种特殊背景下，财政理应严格按照相关协议和实施进程发放可行性缺口补助，确保项目有序进行。但是由于地方政府对中长期财政预算的把控能力不足，前期项目论证报告监控流于形式，以及相关部门对医院 PPP 项目引导型激励服务机制认识的缺乏，医院 PPP 项目在补助发放上极易与项目脱节，导致后期项目运行缺乏正确的引导和激励，影响项目的有序化进程。

（三）医院 PPP 项目运行监管的完善对策

医院 PPP 项目不仅需要社会资本方和医院双方自觉合法合规运行，还需要监管方的全程参与，做到科学性指导，稳健性识别，违法性防范，促进性监督。

1. 严格监管项目识别程序

在医院 PPP 项目识别阶段，政府主要对 PPP 项目的物有所值评价和财政承受能力论证进行监管。物有所值评价主要用于判断采用 PPP 模式的必要性，财政承受能力主要用于判断 PPP 模式的可行性。政府对 PPP 项目真实性、可靠性和科学性进行监管，只有通过评价和论证的项目才适合采用 PPP 模式[1]。在医院 PPP 项目的识别阶段，为防止项目材料不完整对 PPP 项目论证结果造成偏差，医院、有关行政部门和社会资本方必须严格按照步骤提供相关项目材料并注明提交日期，及时上传 PPP 信息平台，做到项目识别公开常态化，方便监管部门及社会公众的管理和监督。如有特殊情况，需按照非常规的流程推进项目，在具体操作实施中，政府卫生和财政等相关部门要向

---

〔1〕 刘穷志、任静："中国 PPP 模式政府监管制度设计"，载《财政监督》2016 年第 6 期。

项目管理、实施方和投资方明确各项工作的要求，从而确保进一步降低项目风险。

2. 全程化监控概算执行

对概算执行的监督首先要加强合作方内部控制、制约、平衡。其一，项目的建设规模、建设内容和设计标准要严格控制在国家批准的初步设计的范围内，不得自行变更。其二，要做到对项目初步设计充分论证，审计详图要报建设部门审定，对概算审查精细化。其三，对投资项目概算要实行静态控制、动态管理，实际动态概算超过原批准动态概算 10% 的，需要报原概算审批部门批准。

3. 审计决算全程配套参与

审计部门负责项目建设和运营期间财政资金使用情况的监管。审计部门是代表政府的一个监管机构，在 PPP 项目中定期性、阶段性地对财政资金的使用情况进行监管[1]。在项目准备阶段，其应该要对社会资本方的选择、PPP 项目立项进行审计监管；在项目建设期间，其应对 PPP 合同及其相关工程合同进行审计监管，对工程款支付和工程造价的跟踪进行审计监管，对项目各参与单位的财务管理进行审计监管；在项目实施阶段，其应对 PPP 项目后评价进行审计监管，对项目经过试运行后有关经济、技术指标是否满足预期目标进行独立的审计监管。

4. 行政部门 PPP 项目全过程监管联合监督

(1) 设置综合性的独立监管机构参与监督医院 PPP 项目

政府设立综合性的独立监管部门参与项目的整个过程，对社会资本的准入、成本、价格、服务内容和质量、安全、环境等实施专业化监管。其在各阶段具体职责如下：在项目准备阶段，其职责是辅助性质的，主要是监督选择社会资本方；在项目投标阶段，其职责主要包括对订立合同的监管，对可行性报告的审批和对初步设计的审批等；在项目建设期间，其职责包括对特许经营合同执行情况的监管，对选择设计单位、施工单位的监管，对工程资金计划和使用情况的监管，对施工现场工程质量的监管，竣工验收的监管等；在项目实施阶段，其职责包括对成本、价格的监管，对项目运营的绩效评价，

---

[1] 刘力、杨婼涵："PPP 模式监管主体之现实困境及其改造"，载《中国政府采购》2015 年第 12 期。

项目后评估等。

（2）强化卫生行政部门统筹协调能力

PPP 模式是一个涉及预算制定、财政支出、政府采购、招标投标、价格管理等多个领域的综合性发展模式，它既涉及预算制定、财政能力论证、政府采购、财政风险控制等财政部门职能，又涉及重点项目选择与批准、引导社会资本等发展和改革委员会的职能。医院 PPP 项目涉及范围广泛，工程内容烦琐，对其"门槛"的监管，首先要体现在项目开展综合评价认定体系上。所以，无论是在开展物有所值评价还是在对投资价值认定等涉及各方利益的问题上，都必须作一个全方位的考量。为方便政府对财政流向掌控以及控制社会资本的趋利性对项目公益性的侵蚀，这种全局化的认定分析应以卫生行政部门为主导，联合社会资本方与其他相关部门共同推进，不能仅依靠社会资本方和医院单方面出具的分析报告。因此，卫生行政部门对医院 PPP 项目经常涉及的其他行业部门的相关数据资料，可以与相关部门协作建立共享化数据库，方便院方与社会资本方对相关基础数据的查询与参考；对于偶尔涉及的部门，可以在有关认定会议上邀请该部门工作人员出席参与认定讨论。

（3）重视第三方机构对 PPP 项目的评估及监督

在 PPP 模式中，政府往往无法出于专业角度对项目建设质量、运营效益等进行合理预估，故可通过引入中立的第三方评估机构的方式，掌控项目的实际建设、运营、维护等情况，避免出现技术性监管缺位[1]。同时，对项目的监管需要多层次多角度进行，仅依赖于主管部门并不能有针对性地实施论证体系监控。此外，合作双方的项目把控度都是根据自身利害关系出发的，医院 PPP 项目作为一项公共服务项目，第三方利益效果考量尤为重要。所以，在对项目进行物有所值评价和财政承受能力论证的认定时，应该适度增加第三方学者、专家及社会公众代表的参与比例，加大参与度。除此之外，对整个评价论证过程及结果也要及时上传信息平台，保证全过程公正公开，接受群众的监督和质询。

（4）加强有关部门联合监管

医院 PPP 项目所涉范围广，仅仅依靠卫生行政部门以及财政部门的监管无法面面俱到。因此，有必要加强卫生、药品监督、物价等部门对医院 PPP

---

[1] 江川："博弈论视角下的 PPP 模式运营监管机制"，载《甘肃金融》2017 年第 1 期。

项目运营的日常监督和管理。对此，首先要保证有关部门的信息互通，双方要明确信息平台交换的内容范围；其次，要建立医院 PPP 项目这一社会公益项目的服务评价体系、技术标准；最后，要将日常监督制度化，既要让项目运营方时时感受到监督的存在，又不影响其日常的工作，推进监督的制度化、信息化。

5. 重视政府付费的补助性激励模式

政府付费是政府管理医院 PPP 项目的抓手，也是社会资本进入医疗领域的重要动力。为保证政府付费的科学合理性，政府付费协议的制定就显得尤为重要。对此，考虑到医院 PPP 项目可能涉及不同的医疗领域，政府付费协议必须预先设定每一个医院 PPP 项目所明确涉及的医疗服务项目，细化付费量化标准，并根据不同的领域比例设置不同的激励和惩罚措施。具体工作实施可以由卫生部门牵头组织各方具体考核，报财政部门审查，最后呈交当地政府审查批准付费。

借助医院 PPP 模式推动医疗卫生体制改革的深入开展是新时期改革的重要举措，各地政府应该不断完善 PPP 行政监管机制，加强对社会资本在项目准备、项目招标、项目运营、项目实施的分阶段监管。同时我国应该加强对 PPP 项目进行政府监管的法律保障，以法律法规的形式明确各监管单位的权责，同时出台政府监管实施细则，加强实际操作性，建立全方位系统化的医院 PPP 项目的行政监管模式，做好对社会资本的监督与管理，使社会公众利益得以保障，实现 PPP 合作模式的真正价值。

第七节　医院 PPP 项目面临的挑战及破解对策

随着我国经济的迅速发展和国民生活水平的显著提高，公立医院的现状越来越不能满足居民日益增长的医疗卫生需求。党的十八大提出了让市场在资源配置中起决定性作用，这为民间资本在医疗卫生资源的配置中发挥作用提供了坚实的理论基础。对医疗卫生领域而言，采用 PPP 模式，既能激发民间投资的活力、缓解财政压力，又能利用现代企业制度有效地提高医疗机构的医疗服务供应水平和经营管理效率，有助于促进医疗部门的改革，在建设健康中国、增进人民健康福祉等方面具有积极意义。然而，尽管医院 PPP 项目在发展过程中潜力巨大、影响深远，但就目前实施现状来看，其仍因顶层设计的缺失、管理体制的束缚、地方政府和社会资本方对医疗领域的认识程度不足、投融资回报机制不明确、监管和退出机制不完善、行业自身壁垒、第三方机构缺失等一系列问题而面临诸多挑战。

一、主管机构交叉重叠，权责利界限难分清

（一）挑战分析

围绕医院 PPP 项目，专控项目质量的国家发展和改革委员会和注重"稳增长"的财政部一直因界限划分模糊，存在权责重叠而争论不休。2016 年 7 月 7 日召开的国务院常务会议上首次明确了推进 PPP 工作的部门职责分工——财政部负责公共服务领域的 PPP 项目，国家发展和改革委员会负责传统基础设施领域的 PPP 项目。尽管如此，医院 PPP 项目中也依然存在主管机构界限模糊的问题，管项目的发展和改革委员会、管财政的财政部、管城市建设的住房和城乡建设部、管银行的原中国银行业监督管理委员会等权责交叉重叠，而原国家卫生和计划生育委员会与国家中医药管理局作为医疗行业的主管部门却一直处于失声状态。众多部门或越权管辖，或相互推诿，医院 PPP 项目的第一主管机构并没有明确界定。医院 PPP 项目主管部委的混乱给项目实施带来了很大的困扰和不可预期性。

（二）破解对策

针对如此管理现状，各管理部门要尽快协商，出台相关政策法规，明确各部门在医院 PPP 项目的各个时期、各个环节中的职责和应该发挥的作用。建议在中央和省级卫生行政部门新设立职能机构，或者职能挂靠在财务部门，专门负责审批和监管医院 PPP 项目，确保各级政府对项目的监管力度[1]。同时，各部门在分工明确的基础上也要进一步加强协调配合，形成政策合力，积极推动政府和社会资本合作顺利实施。对于涉及多部门职能的政策，要联合发文；对于仅涉及本部门的政策，出台前要充分征求其他部门意见，确保政令统一、政策协同、组织高效、精准发力。真正做到找准自身定位，厘清各自的职能范围，协调推广医院 PPP 项目。

---

[1] 李卫平："医疗领域公私合作该怎样迈步"，载《健康报》2014 年 7 月 1 日，第 6 版。

二、医院 PPP 项目的政策法规、制度体系矛盾重重

（一）挑战分析

近几年来，财政部与国家发展和改革委员会相继发布了有关 PPP 操作事项的系列重要政策文件，但这些政策文件操作性不强，且文件仅系单一部门所发，无从得知其他部门的意见。这种各自为政的做法造成文件之间衔接困难、缺乏系统性和全局性，由此产生了法律规范间相互冲突、不断变更等一系列问题[1]。2016 年 1 月财政部已率先完成《中国政府和社会资本合作法（征求意见稿）》的意见征集，但正式版本尚未公布，无法成为遵循依据。一部高层面、强权威的 PPP 立法亟待出台，专业性的医院 PPP 领域的相关立法更是遥遥无期。由此可见，医院 PPP 项目法律体系的缺失使得项目缺乏良好的法律环境和稳定的政策预期，限制了医院 PPP 项目的发展。

（二）破解对策

解决医院 PPP 项目的法律规制问题，首先要着力解决法律规范的制定权之争。针对我国目前 PPP 项目管理现状，可考虑采取"双轨制"的制度设计[2]。

一方面，要化解争议，统一和完善立法，填补空白。由全国人民代表大会常务委员会在结合医疗行业自身特点、医疗体制改革的相关政策和 PPP 项目的普遍问题的基础之上，认真倾听各级地方政府和社会资本方的意见和建议，并邀请国家卫生健康委员会加入，同时借鉴法国、日本、韩国的 PPP 立法体系，制定出针对医院 PPP 项目的以优先保障公共利益、平等合作等为基本原则，对医院 PPP 项目的土地、应用领域、实施过程、项目评价、风险分担、利益分配、税收、审计、民营非营利医院的进入和退出机制、营利性医院的公益性保证、公立医院以无形资产和技术人才入股营利性医院的法律依据、私人资金、管理团队和公立医院技术人才在 PPP 模式中的权益维护和规范制约等基本法律问题进行规范的单行法[3]。通过法律来保障社会资本方的各种权利，提高社会资本方的积极性，规范政府与社会资本方的履约行为，

〔1〕 王辰宇："医疗 PPP 模式开启风险尚存"，载《中国医院院长》2015 年第 14 期。

〔2〕 刘世坚："中国 PPP 发展之主要问题与新年展望"，载 http://www.newppp.com/show/8137.htm，最后访问日期：2022 年 10 月 6 日。

〔3〕 高解春："公立医院改制中的 PPP 模式选择与前景"，载 http://blog.sina.com.cn/s/blog_701abdd30102uxbe.html，最后访问日期：2022 年 10 月 6 日。

保证政府和社会资本方能有效分担风险。

另一方面，相关主管部门、卫生健康委员会以及地方政府应进行合作，结合各地的实际情况并借鉴英国、加拿大、澳大利亚的 PPP 政策性文件，根据医院 PPP 项目相关法律，做好已有政策性文件的清理和变更工作并出台配套政策，对 PPP 项目的立项、投标、建设、运营、管理、质量、收费标准及其调整机制、项目排他性及争端解决机制、社会资本参与公私合作项目的回报途径以及移交等环节进行具体规制，协调好各项文件的有效衔接。

三、政府对医院 PPP 项目的认知和操作存在问题

（一）挑战分析

首先，政府对医院 PPP 项目定位不清。目前，相当一部分政府对医院 PPP 模式的概念不了解并且缺乏医院 PPP 项目运行的经验和能力。其次，政府缺乏对医院 PPP 项目的适用性审查。再其次，政府与社会资本方之间在项目合作时地位不平等。最后，由于政策变更、政府换届、补助等问题，导致医疗 PPP 项目缺乏支持。

（二）破解对策

要扭转当前这一现状，需要从以下几方面入手。

首先，政府对实施医院 PPP 项目的目的要有一个明确的认识，即通过政府与社会资本方合作办医来弥补政府财政的不足，激发社会资本活力，为百姓提供充足的优质高效的医疗资源。政府在遴选医院 PPP 项目时，应优选定位为非营利性医疗机构、有一定的投资（再投资）要求、运营规划丰富细致、满足投资市场属性要求、属于政府重点建设民生工程或改革重心、政府财力能够覆盖医疗补助范畴的项目[1]。

其次，政府要严格规范采购过程中的资格条件设置问题，杜绝央企、国企利用自身的规模和业绩优势构建进入壁垒[2]，给予社会资本方更多的进入机会。政府在选择社会资本方时，应在考虑社会资本方是否介入医疗核心领

---

〔1〕 丁伯康："公共服务领域改革的弯道超车——以 PPP 推动医疗服务行业深化改革"，载 https://www.chinappp.cn/newscenter/newsdetail_1536.html，最后访问日期：2022 年 9 月 27 日。

〔2〕 章贵栋、梁雪："民营企业参与 PPP 项目周年盘点"，载 https://www.sohu.com/a/124765400_480400，最后访问日期：2022 年 9 月 30 日。

域的基础上〔1〕，根据实际需求科学理性评估社会资本方是否满足以下条件：合法的法人主体、财务状况良好、具备资金实力和融资能力、具备运营能力、业绩达到要求、具备技术能力和资质、合法合规经营、具备项目管理能力以及具备医疗服务供给能力等〔2〕。通过严格审查和规范操作，来增强双方的政治互信。

再其次，为降低项目失败风险，政府要平等参与，增强契约精神，坚持全面履行原则。双方需谨慎周全地签订医院 PPP 项目合同，涉及双方权益与责任、项目投资、项目筹资、项目产品或服务标准、收入与成本费用核算办法、项目产出价格调整办法、社会投资方合理回报水平和测算方法、收益分配办法（各种可能的情况都需要有预案）、绩效考核奖惩办法、政府补贴、政府税费、项目特殊情况的处理（中止合作与退出）、风险分担、移交、结束合作、争议处理等重要事项的，需要明确、无歧义地约定并明示〔3〕。在医院 PPP 项目的合同管理中，坚持平等合作、维护公益、诚实守信、公平效率、兼顾灵活原则，严格履约。为使政府更好地履行合同，要推进政务诚信建设，建立失信违约记录，对政府责任人进行项目全流程阶段的信用记录和评价，实施失信惩戒措施。因违约而发生争议时，可考虑通过友好协商、专家裁决、仲裁等非诉讼的手段来解决，尽量规避地方保护主义。另外，确实需要制定或变更政策时，要兼顾公共利益与社会资本方的利益，严格遵循比例原则，并且要做好政策的延续性工作，遵守信赖利益保护原则。若违反这一原则，则要按照 2016 年 11 月 29 日最高人民法院网相继发出的最高人民法院《关于充分发挥审判职能作用切实加强产权司法保护的意见》以及《关于依法妥善处理历史形成的产权案件工作实施意见》的要求，因政府换届、领导人员更替等原因违约毁约的，政府方要承担法律责任。还要建立政府决策失误的责任追究制度〔4〕，保证政策的科学性和稳定性。

最后，政府还要在继续通过减免税费等间接手段支持社会资本方之外，

---

〔1〕 卢朋："PPP 信息公开给社会资本带来新的机遇和挑战"，载 http://www.bhi.com.cn/ppp/say-ppp/36078.html，最后访问日期：2022 年 9 月 30 日。

〔2〕 邓勇、董万元："参与公立医院 PPP 项目攻略"，载《中国卫生》2016 年第 10 期。

〔3〕 李军："PPP 模式项目特点和财务计算分析评价的若干问题与对策（上）"，载 http://mp.weixin.qq.com/s/MDRDcgaJUFxYwRxDDBwNBw，最后访问日期：2022 年 9 月 30 日。

〔4〕 赵晔："我国 PPP 项目失败案例分析及风险防范"，载《地方财政研究》2015 年第 6 期。

强化直接投入的责任意识，并对可行性缺口补助进行全面的定向定量调配，以充分发挥政府补助的作用[1]。另外，要强化政府监管部门、医药卫生监管部门的职责意识，通过监管部门对项目实施的过程、质量、技术、价格等方面的追踪督导来监督政府和社会资本方规范参与项目，提升项目的质量和供给的效率，维持双方的长期合作关系。

四、监管环节滞后，导致隐患突显、问题频发

（一）挑战分析

在医院 PPP 项目实施过程中，地方政府监管不足。

（二）破解对策

为规范医院 PPP 项目的实施，应对项目的全过程进行严格监管。首先，要建立并完善绩效评价体系，包括对建设过程和运营过程的监管和评价。绩效评价可以项目建设的效率和运营服务的数量、质量标准是否达到公众的需求标准为宗旨，主要考核指标可设定为工程质量指标、成本指标、医疗服务水平类指标、医疗服务价格指标、财务经营状况类指标、医院发展类指标、满意度类指标等[2]，并可根据医院 PPP 项目发展理念，设置不同的权重及打分项。其次，在项目的建设时期，可借鉴澳大利亚的经验，由卫生部门设立的工作委员会负责日常的项目监督与评价工作，其与项目公司的执行委员会对接，双方共同掌握项目的相关指标信息，可以同时监督项目日常运行情况，包括采取必要的审计与现场检查措施等。最后，在项目的后期运营过程中，可参考西班牙瓦伦亚医院的监管模式，通过合同声明运营医院的利润上限和患者流动率，政府部门依此指标向社会资本方征收一定比例的罚金。实际操作中可利用多方公立机构开展对医院运营情况的监管，包括区域委员会、医事服务混合委员会等，同时医院还需接受当地政府部门以及第三方部门的审计。

五、金融市场不完善，融资渠道不通畅

（一）挑战分析

医院 PPP 项目所需的资金量大、周期长，对社会资本的资金筹集能力提

〔1〕闫磊磊等："公立医院引入社会资本中的政府责任分析"，载《中国医院管理》2012 年第 6 期。
〔2〕徐玉环："社会资本参与非营利性医院 PPP 项目的操作难点及路径探索"，http://www.caigou 2003.com/zhengcaizixun/fuwucaigou/2051745.html，最后访问日期：2022 年 9 月 30 日。

出了极大的考验，融资难依旧是掣肘 PPP 发展的关键因素。首先，期限错配问题。由于医院 PPP 项目存续期较长，一般为 20—30 年，项目方需要得到长期稳定的融资，但是一般的金融机构考虑到其中的不确定性和流动性问题，不愿承担风险，在参与时会有所迟疑，不太情愿全程参与，希望能够仅参与其中的一部分，这就是项目方和资金方的矛盾之处。医院 PPP 项目想要顺利实施，必须兼顾流动性和收益性。其次，融资方式较为单一且融资难度大。现存的医院 PPP 项目多以债权融资为主，传统的商业贷款是债权融资的主要模式，但其利率过高、周期较短，难以适应医院 PPP 项目收益低、周期长的特点。而医院 PPP 项目的资产权属不清，项目公司对项目土地只有使用权，需经政府同意才可对使用权进行抵押，且 PPP 项目多为在建项目，存量资产短缺等诸多问题导致其很难满足商业银行的抵押要求。此外，由于抵押增信不足，商业银行近年来的银行不良贷款余额飙升，不良贷款率激增，导致其在信贷投放过程中更为谨慎。最后，金融机构创新动力不足。国内目前尚未建立项目融资的金融服务体系，难以实现以项目未来收入和资产为质押的银行贷款，加之股权结构设计、股权退出、股权投资"风险大、利润薄"等难题未解，股权融资在融资过程中运用甚少。基于以上，金融机构在参与医院 PPP 项目时顾虑重重，始终保持审慎态度，致使医院 PPP 项目资金缺口巨大，难以落地。

（二）破解对策

针对制约医院 PPP 项目发展的关键因素——融资难问题，可以考虑从以下几个方面入手。

第一，创新融资担保方式，解决质押担保问题。用法律法规为创新融资担保方式提供重要保障，通过法律法规规定金融机构开展特许经营权、购买服务协议预期收益等担保创新类贷款，探索利用预期收益进行质押的贷款，并允许将这些收益作为还款来源，破解质押担保难题。

第二，建立医院 PPP 项目产业基金，解决资金来源问题[1]。目前国际上已有部分国家设立了专项基金为 PPP 项目融资，如加拿大设立了国家 PPP 基金，印度、菲律宾、印度尼西亚等国家设立了项目基金。另外，根据国务

---

[1] 李璐、孙长学、张璐琴："当前医疗 PPP 推进中的问题及建议"，载《宏观经济管理》2016 年第 6 期。

院办公厅《关于促进社会办医加快发展的若干政策措施》，对于非营利性医疗机构，地方还可通过设立健康产业投资基金等方式，为社会资本方提供建设资金和贴息补助。

第三，增加融资工具种类，探索完善社会资本项目收益债券、债权投资计划、股权投资计划、资产支持计划等融资工具的使用，延长投资期限，并引导社保基金、保险资金等购买收益较为稳定、回收期长的民营资本发行的债券。

第四，充分发挥资产证券化在医院 PPP 项目中的作用。2016 年，国家发展和改革委员会、中国证券监督管理委员会联合印发了《关于推进传统基础设施领域政府和社会资本合作（PPP）项目资产证券化相关工作的通知》，国务院有关部门首次正式启动 PPP 项目资产证券化，为资产证券化提供了实施基础。对于完成审批、签订医院 PPP 项目合同、工程质量达标、稳定安全运营两年以上、现金流稳定、项目公司具有持续能力的医院，可以支持其进行医院资产证券化操作。操作过程中应严格遵守中国证券投资基金业协会发布的《资产证券化业务基础资产负面清单指引》和中国证券监督管理委员会发布的《资产证券化监管问答（一）》。通过资产证券化拓宽融资渠道、降低融资成本、提高资产流动性，规范医院 PPP 项目操作，促进医院 PPP 项目回报率的合理确定。

第五，利用股债结合模式进行融资，解决股权融资风险高的问题[1]。2016 年全国两会通过的《中华人民共和国国民经济和社会发展第十三个五年规划纲要》明确要求"开发符合创新需求的金融服务，稳妥推进债券产品创新，推进高收益债券及股债相结合的融资方式"，通过夹层融资、可转换债、优先股等多种方案结合股权融资和债权融资的优点，解决股权投资"风险大、利润薄"的问题，提升融资效率。

第六，建立全国统一的医院 PPP 项目资源电子交易平台，允许执行和移交阶段的医院 PPP 项目进行转让、交易和托管。当社会资本方因为资金短缺、筹资能力下降、自身运营困难等因素不得不放弃进行中的医院 PPP 项目时，一方面可以通过交易获取前期投入资金，缓解自身经营问题；另一方面也可以避免运营中的医院 PPP 项目停摆。

第七，要认真遵守《政府和社会资本合作（PPP）综合信息平台信息公

---

〔1〕 朱兹镐："'股债结合'正当时，医疗投资领域风云迭起"，载 http://mp. weixin. qq. com/s/ 0xUnZB6XBG6FmtOh2NR3tw，最后访问日期：2022 年 9 月 30 日。

开管理暂行办法》，及时披露医院 PPP 项目的完整信息，为医院 PPP 项目盘活资金、吸引社会投资人和保障公众利益提供支持[1]。

六、退出机制不畅通影响社会资本方的积极性

（一）挑战分析

完善的退出机制是社会资本参加医院 PPP 项目"盛宴"不可或缺的重要保障，但是目前地方政府在医院 PPP 项目的推广进程中，重准入保障，轻退出安排。2014 年 12 月，国家发展和改革委员会颁布了《关于开展政府和社会资本合作的指导意见》，在加强政府和社会资本合作项目的规范管理部分，将退出机制作为重要的一环予以规范，并提出政府要"依托各类产权、股权交易市场，为社会资本提供多元化、规范化、市场化的退出渠道"，但是并未明确规定具体的操作流程。在实际操作中，由于股权变更限制较多，加上医院 PPP 项目合同体系之间的传导性和交叉性，尤其是融资合同的股权变更限制等内容，社会资本很难以正常方式退出。所以，现有政策对社会资本退出机制的安排偏重于非正常情形下的临时接管等，对正常情形下社会资本方的退出方面规范和细化较少，亟待补充完善。

（二）破解对策

我们认为社会资本方的退出机制应是：若提前终止，则完整的程序应该是，项目发生了社会资本方违约的事由，政府方应依约催告社会资本方改善，当改善无效果时，政府方通知融资方对项目公司行使介入权。如果融资方行使介入权无效果，再由政府方发动提前终止医院 PPP 合约的程序。政府方收购项目资产时，应根据三方直接接管协议，将款项支付给融资方。若是正常退出，则可利用资产证券化这一资金退出渠道。2016 年 8 月 10 日，国家发展和改革委员会印发《关于切实做好传统基础设施领域政府和社会资本合作有关工作的通知》，明确提出"推动 PPP 项目与资本市场深化发展相结合，依托各类产权、股权交易市场，通过股权转让、资产证券化等方式，丰富 PPP 项目投资退出渠道"。据此，作为医院 PPP 项目社会投资人的施工单位和作为初始财务

---

[1] 郑大卫："从'看不清'到'看得清'——从金融视角看 PPP 信息公开"，载 http://mp. weixin. qq. com/s？_ _ biz=MzAwNjYwMzY4Mg%3D%3D&idx＝6&mid＝2650230415&sn＝6a81daceec8294 1941201c6374266447，最后访问日期：2022 年 9 月 27 日。

投资人的金融机构均可以利用资产证券化工具退出医院 PPP 项目，转由更适合长期投资的保险、社保基金等债券投资人持有项目资产，提高投资使用率[1]。

七、医院 PPP 项目中介服务鱼龙混杂

（一）挑战分析

医院 PPP 项目涵盖的领域广，项目实施较为复杂。在医院 PPP 项目的全生命周期中所需的核心文本众多，包括实施方案、物有所值评价报告、财政承受能力论证报告、资格审查文件、采购文件、响应文件、评审文件、谈判文件、项目合同等，要求从业人员具备经济、财会、金融、工程、管理、医学等方面的专业知识积累。医院 PPP 的迅速发展，也使医院 PPP 咨询服务快速爆发，但其依旧存在以下两个问题：一是对 PPP 咨询服务的认识不足、重视不够，没有聘请专业第三方咨询机构的意识。二是咨询服务机构专业能力参差不齐。因为业务爆发，很多之前没有从事过医院 PPP 咨询、或者没有医院 PPP 运作经验的机构也开始介入这个市场，未能为项目提供专业性指导，导致 PPP 中介服务市场乱象丛生。

（二）破解对策

医院 PPP 项目参与方要总结以往失败的 PPP 项目的经验教训，提高在项目的整个实施过程中对咨询服务的重视程度，最重要的是加强医院 PPP 专业人才的培养。其一，医院 PPP 模式涉及的专业知识非常广泛，具体涉及法律、金融、财务和医疗行业知识等方面，需要进行系统培训，培养专门人才；其二，建议相关主管部委牵头，地方政府配合，聘请经验丰富的咨询顾问团队全力打造少而精的标杆项目，以期在全国范围内实现引导和示范效果[2]。当然，从事医院 PPP 项目咨询的人员也要发扬"干中学"的精神，不断提高对医院 PPP 项目的熟练程度和经验技巧，增强自身的业务能力，为医院 PPP 项目的成功实施提供科学指导。

综上所述，医院 PPP 项目发展前景广阔，代表着新形势下医疗卫生体制

---

〔1〕 黄华珍："PPP 项目资产证券化退出机制的法律分析"，载 http://mp.weixin.qq.com/s/AwaIuS3u-cKcKHARnarv_Q，最后访问日期：2022 年 9 月 11 日。

〔2〕 刘世坚："中国 PPP 发展之主要问题与新年展望"，载 http://mp.weixin.qq.com/s/Ju72ZZSTzQ6gBKVRxvXU2A，最后访问日期：2022 年 2 月 11 日。

改革的方向，但由于其刚刚起步，操作经验不足，配套制度和设施不健全，要成功落地实施还面临着一些挑战。医疗行业关系着百姓民生，要逐步破解这些难题需要政府和社会资本方乃至全社会的共同努力，只有这样，医院PPP项目才可获得良性发展，医疗体制改革才会向纵深跃进。

第八节　案例分析一：北京友谊医院 PPP 项目

近年来，政府大力鼓励民间资本参与发展医疗卫生事业，但受制于医疗人事体制，社会独立办医不仅面临着垄断性的竞争压力，还严重缺乏医疗人才资源，发展阻滞严重。PPP模式的兴起，使得公立医院的品牌、人才、管理等优势资源与社会资本的财力支持相结合，政府可以通过社会资本提高医疗服务的质量和效率，社会资本也可以低风险获得必要的投资回报，起到了双赢的效果。2014年，北京市政府发布《关于促进健康服务业发展的实施意见》，首次提出公立医疗机构"特许经营"的概念，允许公立医院以特许经营的方式开展与社会资本的合作。此后，北京市多家医院开始PPP模式试点。

北京友谊医院于2015年启动PPP模式并将顺义区后沙峪镇地块作为项目地址，旨在辐射北京北部、河北东部甚至满足更大范围地区的医疗保健服务需求，目标成为三个示范项目——疏解城区医疗的示范项目、投融资体制改革的示范项目、医疗体制改革的示范项目。

一、创新 PPP 模式

根据该项目的可行性研究报告，友谊医院PPP项目将采用"两个医院，一个整体"的PPP创新模式，即将整体医院项目定位为三级甲等医院，其下又分为友谊医院顺义院区和营利性医院两个子项目，旨在构建以非营利性部分为主、营利性部分为辅助的医疗服务协同模式。非营利性部分定位保基本、广覆盖，营利性部分定位高水平医疗服务，二者优势互补、有效协同。

该项目具体由政府方和社会资本方（北京国有资本经营管理中心）合作开展，包括友谊医院顺义院区和营利医院两个子项目。其中，对顺义院区项目的资金投资比例为3∶7，营利医院项目则由社会资本方全资投入，但友谊医院在营利医院正常运营后，需对其进行协同服务，以及提供适当的医疗支援和管理支援。该项目具体运作由原北京市卫生和计划生育委员会牵头，联合北京市发展和改革委员会、财政局、医院管理局、顺义区政府、友谊医院、国有资本经营管理中心成立联合工作组，负责具体建设工作。

该项目社会资本方投资回报机制根据院区的不同有所差异，非营利性的顺义区采用政府付费模式，营利性医院则采用使用者付费模式。在顺义院区项目完成后，政府将依据该项目设施的可用性、产品或服务的使用量以及质量等价值因素直接向项目公司支付价款，价款在审计部门审计完成后 15 年内支付完毕，社会资本可以根据其在项目公司内的股份比例获得此部分投资回报；营利性医院项目将按照自主运营、自负盈亏的原则进行市场化的运营管理，资产收益完全归社会资本享有，但其每年的总资产收益率超过 8% 的部分需按年度上缴财政，用于卫生事业发展。

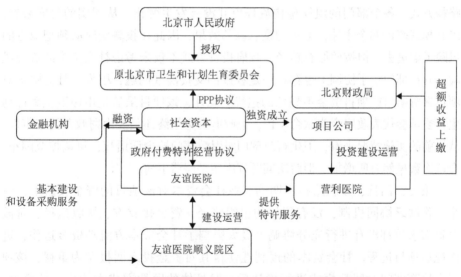

图 6-1 友谊医院顺义院区 PPP 项目模式结构示意图

二、医院 PPP 项目运行实践中遇到的问题

第一，项目设计实操性不足。医院 PPP 项目在我国属于一个比较新的事物，可供借鉴的经验较少，政府方和社会资本方对这方面的知识、专业程度了解不够，也缺乏相关专业人员的配备，故该项目编制设计方案与实际操作没有很好地连接起来，在建设过程中需要不停地根据现实状况对项目方案进

行调整，方案的总纲意义不断削弱，不利于合作双方对项目时间进程的把控，也加大了监管难度。北京市政府为友谊医院 PPP 项目专门成立了一个联合工作组，由原北京市卫生和计划生育委员会牵头，北京市发展和改革委员会、财政部、医院管理局、顺义区政府、友谊医院、国有资本经营管理中心共同协调工作。这种多部门联合管理的方式，在一定程度上确实提高了监管的有效性，但在实际操作中难以兼顾项目的时效性，项目实施进程中一旦出现需要联合工作组来洽商审查的问题，很难在短时间内充分协调，容易造成项目停滞。此外，项目建设过程中一旦出现问题，具体找哪个部门，由谁来最终决策尚未有一个很清晰的规定，这也是实际操作上的一大问题。

第二，政府支持力度不够。虽然该项目采用的是 PPP 模式，但政府最后投资的方式和以前公立医院政府投资的路径完全相同，并没有单独指导创新投资路径方式，各个部门的组织架构流程也并没有发生变化。从现实的角度来看，PPP 模式牵涉两个主体，追求的是双赢的效果，因此在投融资时必须把双方的风险考虑进去，但按照原有路径，政府投资方式不仅未考虑社会资本的资金风险，其在部门班子协调上也存在一定程度的交接混乱问题，引发了社会资本对项目融资敞口或项目资金不到位的担忧。此外，该项目虽然是由原卫生和计划生育委员会代表政府牵头联合工作，但政府资金最终还是要由财政部门来审发。从目前的实施情况来看，卫生行政部门对财政部门缺少话语权，可调控范围小，会议次数虽然有所增加，但解决问题程度还是停滞不前。

第三，回款、放款路径不明确。在社会资本对该项目的资金投放上，整个工作缺乏协同机制，没有很好的组织路径，资金接收方、接收途径、阶段融资需求等都没有进行充分协调，极大影响了社会资本方流动资金运作，进而拖后项目进程。社会资本的逐利性使得其对资金投入回报尤为重视，该项目在协商期间对回款模式进行确认后，对具体的回款方式未达成一致意见，社会资本方要求的回款路径未得到政府的明确回复，按以往政府投资方式的回款路径也不甚明朗，这极易引发后续双方争议，影响项目进程。

三、解决问题的基本思路

第一，多方位增强项目实操性。PPP 模式在医疗领域处于起步阶段，政府和社会资本方不可能在短时间内具备一套成熟度高的操作方式和专业团队。所以在项目方案设计和合作谈判时可以加入双方认可的法律、会计、金融、医疗管理等专业机构人员，必要时还可以咨询相关专业学者，充分确保项目进程的稳定性并将双方的风险争议降到最低。友谊医院 PPP 项目建设由多方组成的联合工作组来管理，但在实际操作中，这种管理模式处理事情的路径太过冗长，易减慢项目进度。对此，根据项目参与程度，可以考虑选取友谊医院作为问题解决"窗口"，外界直接对接友谊医院，由友谊医院协调组织整个工作组组成部门，缩短实操路径。

第二，政府层面加大支持力度。政府在医疗领域采取 PPP 模式时，需要充分考虑新模式带来的形势变化，不能完全将过去的投资方式、部门架构管理方式沿用到 PPP 模式中去。对此，政府需要注重从政策层面给予各地区、部门普适性的指导，加深其对医院 PPP 模式的认知程度，进而鼓励其根据项目特点去调整投资合作方式。此外，政府还需要加快构建明晰、协调的医院 PPP 模式监管体系，防止监管过甚、监管不足、监管混乱等监管性问题影响项目落地进程。

第三，清晰落实回报机制。回报机制的模糊极易导致 PPP 项目合作双方的争议，进而造成项目进程阻滞。因此，社会资本方和政府在谈合作时，必须明确回报模式，具体落实获得回报的路径、回报周期、到账时间段等精细化内容以及相应的违约机制。这样不仅能帮助政府做好财政规划，还能充分给予社会资本方投资信心，督促整个项目的落地。

第九节　案例分析二：长兴县人民医院 PPP 项目

在政府密集发文鼓励 PPP 模式，拓宽社会资本投资渠道，加快政府职能转变，缓解地方债务压力的大背景下，长兴县人民医院积极响应政府号召，开展 PPP 项目。

本次 PPP 项目合作中，长兴县人民医院采用的是 BOT 模式，总投资概算为 25 214.81 万元，由长兴县永兴建设开发有限公司（以下简称"永兴公司"）作为政府出资代表与社会资本方组建成立项目公司，资本金为总投资概算的 30%，由项目公司按股权比例筹集，其中社会资本方占股 90%，出资 6804 万元，永兴公司占股 10%，出资 756 万元。永兴公司在项目公司中具有独特地位，拥有一票否决权，且项目公司变更联系单位和资金支付需要永兴公司审批同意。

一、长兴县人民医院 PPP 项目运营的项目运作结构

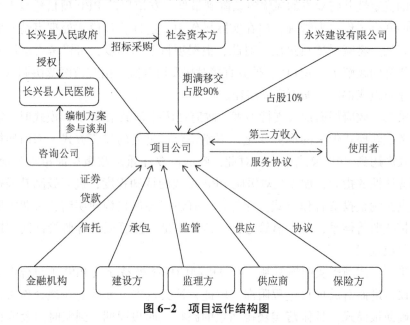

图 6-2　项目运作结构图

二、长兴县人民医院引入 PPP 模式后的改革成效

现行市场经济环境下，医院 PPP 模式是在公共基础设施建设与服务中发展起来的一种新型的医疗项目融资与实施模式，在项目投资主体和管理模式等方面体现出区别于传统医疗合作项目的特点。长兴县人民医院作为县级公立医院敢为人先，首先引入 PPP 模式，借助社会资本完善了医院的医疗基础设施，从而进一步提高了医院的医疗服务水平。从本次调研来看，长兴县人民医院医疗引入 PPP 模式主要取得了以下成效。

（一）引入资本，增强服务

首先，长兴县人民医院积极应用 PPP 模式，引入优质医疗品牌和医疗资源，增加了县内医疗资源总量并改善了百姓的就医环境，针对众多患者实行分级诊疗[1]，为广大群众提供了方便、优质、多元化的医疗服务，有效解决了

---

[1] 邹晓旭等：“我国县域分级医疗服务体系构建现状研究”，载《中国医院管理》2015 年第 7 期。

县域内百姓就医难的问题。其次，为增强群众的满意度，长兴县人民医院引入更好的体制、机制，优化现有薪酬绩效体系，打造安全良好的行医环境，充分调动了广大医务人员的积极性。最后，长兴县人民医院注重引入科学的管理模式，实行现代化的医院管理制度，全面提高医院的科学管理水平。例如，与北京大学交通医学中心合作建设区域性急救医疗服务系统，实现院前急救、院内急诊和重症监护治疗全程一体化的急诊医疗服务模式，十分有利于医院可持续发展。可以说，只有坚持以患者为中心的思维模式和价值取向，将医院管理的重心放在了解和发现患者的各种需求上，为患者提供满意的服务，才能获得巨大的经济收益[1]。同时，患者满意度也是衡量医疗服务质量的重要参考依据[2]。

（二）创新发展，灵活高效

长兴县在统筹医疗卫生资源的前提下，注重鼓励举办上规模、有特色的民营医院及专科医疗机构，着力促进全县各级各类医疗机构优质化、差异化发展。从目前的实践来看，以"PPP 模式"推进社会资本办医起到了立竿见影的效果，通过引入社会资本的投资、建设、运营和管理环节，采用企业经营管理中的一些有益经验来管理医院，再造其运作机制，促使其投资建设和运营更为高效、灵活、富有应变力和创新力。

（三）强化管理，严格责任

自引入 PPP 模式和医药卫生体制改革以来，长兴县坚持"全行业管理"的理念，实施系列措施，着力保障民营医院正常运行，促进民营医院持续健康发展。主要做法有：其一，健全目标管理，制定出台民营医院综合目标管理责任制及绩效考核办法的实施意见，建立健全科学有效的激励约束机制。其二，强化动态监管，建立第三方满意度调查评价机制，实现绩效评估社会化。原长兴县卫生和计划生育局每季对测评数据进行统计、分析、反馈，并把社会满意度等作为综合考核的重要指标之一，从制度和体制上助推医院各项工作提质增效，实现社会办医监管一体化、常态化、规范化。

医疗健康 PPP 项目通常以公益性和社会效益为主，以经济效益为辅，公

---

〔1〕 张鹭鹭："卫生资源配置机制研究的现状与发展"，载《第二军医大学学报》2003 年第 10 期。

〔2〕 赵云："我国县级公立医院改革的形势分析"，载《现代医院管理》2012 年第 5 期。

立医院提供基础公共医疗服务的数量和质量是评价项目运行目标的核心指标。实践中，政府方也会采取多种监督手段，如定期检查、群众投诉以及评估财务或非财务指标的增长情况等。如果项目公司片面追求经济效益，尤其是为了追求营业收入而放松对医疗服务质量的控制，一方面可能存在医疗服务纠纷的风险，另一方面也可能导致项目评价不合格。因此社会资本方一定要平衡好经济效益与社会效益的关系。

三、医院 PPP 项目目前存在的问题及建议

长兴县人民医院 PPP 模式和医疗综合改革取得了明显的成效，既完善了本院的医疗基础设施建设，又在相当程度上提高了全院的医疗服务水平。但是，任何一个新兴制度的实施都不可能是十全十美的，经过一段时间的运行，一些矛盾问题也逐渐显现。

（一）医院管理机制体制不顺畅

长兴县公立医院承担着本县域居民多发病诊疗、危急重症抢救、疑难病转诊、农村基层医疗卫生机构人员培训指导、部分公共卫生服务和自然灾害以及突发公共卫生事件应急处置等工作，既是县域内的医疗卫生服务中心、农村三级医疗卫生服务网络的龙头和城乡医疗卫生服务体系的纽带，也是政府向县域居民提供基本医疗卫生服务的重要载体。长兴县人民医院在积极改革的过程中取得了明显的成效，但是仍然存在较为浓厚的行政化色彩，医院本身的独立法人地位和自主经营管理权仍难以保障。

因此，长兴县在积极实施改革的过程中，应该加快推进政府职能转变，积极探索管办分开的有效形式，合理界定政府和公立医院在人事、资产、财务等方面的责权关系[1]，建立决策、执行、监督相互分工、相互制衡的权力运行机制，深入落实县级公立医院独立法人地位和自主经营管理权，使医院在最大空间上发挥自身多方面的才能，从而调动改革创新的积极性。在今后的改革进程中，可以借鉴英国方面的相关经验[2]，积极落实、推进县级公立医院去行政化，逐步取消医院的行政级别，保证县级卫生行政部门负责人不

---

〔1〕代涛："公立医院发展改革的国际经验与启示"，载《中国医院》2011 年第 7 期。

〔2〕胡爱忠、李建刚："英国医疗卫生体系特点及对中国的借鉴"，载《卫生软科学》2012 年第 2 期。

得兼任县级公立医院领导职务，从而最大限度地避免改革阻力。

（二）医疗服务能力有待加强

长兴县人民医院 PPP 模式正处于改革的初始阶段，部分医疗基础设施仍处于建设或待建中，优势人才的引进和培养还需要进一步完善，这些都导致本院的医疗服务能力尚未达到广大人民群众所期待的水平。

因此，医院应建立适应行业特点的人才培养制度，建立健全住院医师规范化培训制度，加强县级公立医院骨干医师培训，研究实施专科特设岗位计划，积极引进高层次人才。在国家统一规划下，医院要加快推进医药卫生信息资源整合，逐步实现医疗服务、公共卫生、医疗保障、药品供应保障和综合管理系统的互联互通、信息共享，加快信息化建设，着重规范医院诊疗行为，提高医务人员绩效考核管理能力，充分利用现有资源，开展远程医疗系统建设试点，推进远程医疗服务，从而为群众提供更加便利的医疗服务，加强本院的医疗服务能力建设。此外，医疗服务能力的提升涉及本院医疗资源的优化配置和整合，离不开政府政策的鼓励支持和社会资本的积极引导[1]，医院 PPP 模式在医药卫生体制改革过程中的作用至关重要。

（三）医院资源共享不优等

根据浙江省县级公立医院改革方案和目标，医院取消了药品加成政策，实现由服务收费、药品加成收入和财政补助三个渠道向服务收费和财政补助两个渠道转变。长兴县医院全部药品零差价、耗材零差价的优惠政策在一定程度上可直接降低患者就医成本，有效减轻群众的医药费用负担，但是，根据调查数据显示，改革试点工作运行以来，医院的整体医疗资源仍不能实现全面共享，高水平的医生和优质的医疗资源对于普通群众来说也难以企及，这一点与群众期望仍有差距。

对此，应该积极获得国家的财政支持，吸引社会资本的投入，拓宽医院的融资渠道[2]，从而保障医疗资源的投资力度，进一步优化医疗设备和资源的配置，实现广大群众对医疗资源的优化分享。

本次，调研组通过对长兴县公立医院 PPP 项目实践与医药卫生体制改革

---

〔1〕李璐、方鹏骞："医疗卫生服务多渠道筹资的可行性分析"，载《中国卫生经济》2010 年第 4 期。

〔2〕杜乐勋："探索公立医院多渠道融资之路"，载《中国卫生经济》2005 年第 2 期。

的结合分析，在对其进行了调研、评估后，根据评估结果提出了相应的对策建议。根据研究发现，长兴县医院改革效果与问题并存，针对项目实施过程中的具体问题，还需要后续计划进行改进。县级公立医院 PPP 模式和医院综合改革是一个过程，具体政策落实效果需要一段时间才能展现，加之长兴县医院项目和改革推行时间较短，改革前期的数据可能还存在较大幅度的波动，不一定能全面展示改革成效，期待相关主体能在今后的工作中继续关注并对其进行长效评价，从而为相关研究提供更有价值的参考。

第十节　案例分析三：北京市门头沟区医院 ROT 项目

2013 年 12 月 30 日，原国家卫生和计划生育委员会、国家中医药管理局联合发布《关于加快发展社会办医的若干意见》。该文件要求公立医院资源丰富的地区，在满足群众基本医疗需求的情况下，支持并优先选择社会信誉好、具有较强管理服务能力的社会资本，通过多种形式参与部分公立医院（包括国有企业所办医院）的改制重组。2015 年 4 月，国务院办公厅发布了《关于全面推开县级公立医院综合改革的实施意见》。该文件规定，研究公立医院资源丰富的县（市）推进公立医院改制政策，鼓励有条件的地方探索多种方式引进社会资本。2015 年 6 月，国务院办公厅出台《关于促进社会办医加快发展的若干政策措施》。该文件规定，在公立医疗资源丰富的地区，有序引导和规范包括国有企业办医院在内的部分公立医院改制，积极引入社会力量参与国有企业办医疗机构重组改制。

北京市门头沟区医院（以下简称"门头沟区医院"）在改革中，采取"政府购买服务、医院重组重构"模式，探索"管办分离"。在界定医院所有权和管理权的基础上，由政府抓改革原则和方案制定、抓绩效考核和监管，凤凰医疗集团负责医院经营管理。医院公益职能，非营利性质，国有性质，国有资产所有权，政府监管，职工身份，党支部、团支部、工人联合会、妇女联合会等组织体系和医院名称不变；建立以理事会为运行决策机构的现代医院法人治理结构，实现管办分开；改变决策机制，实现所有权、决策权、执行权和监管权"四权分立"；改变运行机制，由传统医院管理制度向现代医院管理制度转变，实现政事分开；改变监管机制，由原来单一的行政监管模式转变为政府、监事会、第三方共同组成的多元监管体系；改变投入机制，由原来的政府投入转变为政府和社会资本共同投入〔1〕。

一、门头沟区医院改革前所面临的困境分析

改革前，门头沟区医院面临运行效率低下、创收模式背离公益性基本定位、医患矛盾趋于白热化、医院补偿方式与收费制度相矛盾等问题。北京市卫生局从 2006—2009 年对北京市远郊区县医院服务能力进行了为期 3 年的评估，评估内容包括医院整体绩效的宏观评价和医院危重病例救治能力评价两个方面，共涉及 10 项内容。2009 年 12 月，北京市卫生局公布了对北京市远郊区县医院服务能力评价的评估结果，门头沟区医院在 11 个区域医疗中心中的综合排名为倒数第一。2008 年门头沟区医院门诊量达到 221 457 次，病床使用率 67.26%，病床周转次数 16.57 人次/年，全年出院人数 4971 人次，但是占全区总门诊量的比重仅为 22.3%，到 2010 年下降到 20.5%。〔2〕这一系列指标都说明了该医院的经营和发展困境。

二、全国各区县公立医院改革模式范本分析

在门头沟区医院意欲改革之际，其他省市公立医院改革也正在进行或者完成了自己独特的改革，实施效果也在进一步验证之中。如上海申康模式坚持"管办分离"，医院所有权属于政府，卫生局负责监管，医院管理发展中心负责运营决策，履行出资人责任，真正实现所有权与经营权分离〔3〕。虽然上述决策在法人治理结构的转变上迈出了重要一步，但是由于医院管理发展中心是由政府出资设立的，其官方背景仍然可能束缚市场发展的"手脚"，容易使所有权与经营权的分离有名无实。江苏宿迁模式则是对县级以上医院进行了产权制度改革，把单一的公立医院改造为合伙制、股份制、独资等多种医疗主体，实现了医疗机构民营化〔4〕。由于该产权制度改革触及了公立医院公

---

〔1〕 骆倩雯、方芳、高健："本市今年力争基本实现大病不出区县"，载《北京日报》2014 年 1 月 18 日，第 6 版。

〔2〕 李军考斯等：《第三路径：见证门头沟区医院改革》，中央广播电视大学出版社 2012 年版，第 234 页。

〔3〕 施敏、赵永冰："'管办分离'模式下公立医院出资人制度的探索——以上海申康医院发展中心为例"，载《医学与哲学（人文社会医学版）》2008 年第 1 期。

〔4〕 欧阳婉毅："南京、无锡、宿迁医改模式比较"，载《当代经济》（下半月）2008 年第 10 期。

益性定位的红线，有导致国有资产流失的嫌疑，尽管国家一再鼓励民营资本参与公立医院改革，但是该种激进方式一方面可能导致医院职工因为编制问题发起争执，另一方面可能有变卖公立医院的嫌疑。因此，这种改革策略在诸多地方卫生行政部门的观望下而不被适用。广东高州模式则是对政府与公立医院财务关系、法人治理机构、人事管理制度、薪酬制度、市场准入与发展进行非行政化处理[1]。该种模式在不触动产权的前提下实现，走的是医院自主经营与发展的道路，是市场化成功的典范。尽管其选择走市场化道路，但由于其在实际运营中降低了医疗费用，提高了医疗质量，很好地保障了居民的医疗权利，其模式也广为群众接受。

以上三种模式在地区医药卫生体制改革中发挥了重要作用，并成了医药卫生体制改革中的标杆。门头沟区医院综合以上几种模式的优劣，走出了一条独有的 ROT 模式，并取得了不错的成效。其中，门头沟区医院环境得到明显改善，患者满意度提升，运营管理效率提高，医疗技术和水平也都得到了明显的改观。如 2011 年患者次均住院费用比 2010 年下降 12.31%，而 2012 年次均住院费用则比同级同类医院平均水平低 9.84%。2012 年，门头沟区医院门诊人次 48 万，比上年增加了 10 万，同时患者平均住院日、抗生素使用率分别下降了 10.04%、30.34%[2]。

三、门头沟区医院 ROT 模式改革的全面解读

门头沟区医院 ROT 模式改革作为 PPP 中的一个模式，遵循的是 PPP 基本原则，但又有自己的特色。其是一种在综合各种模式的基础之上，取其精华、去其糟粕的温和改革路线。整个模式的核心是如何保障医院的公益性，同时又不失市场化的运营管理机制，可谓相得益彰。门头沟区医院的合作框架经历了从最初传统的"托管"模式到政府购买服务，进而逐步到产业化模式，最后到创新的凤凰 PPP 模式，即 ROT 模式。

（一）从公益性主导上建构权力制衡的法人治理结构

新医改背景下，"管办分开、政事分开"是改革的主方向，也是各地改革

---

〔1〕 中国经济体制改革研究会公共政策研究中心医改课题组："高州模式'高'在何处——去行政化与高州模式的可复制性"，载《中国卫生产业》2010 年第 10 期。

〔2〕 张淑玲："门头沟区医院改革让每个人病有所医"，载《京华时报》2013 年 3 月 9 日，第 15 版。

中重点建构的领域。门头沟区医院在改革中以此为立足点，以法人治理结构模式为制度依托，解决计划经济时代落下的政府行政弊病。具体而言，即建立以理事会为核心的法人治理团队，理事会为区医院的最高经营决策机构，对其管理和运营拥有最高决策权。为了保障公立医院的公益性定位，门头沟区医院最终采纳了 "3+3" 的理事会筹建方案，即政府和凤凰医疗集团在理事会中各占一半席位。同时，理事长由政府委派，对凤凰医疗集团违背公益性定位的提议拥有一票否决权[1]。

（二）从盈利模式上建立以公益性为核心的投资回报机制

提及盈利模式，不免要触及医药卫生体制改革中的两大敏感区域：一是国有资产流失，背离公益性定位；二是居高不下的医疗费用，加重患者负担。社会资本参与到公立医院改革即是要在公益性和营利性之间做出平衡抉择，任何一方的单向利益输导机制都无法达成合约。由于考虑到单纯从医院的利润中来提取一定比例的方案会导致民营资本的逐利性倾向加重，门头沟区医院最终采纳了根据对该医院国有资产的保值增值方面、医院可持续发展层面，以及公益性的实现程度方面进行综合考核基础上的基础管理费加浮动绩效奖励的投资回报形式。基础管理费可以保障凤凰医疗集团不至于为了追求经济利益而采取降低医疗质量、提高医疗费用的手段；浮动绩效奖励则是根据综合考评来决定，可以激励凤凰医疗集团真正从管理水平和患者满意度出发打造精细化管理模式。

（三）从公益性保障水平上转变政府补偿机制形式

以市场化的形式减少政府财政支出是每一轮医药卫生体制改革面临的重大问题，其在医院职工和患者层面也广受诟病。门头沟区医院从实践经验教训出发，将政府投入分为购买服务和财政补助两方面。购买服务即是购买现代医院管理制度，财政补助即是保障基本的建设、重点学科发展、离退休人员利益、政策性亏损补贴以及其他公共卫生服务等[2]。从该补助的视角可以看出，随着居民医疗消费水平提高，政府补助在传统的公益范围之外加强了

---

〔1〕 李军考斯等：《第三路径：见证门头沟区医院改革》，中央广播电视大学出版社 2012 年版，第 234 页。

〔2〕 李军考斯等：《第三路径：见证门头沟区医院改革》，中央广播电视大学出版社 2012 年版，第 234 页。

对于医院运营管理的投入，力争在法人治理结构上添砖加瓦，也更加坚定了此次改革的公益性价值取向。

（四）从公益性的具体实施上重构人事考评机制

门头沟的规划始终坚持"党管干部、党管人才"这一基本原则，由党委决定区医院干部的任免，并将此作为人事制度改革的底线。在这一原则的基础上，凤凰医疗集团从中国经济体制改革的方向出发，创新性地提出了自己的改革策略，最终赢得了政府方同意。该策略坚持凤凰医疗集团从业务能力等方面对任免的干部进行把关，而思想方面通过党委领导把关，二者共同对医院领导的任免起决定作用，任何一方不可单方面决定医院领导的任免[1]。这一方面兼顾了党在领导方面的基本权力，另一方面也考虑了医院运营管理的基本需求，使得二者在权力制衡体系上达到了平衡。干部任免机制方案确定之后，便是医院职工的雇佣和利益保障。该医院在保持医院人员编制不变的前提下，把具体的人事制度管理方案以及奖金分配制度交由凤凰医疗集团负责，明确了具体的责任方。更为主要的是，该医院将企业的绩效管理制度运用到医院的运营之中，提高了工作效率，提升了服务质量。

（五）从公益性评价上创新效果评价机制

在当前的医疗服务市场中，由于缺乏市场公认的医院评价机构，而且此次改革的计划安排和之前的考核评价制度不尽相同，如何保障评价的专业性和权威性便成了难题。经过反复讨论，门头沟区医院最终采取了多元监管的绩效考核模式，根据政府卫生行政部门、医院监事会、第三方机构各自所肩负职责和任务的不同分别设定了各自所评价的对象。例如，卫生行政部门主要考核医院的公益性任务和政府制定的其他公共卫生任务，医院监事会主要考核医院运营情况，第三方评价机构主要对改革的效果进行跟踪评价。从最终破冰式的改革可以看出，整个评估的核心仍然是此次改革触及的重心——公益性。当然，对于医院的业务能力、运营能力以及增量成长空间仍然需要理事会来权衡，在考核的同时予以评价。

---

〔1〕 李军考斯等：《第三路径：见证门头沟区医院改革》，中央广播电视大学出版社 2012 年版，第 234 页。

四、推广适用公立医院 ROT 改革模式亟待解决的问题

门头沟区医院 ROT 模式改革作为成功的典范，以第三路径的形式开辟了社会资本参与公立医院改革的新形式，不免为一大进步。因此，剖析其内在的改革脉络，从普适意义上提取可以借鉴的成功因素将对未来医改大有裨益。

（一）在思想观念上，摆脱"市场派"与"计划派"的理论桎梏

在公立医院改革之中，"市场派"和"计划派"的改革路径存在理论上的分歧。但众所周知，医疗服务完全市场化运行肯定行不通，仍然按照旧有的行政手段分配医疗资源也已经走到了"积贫积弱"的边缘。医疗服务的不可逆性、医患双方信息不对称、基本医疗服务作为国家的一项基本职能等特点决定了医疗服务不能走纯市场化道路，否则会激发资本的逐利倾向。然而，医疗服务按照计划经济时代的政府财政拨款模式解决医院筹资问题，人事权以行政命令规制，医院运行"管办不分""政事不分"等制度也导致了如今的医疗资源分配不均，医患双方矛盾恶化，医疗服务水平参差不齐等弊病。而从门头沟区医院的第三路径形式的改革可以看出，其没有陷入"市场派"和"计划派"的争论中止步不前，而是择其善者而从之，其不善者而改之，走出了独辟蹊径的公立医院改革"第三路径"。

（二）顺应国家利好政策潮流，明晰产权体制与管理模式的内在关系

从时下国家鼓励社会资本参与公立医院改革的政策、法规可以看出，明晰产权体制和管理模式的关系已是大势所趋。

1. 厘清政府与公立医院权力界限

从门头沟区医院改革中可以看出，政府与公立医院权力的界分尤为关键。政府与公立医院权力界分是指，如何保障公立医院在按照市场规则运行过程中继续发挥其公益性价值，防止改革主体在市场化的道路上偏离公益性方向。政府在法人治理结构的理事会中保证双方的权力制衡，同时理事长由政府委派，对于社会资本背离公益性倾向的方案拥有一票否决权。这样一方面可以保证政府在公益性方向的主导地位，另一方面也给予社会资本充分的运营管理自主权，只要不背离公益性倾向，都可以由理事会自行决定。在人事任免上，由党委领导把握思想关，社会资本把握业务能力关。这样从党委和政府层面有力地保障了医院宏观的公益性定位，同时把具体的业务放手给社会资本，实现二者的权力分工，共同打造医疗界的"航母"。如此，政府和社会资

本各自分管自己所擅长的领域，划分权力的边界，最终推动社会资本充分释放自己的活力。

2. 建立医院职业经理人管理制度

建立医院职业经理人管理制度其实和法人治理结构一脉相承，在门头沟区医院的改革之中即是建立以理事会为核心的法人治理结构。在我国，"医而优则仕"是产生医院管理者的主要途径，这些管理者多是医学专家。而现代管理理论要求所有权与经营权分离，特别是对于医院高层管理人员更需要职业化的管理者。作为职业经理人要具备医学基础知识和高水平的管理知识，包括对医院发展的预见性和战略决策、医院管理技巧、与员工的沟通技巧、职业道德等[1]。具备这些技能和知识的职业经理人才能真正把医院管理好，洞悉医院发展所需的条件和下一步的规划，不偏袒自己所擅长的临床科室，实现各个科室协同发展。其中最为主要的是处理好临床科室和行政科室的关系，在坚持行政服务于临床的前提下，保障行政科室行政效率的提高和行政质量的提升，实现专业化的精细管理。

（三）加强 ROT 制度建设，拓宽公立医院公益性实现形式的外延

借鉴门头沟区医院的成功经验，加强 ROT 模式的制度建设，使其具有可持续性是当下公立医院改革的内生动力。从门头沟区医院的破除旧有公益性实现形式的"坚冰"来看，只要保障公益性的大方向不变，其实现形式完全可以朝市场化迈进，从而实现改革的"破冰之旅"。门头沟区医院从凤凰医疗集团的盈利模式、公益性评价方式等方面给未来医药卫生体制改革提供了范本。

1. 创新社会资本投资回报形式

对于社会资本参与公立医院改革，其盈利模式一直是困扰医药卫生体制改革的大难题。可以借鉴 ROT 模式，采取基础管理费加浮动绩效管理费的双重考核机制进行双方利益分配。基础管理费可以保障社会资本基本的投资回报率，而浮动绩效管理费则是从医院的运营发展、公益性实现程度以及第三方评价等方面进行综合考评，是激励社会资本运营医院的利益驱动机制。这种模式有力地平衡了政府方和投资方的利益，避免了只顾及引进社会资本却无法保障投资回报率而社会资本参与积极性小的风险，同时也有力地保障了公立医院公益性倾向的社会定位。

---

〔1〕 邢永杰、吕爱芝："医院管理变革初探"，载《中华医院管理杂志》2004 年第 5 期。

2. 完善公立医院第三方评价机制

由于我国医疗服务市场缺乏竞争，第三方评价也只是夹缝生存，并没有形成气候，其权威性也受到质疑。针对这些疑难问题，评价主体的选择应在各方监督下，通过"主动培育、公开招标、严格评估、平等竞争、公正选定、动态管理、优胜劣汰"的形式进行[1]，从制度上对主体监督机制进行标准化和规范化，从而避免人治的随意性和不可持续性。还应创新医院评审评价理论和方式，探索建立"围评价期"评价模式，将评价过程分为评价前、评价中、评价后三期，并做到三期的耦合与联动[2]。此外，还可以战略 PDCA 循环及多维评价和改进工具为手段，促进管理长效机制的形成，规范量化指标筛选机制，对医疗卫生服务采取定性评价和定量评价相结合，并以定量评价为主的策略。量化指标的选取要结合医院管理的实践经验，对多重指标进行类似关键绩效指标的筛选和标准化，从而真正提高考核的信度和效度。

（四）改善社会资本成长环境，培育优质社会资本

从门头沟区医院的合作来看，优质社会资本的投入也是成功的重要保障，只为追求短期投资回报率的社会资本在医疗服务领域显然无法长久立足。从当前公立医院改革的进程来看，参与的社会资本包括了基金公司、投资公司以及医药公司等金融资本与产业资本，他们作为独立的市场主体，在自由竞争的格局中得以整合优质医疗资源。因此，在医药卫生体制改革的进程中，也要注意保护社会资本的利益，以稳定的政策预期保障投资者的基本利益，改善社会资本的成长环境，对不触及医药卫生体制改革红线的社会资本投资方案要积极论证并给出具体的实施计划，保障改革的稳步进行。此外，不仅要从国家政策层面上改善社会资本的准入门槛，而且要在双方的谈判地位、风险防控、投资回报等关系社会资本生存与发展的因素上保障其合法权益。

（五）倾听民间呼声，平衡医院职工和群众利益

实际上，在门头沟区医院正式确立 ROT 模式之前，凤凰医疗集团在 2005年参与的北京燕化医院改制已经为其奠定了坚实的基础。随后，北京京煤集团总医院及其分院也沿用该模式进行了改革，并取得了成功。鉴于成功经验，2012 年，该 ROT 模式扩展到了门头沟区中医医院、门头沟区斋堂医院和北京

---

〔1〕 刘庭芳："第三方评价：构建外部制衡机制"，载《健康报》2014 年 2 月 17 日，第 6 版。
〔2〕 刘庭芳："'围评价期'医院评价理论与实证研究"，载《中国医院》2011 年第 5 期。

门城地区卫生服务中心。因此，该模式在北京燕化医院、北京京煤集团总医院、门头沟区医院、门头沟区中医医院以及其他社区医院和诊所中取得的巨大成功足以表明该模式的可普遍适用性特征。但是，2015 年 1 月，凤凰医疗集团以 ROT 模式对煤炭总医院及石龙医院实施资产改制的计划遇到内部职工的抵制，并最终导致合作进程受阻。门头沟区医院改革时也曾遇到医院内部职工的质疑和抵制。这实际上是中国新时期改革面临的普遍问题，即既得利益者的抵制和群众的惶恐。因此，社会资本在参与公立医院改革之时，一方面要把握我国公立医院改革的大方向，另一方面也要注重医院内部职工和社会群众的反映，从而避免集体性冲突，最终形成互利共赢局面。

门头沟区医院作为改革的急先锋，独立走出一条围绕"公益性"这个核心的"第三路径"，为门头沟区医院提升医疗质量、提高患者满意度提供了发展契机。门头沟区医院 ROT 项目以市场化的运作模式重构现代企业治理机制，以政府方与投资方、医院方与患者方、投资方与医院方的双向民主互动机制保障医药卫生体制改革的大方向和公益性倾向，同时又有力地保障了投资方的基本利益需求，激发了社会资本的投资积极性，从而为社会资本参与公立医院改革提供了蓝本，对于当下新时期医药卫生体制改革大有裨益。

第七章

公立医院与社会资本合作模式二：特许经营

随着我国医药卫生体制改革逐步推进，公立医院改革也渐趋提上议事日程。民营医院风生水起，国民医疗供给矛盾日益突出，特需门诊大举兴起，以及"以药养医"的医院经营模式导致公立医院在公益性道路上渐行渐远，在合法合规范围内创新公立医院经营模式便被推向了我国医药卫生体制改革的风口浪尖。随着近两年来兴起的特许经营浪潮，以特许经营模式实现公立医院和社会资本的联姻引发了社会的关注。该种模式通过公立医院优质医疗资源，如技术、人才、管理的输出，带动私营医院整体质量水平和声誉的提高，私营医院则通过技术、资本等的投入，推动公立医院基础设施的改善和提高。更为重要的是，私营医院可以据此完善上下游产业链，从而推动建立医院良性生态系统，减少药品流通中的腐败问题。与传统的股份制、股份合作制、合资合作模式相比，特许经营可以使医院在法律、财务和管理方面的风险降低，规避如资产划拨、人员身份、机构属性等问题。虽然公立医院特许经营创新了公立医院和民营资本的合作模式，但还处于"摸着石头过河"的改革阶段，也就不可避免地存在相应的风险，亟待理论与实务界加以关注和解决。

第一节　公立医院特许经营概述

一、公立医院特许经营的概念

特许经营是当前商业界流行术语，也有特许加盟（连锁）的叫法。特许加盟是品牌特许人与受许人之间的一种契约关系，根据契约，特许人向受许人提供一种独特的商业经营特许权，并给予加盟方人员培训、组织结构、经营管理、商品采购等方面的专业指导或统一管理[1]。公立医院是由政府财政和国有资本投资举办的医疗机构，只能选择非营利性[2]，医院获得的利润不能进行分红，只能用于医院自身的建设和发展。

根据北京市卫生健康委员会主任钟东波所言，"特许经营，实际上就是以契约的方式，将公立医院作为特许方，将医院的一些经营资源，如商标、专利、技术标准等，授权合作方医院来使用，受许方医院必须按照双方的约定，提供医疗服务，并向公立医院支付使用费用"[3]。

从该定义可以看出，公立医院特许经营是指政府按照有关法律、法规的规定，通过市场竞争机制选择公立医院投资者或者经营者，使公立医院将其所拥有的品牌、专利、专有技术、经营模式等以特许经营合同的形式授予被特许者使用，被特许者按合同规定，在特许者批准的医疗资质范围内从事经营活动，并向特许者支付相应的费用。

2016 年 3 月北京市卫生和计划生育委员会、北京市财政局正式发布的《北京市公立医院特许经营管理指南（试行）》规定："本管理指南中的特许经营是指经授权的政府办公立医院（以下简称'特许方'）依规将公立医院品牌、商标、专利等无形资产以及技术、服务、管理等以特许经营协议的形式提供给社会资本举办的医疗机构（以下简称'被特许方'）使用，被特许方按照特许经营协议约定，在特定的期限内以统一的经营、管理方式和服务流程向社会提供健康服务，并向特许方支付特许经营费用的活动。"

在该特许的过程中，公立医院作为特许方主要是释放特有的无形资产，进而实现优质资源的整合，缓解弱势医疗资源的供给质量低下和不足的状况，最终推动公立医院的渐进式改革，充分释放市场活力。

二、医院特许经营的主要模式

目前就国内的特许经营模式来看，主要有：

一是由社会资本投资兴建，以心血管疾病诊疗、管理、康复为特色的非

---

〔1〕 刘亚力、夏姗姗："公立医院特许加盟的三大猜想"，载《北京商报》2014 年 10 月 22 日，第 D1 版。

〔2〕 严妮、沈晓："公立医院公益性反思与政府责任分析"，载《中国医院管理》2015 年第 1 期。

〔3〕 孟庆伟："北京允许公立医院以特许经营方式与社会资本合作"，载《中国经营报》2014 年10 月 20 日，第 11 版。

营利性综合医院安贞国际医院。

二是中南大学以技术、管理、品牌入股，天心区政府以划拨土地入股，投资方以现金入股的湘雅六院。

三是由重庆医科大学附属第二医院向宽仁康复输出品牌、技术、人才，由重庆植恩医院管理有限责任公司全额出资建设的宽仁康复医院。

三、医院特许经营的相关政策

（一）国家层面

2010 年 11 月，国务院办公厅转发《关于进一步鼓励和引导社会资本举办医疗机构意见的通知》，明确指出要鼓励社会资本参与医疗机构的建设；2012 年 6 月，卫生部发布《关于做好区域卫生规划和医疗机构设置规划促进非公立医疗机构发展的通知》，鼓励非公立医疗机构的发展。

（二）北京市政府层面

2012 年 6 月，北京市政府发布《关于进一步鼓励和引导社会资本举办医疗机构若干政策》，推出了一系列鼓励社会资本的政策。

2014 年 9 月，北京市政府发布《关于促进健康服务业发展的实施意见》，明确公立医院可以以特许经营的方式开展与社会资本合作。

2016 年 3 月，北京市卫生和计划生育委员会、北京市财政局正式发布《北京市公立医院特许经营管理指南（试行）》，该指南在 2014 年《关于促进健康服务业发展的实施意见》发布后，对北京市辖公立医院实施特许经营的具体操作规定了细则和审批流程。该指南旨在进一步规范特许经营合作行为，保障国有非经营性资产安全和医疗服务品质，促进北京市健康服务业有序发展。原北京市卫生和计划生育委员会在谈及特许经营推进节奏时，将其定调为"缓步前行"，故短期内不会出现公立医院以连锁形式遍地开花的景况，但长期来看，新政落地确实给社会资本进入医疗行业开辟了新的路径[1]。

第二节　公立医院特许经营实操指南

参考《北京市公立医院特许经营管理指南（试行）》的相关规定，公立

---

〔1〕 玖九："公立医院如何走好特许经营之路？"，载《中国卫生人才》2016 年第 6 期。

医院实施特许经营的具体操作方式和审批流程如下。

一、由本级卫生行政部门、财政部门和卫生健康委员会进行授权和监督

特许方在取得本级卫生行政部门与财政部门同意并授权的前提下，方可与被特许方签署特许经营协议。另外，卫生行政部门及财政部门依据职能分工依法对特许经营项目进行监管，同时鼓励行业协会、学会、专业质控中心等社会第三方加强行业自律和监督管理，加强对双方的外部监督。

公立医院开展特许经营不是公立医院自己就能够决定的，必须得到主管部门的批准，在开展过程中也要履行规定的程序和手续。这样能够保证特许经营过程中不会损害公立医院的利益，避免造成国有资产流失的后果。

《北京市公立医院特许经营管理指南（试行）》规定："特许方在取得本级卫生计生部门和财政部门同意并授权的前提下，方可与被特许方签署特许经营协议。在特许经营谈判或者招标之前，特许方应参考本管理指南组织编制协议文本，并将其作为谈判或招标文件的组成部分。"这就要求公立医院开展特许经营，必须报本级卫生行政部门与财政部门审批，在得到批准后方可进行。因此，双方可以在协议中约定：双方在签署本协议及履行本协议项下义务前，需要已经履行了必要的批准程序。从而保证特许主体已经履行了必要的审批手续。公立医院在进行特许经营时要依照规定进行招投标程序，而不是自己决定被特许经营的主体，在确定被特许经营主体后还要进行资产评估和可行性论证，保证特许经营费用的合理性、已作决策的科学性。

《北京市公立医院特许经营管理指南（试行）》规定："被特许方的选定应采用公开招标、邀请招标、竞争性谈判、竞争性磋商等方式进行。特许方应当根据特许经营项目的需求特点，依法选择适当方式。"另外，双方商谈基本达成一致后，特许方在特许经营协议签署前应履行以下规定程序：应聘请具有资质的第三方专业机构对无形资产进行资产评估和可行性论证，以评估结果和可行性论证作为特许经营管理、决策的参考依据，并做好专家论证、风险评估、合法性审查等工作。这些程序在特许经营过程中能够最大程度地保证公立医院的无形资产得到合理评估，避免资产流失，另外通过可行性等方面的论证，保证公立医院进行特许经营决策的科学性。

二、规定被特许方的选定方式

被特许方的选定应采用公开招标、邀请招标、竞争性谈判、竞争性磋商等方式进行。因此，公立医院在选择被特许方时，应该严格按照政府采购方面的法律法规，通过公开、透明的竞争性方式进行选择。

三、需要进行资产评估和可行性论证

应聘请具有资质的第三方专业机构对无形资产进行资产评估和可行性论证，以评估结果和可行性论证作为特许经营管理、决策的参考依据，并做好专家论证、风险评估、合法性审查等工作。通过对无形资产的评估避免国有资产的流失；通过可行性论证，保证项目的合理和科学。

四、特许经营要保证被特许医院的医疗质量

公立医院利用自身在品牌、技术、管理等方面的优势和社会资本进行合作，将这些优势通过特许经营的方式转移到被特许经营的医院，从而提高其医疗服务水平。在特许经营情况下，被特许经营医院会使用该公立医院的品牌进行经营，如果医疗服务不能达到公众的预期，就会损害公立医院的声誉，因此公立医院在进行特许经营合作的过程中，要加强对被特许方的管理和技术支持。

北京大学公共卫生学院教授周子君认为公立医院在授权的时候应当制定一套完整的管理措施："一是医院在授权的时候要有一套完整的管理措施，保证授权的医疗机构提供的医疗服务是符合标准、符合要求的；二是政府卫生部门等监督机构要代表社会利益监管质量、安全和其他问题。"[1]

在特许经营协议中可以约定被特许经营医院要按照特许方经营管理制度、质量技术标准等要求配置新建医疗机构的设备、设施及人力资源等，接受特许方的指导和监督，及时、完整报送新建医疗机构年度经营报告、年度财务报告以及其他重大事项的报告。

---

〔1〕 李亚红、林苗苗："北京允许公立医院以特许经营方式与社会资本合作"，载《恩施晚报》2014 年 10 月 14 日，第 A7 版。

五、特许经营费用

价格适中、适度，是"特许经营"医院追求的目标。关于特许经营的收益和分配，指南作了明确的规定。特许经营收益分为两部分：第一部分是被特许方使用品牌应向特许方缴纳的相对固定费用（品牌费）；第二部分是由于被特许方经营收益增加或专业领域的影响及社会形象的提升，根据协议约定由被特许方向特许方缴纳的费用（管理费）。原则上，特许经营收益由公立医院与被特许方共同商议，并需按上述协议规定程序取得核准。卫生行政部门、财政部门、市医院管理局按照职责分工，对特许经营费用商定过程给予指导、监督。公立医院通过特许经营开展医疗服务获得的收益，应按照公立医院隶属关系，根据现行预算管理制度规定上缴同级财政。这表明特许经营的收益主要来源为：品牌费和管理费。同时该收益受到主管部门的监督和指导，并且应该上缴同级财政。

因此在协议中可以对收益做以下约定：被特许方向特许方缴纳的特许经营费用由特许经营权使用费及经营管理服务费两部分构成。其中，特许经营权使用费为被特许方在使用特许经营权过程中向特许方定期支付的费用，初步拟定为每完整财务年度×万元人民币（具体金额以特许经营双方协商内容为准），与被特许方新建医疗机构的经营业绩无关，计入特许方其他收入账户。若公立医院参与被特许方新建医疗机构的经营管理，则被特许方应同时缴纳经营管理服务费，该费用与新建医疗机构的经营绩效关联，按照被特许方新建医疗机构经审计每年医疗收入的×%或每年经审计主营业务净利润的×%孰高原则支付给特许方（具体比例以特许经营双方协商为准），计入特许方其他收入账户。

六、责任承担问题

由于在特许经营期间，被特许经营医院会挂特许经营医院的牌子，这在一定程度上会造成责任主体的混乱，患者或者其他主体可能会把这两者混为一谈，在发生纠纷时也有可能造成责任主体不明确的问题。特许经营由于挂了公立医院的名，患者可能会认为合作双方"是一家"，一些医疗矛盾也可能会相互"传导"[1]。《北京市公立医院特许经营管理指南（试行）》规定：
"特许经营协议应明确在特许经营期间，被特许方所承担的独立民事行为能力
及责任不变。"这要求被特许医院在特许经营期间独立承担民事责任，不能造
成两者之间责任的混同。因此在特许经营协议中应约定：被特许经营医院具
有雄厚的经济实力，具有独立法人资格，能独立承担民事责任。

第三节　特许经营模式下的回报机制

随着北京市在全国率先出台《关于促进健康服务业发展的实施意见》和
《北京市公立医院特许经营管理指南（试行）》，这一模式未来将会被进一步
运用。公立医院改制中的特许经营模式与传统的公私合营中的 BOO 模式相
似，只是传统的 BOO 模式下，通常不会涉及特许经营费，而只是对提供公共
服务的价格和方式有限制。

公立医院特许经营模式下社会资本方需要通过支付许可费来获取一定期
限的特许经营权，因此，其投资回报取决于特许经营权的具体内容。就北京
目前试点的特许经营模式而言，社会资本方通过参与公立医院的 PPP 改制项
目，取得该公立医院的特许经营权，在一定期限内（10—15 年）有权使用公
立医院品牌、商标、专利等无形资产以及技术、服务、管理等，并向特许方
（一般为大型公立医院）支付特许经营费用。此种投资回报机制下，由于社会
资本方在取得特许经营权后自主经营，其投资收益有较高的保障。

特许经营模式的适用条件主要包括以下几个方面：一是政策和法律上允
许。目前只有北京对此有明文的规定，其他地区的公立医院改制如果采取此
种模式需要获得相关部门的批准。二是要求社会资本方取得医疗机构执业许
可证。三是特许经营权的范围和后期的使用需要具体明确和可行。

对于特许经营模式下的社会资本方，其需要特别注意特许经营协议中对
其提供医疗服务的限制，如是否对医院性质有非营利性的要求。因为医院的
定性是重要的一环，对于营利性医院，其无法获得政策性优惠，需要通过获
取高利润同时控制成本的方式获得收益；而非营利性医院无法进行分红，且
提供服务的价格和范围也会受到相应限制，需要考虑通过药品、耗材和设备

---

[1] "北京公立医院试水特许经营"，载《中国信息界（e 医疗）》2014 年第 11 期。

供应链的利润进行收益的转移。又如对使用公立医院品牌、商标等无形资产的范围是否有限制，如被许可医院扩大经营规模是否需要重新获取许可等。另外，许可方如何从技术上指导被许可医院也是决定特许经营权"含金量"的重要因素，因为民营医院最大的软肋就是在医疗技术上与大型公立医院存在较大差距。

此外，对于获取特许经营权的社会资本方设立的医院来讲，在医院定位上可以借鉴英国医院 PPP 模式中的独立医疗中心模式（Independent-Sector-Treatment-Centres，ISTC）[1]，与许可方的大型公立医院形成互补性的医疗服务模式，如高端医疗服务（如北京安贞国际医院）或专科医疗服务，这样不仅可以在技术上合作，还能成为大型公立医院业务上的战略合作伙伴。同时，由于在特许经营模式下被许可方是独立运营的医疗机构，政府向社会资本方购买公共医疗服务的方式也可以很好地适用，这也是目前各种模式中最有可能通过政府购买公共医疗服务的方式作为投资回报的情形。

第四节　公立医院特许经营中品牌使用的法律监管

随着我国经济的快速发展和社会的加速转型，社会资本大量涌入医疗领域，由于医院的建设是个投资大、耗时长的过程，知名公立医院的品牌价值愈加突显。在此背景之下，社会资本积极寻求与知名公立医院合作办医，公立医院以特许经营的方式许可其他医院使用自己的品牌、商标等无形资产，收取相应的费用，而社会资本所办医院能够依靠品牌效应吸引患者前来就诊，用优质的医疗服务留住患者，快速度过新建医院起初最艰难的积累期。北京大学肿瘤医院、北京安贞医院、重庆医科大学附属第二医院、中南大学湘雅医院等国内著名三甲医院纷纷与社会资本合作，输出人才、技术，并允许民营医院在一定年限、范围内使用自己的品牌、商标。但在目前政策法律不清晰、社会各界对公立医院品牌使用认识不足的情况下，这些合作方式隐藏着较大的法律风险。

---

[1]　吴淳、田珏："英国医院公私合营发展现状及启示"，载《中国市场》2014 年第 3 期。

一、医院品牌的法律性质及使用方式

要解决这些问题，首先要厘清公立医院品牌的法律属性，确定其法律地位，才能找到相应的法律政策来适用。

（一）法律性质

1. 商标权属性

商标是指人们为了将自己生产经营的商品或者服务与市场上其他生产者或经营者生产经营的类似商品或者服务予以区别，在其商品或者服务上使用的一种标记。

医疗机构以提供医疗服务为主，因此医院的商标是一种服务商标，医院的院名、院徽、院标以及具有本院识别性的医疗机构名称和服务标志等都是特殊的商标。此外，国家政策也允许医疗机构在特定范围内提供依法生产的产品，如医院院内制剂，所以医疗机构也可以申请注册产品商标，用于院内制剂等产品上。医疗机构商标是医院品牌的最好载体和核心形象，是医院品牌在视觉和语言上的表达，对品牌起着支持、表达、传递、整合与形象化的作用，是向社会公众宣传医院品牌最短小、最快速、最有效的方式，能提高人们对品牌的认知度，为医院带来可观的经济效益，提升医院的影响力[1]。

我国对商标已经进行了比较完善的立法，商标作为一项无形资产，已经广泛地应用在许可使用、合资、参股、融资、转让、质押等产权变动的各类经济活动中。医院如果注册了商标，其品牌就可以通过商标许可使用等方式进行使用，有清晰明确的操作流程。但是在国家知识产权局商标局官网进行检索发现，目前国内的医疗机构在商标局进行注册并且公告的仅有 899 家，且其中大多数为民营医院，许多公立医院虽然根据医院文化特色长期使用自己的医院标识，但是并没有注册商标，导致医院不能更好地享有商标权人的合法权利。

2. 名称权属性

没有注册商标的医院将自己的品牌许可其他医院使用是否具有法律效力呢？根据《中华人民共和国民法典》的规定，此类合同并没有违反法律、行政法规的强制性规定，只要是出于双方的真实意愿，合同就是合法有效的。

---

〔1〕 郭宁宁："医疗服务商标法律保护的实证研究"，华南理工大学 2014 年硕士学位论文。

在这类合同中，可以将医院品牌看作是未注册商标，或者是一种名称〔1〕。

我国目前并未对名称权作出具体规定，只在《中华人民共和国民法典》《中华人民共和国反不正当竞争法》《企业名称登记管理规定》《医疗机构管理条例实施细则》等法律中有部分体现。《医疗机构管理条例实施细则》规定，医疗机构的名称由识别名称和通用名称两部分组成，通用名称即为医院、卫生院、诊所等，识别名称则是医院自主选择的地名、单位名、姓名、疾病名称等。例如，北京安贞医院的识别名称即为"北京安贞"，通用名称是"医院"。医院名称经卫生行政部门核准登记后，在核准机关管辖范围内享有专用权，其他医疗机构未经许可不能使用该名称。医院名称是医院名誉的重要载体，具有资产属性，和商标一样属于无形资产〔2〕。

（二）使用形式

医院品牌使用具体的表述就是医院使用自身的品牌进行宣传、合作甚至投资等活动。医院自用品牌不存在太多的争议，没有太多的研究价值，笔者在此主要讨论公立医院将品牌对外使用的问题，一般都表现为允许其他医院增挂牌匾，如"某某医院合作医院""某某医院分院""某某医院托管医院"等。在实践中会通过以下几种形式使用医院品牌。

1. 特许经营

公立医院对其品牌的使用方式一般为许可其他医院使用自己的品牌，或者将品牌使用权经过评估作为无形资产投资设立公司，这种品牌使用方式在近些年被称为"特许经营"。特许经营一词最早出现在北京市人民政府《关于促进健康服务业发展的实施意见》（京政发〔2014〕29号）一文中，其中提到政府鼓励公立医院以特许经营的方式与民营企业合作办医。根据《北京市公立医院特许经营管理指南（试行）》（京卫规划〔2016〕9号）中的定义，特许经营是指：经授权的政府办公立医院依规将公立医院品牌、商标、专利等无形资产以及技术、服务、管理等以特许经营协议的形式提供给社会资本举办的医疗机构使用，被特许方按照特许经营协议约定，在特定的期限内以统一的经营、管理方式和服务流程向社会提供健康服务，并向特许方支付特许经营费用的活动。

---

〔1〕 王爱群："试论特许经营中商标与商号的关系"，载《经济研究导刊》2012年第33期。

〔2〕 刘训智："商事人格权的理论诠释与制度构造"，载《西南政法大学学报》2015年第6期。

2. 医院托管

一些医院因为技术力量不足、经营不善、管理体制僵化或者政策变化等原因，引入其他医院对自身医院或者部分科室进行托管，在不改变医院资产所有权的基础上，改革医院的管理体系，吸收优质的医疗资源。被托管医院同时会增挂托管医院的牌子，向群众表明医院的实际经营管理者，以提高医院的知名度和影响力。被托管医院一般会将这笔品牌使用的费用包含在管理费内支付给托管医院。

3. 医联体合作

为响应国家建设医联体的战略规划，全国各省市纷纷建立各种医联体。医联体往往以一家或多家重点医院为核心，与周边医院建立紧密合作关系。某些医院为了吸引更多的患者，会使用重点医院的品牌，并对外宣称自己是其合作单位，在医院网站、微信等平台上进行宣传推广，或者挂上"某某医院医联体合作单位"的牌子。

不论公立医院的品牌属于商标还是商号，其都是具有价值的无形资产。公立医院是由政府出资建设的事业单位法人，其资产属于国有资产，医院通过特许经营、托管、合作等方式使用品牌同样应当符合国家相关政策法律的规定，通过主管部门和财政部门的审批，并接受相关部门的监督。这也有利于相关部门保护医院的品牌不被其他医院非法使用。

二、公立医院品牌使用的政策法律及监管存在的问题

(一) 相关政策法律

2019 年的《事业单位国有资产管理暂行办法》（财政部令第 100 号）规定，国有资产使用的方式包括单位自用和对外投资、出租、出借、担保等方式。在社会普遍不重视无形资产的情况下，该规章明确提出要加强对本单位专利权、商标权、著作权、土地使用权、非专利技术、商誉等无形资产的管理，防止无形资产流失。公立医院作为事业单位，使用自身品牌要进行必要的可行性论证，并提出申请，经同级卫生健康委员会审核同意后，报同级财政部门审批。如果公立医院与民营企业发生产权纠纷，即某些民营医院未经公立医院同意使用其商标、品牌，或者双方合作到期后没有续签合同继续使用等情形，公立医院也不能随意与对方当事人协商解决，要先提出拟处理意见，经卫生健康委员会审核，报财政部门批准后方可执行。

《关于进一步规范和加强行政事业单位国有资产管理的指导意见》（财资〔2015〕90号）提出要建立完善的监督体系，加强对出租、出借、对外投资的专项管理，严格控制出租、出借国有资产行为。确需出租、出借资产的，应当按照规定程序履行报批手续。出租、出借行为要公正透明，原则上实行公开竞价。这项规定的出发点是防止国有资产在出租、出借过程中由于不正当使用发生毁损。医院将自身品牌许可其他医院使用的行为和出租类似，都是将自己的资产交给他人使用一定年限，并收取一定的费用，在交付使用期间同样面临着价值降低、破坏毁损等风险。但是医院品牌可以由许多人同时使用，在医院自身使用的同时能够许可多家医院使用，这也增加了品牌风险，需要加强监管。

直属于国家卫生健康委员会的公立医院，如北京协和医院、中日友好医院、北京医院还要受《国家人口计生委事业单位国有资产管理实施细则（试行）》（人口财务函〔2011〕69号）的规范。该政策特别规定了一般情况下医院不能将资产租给其他非医疗单位，而且国有资产出租一般不得超过五年，超过五年要续签的需要重新申报审批。同时，该政策根据使用财产的价值大小设定了相应的审批权限，50万元以下的由各事业单位资产管理机构审核，本单位领导批准；50万元（含）—800万元的，报国家卫生健康委员会审批；800万元（含）以上的，经国家卫生健康委员会审核后报财政部审批。

2016年3月1日《北京市公立医院特许经营管理指南（试行）》出台，明确规定了政府办公立医院可以将其商标、品牌、技术等无形资产提供民营医疗机构使用，并规定了具体操作步骤及合作范围。该指南规定，公立医院在选择民营企业合作时要通过招投标方式进行，经营期限一般不得超过10年；公立医院进行特许经营要向本级卫生行政部门及财政部提交申请，两部门审核通过后方可开展；在运营过程中，卫生健康委员会与财政部将按照各自的职能进行监督管理；医院通过这些国有资产获取的收益仍要上缴财政部门。该指南的颁布为公立医院使用品牌指明了一种合法合规的方式，使得以往不怎么清晰的品牌使用有章可循，规范了医院之间的挂牌、挂名等行为，也进一步肯定了医院品牌的价值属性，提高了人们对医院品牌这一重要无形资产的保护意识。

（二）监管存在的问题

1. 立法不完善

通过上述政策法律的梳理，我们可以发现公立医院品牌的使用行为和对外投资、出租、出借并不相同，这种使用行为在相关文件中没有得到明确系统的规范，导致其在实际操作中难以适用具体法律条文，相关职能部门也不知道如何监管审批。虽然北京市出台了一部比较详细的指南，但该指南只适用于北京地区，京外的广大公立医院仍面临着无法可依的境遇。

2. 品牌价值未得到重视

在中国医疗市场中，一个知名医院的品牌对人民群众和社会资本都具有巨大的吸引力。"一流企业定标准、二流企业做品牌、三流企业卖技术、四流企业做产品"这句话在医疗行业内同样适用，医院的品牌打造好了，自然会有源源不断的患者前来就诊。但是由于我国的历史发展原因，公立医院都是由政府出资建设，依靠财税政策、事业编制、人才优势等政府支持快速发展起来，缺少市场竞争，不需要费尽心思去做广告宣传招揽患者，这就导致公立医院的领导人员和政府机构对公立医院的品牌价值认识不足，没有意识到医院经过国家多年的投资及运营后其品牌所蕴含巨大价值。[1]

3. 资产评估不准确

医院品牌的价值不像固定资产那样能够通过直观的价格数据进行简单的衡量，而是必须有专业的评估机构进行评估。公立医院使用品牌作为无形资产对外投资时，应当进行资产评估，但我国现行有效的《国有资产评估管理办法》由国务院修订于 2020 年，其中对于无形资产的评估只有一条规定："对占有单位的无形资产，区别下列情况评定重估价值：（一）外购的无形资产，根据购入成本及该项资产具有的获利能力；（二）自创或者自身拥有的无形资产，根据其形成时所需实际成本及该项资产具有的获利能力；（三）自创或者自身拥有的未单独计算成本的无形资产，根据该项资产具有的获利能力。"没有提出具体的评估细则，在评估行业内也很少有可以借鉴的经验。这就使得医院品牌价值的评估难以操作，评估结果往往不准确。

4. 使用方式不符合法律规定

医院的品牌是具有价值的，这一点毫无争议，但是医院品牌的法律属性

---

〔1〕　吴茜："医疗服务 PPP 的政府投入研究"，中国财政科学研究院 2017 年博士学位论文。

有些模糊。在商业活动中，公司的品牌一般都作为商标而享有法律意义上的价值，通过《中华人民共和国商标法》的相关规定进行使用及保护，企业的名称也可以作为商号由《企业名称登记管理规定》等法律规范。但是公立医院不同于公司企业，其本质是事业单位，不能够适用《企业名称登记管理规定》将医院名称完全等同于商号，而《医疗机构管理条例实施细则》规定的医疗机构名称唯一性只限于注册地区域，公立医院又很少将自己的品牌注册为商标，这就导致医院使用品牌对外投资、许可其他医院使用时不能够通过注册商标的相关法律规定进行，合同内容没有法律条文进行约束，完全由双方合意拟定，虽然合同依旧有效，但存在较大的法律风险。例如，《北京市公立医院特许经营管理指南（试行）》规定了合作时间普通情况下不超过 10 年，但是其他地方就不受该规定限制，比如 2014 年梅溪湖投资有限公司与中南大学合作建设中南大学湘雅第六医院，中南大学将"湘雅"这一品牌许可医院使用，使用期限为 40 年。[1]

5. 品牌价值易减损

经历了"莆田系""科室外包"等舆论风波后，人们对民营医院普遍不太信任，即使民营医院的技术设施和公立医院差不多，人们一般还是会选择去公立医院，这也是社会资本要与知名公立医院合作，使其民营医院挂牌的一个重要原因。但是如果挂牌的民营医院不能让患者满意，或者发生了影响较恶劣的医疗事件，这对公立医院本身的品牌将会造成极其恶劣的影响，导致医院自身品牌价值减损。

（三）公立医院品牌管理制度的完善

要完善公立医院品牌的管理制度，规范公立医院的品牌使用行为，确保医院品牌的合法合理使用，防止国有资产流失，需要政府、医院、评估机构等各方切实履行自己的职责。

1. 国家完善医院品牌使用立法体系

要想保护和使用医疗机构的品牌，首先应当明确没有注册商标的医院品牌的法律地位。因为我国注册商标的公立医疗机构少之又少，医院内部也缺少具有知识产权相关知识、懂得如何注册商标的专业人员，所以应当通过

---

〔1〕 湖南新闻网："中南大学湘雅六医院落户长沙梅溪湖 投资约 20 亿"，载 http://www.hn.chinanews.com/news/cjxx/2014/0603/210731.html，最后访问日期：2022 年 3 月 11 日。

《中华人民共和国商标法》的修改，赋予医疗机构未注册商标的医院品牌一定的法律地位。为了防止民营医院未经公立医院同意，私自将公立医院的品牌登记为自己医院的名称，甚至抢先注册商标，应该改革医院名称登记制度，将商标管理系统与各级医疗机构名称登记系统的数据库相互连接，在注册医疗服务商标或者登记医疗机构名称时，预先检索已有数据库，重点审查侵犯知名医院名称、知名商标的现象，防止国有资产被他人侵犯。

国家应适时出台统一的公立医院特许经营管理制度，在充分借鉴《北京市公立医院特许经营管理指南（试行）》适用经验的基础上，规范全国各地的公立医院品牌使用等行为，保障国有资产的安全，促进我国健康服务业有序稳定发展。

2. 改良评估方式，合理评估医院品牌价值

目前我国评估行业对公立医院品牌等无形资产的评估制度还不成熟，行业内部要尽早完善评估方式，制定医院品牌等无形资产评估的具体标准和核算方法。要严格选择评估机构，只有具有国有资产评估资格的资产评估机构才能进行国有资产评估。对医院品牌进行评估的人员除了具备评估专业知识外，还要具备知识产权相关知识，对医疗行业有一定的了解。评估过程要公开、透明，国有资产管理行政主管部门对评估加强管理与监督，对于因重大过错或者故意导致无形资产评估价格严重偏低的人员要加重惩罚力度。

3. 医院建立专门的知识产权部门

医疗机构自身要具备品牌价值意识，掌握知识产权相关知识，要聘用专业人员或者培养具备知识产权相关知识的员工，成立专门管理医院知识产权的部门，建立起与本单位实际情况相适应的知识产权管理制度，负责包括医院商标、品牌、专利等在内的知识产权的使用、管理和保护等工作。在和社会资本洽谈合作的过程中，医疗机构要能正确认识到医院品牌的价值，不要低估品牌的实际价值，将国有资产低价处理给社会资本，导致国有资产的流失。

4. 建立事后评价监管体系

财政部门、主管部门、事业单位及其工作人员都有义务依法维护事业单位国有资产的安全和完整，提高国有资产使用效益，所以在将品牌许可给民营医院使用之后，各部门要注意监督民营医院对品牌的使用情况，防止民营医院超范围、超时限、超地域使用品牌。公立医院除了许可品牌使用，还应

该提供医疗团队、医疗技术或管理系统等实际支持，保障民营医院的医疗服务质量能够达到患者满意的水平。如果民营医院运营状况不好、医疗质量不达标或者发生了重大医疗事故，相关部门应当预先制定相应的防范机制，考虑提前终止许可协议或者对民营医院作出一定的处罚。[1]

我国长期不重视这些无形资产的保护和管理，导致目前相关立法落后，并没有全国性的法律政策对医院品牌的使用进行规定，而社会上公立医院将自身品牌授权给民营医院使用的案例却已经屡见不鲜。品牌作为价值重大的事业单位国有资产，为了防止其遭受毁损导致国有资产流失，避免相关法律风险，应对公立医院品牌使用的监管进行更深、更广的理论和实际研究，以规范公立医院品牌的使用行为，更好地保护医院品牌，充分发挥品牌的经济效益，真正保障社会资本与国家的共同利益。

第五节 公立医院特许经营运行中存在的主要风险

目前，公立医院特许经营仍处于尝试阶段，很多问题还没有厘清，还存在很多法律风险，这些法律风险是公立医院开展特许经营过程中必须重视的。

一、医院授权主体合法性阙如，潜在风险增加

2007年颁布实施的《商业特许经营管理条例》中规定："企业以外的其他单位和个人不得作为特许人从事特许经营活动。"但是2015年颁布实施的《基础设施和公用事业特许经营管理办法》中规定："本办法所称基础设施和公用事业特许经营，是指政府采用竞争方式依法授权中华人民共和国境内外的法人或者其他组织，通过协议明确权利义务风险分担，约定其在一定期限和范围内投资建设运营基础设施和公用事业并获得收益，提供公共产品或者公共服务。"提出在能源、交通、水利、环境保护、市政工程等基础设施和公用事业领域开展特许经营。广义的基础设施范畴包括医疗卫生、文教等领域，有专家分析，这意味着特许经营等市场证明成熟的手段将可用于包括公立医院改革在内的社会事业改革。然而，由于2007年的《商业特许经营管理条例》是行政法规，而2015年的《基础设施和公用事业特许经营管理办法》则

---

〔1〕 沈昭在等："重视医院知识产权保护"，载《中华医院管理杂志》2006年第11期。

是行政规章，二者不处于同一效力位阶，所以无法简单适用新法优于旧法原则，依然应该坚持上位法优于下位法的基本原则。然而，下位法准许公立机构可以特许经营有违上位法的除企业外的其他单位和个人不得作为特许人从事特许经营活动的规定。虽然《基础设施和公用事业特许经营管理办法》是新法，但是其效力位阶低于《商业特许经营管理条例》，故仍然应当适用《商业特许经营管理条例》。所以，特许经营主体的适格性存在法律上的障碍。

二、医师多点执业细则匮乏，实践执行不力

多点执业政策一直以来广受社会热议。随着国家卫生健康委员会相关鼓励多点执业的政策的放开，各地卫生行政部门也纷纷出台鼓励政策，但是从各地多点执业医师的注册情况来看，绝大部分医师都处于观望状态，而这一问题的根源在于我国公立医院的"单位人"身份。多点执业面临的主要风险在于：从医院的角度来说，医师是医院的生存和发展的核心资源和主打品牌。从医生的角度来说，医师的相关事项申请、认定和评审乃至相关的福利待遇都是和编制密切相关的，而非市场化的自由竞争。医师在被特许经营医院进行坐诊究竟是划分为多点执业还是正常的在本医院的工作范畴，其事业单位编制是否会因此受到影响，依然未能明晰。而且医生多点执业究竟如何进行注册和审核，目前也没有具体实施细则。这导致从国家政策鼓励多点执业来看是"雷声大"，而从各个具体行政区划内多点执业的注册和实施情况来看则是"雨点小"。由于缺乏切实可行的多点执业执行办法，绝大多数知名医师不敢越雷池一步，仍处于观望状态。

三、医疗政策弹性大，投资回报无稳定预期

众所周知，医疗市场的广阔空间正向社会资本敞开，国家鼓励和支持社会资本举办医院[1]。由于医疗行业关系国计民生，国家卫生行政部门对此方面的管制也是相当严苛，上至医疗器械、药品等生产商，下至基本的医疗服务提供者，都必须在国家的相关法律、法规和规章范围内行事。随着医药卫生体制改革的逐步推进，卫生行业的相关领域也逐渐允许民营资本介入。然

---

〔1〕 朱骞等："社会资本举办非营利性医疗机构的政策建议"，载《中国医院管理》2014 年第 10 期。

而，随着医患矛盾的白热化，政策的推进力度受到明显阻碍，与社会资本的联姻更可能造成医院公益性目标的淡化，从而导致无论是医院内部职工还是广大患者都无法接纳。因此，投资商在投资医院相关行业之时，商业模式及其架构要随着国家的政策而改变，盈利空间可能因为政策的陡转而化为泡影。此外，投资商要构建医院的全产业链平台，而该平台的构建一方面需要基本的医疗服务、高端医疗服务以及药品医疗器械等提供供应源，另一方面需要相关的资质审批和权力下放，这些都是需要长期的品牌积累效应和审核期限的，不确定性严重制约着医疗行业的未来发展。

四、无形资产评估标准不一，合同期限弹性大

根据相关政策规定和实践中的特许经营案例可以看出，公立医院特许经营的无形资产主要是声誉、技术和品牌等。众所周知，百姓去大型公立医院看病看重的就是医院的品牌和专家的实力，所以从特许经营视角来说，更需要对这些无形资产进行评估。然而，专家实力资源如何评估，医院品牌和声誉如何评估始终没有统一标准，如果评估偏低，将导致国有资产流失；如果评估偏高，社会资本的认可成本就会偏高，再加上回报期长，整个特许经营将会步履维艰。公立医院的国有资产流失是指从知识产权角度看，医院的知名医生是国家培养出来的，属于国家知识产权、国有资产，在这种背景下，社会资本注入相当于稀释了公立医院的国有资产，会影响公立医院的主导地位和公益性[1]。另外，由于特许经营合同的期限受到法律规定的限制，特许经营的机制和模式会对原有公立医院产生重大影响，在现有特许经营加盟服务标准匮乏的情形下，容易导致诸多的知识产权纠纷和合同履行纠纷，最终会损害原有公立医院的声誉和品牌。而且过长的合同履行期容易导致进入医疗特许经营行业的主体对市场形成垄断，不利于营造优胜劣汰的市场竞争机制。如果合同履行期限过短，则会降低被特许人的参与积极性和服务质量[2]。

〔1〕 闫龑："北京：医院特许经营推开'半扇门'"，载《健康报》2014年10月20日，第3版。
〔2〕 陈靖忠："医院特许经营如何两全其美"，载《北京日报》2014年11月12日，第10版。

第六节　公立医院特许经营运行风险防控对策

一、完善特许经营立法，满足主体合法性资格

从上述问题可以看出，2007 年颁布实施的《商业特许经营管理条例》与 2015 年通过的《基础设施和公用事业特许经营管理办法》存在下位法和上位法相冲突的情形，然而又因为《基础设施和公用事业特许经营管理办法》是新法，所以在适用上就存在新的下位法和旧的上位法冲突时该如何适用的问题。在无法突破这种上位法的规定之时，如何从修改条例视角进行合法性规制便显得尤为重要，否则公立医院特许经营将始终游离在合法性的边缘之外，使得未来社会资本的投资风险增大，投资积极性受阻。政府在顶层设计层面应当在市场准入和界定投资者属性层面起到核心的把关作用，明确医疗机构和各融资方的权利义务，摆脱单一的行政监管模式。因此，建议国务院相关立法部门，修改《商业特许经营管理条例》，把公益事业单位的特许经营纳入该条例的规制范围内。

二、化解"单位人"身份，释放医师资源

由于医院的事业单位属性，多点执业的进程受到多方面因素影响，医师和医院存在多重顾虑。医师担心实行多点执业无法保障其在原有单位的工作任务和工作性质，以及原有的福利待遇和编制都存在流失风险。而医院则担心由于医师多点执业，无法保证其在单位的工作量，一方面可能降低工作效率，另一方面可能无法保证工作质量。这些都会对原有医院的名声和创收能力造成严重影响，这也是医院层面最为关注的问题。北京市于 2015 年 5 月出台的政策规定不再对事业单位编制实行增量计划，而是随着人员的自然减少而逐步减少事业单位编制，从根源上化解了"单位人"身份。但就目前来看，如何对当前的存量单位人实施良好的过渡计划，使现有事业单位人员逐渐开始实行多点执业，是一个十分重要的问题。建议相关卫生行政部门对于事业单位的福利待遇予以保留，但是对于其编制实行人员减员、名额逐步减少的政策措施。同时，公立医院应当构建医师自由人制度，在原注册医疗机构之

外执业应当按照自由人来管理[1]。

三、健全卫生法律体系，建立稳定投资预期机制

因为医疗卫生行业的政策变动大，所以医疗投资不稳定性较大，预期收益存在受损风险。鉴于此，一方面需要全国人民代表大会立法设定卫生领域最高的行为规范，即《中华人民共和国卫生法》，使医疗卫生相关政策规定必须在该法律规制的范围内变动，不得逾越法律权限置相关投资者利益于不顾；另一方面应该加强医疗投资商的全产业链平台的建设，大力鼓励社会资本和公立医院采取多种形式的合作机制联合完善医疗产业体系，及时下放相关的资质审批标准权限，加快审核进程和力度，大力推动社会资本的进入。然而，由于医疗相关产业比如药品、医疗器械领域的研发都需要较长的见效期，且诸如养老院、健康管理中心等都需要建立必要的安全防范机制，国家应当出台必要的鼓励政策，降低市场准入，使投资成本降低，从而使社会资本更加积极地推动我国医疗卫生领域的发展。

四、明确无形资产评估标准，设定合理退出机制

根据相关政策规定和实践中的特许经营案例可以看出，公立医院特许经营的无形资产主要是声誉、技术和品牌等。众所周知，百姓去大型公立医院看病主要看重的就是医院的品牌和专家的实力，所以从特许经营视角来说，需要对这些无形资产进行评估。然而，专家实力资源如何评估、医院品牌和声誉如何评估没有明确标准，如果评估偏低，将导致国有资产流失；如果评估偏高，社会资本的认可成本也会偏高，再加上回报期长，整个特许经营将会步履维艰[2]。因此，在无形资产的评估过程中，应聘请具有资质的第三方专业机构对无形资产进行资产评估和可行性论证，避免国有资产的流失，同时又能够保证合理定价，推动特许经营的顺利进行。

在探索公立医院与社会资本合作的有效模式和路径过程中，量化公立医

---

[1] 马文建："从医疗损害赔偿责任层面破解我国医师多点执业困境"，载《中国医院管理》2014年第10期。

[2] 邓勇、袁学亮："公立医院特许经营的政策困境及破解对策分析"，载《中国医院管理》2015年第11期。

院品牌影响力，为医院集团化、股份化资产评估提供操作依据尤为迫切[1]。对公立医院来说，其核心资源主要是医院品牌和医师资源，这也是诸多就医者蜂拥而至的根源。因此，对于医院品牌，可以借鉴上市公司的品牌价值评估机制，根据其财务报表的状况来制定相关的品牌价值评估模式。对于医师资源，应当根据医师的资历和技术水平进行综合评定，然后获取相关的授权费用。对于被特许医院的管理模式，应当根据特许医院的管理层的水平进行评定，这与医院的品牌和知名度有一定相关性。在双方特许经营合同之外，应建立明确的医疗特许经营实施细则，统一医疗加盟服务的标准，还可以考虑通过指令被特许人缴纳特许经营保证金的方式，降低特许经营风险。同时，应定期评估并建立退出机制，实现特许经营对象的优胜劣汰。此外，适当的合同期限对于医疗服务的特许经营尤为重要，应当以三到五年为宜。对于从事医疗服务的被特许人，应当将其经营能力、服务水平、患者满意度等作为标准，对其经营情况进行定期评估。对于经评估检查发现不合格的情况，且在一定期限内没有改善的被特许人，应当引入退出机制。

第七节　案例分析：安贞国际医院特许经营项目

一、双方合作基本情况

首都医科大学附属北京安贞医院（以下简称"安贞医院"）成立于1984年，北京市心肺血管疾病研究所成立于1981年，北京市中西医结合心肺血管疾病研究所成立于2014年，"一院两所"为一个全方位联合体，是集医疗、教学、科研、预防、国际交流为一体，以治疗心肺血管疾病为重点，在全国心血管领域处于领军地位的一家三级甲等综合性医院。其现有编制床位1500张，职工4000多人，年门急诊量近270万人次，手术近40 000例，其中心内外科手术量双双破万。

中国东方资产管理公司于1999年为应对亚洲金融危机而成立，由财政部全额拨款，以处理政策性不良资产为使命，发展至今，其业务已从资产管理

---

[1]　仲西瑶等："公立医院与社会资本的合作之势在'何'行"，载《中国医院管理》2014年第6期。

扩展到保险、证券、信托、租赁、投融资、评级和海外等。

2015 年 7 月，在北京市政府的支持下，安贞医院引入中国东方资产管理公司采用特许经营的模式合作建设安贞国际医院。作为全国首家特许经营公立医院，安贞国际医院位于东坝，是朝阳区规划的 17 块医疗卫生用地之一，也是北京市拟规划的第四使馆区和东坝商贸区所在地。其面积相当于安贞医院本部的国际医院，计划设立 800 张床位，以满足从基本到高端医疗的各类需求。其中心脏内科和心脏外科各设 240 张床位，占床位总数的 60%。该院还将设置妇女儿童中心、脑血管病中心、综合内外科中心及急救中心，满足各类患者的医疗需求。

安贞医院提供品牌、技术资源、医疗团队、服务系统等无形资产支持，与中国东方资产管理公司一起运营管理安贞国际医院，并根据合同约定收取一定的品牌使用费、管理费等。

二、医院特许经营实操

对安贞国际医院的管理系由安贞医院和社会资本方形成的组织一起进行的，社会资本方根据特许经营的规则交给安贞医院一定费用，包括品牌使用费、管理费、医疗团队的费用等，双方会以合同形式达成一种法律关系[1]。

在这种合作模式下，安贞医院不会占有任何股份。安贞医院收取的费用要在北京市政府，特别是卫生健康委员会的监督下使用。在特许经营合作协议的框架下，中国东方资产管理公司将设立一个专门的医疗投资管理公司，负责医院的投资和建设；安贞医院则输出管理团队和核心医疗骨干人员，保障合作医院的医疗服务质量和水平。中国东方资产管理公司同时向安贞医院支付品牌费和管理费[2]。安贞医院与社会资本合作的前提是拥有运营权和经营权，坚持一票否决权，在此基础上从技术、服务、管理和标准作业程序（SOP）等方面提供同质化、标准化资源[3]，保证安贞国际医院的医疗水平，也保护安贞医院的品牌不被破坏。

---

〔1〕 陆宇："安贞国际医院'社会资本'方落定东方资产 特许经营费模式悬疑"，载《21 世纪经济报道》2015 年 7 月 14 日，第 24 版。

〔2〕 刘也良："特许经营进入实操阶段"，载《中国卫生》2015 年第 12 期。

〔3〕 郭潇雅："安贞首试特许模式能否花开医疗"，载《中国医院院长》2015 年第 8 期。

合作医院定位为具有安贞医院品牌的、以心血管为特色的、由社会资本投资建设的、高水平（三级甲等标准）的综合性非营利性医院，医院建设设计将充分考虑当地居民的基本医疗需求及中高端医疗服务需求。

双方组织设立医院投资管理公司作为合作医院的投资主体，负责合作医院的建设、运营管理及人员储备等事项以及健康服务业相关领域的投资。医院投资管理公司对合作医院的运营管理具有决策权，对合作医院的经营成果进行监督、考核。安贞医院参与医院投资管理公司的管理与决策，协助医院投资管理公司办理合作医院筹建所需的相关手续，包括获取合作医院的医疗机构执业许可证等批准文件。合作医院将使用安贞医院的品牌、管理及医疗团队。合作医院筹建期间，双方各自派出相应人员，成立合作医院筹备组，具体成员和工作程序由双方协商确定。

特许经营包括品牌授权、派驻管理团队及医疗团队等内容。在品牌方面，合作医院有权使用安贞医院字号。在管理方面，安贞医院负责保障合作医院医疗管理质量，包括派驻管理团队和医疗团队等。其一，安贞医院向合作医院派驻专业管理团队，搭建质量管理体系、信息系统体系、医生培训体系、学术与科研体系等管理体系，使合作医院的医疗服务质量与安贞医院保持一致。其二，安贞医院根据合作医院的科室设置派驻充足的技术骨干和医疗团队，保障患者享受到优质医疗服务，使合作医院的医疗水平与安贞医院保持一致。合作医院患者可以享受安贞医院提供的优质医疗服务，通过双向转诊、疑难病例会诊等方式，为病患提供便利。

三、案例评析

安贞医院将品牌、技术力量以及服务标准特许给社会资本方，而社会资本方将资本投入到安贞国际医院，二者优势互补，共同创新了公立医院和社会资本联姻的新模式。然而，关于该模式的社会适用性的争论却见仁见智。尽管该模式的真正转正肇始于原北京市卫生和计划生育委员会的一纸文件，但是在此文件出台之前，或多或少都有一些这样的合资入股模式的投资，只是一直未能公开。

从安贞医院的范例我们可以窥见双方的合作模式以及双边的互利机制。在安贞医院和社会资本互相发挥自己的优势之后，新设立的安贞国际医院将利用安贞品牌、社会投资兴建打造新兴的非营利性综合医院，该医院集健康管理、慢病治疗、体检于一体，与安贞医院的基本医疗服务走差异化路线。尽管社会资本方投入大量资本来筹建新兴医院，但是其拥有的权利仅限于医院管理权、重大决策一票否决权以及被特许的其他权利。从这个角度来说，其投资的回报收益并不在医院所开展的医疗服务上，而是要集中打造健康管理中心、药店、康复院、养老院等上下游产业链，力争以安贞国际医院的高端医疗服务为圆心，以高端需求为原生动力，衍生出药品等产业，从而形成闭合产业链的良性循环。

第八章

公立医院与社会资本合作模式三：委托管理

随着社会经济的发展以及我国人口老龄化的加剧，城乡居民对医疗资源的需求呈现出多元化的趋势，但是我国的医疗资源目前主要集中在大城市中的大型医院，医疗资源的供给与需求之间的矛盾日益加剧。因此，医疗资源的布局及体制亟需进行改革，通过合理布局医疗资源以满足全社会的需要。目前，我国正在不断深化医疗体制改革，鼓励医疗制度创新，优化医疗资源配置。在此背景下，医院委托管理（以下简称"托管"）作为优质医疗资源布局发展的重要手段，在新医改医疗资源调整整合中越来越受到重视。它在不影响产权这一敏感问题的条件下实现了医院所有权和经营权的有效分离，推动优质医疗资源下沉，加强城乡之间、大城市与小城市之间的医疗资源互动，全面提高我国的医疗服务水平[1]。

第一节　医院委托管理概述

一、医院委托管理的概念

托管的基本理论是基于制度经济学中的委托-代理理论（Principal-Agent）和契约理论而诞生的[2]。托管作为一种企业管理措施源自 20 世纪 90 年代的德国，当时，德国政府采用这一方式对原东德的国有企业进行了彻底改造，并在此基础上实施了企业所有权的转移，基本完成了国有企业的私有化。这

---

〔1〕　尹璐、王亚东、刘震："我国公立医院帮扶式托管模式实践的探讨"，载《中国医药导报》2014 年第 26 期。

〔2〕　李寿喜：《产权、代理成本和企业绩效——理论分析与实证检验》，复旦大学出版社 2006 年版，第 347 页。

种托管经营体现出了一种财产所有权的交易关系〔1〕。

国有企业托管经营实质上是基于委托-代理关系理论的托管经营模式。由于这一模式具有无产权交易风险、企业内部震荡小和改革成本低等特点，其已成为我国国有企业改革的一种新模式〔2〕。

医院托管指医院的所有者通过契约形式，将医院法人的财产交由具有较强经营管理能力，并能够承担相应经营风险的法人有偿经营，明晰医院所有者、经营者、生产者的责权利关系，保证医院财产保值增值并取得较好的社会效益和经济效益的一种经营活动〔3〕。从托管的内容上来看，包括托管资产、托管管理、托管运营，较为彻底的是医院整体托管。

二、医院委托管理的背景

首先，托管是全球公立医院改革的趋势。公立医院改革的一种重要形式就是托管，我国公立医院托管模式的研究虽然仍旧处于初步探索阶段，但已经有了一些被托管的公立医院托管后效益不错的案例，医院托管模式存在一定的可操作性和合理性。

其次，管办分开是为政府减忧的新模式。医疗卫生关系到千千万万百姓的切身利益，涉及面非常广，各级政府逐年加大对医疗卫生的投入，然而有的医院却因经营不善等问题处于亏损状态，矛盾日益凸显。采用托管模式后，政府从宏观战略层面对地区医疗卫生资源进行配置，从微观层面监督托管的成效，能够真正实现管办分离，既满足了公立医院的发展需求，又减轻了政府责任。

再其次，医院托管是缓解"看病难、看病贵"的有效途径。大型医院坐拥资金和技术优势，名医、齐全的诊疗仪器设备等都主要集中在大医院，基层医院房屋、设备相对落后，医疗资源的分布不均增加了患者的就医成本。因此，要构建科学的就医体系，就应当将医疗卫生工作的重心放在基层医院。2009 年 3 月颁布的《关于深化医药卫生体制改革的意见》和 2010 年 2 月卫生

---

〔1〕 刘东兴、王继武："公立医院托管改革模式的制度分析及建议"，载《中国医院管理》2004年第 9 期。

〔2〕 马晓静、王小万、左延莉："公立医院托管模式研究"，载《中国医院管理》2009 年第 10期。

〔3〕 魏俊辉："浅谈医院托管"，载《卫生经济研究》2005 年第 5 期。

部、中央机构编制委员会办公室、国家发展和改革委员会等五部委联合下发的《关于公立医院改革试点的指导意见》均指出：有条件的大医院按照区域卫生规划要求，可以通过托管、重组等方式促进医疗资源合理流动。托管成为我国医院改革发展进程中的一种尝试[1]。

最后，在深化医药卫生体制改革的过程中，国家一直在鼓励医疗制度创新、优化医疗资源配置。在此背景下，医院托管作为优质医疗资源布局发展的重要手段越来越受重视。2015年，《福建省公立医院支援社会办医指导意见》明确"公立医院可以发挥无形资产、管理团队、医疗技术上的优势，整体托管社会资本举办的医疗机构，实行'民建公营'"，更是打开了公立医院托管民营医院的大门。

三、医院委托管理的主要模式

目前，国内医院托管的实践案例已经较多，也形成了一些不同模式，根据受托方主体的性质，可以将医院托管分为以下几种模式。

（一）综合性大医院对中小医院的托管

该模式是指由大型综合性公立医院直接对中小医院进行托管，或由大型公立医院通过其附属的医院集团进行托管，通过采取托管的方式实现医院规模的逐步扩张[2]。这种模式目前比较普遍，这是由于目前我国的大型综合性公立医院拥有大量优质的医疗资源、技术以及管理经验，而许多中小医院不管是在医疗资源还是技术管理上都比较落后，医疗资源分布不均衡，大型医院人满为患，而中小医院却存在医疗资源空闲的现象。通过大型综合性公立医院托管中小医院，可以把大型综合性公立医院的优质医疗资源和技术带到中小医院，全面提升中小医院的医疗服务水平，实现医疗资源的下沉。

（二）专门的管理机构或者团队的托管

该模式的受托方主要是由社会资本组成的管理机构或者团队。随着医疗行业管控的放开，越来越多的社会资本通过各种方式进入医疗行业，医院托管就是其中一个方式。2000年以后，北京、上海、广州和成都等地相继注册

---

[1]　王晓栋等："医院托管个案评价研究：成员医院业务发展的变化"，载《中国医院管理》2009年第10期。

[2]　赵金东、闫贵贞："医院托管的实践及体会"，载《卫生经济研究》2007年第5期。

成立了医院管理公司，这些公司均经国家工商部门正式注册，其主要业务范围是医院管理咨询和管理培训，个别公司也开展医院的兼并和托管〔1〕。他们主要是以公司化的模式进行医院管理，一方面投入资金，引入先进的医疗设备和人才；另一方面也引入先进的医院管理模式，推动被托管医院的现代化。凤凰医疗集团就是这一模式的代表。凤凰医疗集团前身为吉林创伤医院，由徐捷在1988年创立，目前集团主力已经集中在北京，并成为全国最大的股份制医院投资管理集团，其旗下医院网络包括北京市健宫医院、北京燕化医院、北京京煤集团总医院、门头沟区医院等。

（三）原有医院内部管理层对医院托管

这种模式是以医院自治的方式把医院交给原来的管理团队，通过设立医院管理委员会或者董事会进行管理，政府只负责监管。在这种模式下，医院的管理团队有较大的自由，能够按照自己的意愿管理团队，同时也对管理团队有较强的激励作用，能激发管理者的创造力。该模式的特点是实施较为简便，政府与医院管理者只要通过订立合同的方式就可以划定权利边界，这不仅可以强化政府出资者的职能，还可以约束管理者的行为〔2〕。

无论是哪种医院托管方式，只要实施得当，就可以实现政府、受托方、被托管医院以及百姓四方多赢。

四、医院委托管理的价值

（一）托管医院业务实现增长

医院托管后，由于引入了先进的医疗资源、设备和相应的资金，被托管医院的医疗服务水平得到提高，从而促使更多患者愿意到被托管医院就医，医院业务实现快速增长，医疗资源得到充分利用。在该模式下，患者不一定要到大型三级甲等医院就医，而是在家门口就能实现就医，实现了医疗资源的合理配置。例如，浙江省人民医院于2011年4月与海宁市人民政府、2013年7月与杭州市淳安县人民政府签订合作协议，采取全托管的合作办医模式，开展优质医疗资源下沉。群众对基层医院的满意度大幅提升，常住人口就诊率大幅增加，转诊率逐步下降，部分解决了"看病难"的问题。浙江省人民

〔1〕 孟祥顺、王峰："医疗机构改革与国有医院托管模式"，载《华夏医药》2005年第3期。
〔2〕 马晓静、王小万、左延莉："公立医院托管模式研究"，载《中国医院管理》2009年第10期。

医院海宁分院 2014 年常住人口就诊率为 86%，较托管前增长 33 个百分点，患者满意度达 95%；浙江省人民医院淳安分院 2014 年度常住人口就诊率为 74.13%，较托管前增长 3.13 个百分点，患者满意度达 93.8%[1]。

（二）全面提升被托管医院医疗技术和医疗服务水平

管理方自身一般拥有较强的医疗技术和充足的医疗资源，能够为被托管医院提供很多优质的资源。在资金和医疗设备上，管理方可以投入大量的资金采购或者租借先进的医疗设备，全面提升医院的硬件设备；在医疗人才上，管理方一方面可以把优质的医疗人才投入到被托管医院，另一方面可以对被托管医院原有的职工进行培训，提升其医疗技术；在医院管理上，管理方通过引入先进的医院管理制度，完善责任和激励机制，提高被托管医院的管理效力。另外，管理方还可以通过医疗科研合作、专家会诊、医疗资源共享等方式，真正实现被托管医院的医疗技术和医疗服务水平的全面提升。

（三）实现政府、受托方、被托管医院以及百姓四方多赢

政府是公共医疗服务的提供者，也是监管者，合理配置医疗资源，满足百姓的需求是政府的重要职责。通过医院托管，政府能够实现合理配置医院资源，满足百姓日益增长的医疗服务需求。受托方通过托管医院，可以实现医院自身的扩张，提升影响力和品牌效应，提高自身医疗资源的效率。社会资本也可以通过托管模式进入医疗行业，在庞大的医疗市场内占据一定的位置。被托管医院则借助优质的医疗资源全面提升自己，实现医疗服务的现代化。被托管医院范围内的居民也可以得到更高水平的医疗资源服务，有效解决"看病难"的问题[2]。

五、医院委托管理合作中的基本原则

医院托管后一般应坚持以下基本原则：①财产归属关系不变，原财政拨款渠道、财政编码和日常经费投入不变。②人员编制管理方式不变。③两院公益性和承担的医疗卫生服务功能不变。④两院各自相关的各种纠纷、债权、债务的处理渠道不变。⑤两院接受属地政府及相关行政部门的监管和指导不

---

〔1〕涂建锋等："大型公立医院托管县级医院的实践与思考"，载《中国医院管理》2016 年第 2 期。

〔2〕尹璐、王亚东、刘震："我国公立医院帮扶式托管模式实践的探讨"，载《中国医药导报》2014 年第 26 期。

变。⑥两院党组织、团组织、工人联合会、妇女联合会等群团组织隶属关系和组织构架不变。⑦其他。如：统一进行药品和高值耗材的招标采购，采购资金按实际分配使用情况分别支付；统一进行后勤社会化方面的全方位合作等。

第二节　发达国家公立医院的委托管理

医院托管的医院管理模式在我国虽是新生事物，但在国外已经发展很多年，并且总结了诸多成功经验。

一、美国：第三方管理公立医院

美国公立医院主要的病人是社会的弱势群体，经济收入水平较低。为了保证医院的公益性质，照顾到这些低收入人群，使其能够获得基本的医疗保障，同时又能够保持医院的管理效率和医疗服务水平，美国政府采取第三方托管公立医院的方式进行管理。

在这种模式下，医院的财政收入由两部分组成，一部分是政府财政直接拨款，另一部分是来自当地的消费税，通过这两个渠道保证医院的运营资金。医院的收入很大程度上和当地的经济发展水平挂钩，在经济发展不好、消费税较低的情况下，医院的开支就必须缩减，托管方也不得不控制医疗支出，这对于减少过度医疗、提高医院效率有很大的帮助。

如成立于 1969 年的美国纽约市立健康和医院公司（HHC），其前身是纽约医院管理局，采取私营医院管理公司托管的模式来管理当地的公立医疗机构，聘用职业管理人员和医生代表来管理公立医院。美国纽约市立健康和医院公司不同于政府机构，它有较大的独立性和自主经营的权利，能够比较自由和有效率地运营医院，政府则通过董事会和财政拨款来对医院的管理运营进行把控，避免医院的运营脱离公益性质。

比较典型的还有迈阿密的公立医院托管机构（Public Health Trust），其在管理上采取企业式的手段，由独立的第三方来负责运营，如招聘、服务质量和就医方便程度考核等，由此保证了医院的运营效率和公益性的统一。

二、英国：委托代表参与医院董事会

1945 年，英国颁布《国家卫生服务法》，对医院管理体制进行改革。英国政府不再直接向公民提供医疗服务，而是代表公民向医院购买医疗服务，实现医疗服务的提供者和购买者的职能分离。卫生主管部门不再介入医院的管理，而是由医院自行管理，主管部门主要负责政策法规的制定。

在医院运营上，大量医院组织起来形成医院托拉斯。其管理机构是医院董事会，负责日常的管理，卫生主管部门不直接参与管理，而是通过委托代表参与董事会的方式对医院的管理进行一定的干预和引导。对董事会的组成，法律规定必须有利益相关方的代表，保证能够反映普通公民的利益诉求。

在这种模式下，医院在董事会的领导下自主经营，在医疗服务内容、医疗设备采购、人才管理以及资金引入和运用等方面都有充分的自主权。政府不再对医院进行直接的财政投入，而是变为购买服务的形式，医院为了顺利地经营下去就必须提升自身竞争力，以吸引足够的患者，这在客观上强化了医院之间的竞争。

三、德国：医院实行公司化管理

为解决公立医院床位数和三级机构过多、效率低下、费用过高、经营状况不好等问题，德国政府采取了一系列改革措施，重点放在实行医院自治和公司化管理上，实现了医院服务购买者与提供者的分离。

作为医疗服务的购买者，政府和医院签订协议，赋予医院充分的自主权，对医院的管理者和医生起到足够的激励作用，而政府则主要负责对医院进行宏观上的管控和监督。

如柏林市政府把 10 家公立医院合并转制为一家有限责任公司，由政府持有 100% 的股份。在这种托管方式下，实行董事会监督下首席执行官负责制，首席执行官有足够的自主管理权，保证医院的管理活力。同时，董事会建立有效的监督和约束机制，保证医院的正确运营方向。

四、新加坡：组建医院管理集团

新加坡从 1985 年开始进行公立医院改革，其改革的基本模式和方向是将医院的运营托管给医院管理公司，但是医院的所有权仍然属于卫生部。政府将资产按照市场化的方式托管给公司进行运作和管理，使医院的运营效率提高而费用降低，实行以"社会效益为主，不追求利润"的运作方式。

1987年，新加坡组建新加坡保健企业，政府对保健企业100%控股。保健企业的使命是通过下属医院的医疗设施和一整套高效的管理方式，以最节省成本的方法为病人提供最优良的医疗与保健服务。政府对医院的投入主要是根据病人的就医费用按比例补贴给医院，保证大部分公民能够负担起基本的医疗服务。

2000年，新加坡卫生部组建东、西两大医院管理集团，医院的管理职能转移到这两个医院管理集团，将自主经营权下放托管给私人有限公司，以便对医院进行更好、更灵活的管理。董事会通过委任院长的方式进行管理，医院院长对医院的医疗服务质量负责。医院的医疗质量由病人和社会意见进行评估，评估结果不达标的院长将被免职。

第三节　医院委托管理的具体操作方式

结合以往医院托管的实践操作，根据国家和地方相关的政策文件规定，一般而言，医院托管的具体操作方式主要应当注意以下几个方面。

一、统一管理

托管后，双方建立健全法人治理结构，管理方与被托管医院实施一体化管理，被托管医院可以使用管理方的名称，合作期满后终止使用该名称。管理方的法定代表人兼任被托管医院的法定代表人，由一套行政班子统一管理。实行总院长负责制，管理方选任总院长，被托管医院设执行院长。

管理方、医院监管部分和被托管医院可以共同组建医院理事会，理事会的理事长由管理方担任，副理事长由被托管方担任。可制定理事会章程，理事会根据该章程审议医院发展规划、年度财务预决算、基本建设项目、大型仪器设备购置、大额资金使用、高值固定资产处置、运营情况监督等重大事宜。被托管医院设执行院长1名，执行院长由管理方委派，经理事会通过确认，按组织程序聘任。执行院长按照理事会确定的发展目标对医院实施全面管理，享有对其他副院长的提名权。

二、管办分开

托管合作后，应坚持公立医院管理体制改革的管办分开、政事分开原则，合作期内实现被托管医院的所有权与管理权分开，即所有权归资产所有权方，管理权归管理方。通过开展实质性的整合，全面提升被托管医院的管理水平和服务能力。

委托经营的范围一般包括临床医疗、应急救护支持、社区医疗、体检中心、公共卫生等业务。被托管方的应急救护业务及应急培训、爱卫会等业务一般保留现状，由被托管医院继续运营，不纳入托管范围。[1]

三、资源共享

双方资源共享，包括：共享历史品牌、医疗品牌、教学品牌、科研品牌、文化品牌、管理品牌，共用优质医疗资源，共用教学、科研平台，共同进行人才培养，共建重点（专）学科，共用院内制剂（原产权性质不变），共同进行药品和高值耗材的招标采购，共同申报高级别的课题等。在未经市医院管理局允许的情况下，禁止医院品牌的延伸使用。托管后，实现专家在两个院区出诊，管理方的医疗、教学、科研、专家等优质资源向被托管医院逐步转移。

双方通过资源共享以实现"双提升"总目标。提升医疗服务水平，包括医院所在地区医疗服务水平和国企应急救护水平；提升员工职业发展水平，包括员工切身利益和健全职业发展通道，通过合作实现互利共赢。此外，还可打造该区域医疗中心，提升应急救护保障能力。管理方可与被托管医院建立急救业务对接机制，规范操作流程，确保提升医疗保障能力及医疗急救保障水平；建立长效培训机制，通过继续教育、交流实习等多种措施完善应急救护保障体系。

四、财务独立运营

托管协议签订之时，管理方委托的会计师事务所须对被托管医院经营运行状况进行评估。托管协议签订后，管理方还要每年对被托管医院收支情况

---

〔1〕　王鹏、吴迪、邓勇："高校附属医院受托经营国企医院之实践与探索"，载《医学与法学》2019 年第 5 期。

进行审计，并以此作为收益分配的依据。双方资金往来按财务相关规定规范管理和进行。托管后，两院在职员工根据工作需要、岗位设置实现统一调配，绩效考核待遇按具体描述执行。

五、经营管理权移交

双方应对被托管医院经营管理权所涉的资产、设施、印章、财务账册、各类文件等进行移交。移交时，应由双方授权委托的人员清点并签署交接文件。被托管医院的医疗机构执业许可证、事业法人登记证、预防保健许可证、药品调剂许可证、卫生技术人员的各种资质证明等也相应移交给管理方。被托管医院在托管协议生效及经营权实际移交前存在或发生的债权、债务由被托管医院负责处理并承担，经营管理后新产生的债权、债务由管理方处理并承担。

六、医院委托管理中双方的权利与义务

双方可在医疗、教学、科研、管理、人才培养、信息化、双向转诊、学科建设等方面进行合作，并约定各自的权利与义务。

可以约定被托管方有以下权利义务：①托管期内，应由被托管方投入的建设资金、运营资金、医疗设备设施购置的资金等应及时投入，保障基本的医院经营条件；②及时办理托管医院新名称的审批，处理好相关证件、文件、印章等事宜；③在征得管理方同意的前提下，加挂合适的医院牌子，但不得在被托管方机构医疗机构执业许可证登记中使用管理方医院名称，不得使用管理方医院的医疗文书、印章、票据、账户等（建议只加挂牌匾，不在医疗机构执业许可证上登记）；④如果被托管医院的所有权人为政府部门，应承诺在符合国家法律的前提下，调整相应的政策法规，保证托管协议的顺利执行，并协助被托管医院办理相关事宜；⑤按照人员编制要求，逐步增加被托管医院的人员编制；⑥按照相关文件精神，保证医院发展的财政投入，财政拨款标准不低于现有水平；⑦托管期间，被托管方有权依法对被托管医疗机构的资产和财务进行监督和审计，有权对医疗行为、医疗质量、管理效果等工作进行考核和评估；⑧承担所有合作板块内的设施的大型维护维修；⑨与管理方一同承担其他设施、设备的维护维修；⑩应由被托管方履行的其他职责。

可以约定管理方有以下权利义务：①通过实施全面管理和深度合作，提

升被托管医院的医院管理水平和医疗服务能力，为属地及周边居民百姓提供优质的医疗服务；②帮助和扶持被托管医院各项医疗业务的开展，快速提升其医疗服务能力；③合作期内，管理方拥有资产的使用权和经营管理权；④合作期间，被托管方不再进行医疗设备投入，后续医疗设备类资产由管理方负责，其所有权归管理方；⑤管理方承担所有合作板块内的设施的小型维护维修；⑥与被托管方一同承担其他设施、设备的维护维修；⑦管理方每年年终需对该院区属于被托管方的设备、设施进行全面清查，并对清查情况进行总结；⑧参与并支持被托管医院基本建设项目，从专业特点及专科发展需要层面提出建设意见；⑨为被托管医院搭建专业技术和管理人才培养平台，选派专家到被托管医院开展医院日常管理、门诊出诊、病房教学查房、科研项目指导等工作任务，承担被托管医院选送学科带头人和技术骨干的进修和培训任务，承担科研攻关和成果转化指导工作；⑩推进被托管医院的重点学科建设，促进被托管医院的医、教、研等综合水平提升；⑪选派专家到被托管医院开展医疗技术工作，应按照有关规定进行管理，以确保医疗安全［注：按照《关于推进和规范医师多点执业的若干意见》（国卫医发〔2014〕86号）要求，医师在参加城乡医院对口支援、支援基层，或在签订医疗机构帮扶或托管协议、建立医疗集团或医疗联合体的医疗机构间多点执业时，无需办理多点执业相关手续］；⑫为被托管方提出的突发公共事件应急处置等任务提供帮助；⑬应由管理方履行的其他职责。

七、托管费用

被托管医院按照规定每年从总收入（含药品收入）中提取一定百分比的托管费（也可以按照"定额基数+年度绩效考核"方式），按照财务相关规定划入托管方账户。账户在"其他收入"科目核算，按照财务规定使用。"总收入"是指被托管医院及其下属和分支机构在某一结算期内的收入之和。

八、纠纷处理

在委托管理期间，如被托管医院出现任何纠纷（包括但不限于医疗纠纷），均应在被托管地按照相关法律、法规或政策进行处理，被托管医院所有权人不承担任何相关或连带责任。协议履行过程中发生的任何争议，双方应协商解决。协商不成，任何一方均有权向管理方所在地人民法院提起诉讼。

双方可约定：①合作协议生效前的债权、债务、劳动和医疗纠纷责任以及历史遗留问题全部由被托管方享有和承担，由此给管理方或该院区造成损失的，由被托管方承担；②委托经营期内的债权、债务及劳动和医疗纠纷责任全部由管理方享有和承担，由此给被托管方造成损失的，由管理方承担。合作期限届满，经双方协商一致后，如双方仍有合作意向，则双方互相享有与对方继续合作的优先权，续签合同。

从法律上考虑，委托经营协议生效后，管理方、委托方、被托管方三方即产生法律关系，并主要体现在委托方与管理方之间。委托方、管理方的权利义务关系主要体现在：管理方经营管理被托管方，并获取报酬和收益；委托方将被托管方委托给管理方经营管理，增加被托管方经济效益，并获取经济回报。委托经营的良性发展有赖于委托方、管理方权利义务相互统一，双方共同付出、互惠共赢。[1]管理方与委托方的权利义务具体明确、合法合规，双方之间具有权利义务的统一性，有利于合作顺利推进。

关于管理方与被托管方所确定的纠纷处理方式，由于托管行为是一种新型的法律行为，委托经营关系本质上是一种委托关系，发生委托经营合同纠纷后，首先应根据《中华人民共和国民法典》的有关规定和相应法律规定审查合同效力，不违反法律强制性规定的，认定为有效。[2]且管理方与被托管方关于解决纠纷的约定，应遵循等价有偿原则、意思自治原则、诚实信用原则和公平合理原则，应符合委托经营合同的订立要求。

第四节　医院委托管理中面临的主要法律风险及防控对策

医院委托管理中，应当重点关注以下法律风险，并针对性地做好相应防控工作。

一、托管合同的有效性风险

在目前医药卫生体制改革的大背景下，创新合作模式、优化医疗资源、社会资本进入医疗行业等是国家政策大力支持的，但是目前仅有一些相对模

---

〔1〕 赵建聪：“对企业托管经营的法律思考”，载《人民司法》1999 年第 9 期。
〔2〕 王霞：“煤矿托管及其法律风险防控研究”，载《煤炭经济研究》2017 年第 2 期。

糊的指导性意见，在具体层面上还欠缺明确的政策法规。医院的托管主要是通过托管合同进行的，但是关于医院的托管合同是否违反国家的强制性规定，例如，违反《医疗机构管理条例》第 22 条第 1 款 "《医疗机构执业许可证》不得伪造、涂改、出卖、转让、出借" 的规定还尚无定论。有些人认为医院托管合同借着托管的名义，实际上就是行医疗机构执业许可证出借之实。另外，如果托管非营利性医院还有可能面临着违反医院非营利性质的质疑。由于缺乏明确的法条的规定，各地法院在医院托管纠纷中对上述的这些问题都有不同的看法，各地司法机关对此得出不同的结论，也给医院托管带来了很大的不确定性。熊健等对 "医院托管" 这一关键词在无讼案例库中进行搜索，获得各地高级人民法院裁判文书 7 份、中级人民法院裁判文书 40 份（基层人民法院的裁判文书并未纳入，为 0 份）。对上述裁判文书进行分析后发现，人民法院审理内容涉及医院托管合同效力的有 21 份，其中认定合同有效的有 15 份，占 71%；认定合同无效的有 6 份，占 29%[1]。

在四川天府医院管理有限公司（以下简称 "天府医管公司"）与德阳康达医院（以下简称 "康达医院"）、苏勇企业承包经营合同纠纷案中，天府医管公司就提出，天府医管公司与康达医院签订的《托管合同》是一份名为托管，实为转让医疗机构执业许可证，对医院科室进行承包的合同。依据《中华人民共和国合同法》和《医疗机构管理条例》相关规定，此合同应属无效。德阳市旌阳区人民法院一审认为，康达医院与天府医管公司签订的企业承包经营合同是双方当事人的真实意思表示，不违反法律、行政法规的强制性规定，合法有效。四川省德阳市中级人民法院再审认为，天府医管公司与康达医院签订的《托管合同》以及《补充协议》约定，天府医管公司对康达医院进行整体托管，负责其全面医疗业务及经营，全面负责资金投入、人员、管理、仪器、药品、医疗、经营等工作，认定天府医管公司与康达医院之间签订的协议名为托管，实为承包经营。由此可以看出，四川省德阳市中级人民法院把托管协议看作承包经营协议，从而认定《托管合同》有效。在衡阳民生医疗管理有限公司诉徐某光合同纠纷案中，法院认为双方当事人签订的托管合同，名为企业托管合同法律关系，实为企业租赁经营合同法律关系，且该合同意思

---

〔1〕 熊健、宋成、苏育安："涉及医院托管合同效力的司法判例研究"，载《医学与法学》2016年第 6 期。

表示真实，没有违反法律、行政法规效力性强制性规定，故该合同有效 。

在牟某英与刘某、吕某福、张某等企业承包合同纠纷案中，法院认为，无论是从双方的约定来看，还是从双方的实际履行情况来看，《册亨东方医院托管合同书》虽名为托管，但实为出借医疗机构执业许可证，上诉人与被上诉人双方以"托管合同"的合法形式，变相将医疗机构执业许可证出借给上诉人，使上诉人得以对外从事医疗执业行为，掩盖了双方行为内容上的非法性，以此规避行政法规的禁止性规定，故依法认定双方签订的《册亨东方医院托管合同书》无效。在中国人民解放军第五七一八工厂与桂林市仁爱投资管理有限公司（以下简称"仁爱公司"）合同纠纷案中，法院认为，将非营利性医疗机构承包给社会组织或个人从事医疗活动，可能使非营利性医疗机构的性质发生改变，失去公益色彩而变成商业实体，最终损害人民群众的健康权益和生命安全。仁爱公司承包经营桂林长虹医院的目的和意义及对商业利润的追求使桂林长虹医院固有的公益性和非营利性的性质及设立目的逐步丧失，因此，本案涉讼《空军桂林长虹医院医疗管理委托协议》的目的和效果均损害社会公共利益，认定该合同为无效 。

从以上案件中可以看出，目前我国关于医院托管的性质以及合法性都存在不同甚至相反的看法，使得其合法性受到质疑。

应对托管合同有效性风险需要国家修订《医疗机构管理条例》。根据文义解释、体系解释，医院托管构成医疗机构执业许可证出借，不符合《医疗机构管理条例》之规定。但是《医疗机构管理条例》自1994年9月1日实施至今已近30年，我国的医疗卫生行业发生了巨大的变化，以往对民营医疗机构的严格管控导致医疗资源高度集中到公立医疗机构，已无法满足眼下民众多层次的医疗康复需求。现在，通过医师多点执业、PPP模式、允许大型医疗设备融资租赁等政策，已给医疗市场松绑，同时民间资本纷纷进入医疗领域，对医院托管一刀切地加以禁止已不合时宜。从鼓励交易角度而言，应当尽量认定医院托管合同有效，因而应当对《医疗机构管理条例》进行修订，鼓励社会资本进入医疗领域[1]。

---

〔1〕 熊健、宋成、苏育安："涉及医院托管合同效力的司法判例研究"，载《医学与法学》2016年第6期。

二、委托代理风险

有些医院通过托管协议将医院转交给其他医院或者投资机构进行管理，并从中收取一定比例的利润，这类似于商业活动中的代理模式。这种方式对于委托方来说，存在着委托代理风险，由于委托方和管理方之间的利益并不是完全重合，管理方有可能为了自己的利益损害委托方的利益。

委托方为了实现自身效用最大化，将其所拥有（控制）资源的某些决策权授予管理方，并要求管理方提供有利于委托方利益的服务或行为。管理方也是追求自身效用最大化的经济人，在利益不一致和信息不对称的情况下，管理方在行使委托方授予的资源决策权时可能会受到诱惑，把自己的利益置于委托方利益之上，从而损害委托方的利益，即产生代理问题。

在医院托管中，由于托管后医院的所有者失去了管理权，而且很多时候也不拥有监督权，管理方可以为所欲为，在利益的驱动下，就有可能为了自己的利益而损害医院所有者的利益，如转移资产、为了短期利益损害医院声誉等。

对此，破解委托代理风险最好的方法是完善监督机制。首先，为了更好地实施监督职责，应明确独立于合作双方组成的共同决策机构的监督主体，将监督职责落实到人，且将其薪酬待遇与被托管医院的经营状况挂钩，以充分发挥监督主体的作用。其次，建立风险约束机制。双方签订托管协议时约定管理方需交一定数额的风险抵押金，且视医院的经营情况进行抵押金的补充和退还。最后，结合公立医院的公益性等因素，建立一套科学规范的，而非仅以国有资产的保值增值为单一评价因素的医院经营状况考评机制。每年度通过会计师事务所、律师事务所对医院的财务、运营情况进行审核，确保财务的真实性和国有资产的安全性，同时也为评估医院的托管质量、支付托管费用提供参考。

三、盈利模式的风险

医院进行托管必须有一定的盈利模式才能吸引其他医院或者投资者，但是在现有的医疗体制下，特别是公共非营利性医院，分红或者盈利是一个比较敏感的话题，国家规定非营利性医院不能以营利为目的，经营结余不得用于分红，且投资人不能通过股份转让套现。但是资本是追求利润的，有时只能通过曲线救国的方式来获取利润。

例如，凤凰医疗集团托管门头沟区医院。2010 年，门头沟区医院作为北京市第一家公立医院改革试点，通过政府购买服务的方式，引入了社会资本凤凰医疗集团参与区医院改革。门头沟区医院同凤凰医疗集团签订了合作共建协议（IOT 协议），根据这一协议，凤凰医疗集团以 7500 万元注资，获得了门头沟区医院的"保姆"身份，且有年限规定。在政策限制下，凤凰医疗集团不能直接采取分红的方式获取利润，只能通过采购药品、器械获取盈利，这个做法本身有取巧的嫌疑[1]。

国务院原国有资产管理办公室副主任文宗瑜曾公开表示，对于社会资本托管公立医院，国家并没有一个明确的政策法规来管理和规范。此外，新医改要求降低医疗费用和压缩药品的中间环节，凤凰医疗集团靠供应链赚利润的做法也难成长久之计[2]。可以说，在这样的政策背景下，对非营利性医院进行托管，面临着盈利模式的问题。

为了规避"国家规定非营利性医院不能以营利为目的，经营结余不得用于分红，且投资人不能通过股份转让套现"带来的法律风险，可以借鉴湘雅常德医院（详见本章第六节）的盈利模式：被托管方使用管理方的医务人员等资源，并按照托管协议向管理方支付托管费、营业提成费和协作费。

四、医疗责任不清的风险

医院在托管期间，如果发生医疗纠纷应该如何处理，医疗责任是应该由被托管医院负责还是由管理方负责，以及二者之间是否存在连带责任关系，这些问题在开展托管合作之前都应该得到明确，否则很有可能会造成不必要的纠纷和风险。

在薛某某、薛某等与郑州人民医院、郑州颐和医院医疗损害责任纠纷案中，原告杨某认为其骨折时间为 2014 年 6 月 21 日，此时两被告郑州人民医院、郑州颐和医院是托管关系，应该对该事故承担连带责任。两被告托管关

---

〔1〕 张泉薇："凤凰医疗：民营医院第一股的巧妙与风险"，载 https://finance.ifeng.com/a/20131209/11234583_0.shtml，最后访问日期：2022 年 10 月 4 日。

〔2〕 李子君："公立医院托管的四重困境"，载 https://www.cn-healthcare.com/article/20150827/content-477265.html，最后访问日期 2022 年 10 月 4 日。

系解除发生在 2014 年 8 月，杨某在此之前已经骨折，要求管理方承担责任具有法律和事实依据。法院审理后认为郑州人民医院、郑州颐和医院应该共同承担责任。

在喀什市阳光医院（以下简称"阳光医院"）与阿卜杜热依木等医疗损害责任纠纷案中，被告阳光医院申请追加阿克苏光明医院为第三人，称其曾于 2013 年 7 月 19 日至 2013 年 12 月 29 日将阳光医院托管给阿克苏光明医院，原告是在第三人托管期间进行的治疗，应当由第三人阿克苏光明医院承担赔偿责任。法院认为，从本案查明的事实来看，阿卜杜热依木在阳光医院就诊，门诊收费也是阳光医院收取的，且后期阳光医院负责人将阿卜杜热依木带往广州继续进行治疗，作为患者，阿卜杜热依木无法知晓阳光医院与阿克苏光明医院的关系，阳光医院以此主张免责显然不能成立。

从以上案例可以看出，在托管期间，如果发生医疗纠纷，不仅被托管医院要承担责任，而且管理方也要承担相应的责任。因此要不断提高医疗服务水平，避免医疗纠纷的发生。

五、民事纠纷责任承担风险

医院托管之后，一般来说，在托管期间发生的债务应由被托管医院来承担，但是在被托管医院无法承担的情况下，有些债权人会主张被托管医院的管理方或者医院所有者承担连带责任。

在湖南盟盛医疗用品科技有限公司与湘南学院附属医院、中铁五局集团第五工程有限公司手足外科医院等买卖合同纠纷案中，原告湖南盟盛医疗用品科技有限公司要求管理方湘南学院附属医院承担责任，湘南学院附属医院认为涉案买卖合同的主体是湖南盟盛医疗用品科技有限公司与中铁五局集团第五工程有限公司手足外科医院，湘南学院附属医院不是合同主体，且湘南学院附属医院与中铁五局集团第五工程有限公司手足外科医院互相独立，不能以内部的托管协议要求湘南学院附属医院对外承担责任。

此案中，一审法院认为：本案所涉债务是湘南学院附属医院托管期间形成的对外债务，虽然中铁五局集团第五工程有限公司手足外科医院具有独立法人资格，但是，根据《托管协议》第 11 条"附属医院承担托管（手足外科医院）期间经营管理产生的一切风险、责任和费用"的约定和第 12 条第 2 项"附属医院在托管（手足外科医院）期间造成的债务或亏损由附属医院负责偿还和承担亏损"的约定，湘南学院附属医院应承担本案所涉债务。

二审法院认为：本案为买卖合同纠纷，焦点在于上诉人湘南学院附属医院应否承担本案尚欠货款的给付责任。虽然上诉人湘南学院附属医院托管被上诉人中铁五局集团第五工程有限公司手足外科医院后，被上诉人中铁五局集团第五工程有限公司手足外科医院在使用自己的名义开展经营活动的同时，仍使用湘南学院附属医院分院的名义从事经营活动，但从被上诉人湖南盟盛医疗用品科技有限公司提供的证据来看，并没有一处体现了合同的相对人是上诉人湘南学院附属医院，说明被上诉人湖南盟盛医疗用品科技有限公司与被上诉人中铁五局集团第五工程有限公司手足外科医院发生医疗用品买卖合同关系，并不以上诉人湘南学院附属医院托管被上诉人中铁五局集团第五工程有限公司手足外科医院为条件，不能依据托管协议认定上诉人湘南学院附属医院是本案合同的相对方。被上诉人中铁五局集团第五工程有限公司手足外科医院作为独立的法人单位，应当独立承担本案货款的给付责任。

从这个案例可以看出，一审和二审法院对于责任的认定有不同的看法，一审法院根据托管协议中的责任承担的约定认定管理方应该承担责任，但是二审法院认为根据合同相对性原则，上述纠纷与管理方没有关系，应该由合同的主体被托管医院承担。因此，在制定托管合同时，一定要明确双方应该承担的责任和义务，厘清管理方、被托管方和医院所有者之间的责任义务关系，避免产生纠纷。

六、职工反对的风险

医院托管不仅需要得到有关部门的批准，还要得到医院员工的同意，特别是公立医院，如果没有得到员工的支持，很有可能无法顺利进行托管。

2004年4月19日，江西省供销社和广州乔国实业有限公司正式签署了托管协议，广州乔国实业有限公司托管了江西省供销社主管的省商业职工医院。然而，托管并没有得到所有职工的拥护。2007年11月26日，一封署名为"江西省商业职工医院全体职工"的"汇报材料"送到了江西省供销社领导的面前。这些职工认为：托管协议是在未经职工代表大会及全体职工通过的情况下签订的，不符合法律规定。这些职工强烈要求"废除不合法的托管协议，让商业职工医院的职工自己管理医院"[1]，最终导致托管失败。

2004 年，北京市通州区潞河医院计划托管给私企亿仁投资公司，相关合同草案已经形成，而北京市通州区卫生局及北京市通州区潞河医院绝大多数领导却并不知情，因此全院上下掀起了一场"反托管"的轩然大波。同年 7 月中旬，北京市通州区潞河医院包括 24 名中层干部在内的近 400 名员工联名上书北京市卫生工委、市卫生局等部门，要求阻止托管工作的继续进行，以防医院性质变更及国有资产流失[2]。之后，北京市通州区潞河医院与亿仁投资的托管草案被暂时搁置。

上述风险可以通过建立职工激励机制解决。为充分调动医务人员的积极性，公立医院领导要通过动员会议与职工交流沟通，做好职工的思想工作，更重要的是建立良性的职工激励机制，提升被委派到托管医院的职工待遇，通过物质激励、精神激励、绩效考核制度激励等多种方法调动职工积极性，以确保医务人员配合医院调动，推动托管业务的开展。

第五节　案例分析一：北京大学第三医院托管首都机场医院项目[3]

一、托管经营背景

（一）国家有关医疗改革和国企改革的政策

《关于深化国有企业改革的指导意见》（中发〔2015〕22 号）中指出："到 2020 年……国有企业公司制改革基本完成……法人治理结构更加健全，优胜劣汰、经营自主灵活、内部管理人员能上能下、员工能进能出、收入能增能减的市场化机制更加完善……推进公益类国有企业改革。公益类国有企业以保障民生、服务社会、提供公共产品和服务为主要目标，引入市场机制，

〔1〕 工人日报："江西商业医院'托管门'调查：协议纠纷致医院被关停"，载 http://news.cntv.cn/china/20110905/105131_1.shtml，最后访问日期：2022 年 10 月 4 日。

〔2〕 中医世家："潞河医院'托管'风波：职工反对公立医院私企托管"，载 https://www.zysj.com.cn/zonghexinwen/2644.html，最后访问日期：2022 年 10 月 4 日。

〔3〕 王鹏、吴迪、邓勇："高校附属医院受托经营国企医院之实践与探索"，载《医学与法学》2019 年第 5 期。《首都机场集团公司委托北京大学第三医院经营机场医院部分资产的实施方案（讨论稿）》。

提高公共服务效率和能力。这类企业……还可以通过购买服务、特许经营、委托代理等方式，鼓励非国有企业参与经营。"

国务院《关于印发加快剥离国有企业办社会职能和解决历史遗留问题工作方案的通知》（国发〔2016〕19号）中指出："剥离国有企业办医疗、教育等公共服务机构。对国有企业办医疗、教育、市政、消防、社区管理等机构实行分类处理，采取移交、撤并、改制或专业化管理、政府购买服务等方式进行剥离……2018年年底前完成企业办医疗、教育机构的移交改制或集中管理工作……对因特殊原因确需保留的医疗、教育机构，按照市场化原则进行资源优化整合，实现专业化运营管理。"

2017年7月28日发布的《关于国有企业办教育医疗机构深化改革的指导意见》（国资发改革〔2017〕134号）中指出："积极开展资源整合。支持以健康产业为主业的国有企业或国有资本投资运营公司，通过资产转让、无偿划转、托管等方式，对国有企业办医疗机构进行资源整合，实现专业化运营和集中管理，创新升级医疗卫生服务。"

以上政策传递出推进国有企业医疗机构深化改革，激发国有企业活力，通过供给侧结构性改革促进健康产业发展，扩大医疗健康服务有效供给的利好信号。由此可见，通过改革提升首都机场医疗服务和应急救护水平、提升员工职业发展水平势在必行。

（二）托管经营的合作原则

1. 坚持依法依规与合作共赢的原则

应在托管双方和卫生行政部门等监管部门的整体指导和监管下，依法依规开展委托经营合作。同时双方应广泛听取各方意见，多方论证，并委托第三方专业机构对有关事项开展尽职调查，以供双方谈判和决策参考，促进医院改革的积极、稳妥、有序推进，进一步实现双方互利共赢与医院可持续发展。

2. 坚持医院稳定发展的原则

应引进优质三级甲等医院专业运营管理理念，引进新型运营机制和优质医疗资源，创新医院管理机制，提高医疗服务质量和效率。同时应坚持重视学科建设、重视人才引进和培养、建立符合医疗行业特点的人事薪酬制度、重视运营管理效率提升、重视医院组织文化建设、重视患者和职工满意度的提高，实现医院稳定、持续发展。

3. 坚持切实保护职工合法权益的原则

应在合作中尊重职工在医院改革中的知情权和参与权，及时解决员工反映的问题，在法律法规和规章制度允许范围内，最大限度满足员工对薪酬、业务提升等方面的合理要求，为员工在专业、职称提升等方面提供平台和通道，最大程度保障职工的切身利益。

4. 坚持确保国有资产不流失的原则

委托经营的资产为国有医疗企业的核心资产，合作期间各方应在国有医疗企业的监督下，贯彻国家和相关企业关于国有资产管理的各项法律法规和规章制度，确保国有资产不流失，并实现保值增值。

5. 坚持党的领导的原则

应以党的十九大精神为指导，深入贯彻落实国务院关于深化医药卫生体制改革的有关要求，坚持为广大人民群众提供优质医疗服务的理念，以共同发展、互惠共赢为目标，建立以管理委员会为核心的法人治理结构，通过实行管理委员会领导下的院长负责制，构建决策、执行、监督相互分工、相互制衡的权力运行机制，力争于将经营状况不佳的国企改革成为一家硬件设备领先、专科优势突出、人才汇集、管理理念先进的医院。

（三）机场医院改革前概况

1. 机场医院经营状况

改革前北京首都国际机场医院（以下简称"机场医院"）经营状况不佳，营业利润和净利润连年下跌，一定程度上依靠企业补贴收入维持经营。同时，该机场医院还面临经营压力巨大、专业人才缺失、医疗水平有待提高、薪酬水平较低等问题。

2012—2016 年，机场医院总收入为 93 400 万元，年均增长率为 10.9%，亏损 13 305 万元，应急保障补贴 12 613 万元，净利润−692 万元。

2. 机场医院面临的主要问题

（1）经营压力巨大

近几年，受周边医疗资源分流、医药体制改革等因素叠加影响，机场医院就诊量虽有所增加，但收入增长放缓，经营压力巨大，手术台数、床位使用率、药品收入占比及净利润等财务及效率指标缺乏竞争力，医院发展乏力。

（2）医疗水平有待提高

机场医院的医疗技术不能满足机场地区居民需求，缺乏学科带头人，新技术项目开展较少，床位周转率低，产科、皮肤美容、口腔正畸、整形等业务均未发展，目前没有形成明显优势科室，核心竞争力不足。

（3）专业人才缺失

机场医院的专业人员及学科带头人匮乏，高级职称及高学历员工占比偏低。

（4）薪酬水平较低

机场医院的医生收入水平在行业内偏低，员工积极性不高，离职率高，且对专业医生缺乏吸引力，招聘困难，造成专科医生梯队青黄不接。

（5）新楼启用压力大

2018年新楼启用后，机场医院需要大量专业人才，人才缺口严重，且医院床位将增加到300张，经营压力陡增，现有业务与经营模式难以支撑。

（6）新老机场任务叠加

机场医院将面临新楼启用和新机场筹备两大任务，保障难度大、压力大。

（四）机场医院发展前景分析

1. 独立运行财务分析

本部分根据医院现状、医药改革情况、相关政策规定等进行预设，对机场医院财务状况进行预测，探求其发展前景。具体过程见表8-1，预测结果见表8-2。

表8-1　2018年至2022年机场医院财务测算前提假设

项目	2012—2016 年	2018 年	2019—2022 年	
			测算一	测算二
1. 营业收入复合增长率	10.9%	23.1%	7%	5%
2. 药品收入占比	55%	–	45%—42%	
3. 药品成本率	82%	97.5%	97.5%	
4. 医疗成本率	25%	30%	30%	
5. 人工成本年增长率	14.7%	23.1%	10%	
6. 能源动力年增长率	1.2%	130%	5%	
7. 维修费用年增长率	8.4%	42%	5%	

续表

项目	2012—2016 年	2018 年	2019—2022 年	
			测算一	测算二
8. 其他运行成本年增长率	10.6%	31%	7%	
9. 医疗人员数量	447	635	635	
10. 急救人员数量	70	100	100	

说明：

1. 2012—2016 年，营业收入复合增长率虽然达到 10.9%，但近三年复合增长率只有 4% 左右，2018 年因新楼启用预测增长 23.1%，随着医药改革深入，基于医院现状，后五年增长率预计不会超过 5%；

2. 药品收入占比、药品及医疗成本率是参照新医改的相关政策设定；

3. 急救中心现有 70 余人，预计后几年增长有限，按照平均 100 人预算，未分摊管理人员数量及成本。

表 8-2　2018 年至 2022 年机场医院财务状况预测汇总

复合增长率	项目	2018 年	2019 年	2020 年	2021 年	2022 年
医院分业务亏损情况（付现部分）						
5%	医院整体	6249	6984	7837	8796	9874
	医疗部分	4295	4863	5529	6296	7159
	急救部分	1954	2121	2308	2500	2715
7%	医院整体	6249	6789	7413	8109	8885
	临床部分	4295	4664	5098	5597	6153
	急救部分	1954	2125	2315	2512	2732
10%	医院整体	6249	6494	6762	7030	7294
	临床部分	4295	4364	4435	4499	4535
	急救部分	1954	2130	2327	2531	2759
含非付现（折旧）医院整体亏损情况						
5%		8268	9004	9856	10 815	11 893
7%		8268	8808	9432	10 128	10 904

续表

复合增长率	项目	2018 年	2019 年	2020 年	2021 年	2022 年
10%		8268	8513	8781	9049	9313

2. 机场医院竞争形势

机场医院西北方向有北京友谊医院顺义院区，东北方向有北京中医医院顺义医院、北京地坛医院顺义院区、在建中国医学科学院阜外医院顺义分院，西南方向有北京地坛医院、中国中医科学院望京医院等医院，这些医院距离机场医院均在 15km 以内，机场医院竞争压力可见一斑。

（五）机场医院改革尝试

2016 年 7 月 26 日，首都机场集团公司（以下简称"机场集团"）成立机场医院经营模式创新工作领导小组，成员是集团公司经营部、战略部、财务部、人力资源部、法务部、党群部和医院，全力推进机场医院改革相关工作。2017 年 4 月 2 日，机场医院对领导小组进行调整，进一步加大工作力度，组成改革办公室。

自决定改革以来，机场集团分别与北京大学人民医院、中国医科大学航空总医院、北京鼓楼中医院、北京中医药大学东直门医院、清华大学附属北京清华长庚医院、首都医科大学附属北京朝阳医院、中国医学科学院阜外医院、北京安贞医院、北京积水潭医院、北京地坛医院、民航总医院、北京协和医院、北京大学第三医院（以下简称"北医三院"）进行过交流。最后，经过一年半的十余次会谈，机场集团决定与北医三院开展深度合作，在其全资拥有的机场医院基础上，将北京首都国际机场急救中心（以下简称"机场急救中心"）部分资产委托北医三院经营，共同建设北京大学第三医院机场院区（以下简称"机场院区"）。2018 年 5 月 3 日双方签署框架协议，同年 9 月 7 日，机场集团与北医三院签署《委托经营合作协议书》，标志着机场集团与北医三院合作成功。

二、北医三院托管经营机场医院重点剖析

（一）托管经营范围及目标

1. 托管经营范围

机场集团与北医三院约定托管经营的范围包括临床医疗、应急救护支持、社区医疗、体检中心（不含航空体检）、公共卫生等业务。首都机场应急救护、应急培训、航空体检、爱卫会等业务保留现状，由机场急救中心继续运营，不纳入托管范围。北京新机场医疗业务由机场急救中心负责运营，不纳入此次合作范围。在机场院区合作满意的前提下，如新机场医疗业务届时需要对外合作，机场集团将优先考虑与北医三院合作。

2. 托管经营目标

（1）实现"双提升"总目标

机场集团与北医三院合作后，将在以下两方面得到提升：①医疗服务水平，包括机场地区医疗服务水平和首都机场应急救护水平；②员工职业发展水平，包括保障员工切身利益和健全职业发展通道。双方通过合作实现互利共赢，在保留现有机场急救中心的公益性质和服务功能的前提下，以契约形式将医院的资产使用权和经营管理权等委托给北医三院，实现所有权和经营权分离，并确保合作期内"双提升"总目标实现。

（2）打造空港区域医疗中心

合作后的机场院区将保留机场急救中心全科室功能，并增加特色学科，定位于"小综合、大专科"。机场院区在满足首都机场区域常见病、多发病及急诊急救服务需求基础上，将进一步打造急救医学、骨科（含创伤和脊柱）、健康医学（含体检）、运动医学、妇产科（含生殖医学）、普通外科及心血管内科等重点学科，同时做好机场社区卫生服务中心等相关工作，依托合作双方的丰富资源和首都机场航空交通枢纽的地位，把机场院区建设为该地区业务和服务均名列前茅的著名医疗机构。

（3）提升应急救护保障能力

北医三院将与机场急救中心建立急救业务对接机制，规范操作流程，确保提升航空医疗保障能力及医疗急救保障水平；建立长效培训机制，通过继续教育、交流实习等多种措施完善应急救护保障体系。同时，北医三院要建立有关航空器等突发事件的应急预案对接制度，做好应急救援演练工作，创建有首都机场特色的航空医疗保障机制。

（二）合作双方的权责利

《关于国有企业办教育医疗机构深化改革的指导意见》中指出："积极引导国有企业办医院建立科学有效的现代医院管理制度，完善法人治理结构，按照国家、社会、机构和职工利益相统一的原则，依法制定章程，明晰相关各方的责、权、利，健全监督、决策和制衡机制……维护公益性，提高服务积极性。完善医院考核制度，非营利性医院要建立以公益性为导向的考核评价体系和符合医疗行业特点的薪酬分配制度。"

按照上述政策要求和平等互利原则，双方对各自的权责利作出如下约定：机场集团将合作板块内资产委托给北医三院运营并收取相应的资源使用费。合作期内，北医三院拥有上述资产的使用权和经营管理权。合作期间，机场集团不再进行医疗设备投入，后续医疗设备类资产由北医三院负责，其所有权归北医三院所有。机场院区所有合作板块内的设施的大型维护维修由机场集团承担，小型维护维修由北医三院承担。其他设施、设备的维护维修由北医三院与机场院区共同承担。

北医三院针对机场院区制定医院发展总体规划和管理方案。北医三院每年年终需对机场院区属于机场集团的设备、设施进行全面清查，并对清查情况进行总结。机场集团监督北医三院对所委托部分资产合法合规使用，在每一考核周期内对机场院区履约情况、院区门急诊人次、出院人次、手术例次、财务状况、学科建设和科室发展等方面进行综合考核评估。

合作协议生效前的债权、债务、劳动和医疗纠纷责任以及历史遗留问题全部由机场急救中心享有和承担。委托经营期内的债权、债务及劳动和医疗纠纷责任全部由北医三院享有和承担。双方合作期限为20年，合作期限届满，双方互相享有与对方继续合作的优先权。

（三）改革的实施

改革实施阶段涉及较多部门，存在劳动关系、财务处理、资产划拨、安全生产、法律工作等方面的风险，是改革过程中的关键环节[1]。根据以往医院相关合作经验来看，资产运营管理往往是改革实施的焦点，资产运营管理范围的界定、资产的清点与备案、后续资产的投入、医院内维修维护与建设、合作过程中国有资产的流失及其监管、年终及双方合作后的资产清查都需要纳入改革实施的重点之中。

《关于国有企业办教育医疗机构深化改革的指导意见》中指出："坚持规范操作。国有企业办教育机构、医疗机构深化改革要严格遵守相关制度规定，规范重组改制行为，完善工作流程，认真做好决策审批、清产核资、财务审

---

[1] 赵亚东："企业在经营中的法律风险防范与对策"，载《中国市场》2019年第9期。

计、资产评估、产权交易、信息公开等工作……严格规范移交程序……按照有关规定由企业集团公司审核批准，报主管财政机关、同级国资监管机构备案……移交企业应当依法履行资产移交相关程序，做好移交资产清查、财务清理、审计评估、产权登记等工作，规范进行财务处理……以资产转让方式实施改革的，要严格遵守企业国有资产交易的相关制度规定，规范工作流程，坚决防止国有资产流失……完善管理制度。保留的企业办教育机构、医疗机构要依法注册登记，取得法人资格，按照相应的财务制度实行独立核算。"

为践行上述要求，机场集团与北医三院在签约后，双方共同对合作板块资产进行清点、登记、造册，并按照有关规定履行相关备案程序。固定资产折旧由北医三院和机场集团按照各自投入和财务制度分别提取，北医三院负责编制机场院区合作板块归属于机场集团的设备、设施的报废处置计划并报机场集团。机场急救中心独立法人地位、名称不变，申请将现有资质由二级甲等医院降为一级医院，办理新的医疗机构执业许可证。机场集团委托北医三院经营的合作板块定名为"北京大学第三医院机场院区"，北医三院负责将机场院区新增为其执业地点并申请注册地址。同时，机场集团与北医三院同意按照"折旧+财务费用"的方式，以及坚持"确保国有资产保值增值"的原则，协商确定每年由北医三院向机场集团支付的机场院区的资源使用费及支付方式。

（四）对机场院区的监督管理

《关于深化国有企业改革的指导意见》（中发〔2015〕22号）中指出：强化监督防止国有资产流失，强化企业内部监督，完善企业内部监督体系。为确保国有资产不流失，保障合作双方和职工的合法权益，促进委托经营项目合作的正常进行，双方设置机场院区管理委员会（以下简称"管委会"）以建立健全机场院区监督管理机制，机场院区重大决策由管委会集体研究审议决定，明确医院管理机构的设立、运营和职责。同时，双方约定合作期内每5年为一考核周期，每一周期届满前的6个月内，由机场集团对机场院区进行履约情况、院区门诊和手术量、营业额、科室与学科建设等方面的综合考核评估，并根据考核评估结果，提交管委会审核和处理。如北医三院的履约情况未达到机场集团"双提升"的要求，机场集团应提前6个月通知北医三院。合作期限届满，经双方协商一致后，如双方仍有合作意向，则双方互相享有与对方继续合作的优先权，续签合同。此外，机场院区实行北医三院总院领导下的院长负责制，院长由北医三院任命。为增强机场院区与机场急救中心的协调配合，确保提升应急救护水平，由机场急救中心一名主要领导兼任机场院区执行院长，一名分管领导兼任机场院区副院长。该执行院长、副院长由机场集团推荐，北医三院聘任。机场院区各临床医技科室、职能行政科室由北医三院相应科室部门垂直管理。

（五）人员安置问题

《关于深化国有企业改革的指导意见》（中发〔2015〕22号）中指出："深化企业内部用人制度改革……构建和谐劳动关系，依法规范企业各类用工管理，建立健全以合同管理为核心、以岗位管理为基础的市场化用工制度，真正形成企业各类管理人员能上能下、员工能进能出的合理流动机制。"《关于国有企业办教育医疗机构深化改革的指导意见》中指出："鼓励企业充分挖掘内部潜力，通过协商薪酬、转岗培训等方式，在企业内部分流安置部分职工。"

为切实贯彻这些要求，机场集团和北医三院对职工作出如下安置：除机场集团或机场急救中心必须留用人员以外，其余员工均与北医三院签订劳动合同。为落实"双提升"目标，合作前两年，机场院区、机场急救中心薪酬标准应保持一致，后续再按照双方各自的薪酬办法执行，视效益情况逐步提高员工的薪酬待遇。合作期间，因工作需要，机场急救中心将委派有关临床医技科室、职能行政科室管理人员若干名至机场院区，委派人员可继续保留原劳动合同关系，在机场院区工作期间由机场院区支付其薪酬。该类人员将实行动态管理。机场院区负责机场急救中心医务人员的免费进修培训。

三、北医三院托管经营机场医院的意义

（一）顺应国家政策要求，资源共享互惠共赢

机场集团业务遍及全国多个省市，首都机场每年为近亿人次旅客的出行提供优质服务。北医三院作为国家医学中心之一，门急诊量常年位居北京市前茅，医疗质量安全以及工作效率处于国内领先水平[1]。在双方的合作中，机场集团将充分发挥资源优势、平台优势，北医三院则发挥专业优势、技术

---

〔1〕 戴轩："首都机场医院更名为北医三院机场院区"，载 https://www.bjnews.com.cn/detail/155153248514467.html，最后访问日期：2019年4月19日。

优势。双方合作有利于提升首都机场医疗服务和应急救护水平；提供优质高效的医疗服务，改善病人就医体验；提升院区的经营管理效率和整体经济效益；疏解首都核心区域功能，提升社会效益和经济效益[1]。

机场集团与北医三院的合作迈出了响应国家战略、践行医改要求的关键一步，是对中央国企改革、国企医疗改革工作的具体落实，是机场集团全面深化改革，建设"平安机场、绿色机场、智慧机场、人文机场"，打造世界一流机场集团的需要，对推进"健康中国"战略落地具有重要意义。[2]

（二）提供委托经营的法律风险及防控意见

合作双方亟须防范委托经营的风险。以北医三院托管经营机场医院为鉴，签订合同之前需对项目涉及的资源、管理、运营、负债等状况进行调查，如缺乏严谨的前期调查，草率签订合同，可能导致一方承受过大的责任和风险[3]。此外，对于合作协议生效前的债权、债务、劳动与医疗纠纷责任和历史遗留问题，委托经营期内的债权、债务、劳动与医疗纠纷责任等的承担也应明确归属。要加强风险管理和防范意识，开展风险管理论证，充分考虑不确定因素及法律风险，并在合作医院或集团公司的规章制度中增强风险防控相关内容，明确各层级风险管控权限，有效降低法律风险。[4]

（三）完善国有企业改革法律法规

北医三院委托经营机场医院虽然取得较好效果，但国家仍应尽快完善与国企改革配套的法律法规，以规范、引导合作双方依法依规推进改革。法务部门应提供专业支持，确保国有企业依法依规经营并按照《中华人民共和国公司法》《中华人民共和国市场主体登记管理条例》等法律法规的要求落实工商变更、注销工作。[5]

---

〔1〕"集团公司与北京大学第三医院签署委托经营合作协议书"，载 https://mp.weixin.qq.com/s/F7CF3_zsDhcYbhD2P1qLAw，最后访问日期：2019 年 4 月 19 日。

〔2〕王鹏、吴迪、邓勇："高校附属医院受托经营国企医院之实践与探索"，载《医学与法学》2019 年第 5 期。

〔3〕王霞："煤矿托管及其法律风险防控研究"，载《煤炭经济研究》2017 年第 2 期。

〔4〕李妍："国企深改不同阶段面临的法律风险及其应对"，载《中小企业管理与科技》（上旬刊）2019 年第 5 期。

〔5〕李妍："国企深改不同阶段面临的法律风险及其应对"，载《中小企业管理与科技》（上旬刊）2019 年第 5 期。

第六节 案例分析二：中南大学湘雅医院托管常德湘雅医院项目

随着医疗体制改革不断向纵深迈进，医疗保险的覆盖范围不断扩大，特别是新型农村合作医疗制度的落实，使得农村和城市的医疗保障水平逐渐持平。此外，随着人口老龄化趋势的日益严峻和城镇居民收入与生活水平的大幅提高，人们对医疗保健的需求日益旺盛，城乡医疗市场巨大。而我国部分地区卫生基础设施投入相对滞后，已有医院的分布情况、数量、规模、医疗设备、医技水平等硬件及软件设施远远跟不上医疗卫生事业发展的新形势，公立医院长期受制于医疗体制的现状亦不能满足广大人民群众寻医就诊的新需求，因此有必要借助社会资本探索多元化办医格局。〔1〕

2009年3月发布的《关于深化医药卫生体制改革的意见》提出了医药卫生体制改革的总体目标：到2020年，基本建立覆盖城乡居民的基本医疗卫生制度，为群众提供安全、有效、方便、价廉的医疗卫生服务，实现人人享有基本医疗卫生服务，不断提高人民群众健康水平。该意见还指出：有条件的大医院按照区域卫生规划要求，可以通过托管、重组等方式促进医疗资源合理流动。2010年，卫生部、中央机构编制委员会办公室、国家发展和改革委员会发布了《关于公立医院改革试点的指导意见》，在试点的主要内容"完善公立医院服务体系"一条中提出，"通过合作、托管、重组等方式，促进医疗资源合理配置"，再一次肯定了医院托管模式。

凭着"敢为天下先"的勇气，湖南省长沙市中南大学湘雅医院（以下简称"湘雅医院"）与常德市经济建设投资集团有限公司（以下简称"经投集团"）立足百姓需求，借助政策支持，合作探索公立医院托管地方国企投建非营利性三级医院的办医模式，建立运营湘雅常德医院，为完善医疗卫生服务体系、突破公立医院办医困境提供了新思路。笔者通过实际参访相关负责人、到医院参观、搜集各方资料的方式对湘雅常德医院模式进行分析介绍，为公立医院发展和社会资本办医提供借鉴。

---

〔1〕 张春祥："湘雅将在株洲常德建新院 看病更方便"，载 https://app. zznews. gov. cn/news/2011/0329/47245. shtml，最后访问日期：2019年4月19日。

一、湖南湘雅常德医院托管实操

（一）合作双方简介

1. 湘雅医院

湘雅医院是由国家卫生健康委员会直管、教育部直属全国重点大学中南大学附属的集医疗、教学、科研于一体的大型综合性三级甲等医院，始建于1906年，是我国最早的西医院之一。医院学科设置齐全，技术力量雄厚，整体水平居全国医疗卫生机构第一方阵。截至2022年6月，医院共有专业技术人员4092人，高级专业技术人员897人，优质医疗人才资源充足，医疗诊治和科学研究水平稳居全国前列。医院始终坚持公立医院公益性，在突发公共事件医疗救助、国际医疗救援等重大事件中体现了湘雅人的责任与担当，"湘雅"品牌也被国家市场监督管理总局认定为"中国驰名商标"。

近年来，湘雅医院注重发挥公立医院"国家队"的示范、引领、指导和辐射作用，切实发挥好国家大型公立医院的帮扶作用，把业务指导、学科建设、人才培养和双向转诊等工作落到实处，全力推进基层医疗卫生事业发展，为人民群众带来真正的实惠，社会声誉和行业地位显著提升。另外，医院积极投身公立医院改革，大力实施"走出湘雅办湘雅"的多元化办医发展战略，充分利用社会资本，通过托管、入股等形式率先在长沙和部分经济发达地区建立"湘雅卫星医院"，目前已启动的项目包括长沙湘雅博爱康复医院和牵手北大未名集团共建的"湘雅健康谷"等。

2. 经投集团

经投集团成立于1992年，是由湖南省常德市国有资产监督管理委员会出资成立的一家国有独资公司，隶属湖南省常德市人民政府。公司主要承担城市基础设施及市政公用事业项目的投资、融资、建设、运营、管理任务，同时以经营城市的理念和市场化运作的方式，从事国有资产经营和资本运作，实现国有资产的保值增值。

经投集团成立以来，坚持走市场化道路，不断结合政策导向，突破市场、资源瓶颈，实现投融资的良性循环。经过多年的不懈努力，经投集团建立健全了投资、融资、建设、经营、偿债良性循环的长效机制，形成具有市场竞争力和稳健现金流的医疗、金融、房地产、现代服务和旅游等五大产业板块。目前，公司注册资本从2000万元增加到10亿元，资产规模从8000万元增加到918亿元。集团坚持走健康常青型企业发展之路，为把常德建设成为泛湘西北现代化的区域中心城市贡献力量。

（二）湘雅常德医院实操剖析

1. 合作双方的权责利

经投集团对湘雅常德医院全额投资，完成医院的建筑及安装工程，提供与医院运营相关的医疗设备，享有以上全部资产以及湘雅常德医院在托管期内的经济收益，并向湘雅医院支付商标使用费、托管费、营业提成费和协作费。湘雅医院在托管期内提供"湘雅"医疗服务商标使用权，享有托管期内湘雅医院派驻人员的一切学术成果和知识产权。湘雅常德医院非湘雅医院派驻的医务人员的学术成果、知识产权归湘雅医院和湘雅常德医院共同所有。托管协议生效前的债权、债务及劳动与医疗纠纷责任全部由经投集团享有和承担；托管期内的债权、债务及劳动与医疗纠纷责任则全部由湘雅常德医院享有和承担。若违反协议约定，合作双方各自要承担支付违约金及赔偿损失等责任。

2. 湘雅医院与经投集团合作方式

在经营管理模式上，双方共同决策、共同管理医院的运营事务。经投集团负责湘雅常德医院的后续资金投入、后勤服务和社会相关协调工作；湘雅医院托管湘雅常德医院的全面运营事务，包括但不限于湘雅常德医院的医疗、预防、保健、康复等业务的运营管理。在具体操作上，成立湘雅常德医院管理委员会，作为托管期间双方共同的决策管理机构，负责办理湘雅常德医院项目的筹备、建设及相关运营工作。托管期间，湘雅常德医院还设立院务委员会，由湘雅医院选派并由管理委员会聘任院长。管理委员会对院务委员会进行各托管年度的经营目标管理。双方合作经营期限为20年，托管期满后，如仍有合作意向，双方对彼此享有继续合作的优先权。

经投集团于常德市北部新城、东临柳叶湖风景度假区建立湘雅常德医院，医院占地面积230亩，分两期建设。一期概算投资32亿元，规划建筑面积30.8万平方米，内设内科、外科、妇产科、儿科、肿瘤科、五官科、急诊科等种类齐全的临床、医技科室。医院建成后将在湘雅医院的托管下逐步形成"特色鲜明、协调发展"的学科建设体系，并成为集医疗、教学、科研于一体的现代化大型综合医院。医院一期建设病床1100张、手术室38间，配备功能先进的 PET-CT、MRI、DR 等仪器设备，能满足4500人次的日接诊需求。

3. 湘雅常德医院运营模式

为传承百年湘雅，服务常德百姓，湘雅常德医院精心打造特色运营模式。

首先，在医院领导的选任上，湘雅常德医院在全院内进行公开选拔，选派业务素质高、道德水平好、大局观强、具有战略发展眼光的学科带头人担任托管医院的院长，并选派具有丰富管理经验的中层管理干部和业务能力一流的医护人员担任托管医院的技术骨干。

其次，在医务人员组成上，除负责医院医疗运营的医疗管理团队、担任医院主要临床科室负责人的部分业务骨干由湘雅医院委派外，其余医护人员、运营后勤保障人员均由湘雅常德医院直接面向社会招聘。医院实行全员聘任制，除湘雅医院委派的人员外，凡在湘雅常德医院从业的工作人员，均与湘雅常德医院根据劳动法规规定签订劳动合同。湘雅常德医院自行招聘的医务人员交由湘雅医院协助进行规范化系统培训 9 个月以上方可正式上岗，确保招聘的医疗团队与护理团队达到湘雅医院的品质管理要求。在医务人员的绩效考核方面，坚持优胜劣汰，奖勤罚懒，建立与经营效益挂钩的薪酬方案，按劳取酬。

最后，在医院的配套服务上，湘雅常德医院努力打造高效智能安全新湘雅，走"智慧医疗"之路。医院实行身份证、医保卡、院内诊疗卡等"五卡合一"，普及自助机服务；实施 4G 移动医疗项目，网络系统迅捷升级，大大提高医院的运营效率；构建医院大数据安全分析和运营创新平台，全方位保护患者的隐私信息。除此之外，医院还推出微信公众平台、APP，开通院内手机导航，为外地病友提供机票、火车票、酒店预订业务，方便患者来湘雅常德医院就诊。

总之，无论是软件设施还是硬件设施，医院都确保提供优秀技术、优良设备、优质服务，致力于构建一个"以病人为中心"的医疗服务体系。

二、湘雅常德医院模式的优势

（一）湘雅常德医院模式的创新

一方面，湘雅常德医院模式稳定长效。首先，相较于其他的公私合作项目，湘雅医院托管、经投集团投资建设的合作模式可以有效防止国有资产的流失，实现国有资产的保值增值。其次，"公"主体之间地位平等，避免公私合作模式中"公"主体一方自恃强势而不履行协议的现象，确保协议全面履行。最后，"公"主体间的合作可以打破公私合作模式中存在的"公"主体追求公益性与"私"主体逐利性的固有矛盾，避免"私"主体因急功近利而提前退出等问题，也能更好地保证医院在运行过程中具有较高程度的公益性，获得更好的社会效益，从而保障双方建立互惠互利的长效运行机制[1]，实现长期的合作目标和规划。

另一方面，湘雅常德医院产权清晰，合作双方权责利明确。其一，湘雅医院负责全方位托管，经投集团负责全额出资，化解了因政府补助缺位而致项目失败的风险；其二，双方通过托管协议就所有权、经营权、资产权和人事权等事项明晰约定，权责利明确且紧密结合，有效避免了公私合作模式中涉及较多主体、合同架构冗杂不明等因素而致的诸多利益纠纷，同时也减少了公立医院托管民营医院模式中因收入分成等带来的冲突，从而降低了项目失败的风险。完善的合作机制使双方真正成为责任利益的共同体，确保20年长期合作的真正实现。

此外，湘雅常德医院模式有效地解决了当前公立医院与社会资本合作在医疗人才方面的诸多问题[2]。一方面，湘雅医院直接委派医务人员到湘雅常德医院托管的模式破解了当下医师多点执业推进中公立医院不放手等诸多阻碍；另一方面，湘雅医院协助湘雅常德医院对其自行招聘的医务人员进行规范化系统培训的做法也确保了招聘的医疗团队与护理团队达到湘雅医院的品质管理要求，为湘雅常德医院的高效运行提供了坚实的人才支撑。另外，湘雅常德医院模式的医务人员组成结构避免了一般的医院托管模式中存在的两个医务人员团队的融合困难——医院原有员工思想上的不服从、行为上的不配合，从而消除因医院托管带来的磨合期，促使医院更好、更快地运营。

（二）湘雅常德医院模式的意义

1. 优质医疗资源得以延伸强化

首先，托管湘雅常德医院前，湘雅医院的品牌优势、管理优势、技术优势、人才优势、科研优势、教学优势等只能在湘雅医院内部发挥作用，通过

---

〔1〕 骆水娣、周欣悦、郑燕娜："以资产为纽带的公立医院紧密型托管合作模式探讨"，载《中国医院管理》2016年第8期。

〔2〕 吴玉婷、褚红女："公立医院与民营医院的SWOT分析及互补合作模式探讨"，载《现代医院管理》2011年第1期。

与经投集团合作，湘雅医院的优质医疗资源得以延伸利用，扩大了湘雅医院的影响力。其次，托管湘雅常德医院是湘雅医院大湘西战略布局的重要举措。常德位处湖南省西北部，是湘西北重要的交通枢纽、能源基地和政治文化中心，也是长沙和湘西北的纽带与中枢，在医疗服务对接上具有举足轻重的地位，对湘雅医院的发展具有重要的战略意义。最后，湘雅常德医院作为"百年湘雅"卫星医院的重要组成部分，对于湘雅医院积极应对将来外资品牌强势进入的冲击也具有重要意义。

2. 提高社会效应

湘西地区属于典型的"老少边穷"地区，地域广、人口多，医疗技术水平长期滞后于经济发展，难以满足人民群众日益增长的医疗健康需求。湘雅医院通过与经投集团合作，托管湘雅常德医院，一方面可盘活现有医疗资源，让患者在家门口享受到与大医院同等水平的医疗服务；另一方面，医疗费用将随之大大降低，对缓解百姓"看病贵"的问题无疑是个利好消息。此外，托管湘雅常德医院在为患者创造更多就医机会的同时，也将有效解决常德市门诊、急诊、医技和住院部等业务用房及医疗资源紧张的局面，为大医院排忧解难，实现公立医院、社会资本方、患者和社会的多赢。[1]

3. 助力医药卫生体制改革

湘雅常德医院项目是湘雅医院积极参与国家医药卫生体制改革、彰显大型公立医院公益性、推动优质医疗资源下沉的一次有益探索和尝试，体现了深化医药卫生体制改革的重要内容，为实现"管办分离"的公立医院改革目标提供了借鉴。托管湘雅常德医院将会促进当地区域医疗卫生整体水平的提升，全方位推动常德乃至整个湘西北地区的医疗卫生事业发展，是一项具有重要意义的"健康工程""民生工程"。

三、湘雅常德医院模式可能存在的问题

（一）职工认可度低[2]

尽管湘雅医院与经投集团的托管协议约定得清楚详细，但在实际操作的

---

〔1〕 吴宗勇、齐军："公立医院与民营医院合作模式研究"，载《中国医院》2015年第1期。

〔2〕 王硕非、揭筱纹、吴依西："民营医院托管模式探析"，载《中国循证医学杂志》2015年第4期。

过程中，难免还会遇到诸多问题。例如，双方约定湘雅医院委派医疗管理团队、部分业务骨干进驻湘雅常德医院，但在实际执行的过程中，湘雅医院的这些医务人员可能会因为各种原因而不愿意离开湘雅医院进驻湘雅常德医院。这在一定程度上将会影响托管的顺利实现，影响托管的质量。

（二）监督机制问题

在我国，托管关系本质上是一种财产委托－代理关系，无论委托人如何完善激励机制，委托人与代理人之间难免会因为利益取向不同而存在利益冲突，特别是对于医院经营这种双方信息不对称的行业[1]。因此，在所有权与经营权分离的情况下，建立健全完善的对托管人的监督机制就显得尤为重要。在管理委员会的组成上，经投集团与湘雅医院的人数分配为经投集团3人，湘雅医院4人，这在一定程度上削减了经投集团对湘雅医院日常托管事务的监督能力，可能导致管理方做出损害委托方利益的行为。

（三）患者就诊习惯问题

尽管湘雅常德医院的建立在客观上能有效解决百姓就医难的问题，但百姓在主观上不一定认可湘雅常德医院。此前，同样是由湘雅医院托管的长沙泰和医院就暴露出了这一问题：湘雅医院每天平均门诊量近万，其中一半以上是只要在普通医院就能解决的常见病、多发病患者，而同属于长沙市开福区的长沙泰和医院每天门诊量却不到500人。尽管湘雅医院抽调了不少专家定期坐诊，并互相承认各种检查结果，旨在减轻医院压力的同时也减轻病人就诊压力，但事实证明，老百姓的就诊习惯根深蒂固，要真正改变还需再寻突破口。[2]

四、完善推广湘雅常德医院模式的建议

（一）政府支持和参与

一方面，政策利好是社会资本和公立医院大胆改革创新的助推器。湘雅常德医院的成功运营说明医院托管作为一种现代医院契约式的办院方式在公

---

〔1〕 刘东兴、王继武："公立医院托管改革模式的制度分析及建议"，载《中国医院管理》2004年第9期。

〔2〕 刘璋景、裴阳："湘雅泰和'分手'，最强医院托管合作夭折"，载《三湘都市报》2015年8月12日，第A4版。

立医院探索发展新出路中具有重要意义，因此，地方政府应尽快出台相关政策，鼓励支持公立医院通过托管与社会资本合作。另一方面，政府也要发挥"有形的手"的作用。目前已有的公立医院托管主要是医院的主动行为，因其易操作且即使"分手"也不存在太大风险，所以不乏某些大医院为追求经济利益而盲目扩张的行为。因此，要真正发展基层医院、体现公益性，还需政府干预引导，而不能仅靠公立医院的"发展冲动"。对此政府应针对当地已有的公立医院的托管实践，在认真调研、总结问题的基础上制定有关公立医院通过托管与社会资本合作的具体操作指南，对公立医院与社会资本的操作作出规范。

（二）合作双方资质的严格把关

从前文对湘雅医院与经投集团的介绍可以看出，合作双方实力雄厚，可谓"门当户对"。医院托管作为"两权分离"的一种实现形式，对合作双方的资金、业务水平等硬实力和道德方面的软实力均有严格要求。因此，要学习推广湘雅常德医院模式，需要准确评估合作双方的资质条件，谨慎选择托管模式，以确保合作的顺利长久。具体来说，管理方要有强大的综合实力作支撑，包括医疗技术水平、品牌影响力、管理执行力等[1]；委托方要有稳定的资金链条和运作能力；双方要有切实履行协议的契约精神，否则很可能因托管后难以取得双方的预期效果而导致项目的失败。

（三）做好宣传引导工作

针对患者根深蒂固的就诊习惯，由公立医院托管的医院要做好医院的宣传工作，引导患者就近就医。一方面，可通过报刊、广播、电视、网络等媒体向患者释明医院的医师力量、诊疗水平，让患者信任医院；另一方面，也要通过社区义诊、健康讲座等免费医疗服务让患者切实享受到优质医疗资源，从而引导患者在基层就医。

目前，医院托管模式多存在于遭遇经营困境的医院，像湘雅常德医院这种地方国企投资的新建医院选取托管共建的方式在全国还比较罕见。尽管也有可能面临一些问题，但其较为成功的运营现状在一定程度上说明了此种托管模式在我国具有良好的发展前景，为社会资本办医和公立医院改革提供了

---

〔1〕　范关荣等："上海仁济管理公司托管模式探索与实践"，载《中华医院管理杂志》2009 年第7 期。

新思路。

第七节 案例分析三：莆田华亭镇卫生院托管项目

乡镇卫生院是我国基层医疗卫生机构的重要组成部分。自 1950 年起，面对农村卫生基础薄弱的局面，政府开始大力发展农村卫生组织，在各县设置卫生院。20 世纪 60 年代到 70 年代末，乡镇卫生院得到了长足的发展，并与县医院、村卫生室上联下接、密切配合，组成了"农村三级医疗防御保健网络"。乡镇卫生院处于构建农村三级医疗的中间位置，起着上联下接的作用，因此《乡镇卫生院管理办法（试行）》第 3 条规定："乡镇卫生院是农村三级医疗卫生服务体系的枢纽，是公益性、综合性的基层医疗卫生机构。……"乡镇卫生院以维护当地居民健康为中心，综合提供公共卫生和基本医疗等服务，同时承担县级人民政府卫生行政部门委托的卫生管理职能。2015 年，全国乡镇卫生院诊疗人次达到 10.55 亿，入院人数达 3676 万。[1]此外，乡镇卫生院在控制传染病、提高农民卫生服务质量、保障农民健康等方面也发挥着重要作用。然而乡镇卫生院主要靠县级财政与农村集体经济联合支撑，而今正遭遇着发展的瓶颈。20 世纪 80 年代后中国进入转型时期，特别是 1992 年卫生院"三权"（人事权、财权、管理权）下放到乡镇，由于集体经济支撑的缺失、传统合作医疗的式微、乡级财政困难与投入的不足以及转轨过程中的体制性障碍等，乡镇卫生院经营每况愈下[2]，最终出现"三三制"局面，即三分之一经营良好，三分之一勉强维持，三分之一经营困难。因此，乡镇卫生院经营体制的改革迫在眉睫，亟需走出一条适合自身发展的道路，以承担国家赋予的社会责任。

2009 年《关于深化医药卫生体制改革的意见》、2016 年《中华人民共和国国民经济和社会发展第十三个五年规划纲要》等国家性政策文件要求大力发展农村医疗卫生服务体系，进一步健全以县级医院为龙头、乡镇卫生院和

---

〔1〕 国家卫生和计划生育委员会编：《2016 中国卫生和计划生育统计年鉴》，中国协和医科大学出版社 2016 年版。

〔2〕 李永强、江启成、袁杰："对小璜镇中心卫生院实施托管制的调查研究"，载《卫生经济研究》2006 年第 12 期。

村卫生室为基础的农村医疗卫生服务网络，提升基层公共卫生服务能力，完善基层医疗服务模式。2017年国务院办公厅出台了《关于支持社会力量提供多层次多样化医疗服务的意见》，提出要促进社会力量踊跃提供多层次多样化医疗服务，"公办民营"模式成为乡镇卫生院摆脱落后管理体制、提升应对市场风险能力、引入优秀人才、发展资金、提高基础设施水平、实现自救的有效渠道。同时这种改制模式能够提高乡镇卫生院医疗资源的供给量，缓解当前农村及城乡结合部"看病难"的困境，更有利于实现卫生院的社会责任。全国有许多卫生院都采取了承包、租赁或股份合作等"企业改革"的经营模式，顺应了社会资本参与公共事业建设的改革洪流，为乡镇卫生院的发展迎来了新的机遇。当然，引进社会资本在带来积极意义的同时也会产生新问题，特别是考虑到资本的逐利性以及医疗行业的特殊性。比如，如何防止托管方借"乡镇卫生院"平台不当谋利；在公办民营的混合所有制改革进程中，国有资产如何保值增值；卫生院公益属性如何保持；医院职工如何安置；如何更好地发挥社会资本在参与乡镇卫生院改制中的积极意义，扬长避短等这些问题正阻碍着社会资本参与乡镇卫生院改制的步伐。正是基于这样的思考，本节选取具有典型代表意义的公办民营乡镇卫生院——福建莆田华亭镇卫生院（以下简称"华亭镇卫生院"）展开调查研究。华亭镇卫生院作为第一个改制为公办民营性质的乡镇卫生院，采用托管经营推进公办民营混合所有制改革，在公办民营混合所有制改革中表现出来的智慧、经验以及其中的教训值得研究和总结。笔者通过实际参访相关负责人、到卫生院参观、搜集各方资料的方式来了解华亭镇卫生院的改制模式，并对华亭模式的经验进行介绍，分析其改制成败的原因，为促进全国推广乡镇卫生院改制提供研究思路。

一、公办民营和托管经营基本理论介绍

公办民营是指政府委托社会资本来经营管理由政府出资兴办的设施和事业。乡镇卫生院公办民营混合所有制改革模式的形式多样，从广义上讲，包括股份合作制、托管经营制等具体形式。托管经营是公办民营混合所有制改革模式的典型形式，其本质是乡镇卫生院公益职能属性运作的市场化，其目的在于消除政策性歧视，引进社会资本，缓解财政投入不足问题，吸收采纳优秀管理经验，提高卫生院的管理和运营水平。理论学界认为，从狭义上讲，托管经营是指政府将已经存在的卫生院委托给民间机构或者个人承包管理。

从广义上讲，托管经营实现形式还包括以下几种：一是由政府主导投资，即由政府出资建设卫生院、引进人员、购置设备，之后以招投标的形式委托民间机构经营管理，即公建民营模式。二是公民共建或者公民合资模式，即由政府提供公有土地甚至部分资金，邀请民间机构投资共建卫生院，并且共同招标和委托专业民间机构经营管理。[1]华亭镇卫生院改制模式具有典型的公民合资特征。三是民办公助模式，即民间组织或者机构，包括企业或者非营利组织，如公益基金会等自行购买土地，自建或者自行租用房产，自我经营乡镇卫生院，政府给予一定的补助和政策支持。四是特许经营或者项目购买模式，即政府将乡镇卫生院以特许经营或购买服务的方式委托给民间机构或者个人运营管理。五是政府在自建自管的乡镇卫生院创建民建民营部分，在资产形成过程中政府给予诸多优惠，在民建民营的功能区域、人事、收费等主要制度都按照民营方式操作。一般称该模式为一院两制或者公办民助。

二、华亭镇卫生院托管经营体制改革模式分析

华亭镇卫生院以托管经营的方式引进社会资本，进行乡镇卫生院公办民营的混合所有制改革。在卫生院混合所有制改革过程中，政府主管部门按照选取优质管理方，确定乡镇卫生院短、中、长期发展规划的思路，以合作协议的形式确定卫生局与管理方的权利义务关系。一方面，卫生局保证扶持性政策不变更；另一方面，管理方严格按照协议要求履行自身出资义务，扩建并完善卫生院基础设施，在双方共赢的前提下，推动卫生院的建设发展。根据莆田市城厢区人民政府颁发的《城厢区社会资本参与华亭镇卫生院改革实施方案》及原城厢区卫生和计划生育委员会与管理方签署的《社会资本托管经营华亭镇卫生院合同书》，华亭镇卫生院一方面引进社会资本，提升卫生院软硬件水平；另一方面坚持卫生院公有属性，强化卫生及财政部门监管。其改制范围涉及产权归属、管理机制、人员安置、药品销售零差价以及卫生院基础设施建设等众多领域，改制流程大致如下。

第一，由原城厢区卫生和计划生育局（华亭镇卫生院上级主管机关）以

---

[1]《德国公司法》称公民合资事业为混合经济事业，包括三类：①政府将公营事业的一部分资本移转给民间；②政府与民间共同设立一新事业；③政府参与民营事业投资。理论上，事业资本全由政府投资者，为公营事业；全由民间投资者，为民营事业；兼有政府与民间资本者，即属公民合资事业。

竞争性谈判的方式引进医院投资管理公司（民营），将华亭镇卫生院的经营权以"社会资本托管经营华亭镇卫生院合同书"的形式交由医院投资管理公司管理。"公共服务合同承包的一种特殊形式是，政府保留设施和资产的所有权，让私人企业去经营。"[1]改制后，华亭镇卫生院独立经营，自负盈亏，但卫生院公有属性不变，政策支持不变，卫生院各项补助资金按原渠道下拨，项目专款专用，不得擅自截留。当地政府自托管后第四年开始每年按合作医院医疗业务收入提取一定比例作为全区卫生事业发展基金。

第二，优化合作模式，以点带面，全方位推动华亭镇卫生院改制进程，把卫生院的管理、医疗、养老等全方位整合，建立起符合全区城乡医疗卫生均等化的民营参与公立医院改革模式，建立起科学化的法人治理管理机制、运行机制和监管机制。具体而言，医院投资管理有限公司导入"以人为中心，以工作质量、责任、公益为目标"的经营管理模式，按企业化运作方式建立以成本指标为基础，以"目标任务、目标责任、目标质量"为核心的工作目标责任考核管理体系。同时在托管期间，由医院投资管理有限公司与华亭镇卫生院共同组成管理委员会负责经营管理，实行管理委员会统一领导下的院长负责制，各科室主任和学科带头人对本科室负全责，全面引进现代市场经营理念和经营机制，采用全员岗位聘用制，全成本经济核算制，医、护、技等科室目标责任制。

第三，医院投资管理有限公司要在5年内完成投资1亿元，按照二级乙等医院标准建设，将华亭镇卫生院升格为当地县级医院的目标。还要对医院的基础设施进行整体改扩建，完成门诊楼、医技楼、病房楼、养老院、公共卫生综合楼等项目建设，总建筑面积约23 000平方米，并购置CT、DR、胃镜和设置手术室、检验室、重症监护室等高端医疗设备。医院投资管理有限公司要在5年内将华亭镇卫生院建设成集医疗、护理、公共卫生、康复保健、养老为一体，以基本医疗、医养结合为特色，以特需专科医疗为龙头，综合服务功能较为完善，开设住院床位200张、养老床位100张的二级乙等综合医院；10年内要达到拥有高新技术且区域专科特色明显的二级甲等综合医院，并努力向三级综合医院标准发展。此外，依托未来医疗质量的提高以及华亭

---

[1]　[美] E. S. 萨瓦斯：《民营化与公私部门的伙伴关系》，周志忍等译，中国人民大学出版社2002年版，第74页。

镇卫生院便利的交通,可以考虑以华亭镇卫生院名义新征用土地,用于建设养老院,探索医养结合的新模式。托管期限终结(期限50年)后,管理方将华亭镇卫生院所有资产无偿移交给政府。

图8-1 华亭镇卫生院改制流程图

三、华亭镇卫生院体制改革措施分析

体制改革的推进必然触动既有利益,风险与之俱存。华亭镇卫生院作为"第一个吃螃蟹的人",采取的乡镇卫生院体制改革措施有哪些,法律及政策风险又该如何防控呢?

第一,卫生院体制改革的启动。启动卫生院体制改革须经省、市、区各级卫生健康局的批准同意。项目的启动,首先要撰写《乡镇卫生院公办民营混改方案报告书》作为审批的参考,文件内容包括改革的必要性、可行性、路线图、时间表。必要性方面,随着国家财政体制改革,乡镇财政状况紧张。[1]目前,卫生院常年入不敷出,负债累累,严重者已经濒临破产。可行性方面,在政策条件不确定的情况下,卫生院经营托管成为卫生部门的现实选择。区政府与投资方以合作协议的形式确立"公办民营、医养结合、经营托管"的混合所有制改革模式,切实发挥社会资本的管理及资金优势,同时辅之以履约保证金制度强化监管。路线图方面,制定卫生院短中长期发展规划,并由管理方进行50年的托管经营。时间表方面,明确卫生院建设具体实施节点,规定管理方投资期限、数额以及利润分配期限、方式。

第二,卫生院体制改革的具体措施。托管卫生院必须坚持"三个不变",

---

〔1〕 李永强、江启成、袁杰:"对小璜镇中心卫生院实施托管制的调查研究",载《卫生经济研究》2006年第12期。

即所有制性质不变、人员劳动关系不变、财政补贴政策不变。[1]在改制过程中，首先，应对的就是国有资产流失风险，即保证国有资产保值增值。华亭镇卫生院在托管前，由财政局和原卫生和计划生育局清点审计卫生院财产并形成书面凭证。托管期间，限制华亭镇卫生院资产流转，卫生院土地仍为国有，不得出让，管理方不得以华亭镇卫生院名义对外投资、贷款、抵押，同时也不得将卫生院、科室承包或转让给第三方经营。为保证建设项目履行，管理方按托管合同的要求，缴纳履约保证金 200 万元和启动资金 1000 万元。启动资金按工程进度款给予返回；履约保证金在 5 年内如期完成卫生院建设项目投资计划，且通过二级乙等综合医院评审后给予返回。为强化财政局、卫生局的监管，华亭镇卫生院体制改革实行置产备案制。托管期满后，华亭镇卫生院资产划归国家。其次，人事风险。治院就是治人，在卫生院体改过程中，医护人员利益必须予以考量。若处理不当，很可能导致人心不稳，引发群体性事件，致使改制中断。在改制过程中，华亭镇卫生院采取留聘、分流、病退等方式进行人员安置。其中留聘方面实行"新旧两条线""老人老办法、新人新办法"，改制后原卫生院在编制类别、财政拨款、人事关系、"五险一金"等方面保持卫生院原有待遇不变，确保在编人员工资福利等不低于同类卫生院工资发放标准。在托管期内出现亏损的，首先确保职工工资，并由管理方按当年年度结算垫付补亏。为解决在编人员流失严重问题，原卫生和计划生育局创造性地采用"独立编制"制度，按照床位数、编制数设置卫生院编外专用编制和岗位职数，参照事业单位进行人事管理，适用事业单位社保制度。最后，华亭镇卫生院执行同类卫生院的各项政策，补助资金按原渠道下拨。

第三，管理方的引进。在改制过程中，根据"投资-受益"正比原则，管理方除计提留存收益以用于卫生院后续发展外，可根据业务情况分期收回投资额、利息（利率以银行同期贷款基准利息上浮的上限为准）和提取合理收益。为保证管理方的适格性，原城厢区卫生和计划生育局设立了管理方资质审查标准：一是谈判响应人必须是在中华人民共和国境内注册登记具备独立法人资格的医疗机构或医疗机构控股企业。二是投资人的开办资金或注册资

---

〔1〕　毛农民："以制度创新促进农村卫生事业发展——对铜川市乡镇卫生院托管经营状况的调查"，载《卫生经济研究》2006 年第 1 期。

金在人民币 1000 万元以上（含 1000 万元）。三是谈判响应人为医疗机构的，应为二级以上（含二级）综合性医院或三级专科医院，且开设床位 100 张以上（含 100 张）。谈判响应人为医疗机构控股企业的，医疗机构应持有≥50%的股权，且持股的医疗机构为开设床位 100 张以上（含 100 张）的二级以上（含二级）综合性医院或三级专科医院。医疗机构的财务和经营状况应良好，具备履行合同能力，无不良经营行为。四是需提供当地或业务所属地人民检察院出具的单位和拟任该项目负责人的行贿犯罪档案查询结果告知函原件。告知函须在有效期内。告知函原件须单独密封，在开标现场递交。无告知函或有犯罪记录的投标将被拒绝。五是项目不接受联合体投标。

第四，卫生院的后续监管。在改制过程中，由卫生健康局、财政局按照《社会资本参与卫生院改革实施方案》要求，逐年考核评估其完成情况以作为奖惩依据，尤其注重公共卫生服务、医疗救治、传染病防控的考核，同时考核卫生院国家基本药物制度和药品零差率销售的执行情况。政府在托管后第四年开始每年按医院年业务总收入额提取 1.6% 作为当地卫生发展基金，用于当地卫生事业的发展，并执行管理方履约保证金制度。管理方必须从托管后第六年开始，每年提取医疗总收入（不含药品收入）不低于 10% 的收益用于医院可持续发展的投资，确保十年内达到二级甲等综合医院标准。

四、华亭镇卫生院委托管理后的成效

第一，从卫生院硬件和软件建设来看，一是在卫生院硬件设施建设上，改制前，华亭镇卫生院自身处境艰难，其财政投入不足，设备短缺老化，基础设施滞后，卫生院的基本医疗及公共服务职能难以履行。委托管理以来，华亭镇卫生院已在改善院容院貌方面投入近 100 万元，装修改造各诊疗功能科室，并配备空调 70 多部；在医疗和配套设施方面累计投资 200 多万元，购置公共卫生下乡专用车辆以及肠镜、彩超、自动生化分析仪等医疗设备，增设变压器，建设感染科和职工食堂等。[1] 二是在卫生院软件建设上，委托管理前，由于资金投入有限，加上歧视性政策，尤其是在新一轮医疗改革过程中进一步限定乡镇卫生院的医疗范围，之前可以在卫生院进行的"小手

---

〔1〕 郑已东："'就医环境变好，看病也方便了'——华亭镇卫生院探索公立医院改革着力便民惠民"，载《湄洲日报》2016 年 2 月 24 日，第 A1 版。

术"被强制取消,华亭镇卫生院的运营更为艰难。委托管理后,华亭镇卫生院的基本医疗功能得到强化,使得基本医疗和公共卫生产生良性循环。特别是在市政府和城厢区政府的支持下,华亭镇卫生院实现了药品开放,在执行药品零差率销售的前提下,和二级医院、三级医院对接,引进诊疗所需的药品,让不少因卫生院缺药而前往市区大医院接受治疗的患者实现了就近就医。

第二,从卫生院医务人员人才建设来看,委托管理前,由于华亭镇卫生院管理僵化,医护人员流失严重。为确保卫生院能留得住、引得来人才,城厢区政府为该卫生院设置了编外专用编制和岗位职数,参照事业单位管理,实行人事代理,执行事业单位社保制度,保持在院职工身份及待遇不变。在此基础上,华亭镇卫生院实行民营医院的考核机制,奖金及绩效部分由管理方发放,卫生院根据医务人员的医疗水平、问诊数量、治疗质量等增加奖金补贴,实现多劳多得,激发了医务人员的工作积极性。

第三,从卫生院业务量增长来看,根据委托管理后华亭镇卫生院的数据,其提供公共医疗服务的数量和质量都有了明显的提高。委托管理后,华亭镇卫生院高血压、糖尿病的门诊量由原来的每月 200 多人上升到现在的每月1500 多人;免费健康普查全镇 65 岁以上老年人和高血压、糖尿病等重点人群10 723 人次,覆盖率达 90%;建立居民电子健康档案 87 655 份,建档率达79.36%,同比提升 9.57%。2015 年下半年,华亭镇卫生院医疗业务总收入达499.71 万元,与前年同期 284 万元相比增长 76%;门急诊达 44 318 人次,与前年同期 29 700 人次相比增长 49.2%。

第四,从患者福利方面来看,一方面,委托管理后的华亭镇卫生院有好的医生、好的设备、好的药品,患者普遍反映卫生院的就医环境越来越好。有专业的医生能看得了病、看得好病,群众能在家门口享受到优质的医疗服务。另一方面,在医疗业务显著增长的同时,华亭镇卫生院人均各项医疗费用与去年同期相比仅增长 5%,保证了患者能够看得起病。

总之,华亭镇卫生院改制实现了乡镇卫生院"以维护当地居民健康为中心,综合提供公共卫生和基本医疗等服务"的办院宗旨,确保了卫生院公益性责任的实现。

五、华亭镇卫生院委托管理中面临的主要问题

托管经营式的公办民营改革模式，在取得成效的同时也存在着许多问题，其本质是社会资本逐利性与卫生院公益属性的协调。具体而言：

第一，就公办民营模式而言：政府采购渠道公开透明但冗长烦琐、成本高昂，而社会资本则希望采购高效快捷、成本低廉；社会资本经营理念过分强调业绩问题而忽视公益职能；政府公共卫生健康服务项目评估核算不科学；"五险一金"的保障性缴费占工资总收入比例过高，工资浮动绩效机制尚未建立，难以吸引优秀医护人员；现行卫生院管理机制和人事、编制体制仍然僵化；群众对社会资本参与公立医院改革信任度低，存在偏见、畏惧和抵触情绪，社会资本参与公立医院改革氛围不足。

第二，仅就托管经营改制方式而言：首先，该方式下必将产生新的委托代理问题，委托方和管理方之间的利益均衡和协调成为关键。如果缺乏有效的监管体系和精心设计的合同，有效持久的委托经营几乎不存在。另外，托管经营还将产生对托管机构的控制问题，一旦失去有效的控制，卫生院的公益属性就难以确保。其次，该方式存在管理方先进的经营理念、管理技术的"移植"问题。在托管卫生院坚持资产归属不变、行政隶属关系不变、医疗机构性质与功能定位不变、财政拨款渠道和标准不变、职工身份与待遇不变的情况下，托管方先进的经营理念、管理技术很难"移植"。最后，该方式还受到地方政府的态度影响。

六、华亭镇卫生院委托管理后的完善建议

第一，任何改革都需要立法先行。目前，国家关于卫生院"公办民营"混合所有制改革模式的政策性规定包括但不限于《关于进一步落实鼓励和引导社会资本举办医疗机构的实施细则》《关于印发推进县级公立医院综合改革的意见》。这些政策性文件大多是原则性规定，缺乏实际可操作性，且法律层级不高。为此，建议制定专门的卫生院改制的法律、行政法规以及指导文件，使卫生院改制的实践有法可依。

第二，优化创新卫生院人事管理制度。在改制过程中，采用"老人老办法、新人新办法"的人事安置制度。对于之前的留聘职工，参照之前的人事管理制度，确保在编人员工资福利等不低于同类卫生院工资发放标准，其

"五险一金"按国家规定缴纳。对于新进医护人员，采用合同聘任制。着力构建"独立编制"，实行事业单位编制临时机制，防止人员外流。乡镇卫生院的经营方式、人事管理等遵循民营医疗机构的模式，执行物价部门制定的医疗服务价格规范。

第三，应该强化政府监管。2016年国务院深化医药卫生体制改革领导小组《关于进一步推广深化医药卫生体制改革经验的若干意见》提出，要"加强党委和政府对医改工作的领导""切实落实政府对医改的领导责任、保障责任、管理责任、监督责任"。针对托管经营下卫生院过于注重业绩问题，政府应进一步加强监管，由卫生健康局、财政局按照《社会资本参与卫生院改革实施方案》考核评估其完成情况以作为奖惩依据，尤其是公共卫生服务、医疗救治、传染病防控等工作，并以计量方式核拨专项经费。同时，完善药品价格公示制度，推行群众价格举报制度，形成上下联动的监督治理机制。

第四，完善卫生院自身建设。委托管理后的卫生院应从服务理念、服务技能、服务流程、服务满意度监督等全方位多角度进行服务机制改革，通过绩效考核机制，从着重医疗效益向着重公共卫生效率转变。以高血压、糖尿病等重点人群慢性病管理为服务重点，建立医生下乡服务团队，对医护人员给予下乡补助，提高医生下乡开展公共卫生服务的积极性，为群众提供健康体检、疾病管理和医疗咨询等各类服务。委托管理后，卫生院公益性质不变，仍然承担基本医疗、公共卫生服务、医疗救助、卫生应急、健康教育、传染病防控、村卫生所管理等职能并享受同类卫生院各项优惠政策。

第五，做好体制改革的风险预案。在卫生院托管经营项目启动前，政府、卫生院应评估风险、做好规划，以合作协议的形式明确政府与管理方之间的权利义务关系，并明确项目推进的时间节点，同时设置违约条款，建立履约保证金制度，确保合同的履行。

第八节　案例分析四：汕大第一附属医院托管潮南民生医院项目[1]

近年来，我国出台了很多关于社会资本进入公立医院的政策，为社会资本与公立医院合作提供了良好的政策环境。2019年12月28日，全国人民代表大会常务委员会通过的《卫健法》第40条第2款为公立医院与社会资联合办医提供了法律依据和合作界限。

实践中，2006年汕头大学医学院第一附属医院（以下简称"汕大第一附属医院"）在政策支持下托管汕头潮南民生医院（以下简称"潮南民生医院"），开创了国内大型公立医院托管民营医院的先河，至今取得了"群众赢、政府赢、投资方赢、托管方赢"的四赢效果。2019年11月12日，双方举行续签仪式，继续深度合作。本节对汕大第一附属医院托管潮南民生医院合作模式进行分析和研究，在新的医药卫生体制改革时期，对公立医院与社会资本合作办医具有重要的理论和实践意义。

一、托管背景及成效

目前，我国医疗资源配置不均，形成了经济发展快速区医疗资源富集而部分区域基本医疗服务需求得不到保障的局面。近年来，老年病、慢性病逐年增加并伴有低龄化趋向，医疗服务需求大幅增加，进一步加剧了医疗资源配置不平衡不充分的矛盾。

汕大第一附属医院与潮南民生医院合作之前，汕头市潮南区是汕头市山区面积最大、老区最多、贫困面积最广、基础设施最落后、城市化水平最低的区域，卫生资源十分匮乏，人民群众就医难的问题十分突出。全区人口占汕头市1/4的潮南区，仅有一所由乡镇卫生院转为二级医院的区人民医院，据作者调研获悉，该医院病床数仅占全市6.2%，医生数占10.5%，护士数占9.2%。全区在职医技人员共1126人，平均每千人口不足1人。在卫生技术人员中，仅有副主任医师12人，主治医师78人。这样的医疗卫生条件在当时

---

〔1〕 邓勇、梁俊容："汕大第一附属医院托管潮南民生医院的实践与探索"，载《中国医院院长》2020年第14期。

根本不能满足人民对于基本医疗卫生服务的需要。

汕大第一附属医院托管潮南民生医院采取如下模式：政府和潮南民生医院作为委托方委托汕大第一附属医院对潮南民生医院进行全面经营管理，即在政府的政策指引以及监管下，潮南民生医院对医院进行建造和资金投入，汕大第一附属医院提供技术、人才和管理并向潮南民生医院收取一定的托管费用。

政府、汕大第一附属医院以及潮南民生医院三方共同努力，争取在潮汕及周边地区短期内快速建立起一个与托管医院同级别的大型医疗机构，有效地缓解当地医疗基本服务低下、医疗资源分配不均的问题。

自 2006 年汕大第一附属医院托管潮南民生医院以来，潮南民生医院依托三甲医院的管理和医疗技术资源，在短期内迅速成长。经过 13 年的建设发展，潮南民生医院病床数从建院初期的 260 张发展至目前 1326 张，13 年来服务累计超过 520 万人次，一跃成为汕头市潮南区规模最大、设备最先进、技术力量最强的医院，经营规模于汕头市卫生系统中位列第四，综合实力居广东省民营医院第 3 位，在 "2017 中国非公立医院·竞争力 100 强" 排行榜中位列第 20 名。

与此同时，汕大第一附属医院作为托管方，通过输出管理和技术力量，形成了可行并可持续发展的卫生支农新模式，有效地履行大型公立医院的社会责任，让潮南区百姓在家门口就能享受到三甲医院的优质医疗服务，免去远途就医带来的心理压力和经济负担。

二、法律视角下的分析

《卫健法》第 40 条第 2 款和第 3 款规定："国家鼓励政府举办的医疗卫生机构与社会力量合作举办非营利性医疗卫生机构。政府举办的医疗卫生机构不得与其他组织投资设立非独立法人资格的医疗卫生机构，不得与社会资本合作举办营利性医疗卫生机构。"本部分将据此法律规定对汕大第一附属医院托管潮南民生医院进行合法性分析。

在汕大第一附属医院托管潮南民生医院的模式中，汕大第一附属医院对潮南民生医院进行全面经营管理，决定了潮南民生医院的公益性，政府的参与也决定着潮南民生医院的非营利性。潮南民生医院在性质上是符合《卫健法》的。

潮南民生医院作为托管对象，仅仅把自己的经营管理权交由汕大第一附属医院来行使，潮南民生医院与汕大第一附属医院并无从属上的关系，即潮南民生医院能以自己名义独立进行民事活动并独立承担后果。由于政府与公立医院的特殊关系，政府不允许公立医院负债经营，托管潮南民生医院的这种模式就避免了公立医院在公私资本合作过程中作为债务主体的可能性。

《卫健法》第 40 条立法动机很明确，即为了解决医疗资源分配不均、实现人人享有医疗基本服务、医疗服务多元化的目标。所以公立医院与社会资本合作的效果也必须接近立法动机，如果合作的效果仅是昙花一现，则会导致合作的弊大于利。汕大第一附属医院托管潮南民生医院是对潮南民生医院的全面经营管理，相较于其他一些非核心业务托管的医药卫生体制改革方式，托管潮南民生医院的这种模式更能体现出医药卫生体制改革的深入，与立法动机要求实现的效果更加接近。

综上所述，无论是从非营利性、独立性还是从立法动机来看，托管潮南民生医院模式是公私合作的最佳模式，即政府出政策、社会资本出资金、公立医院出技术和管理共同建设非营利性医疗机构。在此种模式下，政府的作用和地位较之前并没有明显变化，公立医院仍是医院管理者，但资金并不需要医院自给自足而是由社会资本投入。

此种模式的可行性在于满足了社会资本进入医疗产业盈利的目的，同时也解决了普通民营医院技术不到位的问题。对于政府来说减轻了政府财政压力，对于公立医院来说提高了自己的收入，调动了医院积极性，真正实现了共建、共赢。

近些年，随着民营医院的发展，我国民营医院的数量已远远超出公立医院数量，这充分体现了社会资本的强大发展动力。如果把这些民营医院改制重组为社会资本与公立医院托管模式，然后再继续发展一批托管模式的新型医院，就一定能够实现医疗资源以人口为中心均衡化、医疗服务多元化的目标，既保证了医院的公益性质，又有充足的资金发展医疗服务。

三、潜在的发展风险

第一，注意托管经营中的利益冲突。公立医院与社会资本合作本就是为了各自利益，在汕大第一附属医院与潮南民生医院合作模式下，汕大第一附属医院背后由政府支撑，托管潮南民生医院的实质就是汕大第一附属医院让渡出一部分医疗服务行业的利润从而向潮南民生医院转嫁一定的政府责任。总的来说，政府和汕大第一附属医院一方并没有期望更多的实质性利润。而对于潮南民生医院来说，其是为了使自己的利润最大化，才进行合作。如果后续合作过程中潮南民生医院没有拿到自己预期的利润，则会影响后续托管工作的开展。

第二，公立医院和社会资本合作中还要警惕分工不明确、人格混同的现象。汕大第一附属医院与潮南民生医院合作过程中，随着合作的深入而不断相互熟悉，熟悉程度的加深极有可能会导致分工不明确的现象，进而逐渐演变成为医院人格混同，从而消灭了医院自身的独立性，很容易导致汕大第一附属医院出现负债风险。

第三，要进一步完善和加强政府、公立医院、社会资本三方责任。在汕大第一附属医院托管潮南民生医院的过程中，要加强政府的监管职能，重点完善政府对汕大第一附属医院托管过程中非营利性质管理的监督。另外也要完善政府对潮南民生医院投资任务的完成情况的监督，从而保证托管医院的正常运转。汕大第一附属医院要积极完成协议约定的任务，向潮南民生医院及时高效地输送医疗技术人员和经营管理人员。潮南民生医院则要按时完成协议规定的投资任务。

第四，完善社会资本盈利途径是保证双方合作的基础保障。社会资本的投入是需要较多或者高额回报来维持的，一定要明确社会资本可获利的途径，能获利的方面政府要给出去，能协商的则协商，触碰合作底线的则坚决不能妥协。

第五，明确平等合作为发展的基础。在合作开展的过程中，公立医院和社会资本一定要秉持合作共赢的理念。在此过程中，没有谁强过谁之说，要坚持平等对话、互利共赢，同时建立社会资本的退出机制和相应的违规惩罚机制。《卫健法》颁布后，合作过程中违反非营利性、独立性原则的社会资本应被强制退出，并接受相应的惩罚；公立医院在此过程中有过错的也应接受相应处罚。除了强制退出机制，还应建立社会资本与公立医院的主动退出机制，具体情形还需在实践中摸索、总结、制定。

四、双方合作模式启示

汕大第一附属医院托管潮南民生医院模式符合公立医院体制改革前进的

大方向，顺应政策的号召，积极推进了均衡医疗资源配置、人人享有基本医疗卫生服务的目标。虽然公立医院与社会资本合作只是医药卫生体制改革过程中的一个方面，却是实现医疗资源配置均衡、医疗服务多元化的关键之举。纵观国内医药卫生体制改革走过的几十个春秋，公立医院与社会资本的合作已经成为新时代医院改革的潮流。在合作过程中要积极响应政策号召，进一步加强相关理论和实践建设，为公立医院与社会资本合作打下坚实的基础。

此外，还要在实践中不断完善公立医院与社会资本合作的相关法律法规。公立医院与社会资本合作经过不断地试点改革，如今终于落实在了法律条文的规定中。但目前对公立医院和社会资本的合作规定还是方向性的指引，对于合作各方责任、社会资本的筛选进入以及退出机制等并无明确规定，还需在进一步的合作实践中，不断完善和细化合作规定，引导双方合法合规开展工作，进一步释放公立医院与社会资本合作的活力。[1]

〔1〕 邓勇、梁俊容："汕大第一附属医院托管潮南民生医院的实践与探索"，载《中国医院院长》2020年第14期。

第九章

公立医院与社会资本合作模式四：
混合所有制改革

党的十八届三中全会明确提出要"积极发展混合所有制经济"，2015 年 1 月 19 日国务院常务会议讨论通过的《全国医疗卫生服务体系规划纲要（2015—2020 年）》也鼓励社会力量参与公立医院改制重组。为加快促进产业转型升级，加速健康产业发展，支持公立医院按国家鼓励的公私合营、混合所有制实施改革，全国各地都在纷纷开展公立医院混合所有制改革。

第一节　公立医院混合所有制改革概述

一、医院混合所有制改革的概念

2013 年党的第十八届三中全会《关于全面深化改革若干重大问题的决定》提出"要积极发展混合所有制经济"，即允许更多国有经济和其他所有制经济发展成为混合所有制经济。国有资本投资项目允许非国有资本参股。允许混合所有制经济实行企业员工持股，形成资本所有者和劳动者利益共同体。[1]

在医疗卫生领域，混合所有制医院是指由公有资本和社会资本按一定比例出资参股，以国家法律、制度和市场规则为医院治理机制的混合经济性质的医院。[2]

---

〔1〕 张凤帆："我国混合所有制医院发展模式研究"，华中科技大学 2016 年博士学位论文。

〔2〕 方鹏骞、张凤帆："关于构建混合所有制医院的思考"，载《中国机构改革与管理》2015 年第 2 期。

二、医院开展混合所有制改革的基本原则

（一）合作共赢，促进发展

依法维护国家、医院、职工和参与改革社会资本的合法权益，创建更高等级医院，推动医疗卫生事业的健康快速发展，更好地满足不同层次人群的医疗服务需求。

（二）依法自主，公正公开

坚持政府引导和医院履行改革主体职责相结合，依法规范、稳妥地先行试点，确保改革公开透明、阳光运作，对参与各方形成有效监督和约束。公立医院是否实行混合所有制改革必须经过公众参与、专家论证、风险评估、合法性审查、集体讨论决定等法定程序，确保决策制度科学、程序正当、过程公开、责任明确。

（三）产权明晰，提高能力

引入社会优质资源，建立产权清晰、权责明确的法人治理结构，增强医院的发展活力和服务能力。

（四）政策宽松，公益不变

努力营造宽松的政策环境，实行"老人老办法、新人新办法"的用人原则，医院的非营利性质不变、承担的公共卫生和基本医疗等任务不减少，服务半径不减小。

三、公立医院开展混合所有制改革的价值

"看病难""看病贵""看病屈"是我国亟待解决的民生问题，近年来渐渐受到重视的公立医院混合所有制改革能有效缓解上述难题。具体价值功能如下。

第一，改革可通过引进社会资本解决"看病难"问题。公立医院混合所有制改革可以通过引进社会资本，扩大其医疗领域，完善其医疗设施，为患者提供更加便利的条件，解决现有"看病难"问题。

第二，改革可推动医院企业化管理，解决"看病贵"问题。社会资本的引入给医院带来先进的市场理念，促使医院建立法人治理结构、构建董事会的运作模式、实行职业经理人制度等，这使医院的运作更加高效规范。一方面，这会改变医院管理机构庞大、管理费用浪费严重等问题，减少医院不必

要开支；另一方面，规范化管理无疑会改变以药养医、检查项目烦琐的现状，使占医疗费用很大比例的灰色收入无所遁形，同时减少了患者医疗费用。"看病贵"问题因此缓和。

第三，改革可促使医疗格局多元化，解决"看病屈"问题。就现阶段情况而言，公立医院作为我国医院体系的主体，处于垄断地位，其自身发展动力不大。且因其竞争压力小，易产生懈怠情绪，不能很好地满足患者需求，导致其并未做到以患者为本，医患关系极其紧张。然而，通过公立医院混合所有制改革，形成了竞争市场，公立医院有了发展的动力。且因需要吸引更多患者才能获得自身发展和营利，满足患者需求成为重要目标，"看病屈"的问题也迎刃而解。

第四，改革可使医院具有较强的盈利能力和充分的现金流。虽然目前大部分公立医院发展状况不容乐观，甚至处于亏损状态，但是在我国医疗服务市场还处于供不应求的情况下，公立医院还是有很好的发展前景。公立医院已发展很长时间，在医疗技术、管理制度等方面都有很好的经验积累，而且在当地职工、家属和居民心中都有着不错的口碑，如果能够合理的利用，可以转化为很强的盈利能力。此外，相比民营医院，公立医院有更为充分的现金流。医院现金流入主要包括医疗收入、财政补助收入以及医院开展医疗业务和科教项目之外的活动取得的其他收入，公立医院由于其较长的发展历史、自身的性质及背后国有企业的支撑，于各方面现金流入上均有相对于民营医院较为明显的优势，而混合所有制改革则可将优势进一步扩大，保证医院的正常运转。

第二节　公立医院开展混合所有制改革实操指南

公立医院改制是一个复杂的过程。在前期论证阶段，要合理评估存在的风险和收益；在后期操作阶段，要严格遵循相应的法律法规，履行相应的手续和程序。前期准备包括取得主管部门的支持、总结借鉴其他医院改制的经验、做好舆论宣传等工作。现对有关公立医院开展混合所有制改革的主要操作规程作以下阐述。

一、医院标的选择和医院情况摸底

我国目前存在数量庞大的公立医院，在地理位置、规模大小、发展状况等各方面都存在比较大的差异。分布上，既有在中心城市的，也有在偏远山区或者大型工矿区的，地理位置和服务人群都不相同；规模上，既有服务于广大职工群众的综合性大型医院；也有一些规模较小或者只有部分科室的医院；发展状况上，有些医院设备老化、资金短缺，有些医院发展势头良好。资本要进入的第一步就是要慎重选择一个适合的医院。

二、医院情况尽职调查

尽职调查是社会资本投入之前聘请专业的中介机构，主要是律师事务所和会计师事务所对目标医院的历史数据和文档、管理人员的背景、市场风险、管理风险、技术风险和资金风险等各方面做详尽的了解，保证资本方尽可能地了解医院的全部情况和存在风险，也为之后的产权界定、资产评估以及合作模式的确定打下基础。

三、股权设置

进行混合所有制改革的公立医院资产经中介机构审计评估、主管部门审核、财政部门核准、政府批准后作为政府股权，与依法、依政策、依程序引进的合作方共同组建混合所有制医院。政府所占股权比例由进行混合所有制改革的医院与合作方协商一致后报政府批准，政府所占股权必须达到1/3以上。

四、财务清理、清产核资及资产评估

（一）财务清理

由进行混合所有制改革的医院就本单位及所属下级机构的各种银行账户、会计核算科目、各类库存现金、有价证券以及各项资金往来等基本财务情况进行全面核对和清理。在此过程中，应重点明晰好公立医院资产的产权。公立医院的很多资产存在产权不清晰的情况，如果在收购过程中没有明晰相应资产的产权，就会给后期的管理运营带来纠纷。例如，公立医院的土地一般都是国家无偿划拨的，那么在社会资本进入后土地的性质是否能够保持是十

分关键的。另外，由于国家优惠政策从而减免产生的资产以及靠贷款发展起来的资产的归属都是十分有争议和不明确的。因此，在进入公立医院时，一定要有充分的产权意识，最好委托专业的律师团队做好医院资产的尽职调查工作，明确区分医院各个资产的所有权和管理权以及是否存在国有出资等问题。

（二）清产核资

政府委托有相应资质的第三方会计师事务所对进行混合所有制改革医院的各项资产进行全面的清理、核对和查实。第三方会计师事务所按照独立、客观、公正的原则，履行必要的程序，认真核实单位各项资产清查材料，并按规定进行实物盘点和账务核对。对单位资产损益，按照国家资产清查政策和有关财务、会计制度规定的损益确定标准，在充分调查论证的基础上进行职业推断和客观评判，出具鉴定意见。进行混合所有制改革的医院要积极配合，提供进行清产核资及相关工作所需的资料和线索。任何单位和个人不得干预第三方会计师事务所的清产核资工作。

（三）不良资产处置

进行混合所有制改革的医院及其主管部门根据第三方会计师事务所的鉴定意见提出拟剥离的不良资产处置方案，经财政部门审核和政府批准后予以核销。

（四）资产评估

政府依法委托资产评估机构对已剥离不良资产后的净资产（含无形资产、现金）进行价值评估，经核准的评估价值作为进行混合所有制改革的计算依据。同时，对合作方拟注入的货币资金和实物等资产也要进行验资与价值评估，以货币资金、实物评估价值等投资合并计算合作方在混合所有制医院中的股份。在公立医院的资产评估上，要在严格遵守相关的国有资产评估规定和程序的基础上聘请专业的资产评估团队进行评估。我国在统计公立医院固定资产时，往往只是看其历史价值（即固定资产原值）和扣除折旧提取后的净值，基本上没有按重置价值定期重新评估的制度，同时还存在应该报废的设备仍在继续使用和更为复杂的技术进步所造成的精神磨损贬值程度难以把握的情况。另外，土地使用权的评估也是一大难题。土地是公立医院的一个重要资产，按照《股份制试点企业土地资产管理的暂行规定》（已失效），改组或新设股份制医院时，涉及国有土地使用权必须作价入股。这里带来的问题是：土地使用权是有期限的，如果使用期限届满，国家需要收回怎么办？另外，对土地上面建筑物、其他随着物所有权怎么处理，在实际操作中也都有一定的难度[1]。

五、确定医院改制模式和资本合作框架并形成最终方案

目前公立医院在改制过程中探索出了多种改制模式，如多所医院打包出售、股份制改制、职工持股制、混合所有制、股份合作制等模式。这些模式各有其优点和不足，医院在改制过程中应该结合自身的特点并借鉴各种现有的模式，选择适合自己的路径。资本在参与的过程中，要与医院协商进入的方式，可以选择收购医院或者入股。不同的方式对社会资本的要求以及操作方式有不同的要求。以上内容确定之后要形成医院改制的最终方案。

六、改制方案得到职工大会和国有资产监督管理委员会或相关主管部门通过

公立医院的性质决定了医院的改制不是相关领导自己能决定的，改制方案必须让广大职工满意并得到其认可，这样才能保护大部分职工的权益。因此，改制方案需要提交到职工大会，由全体职工大会或者职工代表大会审议改制方案，职工可就方案中的内容提出质询和修改意见，并最终进行表决，只有得到大多数职工的同意才能通过。如果公立医院的资产涉及国有资产，那么还需要国有资产监督管理委员会的审批，要将改制方案提交国有资产监督管理委员会并由其对涉及国有资产部分进行审查并批准。

七、人员安置

（一）安置范围

医院改革基准日之前依法、依规、依程序进入的在职在册人员（不含劳务用工人员）和离退休人员全部纳入安置范围，由进行混合所有制改革的医院编制花名册，报相关主管部门确认备案。

（二）安置原则

按照"老人老办法"的原则，原有人员身份不变，新组建的混合所有制

---

〔1〕 张晋、白雪、方鹏骞："国有企业医院改制的理论分析"，载《医学与社会》2014 年第 5 期。

医院须确保进行混合所有制改革医院的职工全员聘用上岗。在职在编工作人员档案、工资按国家事业单位的相关政策调整，职工的总体薪酬及保障水平原则上不低于改革前。

（三）安置办法

1. 在职在编职工

①改革后可在同类事业单位流动。进行混合所有制改革医院的原有人员在新组建的混合所有制医院工作规定年限后，自愿申请调出的，经相关部门批准后，按程序办理有关手续。新组建的混合所有制医院应积极协助其办理相关手续，准予调出。②原则上按所从事专业对口聘用。改革后无严重过错不得解聘。③个人提出辞职的，按相关政策规定执行。④长期病休的人员，可申请劳动能力鉴定。经相关职能部门审定，符合病退条件的，新组建的混合所有制医院可为其办理病退手续；不符合病退条件的，安排适当工作。⑤按政策规定参加机关事业单位养老保险等各项社会保险，费用由新组建的混合所有制医院及时足额缴纳。⑥其他情形按事业单位人事管理政策执行。

2. 劳动合同制职工

①改革基准日之前签订了劳动合同并办理了人事代理手续的在职职工，改革后原则上按所从事专业对口聘用，无严重过错不得解聘。②个人提出辞职的，按相关政策规定执行。③长期病休的，可申请劳动能力鉴定，经相关职能部门审定，符合病退条件的可由新组建的混合所有制医院为其办理病退手续，不符合病退条件的安排适当工作。④依法签订了劳动合同的职工，按《中华人民共和国劳动合同法》等相关法律法规执行。⑤按政策规定参加企业职工养老保险等各项社会保险，费用由新组建的混合所有制医院及时足额缴纳。

3. 在职时在编的离退休人员。

①在职时在编的退休人员进入国家事业单位养老统筹，按国家事业单位管理办法执行。②离退休人员由原有渠道按国家事业单位政策管理。③离休人员按照国家统一规定发给离休费，并调整相关待遇。

其他劳务人员按相应规定处理。

八、做好改制后医院的管理准备

虽然很多社会资本本身具有一定的医院管理经验，管理模式上可能存在共通性，但改制后通常原医院的管理机构或者自身经营医院，或者通过其他企业持股等方式合作经营医院，这种情况下，对于并购后的股权结构设计和安排，必须有一个清晰的协议来确定。对于按照企业化运营的医院，其管理机构、管理模式、公司的权利运营机制都需要有明确的安排和划分，真正做到按照现代企业制度运营，才能最终实现医院的企业化独立法人治理结构的完善[1]。此外，还需要明确医院的法人结构，完善医院内部治理机制[2]，这其中很重要的一点在于，要克服企业医院原有比较落后的管理模式，科学地建立符合医院实际情况的现代化管理模式。从社会需求出发，医院的规模、服务、发展方向都要符合当地的实际医疗需求[3]。

九、注重医院文化建设

在改制初期，一方面，老员工还有一些不安全感和抵制心理；另一方面，新旧管理模式和文化的交叉必然会带来一些摩擦。要使改制医院团队成员逐渐表现出一致的行为、情绪和态度，用良好的团队气氛增强员工与医院之间的心理契约，产生很高的绩效，使改制医院员工行为的变革不影响医院的经营，成功地实现改制的"软着陆"[4]。之后还要进一步加强文化建设，改变旧有的一些不好的风气，引入并建立新的医院文化，强化员工的激励机制和行为规范等制度性建设，最终为医院创建积极向上的良好文化氛围。

第三节　混合所有制改革模式下的投资回报机制

一、混合所有制改革模式概述

混合所有制改革模式下，医院成为混合所有制形式的医院，是对公立医

---

〔1〕　彭佑群："明确定位是企业医院改革发展的关键因素"，载《中国临床研究》2013 年第 11 期。

〔2〕　王晓东："医院并购中一些应该注意的问题"，载 http://ljp2288111. blog. 163. com/blog/static/12690433920123270574 0872/，最后访问日期：2017 年 12 月 10 日。

〔3〕　白雪、方鹏骞："武汉市国有企业医院改制模式探索与思考"，载《医学与社会》2014 年第 5 期。

〔4〕　健康报网："社会资本参与公立医院改制有讲究"，载 http://mt.sohu.com/20160823/n46559 2910. shtml，最后访问日期：2017 年 12 月 10 日。

院性质的一种挑战，医院的性质、员工身份、利润分配等模式都未有清晰的政策界定，目前对此争论也颇多。

但必须说明的是，即便公立医院的资产可成为股份制医院管理公司的财产，由于在我国非营利性医院本身不能成为《中华人民共和国公司法》上的主体，混合所有制改革完成后，混合所有制的医院实体的经营收益仍然不能向出资人直接分配。这也是我国目前公立医院股份制改革与非营利性冲突的集中体现，简要来讲就是"股份制要求分红，非营利性要求不分红"[1]，因此设计投资回报机制时必须对此问题予以关注。

二、回报机制设计及适用条件

在混合所有制改革模式下，社会资本方的投资已经获取了股份制医院（即医院管理公司）的股权作为对价，而 BOT/ROT 模式下社会资本方的投资获取的对价是对政府或公立医院享有的债权，后期政府方以管理服务费或其他形式清偿债务。因此，从理论上来讲，混合所有制改革模式下的投资回报就是获得股权及其收益。而《中华人民共和国公司法》与我国医疗卫生法律和政策相冲突，取得股权的社会投资方并不能获取实际的回报，因此，有必要对其他方式获取投资回报作进一步研究。

首先，社会资本方可以通过提供管理服务，获取管理服务外包或 BOT/ROT 模式下的管理服务费，其他方式诸如药品、医疗设备采购管理以及医疗设备融资租赁等方式也同样适用。但需要注意的是，混合所有制改革模式本身就是对以上各种模式的突破，如果社会资本方在回报机制的设计上仍然局限于上述模式下的回报方式，就失去了股份制改造的应有之义，理应进行相应创新。

其次，根据混合所有制改革模式的特点，社会资本方可以探索此模式下特有的回报机制。虽然前文已提到公立医院的股份制改造并不能突破收益分红的限制，但相较于其他改制方式，资本方或其控制的医院管理公司能够直接或间接取得医院资产的所有权或控制权，因此，社会资本方可以医院管理公司为平台，通过让渡其股权控制的公立医院资产的使用权（不能是所有权）

---

〔1〕　林枫、吴宝林、周绿林："公立医院股份制改革与非营利性的矛盾分析"，载《中国卫生经济》2011 年第 10 期。

或与第三方合作经营医疗或相关业务取得收益。由于该部分收益不是改制后的公立医院的收益而是医院管理公司的经营收入，社会资本方可以医院管理公司股东的身份取得来自医院管理公司（即公立医院股东）的收益分红，这样就消除了从公立医院实体直接分配收益的法律障碍。最常见的方式是依托公立医院的人才、技术和品牌优势，通过医院管理公司与其他营利性医院或企业合作（例如，医养结合项目），取得合资经营的投资收益。此种方式获取投资回报的关键是严格控制法律和政策风险，与政府方积极沟通，达成一致意见，并且要保证通过医院管理公司取得收益的同时不损害公立医院本身的利益（国有资产流失的风险），不改变公立医院的非营利性。

第四节　公立医院混合所有制改革面临的主要困境

由于公立医院混合所有制还处于改革初期，无疑会面临诸多阻扰，其中最为突出的三方面困境总结如下。

一、政府倡导改革但可操作性制度滞后

宏观层面，政府已出台众多政策倡导改革。早在 1984 年，卫生部就提倡通过多方集资开阔发展卫生事业，这是政府鼓励社会资本进入医院领域的开始。2005 年，政府积极表态，"支持、引导和规范非公有资本投资卫生等社会事业的非营利性和营利性领域"。然而直至 2009 年《关于深化医药卫生体制改革的意见》出台，才第一次明确提出了准许公立医院进行混合所有制改革[1]。随后，2010 年《关于进一步鼓励和引导社会资本举办医疗机构的意见》、2011年《医药卫生体制五项重点改革 2011 年度主要工作安排》、2012 年《"十二五"期间深化医药卫生体制改革规划暨实施方案》、2013 年 9 月《关于促进健康服务业发展的若干意见》等文件的发布则进一步明晰了公立医院混合所有制改革的宏观政策。紧接着，2013 年 12 月 30 日发布的《关于加快发展社会办医的若干意见》将公立医院混合所有制推向高潮，这一政策被称赞为"是卫生和计划生育委员会首次出台实在、易操作的政策发展社会办医"。

---

〔1〕 方鹏骞等："中国特色现代医院管理制度的基本框架与发展路径"，载《中国医院管理》2014 年第 10 期。

微观层面，相关政策的可操作性尚不完善。改革的总脚本——规则是实施混合所有制改革不可或缺的条件[1]。我国公立医院混合所有制改革现状是政府的倡导意图已十分清晰明确，但政府的相关政策还只是宏观层面的，当前建立混合所有制医院面临的最大问题仍是法律依据不足[2]。在准入阶段，公立医院原有资本怎样评估、哪些社会资本可以进入公立医院、进入到公立医院的哪些领域、怎样进入这些领域等；在运行阶段，采用怎样的管理模式、工作人员怎样安置、怎样进行收支结余分配、怎样开展公益性服务等；政府方面，怎样进行审计监督、给予怎样的土地优惠以及税收优惠等一系列问题的配套法律以及相关制度还未能跟进。

二、公立医院积极响应但改革模式还未成熟

就公立医院而言，其改革热情高涨。2009 年就有学者提出公立医院改革不能把政府和市场二者对立起来，应该实现"恰到好处的平衡"[3]。中国市场调研网在 2013 年预测，《关于加快发展社会办医的若干意见》的出台"将引来医疗服务业市场的投资与并购浪潮"。诚然，该文件颁布后的一段时间内，各地争先进行公立医院混合所有制改革，仅在 2014 年 12 月就有北京大学国际医院、玉环医疗健康综合服务体、北京爱育华妇儿医院、安康公司等多家混合所有制医院成立。

然而，混合所有制改革模式尚未成熟。由于缺乏切实可行的具体政策指引，改革模式多种多样。在现有改革医院中，股权方面有的涉及股权分配，有的没有涉及具体股份，且涉及股份的还包括绝对控股和非绝对控股，而绝对控股的又分为政府绝对控股与社会资本绝对控股等。营利性方面则有非营利性医院与营利性医院两类。营利方式方面，除了靠医院进行营利的，还有依靠产业链、营利性的康复养老等机构来获得收益的。此外，医院性质方面，有保留原有事业单位属性的，有形成医疗集团的，还有民办公营的。由此可见，我国公立医院混合所有制改革形式各异，暂且还未形成较为成熟稳定的

〔1〕 赵中华："医疗机构混合所有制的浙江实践与启示"，载《中国医院管理》2015 年第 6 期。
〔2〕 刘灿："社会资本举办医疗机构准入制度的法律问题研究"，中国社会科学院研究生院 2012 年硕士学位论文。
〔3〕 刘丽杭："公立医院改革：寻求政府与市场之和谐平衡"，载《江西社会科学》2009 年第 5 期。

改革模式。

三、社会资本期盼改革但参与动力不足

社会资本期盼进入医疗行业。2004 年全国卫生工作会议初次提出准许社会资本的出资人在投资医疗事业时取得合理回报[1]，自此之后社会资本便跃跃欲试。近年来，由于政府倡导公立医院混合所有制改革，社会资本对于进入医疗行业尤为期盼。此外，根据光明网官方消息，2022 年我国医疗卫生机构总诊疗 84.2 亿人次，这庞大的数字后面隐含着我国医疗市场的广阔前景。再有，一些取得了相当成功的社会资本给予其他社会资本很大程度的激励，如江苏省南通市通州区人民医院经过 10 年的改制，实现结余与 2003 年改制前相比增长达到779%。这数据极为喜人，社会资本进入医疗行业的愿望也因此更为强烈。

然而，重重改革难题使社会资本顾虑颇多。近来，虽然不少投资者都表示乐意投资公立医院，但真正实践的还是少数，多数社会资本还在徘徊观望。确实，在我国政策法律以及配套制度还不完善的背景下，公立医院混合所有制改革模式尚未确定，改革面临着重重考验，社会资本难免忧心忡忡。首先，我国对公立医院的管理仍采用计划经济管理模式，市场意识淡薄、管理理念滞后等问题突出，有不少投资者因此明确表明不会涉足公立医院[2]。其次，我国大部分公立医院进行混合所有制改革源于其本身已无法生存或处在生存边缘，急需引进社会资本。如徐州市政府与江苏省人民医院、三胞集团联合建立股份制现代化综合医院的情形是：当时徐州市公共财政预算收入实现422.8 亿元，支出完成 585.86 亿元，而其中医疗卫生支出只有 44.13 亿元。以公立医院为主的徐州市医疗机构资金缺口较大[3]。再其次，也有投资者担忧政府过于强势，公立医院会处于垄断地位。最后，一些投资者会担心营利空间太小。现存的医保政策、税收政策等都对营利性医院极为不利，而现有的大型医疗设备准入政策留给社会资本的空间又比较狭小，公立医院混合所

---

〔1〕 "我国将打破公立医院垄断　鼓励社会资金投入医疗"，载《青岛晚报》2004 年 4 月 10 日，第 A19 版。

〔2〕 陈洲："徐州市公立医院改革尝试混合所有制"，载《中国改革报》2014 年 6 月 9 日。

〔3〕 李芃："医疗领域畅想混合所有制　让社会资本参与改造公立医院"，载 http://field.10jqka.com.cn/20140312/c564395868.shtml，最后访问日期：2015 年 6 月 28 日。

有制改革后的营利方式等又可能进一步限制营利领域。

第五节　公立医院混合所有制改革主要困境的破解对策

公立医院混合所有制改革面临的主要困境并非无法解决，通过以上研究，笔者认为可以从以下几方面着手。

一、出台具有可操作性的文件，加快混合所有制改革的法治化进程

为将政府对公立医院混合所有制改革的宏观政策切实落地，应通过颁布具体可操作性的条例、办法等规范性文件解决改革实操中法律依据不足的问题。具体来讲，可考虑在规范性文件中明确如下事项：公立医院原有资本的评估方法、社会资本准入的资质条件、涉及的业务领域、医院运营管理模式、改制过程中的人员安置、收支结余分配、政府具体监管以及提供的优惠政策等。发挥法律制度对改革的保障功能，以法律助推公立医院混合所有制改革进程。

二、总结经验教训，形成成熟的改革模式

我国公立医院混合所有制改革正处于"摸着石头过河"的阶段，待推进改革的具体政策颁布后，可选取几个典型的模式进行试点，在实践中积累成功经验和失败教训，保留适合各地、各院实际情况的改革模式，总结出具有代表性的改革模式予以推广，减少试错，保障医疗服务提供的质量和效率。

三、合力提升社会资本参与改革的动力

其一，政府方面首先应该进一步明确相关倡导改革政策，解除公立医院和社会投资方的担忧。其二，医院方面要公正对待社会各种资本，严格筛选社会优质资本，保证引进过程公开透明。其三，社会资本方面则要坚持公益为主兼顾营利的原则，不追求短期利益，在长期服务社会的过程中求发展。

第六节　案例分析一：成都铁路局贵阳铁路分局医院 混改为贵阳第六医院项目

国有企业医院产生于计划经济时期，是我国医疗卫生事业发展史上的特定产物，涵盖了油田、电力、航空、矿业、农垦、军工等多个行业，全国共计2万多家，占据全国医院总数的40%。但是，随着我国经济社会体制改革的不断深化、社会主义市场经济建设的不断加强，作为计划经济产物的企业医院已逐渐不能适应社会的发展，甚至出现了阻碍企业主体发展的趋势。因此，为适应市场经济发展，企业医院必须进行改革。2016年3月国务院印发的《加快剥离国有企业办社会职能和解决历史遗留问题工作方案的通知》（国发〔2016〕19号）明确了国有企业剥离医院的四种方式，即移交地方、撤销、整合专业化管理与引入社会资本重组改制。

贵阳市第六人民医院（以下简称"六医"）始建于1958年，前身为成都铁路局贵阳铁路分局（以下简称"贵阳铁路分局"）的职工医院。2004年6月16日，因铁路单位实施主辅分离，贵阳市人民政府与贵阳铁路分局签署协议，将贵阳铁路分局医院移交贵阳市人民政府管理，并更名为"贵阳市第六人民医院"，为原贵阳市卫生局所属差额补贴事业单位。2015年9月，经贵阳市卫生和计划生育委员会批复，成立贵阳市第六人民医院有限公司（以下简称"六医公司"），公司性质为国有独资，由贵阳市医院管理（集团）有限公司（以下简称"贵阳医管集团"）出资成立，随后社会资本方贵阳朗玛信息技术股份有限公司（以下简称"朗玛信息"）以现金向六医公司增资，实现了贵阳六医的第二次改制，即典型的引入社会资本进行重组改制。在此背景下，本节在搜集大量资料的基础上对贵阳六医进行实地考察、集体座谈调研之后，全面了解六医整体改制为国有营利性医院的情况，重点针对改制的程序、改制中资产评估尤其是无形资产的评估、职工安置、职工持股等法律问题进行分析，探讨改制的成功之处以及尚存在的不足，同时探讨如何解决国有企业医院改制中涉及的法律问题并提出建议和策略，为全国范围内的其他国有企业医院改制提供可借鉴的经验和解决办法。

一、合作双方基本情况

（一）贵阳六医基本情况

六医为原贵阳市卫生和计划生育委员会举办的差额补助事业单位，是一家集医疗、教学、科研、预防、保健、康复为一体的二级甲等综合医院，占地29 350平方米。根据六医持有的事业单位法人证书，六医开办资金为1 791.9万元，位于贵阳市南明区富源南路42号，经费来源为财政补助（差额），举办单位为原贵阳市卫生和计划生育委员会。

根据贵阳市机构编制委员会《关于贵阳市第六人民医院机构编制等事项的批复》（筑编发〔2013〕85号），六医共设49个行政科室及临床医技科室。2015年1月12日，贵州诚隆会计师事务所有限公司出具"黔诚隆〈专审〉字〔2015〕002号"《资产清查专项审计报告》，以2014年10月31日为基准日，对六医（事业单位）进行清产核资。据作者调研获悉，审计调整后六医账面资产总额63 297 063.98元，负债总额47 152 885.04元，净资产16 144 178.94元。

六医始建于1958年，前身为贵阳铁路分局的职工医院。2004年6月16日，因铁路单位实施主辅分离，贵阳市人民政府与贵阳铁路分局签署《关于贵阳市人民政府接收贵阳铁路分局贵阳医院的协议》，约定贵阳铁路分局医院移交贵阳市人民政府管理。2004年7月22日，贵阳市机构编制委员会办公室出具《关于贵阳铁路分局医院更名的批复》（筑编办发〔2004〕45号），同意将贵阳铁路分局医院更名为"贵阳市第六人民医院"，为贵阳市卫生局所属差额补贴事业单位。2012年6月5日，贵阳市机构编制委员会出具《关于贵阳市第六人民医院加挂牌子的批复》（筑编发〔2012〕30号），同意六医加挂"贵阳市中西医结合医院"牌子。2012年12月7日，贵阳市卫生局出具《关于贵阳市第六人民医院通过二甲复评的通知》，六医通过了"二甲"复评。

据作者调研获悉，截至2015年5月，六医现有在岗职工总人数423人，其中，事业单位编制员工共270人，劳动合同制员工153人。此外，六医还有劳务派遣人员37人。六医有正高级职称2人，副高级职称59人，中级职称70人，初级职称250人。截至2015年5月，六医退休职工共计480人，其中，2004年7月移交贵阳市政府管理前退休人员共计223人，移交后至2015年5月退休人员共计257人。

（二）社会资本方——朗玛信息

朗玛信息成立于 1998 年 9 月 24 日，其前身为贵阳朗玛信息技术有限公司，2011 年 11 月 1 日依法整体变更为贵阳朗玛信息技术股份有限公司，在贵阳市工商行政管理局注册登记。朗玛信息的法定住所为贵州省贵阳市高新金阳科技产业园创业大厦 130 室，经营场所为贵阳市观山湖区长岭南路 31 号国家数字内容产业园二楼，注册资本 112 647 134 元，企业性质为其他股份有限公司（上市）。

2011 年 12 月 28 日，经中国证券监督管理委员会证监许可〔2011〕2156 号文核准，朗玛信息公开发行 1340 万股人民币普通股，每股发行价格为人民币 22.44 元。朗玛信息发行后，公司的总股本为 5340 万股。2012 年 2 月 16 日，朗玛信息在深圳证券交易所创业板挂牌上市（证券代码 300288），成为贵州首家创业板上市的高科技企业。2014 年，朗玛信息完成了对广州启生信息技术有限公司的并购，其旗下的 39 健康网是中国领先的医疗健康垂直门户网站，月覆盖用户过亿。2015 年，朗玛信息先后与贵阳市、黔西南州人民政府签署了互联网医院的一揽子合作协议，并与百度结成了互联网医疗的战略合作伙伴。

二、改制的背景

（一）贵阳六医的前身

六医的前身始建于 1958 年，是贵阳铁路分局医院，1996 年获评综合性二级甲等医院。1996 年前后，贵阳铁路分局医院，创下国家二级甲等医院先进典型，再加上铁路系统的支持，医院稳定发展。随后几年，医院没有得到贵阳铁路分局在改善医疗设备、医疗环境方面的必要投入，在计划体制下，维持现状成为贵阳铁路分局和历届医院负责人的惯性选择。由于医院成立时间较长，住院部和门诊部大楼建筑年限较久，硬件环境较为落后，医疗设备相对陈旧，现有的就诊环境、医疗设备、病床数量和软件环境均不能满足医院持续发展的要求，急切需要对基础设施进行升级改造。2004 年 6 月，贵阳市铁路局实施主辅分离，在地方政府有关部门盘点资产时发现：六医设备完好率仅为 25%（国家二级甲等医院的标准是不低于 80%）；人才队伍断档，医务人员高级职称仅占 6%；人员臃肿、结构老化，护理人员的平均年龄是 43.7 岁。

（二）改制前六医的经营已连亏数年

2013 年、2014 年及 2015 年 1—10 月，六医公司改制资产包分别实现营业收入 5 991.19 万元、6 714.27 万元以及 5996 万元，同期净利润分别为 -951.9 万元、-628.5 万元和 -867.6 万元。

据《贵阳市第六人民医院改扩建为"贵阳市中医院"可行性研究报告》称：六医系 2004 年由贵阳铁路分局医院改制而成，位于二戈寨片区，拥有床位 300 张，职工编制 450 人，在岗 425 人，占地 31 921 平方米，建筑面积 12 500 平方米，自贵阳市第二人民医院迁至金阳县后，直接服务人口增多到 14.3 万，服务范围扩大为南明区五个办事处，小河区、花溪区三个乡，协助云岩区、南明区八个社区卫生服务中心（站）。

贵阳市人民政府接收贵阳铁路分局医院时，该院设备完好率仅 25%，医疗设备总资产仅值 600 余万元，房屋陈旧破败（住院部三单元 1600 平方米，住院病房被贵阳市房屋安全鉴定办公室鉴定为危房，已停用 2 年），亟需进行基础设施的改扩建和医疗设备的更新。从地理位置上看，六医地处贵阳市富源南路二戈寨铁路地区，是贵阳市大物流中心建设规划的中心地带，随着贵阳南站扩能改造工程的建成和贵阳市大物流中心枢纽的建成，医院的服务人口将明显增加，服务半径将进一步扩大，辖区人民对医疗卫生保健服务的需求也将进一步提高。同时，医院还是花溪区、南明区新农合定点医疗机构，随着国家对新农合医疗政策扶持力度的进一步加大，也需要医院对辖区农民提供更多、更好的医疗卫生服务。

从 2015 年初开始，贵阳市人民政府刘玉海副市长多次带队到六医进行深入调研，全面掌握六医的运转、人员结构、待遇、资产等详细情况，更召开谈心会，了解员工的所思所想，向员工剖析改制对六医的重要性、必然性，展望改制后新六医的美好未来，为六医的改制顺利进行指明了方向。

三、改制的基本内容

（一）改制目标

将现有医院事业单位体制整体转制为有限责任公司并引入社会资本，建立现代企业制度，实行新的运行机制，明晰产权、优化结构。

通过转制将医院打造成为集医疗、教学、科研、预防、保健、康复、急救为一体的现代化、信息化、精品化的三级甲等综合性医院，使之成为省内、国内有一定影响，"技术一流、服务一流、环境一流"的优质医疗平台，主要开展创伤、微创、康复、中医、心身疾病等主要特色专科，结合网络诊疗平台，每年目标接待门诊、急诊病人 60 万人次，收治病人 4 万人次。转制后的六医将实行差异化定位、特色化发展、国际化平台、区域性领先的发展战略，充分利用投资方的资本和资源的优势，参照国际一流医院的规划、建筑标准装饰改造，在六医院区原有专业技术的基础上，突出"互联网+医疗健康"等技术，打造一批以新技术应用、创新医疗服务模式为核心的，适应社会发展和人民大众需求的优势学科和特色专业。

（二）转制后基本情况

转制后，新设医院的名称定为贵阳市第六人民医院有限公司，性质为国有独资有限公司，注册资本根据经备案的纳入转制范围的六医资产的评估值确定，股东暂定为贵阳医管集团。在卫生行政主管部门办理医疗机构执业许可证时，医疗机构名称为"贵阳市第六人民医院"。

1. 出资构成

转制后六医公司的注册资本金由经评估的国有资产构成，原则上不涉及追加出资的问题。

2. 引入社会资本

转制与引入社会资本、建立员工持股计划相结合，体现社会资本、职工持股对六医公司未来发展的激励作用，有利于六医公司的持续发展。

3. 法人治理结构

六医公司将建立由股东会、董事会、监事会和经营管理层组成的法人治理结构。股东会是公司的最高权力机构。董事会是公司的决策机构，由股东选派的董事组成。监事会是公司的监督机构，由股东选派的监事及职工监事组成，董事、高级管理人员不得兼任监事。总经理（院长）、副总经理（副院长）及财务负责人由董事会聘任。六医公司成立后，将成立工人联合会和职工代表大会。

四、转制的程序及重要内容

（一）转制设立有限责任公司的主要程序

六医公司的设立需要经过以下程序：①转制方案和人员安置方案。《贵阳市第六人民医院转制方案》和《贵阳市第六人民医院人员安置方案》报经原贵阳市卫生和计划生育委员会审批同意，人员安置方案同时报贵阳市人力资源和社会保障局审核并经贵阳市人民政府审批同意。2015 年 11 月 3 日贵阳市人民政府《关于贵阳市第六人民医院转制方案和人员安置方案的批复》（筑府函〔2015〕203 号）对贵阳市卫生和计划生育委员会的《关于审批贵阳市第六人民医院转制方案和人员安置方案的请示》（筑卫计呈〔2015〕123 号）做出批复，原则同意《贵阳市第六人民医院转制方案》和《贵阳市第六人民医院人员安置方案》。②六医转制方案经六医职工代表大会审议。人员安置方案经六医职工代表大会审议并通过。③向工商管理部门办理企业名称预先核准手续并取得《企业名称预先核准通知书》。④由相关中介机构对六医的资产进行审计、评估并出具审计报告及资产评估报告，评估结果报贵阳市财政局备案。⑤对转制涉及的土地使用权、房屋所有权完成确权登记并明确土地使用权、房屋所有权的处置方式。⑥聘请验资机构出具验资报告。⑦成立六医公司并向工商管理部门办理登记手续。2015 年 9 月 9 日，贵阳市人民政府《关于成立贵阳市第六人民医院有限公司的批复》（筑府函〔2015〕154 号），对贵阳市卫生和计划生育委员会《关于申请批准成立贵阳市第六人民医院有限公司的请示》（筑卫计呈〔2015〕112 号）进行批复："为加快推进贵阳市第六人民医院改制及互联网医院建设有关工作，同意成立贵阳市第六人民医院有限公司，公司性质为国有独资。"六医公司是由贵阳医管集团出资成立的有限责任公司，于 2015 年 10 月 10 日在贵阳市南明区工商局注册登记。六医公司设立时注册资本为 100 万元人民币。注册地址为贵州省贵阳市南明区富源南路 42 号。六医公司成立后编制了公司章程，并准备了公司登记所需的其他相关文件（包括但不限于关于公司董事及董事长、监事及监事会主席、法定代表人、其他高级管理人员的任命或选举文件）。⑧办理核销六医事业编制、注销事业单位法人等手续。⑨领取六医公司的企业法人营业执照后，在法定的期限内办理其他相关登记手续，包括但不限于组织机构代码证、国税及地税的税务登记证、社会保险登记证、相关资产的权属登记证书、业务资质证书、国有资产产权登记证等。

（二）关于转制中资产的评估及处理

1. 资产评估

2015 年 12 月 29 日，北京卓信大华资产评估有限公司接受朗玛信息、贵阳医管集团的共同委托，对六医公司拟增资扩股涉及的资产组进行了评估并出具了评估报告（卓信大华评报字〔2015〕第 1113 号）。

根据 2015 年 11 月 13 日《贵阳朗玛信息技术股份有限公司第二届董事会

第十三次会议决议》，朗玛信息拟对六医公司进行现金增资。评估目的是对贵阳医管集团拟投资到六医公司的资产组进行评估，提供其在评估基准日的市场价值，为朗玛信息现金增资提供价值参考依据。评估对象为贵阳医管集团拟投资到六医公司的资产组。评估范围为委托方指定的经审计后申报的资产及相关负债。

北京卓信大华资产评估有限公司采用资产基础法、收益法的评估方法，评估基准日为2015年10月31日，评估结论为：评估前账面资产总计5455.9万元，评估价值13 615.39万元，评估增值8159.49万元，增值率149.55%；账面负债总计6509.79万元，评估价值6349.41万元，评估减值160.38万元，减值率2.46%；账面净资产−1053.89万元，评估价值7265.98万元，评估增值8319.87万元，增值率789.44%。

本次评估的产权持有单位为贵阳医管集团。贵阳医管集团于2015年8月25日在贵阳市工商行政管理局注册，经营期限为2015年8月25日至2016年2月25日，是贵阳市为推进公立医院改革而成立的国有独资企业，旗下拥有市属8家公立医院，并对其进行统一管理。贵阳医管集团经营范围为：医院管理、医疗卫生、保健、康复疗养、医疗信息系统服务、医疗器械消毒、公益性健康服务、生物制药、基本建设管理、医疗后勤服务、医药研发、医药制造、医药物流、医药销售、医疗器械研发及销售等。贵阳医管集团拟投入六医公司的资产组从事业单位贵阳六医划转取得。

2. 转制中土地、房产的处理

对转制涉及的土地使用权、房屋所有权完成确权登记并明确土地使用权、房屋所有权的处置方式。

本次转制所涉土地与房产，仅指未来将纳入六医公司的土地及房产。鉴于六医公司将引入投资方朗玛信息，为满足上市公司对于土地及房产的要求，该等土地及房产按以下方式处理：①已取得土地使用权证（划拨或出让，下同）的土地使用权，且相关房屋亦已取得房产证的，将原土地使用权证和房产证变更至六医公司名下。②已取得土地使用权证的土地使用权但相关房屋属于在建房屋的，若在建房屋（包括虽已完工但尚未办理竣工验收的房屋）具有完备的批准手续（例如，已取得建设工程规划许可证、开工许可证等），并且经办人员合理预期房屋建成后取得房产证不存在实质性的法律障碍，应尽快将原土地使用权证变更至六医公司名下。待在建房屋完工后，办理登记在六医公司名下的房产证。③土地使用权已取得土地使用权证，但相关房屋尚未取得房产证的，若相关房屋存在产权纠纷、系违章建筑或由于其他原因取得房产证存在法律障碍，则有关土地使用权和房屋原则上可纳入转制范围，但六医需协调贵阳市人民政府、房产管理部门、土地管理部门、规划部门寻求支持，顺利办理该等房屋的房产证。④需要贵阳医管集团出具履行对六医公司出资义务的承诺，保证未办理更名手续的房屋作为六医公司的认缴注册资本。如果未来无法将房屋所有权证办理到六医公司名下，贵阳医管集团按《中华人民共和国公司法》规定补足出资。

根据《国有企业改革中划拨土地使用权管理暂行规定》，需要对土地进行评估，拟订土地使用权处置方案，将地价评估结果和土地使用权处置方案报贵阳市土地管理部门确认和审批。企业改革涉及的划拨土地使用权，国有企业改造或改组为有限责任公司、股份有限公司以及组建企业集团的，应当采取出让或租赁方式处置。

根据前述规定，六医由事业单位转制为有限责任公司时涉及的划拨土地使用权，应当采取出让或租赁方式处置。本次转制采取国有土地使用权出让方式处置，六医应持土地使用权处置批准文件和其他有关文件与贵阳市土地管理部门签订国有土地使用权出让合同，并按规定办理土地登记手续，由举办人原贵阳市卫生和计划生育委员会向贵阳市财政局申请补缴土地出让金，将划拨地转为出让地。未纳入转制范围内的土地、房产以及在建工程，由贵阳医管集团或贵阳市国有资产监督管理委员会承接。仍需使用的房产，由双方签署房屋租赁协议，作出相关租用安排。

3. 转制中无形资产的处理

对于六医目前拥有的无形资产，应纳入资产评估的范围，并由六医公司继续拥有。

4. 转制中债权、债务的处理

转制前六医的债权、债务继续由六医公司承继，其中，六医的债权、债务主要为尚未履行完毕的全部合同和协议，六医公司登记完成后，就转制事项通知相关合同对方。但是，有两类合同需要特别处理：①如果涉及资产剥离的情况，则该等合同需要随资产和业务划转或剥离一并处置。为此需要事先取得相关合同债权人的同意，将该等合同转至接收单位名下。②医院与多家供应商（债权人）签署的合同项下，医院作为债务人尚有 4000 万元左右的应付账款，如果该等合同中约定，转制等事项需取得债权人事先同意的，则六医需要按照原合同约定履行取得债权人同意的相关手续。

5. 转制中子公司的处理

贵阳捷运贸易有限责任公司（以下简称"捷运贸易"）成立于1995年6月21日，经工商查询，捷运贸易的股东为贵阳铁路医院和贵阳铁路医院医疗服务部，法律状态为存续的企业。2009年6月24日，贵阳市工商局核准了贵阳铁路医院医疗服务部的注销手续。鉴于六医的前身为贵阳铁路医院，捷运贸易是六医历史遗留的公司，转制时应一并注销该公司。

6. 转制中税收的处理

比照《关于分类推进事业单位改革中从事生产经营活动事业单位转制为企业的若干规定》的规定，在转制过渡期内，六医公司可继续享有非营利组织的企业所得税优惠政策。转制前享受自用的房产、土地免征房产税和城镇土地使用税优惠政策的，在转制过渡期内可继续享受此项政策（注：转制过渡期一般为5年，自六医公司依法取得企业法人营业执照之日起计算）。

（三）引入社会资本及产权转变

1. 增资入股程序

①贵阳市人民政府与朗玛信息签署《增资框架协议》，由朗玛信息以现金形式向六医公司投资，朗玛信息与六医公司的股东贵阳医管集团双方共同合作建设六医公司。六医转制的前提是朗玛信息同意不可撤销地履行出资义务。六医公司引入新股东朗玛信息后，朗玛信息占六医公司的股权比例约70%。该协议中可考虑增加员工入股初步方案或设想，给予六医公司员工股权激励。②六医公司及其股东贵阳医管集团与朗玛信息签署正式的增资扩股协议。③六医公司员工持股方案在职工代表大会审议程序，朗玛信息完成其内部审批流程。④根据《中华人民共和国公司法》关于国有独资公司增资的规定，公司增加注册资本，必须由国有资产监督管理机构决定，因此，六医公司增资需要股东贵阳医管集团的上级主管部门原贵阳市卫生和计划生育委员会同意。⑤朗玛信息向六医公司支付增资对价，缴纳增资对价以六医完成转制为前提条件。⑥六医公司聘请验资机构出具验资报告，并向工商管理部门办理增资手续。⑦六医公司完成工商变更登记手续并领取新的企业法人营业执照。

2. 前期准备

2014年9月28日，朗玛信息与贵阳市卫生和计划生育委员会签署《贵阳市卫计委与贵阳朗玛公司战略合作框架协议书》（公告编号：2014-055号），协议书中约定朗玛信息与贵阳市卫生和计划生育委员会联合设立互联网医院，由朗玛信息控股，充分整合贵阳市的医疗资源，同时，贵阳市卫生和计划生育委员会在政策、医疗资源等方面，支持朗玛信息针对居民医疗和健康信息服务方面的需求，开展智慧医疗和健康管理领域的产品和模式创新，实现增值服务。

朗玛信息对外投资公告内容显示，前述框架协议已经落地。2015年11月13日，朗玛信息与贵阳医管集团签署协议，共同投资1000万元成立贵阳市互联网医院管理有限公司（以下简称"贵阳互联网医院"），从事互联网医疗相关业务。其中朗玛信息以自有资金出资510万元，持股比例为51%；贵阳医管集团出资490万元，持股比例为49%。该医院的经营范围为远程诊疗、医疗数据查询服务以及基于数据和医疗资源开展的健康管理和慢病管理业务等。

贵阳市人民政府与原贵阳市卫生和计划生育委员会于2015年4月16日批准同意六医开展互联网医院诊疗业务，并批准六医挂牌"贵阳互联网医院"。鉴于此，2015年4月27日，朗玛信息与六医签署贵阳互联网医院的合作协议，协议约定六医是贵阳互联网医院的承载主体，朗玛信息为贵阳互联网医院的技术支撑平台，双方在国家、省开展远程医疗服务的相关法律、法规和政策规定框架下，开展对特殊病人在特定场合的远程医疗服务、医学咨询服务、健康信息传播等合作。

2015年5月28日，朗玛信息与贵阳市人民政府签订《关于贵阳市第六人民医院改制并引进战略投资者暨建设贵阳互联网医院的框架协议》，确定六医改制引资思路是将其整体改制为国有独资公司性质的营利性医疗机构后，引入朗玛信息作为六医的战略投资者，由朗玛信息对改制后的公司进行增资并控股。在朗玛信息对改制后六医增资的基础上，继续进行贵阳互联网医院的建设。

3. 六医正式改制为营利性医疗机构

2015年11月，贵阳市政府批复同意六医改制为营利性医疗组织。朗玛信息以1.41亿元现金出资，获得六医公司66%的股权，成为大股东。同时，六医获准挂牌"贵阳互联网医院"。其改制方案和人员安置方案已经过六医职工代表大会表决通过，并于2015年11月3日获贵阳市人民政府《关于贵阳市第六人民医院转制方案和人员安置方案的批复》原则同意。根据六医改制方案，由贵阳医管集团下设六医公司承继贵阳六医的原有业务、资产和人员，并引入社会资本，由朗玛信息以现金方式增资入股。

据朗玛信息投资者交流会纪要披露，朗玛信息和贵阳医管集团对六医公司增资，朗玛信息以 141 045 402.66 元现金出资，其中 135 882 352.94 元计入新增注册资本，剩余部分计入资本公积；贵阳医管集团以贵阳六医改制后资产包净资产评估值 72 659 752.89 元出资，其中 1 000 000 元用于缴纳设立六医公司时的注册资本，69 000 000 元计入新增注册资本，剩余部分计入资本公积。增资后完成，六医公司注册资本变更为 205 882 352.94 元，朗玛信息持有六医公司 66% 股权，贵阳医管集团持有六医公司 34% 股权，六医公司成为朗玛信息的控股子公司。朗玛信息 2016 年半年报显示，2016 年 1 月 20 日、1 月 29 日，朗玛信息分别向六医公司支付首期 500 万元、第二期 1500 万元出资，另外 1 亿多元的款项则会在工商登记完成后两年内支付。自 2016 年起，六医公司被纳入朗玛信息的合并报表范围。

（四）人员安置问题

为保证六医转制的平稳过渡，应区分在编、非在编以及离退休三种人员。其中，在编人员按提前退休、转企业身份、保留事业身份安置。非在编人员中，与六医签署劳动合同的人员，可以继续与六医公司建立劳动关系，也可依据《中华人民共和国劳动合同法》的规定提出离职；劳务派遣人员与劳务派遣公司协商是否继续到六医公司工作。

各种改制手续相继办理后，2016 年 1 月 20 日，六医公司转制基本完成，242 名职工（占全院 51.5%）主动置换身份，成为公司的共同持股股东。

1、在编人员安置

在编人员按照提前退休、转企业身份和保留事业身份三种方式进行安置。

第一，提前退休。贵阳市人民政府批准六医转制时，工作年限满 20 年且男年满 55 周岁、女年满 50 周岁的在职在编职工，或工作年限满 30 年以上的在职在编职工，由本人申请，经单位和主管部门同意，同级政府人力资源和社会保障部门批准，可以办理提前退休手续，其待遇按照国家事业单位提前退休人员待遇的有关规定执行。此项政策只适用于本次六医转制时点，转制完成后此项政策废止。

第二，转企业身份。贵阳市人民政府批准六医转制时，自愿选择放弃原事业身份，且与转制后的六医公司签订劳动合同的人员，可按以下原则进行安置：①承诺在六医公司工作满 3 年的，有权取得经济补偿金，并通过将经济补偿金直接转为债权的方式留在六医公司。在六医公司增资扩股时，折算为其在六医公司直接或间接持有的股权。符合国家政策退休和非个人原因的人员除外。②与六医公司签订劳动合同，执行六医公司的收入分配制度，按照六医公司的规章制度进行管理。③将其纳入城镇企业职工养老保险制度，其原在企事业单位的工作年限（视同缴费年限）与转制后的工作年限（实际缴费年限）合并计算。达到法定退休年龄时，按城镇企业职工养老保险制度规定办理退休。办理退休手续后，不再享受一次性经济补偿金。维持原有医疗、生育保险关系不变，待遇不受影响。④支付经济补偿金。按国家认可的实际工作年限，以解除聘用关系前 12 个月平均工资为标准，每满 1 年，支付其本人 1 个月的工资，6 个月以上不满 1 年的按 1 年计算；不满 6 个月的支付半月工资。本人月平均工资高于本地区上年度职工月平均工资 3 倍以上的，按本地区上年度职工月平均工资的 3 倍计算，经济补偿年限最高不超过 12 年。经济补偿金的计算公式为：经济补偿金＝本人解除聘用关系前 12 个月平均工资×经国家认可的实际工作年限。如转变身份的人员月平均工资高于本地区上年度职工月平均工资 3 倍以上的，经济补偿金＝本地区上年度职工月平均工资×3 倍×经国家认可的实际工作年限（最高不超过 12 年）。[1]

　　第三，保留事业身份。贵阳市人民政府批准六医转制时，在编制管理部门明确事业身份后，将其纳入国家机关事业单位社会保障制度。保留事业单位身份人员按以下方式进行安置：①其原在事业单位的人事关系、社会福利、职称、职务等信息按单位转制批准日为限以档案形式封存，并按事业单位人员管理办法，每年正常进行考核、调资、职务晋升、职称晋升、调动等，作为计算退休费用的依据。②与六医公司签订劳动合同，执行六医公司的收入分配制度，待遇不得低于转制前在原六医事业单位的待遇，按照六医公司的规章制度进行管理。③其事业单位的工作年限（视同缴费年限）与转制后的

---

　　〔1〕　注：①月平均工资包括工资、奖金、津贴和补贴。②经国家认可的实际工作年限包括三类，分别为自取得事业单位或公务员身份之日起连续计算至转制批准日的工作年限、军转人员从入伍之日起连续计算至转制批准日的工作年限、铁路转医院人员从取得国企（包括全民所有制企业、集体所有制企业）职工身份之日起连续计算至转制批准日的工作年限。

工作年限（实际缴费年限）合并计算。④因六医公司发展等原因，不能在六医公司继续工作的，由贵阳市人民政府委托原贵阳市卫生和计划生育委员会负责统一安置，原则上安置在原贵阳市卫生和计划生育委员会下属的同类型事业单位。⑤人员日常管理由六医公司负责。

2. 非在编人员安置

非在编人员为与六医签订劳动合同的人员（即合同制人员），采取以下方式安置。

第一，继续签订劳动合同。①对愿意继续在六医公司工作的人员（原与六医签订劳动合同的人员），与六医公司重新签订劳动合同，其原在六医的实际工作年限与转制后的工作年限合并计算。由六医公司为其缴纳社会保险和住房公积金等，并按六医公司相关制度进行管理。②支付经济补偿金。即按其在六医的实际工作年限，以解除劳动关系前 12 个月平均工资为标准，每满 1 年，支付其本人 1 个月的工资，6 个月以上不满 1 年的按 1 年计算；不满 6 个月的支付半个月工资。本人月平均工资高于本地区上年度职工月平均工资 3 倍以上的，按本地区上年度职工月平均工资的 3 倍计算，经济补偿年限最高不超过 12 年。经济补偿金的计算公式为：经济补偿金＝本人解除劳动关系前 12 个月平均工资×在六医的实际工作年限。月平均工资高于本地区上年度职工月平均工资 3 倍以上的，经济补偿金＝本地区上年度职工月平均工资×3 倍×在六医的实际工作年限（最高不超过 12 年）。③该类人员须承诺在六医公司工作满 3 年，方有权取得上述经济补偿金，并将经济补偿金直接转为债权留在六医公司。在六医公司增资扩股时，折算为其在六医公司直接或间接持有的股权。

第二，解除劳动合同关系。签订劳动合同的人员解除劳动关系的，六医公司依法应当给予经济补偿，经济补偿的办法同上。

3. 劳务派遣人员安置

劳务派遣人员可与劳务派遣公司协商是否继续在六医公司工作，如协商一致同意的，六医公司继续以劳务派遣的用工方式有偿使用劳务派遣的人员，自六医公司成立之日起与劳务派遣单位重新签订劳务派遣合同。劳务派遣合同到期或不愿继续留在六医公司的人员，按原六医与劳务派遣公司签订的劳务派遣合同，双方协商处理。

4. 离退休人员管理及相关待遇保障

离退休人员包括转制时已经离退休的人员和转制时保留事业身份、转制后退休的人员，应按照以下方式进行管理：①转制前退休的，其人事关系由原贵阳市卫生和计划生育委员会管理，待遇按现行规定执行，费用由贵阳市财政足额拨付，医疗保险待遇不变。②转制时保留事业身份、转制后退休的人员，由原贵阳市卫生和计划生育委员会统一接管，养老保险待遇纳入国家机关事业单位养老保险制度，医疗保险待遇维持不变。③原由贵阳市财政负担的遗属人员及生活补贴，按照原渠道由财政拨付。

5. 档案管理

离退休人员和保留身份人员的档案统一由原贵阳市卫生和计划生育委员会管理；转变身份人员的人事档案由六医公司管理。

（五）其他问题

1. 转制涉及的经济补偿金

对于继续留在六医公司工作的在编职工和合同制员工，经市委、市政府的批准，向前述人员支付经济补偿金。根据职工的自愿申请，选择以企业身份继续留在六医公司工作且承诺转制后在六医公司工作满 3 年的人员，有权取得经济补偿金（具体计算方式见人员安置方案），并将经济补偿金直接转为债权留在六医公司。

2. 员工持股计划

六医转制完成后，在职职工可以自愿选择在朗玛信息增资入股时，以留在六医公司的经济补偿金作为债权，以债转股的形式持有六医公司股权。增资完成后职工累计持股比例不超过 10%，增资的价格以评估值为准。员工持股可以以直接持股或者通过设立持股平台间接持股的方式解决，但六医公司直接股东人数不得超过《中华人民共和国公司法》规定的有限公司股东人数 50 人、股份有限公司发起人人数 200 人的上限。具体持股方案的制定取决于确定以企业员工身份继续在六医公司工作的职工人数。

3. 增资扩股后的风险提示

六医公司增资引入新股东朗玛信息，朗玛信息的持股比例达 70%，六医公司股东贵阳医管集团极可能失去对六医公司的控股权，因此，贵阳医管集团应与朗玛信息协商增资后章程的内容以保障中小股东的权利。如争取贵阳医管集团在重大决策上的"一票否决权"，股东会审议修订章程、增资、减资等特别决议的事项时不按出资比例行使表决权，或者虽然按出资比例行使表决权，同时也要取得股东会过半数股东人数的同意方可通过该事项。章程还须明确董事会和监事会的构成，如董事会由3人构成，1名董事由职工代表担任，1名董事由贵阳医管集团委派，1名董事由朗玛信息委派；监事会由3人构成，1名监事由职工代表担任，1名监事由贵阳医管集团委派，1名监事由朗玛信息委派；总经理（院长）、副总经理（副院长）、财务负责人由董事会聘任。六医公司可继续享受原有的医保、新农合、科研、人才培养等政策。

五、改制后的运营情况

（一）建立和重点发展成熟的科室

改制的目的是加快医院发展速度，向民众提供更加优质的医疗服务。这既是政府、朗玛信息和六医的共识，也是六医改制后的生存发展之道。医院董事会决议决定了六医未来三年建设总体规划，即在3年内投入3亿元，修建约3.3万平方米的住院医技综合大楼，增加住院病床500张，为患者提供优良的住院环境；更换和增添核磁共振、CT、彩超、检验流水线、麻醉工作站等先进的诊疗设备，使医院医疗装备进入市级医院先进行列；引进和培养各专业学科带头人，狠抓医院内涵建设，提升服务品质，最大限度地提高六医的知名度和美誉度；打造省内一流的精神卫生重点专科和血液净化中心。依托39互联网医院实体医院的优势，借助北上广知名专家的网络会诊资源，让患者不出本区域即可得到国内著名专家的诊疗便利。围绕总体规划，六医已经开始分步实施。据六医官网数据显示，当前，医院占地面积为80余亩，现有职工600余人，编制床位355张，开放床位480张。医院开设有急诊科、内科、外科、妇产科、骨科、泌尿科、中医科、重症医学科、血液透析中心、体检中心等临床科室18个，影像科、检验科、互联网慢病管理科等医技科室5个。截至2022年底，六医已完成了胸痛中心、消化内镜中心的成立，完成康复医学科、老年病科的设置，并与贵州医科大学、贵州省人民医院、贵阳锐塑医学检验实验室等签署远程医疗、医学实验等战略合作项目。六医的临床基因扩增检验技术、消化内镜诊疗技术（三级）等限制性医疗技术通过贵阳市卫生健康局备案，并开展远程会诊、远程查房、远程培训78次。改制不改变办院宗旨，在贵阳医管集团的领导下，六医的社会职能永远是"为人民服务"。

（二）医院运营效益有所改善

改制后，通过对 2015 年、2016 年的主要指标进行对比，能够清楚看到改制后六医的运营效益有所改善。从数据上来看，2016 年门急诊诊次较 2015 增加 25%；2016 年入院人数较 2015 年增加 24%；2016 年出院人数较 2015 年增加 33%；2016 年全年实现总收入 1.1 亿元，较 2015 年增加 42%，在全国排名前列；2016 年全年人均人员费用支出较 2015 年增加 32%，在全国排名前列。

（三）改制后贵阳互联网医院与 39 互联网医院合作运行模式

贵阳互联网医院与 39 互联网医院合作的模式在国内属首创。贵阳互联网医院打造了集健康大数据收集、健康大数据分析、健康教育、健康管理与疾病预防、网上诊疗、康复为一体，线上线下相结合的 "O2O" 诊疗模式。目前，朗玛信息在贵阳市已经完成 100 个远程问诊点建设，日视频问诊量已超过 1500 人次，2016 年底实现了至少 3000 例日问诊。作为居民首诊和分诊的最佳入口，贵阳互联网医院可以汇聚大量用户，有效推动分级诊疗体系的建设，满足基层群众卫生服务需求，实现优质医疗资源的下沉。而作为六医同时挂牌的医院，贵阳互联网医院主要从事咨询业务，一天的咨询量最多能达到 6000 人，这个庞大的咨询基数对六医的业务量增长起了非常大的作用。

39 互联网医院作为朗玛信息的子公司，在贵州省政府的支持下，其执业许可和贵阳六院的执业许可在同一张许可证上，然而两家互联网医院又确确实实是两个独立的法人。从法律的角度讲，这是一个创举，医疗机构管理条例里没有一张医疗执业许可证书上可以有两个独立的法人的规定，这解决了目前医疗行政法规中的一个障碍。

39 互联网医院在心血管内科、胸外科、神经内科、肿瘤科、呼吸内科、血液内科、肾内科、影像医学科等近 30 类科室开展业务，每个方向均已经邀请国内顶级专家及医生团队加入。据 39 互联网医院官网数据显示，截至 2022 年底，39 互联网医院实现注册用户量超过 100 万名，业务咨询量达到 300 万次，签约合作市、县医院 1300 余家，与以郭应禄院士、霍勇教授、杨杰孚教授等为代表的院士及领衔专家签约、合作超过 2000 余名，累计完成来自 27 个省、37 个专业的 50 余万例次医疗服务。

由于远程医疗存在流程不确切、标准不统一、规范不清楚、追诉主体不明确等问题，卫生行政部门一直对远程医疗持谨慎态度。但是 39 互联网医院与贵阳互联网医院的合作模式解决了这些问题。

第一，解决了法律责任主体的问题。目前我国的医疗主体是医疗机构而不是医生，互联网医院如果没有实体医院，出现事故后责任主体并不明确。39 互联网医院签约了 1000 多名医生，这些医生都与六医签订了多点执业协议，因此这 1000 多名医生在互联网线上执业产生的法律结果的实体医院承担主体是贵阳六医。

第二，有明确的内容。贵阳六医可以开展远程门诊、远程的二次疑难问诊、远程查房和教学查房等，通过六医能够找到全国的名医。在贵阳互联网医院平台里面咨询的人，有很大一部分是需要诊断治疗的，此时就可以到六医进行治疗；诊断治疗中如果发现疑难杂症，可以到 39 互联网医院寻找专家会诊，39 互联网医院的专家会做出明确的诊断和治疗方案，这些治疗方案的落实可以在六医进行；治疗结束后，患者需要看护、慢病管理，则又回到了贵阳互联网医院，由此实现了互联网医疗的闭环。

第三，六医能够获得一定的收益。互联网医疗所获得的收益中，进行会诊医疗的医生获得收益的 50%，这是对医生劳动价值很好的体现；39 互联网医院获得收益的 10%，因为平台的运营需要强大的医院管理团队整理上传到平台的病历等；剩下的收益则由六医获得，这增加了六医的业务收入总量。

第四，目前实现这种医疗闭环的只有贵阳六医和 39 互联网医院的合作模式。在实践的检验下，如果这种模式能够成功，对于 39 互联网医院来说，全国可以有多个“六医”。

目前这样的远程医疗主要集中于县域，响应了我国提倡实现县域医疗资源均等化的号召。六医即贵阳互联网医院与 39 互联网的合作，能够实现法律主体、责任追诉、流程管控的落地，是虚实结合的全国典范。

六、改制存在的问题和困境

（一）改制中存在的法律问题

1. 贵阳医管集团尚未完成工商注册手续，作为六医公司的股东在法律主体上存在问题

《贵阳市第六人民医院的转制方案》中注明，本次转制后，新设医院的名称定为“贵阳市第六人民医院有限公司”，性质为国有独资有限公司，注册资本根据经备案的纳入转制范围的六医资产的评估值确定，股东暂定为贵阳医管集团。但是鉴于贵阳医管集团尚未完成工商注册手续，其作为六医公司的股东在法律主体上存在一定的法律问题。

2. 资产评估中存在的问题

在改制前的资产评估中，六医的资产评估过高，仅六医院区的树木就估值 200 万元，还有其他的大型医疗设备也估值过高。为了避免医院改制中的国有资产流失的问题，改制后六医需要填补资产评估过高的后果。六医 2016 年的折旧比 2015 年凭空增加了 700 万元，就是由于资产评估所导致。折旧越多表示改制前评估过高的资产越多，这对于用现金增资入股的朗玛信息来说是不公平的。且在六医改制后的发展中，所得的收益要填补资产折旧的漏洞，对于六医的发展也是不利的。

《中华人民共和国公司法》第 30 条规定："有限责任公司成立后，发现作为设立公司出资的非货币财产的实际价额显著低于公司章程所定价额的，应当由交付该出资的股东补足其差额；公司设立时的其他股东承担连带责任。"因此，改制时六医的实物如果存在过高估价的问题，也有违反《中华人民共和国公司法》规定的内容的风险。

此外，对六医的无形资产并没有进行作价评估，只是笼统说明"对于六医目前拥有的无形资产，纳入资产评估的范围，并由六医公司继续拥有"。这对于改制前的六医来说，存在无形资产价值被忽略的风险。《中华人民共和国公司法》第 27 条第 1 款规定："股东可以用货币出资，也可以用实物、知识产权、土地使用权等可以用货币估价并可以依法转让的非货币财产作价出资……"六医在用医院原有设备等实物作价出资时，仅仅评估了其拥有的有形资产，没有对无形资产进行评估作价。当然，这也可能是由于无形资产的价值难以评估。

3. 改制不彻底与不均等待遇的问题

为了改制的成功推进，贵阳市人民政府采取包办的方法，对职工的福利待遇落实积极，在职工身份的选择上可以保留事业身份或者转企业身份，打破了很多既往的条条框框，承诺六医可以通过更简便的方式落实。但政府仅在文件上、名义上打破了既往的条框，实际改制以后，医院在具体落实工作与政府对接办理一系列手续时，政府部门仍然还是按照之前的规范来做。

其一，由于改制后六医性质为营利性医院，政府取消了六医的某些手术资质，后来通过协调，才使得这些资质继续留在六医。其二，也是由于改制后六医成为营利性医院，民政解决六医周边三无人员的医疗和住院的费用等也不再在六医，且至今一直没有得到解决。甚至连居委会人员都来找六医，称六医现在不是辖区的定点医院，辖区的居民住院、治病去别的地区太远，希望六医可以与主管部门沟通，解决这一问题。这些对于六医来说收益并不多，目前六医非常渴求能够得到政府的同等对待。

（二）改制后面临的压力和困难

1. 承诺兑现不及时

《贵阳市第六人民医院的转制方案》中最后一条指出"六医公司可继续享受原有的医保、新农合、科研、人才培养等政策"，然而根据改制后对医院主要管理人员的访谈得知，其并没有按照改制方案的约定进行，协议里面有很重要的一句话，即六医改制后一定会享受原来公立医院的所有待遇，但是改制后并未做到。比如，改制方案中确定，在卫生行政主管部门办理医疗机构执业许可证时，医疗机构名称为"贵阳市第六人民医院"，承诺六医的名称不变，但是改制后还是要求更改了名字。六医的改制是先行先试，为了推动改制，政府部门当时作出了很多承诺，然而在具体落实的时候，承诺兑现却不及时。同时，国家有关医疗体制改革政策的变动也可能会导致六医处于不利的状态。

2. 职工持股方案仍未落实

改制时在册的员工只有50名转变身份，大部分都选择了保留原来的编制身份。改制时确定医管集团所持有的34%的股份，其中的10%由选择放弃编制转变为企业身份的职工持股（即全部股份的3.4%），贵阳医管集团有一票否决权。然而参加改制转变身份的职工的持股具体如何落实，直到目前为止都没有具体的方案，仍然只停留在口头上。

3. 证照变更的办理艰难而缓慢

六医改制后有大量的证照需要变更，包括国有土地转为出让地、土地使用的审批、新大楼的修建的审批等，在办理审批时都遇到了很大的阻力，办理的过程艰难而缓慢，严重影响六医改制后建设的进度，且这一问题通过协调仍然难以有效解决。

4. 改制后面临业绩要求且受到三方主体监管的压力

公立医院改制为营利性医院，六医面临着来自主管部门领导的压力，需要六医尽快拿出更好的业绩。而职工们其实也在观望六医的发展和效益，不管是否转变身份，如果六医发展不好，这些职工都有可能离开医院另谋出路。

此外，朗玛信息作为上市公司，对六医也有业绩要求，因为2016年六医的营业额为零，所以要求六医2017年必须盈利。因此，六医改制后面临业绩要求的压力。

六医改制后还受到上市公司、医院管理局、卫生行政主管部门的监管。首先，六医的大股东上市公司朗玛信息会将六医的财务报表与自身的财务报表合并，六医必须接受第三方审计，且朗玛信息会派驻财务人员进行驻场。其次，六医执行公立营利性医院的标准，不享受政府的补贴和其他公立医院优惠政策，且需要按照营利性医院的标准纳税，并由医院管理局、税务局等政府部门按照对公立医院的管理标准进行监管。最后，六医还需要接受卫生行政主管部门对医疗行为、医疗质量等方面的监管。

七、解决改制中问题的建议和策略

目前企业医院的改制没有统一的政策和统一的模式，需要改制的医院自行探索，而在此过程中，容易受到当地领导人意志的影响，当领导人意志转变，或者领导职位发生调动时，就很难保证改制能够按照预先的设计顺利开展。此外，改制的医院也容易出现定位不明确，从而没有明确的发展方向等问题。

（一）改制时的方案应当更加细化明确

改制方案和人员安置方案等文件，应当对人员安置、职工持股计划部分等内容作出详细的安排，或者以附件形式进行约定，因为这部分内容非常重要，涉及职工权益保障的问题。而在六医的改制方案中，均没有对方案得不到落实时，职工应当如何得到救济的问题进行约定，那么在方案不能顺利落实时，职工的权益救济将会更加困难。

（二）保障职工的合法权益

保障职工的合法权益是对改制的基本要求。落实职工持股计划，解决职工的后顾之忧，调动其积极性的人员安置方案较为完整，但是职工安置方案中没有对职工持股的具体事宜进行约定和安排，导致职工持股问题一直搁置，这对于职工权益的保障是非常不利的。同时，由于没有得到明确的持股计划，在六医的改制中，大部分职工本着对六医深厚的感情，以及希望通过改制改善六医的状况，将六医做大做强的心理，作出了一定的牺牲和让步。这样的让步在短期内看不到明显的缺陷的情况下还可以维持，可一旦有职工意识到当初承诺的职工持股有变动，希望落空，因涉及的人数众多，则很有可能引发群体性事件。

（三）资产评估应当合理合法

在改制前六医的资产评估中，存在着可能将六医原有实物资产评估过高、没有重视无形资产的评估等问题。根据《中华人民共和国公司法》第 27 条的规定，股东可以实物出资，在实际操作过程中，应注意以下问题。

其一，可以作为实物出资的实物包括厂房、办公用房、机器设备、原材料等，但必须同时具备：①其价值可以用货币计量。不能作价的实物不能作为出资。②可以转让。无法转让的实物资产不能作为出资。③对公司经营具有有用性。公司经营活动中不需要的实物，不能用来出资。④股东享有实物的所有权。股东不享有所有权的实物，不能用来出资，例如，租赁来的实物不可用来出资。其二，必须对实物资产由依法设立的资产评估机构进行评估作价。资产评估作价是实物出资的必经程序。资产评估必须如实评估，不得高于或低于其价值评估。其三，各股东在出资协议中最好约定对评估结果是否须经全体股东认可。评估价值的高低直接决定出资人（股东）的出资比例，因此，资产评估涉及各股东的利益。出资协议中最好事先约定评估结果是否须经全体股东认可，否则，一旦评估价值出乎各股东的意料，有的股东可能会难以接受。事先约定清楚有利于公司的顺利设立。其四，必须把作为出资的实物资产交付给公司，并办理财产权转移手续。其五，对出资的实物资产和其他资产，都必须经过会计师事务所进行验资，并出具验资报告。

需要说明的是，根据现行法律规定，股东必须把实物资产的所有权转移到公司后才能验资，而公司的设立登记，必须先有验资报告，没有验资报告的，公司无法成立，而公司未成立之前又无法办理实物资产（如建筑物）的所有权转移手续。因此，如果用实物出资，必须采取分期出资、分期验资的办法，首先对货币出资部分进行验资，在公司成立后再进行实物出资，之后再办理财产权转移手续并进行验资。

（四）确保医院改制不改初衷，积极承担社会责任

将非营利性医院改成营利性医院，回报的问题能迎刃而解，但若改变公立医院事业单位性质，将非营利性的公立医院改为营利性医院，则不利于吸引人才，部分应聘人员会担心新体制医院工作的稳定性、福利待遇等与事业编制人员存在差异。如何使人才愿意从事业单位转入企业的挑战并不比非营

利医院的回报问题小。

六医从非营利性医院改制成为营利性医院，应当确保医院改制但不改以医疗为主的初衷。营利性医院作为社会组织，同样要承担社会责任，体现公益性。某种程度上，社会责任还是营利性医院发展的内在驱动，即营利性医院通过积极承担社会责任，积累起参与医疗服务竞争的资本，吸引高质量的医学人才和其他资源的加入，赢得综合竞争优势。六医承担的社会责任包括：对社会资本方朗玛信息的合法盈利责任、对医护人员的人性化管理责任、患者至上的优质服务责任、对债权人的安全经营责任和对政府的依法从业责任等。

公立医院改制中，社会资本方、政府、医院任何一方出现问题，改制就会失败。可以说，国内几乎每个公立医院改制项目都历经了变数和重重质疑。六医的改制相对而言已经较为平缓顺利，尤其是同时挂牌"贵阳互联网医院"与39互联网的合作更是一大创举，有很多值得国内其他医院改制或者远程医疗等借鉴学习的地方。公立医院改制后，有了社会资本方作为新股东加入，就会有新的体制机制投入，医院的经营在正确的管理体制下，效益也会越来越好，相应地，医务人员的收入也会增加。管理者应当立足医院的长远发展，在创新的同时，参照国内成功的范例，继续将改制后的医院推向更好的发展高度。

第七节　案例分析二：人福医药投资参与宜昌市妇幼保健院建设宜昌市妇女儿童医院项目

近年来，随着政策的逐步放宽，社会资本进入医疗服务领域的门槛越来越低，与公立医院的合作越来越频繁。2015年10月18日，宜昌市卫生和计划生育委员会以宜昌市妇幼保健院所有资产出资与人福医药集团股份公司（以下简称"人福医药"）共同组建医院管理公司，建设新妇幼保健院，预计在2018年底投入使用。在此次合作中，医药企业跨过医院直接与卫生和计划生育委员会组建医院管理公司新建医疗机构，在国内尚属首创，有其研究价值，可为公立医院注入社会资本提供借鉴意义。

笔者通过对该模式进行深入调研，进一步分析人福医药与原宜昌市卫生和计划生育委员会的合作模式，探讨其模式的优劣，并指出存在的问题和风险，提出相应的解决方案和防范措施。

一、双方基本情况及合作诉求

人福医药成立于1993年，是湖北省第一家上市的民营高科技企业，市值200多亿元，年营业收入超百亿元。自2015年起，人福医药业务拓展到医院市场，加速医院方面的并购，计划在"十三五"期间与50家左右公立医院合作，集聚渠道终端、医疗服务、人才技术资源，提升医药商业板块的运营效率，并在此基础上，结合当地医疗服务需求开展高端健康管理、月子中心、医养结合、移动医疗等衍生性业务，形成"医药工业-医药流通-医疗服务"的完整产业链。

人福医药此前的业务集中在药品生产、供应方面，在医院建制、医疗服务方面涉猎不深，其产业需要进一步优化升级。和原宜昌市卫生和计划生育委员会合作重组宜昌市妇幼保健院是人福医药战略布局的需求，此次合作能够充分发挥集团本身的药品供应优势，拓展公司在高端医疗服务、医疗技术提供、医疗人才培养、医院后勤管理等方面的业务范围，进一步优化企业的业务结构。

此次，作为投资方的人福医药可长久持有宜昌市妇幼保健院相应股份，成为企业的固定资产，随着医院的有效运营和不断增值，便于企业股票增发，同时能够提高企业资产市值和融资信誉度，有利于人福医药的进一步发展。

据宜昌市妇幼保健院官网数据显示，宜昌市妇幼保健院是原宜昌市卫生和计划生育委员会所属公益二类事业单位，是一所集妇女儿童医疗、妇幼保健、教学、科研于一体的三级妇幼保健院和专科医疗机构，是宜昌市城镇职工（居民）基本医疗保险和新型农村合作医疗定点医院。医院有职工340人，其中在编143人，建筑面积9000平方米，开放病床110张，开设产科、妇科、儿科、新生儿科等20多个科室及产科、妇科、儿科、新生儿科4个病区。每年门诊应诊20余万人次，出院5000余人次。2012—2014年期间，医院每年结余1000余万元。

宜昌市妇幼保健院建院早、占地狭窄、业务用房严重不足，医院的发展受到严重制约，新技术、新业务无法开展，医疗保健业务近几年一直处于瓶颈状态。随着二孩政策的实施，全市每年新增出生人口持续上涨，宜昌市妇幼保健院已经无法满足宜昌市及周边地区群众对更高医学技术的美好需求。

宜昌市妇幼保健院自 2013 年和宜昌市计划生育技术服务中心合并后，人员编制和工作职能均大幅增加。为了医院自身的进一步发展，新建妇幼保健院已经迫在眉睫。但仅凭医院的能力完全不足以建设一个新医院，且由于近年国家禁止政府融资借贷，政府财政资金也捉襟见肘，人福医药雄厚资金资本的支持对于医院来说无疑是雪中送炭。

二、合作模式及双方权利义务

人福医药与原宜昌市卫生和计划生育委员会属于股权合作性质。在保持宜昌市妇幼保健院非营利性和独立事业单位法人不变的前提下，人福医药与原宜昌市卫生和计划生育委员会共同组建成立医院管理公司，重组宜昌市妇幼保健院资产债务，并成为宜昌市妇幼保健院举办人。原宜昌市卫生和计划生育委员会通过宜昌市财政经济开发投资公司以医院所有资产（经双方认可的第三方机构评估作价 18 008.96 万元）出资，持有医院管理公司 34% 的股权。人福医药投资人民币 5 亿元，持有医院管理公司 66% 的股权，用于医院管理公司注册资本金及宜昌市妇幼保健院院区建设项目资金。医院管理公司注册资金为 52 967.53 万人民币，享有宜昌市妇幼保健院的所有权和监管权，并设立董事会和监事会。董事会由 7 人组成，其中人福医药提名 4 人、原宜昌市卫生和计划生育委员会提名 3 人；监事会成员由宜昌市妇幼保健院提名产生。宜昌市妇幼保健院在医院管理公司的监管下实行院长负责制。

至 2018 年初，双方合作进入中期阶段，在新院建设期间约定的双方权利义务如下。

人福医药的权利：持有医院管理公司 66% 的股权。

人福医药的义务：负责出资建设宜昌市妇幼保健院新院区，按照原宜昌市卫生和计划生育委员会的规划要求，优先按照宜昌市妇幼保健院业务工作需要进行设计、施工和使用。保证新院区第一期工程于 2015 年 12 月底前开工建设，2018 年年底前投入使用；第二期工程于 2020 年底投入运营。合作期间，人福医药未经对方同意不得单方面要求退出合作，若因其单方面退出而对医院管理公司和宜昌市妇幼保健院运营造成经济损失的，人福医药必须承担对医院管理公司和宜昌市妇幼保健院的全部赔偿责任，并按人福医药实际投资总额的 20% 承担违约金。

原宜昌市卫生和计划生育委员会的权利：持有医院管理公司 34% 的股权。在合作期间，若因人福医药原因而对医院管理或医院运营产生重大影响，有权提前终止合作，并由人福医药承担赔偿责任。

原宜昌市卫生和计划生育委员会的义务：在医院建设期间，每年对建设实施情况进行评估。合作期间，未经对方同意不得单方面要求退出合作，若因其单方面退出而对医院管理公司和宜昌市妇幼保健院运营造成经济损失的，必须承担对医院管理公司和宜昌市妇幼保健院的全部赔偿责任，并按其实际投资总额的 20% 承担违约金。

由于宜昌市妇幼保健院新院 2018 年底才能投入使用，在笔者调研时的重组协议及医院管理公司章程中并未涉及新院正式运营后双方权利义务的分配。笔者通过调研分析后认为新院运营后权利义务分配的焦点将存在以下几个方面：其一，人福医药能否参与宜昌市妇幼保健院的运营管理；其二，人福医药能否获得宜昌市妇幼保健院药物、器材的优先配送权；其三，人福医药能否获得宜昌市妇幼保健院物业、后勤管理权；其四，人福医药能否从宜昌市妇幼保健院建立的高端月子中心等自费项目中获得收益；其五，宜昌市妇幼保健院能够获得宜昌市政府的哪些财政补贴、税收、医保等方面的政策优惠等。

三、现阶段盈利方式分析

宜昌市妇幼保健院为非营利性医疗机构，根据我国现行法律政策的规定，非营利性医疗机构的收支、结余不能用于投资者回报，也不能为其职工变相分配，所有利润和盈余只能投入到机构的再发展中，用于购买设备、引进技术、开展新的服务项目或向公民提供低成本的医疗卫生服务。因此在新院投入运营后，医院管理公司不能够获得宜昌市妇幼保健院的营利分红。

笔者在调研实际中获知，按约定新院正式运营之后，宜昌市妇幼保健院每年会从其营业收入抽取一定百分比（该百分比具体数额暂不明确，但并不高）的收入额作为医院管理费交至医院管理公司，同时明确约定该笔医院管理费必须用于医院的发展，人福医药无权获得该笔管理费用。

医院管理公司是否有权收取宜昌市妇幼保健院交纳的医院管理费暂时还没有明确的政策法规给出答案，但是笔者参照公立医院的托管改革中管理费用的收取后认为：该笔管理费的收取并不是医院营利的分红，且有利于医院的后续发展，具有一定的可行性。

在新院建设阶段，人福医药和医院管理公司具体该如何盈利暂不明确，但根据方正证券的研究报告可知，未来医院管理公司可能从供应链管理业务、医院管理业务和衍生业务三项业务方面获得盈利，并分别对应短、中、长三个阶段的盈利模式。其中，供应链管理业务即给医院提供药品采购、器械耗材采购、医疗设备融资租赁等，是立竿见影的盈利来源；医院管理业务即向医院收取管理费，人福医药会通过向医院提供后勤、采购、物业管理等收取管理费；衍生业务方面，人福医药将在医院附近建设康复中心、辅助生殖、护理咨询等业务，是远期的盈利来源。

为此，医院管理公司建立了两家全资子公司，其中宜昌人福妇幼健康管理有限公司开展健康管理咨询信息服务、产妇产后康复护理服务、婴儿护理服务、婴幼儿早教服务、护理咨询服务等非诊疗服务；宜昌市妇幼保健有限责任公司则在取得相关有效许可或批准文件后开展诊疗服务。

重组之后的宜昌市妇幼保健院由院方负责人才的招聘、管理，存量医护人员仍保持事业单位编制，工资、福利待遇不变，同时享有80个新增编制名额用于人才引进，原有的154个事业单位编制以"退一减一"的方式处置，在最大程度上保证医护队伍稳定。

宜昌市妇幼保健院官网显示，新建后的宜昌市妇幼保健院占地面积达2.6万多平方米，规划建筑面积8万平方米，开设病床达到800张，是原有规模的10倍左右。此外，新建医院将从现有的产科、妇科、儿科、新生儿科等20多个科室增加到40多个一级业务科室，从现有的产科、妇科、儿科、新生儿科4个病区增加到内科、外科、五官科、ICU等10个病区，成为集医疗、保健、康复、急救服务为一体的具有综合医院功能的现代化三级甲等妇幼保健院。

四、重组过程中遇到的问题

此次重组谈判是在原宜昌市卫生和计划生育委员会与人福医药之间进行的，双方只签订了一个框架协议，宜昌市妇幼保健院并未实际参与到协商谈判中，因此对于重组后的宜昌市妇幼保健院的很多细节问题并没有明确详细的规定，医院的需求也没有得到体现。例如，新院建成后老院该如何处置，人福医药是否能够参与医院的管理，人福医药是否享有医院的物业、后勤管理权利，医院亏损后的处置办法等一系列重要问题目前都还没有明确的规定，只能等待后续进一步的协商谈判。权责不明确容易在具体的合作建设中产生纠纷，不利于妇幼保健院的后续发展。

虽然重组后的医院仍然保持其非营利性质和独立的事业单位法人地位不变，但由于社会资本的注入，宜昌市妇幼保健院不再是一个纯粹的公立医院，目前对于医院的性质定位仍然没有一个准确的答案。在实践中，宜昌市妇幼保健院不能被宜昌市政府以同等的公立医院地位对待，在医保、财政补贴、人员编制方面的支持力度明显弱于其他同级别的公立医院。例如，根据相关政策规定，公立医院应降低药品价格来保障民生，同时政府会对这些降价的公立医院进行20%的补贴，而在2017年的财政补贴中宜昌市妇幼保健院只获得了应收的20%补贴中的34%，剩下的66%宜昌市政府提出应由人福医药来支付。

另一个重要问题是，尽管新的宜昌市妇幼保健院不再是一个纯粹的公立医院，但其仍然要按照以往公立医院的模式进行管理，不能够完全引进新的、科学有效的、市场化的管理机制。例如，对于包括绩效工资、职称在内的职工的管理仍然要按照人力资源和社会保障局的规章政策来进行，按照职工职称来发放工资，而不能按照工种、工作内容发薪，这种僵化的管理机制打击了职工的工作积极性，阻碍了医院的进一步发展。

虽然相关报道指出医院管理公司的盈利可通过将来的自供应链管理业务、医院管理业务和衍生业务三项业务实现，但是这些盈利方式目前还停留在一个预设阶段，该如何操作、相应的保障措施、政策支持、时间规划、回报率有多少等具体的问题在框架协议中并没有得到明确的体现，在一定程度上打击了药企继续投资公立医院的积极性。

此外，本次重组建设时间跨度长达5年，金额高达5亿元，涉及多方，具有决策程序复杂、后期整合难度大等特点，可能存在因宏观经济形势、市场容量、工程质量、投资成本等发生变化而导致的风险。对于人福医药来说会对项目投资期、投资回报和预期收益等产生影响，对于宜昌市政府来说更是面临国有资产流失甚至毁坏政府声誉的风险。

在政府与社会资本合作中，经常会出现一些地方政府只起到联系社会资本，而未关注后续发展的情况。

五、合作模式完善对策思考

合作进程中，原宜昌市卫生和计划生育委员会和人福医药应在充分听取医院需求的前提下，进一步充实框架协议的相关内容，制定具体的医院管理公司章程，明确相关方的权利、责任和义务。

在此次重组过程中，必须明确宜昌市妇幼保健院依然是一个非营利性事业单位、公共卫生机构。要想保持其非营利性性质，提高其为社会提供医疗服务的能力，在医保、人才引进、财政保障等方面必须获得宜昌市政府相应的政策支持，不能因为引入了社会资本而忽视其作为一个公益性医疗机构的地位，差别对待，对于其应有的政策支持应落实到位。

重组之后的宜昌市妇幼保健院仍然没有改变其原有的管理模式，这阻碍了其进一步发展。政府应该进一步解放思想，明确政府的"守夜人"身份，把宜昌市妇幼保健院的经营管理权下放给医院管理公司，让医院管理公司来指导医院的管理经营，使医院能够引进科学有效的市场化管理机制，改变医院旧有僵化的管理模式，提高医院职工的工作积极性和工作效率。

人福医药在此次宜昌市妇幼保健院重组建设中投入资金高达 5 亿，在新院建设进入中期阶段时，其投资回报却极其模糊，仍停留在初步探索阶段，没有在框架协议中得到体现。因此进一步考量、协商人福医药的投入回报，在协议中明确医院管理公司对于供应链管理业务、医院管理业务和衍生业务三项业务具体操作方式。

医院重组建设的根本在于提高宜昌市妇幼保健院医疗服务的能力，其中的关键步骤就是要大力引进医疗服务人才，提高医疗服务水平，并加强对医院职工的管理和业务水平的培训力度，开展专科服务建设，提高服务质量，注重品牌培育，吸引更多患者前来就医，只有这样才能在源头上减少恶性医疗纠纷事件发生的可能。

原宜昌市卫生和计划生育委员会享有医院管理公司 34% 的股权，该部分属于固有资产，为避免国有资产的流失，保障宜昌市妇幼保健院持续发展，应积极引进第三方评估机构定期对医院进行资产评估，及时有效地了解运营状况，参考第三方评估结果对医院的实际管理进行调整，提升医院的品牌信誉，确保国有资产的增值。

第八节　案例分析三：海南第一投资控股集团投资混改 海南省肿瘤医院项目[1]

　　在国内新医改背景下，PPP 作为公立医院改革的一种新模式呈现出快速发展的势头。PPP 模式引入私有资本参与医疗基础设施建设，通过参股控股、购买医疗服务等方式整合国有资产与非公资产，既能为社会投资者带来收益，又保证医院的公益性质，为社会提供更加先进、优质和高效的医疗服务。

　　当下，我国颁行《卫健法》，旨在筛选真正具有"公益性"的企业资本促进卫生事业发展。对于陷入经营困境的公立医院，既然地方财政无法拨出预算支持其发挥最佳的社会效益，不如允许私营资本参股、控股，国有资本或直接退出医院管理，或凭借原有的政策、无形资产、技术人才重新立住脚跟。据相关文献，此种情形下，大部分改制的医院服务质量和运营效益都存在不同程度的改善。本节旨在通过梳理海南省肿瘤医院的建设历程，探究混合所有制医院改革的发展脉络和前进方向。

一、海南省肿瘤医院建设背景

　　长期以来，海南省一直没有优质的肿瘤专科医院，肿瘤医疗基础薄弱，"肿瘤疾病的预防、治疗和康复，在海南都是弱项，很多肿瘤患者不得不出岛四处求医"。解放军总医院海南分院副院长高继河说，他先后在解放军总医院和海南分院工作过，对海南省医疗事业的发展比较了解。海南省作为国内仅剩的两个无肿瘤专科医院省区之一（另一个为西藏自治区），肿瘤诊疗需求与供给之间矛盾十分突出。直至 2015 年，海南省全省肿瘤防治体系尚未完善，肿瘤监测工作启动较晚，监测覆盖人群不到总人口的 1/2，肿瘤筛查/和早诊早治工作有待提高，肿瘤疾病诊疗水平亟待提高，防与治工作脱节，宣传力度不足，各市县对肿瘤工作重视度不够，群众防治意识薄弱，严重影响癌症的预防、发现和治疗。

　　上述尖锐矛盾直至 2015 年末海南省肿瘤医院落地建成才得到极大的缓

---

　　[1]　邓勇："海南省肿瘤医院：混合所有制下的发展样板"，载《中国医院院长》2022 年第 5 期。

解。2015 年 12 月 25 日，由政府主导、海南第一投资控股集团有限公司（以下简称"海南一投"）投资 22 亿元建设的海南省肿瘤医院，在海口西海岸之滨正式开诊迎接患者。据海南省肿瘤医院官网数据显示，海南省肿瘤医院属于非营利性二类公益事业单位，其用地面积 104 153 平方米，设置床位 1200 张，分两期建设，一期床位 800 张，二期床位 400 张。在 5 年多的发展中，海南省肿瘤医院软硬实力不断增强，从国内外聘请了大量专家学者、知名医生，建立了强大的肿瘤团队，耗资 5 亿元引进 1400 余套肿瘤诊疗设备，共设置了 58 个肿瘤专科科室，新发展术中放疗、介入治疗等 50 余项高尖技术弥补海南肿瘤诊治空白。许多优秀人才、医疗专家主动放弃原先在三级甲等公立医院的"铁饭碗"，投身肿瘤医院建设，如董文教授入职仅 3 个月便打破了省内的三项治疗记录。

作为全省最好的肿瘤防治机构，海南省肿瘤医院填补了海南省没有肿瘤专科医院的空白。同时，该院承担起海南肿瘤防治体系建立的重任，设立海南省肿瘤防治中心。自成立以来，这个"民生工程"展现出强劲的生长力量，为当地民众带来健康福祉。该院在成立后曾多次联合基金会、海南省妇女联合会等组织，为贫困妇女、环卫工人进行"三癌"筛查义诊，并在多个地区设立社会门诊部门，同时与肿瘤防治服务站建立合作关系，肿瘤专科医生走进乡镇社区，科普防治知识，为民众宣传教育，仅 2016 年、2017 年两年就组织义诊 60 余次，开展健康讲座 20 余场，还被评为 2017 年的"健康促进与教育优秀实践基地"。自 2016 年以来，海南省肿瘤医院先后派出 200 余支义诊队伍，深入海南省每一个角落，受益群众达百万人。从 2019 年起，海南省肿瘤医院便承担了国家城市癌症早诊早治项目，为 45—74 岁的海口市常住户籍居民提供免费筛查肺癌、乳腺癌、肝癌等 5 种常见癌症的医疗服务。海南省肿瘤医院不仅建设快、技术精，而且社会服务也紧跟硬件设施。由此可见，海南省政府与南海一投共建的混合所有制医院，既承担了大量的社会责任，又改善了海南省的医疗业务水平。

二、海南省肿瘤医院建设历程

在办医形式上，海南省委、省政府积极响应国家促进社会资本办医的号召，明确决策，实行混合所有制，由社会资本投资控股，医院确定为非营利性事业单位。投资海南省肿瘤医院的社会资本方是海南一投。海南一投创立于 1988 年，注册资本为 15 亿元人民币，现已发展为专注于大健康产业的投资集团，投资项目广泛分布于多个省、直辖市。

在国家支持社会资本办医的大背景下，又恰逢海南省准备建设肿瘤专科医院，正谋求转型的海南一投对肿瘤医院项目兴趣浓厚，审慎考量后，一脚趟进了这条"摸着石头过的河"。董事长蒋会成立志要倾全集团之力，投资 22 亿元，打造一座国际一流的肿瘤专科医院。"海南不缺五星级酒店，缺肿瘤专科医院。"蒋会成说，"解决海南肿瘤患者'看病难'问题，建一家突出社会效益的肿瘤医院是我们最好的选择。我们的目标是把海南省肿瘤医院打造成社会办医的全国标杆。"截至目前，海南一投已于 2015 年建成海南省肿瘤医院，2018 年建成博鳌超级医院等数家医院、医疗综合体。

在医院建设的过程中，海南省各级政府予以政策支持。海南省委、省政府和海口市委、市政府对海南省肿瘤医院建设全力支持，将其列为省市共建重点工程，主动做好各种行政服务。仅以 2015 年为例，为保证医院在年底开诊营业，海南省政府将其列为"十大为民办实事项目"之一；时任海南省委书记的罗保铭、省长刘赐贵多次对海南省肿瘤医院做出批示，明确要求医院建设要在体制创新、惠民服务、人才引进、政府购买服务等多方面认真探索，为全国的医改探路；海口市领导也常到海南一投、海南省肿瘤医院调研，现场办公，解决医院建设中遇到的各种难题；海南省卫生行政部门积极为医院行政审批项目等开设绿色通道，支持其向金融机构贷款；海南省药品监督管理局为国外新药率先落地给予全力支持；海南省财政厅和海口市政府将医院列为 PPP 项目首批试点单位，提供了贷款贴息；等等。

可以说，海南省几乎是举全省之力支持海南省肿瘤医院的建设。正是由于政府及各个部门的支持，项目的建设大大提速，从开工建设到正式运行只用了 2 年 1 个多月的时间，医院顺利建成并成为全省医保、新农合定点医疗机构和海南省民政厅肿瘤大病救助指定单位。

三、医院建设不乏亮点

(一) 凸显人文关怀

如前文所说，人，是海南一投的第一投资，医院，是治病救人、重塑人体健康的场所。秉承这一核心理念，海南省肿瘤医院的投资建设立足于高点，将其定位为集医疗、科研、教学为一体的对标国际标准的现代化肿瘤医院，且该院的设计着眼于人文关怀，用先进的技术、体贴的细节、顶尖的设计来保证人文关怀的实现。

为了找到最好的设计方案，海南一投进行全球公开招标，最终有 60 年历史的美国坤龙建筑设计公司中标。这家公司在全球设计了圣母玛利亚医院、阿卡迪亚医院、华盛顿大学医学中心等数十家医院、医学研究中心，其注重人文关怀的理念正与海南一投的核心理念吻合。"先进的技术、先进的设备只是我们的手段，不是目标，我们的目标还是人！我们最终关注的也是人！"海南省肿瘤医院业务副院长刘韦淞说，坚持做顶尖设计方案，就是为了凸显医院的人文关怀。

"单从硬件建设比较，海南省肿瘤医院可以和世界任何一家最好的肿瘤医院相媲美。"美国荷美尔肿瘤研究院院长董子钢称赞道。海南省肿瘤医院按国际先进标准设置肿瘤专业学科，有 17 个内科科室、18 个外科科室、9 个医技科室、4 个放疗科病区、9 个综合科室。全院共拥有医疗设备 7976 台，各科室配备了分子检验、分子病理实验室和 PET-CT 等高水平形态学诊断设备以及多元手术室、直线加速器等先进的肿瘤治疗装备，配备了正电子体层扫描机、磁共振仪、螺旋 CT、直线加速器以及肿瘤实验室检测仪器等各类先进的肿瘤诊断、治疗设备 1400 余台套，其中 40% 高端医疗设备为海南首次引进，这些医疗设备有助于准确、有效、高防护地为肿瘤患者实施手术，以利于肿瘤预防和早诊断、早治疗。

（二）注重人才队伍建设

海南省肿瘤医院在注重硬件投入的同时，还十分重视人才队伍的建设。"人才是医院的灵魂"，蒋会成为此忧心如焚。为了海南省人民的健康，确保开院后能为海南省人民提供优质的医疗服务和专业诊疗水平，医院尚在筹建时，海南省委、省政府就出面牵线搭桥，将我国肿瘤学科发祥地之一，也是国内规模最大的肿瘤防治基地——天津市肿瘤医院与海南省肿瘤医院的"手"握在了一起，二者建立了全面的战略合作关系，开诊前即已派出 200 余名医护人员前往天津进行了一年多的培训。

在政府的支持下，海南省肿瘤医院向全国发出百万年薪招聘学科带头人的征集令，中国医学科学院首席科学家、国内腹部肿瘤学科泰斗、74 岁的邵永孚受邀出任业务副院长。随后，曾参与多项美国国立卫生院肿瘤研究课题、曾在弗吉尼亚大学肿瘤中心和华盛顿因诺瓦（Inova）医疗系统微创外科中心从事外科工作、有超过八千例手术经验的肝胆外科专家李铎也来到海南省肿瘤医院。在首批专家聘任仪式上，院长王铁林多次强调医生是医院立院之本。目前，海南省肿瘤医院已经拥有几十名专家组成的骨干团队，目标就是要打造一个为全民提供高品质医疗服务、具有国际先进水平的肿瘤专科医院。

同时，海南省肿瘤医院还与海南医学院合作，建立海南医学院附属肿瘤医院，提高海南省肿瘤学临床科研、医疗技术的整体水平。此外，海南省肿瘤医院还牵手欧美等多所一流医疗机构，开展远程会诊等合作，搭建起高水准、多元化、开放性的医院发展结构，迅速提升医院的医疗水平、办院理念。

（三）公益优先

作为一家非营利性医院，海南省肿瘤医院始终将患者利益放在第一位。为了让普通患者能够看得起病，海南省肿瘤医院与省内各市县农村合作医疗管理委员会办公室以及大病保险承办机构签订新农合定点医疗机构及大病保险服务三方协议，成为海南省正式签订大病保险三方协议的首家医院。2016年11月23日，海南省肿瘤医院与信诺中国在海口签订合作协议，在海南建立首个健康商保直付系统，这意味着由信诺担保的患者，出院时像医保一样现场即时结算即可，不用按照传统的保险理赔流程，收集出院小结、费用明细等资料后再找保险公司理赔。依据海南省农村合作医疗协调小组办公室发布的琼农合〔2015〕23号文件，两项保险叠加起来，大病患者在省肿瘤医院治病可享受37万元的最高封顶报销额度。海南省肿瘤医院还给患者上了多重保险。

除新农合、城镇职工保险、大病保险外，海南一投还与海南省民政厅签署协议，在海南省肿瘤医院开展城乡居民肿瘤大病医疗救助，力争让每一个患者都能看得起病。海南一投还捐资1000万元设立成美肿瘤防治筛查基金，对肿瘤早发现、早预防、早治疗，尽可能提高治愈率，提升健康水平。2020年，国家重大公共卫生服务项目——海南省癌症早诊早治项目在海南省肿瘤医院落地，该项目旨在为海口市当地居民提供免费的常见肿瘤疾病筛查服务。

站在患者的角度来管理医院，医院创新之举符合患者利益，既为政府分忧，又为群众解难，才能得到政府主管部门的肯定和支持，得到患者和群众的认同。也只有这样，医院的发展才具有可持续性。

（四）投资模式上创新

一方面，建立一家肿瘤专科医院耗资巨大，光靠政府投入，颇为吃力；

另一方面，国务院连续多年发布红头文件鼓励和引导社会资本办医。在这样的背景下，海南省委、省政府创新思路，决定由实力雄厚、长期热心社会事业的海南一投来投资建设这家医院。海南省肿瘤医院的投资项目采用了"公立医院结合办医主体结合社会资本"的模式，是由政府主导、公立医院支持、社会资本投资建设而成的非营利性事业单位，也是海南省第一个政府引入社会资本建设的非公有制事业单位医院。医院建成后，也并非直接交由政府或其他公共部门运营医疗业务，而是由社会资本方进行实际控制、管理和运营，由政府方监督，但始终保持医院的事业性和公益性。这种政企结合方式，极大限度实现了政府土地资源、政策资源及其他资源与企业资本资源、管理资源等的融合，实现了双赢。

（五）新颖的管理体制机制

在办医机制上，医院内部实行"社保+职业年金"的方式，医护人员的收入全部透明化，杜绝灰色收入，通过提高人员待遇、解决住房等方式，保障医护人员的养老福利不低于公立医院，避免以药补医等弊病。

在管理体系上，医院本着一级聘一级、一级管一级的原则，建立院、科两级管理体系，在全院统一行政管理前提下形成院与科的契约合同关系，开创了医院管理体制改革的先河。海南省肿瘤医院取消人员编制，一切以为患者服务的效果为考核标准，所有人能进能出、能上能下、优胜劣汰，最大限度地激发团队的生机与活力。

海南省肿瘤医院实行理事会领导下的院长负责制，并实现了全部员工"事业单位身份、行政无级别、全员聘用制"的开创式体制改革，是海南省乃至全国医院管理体制机制改革的重要创举。在运营体制上，海南省肿瘤医院建立了现代医院管理制度，实行理事会领导下的院长负责制，理事会负责调配资源、牵头引导，院长负责医院的业务管理、运营控制，并组织医院管理、运营团队。

长期以来，公立医院的编制问题是医药卫生体制改革难以撼动的一个难点，海南省肿瘤医院取消人员编制与财政补助挂钩的核算方式，改为以事定费、购买服务、专项补助相结合的财政补助机制，这样一种体制机制，可以称为公立医院改革借鉴的破冰之举。不设编制的非营利性事业单位，这种定位就是一种了不起的创举。这样一种改革举措，按照现行政策，可以对非营利性医院免除税收，同时允许拿出部分盈余用于分红。由于成本降低，即使硬件高端，其医疗服务也能普惠到群众。

（六）"互联网+"战略

作为一家社会资本控股的医院，海南省肿瘤医院立足长远，利用先进的互联网大数据技术，搭建起高水准、多元化、开放性的医院发展平台，即"医院+科研+培训+健康产业"，集产、医、研、学一体的社会共享的大平台，既使互联网的优越性得到较大程度的体现，也极大拓展了医疗市场的广度和深度。

海南省肿瘤医院还与阿里巴巴等大型电子商务公司合作，通过"实体医院+虚拟医院"的模式，设立未来医院，建立电子病历，以全省肿瘤疾病三级防治体系为基础，为海南所有肿瘤患者设立电子档案，实现就医、医药配送流程智能化，实现医生和患者在线互动交流，改善医患关系。

（七）收入分配政策创新

对于一家设施高端、医疗服务高水平却又普惠大众的非营利性医院，投资者如何取得回报是个问题。早期在《关于城镇医疗机构分类管理的实施意见》和《关于进一步鼓励和引导社会资本举办医疗机构的意见》中规定，非营利性医院的运营结余或所得收入只能用于医疗机构自身的发展，不得用于分红或变相分红。随着社会办医如火如荼地展开，越来越多的公立医院参与到混合所有制改制的大队伍中，它们获得了充足的资金、革新了陈旧的管理体制，但社会资本方却苦于无法名正言顺地取得收益。

2015年国务院办公厅颁布《关于促进社会办医加快发展的若干政策措施》，鼓励地方探索建立对社会办医的激励机制，同年海南省政府也发布《关于进一步支持和引导社会办医的意见》，紧跟中央步伐。随后，包括云南、河南、福建、江西、河北在内的多个省市发布相关意见表示：非营利性医疗机构在扣除办医成本、预留发展基金以及按国家规定提取其他必要费用后，出资人可从办医结余中取得合理回报。加之政府对非营利性医院的税收和费用减免、土地支持、抵押贷款等政策，社会资本方有能力在普惠大众的同时获得合理补偿。海南省也不例外地按照有关实施办法和意见吸纳社会资本办立非营利性医疗机构，并在结余中按比例予以投资公司一定回报。

四、回顾与展望

海南省肿瘤医院的办医模式体现了海南省在办医体制机制方面的创新和

突破。这种模式既有别于传统的社会资本参与公立医院改革模式，又不属于业务托管型模式——即由社会资本方购买经营权进行实际决策和运营。由政府主导，社会资本建设、运营、管理，从海南省肿瘤医院开始筹办，到其成为海南省肿瘤防治不可或缺的一员，为肿瘤患者带来先进技术和福音的今天，这一模式已经取得显著的成效。

然而，现阶段的医院混合所有制改革仍然存在亟需解决的问题：一是合作办医数量在政策推动的十年中已经出现了大规模的增长，但探究现行有效的实体法律，仅有《卫健法》中存在原则性规定、禁止性规范和倡导性规定，相关法律体系仍待有关部门完善，例如，明晰办医主体的性质、改制后的产权制度、管理人员的股权架构、医务人员多点执医等问题仍然缺少相关规定。二是政策方面对社会资本获取收益回报的方式规定得过于严苛，这不利于提高社会资本参与公益性办医的积极性。未来可以在建立配套的监督机制前提下，确定投资企业参与改制方式、范围以及资产结余分配的方式。三是公益性是公立医院的根本属性，但随着医药卫生体制改革的不断深入和医疗服务行业环境的变化，医院需要学习和借鉴现代化企业的经营管理方式，促进生产效率提升，提高自身竞争力。然而，政府福利性与市场趋利性的冲突造成了医院公益性与生产性的不协调。改制过程中许多医院丧失公益性，从公立机构沦为逐利工具，这与公共卫生的宗旨相悖。萧庆伦教授曾警告："若私立医院的诊疗人数所占比例从当前的10%升至20%，将加剧医疗服务质量的贫富差距。"因此，合作办医在优势互补的同时必须坚持贯彻好医院的服务精神和公益性质。

政府的大力支持和政策法律的倾斜预示着社会资本办医越来越被公立医院和投资企业所看好，在该趋势下，发挥长处、革新缺陷是当务之急。回归办医实践，诸如海南省肿瘤医院、首都医科大学三博脑科医院、徐州市第三人民医院、浙江省义乌天祥医疗东方医院等案例数不胜数，本节所讨论的海南省肿瘤医院作为一项成功的 PPP 项目，其办医实践也必将为其他公立医院改革提供借鉴和经验，为社会资本开办医疗机构开辟道路。

第九节 案例分析四：洛阳市公立 医院改制项目[1]

公立医院产权制度改革是医疗机构机制改革中的重要问题，本节内容以洛阳市公立医院改革为研究对象，先介绍该市从 2010 年开始引进社会资本进行公立医院产权制度改革，于 2017 年又将医院产权收回的改革历程，据此分析洛阳市公立医院引入社会资本进行产权制度改革的动因，剖析后续由于政府发挥管理职能、政策环境改变、欠缺成熟的市场经济体制、改革效果不明显等原因而再次回归公立医院的情况，并且提出回归后遗留的医院性质不明、资方意愿不明等重大问题，以此为鉴，总结提出可供参考的公立医院改革和建设的原则，以促进我国医疗卫生事业的发展。

2010 年，洛阳市被卫生部等五部委确定为我国首批公立医院改革试点城市之一，同时也成为河南省唯一一个国家级试点城市。按照全市统一部署，自 2011 年 1 月开始，洛阳市中心医院、洛阳市妇女儿童医疗保健中心等 14 家市属公立医院先后进行了产权制度改革，由政府办公立医院改为民办非营利性医院，洛阳市成为公立医院市场化改革的一员"猛将"。

然而在 2017 年，洛阳市吹响了再度回归公立医院属性的号角。据了解，2017 年 9 月、2017 年 12 月和 2018 年 10 月，洛阳市立医院、洛阳市妇女儿童医疗保健中心和洛阳市第三人民医院（原铁路医院）先后开启了恢复公立医院身份的进程。后续洛阳市中心医院等也先后回归公益属性，如今洛阳市已经恢复了公立医疗机构主导当地医疗市场的格局。

本节将回顾"改制先锋市"——洛阳公立医院从产权改革到如今重回"政府怀抱"的历史进程，探究其改制与回归的缘由。

一、洛阳市公立医院改革动力分析

（一）改革外在动力分析

第一，优质医疗资源不足、分布不均。回望 2010 年的中国，当时中国的

---

〔1〕 王家榆、邓勇："洛阳市公立医院产权制度改革历程考察与思考"，载《中国医院院长》2022 年第 16 期。

医疗产业普遍存在优质医疗资源不足、分布相对不均的问题，由此产生的"看病难""看病贵"社会现象更是成为亟待解决的民生难题。究其原因，一方面是由于医疗资源过度集中，部分公立医院负担过重；另一方面则是由于城乡资源配置不平衡，城乡二元经济差异导致城乡居民人均收入差距偏大，造成城乡居民公共服务水平差距悬殊，疾病和后续的治疗更是成为中国农村居民致贫或返贫的主要原因。

第二，政策鼓励与支持。20世纪80年代以来，改革开放为中国发展注入了新活力，整个社会发生翻天覆地的变化。然而，医疗领域的改革却在"春风"下停滞不前，政府因此相继出台了一系列鼓励社会力量参与公立医院改革的政策。政策上的鼓励与支持使得公立医院在当时备受追捧，社会资本蜂拥而至。宏观上，卫生政策的支持为医院产权制度改革创造了条件，排除了一些改革进程中非市场性因素的障碍。因此，尽管参与改制过程中困难重重，但面对中国数亿人的看病需求，所有资本都认为这是个决不能错过的"商机"，依旧接踵而来。

第三，公立医院的产权制度改革具有诱致性特征。诱致性改革即在寻求由制度不均衡创造的利益时所进行的自发变迁。根据定义可知，诱致性改革的根本原因就在于制度不均衡。结合我国国情，计划经济架构下建立的公立医院产权制度安排也出现了制度不均衡——一方面表现为公立医院的低效率，另一方面则表现为医疗行业的高利润。社会各类资本则敏锐地注意到此种制度不均衡所带来的潜在利益，故而出现了各种民间资本以投资建立新的医疗机构、参与公立医院产权制度改革等形式进入医疗市场的现象，洛阳市社会资本积极参与公立医院改制也不例外。

（二）改革的内驱力

纵观我国公立医院的建立、发展和改革，其演变历程与相关制度安排的出台、完善与变更过程息息相关，政府财政补偿则是其控制与管理公立医院的核心手段。然而，随着我国经济社会发展，激增的人口数量和攀升的医疗服务需求使得政府难以承担由政策性低价导致的对医院亏损的补偿责任，造成政府对公立医院的财政补偿占比日趋下降。从政府全面保障阶段（1949—1984年）到自主化办医阶段（1985—1991年），再到市场化改革阶段（1992—2008年），政府通过实践逐步明确了将医药卫生体制引入市场机制的改革方向，逐步放松对医疗服务供给的管制，占据垄断地位的公立医院在政府"松绑"和财政补贴缺失中开始自负盈亏。而正是由于医院运行成本显著上升，追逐"经济效益"成为公立医院的最优选择。因此，开展新一轮医药卫生体制改革，"破除公立医院逐利机制，落实政府领导责任、保障责任、管理责任、监督责任"，充分发挥市场机制作用，将社会力量引入公立医院改革，建立新的可持续发展机制，促进公立医院营利行为转变，已成为当务之急。

二、洛阳公立医院回归原因分析

(一) 当地政府责任的体现

政府作为公立医院的主办者，理应承担领导、管理、保障和监督的责任。然而，在实践中，这四项责任却难以全面落实。因此，部分公立医院虽然表面姓"公"，但实际上是营利性医院的情况不在少数，很多医院的主要部门被外包出去，变成了一种营利活动。虽然公立医院改革充分调动了职工积极性，提高了患者对医疗卫生服务的综合满意度，但公立医院改革仍存在诸多问题，如医院陷入劳动争议、套用不符实际的改革模式等。同样，洛阳市公立医院回归并不是由于先前的改革失败，但不可否认的是社会办医疗机构的确存在很多问题，政府为解决由改革引起的问题再次收回改制的医院正是其承担管理责任的体现。

(二) 公立医院回归公益属性已经定调

以公共筹资为特征的医疗卫生体制的确曾被视为一种制度优越性，并取得了良好的社会效益，其能够"集中力量办大事"，在短期内解决民众最基本的医疗需求问题，但也由此带来了严重的负面影响，例如，医疗资源过度集中、公共医疗资源配置低下、共有产权异化等。为确保实现 2019 年卫生健康改革发展新目标，政府明确提出要拓展深化公立医院综合改革，让公立医院成为人民群众提供基本医疗卫生服务的主力军，必须坚持政府举办，落实政府办医责任。河南省卫生健康工作会指出：2019 年公立医院改革步伐要加快，但不是改制，各地市以及县级公立医院已改制的要收回，无法收回的要新建。一方面，政府采取的上述举措表明，随着公立医院改革经验的不断积累，政府对改革的方向和含义更加清晰，公立医院改革不能将医院一卖了之，即医疗卫生事业的公益性不能变；另一方面，政府对公立医院深化医药卫生体制改革的财政支出也在增加，为民营非营利性医院回归公立医院创造了有利的社会环境。

（三）欠缺成熟的市场经济体制条件

我国医院产权制度改革受阻的部分原因是缺乏成熟的制度环境和市场经济体制。由于政府的宏观调控政策没有跟上公立医院采取的放权让利"搞活"、减少财政补助、鼓励竞争的步伐，即政治体制与经济体制改革缺乏有效互动，原有医疗机构的分级分工医疗制度受到冲击，公立医院转而以扩大市场为核心，各医疗机构之间指导、互补、协作关系日益淡化，造成医疗市场化进展的复杂与艰巨。

（四）社会各子系统的限制

公立医院作为当前医疗体系的主体，其产权制度改革的方向、方式、进程不仅受到自身特殊性的制约，还受到社会各子系统发展的影响。以就业压力增大为例，由于逐利性资本参与改制，为了提高劳动生产率，部分改制后的医院往往采取削减冗员、外包药房、压榨一线医护人员等措施，导致隐性失业人口显性化，造成医务人员流失、就业压力增大等问题。但是，与民营医院相比，公立医院最大的优势就在于人才资源，因此改制后医院的发展必然依赖于人力资源的开发与利用，政府需要发挥社会资本所不具备的能力，与医务人员进行有效沟通，及时缓解和疏导由改革所带来的压力，积极解决医院管理经营中人事制度瓶颈（养老保险、职称评定等），维护职工合法权益。

（五）"一改就灵"的现实碰壁

各级各类医院在社会体制改革中处于不同的地位和阶段，有着不同的社会责任和社会角色，因此改革需要"因材施教"，不是所有的医院都要进行或适合进行产权制度调整。此外，产权制度改革只能在一定程度上强化医院管理，促进医院发展，不能取代医院管理等基础性工作，"一改就灵"的天真想法早已在现实中碰壁。以许昌市第二人民医院改制为例：2016 年许昌市第二人民医院改制后，其性质发生转变，从公立医院转变为现今的民营医疗集团，但这样的转变并没有实现最初的蓝图，由于在市场上缺乏强劲的竞争力，该民营医疗集团举债过重、担保过多、扩张过度，2020 年骤然发生的新冠疫情更是成了许昌市医疗集团发展史上的分水岭，医院收入骤然下降，贷款利息无法归还，资金链断裂，各种买卖合同、融资租赁、借款合同纠纷不断。

（六）资本的逐利性与社会服务的公益性存在冲突

医疗卫生服务受限于自身的专业性、公益性等独特属性，难以调和与资本寻求利益的矛盾。医疗卫生是一个特殊的领域，一方面它是政府保障居民健康职责的体现，另一方面它也发挥着高效的作用。公立医院改革的目标是通过政府的宏观调控和干预，促进医疗资源的合理配置，提高服务效率，实现医疗服务的普及。然而，由于我国医疗卫生服务领域公共运营机制尚未完善，尽管公立医院本质上是公立的，其宗旨是服务于社会百姓，但是实际上，公立医院的运营仍需考虑盈利能力。因此，在社会资本参与公立医院改革后，占据医疗服务市场垄断地位的公立医院的庞大规模与有限的经济发展水平、财政承受能力之间的矛盾更加尖锐。由于财政投入低，相当一部分的公立医院仅仅保留着"公立"的外壳，内部运行机制却趋于失灵，公立医院的公益性质不断淡化。

三、洛阳市公立医院"回归"面临的困境

值得一提的是，尽管洛阳市公立医院在回归后似乎收获不少，通过恢复部分改制医院的公益属性，建立了一种新的运行机制以维护公益性、调动积极性、保障可持续发展，提高了全市医疗保障水平和健康服务水平，满足了群众基本医疗需求，但实际上改革后的"赎身"之路并不像想象的这般顺利。

（一）恢复公益性面临的限制

第一，政府更多投入的设想受挫。改制后的公立医院回归公益属性，并不意味着政府将完全承担医院在向患者提供医疗服务过程中所消耗的资源（成本）。相关人士分析，我国公立医院实施的是差额拨款，财政拨款占到医院收入的比例大约为10%，医院的企业化运营成为主旋律，医院需要在市场上竞争。

第二，公益性并不等同于优质医疗服务。医疗服务市场缺乏竞争可能造成医疗机构服务水平无法得到提升，效力和质量无法得到保障，最终无法实现推动医疗产业发展的长远目标。

（二）遗留的改革问题

公立医院改革后要回归政府"怀抱"，面临的严峻问题之一是应该如何收回以许昌市立医院为代表的无偿债能力的医院。部分学者认为，许昌市立医院收归国有的当务之急是推动以债务重组为核心的破产重组工作，使之能够

利用许昌市立医院的三级甲等资质吸纳产业资本。然而，许昌市立医院等的发展仍然涉及不少遗留的改革问题和政策的约束问题。

无独有偶，洛阳市中心医院曾因改制后又回归公立属性而被业内所熟知。中国裁判文书网公布了陈某泉、洛阳市中心医院合同纠纷二审民事判决书，解开了长达20年"合作办医项目"背后的问题。该判决书显示，2001年3月23日，洛阳市中心医院与陈某泉签订合作协议，协议约定陈某泉向洛阳市中心医院投资420万元，医院则在30年内依照约定比例从床位费、手术费、手术室药费等提成给陈某泉。而后十几年期间，双方不断签订新的协议，改变支付方式，而这几次协议内容的转变则涉及洛阳市中心医院的两次"身份巨变"以及《卫健法》的出台实施。2011年洛阳市中心医院拟从公立医院改制为民营股份制医院，意在终止和陈某泉之间的投资合作关系，并将陈某泉的投资纳入改制后的固定资产。2017年，洛阳市中心医院又恢复公益属性。2020年5月18日到7月18日，洛阳市委第五巡察组对洛阳市中心医院党委进行了延伸巡查，指出违规合作办医项目整改不到位，医院违反《卫健法》向出资人分配利益。显然，这一纠纷也属于遗留的改制问题：一方面，需要保障股东根据原先订立的投资合同取得的合法利益，解决合同纠纷问题；另一方面，需要明确医院的性质，确保其具有公益性。

此外，遗留的改革问题还涉及医院名称不规范引起的争议。在传统语境下，"人民医院""中心医院"等字样，往往代表着公立非营利性质的医疗机构。然而在河南省许昌市，许昌市第五人民医院等多家"人民医院"是私立医院，而有"人民"二字却让大众误以为其是公立医院。因此，2020年9月，国家卫生健康委员会和国家中医药管理局联合印发《关于开展"民营医院管理年"活动的通知》，要求规范使用医疗机构名称并标注《医疗广告审查证明》文号，洛阳市据此启动非公立医院禁止采用"人民"二字命名医院。

（三）拥有医院的资方意愿不明

尽管政府希望收回改革后的公立医院，加快推进公立医院综合改革，但在市场经济体制下，医院作为独立法人的自我意愿不可忽视。因此，在回归过程中，持有医院的资方是否愿意卖、多少价格卖都是值得关注的问题。

四、洛阳市公立医院改革引发的思考

洛阳市公立医院改制以及回归的经验对我国后续推进医药体制改革有重

大意义，笔者认为可以总结为以下七大原则。

（一）坚持公立医院公益性原则

公立医院改革的出发点是唤醒市场活力，通过市场调节机制谋求公立医院自身的发展，实现"自负盈亏"，但最终造成公立医疗机构公益性的缺失，医院利用与患者之间的信息不对称，诱导患者消费或者提高药品价格，实现医院正常运转。这严重影响了人们对医疗保健日益增长的需求，极大地破坏了医疗卫生领域的福利性和公平性。显然，改革并未实现其预期效果。因此，当前公立医院体制改革应始终坚持以人民健康为中心，牢固树立公立医院的公益性原则，将社会效益放在首位。

（二）坚持渐进式分类改革

从国外实践和我国的改革历史经验来看，放松对公立医院的直接管制，引入社会力量，引导市场竞争改革，符合医疗发展客观规律。但社会主义国家与公立医院之间存在着一种特殊的长期关系——隐合约关系，这种隐合约关系表现为一系列的承诺。例如，国家用就业保障和持续性投入交换医院效率以及医院对国有资产和居民健康的关注程度不低于自我劳动和自己资产的水平的承诺。一方面，尽管国家对医院缺乏有效监督或其他有效惩罚性对策（如允许医院破产倒闭等），公立医院效率低下，但国家倾向于回避因维持与公立医院的原有关系所造成的长期利益损失，而考虑立即"退出"的后果，不愿对公立医院进行突然的改变。另一方面，公立医院产权制度改革也不是一蹴而就的传统公立医院向私立医院的转变，而是一个循序渐进、不断完善的过程。以我国为例，虽然我国现行体制改革已进入深水区，但我国在公立医院产权制度改革领域仍然遵循"摸着石头过河"的改革模式。因此，渐进式改革是国家改革方式和策略的最佳选择。此外，在实践中，应当坚持分类改革的原则，依据国家和地方卫生资源体系规划的要求，结合各地不同情况，明确各级各类公立医院改革的主要方向。

（三）创新机制，强化制度安排与制度环境的耦合性

公立医院改革实质上是一个新体制的重建过程，其演进过程可以看作是公立医院与制度环境博弈的制度变迁过程。制度环境在很大程度上决定了制度安排的合理性与有效性，对制度安排的实施起到至关重要的作用。如果制度设计不合理，与制度环境的耦合性较弱，则交易成本较高；如果制度设计合理，与制度环境耦合性高，那么良好的制度环境将会成为公立医院健康运

行的外在动力。

（四）完善政府办医责任制度

第一，坚持诱致性和强制性相结合。从制度变迁动力学的角度看，制度变迁可分为诱致性制度变迁和强制性制度变迁。虽然政府是强制性变革的重要动力来源，但是政府仍能采取措施纠正诱致性变革中制度供给不足的问题，发挥不可忽视的作用。医疗卫生行业由于市场机制不成熟所导致的"市场失灵"和诱致性变革的外部性不足，必须借助政府的强制力进行产权制度改革加以矫正。如前文所述，国有医院产权制度改革具有诱致性，制度失衡所产生的利益吸引了社会各界资本积极参与改革。但由于一系列的待遇差异，如医疗保险制度、人事制度等，使得社会资本参与医院产权制度改革的进程举步维艰。因此，目前医院产权制度改革仍需政府结合诱致性和强制性两股变革力量加以实施。

第二，落实政府责任。在市场经济条件下，医院是独立的法人，对是否参与改革以及如何改革都有自身的意愿。然而，在当前体制转轨的背景下，公立医院作为社会公共部门的组成要素，尤其需要政府提供相关政策的指导，坚持政府举办，充分落实政府责任。政府必须清晰地认识到，医疗、医药领域是一个市场机制不成熟、市场规律失灵、特殊的民生领域，具有较强的专业性、隐蔽性和垄断性。政府要准确把握自身在办医领域的责任定位，坚持以人为本，把医疗、医药、医保作为人民的公共产品，充分发挥政府的主导作用，厘清职责，承担应有责任，即承担建设责任、管理责任和监督责任。

（五）建立现代医院管理制度

公立医院改革的目标是探索建立现代医院管理制度。2017年7月14日，国务院办公厅发布《关于建立现代医院管理制度的指导意见》，提出"权责清晰、管理科学、治理完善、运行高效、监督有力"的20字方针。建立现代医院管理制度的关键包括改革产权制度、健全法人治理结构、明确权责关系、探索管办分离的有效途径等，具体要求如下。

第一，管理科学化。各级各类医院应制定自己的章程，规范内部治理结构和权力运行规则，提高医院运行效率，健全以职工代表大会为基本形式的民主管理制度，推进院务公开。与公立医院相比，改革后的医院的领导层将面临更多来自各方的压力（市场竞争和内部管理压力等），因此对医院院长的任职资格、岗位职责、绩效考核等需要严格规范，强化公立医院社会功能，完善医院内部管理运行机制，改革医院行政决策程序，保证党组织的意志在决策中充分体现，发挥专家治院的作用。

第二，产权清晰化。医院产权是指法定主体对构成医院服务或房屋等经营要素的资产的占有、使用、收益和处置等权益的总称。社会资本参与洛阳市公立医院股份制改革，有效实现医疗资源重组，是打破传统计划经济体制下的单一化国有医院投资体制，实现医院产权制度改革的一次突破。

第三，权责明确化。明确医院管理，坚持政事分开、管办分开的基本原则，明确医院和政府的关系和权力界限，明确政府的权力清单，要求政府以管方向、管政策、管引导、管规划、管评价为主，确保公立医院自主决策的权利，切实解决当前公立医院决策过程中"信息不对称"的问题，最终达到权责明确、一致的目标。

（六）社会资本理性参与改革

第一，把握公立医院发展规律，树立风险意识。与其他行业相比，以公立医院为代表的医疗服务机构具有资本需求大、人才要求高、品牌树立难度大、回报周期长等特点，这些特点偏离了社会资本对短期利润的追求。医疗服务行业作为永久的朝阳产业，对资本有着极大的吸引力，所以在合作过程中，社会资本必须意识到公立医院发展的独特规律，树立商业风险意识。

第二，正视自身合作地位。社会资本参与公立医院改革，看似主导权在公立医院手中，实质上很多合作项目的执行和开展都受到当地政府的限制。政府与资本之间的权责平衡是深化改革的重大课题之一。

（七）人事制度进一步完善

医院工作人员作为医院的"主人翁"，其高度配合是公立医院改革成功的重要因素。医院内部运营机制改革是公立医院发展的根本，主要体现在决策机制改革、人事机制改革、激励机制改革以及监管机制改革四个方面。公立医院必须通过激励机制鼓励医疗服务人员兼顾医院与个人利益。目前，我国医务人员的薪酬以普通事业单位人员的薪酬发放标准为准。然而，与医务人员教育期与成长周期长、风险大、付出多的特点相比，这样的薪酬机制是不可持续的。新一轮医药卫生体制改革过程中，应当建立并逐步完善以绩效为基础的薪酬分配制度，将工作量、工作质量、成本控制、患者满意度体现在工资分配上，充分调动医务人员的积极性。除此之外，还应当为公立医院职工购买养老保险、失业保险等社会保险，并用财政补贴、科技研发、社会捐助等途径来解决公立医疗机构医务人员的薪酬和医院发展问题，让职工老有所养、病有所医，消除他们对改革的担忧，也能调动起职工参与和支持改革的积极性。

2021 年 3 月 23 日，习近平总书记在福建考察调研时指出，健康是幸福生活最重要的指标，健康是 1，其他是后面的 0，没有 1，再多的 0 也没有意义。以洛阳市公立医院改革与回归为代表的改革经验正以实践证明以公立医院为主体的国家医疗服务制度是保障公益性、质优价廉的医疗体制。公立医院进行改革的理论假设是，希望通过引入市场竞争性激励机制对医院良好的绩效做出奖赏，增加绩效不良医院的运营成本，通过市场竞争机制优胜劣汰，进而促进公立医院效率与质量的提高。然而囿于不成熟的市场经济体制和其他社会子系统的影响，公立医院产权制度改革举步维艰。本节旨在通过回顾洛阳市公立医院改制和回归的历程，为我国后续深化医院产权制度改革，加快推进健康中国建设，实现中华民族伟大复兴的中国梦提供宝贵经验和思考。

第十章

公立医院与社会资本合作模式五：股权投资并购

2020 年 6 月 1 日实施的《卫健法》第 40 条第 3 款规定："政府举办的医疗卫生机构不得与其他组织投资设立非独立法人资格的医疗卫生机构，不得与社会资本合作举办营利性医疗卫生机构。"而在此之前，随着医药卫生体制改革的不断深入，社会资本投资医疗行业政策的不断出台，医疗行业走向市场的趋势愈演愈烈。在政策环境利好而医疗服务供需又极不平衡的情况下，我国投资医院的大潮持续升温，许多企业纷纷通过并购、参股等方式涉足医院投资。据统计，我国境内医院交易从 2013 年起逐年增长，2016 年并购数量增至 106 宗，与 2015 年相比翻了一番多；交易金额达人民币 161 亿元，较 2015 年增长 237%，均创历史新高。但是，在医院并购如火如荼发展的同时，失败的案例也层出不穷。毕竟，社会资本对医院进行股权投资并购，会导致产权结构的变动，资源、人事的调整，市场的变化，这些变化大多都是不确定的，而且是必然的。因此，当时医院股权投资并购存在诸多风险，对社会的影响也是巨大的。本章对这种曾经存在的股权合作投资模式进行学术性研讨，全面探究其运作机制，以对当前法律法规制定及学术研究提供参考。

第一节　医院股权投资并购概述

一、医院股权投资并购的概念

医院股权投资并购包括股权并购和投资两种形式。其中股权并购公立医院是指社会资本通过股权购买公立医院；投资公立医院是指社会资本与公立医院合资，其中公立医院以品牌、技术、土地、房屋、设备等出资，社会资本以现金、管理技术等出资，改造公立医院的某一院区，设立新的医院。公立医院与社会资本通过股权投资并购的模式进行合作，有利于发挥公立医院品牌和技术的优势，甚至可以通过设立连锁医院模式扩大规模。不过下设医院通常具有营利性，不享有事业编制身份，没有政府财政补贴。

二、医院股权投资并购模式的价值

（一）合作方式自由

股权投资并购模式下，医院以优势学科技术、品牌效应出资，吸引实力雄厚的社会资本参与医院建设。公立医院、社会资本方按照各自意愿，谈判决定股权结构，共同新设医院。建立的医院为营利性医疗机构，包括大型综合医院、专科医院、健康社区、老年公寓、康复中心等。在这一过程中，政府的导向性和决定性因素较小，公立医院与社会资本的灵活度较大。

（二）社会效益明显

医院以原有优势专科、品牌效应为筹码，引入社会资本，打造营利性医疗连锁机构，扩张意愿强烈。医院可在不同地区选择不同社会资本进行合作，利用连锁方式进行扩张。医院下设连锁医疗机构的显著特征为：在实际运营中通过品牌统一、技术统一、管理统一的独特方式，将优质医院方的品牌、技术、管理不断延伸和壮大，满足更多患者不同层次的需求，惠及更多的地区和百姓。

（三）社会资本积极性强

与医院共同投资，是社会资本进入医疗领域的重要切入点之一。作为与医院共同投资的参与方，社会资本对该合作模式乐此不疲，通过该模式借助公立医院的品牌和技术优势，进行医疗机构建设与运营，可以使社会资本站在巨人的肩膀上，在医疗行业实现高速发展。[1]

第二节　股权投资并购的操作流程与要点

一、合作前的准备

（一）公立医院

对于国有企业医院或国有资本控股等非营利性的公立医院而言，在医院

---

[1]　陈思等："社会资本联姻公立医院攻略之共同投资模式"，载《中国医院院长》2013 年第 14 期。

发展资金比较短缺时，一份好的融资计划不仅能在一开始就避免不合适的潜在社会资本方加入谈判而降低效率或增加风险，还能使作为融资主体的公立医院与潜在社会资本方接触时有统一的意见表达（避免内部意见分歧影响融资项目的进行），同时给社会资本留下"很有主见而不是被其牵着鼻子走"的印象，为后期的谈判中寻求双方地位的平衡做铺垫。

1. 根据自身的资本结构和目标资本结构制定融资计划

既然融资活动有章可循，那么还是要以医院理财的基本原则来科学决策。此外，从法律层面考虑，不同的股权结构对医院未来经营决策的影响也不尽相同，因此对融资后医院控制权的归属也是在资本结构中需要考虑的。

2. 根据融资计划的方案选择社会资本方

融资计划不仅包括融资金额，还应明确融资的初步方案，不同的方案会导致寻求不同类型的社会资本。寻找社会资本不是简单的筹资，而是选一个重要的、长期的合作伙伴，因此公立医院应该结合自己的融资方案选择潜在的社会资本洽谈，而不是"病急乱投医"，不仅降低效率，还会增加风险。

3. 签署投资意向

找到合适的社会资本后，双方签订投资框架，主要是一些原则性的条款。投资框架的核心内容是双方约定好融资数额。投资框架不具有法律约束力，但是具有道德约束力，因此，在准备签署投资框架的时候最好有内部或外部的法律顾问介入。

（二）社会资本方

1. 对公立医院整体经营管理水平进行判断

社会资本方需要从以下几个方面进行判断：拟投资的公立医院属于市医疗市场的第几梯队；医院所处区域是老城区，还是处于城市的发展方向上；医院所获荣誉和党政各级政府领导关心的医院发展情况；医院的行业市场定位是否准确，专科是否突出，市场成长空间如何；医院营销模式是否有自己独特方式，专家推广及业务推广相结合的效果；医院是否有高规格的专家顾问委员会；医院技术人员及骨干在同行业中的口碑；国家公共卫生政策变化是否有利于该行业及医院发展；医院的合作伙伴；医院的技术开发方向是否符合行业发展规划；医院固定资产；医院占地面积；医院有无扩建的空间；医院与卫生局等主管部门的资产、管理和政策等渠道关系是否正常；医院的主要竞争对手等。

2. 编制股权收购的可行性研究报告

可行性研究报告中要对社会资本股权投资并购公立医院的背景、交易主体、具体投资方案（包括投资总额、资金来源、定价方案）、项目实施的必要性与可行性、项目效益、项目风险、项目实施的具体计划等进行可行性论证，确保股权投资并购切实可行。

二、尽职调查阶段

（一）公立医院

尽职调查主要用来了解医院的整体情况，判断是否存在潜在致命缺陷。公立医院尽职调查阶段的工作包括两个方面：一是配合社会资本方的律师准备相关的材料；二是由己方的律师或内部法务人员负责，根据尽职调查的要点对医院进行体检，查出问题，能改正的改正，该披露的披露。充分的准备工作可以缩短尽职调查阶段的时间，尽快进入签约阶段，降低融资失败的风险。

社会资本方律师在进行尽调时会使用尽调清单获取医院的相关信息，包括工商档案的资本证件、资质与相关资产证明、债务融资、税务运营、调查财务等基本数据。公立医院在平常工作时应随时进行整理、对照，提前做好融资准备。

（二）社会资本方

公立医院一般历史悠久、产权关系复杂，社会资本与公立医院以股权投资并购的模式合作，首先要做的是摸清公立医院的"底"。社会资本方需要从主体资格、主管机构、业务资质、内部制度、经营管理水平等方面，逐一对公立医院进行摸底。

1. 公立医院的主体资格

公立医院的性质为事业单位，同时又为医疗机构，因此对其主体资格的核查应从事业单位属性及医疗机构属性两方面同时着手。

（1）事业单位主体资格

根据《事业单位登记管理暂行条例》之规定，县级以上各级人民政府机构编制管理机关所属的事业单位登记管理机构（以下简称"登记管理机关"）负责实施事业单位的登记管理工作。县级以上各级人民政府机构编制管理机关应当加强对登记管理机关的事业单位登记管理工作的监督检查。实践中，各级编制管理办公室下属的事业单位登记管理局实际负责事业单位的设立、变更、注销登记事宜。在对公立医院事业单位属性的核查中，需赴公立医院所属事业单位登记管理局查阅事业单位登记全档，对事业单位的设立及历史沿革进行核查。

（2）医疗机构主体资格

医疗机构属性方面，需要判断其设立是否履行医疗机构设置批准程序，是否取得了医疗机构执业许可证并依法开展医疗服务。

第一，《医疗机构管理条例》要求，设立医疗机构，必须经县级以上地方人民政府卫生行政部门审查批准，并取得设置医疗机构批准书。因此，医疗机构设置批准证书是公立医院存续的有效凭证，也是其开展医疗服务的基础资质之一。但需要注意的是，该条例自1994年9月1日起正式实施，很多公立医院成立于该条例公布之前，因此并不具有该批准文件。

第二，根据《医疗机构管理条例》之规定，医疗机构执业，必须进行登记，领取医疗机构执业许可证。医疗机构执业许可证上载明医院的类别（中医或西医或中西结合）、经营性质（是否营利）、床位设置、诊疗科目等基础信息。其中医疗结构类别决定了医院的监管体系是归属卫生部门还是中医药管理部门；经营性质决定了社会资本与公立医院合作的模式；床位设置影响到医院的规模和评级；诊疗科目是判断医院运营实力的基础。

2. 业务资质

公立医院开展诊疗服务，需具备相应的业务资质。社会资本在股权投资并购公立医院时，要重点考虑公立医院是否具有开展相应诊疗业务的资质，以判断公立医院运营是否合法以及是否存在可能受到行政处罚的情形。

（1）医疗机构评级

根据医院的类别，医疗机构评级适用两个体系：中医医院适用《中医医院评审暂行办法》进行评级；西医医院适用《医院分级管理标准》进行评级。评级完成后，医院将取得主管部门的评审结论，确定其级别，相应的级别信息可在当地的人力资源和社会保障部门网站中查询核实。

（2）基本医疗保险定点服务资格

基本医疗保险分为4个主要类别：城市职工医疗保险、城市居民医疗保险、铁路职工基本医疗保险、新型农村合作医疗。各地的人力资源和社会保障部门会对成为相应类别医保定点医疗机构的资格、程序进行规定。一般而言，医院需要经过主管部门审核认定其具有提供定点医保服务的能力，随后医院再与相应的医疗服务中心或类似机构签订定点医保服务协议，将医院的结算系统接入医保系统，实现医保结算。

（3）二三类医疗技术临床应用资格

根据《医疗技术临床应用管理办法》（卫医政发〔2009〕18号）的规定，医疗技术分为三类，第一类医疗技术是指安全性、有效性确切，医疗机构通过常规管理在临床应用中能确保其安全性、有效性的技术；第二类医疗技术是指安全性、有效性确切，涉及一定伦理问题或者风险较高，卫生行政部门应当加以控制管理的医疗技术；第三类医疗技术是指具有高风险、安全性或有效性尚待验证等情形，需要卫生行政部门加以严格控制管理的医疗技术。其中，第二类医疗技术目录的制定与公布由省级卫生行政部门负责，第三类医疗技术目录的制定与公布由卫生部负责。医疗机构开展第二类医疗技术或者第三类医疗技术前，应当向卫生主管部门组建或指定的第三方技术审核机构申请医疗技术临床应用能力技术审核，并持审核结果及其他相关材料报相应卫生行政主管部门审定，经审定准许临床应用相应诊疗技术的，医疗机构应至核发医疗机构执业许可证的卫生行政部门办理诊疗科目项下的医疗技术登记。此部分需要根据医疗机构执业许可证上所载的诊疗科目，将其中属于省级主管部门或国家列明的二类、三类诊疗技术的进行重点核查，以确定医院是否经审定从事该等诊疗技术。实践操作中，大部分地方对此规定的执行力度不够，医院一般均不会就从事二三类诊疗技术取得任何审定手续。

（4）医疗机构制剂许可

中医院或中西医医院可能制造并销售院内制剂，根据《医疗机构制剂配制监督管理办法（试行）》及《医疗机构制剂注册管理办法》（试行）之规定，医疗机构根据本单位临床需要经批准而配制、自用的固定处方制剂的，应当持有医疗机构执业许可证并取得医疗机构制剂许可证。医疗机构申请配制医疗机构制剂的，应当向所在地省、自治区、直辖市（食品）药品监督管理部门或者其委托的设区的市级（食品）药品监督管理机构提出申请，经审评符合规定的，管理部门应当向申请人核发医疗机构制剂注册批件及制剂批准文号，同时报原国家食品药品监督管理局备案。因此，取得医疗机构制剂许可证及相应制剂的医疗机构制剂注册批件，且该等文件均在有效期内，是中医类医院从事制剂生产经营的先决条件。

（5）麻醉药品、第一类精神药品购用许可

根据《麻醉药品和精神药品管理条例》的规定，医疗机构需要使用麻醉药品和第一类精神药品的，应当经所在地设区的市级人民政府卫生主管部门批准，取得麻醉药品、第一类精神药品购用印鉴卡。

（6）放射诊疗许可及辐射安全许可

根据《放射诊疗管理规定》的规定，医疗机构开展 X 射线影像诊断工作的，应向县级卫生行政部门提出建设项目卫生审查、竣工验收和设置放射诊疗项目申请，卫生行政部门应当自受理之日起二十日内作出审查决定，对合格的予以批准，并发放放射诊疗许可证。此外，根据《放射性同位素与射线装置安全和防护条例》和《放射性同位素与射线装置安全许可管理办法》之相关规定，使用放射性同位素和射线装置的单位应当取得环境保护主管部门颁发的辐射安全许可证。

除上述外还需要根据各医院医疗机构执业许可证上所载诊疗科目，确定是否还有特别科目的开展需要特别的许可审批或备案手续。

3. 内部决策制度

公立医院多执行"党政联席会+三重一大"的内部决策制度，即党政联席会是医院内部日常决策机构，如遇重大事项，需要提交"三重一大"审议。此外，特别事项需要提请职工代表大会审议。

（1）党政联席会

通常情况，公立医院医疗、教学、科研等工作中的重大事项应由党政联席会议讨论决定。重大事项包括：医院的发展规划、年度计划和年度总结、重要改革措施、重要规整制度，学科建设、人才队伍建设、人事调配、专业技术职务评聘、职工考核、奖惩，年度经费预算、大宗资金使用、收入分配，研究生招生和学生管理中的重要问题，思想政治工作和安全稳定工作等。

党政联席会议成员一般包括院长、副院长、书记、党委成员。党政联席会议是常规会议制度，一般每两周召开一次，遇有重要事项可随时召开。党政联席会议一般应在全体成员到会时召开。党政联席会议议事，必须按照少数服从多数的原则。会议讨论作出的决定，应逐一表决，且须经出席会议的成员半数以上通过方为有效。对某些问题分歧较大或有重大问题不清楚时，应暂缓作出决定，待进一步调研、论证、充分协商后讨论决定。

（2）"三重一大"会议制度

"三重一大事项"是指重大事项决策、重要干部任免、重要项目安排和大额度资金运用。其中重大事项决策涉及医院改革、发展与稳定，关系职工切身利益的重大问题；重要项目安排涉及医院发展的重大专项建设项目，未列入预算的基本建设和修缮项目，土地以及房屋等资产的出租转让，有关职工福利以及全院性的成本核算和奖励性绩效分配方案，涉及医院利益的合资、合作项目。该项会议的主要组成人员包括医院领导班子成员（党政班子成员）。凡属"三重一大事项"，提交党政联席会议之前，必须经过民主程序进行论证。重大事项一般为无记名投票方式。集体决议的事项，按照少数服从多数的原则，赞成票超过应到会成员的半数为通过。

（3）工人联合会及职工代表大会

通常，医院的工人联合会在党委的领导下，负责工人联合会委员会的日常工作，负责起草工作计划、总结，安排工作会议等。在职工代表大会闭会期间，工人联合会负责职工代表大会的日常工作。职工代表大会可能每年召开一次至两次，审议院长工作报告和院长中长远规划、重大改革、涉及职工的重要利益等重大事项的决策文件等，对医院工作提出意见、建议和提案。如遇到重要问题或 1/3 以上代表请求，可根据实际情况提前召开会议。职工代表大会每三年进行换届选举。

对医院内部决策制度的核查是判断社会资本与公立医院合作方案、需履行的决策程序的关键。一般来讲，社会资本拟与公立医院合作，如构成合作方案将对医院运营产生重大影响，则需要经过"三重一大"会议的审议；如涉及职工安置、福利待遇、身份编制变更的，还需要提交职工代表大会审议。

三、确定交易架构

做了尽职调查之后，就要为最终确定投资架构进行评估和论证。实践中，交易架构的设计往往是融资过程中社会资本方要重点考虑的事情，但如果公立医院对未来的融资方式、对象都有明确的规划，则可以提前对医院的投资结构做出调整，这在融资交易中无疑是加分项，而且可以提高融资的效率。

四、谈判和签署合同

（一）谈判

完成尽职调查后，社会资本方的律师会提出来讨论具体的估值和商业条款，以准备交易文件。在这个过程中，针对不同的架构可能会有各种不同的文件，甚至在之前的开会讨论中也会形成一些备忘录和会议纪要，这些最终的目标都是形成交易文件。公立医院方的律师还要准备一个披露清单，以弥补尽职调查的不足，防范合作后的风险。最后双方基于尽职调查进行反复谈判，谈判主要是针对交易的前提条件再次确认以及前期尽职调查发现问题后的补救，包括降低交易对价、增加保证条款或提供担保、改变对价支付方式等。达成一致意见后，最终形成书面的交易文件，进入签署环节。

（二）签署

对于拟签约的医院方来说，首先应按照本次交易的前提条件及陈述保证的内容逐一核查，确定没有遗漏，包括前文提到的己方律师尽职调查后准备的披露清单问题，因为合同一旦签订生效，就可能不再有查漏补缺的机会。另外，对于前期已经基本达成一致的条款，最好也征求一下医院各业务部门负责人的意见（或者各部门负责人与第三方一起评估和论证），包括对医院的估值是否合理、融资金额与融资后的股权比例是否符合预期、是否有较为严苛的条款、社会资本方是否参与后期医院的经营管理等。从医院自身的角度，既要考虑估值、融资金额，还要考虑融资条款。总之，对于医院方来说，签订合同前再谨慎也不为过。

五、完成交割

对于股权融资而言，如果不涉及并购，则融资方与投资方的交割工作相对简单，主要是办理股权交割文件、登记备案手续。对于融资方的医院来说，通常有对应的医院管理公司作为投资方，只需要在公司股东名册、出资协议、出资证明书等文件和工商变更登记工作上做好准备，如果协议中约定融资款分批支付，可能在第一批融资款支付后，就会在投资方的配合下进行上述工作，完成股权交割后投资方支付全部剩余款项（在没有保证金或监管账户的情况下）正式完成股权融资。实际项目中也有约定融资款在完成公司变更登记后一次性支付的做法，具体由投、融资双方自行确定。如果融资方有谈判的筹码，可以约定收到融资款后再做登记变更，这对融资方医院来说是一个比较好的安排。此外，因为合同通常对交割有约定的期限，作为融资方的医院准备工作应尽量充分，有备无患。

六、人员安置

（一）股权投资

采用"老人老办法、新人新办法"的原则解决职工身份问题。目前医院在编职工的事业编制身份保持不变，对于收购后医院的职工，将采取市场化的聘用方式与收购后医院员工签订劳务聘用合同。同时，并购后的医院对于聘用人员，优先聘用医院的在编在岗职工，也会对外进行招聘，以满足医院在发展过程中的人员需求。在合作期间，医院的正式职工到达退休的年龄时，可按原单位相关政策办理退休手续，其他聘用职工按照当地的退休政策办理退休手续。若有意愿继续在医院进行工作的职工，可根据具体情况进行返聘。

（二）全资收购

职工安置将按照相关的法律政策执行，并且采用"全员接收、分类安置"的办法进行安置。对于能够继续留任的员工，按照自愿原则，其经济补偿金可作为职工福利转化为年金。年金将按照一定的收益比例逐年增长，退休时统一发放并享受收益，以确保职工的福利待遇。对于不愿意转化或者未能留任的员工，其经济补偿金将会以现金的形式发放补偿。

全资收购后，医院将按照《中华人民共和国劳动合同法》采取市场化的聘用方式与留任的所有员工签订劳动合同，并承诺改制后员工的薪酬水平不低于现有水平。对于收购后医院的职工，医院将按照新的办法进行聘用，并按照新的薪酬管理规定执行。新医院的职工若到达退休的年龄时，有意愿继续在医院进行工作的，可根据当时的情况进行返聘。其他退休人员包括合作办医前已办理内退、息岗的人员也可按上述方法执行返聘。医院现有职工的养老保险、失业保险、医疗保险、住房公积金等，在收购完成之后，医院将均按照现有的政策方法执行。

七、责任承担

对于医院现有债权、债务问题，由并购后医院承接，按照有利于医院发展的原则尽快处理。医院的经营和管理由并购后的医院负责，经营风险、医疗纠纷由并购后的医院承担。

第三节　医院股权投资并购中各参与方的主要风险

一、企业方面

（一）并购主体多元化，医院并购市场鱼龙混杂

在国家鼓励社会资本办医的政策背景下，伴随着大健康产业蓬勃发展的大趋势，越来越多的企业看到健康服务业蕴含的巨大发展潜力，纷纷涉足包括医院在内的健康服务业终端，对医院投资并购跃跃欲试。但是，并非所有资本都适合进行医院并购，真正适合做医院投资的主体主要有三类：第一类是产业方，即医疗服务产业链的上下游，包括药品提供方、器械与设备提供方、医疗支付方等；第二类是实业方，比如大型不动产开发商；第三类是金融方，即未来会聚焦医疗服务的专业投资机构和医疗服务相关配套方。而大量与医疗服务业完全无关的机构盲目参与到医院并购中，往往会因为缺乏经验，不熟悉医药行业的市场、管理、技术等而无功而返。总之，进行医院并购要做好长期抗战的准备，与医疗服务业无关的机构参与到医院投资并购中只会增加失败的风险。

在众多参与医院并购的与医疗服务行业有关的机构中，又包括两类收购主体：国有资本和民营资本。对于央企而言，进行医院并购的主要劣势在于缺乏民营资本所具有的灵活且富有吸引力的体制机制，员工激励不足，易产生人才流失问题；对于民营资本而言，其缺少央企所具有的强大的政府背景和人脉资源，难以处理好错综复杂的政商关系，又由于其资金实力不足、缺少特殊融资渠道，只能利用银行、信托或一些保险基金融资，并承担相对较高利率的利息，其进行医院投资并购的压力更甚。因此，收购主体本身固有的缺点也是医院并购失败的原因之一。

（二）收购对象与投资模式选择不当

收购对象与投资模式选择不当、企业的并购方向不明确是医院并购失败的重要原因，尤其是收购对象选择不当。部分企业定位不清，不能合理分析、正确选择主要收购的医院类型，一味瞄准医疗资源及人才储备丰富、客户网络发达的一二线城市的大型优质医院，结果屡屡碰壁，效果不尽理想。

除此之外，企业对于投资模式的选择也至关重要。企业参与医院投资主要有两种模式，一种是投资新建医院，一种是收购、托管现有医院。新建医院从前期选址建设，到后期筹建、医疗团队组建、购买设备等每一个环节都十分复杂，往往耗时长、不能大规模复制、短期内难以有所回报，而且筹建过程中股东之间易产生利益纠纷，不是企业的最优选择。例如，在社会资本投资新设中医诊所、中医馆时，首先，行政审批手续方面可能存在以下两个问题。一是未经备案即开业。有些投资人急功近利，在备案手续未完成的情况下就开始营业，这种情况一经发现，就会受到相关部门的严厉惩罚。二是在备案时提供虚假材料。在条件不完全具备的情况下，有的投资人为了获得备案证，会选择提交虚假备案材料取得中医诊所备案证。这种行为一经发现，行政部门就会根据法律规定进行相关处罚。其次，在医务人员方面，有的中医馆负责人存在着侥幸心理，招聘没有相应资格的医生或药师。例如，某中医馆使用未取得处方权的医师独立开具处方，被罚款三千元。最后，对多点执业备案不重视也会增加行政处罚的风险。《医师执业注册管理办法》明确规定多点执业是需要申请备案的。[1]

医院托管作为社会资本参与医药卫生体制改革的一个主要方式，曾一度广受欢迎，但在长期的实践过程中，医院托管的弊端逐渐显现：一方面民营医疗机构较强的逐利性使其医院管理问题频出，产生不良影响，社会信任度降低，托管医院遭遇更多阻力，发展迟滞；另一方面大型公立医院托管民营医院，可能造成医疗资源的进一步集中和垄断，挤压社会办医的生存空间。医院托管面临重重困境，很难再成为企业投资医院的优选方式。

此外，与医疗产业不相关的企业在跨界进入医疗行业时，容易套用原有的企业固有发展模式，低估经营好一家医院所需的条件。跨界办医院的上市公司应当注意到，医疗服务不仅仅在于医院硬件设施条件的完备，更为关键的是医院管理机制以及医护人员的诊疗态度和服务水平。

（三）投资前调查评估和投资后管理不到位

调查评估是投资前的必要环节。投资前的尽职调查可以从各方面了解投资项目的同时，根据所掌握的各种情况对医院的管理、技术、市场、财务等

---

[1] 邓勇、彭瑶、张泉源："社会资本投资中医馆法律风险防范探讨"，载《中医药导报》2019年第10期。

方面进行分析，并对医院进行合理的价值评估，最终作出投资决定。然而，现实的情况是，由于医院并购牵扯政府、医院等多方利益，前期的调查评估会遭遇重重阻碍，难以有效进行。

医院的估值同样是医院并购中的重要环节。但是我国目前缺少专业投资医院的投资机构，相应的，法律、财务、评估事务等相关合规专业的第三方机构也较为匮乏，医院投资前的风险筛查、价值评估等专业领域几近空白。并购过程中因为缺少专门的估值体系和数据支持而无法对医院进行较为准确的估值，必然会加大并购失败的风险。

并购医院后的管理及运营也极为重要。鉴于公立医院内外存在复杂的利益关系，投资方必须有强大的投资团队，以控股方式进入医院，获得更大的话语权，还应具备强大的投资后管理团队，以便能长期经营。此外，医院的品牌建设、经营管理、职工安置以及资源配置都是亟待企业解决的难题。

二、医院方面

（一）管理体制束缚

公立医院领导管理体制不健全，政府和医院的关系未从根本上厘清。目前不少医院没有形成清晰明确的法人治理结构，所有权和经营权未实现分离，医院产权关系不明晰，政府既是公立医院所有者又是管理者，卫生、发展和改革等部门过多干预医院经营造成政府对医院的多头管理，医院院长一定程度上只是有关部门决策的执行者，缺乏对医院的自主经营权。医院现有体制中的种种问题是企业对这部分医院并购慎之又慎的重要原因。

此外，社会资本投资新设中医诊所、中医馆时还可能存在经营管理问题。首先是虚构债权、债务。由于有些中医馆负责人法律意识淡薄，会冒着违法的风险去获利。在有的中医馆中，尤其是在采购这一环节，存在返利的情形，例如，开票价格与实际价格不一致，日后再用其他的方式将返利回流到中医馆。这样虚构债权、债务对日后中医馆上市很可能构成实质性阻碍，严重时还可能触犯刑法。其次是超出备案范围开展医疗活动。中医馆的医疗活动只能限于备案范围，超出备案范围开展医疗活动会面临行政处罚。例如，2015年某中医馆超出核准登记的诊疗科目开展针灸科诊疗活动，被罚款二千元。再其次是虚假、夸大宣传。《中华人民共和国中医药法》严格规定，医疗机构发布中医医疗广告，必须经过相关部门审查批准。发布的中医医疗广告内容应当与经审查批准的内容相符合，并符合《中华人民共和国广告法》的有关规定。日前，某公司在其官网上标注"上海国医馆中医门诊有限公司，是上海最好的中医门诊"，涉及虚假宣传，被罚款人民币三万元。最后是互联网违规售药。在互联网时代，中医馆也更多地利用互联网去发展自身，如在互联网上销售处方药（比如中药饮片、中药配方颗粒、中成药等）。由于药品的特殊性，互联网售药受到政府的严格管制。2017年11月，国家食品药品监督管理总局办公厅发布公开征求《网络药品经营监督管理办法（征求意见稿）》意见的公告，该办法详细的规定了网络售药的条件及注意事项。如第8条第3款规定："网络药品销售者为药品零售连锁企业的，不得通过网络销售处方药、国家有专门管理要求的药品等。"第11条第2款规定："销售对象为个人消费者的，还应当展示《执业药师注册证》。"由此可见，对网络售药监管的严格程度。

（二）人员安置风险

近年来，因为医院职工反对而最终导致医院并购项目流产的案例屡见不鲜。职工抵制的原因，一方面，职工担心医院一旦被改制，其事业编制将会被取消，晋升和养老待遇都会受到影响。另一方面，改制后，普通职工必然要面临激烈的职场竞争。出于对"体制外"的恐惧、对自己生计的担忧，一些医院职工举起了"反对企业收购医院"的大旗。

反对医院并购的职工还提出了一个问题，即企业并购医院，可能导致国有资产的流失，损害公共利益，这也是一些社会人士不看好医院并购的原因之一。国家在前期为公立医院投入巨大，培养了大批人才，并形成了自己的品牌。不仅国家对医院的投入、医院占有的土地、房屋及建筑物等有形资产价值可观，而且医院的品牌效应、社会影响力、医疗专利等无形资产价值也同样巨大。在这种情况下，社会资本会稀释公立医院中国有资产的股份，导致国有资产流失，损害公共利益。

（三）诉讼风险

目标医院可能存在诉讼纠纷问题。一是劳动纠纷，主要涉及赔偿、工资弥补以及面临劳动执法部门的行政处罚。此外，未全额缴纳社会保险和公积金的问题在很多医院中都存在。这些问题很容易被投资者忽视，对此可能会面临补全社会保险、公积金甚至受到行政部门处罚的风险。二是医患纠纷。随着人民法律素质的提升，其维权意识也在不断增加，医院在药材质量、医生治疗方面极易产生医患纠纷。医患纠纷一旦产生，对医院的负面影响是非常大的。三是重要股东问题，要明确其是否存在影响医院发展的问题。例如，按照《中华人民共和国民法典》婚姻家庭编及其司法解释，婚后的投资以及股权分红属于婚后共有财产，作为股东配偶的一方是有权分割的，如果重要股东的婚姻状况不稳定，则可能导致离婚诉讼，并会影响目标医院股权结构的稳定性。

（四）权利瑕疵风险

第一，股权瑕疵。社会资本投资医院通常会在投资后获得一定比例的股份，并进行股权安排。股权存在瑕疵会对股权安排产生很大的影响，如已出质的股权进行了转让但没有质权人的同意文件。股权转让未得到质权人的同意或者解除相应股权质押，可能构成出质股权的违规转让。在股权受让中的风险点和问题比较多，转让的股权是否具有完全、合法的处分权，是否已履行法定程序、获得相关授权或者批准等都是顺利获得股权需要关注的问题。

第二，债务瑕疵。在债务瑕疵中分为已有债权和负债。在已有债权上，目标医院的长期借款是否有提供证明材料，在没有证明材料的情况下，这样的借款很有可能收不回来，从而造成损失。在负债上，目标医院对外收购项目存在收购款尚未全额支付、未提供代扣代缴原个人转让方出让所得对应之所得税完税证明的风险。最容易被忽略的是目标医院的或有债务。或有债务具有偶发性，其是否发生很难控制。例如，在合作协议中约定目标医院非法经营导致相关方的名誉损失，相关方有权单方面解除协议，并要求目标公司赔偿。当或有债务发生时，目标医院对外偿债，将影响受让股权的价值。

第三，租赁瑕疵。《中华人民共和国土地管理法》第4条第4款规定："使用土地的单位和个人必须严格按照土地利用总体规划确定的用途使用土地。"部分医院租用的地块为工业用地或办公用地，不符合法律规定的用地性质。同时，还要注意目标医院是否提供租赁登记备案。此外，有的医院在房屋租赁合同中承租人签章由他人代为，但未提供授权委托书，这种情况也是需要投资人重点关注的。

第四，保险瑕疵。医院作为具有诊疗作用的医疗机构，医保定点资质对于其经营良好有很大的作用。由于各地医保政策差别较大，有的地区门诊不能够参与统筹报销。除了医保之外，医院还有一些应该具备的商业保险，如雇主责任险和医疗责任险。不过有些目标中医馆虽已购买雇主责任险和医疗责任险等险种，但并未涵盖全部的下属门店，这样会面临发生事故时可能无法理赔的风险。

三、政府方面

（一）政策风险

虽然政府对社会化办医的态度是正向激励，但这种激励是有限度的，社会化办医的政策还未完全成熟，尚不具有能够进行公平竞争的社会环境、人员、土地、医保、税收等。医疗政策风险主要发生在社会资本并购公立医院中，主要是指政府对社会化办医的响应程度。政府的主管班子是否开明，是否愿意尝试医疗领域的全新模式，成为并购成功与否的决定性因素。对民营医院来说，是否可以被纳入医保体系，是否可以享受一些用地、贷款优惠成为主要的风险因素。此外，医院并购涉及政府行政干预、财务、法律、融资、国有资产管理等各方面的相关政策，每个地方的配套政策更是不尽相同。因此，如果并购前不了解清楚当地的政策背景，会对医院并购带来很大的风险。

（二）土地有偿使用方式存在实际操作风险

由于我国公立医院用地属于公益事业用地，由国家无偿划拨，一旦被企业并购，其公益性和非营利性的性质必然有所改变，根据规定，政府应以有偿方式提供土地使用权。《中华人民共和国土地管理法实施条例》明确规定了国有土地使用权出让、国有土地租赁、国有土地使用权作价出资或入股三种有偿使用方式。土地使用权出让，势必要进行土地价格的评估。一些地方政府试图将土地价格评高，高昂的土地使用权出让费用使许多投资者望而却步。租赁由于仅作为土地使用权出让方式的补充，且受租赁期限等限制，并非优选的有偿土地使用方式。而土地使用权作价出资或入股必然涉及土地资产价值评估，评估不当可能造成国有资产的流失，所以现实操作还面临许多问题。因此，医院产权变更中的土地使用权有偿使用问题，也是企业并购医院面临的风险之一。

第四节　医院股权投资并购中各参与方风险的规避对策

一、企业方面

（一）明确并购战略

企业在并购决策之前，应先把握自身定位。首先需要客观的审视自己，包括自身的发展战略，以降低由于并购战略的盲目性及预期的主观性而带来的风险。扎根医疗健康行业，背后需要的是耐心和时间，应当长远规划企业发展格局，做好长期投入、长期深耕的准备。社会资本参与的医院注定与公立医院不同，他们对利润的追求也势必强于公立医院，但是，一方面，社会资本需要明确医院与生俱来的公益属性，另一方面也要把握民营医院与国有医院相互补充的功能，与公立医院谋求互补发展，找准市场定位，共同服务于我国民众的医疗需求，助力健康中国战略的持续推进。只有紧紧围绕医院的总体发展战略进行并购活动，才能把握并购的战略方向。

并购医院还必须清楚自身的资源优劣势以及经济实力。只有清楚自身资源的优势及劣势，才会了解医院发展的资源需求，确定目标医院必须具备的资源优势和条件以与自身达到互补，从而有目的的去寻求目标医院；只有清楚了自己的经济实力，才能最终从符合条件的目标医院中选择适合的并购对象。

同时要谨慎选择目标医院。企业可以"优先专科，兼取综合"，专注区域领先性医院，地理上向北上广深等大城市进军，坚持并购医院与新建医院并举。一个合理的总体性的战略方向将是企业成功收购医院的起点。

（二）做好充分准备，加强与各方的沟通

企业应当保持投资理性。企业在投资并购公立医院之前，应当全面考察，对接市场调性，充分认识到医疗行业并不能完美实现资本方对于短期利益投资之野心，因为医疗行业的立身之本仍在于公益性质，其收益的取得也是长期性工程。

首先，要充分了解被并购医院，对于目标医院的产权状况、财务状况、负债情况、医院所处的市场环境以及目标医院具有的体制与文化特征或者某些科室的医疗风险等都要有一个整体的把握。其次，要成立专门的医院并购小组。并购行为是一项复杂的系统工程，其知识附加值高，技术性和政策性都非常强，有必要成立一个包括投资理财、法律、生产技术和经营管理等各方面专家人员在内的精干、高效的并购小组。最后，鉴于社会资本入驻医院触及各方利益，在政府、医院、群众等方面都可能会受到相应的阻力，与这些利益攸关者进行积极有效的沟通至关重要。企业要充分了解政府对医院并购的态度、有关政策法规的变化，极力与政府协商，针对当地政府管理医院的难题，提出切实可行的并购方案，使政府看到其并购医院为各方带来的利益，获得政府的认可，扭转在与政府谈判中的不利形势，以便更好地开展投资前的调查评估，降低并购风险。同时，要与目标医院管理层进行沟通，一是要明确公立医院改制是大势所趋，二是给予一定激励。此外，获得医院职工的认可也是一个迫切的问题。改革首先要重视医务人员的利益，尊重并询问他们的意见，打消员工疑虑，推进医院并购。针对职工最关心的事业编制是否保留问题，要合理应对，极力避免因处理不当而引起众愤，使并购项目流产。在这方面，华润昆明儿童医院在改制过程中，采用"老人老办法、新人新办法"的职工安置策略值得借鉴。

投资人应当根据国家法律政策以及地方法律政策的规定，准备好真实、完整的资料，及时办理相关手续，减少未来经营中面临行政处罚的风险。在投资医院之后，投资人不能忽视对相关人员法律素质的提升，在日常的工作中要依照卫生行政部门颁布的法规及规章制度，依法执业、依法行医，同时提升医技人员的业务水平，规范诊疗行为。医疗服务是关乎人生命权和健康权的特殊服务，因此医技人员在提升自身诊疗技术的同时应当谨慎行医，在对待任何患者的时候都应当尽到妥善处理的义务，同时按照卫生规范行医，以免造成医疗事故纠纷。[1]

社会资本方在投资医院前，应委托独立的律师或者律师事务所对目标医院进行法律尽职调查。法律尽职调查的内容主要包括目标医院的历史沿革、股东、资产情况、重大诉讼、仲裁、行政处罚文件、劳务用工情况等，主要目的是了解医院现存的主要问题，发现潜在的法律风险，帮助交易双方了解投资活动本身的法律障碍和风险以及帮助风险投资机构了解被投资公司未了结的或潜在的诉讼。[2]经调查发现目标医院存在诉讼纠纷时，投资方要时刻关注法律纠纷或仲裁的进展，努力通过协商或者其他合法措施解决这些纠纷或仲裁。同时，投资方还应对医院是否有潜在的重大诉讼进行评估，对于将来可能会发生的纠纷或仲裁，在交易文件中约定免责条款。具体内容如下。

第一，投资方应提前对医院的股权结构和股权上是否有权利负担进行调查，确保股东对转让的股权具有完全的、合法的处分权。对于已经发现的权

---

〔1〕　王戈："社会资本投资医疗机构的法律问题研究——以国药控股投资医疗机构为例"，上海交通大学 2012 年硕士学位论文。

〔2〕　刘文："风险投资尽职调查研究"，载《中国商贸》2014 年第 31 期。

利瑕疵，要求医院在一定时期内尽快消除；对于已出质股权的转让，要求提供质权人的同意文件。

第二，投资方应提前对医院的债权、债务关系进行法律尽职调查。对无证明材料的长期借款，要求借款人及时清偿或出具证明材料。对于已有负债，可与医院在交易文件中明确约定损失由医院及现有股东实际承担。对于或有债务，双方可以在交易文件中列明医院的保证清单，投资方通过保证清单确保自己获得预期的收购对象，确保所承担的责任等不利因素限于合同明确约定之部分，即锁定风险；或者协议预留部分股权受让款，在规定的期间内，如果发生了或有债务，则用预留的款项承担。

第三，投资方对医院所占土地的土地使用权证中载明的土地用途进行考察，对不符合《中华人民共和国土地管理法》规定的，应及时要求医院或出租人办理土地使用权变更手续。同时，投资方应要求医院提供房屋租赁合同和租赁登记备案证明文件，对其中发现的问题要求医院及时消除。

第四，投资方应提前了解医院所在地区的政策文件规定，向社保经办机构的工作人员咨询医保定点和统筹报销等问题。同时，对已购买雇主责任险和医疗责任险等商业保险但并未涵盖全部下属门店的中医馆，投资方应要求医院及时补全，或者采取其他措施避免事故发生时面临无法理赔的风险。

第五，对于无法预知的风险，投资方可在交易文件中要求目标医院及现有股东连带陈述和保证，产生任何损失由目标医院及现有股东实际承担，与投资方无关。同时，投资方可在与目标医院共同签署的责任协议中建立防范措施条款，在协议中标明没有披露的事项所带来的损失由目标医院负责，从而避免承担因对方未披露的事项所带来的损失。注意一定要具体化。

(三) 加强改善投资后运营管理

医院应依法依规开展经营。医院在药品采购过程中，严格依法签订购销合同，开票价格应与实际价格一致，不得借此谋取不正当利益；在诊疗活动中，及时对诊疗项目进行备案，并严格依照备案范围开展医疗活动；在发放医疗广告时，要坚持实事求是，遵守《中华人民共和国中医药法》和《中华人民共和国广告法》有关医疗广告的规定，并做好广告投放前的审核工作，避免夸大和虚假宣传；在互联网售药方面，应时时关注政策动向，当政策发生变化时，及时调整自身经营行为，确保行为合法合规。

首先是要打破体制机制的束缚，建立新的法人治理结构和人事薪酬体系。

仍以华润医疗集团收购昆明市儿童医院为例，治理结构方面，昆明市儿童医院实行所有权和经营权相分离，利用董事会法人管理机制，实行总经理领导下的院长负责制。董事会是医院管理最高机构，对政府负责，同时负责制定医院发展战略、确定医院总体工作目标、选定院长等。华润昆明儿童医院管理有限公司设总经理，执行董事会决议，总经理下设行政院长和执行院长。在人事薪酬体系方面，华润医疗团队实行编制外员工与编制内员工在基本工资、奖金系数、福利缴纳等方面均等的机制，同工同酬，激励外聘员工及刚入职员工的工作积极性，打破原有制度下绩效工资总额限制，将医院收益最大限度地回馈至员工。2013 年该院业务上升 40%，工资上升 30%，是此前档案工资的 1.97 倍。

其次是将企业的管理理念应用于医院实践，即实现并购后的文化整合，推进企业特有文化与医院的融合，提升医院职工的归属感和认可度。企业可以借助精细化、现代化管理助力发展。医院管理需要专业团队，本质上是需要专业的人提供专业的医疗服务。而人才需求远远大于供给，加剧了其在社会资源中的稀缺性。类似医院这种对人才依赖性高的产业，不可能像固有的传统工业自动化生产一样，只要后方资金充足就能持续不断的产出。因此，企业需要在后续发展过程中更加注重人才引进与管理，并购后的医院应重视人才的培训，要将培训一批具有市场竞争经验的医院管理人才作为企业投资后管理工作的重点。此外，医院管理还需要进行理念的转变，部分医院原本是公立医院出身，对成本的敏感度不及资本，因此上市公司跨界办医首先就要树立精细化成本管理的理念，改变以往医院单纯以工作量进行评价的简单模式，综合运用多维度管理手段，建立按科室、病种、项目的成本管理模式，构筑"防、堵、查"三个层次的递进式监督控制体系，采取符合医院自身实际的有效措施，加强财务管理，完善成本控制，防范和化解经营风险和财务风险。

二、政府方面

（一）明确鼓励政策

政府要细化鼓励企业参与公立医院改制的政策措施，消除企业疑虑。下级政府对于中央的政策也要充分理解，落实到位。政府应与企业平等地磋商谈判，开诚布公，为企业提供关于医院较为全面的信息与数据，同时简化审批程序，为医院改制从资金、组织、人员等多个层面提供支持，协调医院与政府部门的对接事宜。具体内容如下。

第一，保证政策的稳定性、长期性、可落地性。政策稳定是实现政策目标、维护公共利益、引导行为预期、促进社会稳定发展的关键。尽管中央和地方出台了一系列促进社会资本与公立医院合作的政策文件，但在实践过程中，社会资本进入公立医院仍然遭遇政策上的"玻璃门""弹簧门"。"玻璃门"是指那些阻碍非公资本进入相关行业和领域的"看不见但是一进就碰壁"的不合理门槛，导致社会资本有门却进不去，包括准入规则不清、行政垄断、准入歧视等。打开"玻璃门"，除了需要明确的政策导向外，还要有"钥匙"来"开门"，即进一步明确具体鼓励和引导社会办医的政策细节、提供制度保障、划定审批和监管界限、优化退出机制等。"弹簧门"则是某些非公资本刚刚涉足某一行业领域又被一些"影星政策"弹出的现象，涉及原因包括准入资质繁多、行业资质管理多重标准、程序不明等。要"卸下弹簧门"则需要提供"装备"，如及时公布地方政府政策，破除资本获取信息的滞后问题等。只有社会资本能"破门""卸门"，才能真正保证政策的稳定、长期、可落地。

第二，发挥导向作用。政府决策不同于社会决策，尽管在信息获取时间上，政府由于集中决策，不能直接感知市场信息并随时依据市场变化快速做出反应。但是，政府依托自身强大的导向作用，能够在规划蓝图之上，通过其率先作出的决定影响市场主体。政府应正确利用政策的导向性，坚持因地制宜、因需而变、因时而动的策略，以鼓励、利好型政策加以引导，从而推进社会资本与公立医院合作的顺利开展。

第三，吸收资本参与政策制定过程。政策难以落实的部分原因是政府能力不足。政府能力不足是指政府缺乏有效地采取并促进集体性行动的足够能力。政策制定主体专业知识不足、组织协调能力不够、掌握信息不全是导致政策主体能力不足的重要原因。以信息获取不全为例，"信息爆炸"时代下，公共政策的制定往往是政府在信息不完全的情况下作出的，这就有可能导致决策失误。因此，善用听证制度，吸收采纳专业人员意见，吸收社会资本参与政策制定对于作出可落地、可实施政策是极为重要的。

（二）处理好与医院的关系，推动建立产权明晰的现代医院制度

政府要对自身职能进行重新定位，克服在医院管理方面职能越位、缺位和不到位的被动局面。政府应与企业合力推进法人治理结构在医院的建立。

例如，在中国华源生命产业有限公司（以下简称"华源公司"）并购河南省新乡市市属五家医院的案例中，五家医院原来的管理体制，在行政上归卫生局，而资金投入实际上是财政局做主，人事上（副院长以上）归市委组织部。这造成了管办不分，医院没有独立法人地位，治理结构无法完善。华源公司并购新乡市五家医院失败后，新乡市政府成立了医院管理中心，由医院管理中心掌握所属五家医院的投融资决策权、经营者选聘考核权、中长期战略规划权，宏观管理指导五家医院的人、财、物的运行，其管理基础是对所属医院实行预算管理、收支两条线、集中采购，并建立具体的运行标准。卫生行政部门依法对医院管理中心所属医院进行业务指导和监督。由于医院管理中心是一个独立且具有完全法律地位的法人单位，各医院受医院管理中心直接领导，形成了典型的管办分离的管理模式。这可以说是在我国医院并购失败案例中得到的宝贵经验，值得政府借鉴。

在公立医院改革的大背景下，政府的责任绝不是有所减少，在政策的制定、实行、审批、监管等方面，必须更加谨慎认真，尤其对于并购后的医院，要完善制约和监督机制，加强监管，避免其陷入恶性竞争。

（三）防止国有资产流失

防止国有资产流失的一个办法就是对国有资产进行客观的估价，从而判别产权交易的代理人是否按低于该估价的价格出售了国有资产。而判断某一国有资产的交易是否带来国有资产流失的一个简单标准就是某一国有资产的成交价格必须是多个竞争价格之中最高的一个，否则即存在着国有资产的流失。在医院的购买者只有一个的情况下，应实行信息披露制度，将成交条件及时公之于众。

第五节　案例分析一：恒康医疗投资盱眙县中医院项目

近年来，在国家鼓励社会资本办医大背景下，上市公司并购三级以下医院的行动越来越多，但由于现有法律及政策不完善、历史遗留问题难以解决等，成功的案例少之又少。本节以上市公司恒康医疗集团股份有限公司（以下简称"恒康医疗"）并购盱眙县中医院为例，深度剖析并购的过程及遇到的困难，总结其成功的经验和教训。

一、盱眙县中医院历经两次改制

盱眙县中医院创建于 1986 年，是一所集医疗、教学、科研、康复、保健于一体的二级甲等中医医院，是盱眙县城镇职工、城乡居民医疗保险定点医院。医院现有职工 985 人，其中专业技术人员占 88%。医院开设专科、专病门诊 25 个，住院病区 21 个，开放床位 700 张。

2003 年底，盱眙县中医院仅有 50 张床位、100 多名员工，年收入 600 万元，医院已呈现出难以为继的局面。2004 年，盱眙县中医院经盱眙县委、县政府同意，通过吸纳本地社会资本江苏鹏胜集团有限公司（以下简称"江苏鹏胜集团"），在全市率先实施"模拟股份制改造"。

改制坚持"五不变"原则：事业单位性质与非营利性性质不变；享受国家及地方政府补贴政策和财税优惠政策不变；卫生行政隶属关系不变；办院方向和基本功能不变；盱眙县中医院名称不变。在"五不变"原则下，江苏鹏胜集团对医院进行了注资，最终，江苏鹏胜集团占股 70%、盱眙县卫生局占股 30%。

据作者调研获悉，引入社会资本后，盱眙县中医院通过不断创新管理模式、扩大医院规模、加强人才引进与培养、提升医院诊疗能力与水平、培树诊疗服务品牌等方式，在短短 10 年的时间里，迅速发展成为拥有 700 多张床位、800 多名员工，在当地具有一定影响力的医院。2007 年，医院通过了国家二级甲等中医医院评审，并经盱眙县人民政府批准成为"盱眙县惠民医院"。2010 年，医院首批 5 个科室通过市级重点专科评审。

然而，经过十年快速发展，盱眙县中医院的规模、管理体制等均不能满足医院持续快速发展的需要，进入瓶颈期。经过多方调研、探索与论证，盱眙县中医院开始了第二轮产权制度改革。

2015 年 6 月，盱眙县中医院与上市公司恒康医疗签订改制协议，后者收购江苏鹏胜集团 74.92% 的股权，受让盱眙县卫生和计划生育委员会拥有的 25.08% 的股权。国有产权退出后，恒康医疗以 100% 的股权并购医院，将医院由非营利性医院改制为营利性医院，从而全面实现了医院经营市场化，并成立了新主体"盱眙恒山中医医院"。

二、恒康医疗参与盱眙县中医院改制实操剖析

最初，江苏鹏胜集团并不打算将股权完全转让给恒康医疗，其准备将医

院托管给后者，自己保留股份。但由于江苏鹏胜集团内部因素的影响，为了让中医院发展得更好，政府相关主管部门前往恒康医疗考察调研，认为恒康医疗综合条件良好，有能力让中医院得以健康可持续发展，遂决定将医院全资转让给恒康医疗。

改制后，盱眙恒山中医医院现有资产所有权不变，独立法人不变，原有职工身份不变，医院并购前享受的财政、社会保险等政策支持不变。医院原有资产归属不变，恒康医疗新投资形成的财产（含房屋、设备、设施等）一律归其所有。

改制后，医院实行完全的公司化运营。医院高层的收入为年薪制，管理模式为董事会领导下的院长负责制。现行的董事会架构是：第一负责人为董事长，恒康医疗派遣两位董事（一位负责财务、一位负责行政），董事长兼任院长，主持医院全面工作。医院所有事务由理事会决策协调，包括但不限于管理制度的建立与实施、医疗人才引进、员工培训、采购供应链管理、软硬件环境提升、医院改扩建等。医院成立经营领导班子，负责医院经营管理工作。恒康医疗负责具体指派医院运营负责人、人力资源负责人、财务负责人，并对医院采购供应链进行监督管理。

在编制方面，盱眙恒山中医医院采用"老人老办法、新人新办法"，此前有编制的老员工编制不变，仍然在盱眙县人力资源和社会保障局备案，缴纳事业单位养老保险，退休后享受事业单位人员退休待遇；新员工采取聘任制，同工同酬。

三、盱眙县中医院改制后的成效分析

第一，医院业务总收入显著增长。恒康医疗重整盱眙恒山中医医院债务，解决了医院资金占用问题，使医院不再负担每年近2000万元的财务费用；同时加强医院内部控制，规范运行，特别是在采购方面，严格按照上市公司相关的采购管理办法，通过集中招标采购，降低了医院相关卫生材料的采购费用。据作者调研获悉，2016年，医院全年实现门急诊36.31万人次，出院病人2.92万人次，手术8494台次。业务收入3.1亿元，上交各项税费1566万元。

第二，医院的软实力得到增强。改制后，盱眙恒山中医医院不仅人才没有流失，之前离职的4位医生还申请回到了原来岗位；人才培养和梯队建设取得新的突破，医护人员医疗、护理服务能力与水平得到显著提升；学科建

设和中医药特色得到进一步提升；医院文化建设体系已初步形成。医院现有职工985人，其中专业技术人员占88%，省、市名老中医各1人，博士2名，硕士研究生28名。医院还特别聘请了20多名省城三级医院医疗专家，每周定期来院参加科研、会诊、坐诊、手术等活动。医院建成1个省级中医临床重点专科、2个省级基层中医药特色专科建设单位、5个市级中医临床重点专科。同时，医院改制后，全面实行了按需设岗、竞争上岗，中层以上管理人员实行竞聘制，职工实行聘用合同制。

第三，医院硬件建设水平提升。医院改制后，先后新建8层住院大楼和23层综合大楼并投入使用。病区开放床位700张，设立住院病区21个、专科专病门诊30个。医院先后配置国内外先进医疗设备100余台（套），建设集预约挂号、在线咨询、信息查询等功能于一体的医院信息化系统以及微信服务平台。此外，合作方还将依托盱眙恒山中医医院，用不超过4年的时间建设一所二级甲等标准的肿瘤专科医院。新建医院集治疗、康复和疗养为一体，与盱眙恒山中医医院形成新的医疗综合体，将显著提升诊疗环境和医院综合服务能力。

第四，医院知名度不断扩大。医院"顾克明全国基层名老中医药专家传承工作室"项目建设持续推进，并得到国家中医药管理局和江苏省中医药管理局领导充分肯定；医联体建设工作的成功经验被多家主流媒体广泛报道。总体而言，盱眙恒山中医医院在引入社会资本实现稳步快速发展的同时，保持了医院的公益属性，实现了经济效益和社会效益的"双赢"。

四、改制过程中存在的主要问题

第一，管理层保持医院公益性与上市公司追求利益最大化的关系平衡问题。公司的最终目的是营利，而医院有自身的公益属性，二者常常会发生冲突，这也是目前困扰医院发展的最大问题之一。按照市场经济的理论，某些服务产品如果供大于求，竞争会使服务价格下降，而医疗服务领域即使供给过剩，医方也可以通过诱导需求实现医疗服务扩张，带动医疗费用上升。患者无法确定医疗需求，需要医生做出判断和选择，如果医院或医生追求经济利益最大化，很容易利用技术垄断主导患者消费，提供过度或不必要的服务，导致医疗费用快速上涨和患者经济负担增加。盱眙恒山中医医院转为营利性医院后，医院运转和发展主要靠医疗收费、服务收入自行支配，国家不再投入。为了自给自足，满足医院的发展，医院不得不拓展诊疗服务范围、创新诊疗服务模式，想办法创造利润。

第二，保持和发扬中医特色与医疗市场商业化的平衡问题。中医治疗价格低廉，用药以饮片等低利润药品为主，一些高附加值的检查、治疗手段不足，造成医院的盈利能力较差。纯粹依靠中医诊疗的医院难以获得更多的经济效益，因此，中医诊疗特色不明显是许多中医院面临的问题。对此，盱眙恒山中医医院可以考虑改善医院治理结构，建立专项部门来策划营销活动，大幅改善医院盈利模式，重视健康营销，扩大医院服务外延，增加医院盈利。

第三，真正实现多方共赢实际上是较难的命题。并购后，看似百姓、政府、恒康医疗以及盱眙恒山中医医院都从中获益，但从长远的角度看，医院怎样实现营利，政府怎样维持医院的公益性，恒康医疗怎样保证医院良性发展等，都是需要各方思考、解决的难题。

第四，政策原则上不允许中医院改制。2017 年，国家卫生和计划生育委员会和国家中医药管理局发文，明确原则上不允许中医院改制。这之所以对盱眙恒山中医医院没有产生影响，是因为盱眙恒山中医医院进行改制的时间早于 2017 年，法不溯及既往，且改制后政府、医院、医院职工、当地百姓都得到了实惠，实现了多方共赢。

五、盱眙县中医院改制中的经验借鉴

第一，遵守国家医药卫生体制改革政策，谨慎合规操作。目前，国家关于公立医院，特别是公立中医医院改革尚未出台具体的措施，改制、撤编的高压线原则上不能触碰，但当前公立中医医院亟需引入社会资本进行新型运作，以激发医院活力。社会资本不要盲目跟风，可借助已有利好政策，涉足中医领域。由原国家卫生和计划生育委员会与国家中医药管理局共同起草的《关于同步推进公立中医医院综合改革的实施意见》指出，鼓励社会力量优先举办妇科、儿科、骨伤、肛肠等非营利性中医专科医院，发展中医特色的康复医院、护理院。该意见还指出要鼓励举办只提供传统中医药服务的中医门诊部和中医诊所。这些政策应该是社会资本要关注的重点。

第二，政府是改革成功的重要推手。在恒康医疗投资改制盱眙恒山中医医院案例中，盱眙县政府始终支持改制，并认为并购是医院摆脱困境的出路。在改制过程中，政府积极沟通，原盱眙县卫生和计划生育委员会组织医院院

长等参与调研恒康医疗及其旗下多家医院，帮助医院解决了很多实际问题。由此可见，政府这一坚实后盾是盱眙恒山中医医院改制成功的重要推手，在任何医院改革中，政府的重要性都是不言而喻的。

第三，员工认可助力改制成功。一方面，盱眙恒山中医医院在 2004 年就进行了模拟股份制改革，很多职工享受到了改革的红利，转变了固有的思想，不仅不排斥改制，甚至期待新的变革。另一方面，改制之后，医院名称、改制前享受的财政和社会保险等政策、原有职工身份、中医特色、管理团队、价格、服务等都"不变"，在避免个别公立中医医院因改制而引起机构设置、人员编制、功能定位等发生改变的问题的同时，也给全院医生吃下了定心丸，让医院员工从心底支持改制，从而大大减小了改革的阻力。

第四，医院良好的自身条件促成顺利并购。恒康医疗进入之前，盱眙恒山中医医院虽然陷入发展窘境，但受益于之前的改革，其已经积攒了一定的品牌效应，人才结构合理，服务辐射范围广。因此，医院良好的自身条件也是顺利并购的重要因素。

第六节　案例分析二：神州长城拟投资湖南中医药大学附属岳麓医院项目

随着我国人口老龄化的加剧，全社会医疗健康服务的需求呈现井喷式增长，医疗健康行业作为国家重要的战略产业而受到越来越多的重视。目前，医疗健康服务需要越来越呈现多样性、综合性的特征。健康产业是一个覆盖面广、受众面大、需求多种多样的复合型产业，从长远来看，医疗健康产业不再仅仅局限于医院医疗服务，而是会越来越多地延伸到健康护理、居家养老、医养结合多业态方向。在这种趋势下，医疗健康产业与其他行业的合作也将越来越紧密，健康综合体应运而生。

目前，我国很多地方和企业已经开始布局健康综合体，纷纷抢占这一蓝海的前滩，从多角度满足社会对健康医疗的需求。例如，泸州市依托西南医科大学附属中医院打造西南健康中心，囊括九大新型健康业态，集保健养生、健康管理、健康用品、文化娱乐、康复理疗于一体；金华市人民医院以"医疗核心、高效便捷、大自然、公众共享"为理念，打造浙江省一流、浙中最好的现代化、国际化、园林式的综合医院；杭州华元欢乐城引入医疗相关配套，如养生保健、生态健康等多种业态，将商业与医疗结合，丰富商业的业态组合，形成良序依存健康循环的新型商业综合体；广州市打造八大健康医疗综合体，涵盖了高端医疗服务、特色医疗服务、高端医学检验检测、健康养生、中医药康体休闲，满足社会对健康服务的多元化需求。

　　可见，健康综合体已经成为各大城市和企业竞相追捧的项目。但是，健康综合体本身对医疗资源和资金的严格要求在一定程度上影响了其建设和发展。目前我国大部分优质的医疗资源都掌握在公立三级甲等医院手中，但是很多公立三级甲等医院没有足够的资金或者足够的动力去建设健康综合体，社会资本虽然很希望进入这个行业，且有足够的资本，但是由于缺乏优质的医疗资源，也受到很多限制。在此背景下，公私合作创办健康综合体的模式就成为解决目前困境的一个很好的方式。

一、岳麓国际医院综合体案例

　　2017年12月1日，神州长城股份有限公司（以下简称"神州长城"）与湖南中医药大学签订了《湖南中医药大学附属岳麓国际医院综合体合作框架协议书》，共同投资建设湖南中医药大学附属岳麓国际医院综合体（以下简称"岳麓国际医院综合体"）。岳麓国际医院综合体建设用地位于岳麓科技产业园，三个地块分别建设附属岳麓医院、国际安养康复基地和大健康产业研发中心。本次合作，湖南中医药大学将充分发挥其在医疗、教学、科研、人才、技术等方面的优势，神州长城充分发挥其资金优势，双方共同推进项目建设，成为公私合作创办健康综合体模式的代表案例。以下将对这一合作模式进行解读。

（一）合作方式

　　针对附属岳麓医院、国际安养康复基地、大健康产业研发中心三大项目，由甲乙双方共同组建三个项目公司。附属岳麓医院项目公司注册资本金2.5亿元，湖南中医药大学出资6000万元，占股49%，其中品牌和技术部分在注册资本2.5亿元中作价6250万元，占股25%，神州长城股份有限公司投资1.9亿元，占股份比例为51%。国际安养康复基地、大健康产业研发中心两大项目公司的组建事后另行约定，两大项目公司的股权比例根据双方对两大项目的贡献协商一致确定。

（二）双方权利义务

湖南中医药大学主要负责提供医疗资源、医院品牌以及协调政府部门的工作。具体包括：配合相关项目公司协调各级政府部门及各上级主管部门之间关系，协助相关项目公司取得审批、报建及原卫生和计划生育委员会各种批件；在项目合作期间提供湖南中医药大学附属医院冠名等与品牌相关的便利；及时组建项目医院运营所需的专家及医生团队；协助项目公司争取国家有关社会资本投资医院的相关优惠政策及补贴；在各合作项目公司取得框架协议以外的土地供应时提供协助。

神州长城主要负责筹措资金和项目工程的建设。具体包括：保证为合作项目的顺利实施提供足额资金；组建项目筹备委员会，派遣和组建项目管理团队；配合项目公司与岳麓区政府的规划、国土部门谈判，及时取得规划、国土及其他相关部门手续；协助项目公司进行项目勘察、规划和设计。

同时，协议所涉项目的建设施工依法优先交由神州长城指定的公司进行。

（三）经营管理模式

根据双方的专业性，项目的设计建设主要由神州长城负责，项目建成后的经营管理由湖南中医药大学负责。项目公司实行董事会领导下的总经理（院长）目标责任制，双方各自派遣董事和监事共同管理。项目公司日常经营和管理由总经理负责，董事会及股东大会决议内容部分遵照公司章程约定执行。董事会决议时湖南中医药大学享有一票否决权。项目公司的银行账户均由双方双控管制，各执一印鉴，共同管控项目公司所有的银行账户。

二、岳麓国际医院综合体亮点

（一）分散经营风险

该健康综合体包含附属岳麓医院、国际安养康复基地和大健康产业研发中心三个项目，这三个项目的建设都需要投入大量的资金，且不能很快获得收益，需要长时间的运营，经营风险比较大。在本合作模式中，神州长城和湖南中医药大学将三个项目分开，各自组建项目公司，项目公司之间在财政、管理、运营等方面相互独立，不会因为某家公司经营不善而拖累其他公司。此次双方共同组建附属岳麓医院项目公司正是双方合作的第一步尝试，通过这次合作双方进行磨合，积累经验，有助于双方在以后建设国际安养康复基地和大健康产业研发中心两大项目公司时达成进一步合作。

（二）注重无形资产价值

湖南中医药大学在附属岳麓医院项目公司的最大出资是其无形资产，协议约定品牌和技术等作价高达 6250 万元，虽然尚不知悉这部分无形资产的价格是否经过符合条件的资产评估机构评估，但是协议所透露出来的双方对品牌、技术等无形资产的重视是不多见的。《中华人民共和国公司法》规定，无形资产经评估可以出资建立公司，但是在实际操作中，以无形资产出资的仍鲜有先例可循。商标、专利等还有明确的法律规定，但是品牌、技术这些没有明确规定的，其法律地位比较模糊。湖南中医药大学作为湖南省直属的事业单位，这些资产还属于国有资产，没有一套可以借鉴的评估标准，导致在国内很少有高校以无形资产投资与社会资本合作的案例。本合作可以为国内相关行业提供经验。

（三）灵活出资，减轻财政压力

湖南中医药大学认缴附属岳麓医院项目公司 12 250 万元注册资本，除了以无形资产出资以外，仍需投入 6000 万元资金，这对靠财政拨款生存的大学来说是一个非常大的经济负担。如果减少大学的出资额，又会降低大学的持股比例，从而影响大学在项目公司中的话语权，未来的股东分红也会大大减少。因此，双方通过协议约定，湖南中医药大学先行出资 2000 万元，其余 4000 万元资金由神州长城垫付，日后偿还，即相当于湖南中医药大学向神州长城借款投资于双方共同组建的公司中。神州长城之所以会答应这种方式，一是因为湖南中医药大学是必不可少的合作伙伴，在本合作协议中其实占据着主动地位；二是医院的建设需要大量资金，项目公司的出资必须完成，如果让湖南中医药大学向第三方借款，可能会增加双方的合作风险，不如直接借款给湖南中医药大学使其完成出资义务。

（四）投资建设营利性医院

值得注意的是，双方将要建立的附属岳麓医院定位是一所三级甲等营利性医院，这就意味着医院的营利可以作为股东分红回报投资者，这对神州长城来说是其社会资本逐利性的体现，满足了其投资回报的需求，对于湖南中医药大学来说也是一笔可观的收入，能够使大学的财政资金更加充裕，更好地进行自身发展建设。但是，这种模式在获得可观收益的同时也蕴含着较大的风险。我国的医药卫生领域宏观政策是以非营利性医院为主体，对营利性医院的税收制度、财政补贴等各项政策支持远不如非营利性医院，而且《卫健法》第39条第3款规定："以政府资金、捐赠资产举办或者参与举办的医疗卫生机构不得设立为营利性医疗卫生机构。"第40条第3款规定："政府举办的医疗机构不得与其他组织投资设立非独立法人资格的医疗卫生机构，不得与社会资本合作举办营利性医疗卫生机构。"湖南中医药大学作为事业单位，其投资建设营利性医院的行为与国家立法精神相悖，虽说法不溯及既往，只要医院的建设在法律颁布之前就可以注册营业，但是在未来运营过程中将会面临较大的法律风险，会受到更严格的政府监管。

（五）大学对医院控制力强

虽然在附属岳麓医院项目公司中，神州长城持股51%，占控股地位，但双方通过合作协议赋予湖南中医药大学在项目公司董事会决议的一票否决权，并且约定双方共同掌控公司银行账户，一起把握医院的财政大权这一命脉。这就可以确保湖南中医药大学在医院的建设运营过程中享有较强的话语权，对医院具有实际的控制力，从而可以充分发挥湖南中医药大学在医院日常管理等方面的专业能力优势，使医院在专业人员的管理下实现更好的营收，保障神州长城的投资回报。由此可见，在本次合作中，神州长城与湖南中医药大学资源共享，优势互补，发挥在各自领域的优势特点，在合作中弥补相应的短板，实现了1+1>2的效果，是股权投资创办健康综合体的成功案例。

第七节　案例分析三：复星医药投建温州老年病医院项目

为进一步鼓励和引导社会资本办医，推进公立医院改革，满足群众多层次的就医需求，经温州市委、市政府批准，温州市中医院与上海复星医药（集团）股份有限公司（以下简称"复星医药"）开展股权投资合作，对温州市中医院原大士门院区进行改制，建立温州老年病医院。

一、合作办医的动因分析

政策和需求的双重驱动促成了温州市中医院和复兴医药关于投资新建温州老年病医院的合作项目，值得注意的是，这是温州市公立医院首次引进民营资本，试行混合所有制改革。原温州市副市长郑朝阳表示，"民营资本+公立医院"将成为温州医改的新模式，对于温州这座国家级民办医疗改革试点城市有着重要意义"。

（一）温州市合作办医政策支持

鼓励和引导社会资本发展医疗卫生事业，形成投资主体多元化、投资方式多样化的办医体制，是国家深化医药卫生体制改革确定的基本原则和重要内容。2015年1月5日，浙江省卫生和计划生育委员会、浙江省机构编制委员会办公室、浙江省发展和改革委员会等部门制定了《关于发展混合所有制医疗机构的试点意见（公开征求意见稿）》，意见中明确提出，探索发展混合所有制医疗机构，促进社会办医做大、做强，推动公立医院深化改革，增加医疗服务资源，提升医疗服务质量，加快形成有序竞争的多元办医格局。

温州作为全国医疗改革的试点城市，积极鼓励民营资本进入医疗服务领域、医师多点执业，并给予政策支持。温州市政府以党的十八届三中全会精神为指导，根据浙江省人民政府《关于促进健康服务业发展的实施意见》（浙政发〔2014〕22号）、温州市人民政府《关于加快推进社会资本举办医疗机构的实施意见》（温委发〔2013〕64号）有关要求，在切实保障人民群众基本医疗卫生服务需求的基础上，充分调动社会力量的积极性和创造性，支持社会资本通过合作、兼并、收购等多种形式，参与公立医院改制重组；积极发展混合所有制医疗机构，选择部分公立医院进行股份制改造，着力盘活国有资产，确保国有资产保值增值，增加供给，优化服务，不断满足人民群众多层次、多样化的服务需求，为经济社会转型发展注入新的动力，推动温州市社会资本办医继续走在前列。

（二）温州市老年人医疗保健需求旺盛

2014年，温州市60岁以上老年人有127.48万，比例达15.64%，老年人口总数位列浙江省第二。日益增长的社会养老需求与老龄事业发展滞后的矛盾将更加突出，老年人医疗保健已成为社会迫切关注的问题。鉴于杭州市、宁波市均有多家老年病专科医院，而温州市在这方面却是空白，建设老年专科医院已迫在眉睫。

温州老年病医院在传承温州市中医院大士门院区原有中医特色的基础上，将重点围绕老年病专科特点发展，借助复星医药的医疗医药资源、资本优势和管理经验，在浙南地区建立起一所一流的、具有中西医结合特色的、符合三级甲等建设要求的老年病专科医院，成为温州市疑难、危重老年病及老年病急救的诊治中心，为老年人提供优质医疗服务的中高端平台。同时，此次合作也是温州市社会资本办医的一次有益尝试，对增加医疗卫生资源，扩大服务供给，完善医疗服务体系，满足人民群众多层次、多元化的医疗服务需求大有裨益[1]。

二、股权投资合作办医主体与合作模式概述

（一）复星医药

复星医药成立于 1994 年，1998 年 8 月和 2012 年 10 月分别在上海证券交易所和香港联合交易所主板挂牌上市，是在中国医药行业处于领先地位的上市公司。公司把医疗服务作为优先重点发展的业务领域之一，立志为社会提供优质的医疗服务。

在此次合作项目中，具体出资成立温州老年病医院的是复星医药的全资子公司——上海医诚医院投资管理有限公司。上海医诚医院投资管理有限公司是复星医药的全资子公司，作为复星医药重点发展业务领域之一，近年来该公司实现稳步扩张，目前已基本形成沿海发达城市高端医疗、二三线城市专科和综合医院相结合的医疗服务业务战略布局。复星医药董事长陈启宇指出，有实力的社会资本与优秀的医疗资源的结合符合国家政策导向。他表示，随着改革的步伐加大，复星医药会继续积极参与公立或国有医院的改制重组[2]。

（二）温州市中医院

温州市中医院创建于 1923 年，医院前身是由工商界开明人士蔡冠夫、陶履臣等人筹款创办的"专以施医施药救济贫病者为宗旨"的医疗慈善机构——永嘉募办普安施医施药局。经过百年的发展，医院现系国家三级甲等中医医院，全国"文明单位"，省级"平安医院""绿色医院"，现有国家级重点专科 4 个——中医妇科、肾病科、康复科、神志病科；省中医重点学（专）科 9 个——中医妇科、肾病科、中西医结合老年康复科、肝病科、针推康复科、脑病科、脾胃病科（消化科）、骨伤科、护理学，市级重点学科群 4 个——老年病学科群、康复医学学科群、心脑血管学科群、骨伤学科群，承担浙南地区中医医疗、教学、科研、培训等任务，具有较高的学术水平和良好的社会声誉。医

---

〔1〕 谢诚："复星医药牵手温州中医院 共同打造温州老年病医院"，载 http://finance.jrj.com.cn/2015/12/06210220191069.shtml，最后访问日期：2018 年 6 月 13 日。

〔2〕 谢诚："复星医药牵手温州中医院 共同打造温州老年病医院"，载 http://finance.jrj.com.cn/2015/12/06210220191069.shtml，最后访问日期：2018 年 6 月 13 日。

院现有职工 1680 余人，总占地面积 112.7 亩，建筑面积 13.4 万平方米，总开放床位超过 1400 张，拥有六虹桥、景山、水心龙湾共四个院区。

（三）股权投资合作办医的方式和管理模式

药企与公立医院合作办医方式主要包括投资设立、股权收购、股权投资、供给链终端合作和合作框架协议等，其中，与公立医院合作新建医疗机构和供给链终端合作最多[1]。复星医药与温州市中医院合作办医的主要方式是合作新建温州老年病医院，在保持原有医院非营利性的前提下，建设营利性的混合所有制的专科医院，由药企掌握控股权，在管理体制上实行董事会领导下的院长负责制。

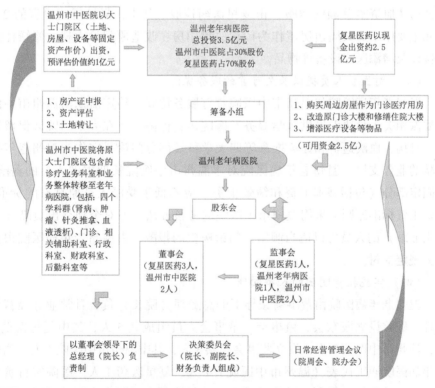

图 10-1　复星医药与温州市中医院合作办医模式图

[1] 张洪源、包胜勇："药企与公立医院合作办医的现状、动因及问题——以上市药企为例"，载《卫生经济研究》2017 年第 12 期。

三、双方股权投资合作办医的基本操作思路

（一）按照最高级别的医院标准来建设

温州市中医院拟与复星医药合作，对温州市中医院大士门院区进行改制重组，成立温州老年病医院（温州老年病医院有限公司），医院按照三级甲等老年病专科医院标准建设，为营利性医疗机构[1]，拟于合作五年内开放床位500张。

（二）确保高效安全的资金利用

温州市中医院以大士门院区土地、房屋、设备等实物评估作价出资，约1亿元，占公司注册资本总额的30%；复星医药以现金出资，投资2.5亿元，占公司注册资本总额的70%，由复星医药控股。其中，复星医药投资的2.5亿元主要用于购买周边房屋作为门诊医疗用房、改造原门诊大楼、修缮住院大楼以及增添医疗设备等物品。

（三）对医护人员提供长久可靠的服务保障

温州老年病医院与温州市中医院签订服务协议，约定前期由温州市中医院委派相关人员协助提供医学服务及医院运行保障，并在大士门院区保留肿瘤、肾病、血液透析和针灸推拿等四大学科及部分门诊科室作为温州老年病医院的业务支撑。温州老年病医院对于温州市中医院长期委派人员的薪酬，其固定部分（包括基本工资和绩效工资）应不低于受派人员原享有的标准，绩效工资标准原则上采用温州市中医院的考核办法，但对个别突出贡献（或杰出业绩）的人员可以适当倾斜；门诊医生的报酬，由温州老年病医院根据相关规定支付。

（四）实施权责明确的人事管理

温州老年病医院由董事会领导下的总经理（院长）负责日常业务经营与管理。医院设立股东会、董事会，董事会人员组成共5人，其中复星医药3人，温州市中医院2人；设立监事会，共3人，其中温州市中医院1人、温州老年病医院职工代表（温州市中医院）1人、复星医药1人。医院实行董事会领导下的院长负责制，设院长1名，首任院长由温州市中医院推选；设财

---

〔1〕 工商部门登记的主体名称是温州老年病医院有限公司，而卫生行政部门批准的主体名称是温州老年病医院，但两者实为同一主体。

务总监 1 名，由复星医药委派。医院由院长领导的经营管理团队负责日常运营，该经营管理团队由董事会聘任。

（五）制定具体可行的发展计划

温州老年病医院制定了具体发展计划。据作者调研获悉，一期方案（三年）拟设置病床 248 张，其中普通床位 236 张、VIP 床位 12 张，设置血液透析机 70 台。此方案为按照现有建设规模，将原病区简单改造和修缮，改善住院条件。在设备方面，需新增添 1 台磁共振成像设备（MRI），正常补充与更新小型设备和器械。预期业务及收入按年门诊量 20 万人次，人次均 200 元；年普通床位出院量 4000 人次，人次均 12 000 元；年 VIP 床位出院量 200 人次，人次均 20 000 元；血液透析机 70 台，年收入约 1500 万元计算，共计1.07 亿元。二期方案拟将病床增加到 548 张，其中普通床位 480 张、老年重症监护 20 张、VIP 床位 48 张；手术间增加到 6 间，血液透析机增加到 100台。此方案为按照现有建设规模，力争在初期运营的 3 年时间内，通过购买周边房产改造作为门诊楼使用，改建现门诊楼为 7500 平方米至 7800 平方米的新住院楼，改造现附属楼为医技楼，并对现住院楼进行修缮，从而达到总建筑面积 1.95 万平方米、拥有 12 个住院病区和 1 个老年 ICU 病区的规模。预期业务及收入按年门诊量 40 万人次，人次均 200 元；年普通床位出院量10 000人次，人次均 12 000 元；年 VIP 床位出院量 1000 人次，人次均 20 000元；血液透析机 100 台，年收入约 2500 万元计算，共计约 2.45 亿元。

四、股权投资医院中的重点问题分析

（一）医院的性质探讨

温州市中医院引进复星医药参与大士门院区改制重组，双方根据合作协议的约定和章程的规定合资设立的温州老年病医院，因系营利性医疗机构，工商部门登记的主体名称是温州老年病医院有限公司，而卫生行政部门批准的主体名称是温州老年病医院，两者实为同一主体。医院拥有独立法人地位和公司资产，股东应当依据合作协议和章程适时、适当地向公司履行出资义务，复星医药向公司交付货币 2.5 亿元，温州市中医院向公司交付出资的设备并办理土地使用权人的转移过户登记手续和房屋权属的转移过户登记手续，产权交割清晰明了，不会出现股东之间权属不清的问题。此外，温州市中医院作为温州老年病医院的股东之一，可以享受医院的利润分红，债务方面医院以其全部资产对其债务承担责任，确保了温州市中医院作为股东之一仅以出资额为限承担有限责任，减少了股份制改革可能降低公立医院本身公益性的风险性。同时，温州老年病医院作为一家营利性医疗机构，虽然前期由公立医院委派相关人员协助提供医学服务及医院运行保障，并在温州市中医院大士门院区保留肿瘤、肾病、血液透析和针灸推拿四大学科及部分门诊科室作为老年病医院的业务支撑，但实现了民营资本的绝对控股，经营自主，管理机制灵活，在收费、分配方面拥有较大的独立性，实质上凸显了非公立医疗机构的特点。

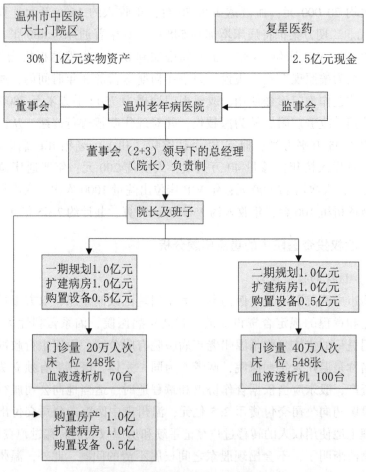

图10-2 温州老年病医院组织架构图

（二）国有资产保值增值问题

温州市中医院以现有大士门院区内的土地、房产、固定资产以及品牌入股，涉及国有资产的保值增值问题，土地和房屋的权属确定、出资前的审批和估价都是此次改制中贯穿始终的重点问题。

温州市中医院大士门院区的土地所有权由于历史原因已划拨到温州卫生发展投资集团有限公司，针对土地归属问题，原温州市卫生和计划生育委员会需要向温州市政府提交报告，说明具体情况并要求解除之前的合同，将温州市中医院大士门院区原有房产重新划拨回温州市中医院名下。此外，合作出资还需要将划拨回温州市中医院名下的划拨的医疗卫生慈善用地改变为出让的医疗卫生慈善用地。温州市中医院大士门院区部分房产由于历史及改建原因未办理房产证或变更房产证，无法对现有温州市中医院大士门院区的房产进行客观、正确的价格评估，改制入股时将会造成国有资产的减值及流失。针对房产证问题，温州市中医院需要通过原温州市卫生和计划生育委员会向温州市政府提交报告，说明为了温州市中医院大士门院区与上海医诚医院投资管理有限公司能够顺利合作和国有资产的保值，需要补办部分房产证。温州市中医院承诺，改制协议签订前将自行拆除大部分简易房；房产证办理后，无论合作成功与否，即按照消防要求拆除其中影响防火安全的建筑；改制合作后，将根据温州老年病医院规划及消防要求进行整体改拆建。在行政审批方面，温州市中医院大士门院区以土地、房屋、设备等国有实物资产作价出资入股，需要得到温州市政府及财政等相关部门审核同意批复。在履行出资义务前，温州市中医院应聘请具有法定资质的评估机构对资产进行评估，并且该出资资产的评估结果应经双方认可并获得相应政府主管部门的批准或确认。温州市中医院作为温州老年病医院的股东之一，投资分红收益由温州市财政局统一管理，须经同意方能全额调配给温州市中医院。

（三）运行体制和决策权

温州老年病医院设立股东会、董事会，董事会人员组成共5人，其中复星医药3人，温州市中医院2人；设立监事会，共3人，其中温州市中医院1人、温州老年病医院职工代表（温州市中医院）1人、复星医药1人。医院实行董事会领导下的院长负责制，设院长1名，首任院长由温州市中医院推选。医院设财务总监1名，由复星医药委派。医院由院长领导的经营管理团队负责日常运营，该经营管理团队由董事会聘任。成立后，医院日常运营中的决策事项由医院决策委员会议（简称"决策会"）讨论决定，决策会由院长、副院长和财务负责人组成，决策事项由全部组成人员的 2/3 通过。医院日常经营管理会议包括院周会、院办会；院周会一般两周召开一次，由院长、副院长和医院各级部门负责人参加，院长具有决定权；院办会一般每周召开一次，由院长、副院长参加，院长具有决定权。董事长和财务负责人可以列席院周会和院办会。

值得注意的是，在政策倡导破除以药养医的机制、市场定价的大背景下，医药企业的竞争压力加大，医药企业通过与公立医院合作办医并寻求改制医院的绝对控股，从潜在型的利益相关者变成了确定型的利益相关者[1]，掌握董事会中的话语权，可能会影响医院的决策，弱化市场竞争，控制药品的价格，形成新的垄断。

（四）人才、医保政策等保证平稳过渡

此次改制涉及温州市中医院大士门院区体制的变动，需要各项政策配合保证平稳过渡。在医保定点政策方面，对温州老年病医院，温州市人力资源和社会保障局按照医保定点医院标准进行审批并给予医保付费制度改革的两年过渡期；在人才引进政策方面，需要协调温州市编制委员会办公室、温州市人力资源和社会保障局等，对温州市中医院事业编制问题予以优先照顾。

在温州老年病医院发展初期，将依托温州市中医院，双方签署管理服务协议书，由温州市中医院向温州老年病医院提供营运管理、技术、人力资源及学科建设等方面的支持，自医院建设完成后三年，温州老年病医院每年向温州市中医院支付门诊业务收入（但不包括肾内科、肿瘤科、血液净化中心和针灸推拿科的门诊业务收入）的 1% 作为管理费用。为了温州老年病医院能正常营业，由温州市中医院持续委派 177 名相关人员为医院提供服务，其中高级医技师 11 人，中级医技师 35 人，初级医技师 116 人。温州市中医院应与受派人员持续维持劳动法律关系，并根据相关法律规定为受派人员依法及时缴付社会保险金，如果政策允许，应严格按照有关规定保留受派人员的原编制及其他优惠待遇（包括但不限于档案工资的调整及职称评审等事项）。在过渡时期，复星医药应当配合温州市中医院做好原管理人员和员工的思想工作，

---

〔1〕 农圣、李卫平、农乐根："公立医院治理制度改革的利益相关者识别分析"，载《中国医院管理》2014 年第 7 期。

力求温州市中医院大士门院区人心稳定以及各项工作平稳交接。为了医院后续的发展稳定，复星医药与温州市中医院应当利用各自的优势吸引人才，共同协助医院做好对外招聘其他人员的工作。对于受派人员的薪酬，其固定部分（包括基本工资和绩效工资）应不低于受派人员原享有的标准，绩效工资标准原则上采用温州市中医院的考核办法，但对个别突出贡献（或杰出业绩）的人员可以适当倾斜。

五、双方开展股权投资合作办医的多维效益分析

（一）医院受益

在医院运行管理方面，公立医院改制后，也就变成了实质意义上的非政府医疗机构，可以在分配、收费等方面享有更大自主权，医院运作更加灵活。温州老年病医院与温州市中医院签订服务协议，前期由温州市中医院委派相关人员协助提供医学服务及医院运行保障，并在大士门院区保留肿瘤、肾病、血液透析和针灸推拿四大学科及部分门诊科室作为老年病医院的业务支撑，保证医院平稳过渡。温州市老年病医院开业半个多月，门诊和住院实现"双增长"。

医院二期的发展目标是更加充分发挥资本效益，通过院区改造，形成500张以上床位规模，打造在浙南地区处于一流的、具有中西医结合特色的、符合三级甲等建设要求的老年病专科医院，成为温州市疑难、危重老年病及老年病急救的诊治中心以及为老年人提供优质医疗服务的中高端平台。

（二）社会资本受益

复星医药主要关注现代生物医药健康产业，在药品研发制造、医药流通、诊断产品和医药器械等领域拥有领先规模和市场地位。复星医药先后投资了安徽济民肿瘤医院、岳阳广济医院、宿迁市钟吾医院、佛山复星禅城医院、台州浙东医院、山东大学齐鲁医院、徐州矿务集团总医院，进入中国专科及综合医疗市场，目前已基本形成沿海发达城市高端医疗、二三线城市专科和综合医院相结合的医疗服务业务战略布局。此次合作系公司探索混合所有制医院办院的举措之一，有利于进一步完善公司医疗服务业务的区域布局，推动公司医疗服务业务的发展。

复星医药此次合作项目主要涉及老年病。从复星医药近期的战略布局来看，公司很可能将其与正在大力推进的养老业务对接。此前，复星医药母公

司复星国际有限公司宣布正式打通旗下医疗、保险、地产等与养老产业相关的行业，打造专注于养老的大健康平台，意图打造涵盖全产业链的健康航母[1]。此次合作将有利于复星医药持续优化与整合医药产业链，从外延式发展走向内生性发展，积极提升企业在全球医药产业的竞争力，力争早日实现成为全球主流市场上一流企业的战略目标。

（三）患者受益

温州老年病医院的顺利开业，充分实现了温州市中医院的技术资源优势和复星医药的灵活管理机制的强强联合，切实解决了群众"看病难"问题。自温州老年病医院投入使用以后，医院门诊总量达 26 万人次，为削减高峰期就诊量、填充峰谷期就诊量，医院特开设周末门诊，放射科、检验科等辅助检查项目同步开展。在科室设置上，医院把肾病科、血液净化中心、肿瘤科、针灸推拿科等与老年人关联性较大的科室进行重点设置，满足老年患者看病的基本需求。此外，温州老年病医院针对老年病病程长、病种多、专业老年床位稀缺等特点，将组建老年病多学科团队，为老年病患者提供"一站式"综合诊治服务模式[2]。

为满足居家养老的老人的医疗需求，温州老年病医院计划在与庆年坊社区试点的基础上，增加 10 个社区作为试点，打造社区养老康复小屋。在院长黄建平的构想中，所有康复小屋按照规范标准统一建设，引入互联网概念，由社区医院医生进行首诊。对于有进一步诊疗需求的老人，社区医生帮助预约温州老年病医院医生，然后由医院医生提供上门诊疗服务。对于疑难病患者，还可以通过双向转诊转入温州老年病医院，享受专家的诊疗服务[3]。目前康复小屋还只是设想，真正落地还需要突破社保报销、医师执业许可、移动医疗等各类政策。

温州市中医院混合所有制改革引入现代化的企业管理模式，公立医院在保证国有资产保值增值的前提下，可以秉持医院的公益性，满足市场的医疗

---

〔1〕 每经网-每日经济新闻："复星医药加码养老产业 拟设温州老年病医院"，载 http://finance. ce. cn/rolling/201502/02/t20150202_ 4486446. shtml，最后访问日期：2018 年 6 月 13 日。

〔2〕 温州商报："温州老年病医院开业"，载 http://gov. 66wz. com/system/2016/06/07/104848251. shtml，最后访问日期：2018 年 6 月 13 日。

〔3〕 温州商报："温州老年病医院开业"，载 http://gov. 66wz. com/system/2016/06/07/104848251. shtml，最后访问日期：2018 年 6 月 13 日。

需求。但公立医院与医药企业合作办医仍需要政府的支持和理性引导，如何更好地发挥医院职责，调动社会资本理性逐利，始终是应当去反复思考和实践探索的问题。

第八节 案例分析四：重庆医科大学附属医院青杠老年护养中心项目

当前我国医养结合可划分为三种基本运行模式：整合照料模式，是将养老和医疗服务整合在一个机构中运行，又可细分为公立医院兴办养老机构和养老机构增设医疗机构；联合运行模式，机构不合并，但是通过协议等方式整合医养服务；支撑辐射模式，通过上门服务等方式由医疗机构辐射周边需要服务的老人。本节以重庆市医科大学附属医院青杠老年护养中心（以下简称"青杠老年护养中心"）为例，重点探讨公立医院兴办养老机构的问题并提出建议。

一、青杠老年护养中心模式分析

（一）医疗、护理、养老、康复、职业培训五大功能融为一体

青杠老年护养中心以重庆医科大学附属第一医院作为医疗保障支撑，在功能分区上除设有老年慢病康复区外，还设有就诊区，开设老年疾病的专科门诊，同时配套设置检验科、放射科等医技科室。重庆医科大学附属第一医院规定住院医生为青杠老年护养中心提供医疗技术保障。青杠老年护养中心的养老区配有专职医师 24 小时值班，并与慢病康复区医师资源共享，由照护专业团队根据老人入住时的健康综合评估级别，实施个性化专业照护，包括适应性关怀、健康指导、用药护理、病情观察、营养膳食、康复理疗、益智健脑活动等，根据不同老人的不同情况制定分级分类专业护养套餐，为老人进行专业、科学的养生规划，同时为老人在膳食、养生方面进行科普知识介绍，定期举办健康知识讲座，专业指导居家老人的日常饮食生活。此外，青杠老年护养中心内聘有专职社工师，负责安排老人每周的文化娱乐生活，实现养老养生多元化。青杠老年护养中心还开设康复治疗中心（门诊）和康复病区（病房），前者将国外先进治疗技术等与中医治疗手段相结合，由康复治疗师根据老人情况制定和调整个性康复训练计划；后者则收治需要住院康复

治疗的人员。青杠老年护养中心规划范围内建有护理职业学院，学院开设养老护理专业，建立养老护理员培训基地，以青杠老年护养中心作为实习基地，其公用设施如运动场、篮球场、羽毛球场等与青杠老年护养中心共享。

（二）合理的功能分区，实现急慢分治

青杠老年护养中心设有养老区（含自理区、照护区、护理院）、慢病康复区（含老年病、神经系统疾病、康复理疗）等不同分区。实现了急性期时，在综合医院能够享有良好的治疗；恢复期和慢性期时，在护理院和慢病康复区接受服务的"急慢分治"模式。

（三）完善的循环转区机制

完善的内部循环转区机制得以保障老人医疗护理和紧急救治的需求。入住养老区的老人身体状况发生变化时，可以选择入住护理院或慢病康复区，以求得到有效的医疗支持；突发疾病或紧急情况时，可由救护车送往医院本部进行治疗，待病情稳定后转回慢病康复区或养老区。

（四）个性化健康评估

青杠老年护养中心内的健康评估小组从三个维度对老人进行健康评估，三个指标分别为健康状况、生活自理能力及社会关系。根据评估结果，对老人进行个性化、专业化照护。青杠护养中心试行的健康综合评估体系在填补国内该领域空白中具有开拓性意义。

（五）智能化管理

健康小屋采集住养老人各项数据资料，通过远程会诊系统传送至重庆医科大学附属第一医院本部会诊中心，由专家教授协助诊疗。青杠老年护养中心建立全智能化老人服务体系，为老人配备无线呼叫定位设施，工作人员可通过远程探视系统查看老人实时状况等，确保老人安全。

（六）医保覆盖

青杠老年护养中心享受国家医保政策，老人的医疗活动（如用药、康复）所产生费用均可按规定纳入医保报销。

二、公立医院投资医养结合项目的可行性

（一）公立医院具备完善的硬件设施

公立医院发展资金较为充足，由国家财政支持，能够配备更加先进的医疗硬件设施，同时，相关配套设施也能同步发展完善。青杠老年护养中心完善的生活、娱乐、运动和安全设施以及丰富的自然景观构成的优越环境是其亮点之一。

（二）公立医院具有雄厚的软实力

首先，因为严格的监督和专业培训，公立医院医护人员的专业水平和专业素质高。其次，公立医院有雄厚的资金作支撑，同时与医学类高校或科研机构具备合作关系，其医疗资源、技术手段均来源于先进的科研成果，领先于其他医疗机构或养老机构。最后，公立医院具有健全的符合国家标准的科室设立体系，科室之间能够相互配合，形成较强的联动性。

三、公立医院推行医养结合养老模式面临的问题

（一）定性不明，各部门交叉管理

国家未对医护型养老院的性质明确认定，新兴机构隶属于医疗机构还是养老机构存在争议。这不仅影响了此类机构相关标准的制定，还导致医养结合型养老机构归属管理部门尚不明确。按照我国现行行政管理体制，民政部门主管养老机构，卫生行政部门主管医疗机构，人力资源和社会保障部门主管医疗保险费用报销事宜，多部门进行交叉管理，权责未明确划分，导致医养结合型养老机构处于"九龙治水"的局面，极易产生监管机构互相推诿、效率低下等问题，阻碍医养结合型养老机构的持续健康发展。

（二）专职人才缺乏

公立医院总体医疗实力较强，但在发展养老服务方面，存在着不容忽视的短板，即公立医院缺乏针对老年养护专科的执业医生，通常由心脑血管及护理等专科医生担任养老方面的医师，专业性有所欠缺。另外，受长期以来老年人照护认识误区的影响，我国对照护人员缺乏重视，相关的培训项目较少，相比国外专门设置老年照护本科、硕士研究生、博士研究生的重视程度，我国在老年照护领域人才培养的关注度还有待提升。

（三）公立医院有限的医疗资源难以满足日益扩大的养老需求

一方面，由于人口老龄化加剧，每年前往医院就诊的老年人呈现增加的趋势，加剧医疗资源紧张。另一方面，部分公立医院建院历史悠久，医院整体建筑面积偏小，经年使用的医疗设备功能欠缺、老化明显，医院布局陈旧，配套水电设施老化，难以适应现代医疗需求。而地方政府在财政紧张的情况下，不能为公立医院提供充足的资金支持，限制了公立医院的进一步发展，

加剧医疗资源紧张状况。

（四）相关法律制度不完善，缺乏政策及资金支持

青杠老年护养中心曾经遇到过子女将老人送至护养中心后遗弃老人的问题，而法律、制度上对此无明确救济的方案，导致医院方面只能自行承担一切开支，无条件治疗、照顾老人，造成了沉重的经济负担，而采用立案的方式寻求司法救济又会为养老机构增添额外的负担。同时，医养结合型养老机构对老人的高质量服务也意味着高成本，由于目前缺乏资金和政策的支持，只能由住养老人和医院承担机构运营成本，不利于公立医院医养结合模式的推进。

（五）老年人意外伤害频发，运营风险大

老年人极易发生由于身体功能衰弱而导致的意外事件，然而目前立法上缺乏对此类事故进行责任认定的规则，一旦发生意外，老人家属会要求高额的赔偿金，而养老机构几乎都属于微利或亏损运营，老人意外伤害会给养老机构带来沉重一击，这也成为医养结合型养老机构运营中必须考虑的高风险问题。

四、相关对策建议

（一）明确政府责任，加强部门协同

首先，政府在推进医养结合养老模式的过程中，要做到不缺位、不越位，强化治理能力，完善医养结合规划，既要立足现实，充分整合利用现有的资源，考虑养老服务体系和医疗服务体系的现状，又要思虑未来、长远规划，考虑未来人口老龄化趋势及患者未来的需求特点。其次，要明确监管部门内部的职责分工，理顺医养结合行政管理体制，避免民政部、卫生健康委员会、人力资源和社会保障部门职权纠缠、相互推诿。最后，要加强部门协同合作，打破壁垒，促进医养结合型养老机构资质审批管理方式的改良，提高审批效率。

（二）加强专门人才培养

首先，建议完善职业教育体系，在医科类高校中增设老年专科、老年照护专业或开设相关课程，加强相关职业培训和知识传授力度，为公立医院医养结合项目输送人才。其次，拓宽人才培养渠道，可以联合院外职业技术院校的力量，共同建立医养结合实训基地，加强对老年照护专业技能型人才实

践能力的培养。再其次，注重老年照护高级人才的培养，尤其是研究型人才和管理型人才，为医养结合事业的进一步发展提供理论基础和管理助力。最后，完善绩效考核评估机制，借助适当的激励机制吸引、留住人才。

（三）引导社会资本进入医养结合市场

一方面，投资医养结合项目的公立医院应当积极拓展资金渠道，经严谨的筛选后吸收健康的社会资本，扩展医院建筑面积，促进医院布局、医疗设备、水电设施等更新，增强服务供给能力。另一方面，地方政府应积极助力牵线，引导社会资本以多样化的形式进入医养结合市场，如公建民营、PPP模式等，发挥市场在资源配置中的决定性作用，建立良性的价格形成机制，用雄厚的资金有力提升医养结合产业的服务质量和持续供给能力。

（四）加强政策和资金支持，完善基础设施

相关部门应为公立医院兴办养老机构创造良好的政策环境，给予医院资金支持、政策优惠，对老人入住养老机构给予政策鼓励，缓解老人和医院的经济压力，为公立医院医养结合项目的发展进一步清除障碍。同时，建议加强公立医院基础设施建设，为医院投资医养结合项目拓展空间。

（五）严格监管医养结合型养老机构，提高服务质量

建议由卫生健康委员会、老龄工作委员会、民政部牵头，联合社会工作协会、基层老年社会服务中心等部门成立全国医养结合工作标准化技术委员会，借鉴发达国家监管医养结合机构的经验，制定医养结合服务行业标准，对医养结合机构的工作术语、服务内容、服务形式、服务流程、服务收费标准、人员要求和服务保障等进行统一规范，从服务的全流程严格监管医养结合养老机构。同时，还应该重视有关法律法规的制定和完善，以及时回应医养结合模式在实践与探索中遭遇的问题。

（六）建立有效保障体系，防范运营风险

建议引入强制保险制度，效仿学生入校购买学生团体意外险、团体医疗险，出台老人团体意外险、老人团体医疗险以及老人团体公共场所责任险，对入住医养机构的老人实行政府、机构和个人共同分担、强制购买的制度。

第十一章

公立医院与社会资本合作模式六：科室合作共建

作为 PPP 模式的一种表现形式，公立医院与社会力量的合作有利于实现医疗卫生领域的资源流动与优势互补，其中典型的合作办医模式是科室共建。科室共建应符合医疗卫生事业的公益性与管理性要求，《卫健法》的颁布也明确了对外出租、承包科室的违法性。科室共建与科室承包有一定相似性，因此存在违法的风险。二者的根本区别在于是否具有营利性，具体表现为公立医院对科室管理权的让渡程度。针对科室共建过程中存在的违法性风险以及监管问题，应从构建公立医院科室共建内控体系、完善科室共建合同条款架构、明确科室共建监管机制三个方面建立公立医院科室共建的监管路径，以激发医药卫生体制改革的活力，促进医疗服务行业整体服务水平和效率的提高。

第一节 科室合作共建概述

科室共建作为一种社会资本与公立医院合作的办医模式，在医疗改革中得到支持，目前处于先行先试的探索阶段。其有利于落实国家分级诊疗政策，促进医疗资源流动，在一定程度上可以缓解医疗资源短缺。实践中还存在科室承包的模式，与科室共建在表现方式上有相似之处，也涉及公立医院与社会力量的合作，但其本身有悖公立医院的非营利性，也缺乏完善的监管措施。由于现行立法对科室共建和科室承包的法律定义和界限缺乏具体规定，两者极易被混淆，实践中常常出现以科室共建之名行科室承包之实的现象。2017年的"魏则西事件"，折射出目前公立医院"科室承包"的行业乱象，将社会资本与公立医院合作的科室共建模式合规性问题推向了风口浪尖。如何区别于科室承包、避免被认定为科室承包是科室共建模式在实践中面临的最大难点和风险。

"无论选择什么样的方式组织公用事业的生产与经营，都必须以广大民众福祉的提高为其终极目标。"[1]2019 年 12 月，《卫健法》正式颁布。《卫健法》鼓励社会力量在以政府举办的非营利性医疗机构为主导的前提下，参与建设医疗服务合作机制；支持双方开展多种类型的医疗业务、学科建设、人才培养等合作。同时，《卫健法》第 39 条第 4 款明确禁止政府设立的医疗卫生机构对外出租、承包医疗科室或设立营利性医疗卫生机构，并加大了对科室承包违法行为的处罚力度。本节从上述立法背景出发，结合司法实践中的相关案例，对科室共建与科室承包的法理基础、科室共建的合规边界进行分析，并就如何防范科室共建过程中的风险提出建议。

第二节　科室合作共建政策法律梳理

有关科室共建的规定散见于各级政府涉及社会办医的政策文件中，根据国务院《"十三五"深化医药卫生体制改革规划》（国发〔2016〕78 号）和国务院办公厅《关于促进社会办医加快发展的若干政策措施》（国办发〔2015〕45 号）等文件，科室共建通常指社会力量参与公立医院的科室建设，整合合作方的人才、技术、资金优势与公立医院的品牌优势，促进科室的建设。科室共建在实践中常见的表现形式包括：①科室整体策划与管理；②医生培训与帮扶带教；③科室建设与技术咨询；④网络服务与科室品牌打造；⑤科室运营与医疗质量管理。[2]

科室共建的一方为政府出资设立的公立医院，另一方为社会力量，因此科室共建本质上是 PPP 模式的一种具体表现形式。PPP 模式"在政府财政投入不足、效率不高的情况下，通过引入社会资本，达到合作共赢的目标，可以实现一定时段市场主体对政府的投资替代[3]"。对于公立医院而言，以科室共建为表现形式的 PPP 模式不仅可以有效缓解政府办医的财政压力，将社

〔1〕 章志远："公用事业特许经营及其政府规制——兼论公私合作背景下行政法学研究之转变"，载《法商研究》2007 年第 2 期。

〔2〕 陈小玲："公立医院科室承包与科室共建的区别及法律探讨"，载《楚天法治》2017 年第 7 期。

〔3〕 张守文："PPP 的公共性及其经济法解析"，载《法学》2015 年第 11 期。

会资本注入公立医院，缓解公立医院面临的资金、资源紧张问题，还可以帮助公立医院引进高水平的人才、技术以及管理模式，提高医院的服务质量和运营效率。对于社会合作方而言，科室共建为己方的资金资源、人才资源、技术资源、管理资源等提供了增值的机会，且公立医院的品牌优势可以使这些资源的价值得到更充分的实现。

行政权力是为实现公共目标而存在和活动的，政府事务应以公共利益为价值取向。[1]这种公共利益导向的要求具体到科室共建中，就是保证参与共建科室的非营利性。根据《卫健法》第40条，凡公立医院参与的合作，非营利性是基本要求。科室共建坚持"医院性质、国有资产、职工身份"三不变原则，共建的专业科室全面纳入公立医院统一管理，相当于"公立医院科室"从社会合作方那里购买了管理服务、医生培训服务、技术咨询服务等。无论在内容、合作目的还是表现形式上，科室共建都不违反医疗卫生领域的相关强制性规定，具有合理性、合规性。

我国法律明确禁止医疗机构出租相关证照，严禁"科室承包"。2019年出台的《卫健法》中明确规定："医疗卫生机构不得对外出租、承包医疗科室。非营利性医疗卫生机构不得向出资人、举办者分配或者变相分配收益。"早在2004年下半年，卫生部就在《关于对非法采供血液和单采血浆、非法行医专项整治工作中有关法律适用问题的批复》（卫政法发〔2004〕224号）和《关于对有关医疗机构涉嫌出租、承包科室处理意见的通知》（卫监督发〔2004〕342号文件）中明确禁止医疗机构出租、承包科室。根据卫监督发〔2004〕342号文件精神，承包、承租医疗机构科室或房屋并以该医疗机构名义开展诊疗活动的，应当依照1994年《医疗机构管理条例》第44条及有关法律法规的规定，对承包、承租者予以处罚。原卫生部《关于对非法采供血液和单采血浆、非法行医专项整治工作中有关法律适用问题的批复》中明确解释，医疗机构将科室或房屋承包、出租给非本医疗机构人员或者其他机构并以本医疗机构名义开展诊疗活动的，按照1994年《医疗机构管理条例》第46条规定予以处罚。

同时，国家相关政策又明确鼓励社会力量探索开展医院管理，通过"科室共建"的形式深化医疗改革，促进社会办医成规模、上水平发展，加快形

---

〔1〕 杨海坤："现代行政公共性理论初探"，载《法学论坛》2001年第2期。

成公立医院与社会办医相互促进、共同发展的格局。如国务院《"十三五"深化医药卫生体制改革规划》和国务院办公厅《关于促进社会办医加快发展的若干政策措施》等文件中明确提出："鼓励地方探索公立医疗机构与社会办医疗机构加强业务合作的有效形式和具体途径。鼓励公立医疗机构为社会办医疗机构培养医务人员，提高技术水平，并探索开展多种形式的人才交流与技术合作。鼓励具备医疗机构管理经验的社会力量通过医院管理集团等多种形式，在明确责权关系的前提下，参与公立医疗机构管理。""鼓励公立医疗机构与社会办医疗机构开展合作，在确保医疗安全和满足医疗核心功能前提下，实现医学影像、医学检验等结果互认和医疗机构消毒供应中心（室）等资源共享。"

第三节　科室合作共建的常见法律风险及风险防控逻辑

一、科室合作共建的常见法律风险

科室共建与科室承包有一定的相似性，有被认定为科室承包的法律风险。对科室承包的违规性及法律责任的规定，最早见于原卫生部《关于对非法采供血液和单采血浆、非法行医专项整治工作中有关法律适用问题的批复》。其中规定："有下列情形之一的，按照《医疗机构管理条例》第44条规定予以处罚……⑤非本医疗机构人员或者其他机构承包、承租医疗机构科室或房屋并以该医疗机构名义开展诊疗活动的。"国务院办公厅在《关于促进社会办医加快发展的若干政策措施》和《关于支持社会力量提供多层次多样化医疗服务的意见》（国办发〔2017〕44号）中也明确"严肃查处租借执业证照开设医疗机构、出租承包科室等行为"，规定了出租承包科室的违法性。

科室承包通常指公立医院与社会力量合作，由合作方独立运营医疗机构中的科室，以该医疗机构名义对外开展诊疗活动，并从医疗机构的收益中获得利润分成的违法行为。《卫健法》第39条第4款明确禁止科室出租和承包，将科室承包从政策层面的违规行为上升到立法层面的违法行为，并加大了处罚力度。科室承包之所以具有违法性，是因为其挑战了公立医院非营利性的底线，将公立医院科室作为社会承包方逐利的工具。具体而言，营利性的违法科室承包存在损害公立医院声誉、导致国有资产流失、损害患者合法权益及诱发道德风险等问题。

（一）损害公立医院声誉

科室承包中，被承包科室以公立医院所属机构的名义对外开展业务，但其人员、设备、管理等均来自社会合作方。"民间资本之所以愿意大举进入公用事业领域，其意图就在于追求较为稳定的商业回报。"[1]因此，若摆脱公立医院的统一管理，社会合作方在利益的驱动下，极有可能做出损害患者利益的行为。虽然科室承包合同中往往约定由承包方最终承担相应责任，但承包方承担的只是有形财产损失，医院的声誉所受的损害是无法估量的。被承包科室以公立医院科室的名义开展业务，在出现医疗事故时公立医院极有可能成为舆论焦点，导致医院声誉等无形财产受到重大损害。因此，《北京市公立医院特许经营管理指南（试行）》第16条规定，公立医院与社会力量合作办医前，需对公立医院的无形资产进行评估，侧面说明了公立医院的声誉等无形资产具有重大价值。若被承包科室以公立医院名义进行医疗活动，极易损害公立医院的声誉与公信力。

（二）导致国有资产流失

科室承包的形式多种多样，合同中往往涉及将公立医院的场所、设备等交由承包方使用的约定。公立医院的资产由政府财政出资购置，属国有资产，根据《事业单位国有资产管理暂行办法》第21条，事业单位出租国有资产应履行严格的审核、审批程序。很多科室承包协议并没有经过相应部门的审核、审批，涉及的资产也往往没有进行专项公示，有被认定为违法的风险。

（三）损害患者合法权益

公立医院科室的公益性与科室承包的营利性之间的矛盾，往往在患者身上体现出来，2016年的"魏则西事件"就是一个典型事例。由于在一定程度上脱离有效监管，被承包科室的诊疗水平得不到保障，患者基于对公立医院的信赖前来就诊，实际接受的却是社会合作方提供的医疗服务，这无疑损害了患者的知情权、选择权。

（四）诱发道德风险

其一，逐利式的经营在医疗卫生领域极易引发医疗机构的道德风险问题。

---

[1] 章志远："公用事业特许经营及其政府规制——兼论公私合作背景下行政法学研究之转变"，载《法商研究》2007年第2期。

社会合作方承包科室的目的是追求商业利益，极有可能采取过度检查等经营策略加重患者负担，以期尽快获得投资回报。其二，科室承包也可能引发医院的管理者和部分医生的道德风险问题。医院的管理者在科室承包合同的签订中有较大的话语权，针对被承包科室中医生的监管规范可能不够完善，无法有效监管医生收受贿赂、收取回扣等问题。

二、科室合作共建的风险防控逻辑

（一）科室共建与违法科室承包的主要差异

在司法实践中，科室承包主要表现为以下三种典型样态：其一，将原有科室交与合作方经营。即医疗机构将原有的医疗科室交与合作方，由合作方"自主经营、自负盈亏"，合作方独立管理人、财、物，风险自负，且合作方以该医疗机构的名义开展诊疗活动。例如，A 公司与 B 医院签订技术合作协议书，约定由 A 公司经营 B 医院的数个科室，由 B 医院提供场地并收取费用。A 公司享有独立的人事任免权、财务权、经营管理权，并自负盈亏。其二，合作方以医疗机构名义开展诊疗活动。医疗机构并未新设科室，也未将原有科室交与合作方，而是同意由合作方在院外设立相应医疗科室，并以该医疗机构名义开展诊疗活动。例如，A 诊所与台某某签订协议，约定台某某可以以 A 诊所名义在其他地点开设诊所，设备、场所及其他费用由台某某自行承担，A 诊所一次性收取台某某一定费用。其三，共同设立未经审批的医疗机构（科室）。即医疗机构与合作方共同设立未经审批的医疗机构（科室），并以新设立机构（科室）的名义开展诊疗活动。例如，程某某与 A 医院签署合作协议，约定共同成立 B 诊所并开展诊疗活动，但 B 诊所未取得医疗机构执业许可证。

以上是科室承包的典型表现形式。近几年来，随着打击力度的不断提高，在实践中行为人往往将科室承包包装为不同的形式外观，借科室共建之名，行科室承包之实。[1]科室共建与科室承包在很多方面有相似之处，极易混淆。其一，合同形式的相似性。合作方通常都会与医疗机构签署书面合作协议，在协议中约定合作的具体内容与双方的权利义务关系。其二，合作内容的相

---

〔1〕　陈小玲："公立医院科室承包与科室共建的区别及法律探讨"，载《楚天法治》2017 年第 7 期。

似性。在合作内容上，科室共建和科室承包往往都存在合作方对医院科室投入资金、输入管理与服务等行为。其三，经营主体外观的相似性。在科室共建中，公立医疗机构监管科室的医疗活动，科室会以公立医疗机构的名义对外活动，如在出具的病历资料、医药单上以公立医疗机构署名；在科室承包中，许多被承包科室为了彰显可信度，提高自身信誉，也会以公立医疗机构的名义开展诊疗行为。

因此，厘清科室共建与科室承包的差异性，释明科室共建的认定标准，是规避科室共建违法风险的关键。科室共建与科室承包的主要差异在于是否具有公益性以及是否具有医疗机构性质。

1. 是否具有公益性

科室共建的目的是提高公共医疗卫生服务水平，公益性是科室共建不能突破的底线。因此，科室共建与科室承包的合作目的及责任承担不同。科室共建是为了实现社会资本与公立医院间的资源流动和优势互补，缓解公立医院面临的资金和资源紧张状况，促进分级诊疗政策落地和优质资源下沉。

例如，在 2015 年 7 月 26 日审结的盐城正大医院与吴某权排除妨害纠纷上诉案〔1〕中，盐城市迎宾外科医院（甲方）与吴某权（乙方）签订协议，约定由乙方出资，双方合作创办血液透析中心。甲方提供血液透析中心合法手续、血液透析用房及基本医疗设施，安排专业医护人员负责血液透析的医疗服务，并负担医护人员的工资、保险费用。乙方负责投资购置血液透析机及配套设施，合作到期后设备所有权归乙方，并负担医护人员的培训费用与奖金。血液透析中心建成后，甲方委托乙方进行管理，乙方收取透析费用，并向甲方支付定额回报。因该血液透析中心多次被上级卫生主管部门责令限期整改，盐城市迎宾外科医院发函决定暂先关闭血液透析中心。

后因股权变动，盐城市迎宾外科医院改名为盐城正大医院，并起诉吴某权，请求退还案涉房屋。一审法院驳回盐城正大医院的诉讼请求后，盐城正大医院以合作协议系科室承包协议，属于无效协议为由，提起上诉。江苏省盐城市中级人民法院认为，根据协议内容，吴某权仅负责投资采购并维护管理血液透析中心的医疗设备，并未以医疗机构名义开展诊疗活动，不属于科室承包行为，故驳回了盐城正大医院的上诉请求，维持原判。本案中公立医

---

〔1〕 江苏省盐城市中级人民法院（2015）盐民终字第 01730 号民事判决书。

院与社会资本的合作在本质上是一种公益性合作，公立医院最终承担医疗风险与管理责任，属于科室共建而非科室承包。

2. 是否具有医疗机构性质

科室共建与科室承包的合作主体不同。实践中的科室共建往往体现为两种形态：一种为公立医院与社会办医院之间的合作，社会合作方是经过审批、具有医疗机构执业许可证的正规医疗机构，此种合作在本质上是两个医疗机构间的合作。另一种则是社会力量通过医院管理集团等形式参与公立医院的管理。在这种模式中，社会力量一般来自成功运营的社会办医疗机构，具有丰富的医疗机构管理经验。一般而言，一份合规的科室共建合作协议应坚持公立医院管理人事、财务的原则，共建的科室由公立医院统一管理，由公立医院确保医疗质量，承担医疗风险，避免设置"科室托管""收取管理费"等条款。与科室共建的这两种表现模式不同，科室承包的社会合作方往往只是资金的投入者，并不具有医疗机构执业许可证，也没有相应的医疗机构管理经验，不具备运营医疗机构的资格，只是借公立医院的资质进行非法活动。

例如，在 2014 年 6 月 23 日审结的刘某与池某东方医院合同纠纷案（以下简称"东方医院案"）[1]中，法院认定当事人的行为是一种科室承包，实质上是医院在利益驱动下将医疗机构执业许可证出租、转卖的违法行为。科室承包中，合作方以医疗机构的名义对外开展活动，自主经营、自负盈亏，基本脱离医疗机构的管理，医疗服务丧失公益性而完全沦为合作方追求经济利益的工具。

在东方医院案中，刘某与池某东方医院签订的《妇产科科室经济目标管理责任书》中约定，池某东方医院提供医疗准入、医疗场所及现有的妇产科医疗器械，并为刘某协调卫生等行政主管部门的审批工作。刘某在经营期间向池某东方医院缴纳管理费，经医院审核同意后可以医院名义进行广告宣传。科室执业管理由医院统一进行，作息时间、医务人员考核、医院感染管理、医疗废弃物管理、医务人员年终述职等纳入医院的指令性管理，但医务人员由刘某聘请。池某东方医院认为将妇产科科室进行目标管理系内部经营管理行为，不构成科室承包。但二审法院认为，根据双方的约定，池某东方医院提供医疗准入，收取管理费和辅助科室有偿共享费，除此外的妇产科所得收入均归刘某所得。刘某在经营期间享有相对独立的人事、财务和经营管理权，并承担经营期限内发生的医疗纠纷、事故、违规经营等责任。综合双方约定的事项分析，双方的合作名义上系医院内部目标管理，实为科室承包，构成变相出卖、转让、出借医疗机构执业许可证，损害了社会公共利益。因此，本案诉争的《妇产科科室经济目标管理责任书》和《补充协议（一）》因违反法律强制性规定而无效。

（二）区分科室共建与违法科室承包的核心标准

科室共建与科室承包往往都涉及公立医院对科室的组织机构、行政管理、财务管理、人事管理、医疗管理、设备采购等经营事务权的让渡，区分二者的关键在于合作后的科室是否符合公益性及医疗机构性质。公益性主要参考合作科室是否具有逐利性等标准判断，医疗机构性质则主要参考公立医院对科室管理权的让渡程度判断。

1. 是否符合医疗服务收费标准、是否向出资人分配利润

科室共建的基本目的是社会力量与公立医院进行合作，借助各自的专家资源、技术及管理运营经验等实现科室的良好运营，为患者提供优质的医疗服务，促进国家分级诊疗政策的落实。开展科室共建并未改变公立医院科室的公益性特征，相当于公立医院从社会力量处购买了医院管理服务、医生培训服务、技术咨询服务等科室运营内容。因此，共建的科室仍应保持公益性、非营利性特征，避免陷入违法科室承包所导致的各种法律风险。

公益性意味着共建科室并非任何一方逐利的商业工具，而是为公众提供医疗服务、保护人民健康生命权益的社会基础设施。因此，根据《医院财务管理办法》第25条规定，共建科室应按照收费标准收取医疗服务费用，用以补偿医疗服务消耗；根据国家有关部门规定实行按成本收费，避免因收费过高损害人民生命健康权益。由于科室共建的非营利性特征，对社会力量参与的回报可通过服务费、管理费等运营成本方式予以支付，而不应向其分配利润，防止公益性科室沦为以人民生命健康权益为代价的逐利性商业机构。

2. 合作科室是否纳入公立医院统一管理体系

公立医院与社会力量合作共建的科室应保持医疗机构性质不变。因此，合作后的科室应纳入公立医院管理体系进行统一管理。若公立医院在科室管理中居于主导地位，一般应认定为科室共建；若社会资本在科室管理中居于主导地位，一般应认定为违法科室承包。在司法实践中，法院往往会综合考

虑组织经营、医疗管理、人事管理等多方面因素，按"实质重于形式"的原则对公立医院与社会资本进行合作的合规性予以判断。

例如，2019 年 9 月 10 日审结的北京美思科投资咨询有限公司与潢川县第二人民医院合同纠纷案[1]的判决就是区分科室承包与科室共建核心标准的典型案例。根据原告公司与被告医院签署的医疗合作协议书，原告公司为被告医院泌尿外科的体外碎石等手术提供医疗设备和医护人员，收入由原、被告双方协议分成。一审法院认为，该合作协议规定的合作模式应被视为被告向原告出借医疗机构执业许可证，合作协议应属无效。然而，二审法院认为，从双方签订的合同及实际履行情况可以看出，被告医院负责安排医生进行相关手术，统一管理，盈亏风险、医疗安全风险亦非由科室自行承担。双方合作的性质并非出借医疗机构执业许可证的行为，未扰乱国家医疗卫生管理秩序，应当认定为有效。从二审法院对一审法院的反驳来看，合作方是否取得相对独立的管理权，并承担盈亏风险，是认定合作协议属于科室共建还是科室承包的关键。

这一判断标准在另一个案件中也得到印证。在 2017 年 11 月 28 日审结的广州丰国医院（以下简称"丰国医院"）与广州华元伟业医疗管理有限公司（以下简称"伟业公司"）合同纠纷上诉案[2]中，伟业公司（乙方）与丰国医院（甲方）签订的《技术合作协议书》约定，甲方提供相关诊疗项目及医疗场地，并向乙方收取技术合作管理费；乙方作为甲方的一个科室管理具体的医疗诊疗业务，在甲方的监管下出资购买设备并负担相关运营费用。乙方还负责引进专业卫生技术人员并负担其工资，享有人事任免权和管理权，但必须全面配合甲方对行政和业务的日常管理，服从甲方监督，并在经济上自负盈亏。

伟业公司后以涉案协议书名为技术合作、实为科室承包为由，主张其为无效合同。二审法院认为，从合同内容来看，其一，丰国医院与伟业公司就相关科室是共同管理，虽然伟业公司在聘用人员、收取盈利等方面有一定权利，但最终要接受丰国医院的管理；其二，科室聘用的医护人员均有执业证书，且均办理到丰国医院的名下，工资亦由丰国医院统一发放。从合同履行

---

〔1〕　河南省信阳市中级人民法院（2019）豫 15 民终 2527 号民事判决书。
〔2〕　广东省广州市中级人民法院（2017）粤 01 民终 17524 号民事判决书。

情况看，丰国医院与伟业公司对相关科室共建共管，符合合作合同的特征。因此，二审法院判定，虽然伟业公司有人事任免权利，但其属于丰国医院委托伟业公司管理的内容，不能据此认定是出借医疗机构执业许可证的行为。

实践中的科室承包形态各异，具有很强的隐蔽性，除三种典型的违法表现形态外，面对被精心包装过的合同，还需要以实质标准为核心，以公益性与医疗机构性质的判断为依据加以识别。

第四节　科室合作共建的风险防控路径

一、构建公立医院科室共建内控体系

（一）建立科室共建内部规章制度

科室共建不仅涉及公立医院和社会合作方的利益，还涉及医护人员的利益以及社会公共利益。为维护利益相关方的合法权益，公立医院在开展科室共建时需遵循特定程序，确保程序合法。

第一，在科室共建筹备阶段，公立医院应健全科室共建决策机制与民主管理制度。根据国务院办公厅《关于建立现代医院管理制度的指导意见》（国办发〔2017〕67号），建立现代医院管理制度应健全医院决策机制与民主管理制度，"院长办公会议是公立医院行政、业务议事决策机构"，"医院研究经营管理和发展的重大问题应当充分听取职工意见"。因此，社会合作方提交科室共建的方案后，首先应向医院职工征求意见，根据职工意见对合作协议进行进一步磋商，再提交院长办公会议审议，最后由工会组织职工代表大会对方案进行表决。

此外，科室共建中，公立医院往往需要向合作方采购人力资源、机械设备、先进技术，实践中存在的采购方式有招标竞价、谈判、自行采购等。根据《事业单位国有资产管理暂行办法》第18条："事业单位购置纳入政府采购范围的资产，应当按照国家有关政府采购的规定执行。"因此，按照《中华人民共和国政府采购法》和《中华人民共和国招投标法》的规定，公立医院在采购时应以公开招标的方式为主，并遵循公立医院所在地省市级政府规定的具体采购限额。但是，与一般的政府采购相比，公立医院的采购对象主要集中于技术和人才，采购对象具有单一性、特殊性、排他性，有时甚至需要

同特定的机构合作。因此，当符合特定专业水准的人才资源稀缺，或者要对某项专利技术进行采购时，可以采取单一来源或者其他的采购方式。[1]此外，公立医院作为财政资金设立的非营利性医疗机构，属于公益性事业单位，其资产属于国有资产。根据《事业单位国有资产管理暂行办法》的要求，公立医院在签订科室共建协议前应报主管部门审核，且经财政部门批准。

第二，在科室共建运营阶段，共建的科室首先应尊重患者的知情权与选择权，在患者接受医疗服务时进行告知。一方面，告知意味着医疗机构在进行诊疗活动前，需征得患者的同意。诊疗活动大多会侵犯患者的身体权和生命健康权，客观上具有不法性，需患者对医疗行为的同意以阻却行为的违法性。换言之，只有在医生说明并经过患者同意后，医疗行为才是合法有效的。[2]另一方面，告知的内容还应包括科室的合作情况。公立医院和社会合作方可能进行科室整体策划与管理、医生培训与帮扶带教、科室建设与技术咨询、网络服务与科室品牌打造、科室运营与医疗质量管理等方面的合作，其中某些涉及技术、运营等方面的合作内容，可能属于医疗机构的商业秘密。但鉴于公立医院的公益性质，医院应当向患者公开合作机构的名称、技术特征、疗效、疗养指导、合作期间及方式等信息，提供患者就医时应当获得的基本信息，以减小医患双方的信息不对称程度，维护患者的知情权，从而使患者能够对就诊机构、就诊科室、就诊医生进行自由选择。[3]

（二）主导共建科室人事与财务管理

公立医院应主导科室人事及财务管理。合法科室共建的核心要求是科室不脱离原医院监管，公立医院应始终保持对共建科室的实际控制权，即该科室的资源配置权[4]。实际控制权一般体现为对关键性资源的配置权，但随着现代企业股权结构、内部结构的日渐复杂，人力资源等其他资源也被纳入配置权的范围。因此，要确保科室共建的合法性、合规性，公立医院也应对科室的人力资源保持终极控制。

---

〔1〕 翟宏丽："医生集团之法律定位研究"，载《中国医院管理》2017年第1期。

〔2〕 朱柏松等：《医疗过失举证责任之比较》，华中科技大学出版社2010年版，第53页。

〔3〕 陈靖、刘威："医生集团发展对公立医院人才培养的影响——基于双边市场视角"，载《中国医院管理》2017年第11期。

〔4〕 王春艳等："企业控制权的获取和维持——基于创始人视角的多案例研究"，载《中国工业经济》2016年第7期。

在科室共建过程中，合作方派遣工作人员到科室服务的，医院应与合作方签订劳务派遣合同。医院作为用人单位，虽未与该工作人员建立劳动关系，但基于劳务派遣合同对该工作人员享有指挥权，并对该工作人员的对外侵权行为承担责任，从而保证医院对科室的人事管理权。然而，按照我国的《劳务派遣暂行规定》，用工单位只能在短期工作岗位上使用被派遣劳动者，且派遣机构需具有人力资源和社会保障部门许可的劳务派遣资质。[1]因此，当该医疗工作人员需要长期服务或者合作方没有劳务派遣资质时，只能依据医院与合作方之间的具体服务条款，由合作方指派工作人员，并以合作方的名义履行合作方对医院的服务义务。鉴于此，公立医院应与合作方订立明确清晰的人力资源管理条款，主导对合作科室的人事管理。

此外，在科室共建之下，科室的控制权并没有被移转给合作方，医院仍然对科室保有控制权，科室的财务管理权也归属医院。医院对科室的财务管理具体可以体现为：科室的财务账簿归医院管理、科室与医院使用同一会计信息系统与财务制度、共建科室的资产界限明晰等。《卫健法》第 40 条第 4 款规定："政府举办的医疗卫生机构不得与其他组织投资设立非独立法人资格的医疗卫生机构"。当科室共建涉及新科室的设立时，新科室应经登记获取独立法人资格，以实现科室资产与公立医院资产的隔离，避免公立医院为科室债务承担连带责任。

如果公立医院通过采购的方式进行科室共建，因涉及合作方对公立医院的多种投入，需对合作方投入的资产与科室原有资产进行清晰界定。除非合同另有约定，合作方在合作期内投入的设备、技术等资产在合作期满后应返还给合作方。若在财务管理上没有将这些资产与科室的其他资产进行区分，双方可能面临合作期届满后难以清算的情形，甚至会出现医院的债权人对合作方投入的资产主张权利的情形。因此，对于合作方投入的资产，能够登记的应登记在合作方名下，不能登记的也应在财物管理中注意与科室的其他资产相区分。

（三）遵守医疗机构价格标准

共建的科室在运营中应遵守价格标准。不同于非公立医疗机构的市场调节

---

〔1〕 周光涛等："医生集团与合作医疗机构之间的合同管理探讨"，载《医学与社会》2019 年第 4 期。

价，共建的科室仍然属于非营利性医疗机构，应遵循各省、自治区、直辖市的物价部门制定的医疗服务收费标准相关规定，维持共建科室的公益性本质。

二、完善科室共建合同条款架构

为避免触犯违法科室承包红线，公立医院与合作方进行科室共建应完善合同条款架构，从确定报酬、管理权限及争议解决三个方面订立科室共建性质的合同。

（一）报酬条款保证公益性

科室共建合同中的报酬条款应避免约定"收益分配"或"投资分红"的报酬形式，且应约定以增量为基准的报酬计算方式。从报酬形式上而言，《卫健法》只允许公立医院与社会力量合作开设非营利性的医疗机构，而"非营利性"的基本要求就是不向投资者分配利润。《卫健法》第 39 条第 4 款明确规定："非营利性医疗卫生机构不得向出资人、举办者分配或者变相分配收益。"因此，无论是基于出资入股的分红还是基于合同的收益分配，在科室共建中都是被禁止的。但是，这并不意味着合作方不可以根据绩效来确定报酬。根据绩效来确定报酬不同于利润分红，二者性质不同——在会计处理上，医院支出的绩效报酬属于科室运营成本，利润分红则属于所有者权益分配。在当前的公司治理中，绩效工资作为一种常见的激励机制，被广泛运用于各行各业，绩效报酬也时常出现在合作关系之中。合作方根据绩效来确定报酬不仅符合经济现实，而且有利于提高合作方的积极性。

因此，社会合作方在起草科室共建合同时，应对报酬形式进行准确描述。为规避相关风险，合同中应尽量避免提及"分红""分成""利润"等词汇，而应多采用"绩效目标""绩效报酬"等表述，从而使社会合作方获取的回报以医院支付报酬的形式呈现，而不是以投资经营收益分成的形式呈现。

从报酬计算方式上而言，PPP 模式下的"经营"问题既非传统私法上的财产归属问题，也非公法上的行政管理问题，而是经济法上公私合作创造与分享增量利益的问题。[1]对于依托原有科室进行科室共建的，为准确界定社会合作方的投入在科室业绩中发挥的作用，宜采取增量分配的方法，即约定当科室的效益超过共建前的水平时，公立医院方需按照相应形式支付报酬。

---

〔1〕　陈阵香、陈乃新："PPP 特许经营协议的法律性质"，载《法学》2015 年第 11 期。

增量分配既可以保证公立医院及科室医护人员的既有利益不会因为社会合作方的加入而减少，又对社会合作方起到激励作用，有利于促进科室的发展。

（二）管理权限条款保证医疗机构性质

科室共建合同中应合理约定双方的管理权限，避免合作方对科室管理权的过度掌控。违法的科室承包在本质上属于一种营业转让，即在主体方面实现终极控制人的转换，将科室的终极控制人由公立医院转换为合作方。在客体方面实现在转让前后经济机能的完整性，即以转让前公立医院的名义对外开展医疗活动。[1]科室承包是科室在承包期内的整体转让，完全脱离了医院的控制，医院主观上认为其对该科室不负有责任。即使科室承包以挂靠经营的形式运营，医院对外承担连带责任，对内也可向合作方追偿。由于科室承包合同约定通常排除医院的管理，公立医院对被承包的科室在客观上无管理权，科室承包乱象频发。

科室共建则是医院在保留对科室控制权的情况下，与社会力量开展的多层次合作。公立医院有权管理科室，既可依合同管理，也可依所有权人的身份管理。在责任承担上，公立医院仍然对科室行为负有责任，除非科室共建合同另有约定，否则不能向合作方追偿。在财务管理上，合作方在经济上既可以取得固定的回报，也可以取得与收益挂钩的回报，但公立医院在科室财务的管理上应处于主导地位。在人事管理上，双方可通过劳动合同，也可通过劳务派遣合同进行人事管理，但在本质上，公立医院应保持对共建科室中人事的控制权并对科室员工的行为承担用人单位责任。

为防止合作协议被认定为科室承包协议，还需要对合作方的管理权限进行限制。在约定合作方管理权限时也要约定医院的管理权限，防止出现合作方独立管理的情形。例如，在吴某兴与武城旭阳医院等挂靠经营合同纠纷案[2]中，法院即以医疗机构方仅在合同中约定引进人才、技术、设备并支付一定对价，并未将全部经营管理权交由合作方为由，认定合同不构成对外承包科室，而属于双方合作经营。

（三）争议解决条款调和公益性与营利性冲突

科室共建合同中应约定明确的争议解决机制。公立医院具有公益性，而

---

〔1〕 蒋大兴："营业转让的规制模型：直接规制与功能等值"，载《清华法学》2015年第5期。

〔2〕 山东省德州地区（市）中级人民法院（2018）鲁14民终408号民事判决书。

社会资本和其他医疗机构具有逐利性，两者在科室共建的过程中可能产生冲突。非营利性是公立医院的根本属性，利用政府资金设立的公立医院在医药卫生体制改革过程中必须保持服务于民的基本价值理念。[1]社会资本与其他医疗机构进入医疗行业，可能会导致公立医院公益性与社会资本逐利性之间的不协调。[2]因此，在科室共建合同的签订、实施、完成阶段可能产生纠纷，如合作双方在合同具体细节执行上的冲突、政策变化等不可抗力导致合作无法实现等。

鉴于此，双方应提前协商建立相应的争端解决机制，以及时有效解决冲突，避免造成合作失败甚至更严重的负面影响。双方应在合同中事先约定争端解决条款，通过协商、仲裁、诉讼等多元化争端解决机制解决矛盾。如果约定协商机制，应明确协商是否为前置程序、协商组织的产生等细节；如果约定仲裁机制，应明确专家组的产生方式、裁决的范围等内容。[3]与此同时，为防止争议解决条款无效，在约定时应避免采用"可裁可诉"的条款。此外，管辖法院的选定与诉讼效率密切相关，公立医院与社会合作方可通过协议确定方便双方的管辖法院，以提高诉讼效率，避免拖延诉讼，缩短争议解决周期。

三、明确科室共建监管机制

科室共建的监管涉及卫生主管部门、财政部门与医保主管部门等。科室共建既涉及医疗服务质量方面的问题，也与国有资产的利用有关，因而需要接受卫生主管部门与财政部门的监管。《卫健法》第86条规定，卫生健康主管部门对医疗卫生行业实行属地化、全行业监督管理；《事业单位国有资产管理暂行办法》第6条、第7条分别明确了财政部门与事业单位主管部门的国有资产监管责任。《北京市公立医院特许经营管理指南（试行）》第16条也规定，社会合作方在协议签署前需根据隶属关系报同级卫生主管部门和财政部门并取得核准。科室共建以协议为基础，涉及公立医院、社会合作方、社

---

〔1〕　封欣蔚等："PPP 模式在我国医疗领域的应用现状"，载《卫生经济研究》2017 年第 2 期。

〔2〕　康静宁："PPP 模式在我国医疗卫生领域的应用研究——兼论 PPP 模式在政府公共管理转型中的作用"，载《海峡科学》2013 年第 10 期。

〔3〕　江国华："政府和社会资本合作项目合同性质及争端解决机制"，载《法商研究》2018 年第 2 期。

会公众等多方利益，应进行事前监管，在科室共建协议签署前报卫生主管部门与财政部门审批。

但是，即便有协议的约定，也不排除实践中存在以抽屉协议或事实履行的方式变相进行科室承包的可能。因此，对公立医院与社会合作方的科室共建行为也不能忽视事后监管。事后监管的前提是信息对称，但被监管者大多不愿意披露其真实情况，甚至通过提供假信息的方式来蒙蔽规制者。[1]为解决监管信息不对称问题，提高事后监管的有效性，应建立科室共建的信息披露制度。监管部门可要求公立医院公开相关科室的财务信息，或强制公立医院接受第三方对相关科室的财务审计，通过社会专业力量的参与缓解监管压力。此外，卫生主管部门还可引入"黑名单"制度，将对共建科室疏于管理、问题多发的公立医院列入黑名单，通过与医院信用挂钩的方式，起到惩罚与督促作用。

此外，从医保主管部门的角度而言，非公立医疗机构的发展将市场因素引入医疗卫生领域，有利于提高医保基金的使用效率，给医保经办机构带来机遇。与此同时，面对生存压力，非公立医疗机构过度医疗、欺诈骗保等违规行为的概率也相应增大。[2]科室共建应保证公立医院对科室的管理权及科室的非营利性本质，对于进行科室共建的公立医院，医保监管部门应加大抽查力度，建立定期检查等工作机制。例如，上海市在预警指标、监管方式等方面进行创新，挖掘最能反映违规场景的特异性指标、敏感性指标和数据分析模型，并开发智能监控，很好地提高了监管的实效性。[3]

在全面推进医药卫生体制改革的大环境下，通过科室共建引入社会资源，有利于突破传统的医疗机构发展路径，促进各医疗机构行业内的有序竞争，最终达到提高医疗服务质量的效果。医疗卫生是公共事业，涉及社会公众利益，若在科室共建过程中没有界定好双方的权利义务，没有通过合法的形式进行共建，极有可能误入科室承包的泥潭，侵害患者的合法权益。但从本质上看，科室共建与科室承包泾渭分明。科室共建是典型的公私合作提供公共

〔1〕 章志远："公用事业特许经营及其政府规制——兼论公私合作背景下行政法学研究之转变"，载《法商研究》2007年第2期。

〔2〕 赵亮："社会办医，医保的机遇与挑战"，载《中国社会保障》2015年第5期。

〔3〕 张明、熊振华："上海：社会办医医保预警监管实践"，载《中国社会保障》2018年第12期。

服务的 PPP 模式，公益性是其根本属性；科室承包则是出租医疗资质、将公立医院的科室作为纯粹营利手段的违法行为。科室共建与科室承包在表现形式上有诸多相似之处，为保证科室共建合法合规，必须把握科室共建与科室承包的核心区分标准。要实现科室共建法律风险的有效控制，需要公立医院、社会合作方以及监管部门的共同努力。

第五节　案例分析一：某医学检验公司与某老年康复护理院科室合作共建项目

近年来，国家相关政策明确鼓励社会力量探索开展医院管理，支持通过科室共建方式促进医院的发展。其中，国务院《"十三五"深化医药卫生体制改革规划》和国务院办公厅《关于促进社会办医加快发展的若干政策措施》等文件中明确鼓励地方探索公立医疗机构与社会办医疗机构加强业务合作的有效形式和具体途径。

一、科室共建合作主体与权利义务关系

（一）某老年康复护理院

某老年康复护理院（以下简称"康复护理院"）是经 P 市卫生局批准的、由某医院投资管理有限公司创办的老年康复护理院，设计床位 350 张，总投资 3000 万元以上，已被列入 P 市离退休干部医保、城镇职工医保、城乡居民医保定点单位。

（二）某医学检验公司

某医学检验公司成立于 2010 年 3 月，是 J 省第三方医学检验行业领导者之一，业务覆盖 J 省 11 个地级市，合作医疗机构 1000 余家，年服务患者逾 150 万人次，年检测标本量逾 500 万例，拥有近 40 项知识产权，通过了 ISO15189 认可、CMA 计量认证，并于 2015 年被认定为国家高新技术企业，连续多年被认定为杭州市滨江区瞪羚企业，先后被评为杭州市企业高新技术研发中心（工业类）、J 省科技型中小企业、杭州市最具成长型中小企业。

（三）科室共建双方权利义务关系

根据双方签订的《医学实验室服务合作协议》，某医学检验公司与康复护理院采取的合作模式为：①某医学检验公司协助康复护理院检验中心（检验

科）进行各实验室的建设，设备所有权归某医学检验公司所有；②某医学检验公司为康复护理院检验中心（检验科）提供技术支持，负责设备的日常维护，并根据需要派遣技术人员进行指导；③某医学检验公司协助康复护理院检验中心（检验科）建设实验室质量管理体系，其医学系统与康复护理院的LIS系统对接，实现区域检验报告共享、区域检验业务协同和区域检验质量控制；④某医学检验公司为康复护理院检验中心（检验科）技术人员提供技术培训服务；⑤检验中心（检验科）的日常质量管理及医疗风险管理由康复护理院负责，康复护理院负责检验中心（检验科）的人事、财务管理；⑥康复护理院根据检验中心（检验科）的业务收入分阶梯向某医学检验公司支付服务费。

二、科室共建重点问题分析

科室承包是指医疗机构将科室或房屋承包、出租给非本医疗机构人员或者其他机构并以本医疗机构名义开展诊疗活动。我国法律明确禁止医疗机构出租相关证照，严禁科室承包。2020年6月1日实施的《卫健法》第39条第4款也明确规定："医疗卫生机构不得对外出租、承包医疗科室。非营利性医疗卫生机构不得向出资人、举办者分配或者变相分配收益。"但由于科室共建与科室承包存在一定的相似之处，科室共建在行政执法过程中被当作科室承包处理的误会时有发生。因此，明确科室共建与科室承包之间的异同并加以区分是科室共建过程中的重要问题。

（一）科室共建与科室承包相同之处

其一，无论是科室承包还是科室共建，合作方通常均会与医疗机构签署书面合作协议，在协议中约定合作的具体内容与双方的权利义务关系。其二，在合作内容上，二者往往都存在合作方对医院科室投入资金、输入管理与服务等行为。其三，在科室承包中，为了彰显可信度、提高自身信誉，许多被承包的科室依然以原医疗机构的名义开展诊疗行为。而科室共建为了加强对医疗活动的监管，也会以科室所属的医疗机构的名义活动，比如在出具相关的病历资料、医药单时仍以原医疗机构署名。所以两者经营主体的外观具有相似性。

（二）科室共建与科室承包区别之处

科室承包与科室共建的核心区分标准在于，合作方是否取得相对独立的管理权，并承担盈亏风险。

第一，科室共建合作模式下的共建科室自始至终处于医院自上而下的管理体系中，全面纳入医院的统一管理。合作方不参与医院的利润分配，而是每个月收取一定的管理费用或者服务费用。

第二，科室共建模式下社会办医疗机构承担的角色是参与管理，与医院的合作是一种优势互补的模式。

由此可见，合作方是否取得相对独立的管理权并承担盈亏风险，是认定合作协议属于科室共建还是科室承包的关键。至于科室的部分人员由合作方指派、双方之间按收入进行分成等因素，只要没有实质上使合作方取得对整个科室的控制权，就不能据以认定医院属于出租科室、社会合作方属于承包科室。

（三）案例的具体区分

在本案例中，双方合作共建后，医院没有让渡管理权，其处于主导地位，医院科室性质不变、科室的行政管理权不变，即科室的人事管理、财务管理和经营管理权仍归属医院。具体而言：

第一，医院科室的行政管理权不变。康复护理院科室在不脱离原医院监管的条件下，借助某医学检验公司丰富的专家资源、技术、管理运营经验等来实现科室的良好运营。一方面，某医学检验公司与康复护理院在 2020 年 6 月 20 日签署了情况说明，对原合作协议有关"经营管理"条款中的"管理"做了明确约定；另一方面，康复护理院对检验科室有规范的管理制度，且定期对科室的管理情况进行检查考核，对不符合管理规范要求的情况及时进行了整改。

第二，人员管理方面。现任康复护理院检验科主任一直是康复护理院的正式员工，其拥有检验科的管理职责和义务，检验科技术人员在双方合作之前也不属于某医学检验公司员工，只是为了合作顺畅，沿用了原先达成的技术人员与第三方检验公司签署劳动协议的用人模式。

第三，财务管理独立方面。康复护理院检验科的收费标准、收费方式、收费人员都由康复护理院管理，某医学检验公司完全没有参与。某医学检验公司没有向患者收取过任何费用，仅根据其提供的服务内容向医院收取一定的服务费，并且依法向医院提供了技术服务费发票。检验科属于医技科室，所有检验项目检测均来自临床科室和临床医生，某医学检验公司没有和任何临床科室、临床医生有过项目开展方面的交流，不存在过度检验和重复检验等违法违规行为。

第四，设备试剂耗材质量管控方面。提供设备试剂耗材是某医学检验公司在项目中提供合作共建整体技术服务的一部分，是两家医疗机构之间资源共享的合作形式。某医学检验公司根据医院发展需要，充分发挥自身在医学检验服务领域的多重优势，为康复护理院检验科定制了个性化的医学检验综合服务方案，帮助其打造标准化的属地检测技术能力，改善服务时效和质量，降低院方成本和投入。但检验科能够全面管控设备试剂耗材的品质，并有日常设备试剂耗材入库管理清单。

第五，医疗纠纷及风险管理方面。合作协议中明确约定，康复护理院负责合作检验科日常医疗风险管理，预防和处理可能发生的医患纠纷，某医学检验公司给予配合。

三、案例风险应对要点

第一，某医学检验公司与康复护理院的技术服务合作，是全国第三方检验行业通行的模式，早已被各地卫生等行政主管部门所认可。此类创新的医疗合作发展模式，已具有相应的法律和政策依据。2018 年 9 月，在对某医学检验公司合作共建模式多个案例的深入调研和充分分析评估的基础上，国家卫生和计划生育委员会卫生发展研究中心面向全国发布了第三方医学实验室效果评估及经验总结项目报告，报告认为"合作共建模式可快速提升医疗服务能力与质量、有效降低医疗机构成本、节约医保费用、助力优质资源下沉，使医、患、保、检多方受益"。由此可以看出，某医学检验公司与康复护理院合作的目的是利用公司技术、资源、管理等综合管理经验和技术服务经验，协助康复护理院向患者提供高质量的检测服务。因此，合作共建检验中心（检验科）的模式是现行法律、法规、国家及地方政策所允许和鼓励的。

第二，从双方之间实际的合作情况来看，某医学检验公司在合作中提供的主要是设备、技术方面的支持，对检验中心（检验科）并无人事、财务方面的控制权；康复护理院掌控检验中心（检验科）的质量控制，对医疗安全问题负责，检验中心（检验科）的工作人员亦是由康复护理院聘用，归康复护理院调遣。因此，双方之间的合作模式并没有使康复护理院丧失对科室的控制权，也不属于将整个科室打包转租收取租金的科室出租（转包）行为。

第三，行政执法应当以事实为依据，以法律为准绳，准确把握法律法规规定的监管核心目的，合理适当地运用自由裁量权。法律法规禁止科室承包的根本原因在于，科室承包导致医院完全丧失对科室的管理控制权，只是将自己的名号借由合作方使用并收取租金，医疗质量无法得到保障，患者的合法权益极易受到损害。某医学检验公司的检测技术和质量属国内领先水平，无需借用康复护理院的名号，亦无需借用其资质，更没有对患者的知情权及其他合法权益造成损害。如果该医学检验公司的该合作模式被否认，不仅有违政策法规的基本精神，亦将会产生"鲶鱼效应"，波及 P 市及其周边地区医院与第三方检测机构的合作，最终影响到 P 市及其周边地区的社会民生。

第六节　案例分析二：公立医院与第三方科室合作共建项目

一、案例汇总

（一）北京市顺义区法医院

2009 年 6 月 6 日，北京市顺义区法医院（以下简称"顺义法医院"）与北京六六同明眼视光学研究所（以下简称"六六研究所"）签订合作合同，约定顺义法医院和六六研究所合作经营眼科。顺义法医院设立眼科，包括眼科门诊、病房、手术室，并配备基础设施（包括房屋、水、电、通信设施等）。六六研究所组织眼科专家组，负责眼科日常诊疗工作。但国务院颁布的《医疗机构管理条例》第 22 条第 1 款规定："《医疗机构执业许可证》不得伪造、涂改、出卖、转让、出借。"顺义法医院与六六研究所签订的合同实际上是六六研究所通过使用顺义法医院的医疗机构执业许可证，在其自身没有取得该执照的情况下开展医事活动，其实质是顺义法医院变相向六六研究所出借医疗机构执业许可证。该合同违反了法律法规的强制性规定，应属无效。合同无效情形下，六六研究所不应依据合同占用顺义法医院的相应场所，故六六研究所应向顺义法医院腾退相关场地。[1]

（二）九江学院附属医院

2012 年 11 月 30 日，九江学院附属医院（以下简称"九江附属医院"）与成都清视医疗器械有限公司（以下简称"成都清视公司"）签订了《医院眼科中心管理合同》，约定双方合作建设眼科中心。九江附属医院提供眼科中心开展业务必需的医疗场地和原有设备，成都清视公司补充相应设备租赁给

---

〔1〕　北京市第三中级人民法院（2018）京 03 民终 2818 号民事判决书。

九江附属医院使用，并负责眼科设备的维修与保养及眼科中心的管理。九江附属医院的义务包括协助成都清视公司办理开展医疗服务需要报批的审批手续，提供医生、护士等。该合作期限为 8 年，合作结束后，成都清视公司将所有专业设备的产权全部无偿转让给医院。若因一方不履行协议而解除合同，另一方有权提出赔偿要求，包括预期全部经济收入。在 2016 年 3 月 29 日，九江市卫生和计划生育委员会下发《关于开展规范全市公立医疗机构医疗服务专项整治行动的通知》，其中第 3 条规定："重点整治内容为重点查处医疗机构将科室或房屋出租、承包给非本医疗机构人员或者其他机构开展诊疗活动的行为，以及未经批准的医疗合作行为。"同年 6 月 28 日，九江附属医院向成都清视公司发出《合同终止函》，理由是根据九江市卫生和计划生育委员会文件的要求，医院及时对全院各科室和房屋出租、承包、医疗合作、设备投放等情况进行了全面自查，此前双方签订的协议需终止。随后，同年 7 月至次年 2 月，医院继续使用成都清视公司提供的设备开展医疗业务，但未向成都清视公司分配联营收入，后经双方确认，该联营收入为 550 557 元。二审判决九江附属医院向成都清视公司支付未结联营收入 550 557 元，赔偿成都清视公司预期经济收入 5 118 213.61 元。[1]

（三）新余市人民医院

2014 年 2 月 1 日，新余市人民医院与江苏安意达医疗科技股份有限公司（以下简称"安意达公司"）签订《康复治疗中心合作协议书》一份，约定共同组建新余市人民医院康复医学中心，由安意达公司提供价值 500 万元以上的康复器械设备，并负责中心的组建和运营，新余市人民医院按一定比例向安意达公司支付分成。该合同内容违反了《卫健法》的具体规定及立法宗旨，应为无效[2]。

（四）温州某老年病医院

案涉的温州某老年病医院是由温州市中医院和上海复星医药（集团）股份有限公司合作创办的混合所有制医院，是浙江省老年病专科联盟成员医院。温州某老年病医院为浙江省首个公立医疗机构引入社会资本进行资源整合的混合制医院。医院于 2016 年 6 月正式投入运营，按照股份制公司化模式管

---

〔1〕 江西省高级人民法院（2018）赣民终 147 号民事判决书。

〔2〕 江苏省南京市鼓楼区人民法院（2020）苏 0106 民初 5501 号民事判决书。

理。后温州市卫生健康委员会接到群众举报，对温州某老年病医院展开调查，核实了该医院与赵某订立协议，由赵某负责雇佣人员、配置设备，以医院名义对外开展碎石诊疗活动等违法事实。最终，温州市卫生健康委员会依法给予赵某没收非法所得 566 856.46 元、罚款 8500 元的行政处罚，对该医院另案处理。[1]

（五）开封市禹王台区北大医院

2017 年 8 月 12 日，海南省睢县金钻电子商务有限公司（以下简称"睢县金钻公司"）与开封市禹王台区北大医院（以下简称"北大医院"）就共同组建"开封市光大医院疼痛科、静脉曲张科室"的合作事宜签订合作协议书一份。协议约定双方合作范围为疼痛科、静脉曲张科。科室是北大医院的下属临床科室，采取独立核算、利益分成的管理机制，北大医院向睢县金钻公司提供医院现有疼痛科、静脉曲张科病房作为医疗用房。但睢县金钻公司的营业范围是电子商务，未取得医疗机构执业许可证，也未提交其所称的执业医生资格证明，现承包医院科室开展诊疗活动，不符合规定。根据双方约定的事项分析，双方签订的协议名为合作协议书，实为医院科室承包协议，即北大医院为睢县金钻公司提供医疗机构执业资质，并通过分配睢县金钻公司科室承包执业所得来获取对价，系变相出借医疗机构执业许可证的行为。该行为违反了《医疗机构管理条例》的强制性规定，根据原《中华人民共和国合同法》第 52 条第 5 项，双方签订的合作协议书应属无效。且睢县金钻公司的诊疗行为系面向社会不特定对象开展的，客观上造成了社会公共利益的损害，根据原《中华人民共和国合同法》第 52 条第 4 项，亦应认定合作协议书为无效合同。[2]通过对科室成立目的、管理方式、对诊疗对象产生的影响三方面的辨析，医疗机构与不具备医疗资质的公司所签订的联营合同实质上是变相约定由公司承包科室并以医疗机构的名义开展诊疗活动。该合同违反行政法规效力性强制性规定，且给不特定诊疗对象带来了生命健康危险，构成了对社会公共利益的损害，故应认定为无效合同。

（六）双峰县妇幼保健院

2020 年 3 月 31 日，双峰县妇幼保健院分别与长沙金域医学检验实验室有

---

〔1〕　健康界："被定性为科室承包！明星公私合资医院遭通报"，载 https://mp. weixin. qq. com/s/2l9EX-fs0sPvgITVd5WgOA，最后访问日期：2022 年 10 月 12 日。

〔2〕　河南省开封市禹王台区人民法院（2020）豫 0205 民初 215 号民事判决书。

限公司签订化验室合作共建协议，与双峰润丰达医疗科技有限公司签订 B 超室合作共建协议，期望充分利用双方在品牌、人力、资金、信息、技术、经营管理经验、硬件设施等各方面的优势与资源条件，在经营、技术、设备、师资、医疗、教育、科研等各方面展开深度合作，实现优势互补、共谋发展。[1]

（七）江西省儿童医院深圳禾正儿科中心

2022 年 8 月 1 日，深圳禾正医院儿科住院部开科，并正式挂牌"江西省儿童医院深圳禾正儿科中心"。该院儿科是由省级三级甲等综合性儿童医院江西省儿童医院托管共建。深圳禾正医院位于深圳南山区，是一家混合所有制医院。江西省儿童医院则始建于 1955 年 6 月，系全国首批三级甲等医院。在儿科托管共建期间，江西省儿童医院除了每年输送高年资的医护人员长驻深圳禾正医院外，还将在学科管理、诊疗技术、远程诊疗方面提供同质化服务，从制度、流程、运营、质控等方面提升儿科中心的管理水平和业务能力。[2]

二、双方权利、义务辨析

（一）遵守卫生健康领域的法律法规

合同有效的要件之一是不违反法律法规的效力性强制性规定。例如，在实践中，非法的科室承包常与科室共建混淆，这就与原卫生部《关于对非法采供血液和单采血浆、非法行医专项整治工作中有关法律适用问题的批复》中医疗机构不得将科室或房屋承包、出租给非本医疗机构人员或者其他机构并以本医疗机构名义开展诊疗活动的规定相悖，也违反了《卫健法》第 39 条第 4 款"医疗卫生机构不得对外出租、承包医疗科室。非营利性医疗卫生机构不得向出资人、举办者分配或者变相分配收益"的规定。当然医疗领域中还有其他类型的违法甚至犯罪行为，这些都是科室合作共建中的高压线。这就要求合作双方要掌握法律知识，完善行政登记、备案手续，推动合作合法合规地开展。

（二）服务与价款的对价关系及其衍生的权利、义务

科室合作共建的其中一种模式是"帮扶模式"，即一方医院拥有更高水平

---

〔1〕 双峰县妇幼保健院："科室共建，共建共赢｜我院签订化验室、B 超室科室共建协议"，载于 https://mp.weixin.qq.com/s/Rby2lDL1MBWYt7qO1CuSqg，最后访问日期：2022 年 10 月 9 日。

〔2〕 看医界："大三甲深度助力社会办医：多科室托管共建！"，载 https://mp.weixin.qq.com/s/k9XRHBER_8VOWPWvkdhQUg，最后访问日期：2022 年 10 月 9 日。

的医疗质量、制度建设、技术和设备等，带动另一方医院提升质量，以提供同质化的医疗服务。在这种模式中，科室合作共建围绕服务与价款的对价关系展开，可以抽象为技术服务合同关系，此时一方有请求支付价款的权利与提供符合约定标准的服务的义务，另一方有接收符合约定标准的服务的权利和支付价款的义务。

（三）人、财、物的流动关系及其衍生的权利、义务

人，指的是人力资源管理。从公立医院与民办医院科室合作共建的项目来看，执业医师前往另一医院进行长期或短期的技术指导，涉及劳动关系和执业地点的问题，是双方需要将权利义务关系厘清的一个要点。派遣方医院有权要求接受方医院进行合理的人员安排，包括医疗执业人员的执业地点登记、薪酬发放、社保缴纳等内容。

财，是确认原有和未来预期拥有的财产的使用权与所有权归属的问题。在某些深度合作案例中，涉及重要大宗财产的，如土地使用权、地上建筑物所有权、昂贵仪器所有权等，需要进行约定。涉及租赁、买卖、融资租赁等法律关系时，相应就产生交付、使用、支付价款等权利和义务。

物，主要是指药品、医疗设备以及办公用品的采买、管理、报废等。例如，在医疗领域中，药品购买与销售受到卫生行政部门的管理，应当由持有合法有效的经营许可证的一方保证合作期间的药品供应与补给。

（四）知识产权、保密条款及其衍生的权利、义务

科室合作共建过程中的知识产权法律问题在于已有的知识产权的许可使用权和合同履行期间内产出的知识产权的归属问题。

保密条款现在普遍地存在于双方、多方的合同中。其权利义务是指协议当事人之间就一方告知另一方的书面或口头信息，约定不得向任何第三方披露。负有保密义务的当事人若违反协议约定，将保密信息披露给第三方，将要承担民事责任甚至刑事责任。

三、风险防控

第一，在国家推进"分级诊疗"的背景下，双方通过科室共建能有效地将公立医院优质医疗教育、科研、服务引入民营医院，实现医疗资源上下贯通，更好地实施分级诊疗，满足群众健康需求，使更多的患者受益。目前，以提升县级医院临床专科服务能力为主要内容的对口帮扶工作已全面展开。

原国家卫生和计划生育委员会要求，每年为贫困县医院"解决一项医疗急需，突破一个薄弱环节，带出一支技术团队，新增一个服务项目"，提升对常见病、多发病和部分危急重症的诊疗能力。原国家卫生和计划生育委员会主任李斌表示："向县级医院派驻管理团队和专家团队，促进优质医疗资源下沉，对口帮扶县级医院确保按期达到二级甲等水平。"《卫健法》第30条也规定"国家推进基本医疗服务实行分级诊疗制度，引导非急诊患者首先到基层医疗卫生机构就诊"，并且要求"县级以上地方人民政府根据本行政区域医疗卫生需求，整合区域内政府举办的医疗卫生资源，因地制宜建立医疗联合体等协同联动的医疗服务合作机制"。因此，科室共建的模式符合政策法律的走向，应当受到鼓励和支持。

第二，双方合作的方式主要是公立医院派专家团队到社会资本所办民营医院坐诊、查房、参与疑难病例讨论、开展学术讲座及手术。例如，北京大学第三医院普外科专家团队积极参与北大医院潞安医院普外科日常教学查房工作，详细询问病患病情、仔细查体，对中青年医师培养提出宝贵意见，并给予积极帮助，与普外科医护人员座谈，进行临床、科研、教学等相关经验交流分享。由此可见，双方的科室合作仅停留在学科帮扶层面，民营医院并未丧失对科室的控制权，公立医院也未参与分配民营医院的利润，明显不属于科室承包行为。

第三，防控风险，避免披着"技术合作"外衣出租科室或承包科室。合作科室应当加强对外合作协议的监管，合作协议中具体体现合作方为医疗机构提供的服务内容，如提供技术支持、人才引进、方案设计等；合作协议的名称应具体体现双方的合作关系，如医疗咨询服务协议，不得签署"阴阳合同"。除此之外，还要加强流程管控。合作双方应按约定履行协议，同时应保留履行协议过程中所形成的成果文件，以备行政机关和司法机关的审查；牢记杜绝以自己的名义对外开展诊疗服务和收费，严禁以"科室共建""技术合作"等名义举办实质上的"院中院"。[1]

---

〔1〕 湖南省医院协会："医院对外合作千万别踩'科室出租'的雷区！"，https://mp. weixin. qq. com/s/TrHoJonNs_ 2h4QLcc5IeTA，最后访问日期：2022 年 9 月 13 日。

第十二章

公立医院与社会资本合作模式七：提升运营管理

第一节　《关于加强公立医院运营管理的指导意见》解读[1]

近日，国家卫生健康委员会会同国家中医药管理局联合印发了《关于加强公立医院运营管理的指导意见》（国卫财务发〔2020〕27号），有关要点解读如下。

一、制定背景

2016年习近平总书记在全国卫生与健康大会上的讲话指出，要抓好建立现代医院管理制度建设，推动医院管理模式和运行方式转变；要显著提高医院管理的科学化、精细化、信息化水平，规范医疗行为，不断提高服务能力和运行效率。2017年国务院办公厅《关于建立现代医院管理制度的指导意见》（国办发〔2017〕67号）提出，要努力实现社会效益与运行效率的有机统一，实现医院治理体系和管理能力现代化。近年来，《管理会计基本指引》、国务院办公厅《关于加强三级公立医院绩效考核工作的意见》等有关文件提出医院运营效率要体现精细化管理水平，推进业务和财务深度融合。

目前公立医院收不抵支现象普遍，医院持续良性运营面临挑战，亟需彻底扭转重资源获取轻资源配置、重临床服务轻运营管理的倾向，提升精细化运营管理水平，向强化内部管理要效益。为满足落实有关文件要求，推动公立医院高质量发展，推进管理模式和运行方式加快转变，进一步提高医院运

---

〔1〕　本节原文为国家卫生健康委、国家中医药管理局发布的"两部门发文加强公立医院运营管理：提高医院运营管理科学化、规范化、精细化、信息化水平"一文，载 http://www.natcm.gov.cn/hudongjiaoliu/guanfangweixin/2020-12-28/19202.html，最后访问日期：2022年9月20日。

营管理科学化、规范化、精细化、信息化水平，《关于加强公立医院运营管理的指导意见》正式出台。

二、主要内容

《关于加强公立医院运营管理的指导意见》明确了公立医院运营管理的概念内涵及任务要求，主要包括四部分内容。

第一部分介绍了公立医院运营管理的基本概念、总体要求和基本原则。公立医院运营管理是以全面预算管理和业务流程管理为核心，以全成本管理和绩效管理为工具，对医院内部运营各环节的设计、计划、组织、实施、控制和评价等管理活动的总称，是对医院人、财、物、技术等核心资源进行科学配置、精细管理和有效使用的一系列管理手段和方法。公立医院运营管理要坚持公益性、整体性、融合性、成本效率和适应性五项原则，以新时期卫生与健康工作方针和公立医院事业发展战略规划为指引，推动核心业务工作与运营管理工作深度融合，提升运营管理效益和投入产出效率。

第二部分介绍了构建运营管理组织体系。一是加强组织建设。强调了医院主要负责人全面负责医院运营管理工作、总会计师协助做好具体工作、各分管院领导对具体工作分工负责。医院应当成立运营管理委员会，明确运营管理的责任部门，并充实其人员队伍。二是理顺运营机制。强调医院内部应当强化决策机制、健全分工机制、细化落实机制、实化评价机制、构建反馈机制。三是完善制度体系。医院应当建立健全运营管理制度体系，明确组织机构、职责权限、决策机制、业务规范、运营流程等内容，完善人力资源管理、空间和设施设备、绩效、财务、资产、风险防控、信息化等各项管理制度。

第三部分明确了运营管理的重点任务。一是明确管理范畴。包括：优化资源配置，加强财务管理，加强资产管理，加强后勤管理，加强临床、医技、医辅科室运营指导，强化业务管理与经济管理相融合，强化运营风险防控，加强内部绩效考核，推进运营管理信息化建设。二是优化管理流程。包括：梳理运营流程、评价运营流程、优化运营流程、推进流程管理标准化和信息化。三是强化信息支撑。包括：建立运营管理系统和数据中心，实现资源全流程管理；促进互联互通，实现业务系统与运营系统融合；利用数据分析技术，构建运营数据仓库。四是提高决策质量。包括：建立决策分析体系，推进决策分析一体化平台建设，加强分析结果应用。

第四部分是加大组织保障力度。一是加强组织领导。各级卫生健康、中医药主管部门要对所属管公立医院的运营管理工作高度重视，明确目标任务和时间节点，通过全面推进与试点推动相结合的方式，指导公立医院落实运营管理各项要求；各公立医院要制订具体实施方案和明确责任分工，保障工作顺利开展。其他部门举办的公立医院参照此意见执行。二是加强沟通协调。卫生健康、中医药主管部门要加强指导，帮助解决困难，确保运营管理工作有效实施。各医院要建立内部协调机制，主动反馈实施过程中遇到的困难问题。三是加强经验总结。各级卫生健康、中医药主管部门要挖掘案例，总结经验并予以推广；各医院要提炼工作经验并及时报告。

第二节 社会资本合作参与公立医院运营管理的必要性和可行性

一、社会资本合作参与公立医院运营管理的必要性

（一）国家政策提示公立医院运营管理提质升级

公立医院运营管理已经愈发成为医疗事业建设中的一大重点问题。纵向地从我国政策出台的情况来看，政府密切关注公立医院的建设、运营与管理。2016 年 8 月，习近平总书记在全国卫生与健康大会上的讲话就指出，要抓好建立现代医院管理制度建设，推动医院管理模式和运行方式转变；要显著提高医院管理的科学化、精细化、信息化水平，规范医疗行为，不断提高服务能力和运行效率。2017 年 7 月 14 日，国务院办公厅《关于建立现代医院管理制度的指导意见》（国办发〔2017〕67 号）强调，推动各级各类医院管理规范化、精细化、科学化，基本建立权责清晰、管理科学、治理完善、运行高效、监督有力的现代医院管理制度。财政部在 2018 年印发的《管理会计应用指引第 803 号——行政事业单位》（财会〔2018〕38 号）强调，事业单位在进行规划、决策、控制、评价活动中，可以结合实际情况，参照企业投融资管理、营运管理等相关管理会计应用指引，综合运用相关管理会计工具方法。2020 年 6 月 1 日生效的《卫健法》更是将"医院管理"写入条文之中，在第45 条明确规定："国家建立权责清晰、管理科学、治理完善、运行高效、监督有力的现代医院管理制度。医院应当制定章程，建立和完善法人治理结构，

提高医疗卫生服务能力和运行效率。"2020 年 12 月 21 日, 国家卫生健康委员会、国家中医药管理局出台的《关于加强公立医院运营管理的指导意见》紧扣公立医院运营管理主题, 指出各公立医院要将运营管理工作作为医院持续发展的重要内容, 制订具体实施方案和责任分工, 确保工作顺利开展。

(二) 医疗改革等新形势策问公立医院运营管理

公立医院运营管理在我国 21 世纪初并未受到重视。2003 年到 2013 年间, 医院的管理往往只强调"效率", 追求以最快的速度完成医疗工作, 缺乏具体分工和严格的规章制度, 更遑论医院运营。这一阶段医院的管理是粗放式的, 很少考虑成本控制; 医疗服务收费并不考虑患者的感受, 存在大量的不合理收费; 医保基金没有形成对公立医院的系统约束和管理。

随着医疗体制的不断改革和完善, 医保支付方式改革、药品和耗材零加成、医保监管和控费及市场监督、审计、税务等对医院的监督检查, 都使得公立医院的收入下降。具体来看, 第一, 城镇职工医疗和新农村医保等在我国全面推广的同时, 医保支付方式也发生了改变。不过无论付费方式是总额预付制、单病种付费、DRGs 付费还是 DIP 付费, 都旨在控制医疗服务中的不合理消费, 压缩医院的不合理收入, 以敦促医院进行成本控制。第二, 以往大多数公立医院的主要经济收益来源是药品及耗材加成, 而在取消药品及耗材加成的政策推行后, 医院在该部分的经济收益受到不利影响, 给医院的运营带来极大的压力。第三, 公立医院还面临着医疗服务市场中其他医疗机构的竞争压力。一方面, 民营医疗机构如雨后春笋般萌发。相比于公立医院, 民营医疗机构对市场环境变化、消费信息的掌握更为及时、准确, 在运营管理方面有更为实用有效的策略和人才。另一方面, 随着人民生活水平的提升, 患者的就诊需求愈发多样化、个性化、精确化, 对医疗服务的要求也越来越高。因此公立医院不仅要提供优质的诊疗服务, 还需要提高自身管理水平, 提高自身在市场中的核心竞争力。

诚如《关于加强公立医院运营管理的指导意见》解读中指出的"目前公立医院收不抵支现象普遍, 医院持续良性运营面临挑战, 亟需彻底扭转重资源获取轻资源配置、重临床服务轻运营管理的倾向, 提升精细化运营管理水平, 向强化内部管理要效益", 以往以效率为先的管理模式难以为继, 公立医院亟需新的运营管理制度和团队来解决危机。因此, 更应当通过合作发挥社会资本在该方面的优势来化解困境。

　　上述新形势都是公立医院的工作重心在运营管理工作上加注的筹码。公立医院自身的运营管理已经成为缓解公立医院经济运行压力、提升内部资源配置效率和运营管理效益的重要手段。[1]但公立医院的运营管理是一个复杂的问题，包括人力资源管理、空间和设施设备管理、绩效管理、财务管理、资产管理、风险防控管理、信息化管理等各项制度内容，自行摸索的成本和风险是巨大的，应当借鉴、吸引优质的社会资本共商合作，降低走弯路的可能性。

　　（三）公立医院运营管理涉猎广、内容复杂、难度大

　　公立医院运营管理并非一个简单问题，其涉猎领域广泛，内容也十分复杂。

　　从决策与执行的过程来看，公立医院制定的管理对策不能很好地评估自身发展情况和未来医疗趋势，从而影响后续整个医院的成本管理。而在落实阶段由于缺乏管理机制，管理对策未能落实到各个科室或各个部门中。例如，一些医院虽然将成本管理纳入到财务管理工作中，但是未能构建对应的管理体系，导致成本管理效果无法保证。而且决策的执行离不开人这一主体，前述《关于加强公立医院运营管理的指导意见》指出："医院应当充实运营管理部门人员力量，配备具有财务、审计、人事、医疗、护理、物价、医保、信息化、工程技术等知识背景的人员担任运营管理员，切实承担好运营管理的具体工作。"可见公立医院的运营管理跨列多个学科领域，需要综合人才。但是，在公立医院的运营管理中，专业人才的缺乏造成了一系列问题：其一，财务人员承担着主要的医院运营管理工作。公立医院对财务核算给予了高度重视，但是未能构建合理的管理对策，因此由财务人员承担运营管理的工作。其二，运营管理人员专业水平较差。公立医院的运营管理者由于缺乏财务、经济、医疗等方面的专业知识，管理能力较差，无法胜任这一岗位。其三，医院未能重视对运营管理人才的培养。医院引进管理人才后忽略了对人才的全面培养。医院的运营管理是一项长期的工作，因此需要不断提高管理人才的专业理论知识和操作技能，以持续提高医院的运营管理效果。[2]

---

　　[1]　秦永方："医院运营管理为何这么受到关注?"，载 https://www.cn-healthcare.com/articlewm/20220406/content-1334849.html，最后访问日期：2022年9月20日。

　　[2]　"公立医院运营管理中存在的问题及对策"，载 https://baijiahao.baidu.com/s? id = 1725930924404090488&wfr=spider&for=pc，最后访问日期：2022年9月22日。

除开机制、人力的因素，公立医院在硬件设施、设备、环境上也有不足之处。大数据的时代已经到来，伴随着科技的进步，业务、信息、服务、交流等都逐步实现了电子化。信息技术的运用对于公立医院的运营管理而言是具有必要性和益处的。有学者提出："内部控制与运营管理的落地实施统一于信息化与数据标准的建设。运营管理的落地实施需要信息化。"〔1〕但实际上，很多医院都未能构建成本管理信息系统，无法快速高效地针对成本各项数据进行采集和分析，无法利用信息技术评估自身发展状况，由此更无法利用其做好决策工作，部署未来的运营管理。

最后不得不提的是，公立医院在运营管理上的经济压力大。特别是基层医院，财政补偿力度不足，医院的基础设施建设、设备更新和人才培养等支出以自筹为主，且囿于公立医院的等级制度，技术资源、人才资源、财政资源等资源集中在三级甲等医院，基层医院难以筹措资金。社会资本方合作参与公立医院运营管理能够投入资金以购买先进设备、引进先进技术、运用丰富科学的管理方式，为基层医院带来全新的发展机会。另外，公立医院的刚性支出增加。在养老金制度改革后，人力资源的支出大幅增加，医院运营成本增加。

综上而言，公立医院在运营管理中面临的许多难题无法凭自身力量独立解决。对比之下，社会资本不仅能够灵活合理地调动各种资源要素，提升医院内各种资源配置的水平，而且拥有比公立医院更具优势的运营管理能力，能够更快、更高效地应对市场新变化，是公立医院可以合作的优秀对象。同时，社会资本也瞄准了目前发展势态良好的医疗领域，有意注入资金，在缓解公立医院经济压力的同时，也能够创造一定的经济效益。因此，社会资本合作参与公立医院运营管理，总体而言是多方共赢的举措。

二、社会资本合作参与公立医院运营管理的可行性

社会资本合作参与公立医院运营管理的可行性在于两点：一是社会资本具有合作参与公立医院运营管理的意愿；二是社会资本具有合作参与公立医院运营管理的能力，能够实现多方共赢的结果。

《"健康中国2030"规划纲要》中提出，健康产业将成为国民经济支柱产

---

〔1〕 沈坚："关于医院财务精细化管理的若干思考"，载《中国经贸》2016年第15期。

业，预计 2030 年市场规模高达 16 万亿元。健康中国战略已成为医疗健康产业的发展引擎。乘着政策和市场的东风，社会资本是否可以轻松进入医疗行业呢？答案是否定的。虽然从国家到地方等各级政府层面出台了众多促进社会办医发展的政策文件，提出了快速推动社会办医的各项政策举措，但依然难以撼动公立医院提供医疗服务的优势地位。在短期内，社会办医很难依靠自身力量发展壮大，需要公立医院的人才、技术等助力其发展。[1]而公立医院作为医疗服务行业的主体，对社会资本具有很强的吸引力，与公立医院合作是社会资本实现行业渗透的最佳途径。[2]

　　社会资本具有自己独特的优势，参与到公立医院运营管理中能够带来经济效益和社会效益。与事业单位体制的公立医院相比，社会资本所办医疗机构在市场管理方面占有较大优势，其管理观念先进，能够调动员工的积极性，让人才有用武之地。此外，社会资本与公立医院对群众需求的重视范围不同。社会资本更侧重关注群众的实际需求，商业嗅觉灵敏，创新动力足。将民营医疗机构引入市场，有助于满足人民群众的多元化需求。同时，社会资本办医有完善的职业化流程和理念先进的管理方法，在管理体系方面趋于完备，在运营的过程中能够提升医院的整体工作效率，充分挖掘员工的潜能。[3]社会资本降低公立医院运营管理成本的关键在于其相对低廉的技术资源花费。对于一个组织来说，技术资源包括两个方面：一是与解决实际问题有关的理论知识、经验和制度规范，二是为解决这些实际问题而使用的设施、设备、工具等硬件方面的条件。两者的总和构成了这个组织的特定资源，即技术资源[4]。同一技术资源在最大范围内获得广泛应用将有效降低社会总成本。一个相对完善的市场体系中必然存在能有效供给某类特定技术或专业服务的专门机构，关键在于医院能否善用这些技术资源，以此降低自行建立如此复杂

---

〔1〕 高玉铮、杨蕊、黄二丹："公立医院与社会资本合作理论模式与可行性探讨"，载《中国卫生经济》2019 年第 5 期。

〔2〕 黄娟等："公立医院引入社会资本的关键问题探讨"，载《中国医院》2019 年第 2 期。

〔3〕 张泉源："关于社会资本参与公立医院投资的思考与建议"，载《中国卫生产业》2019 年第 18 期。

〔4〕 Derrick F. Ball, "Science Parks and the Growth of High Technology Firms", *R & D Management*, Vol. 20, 1 (1990), pp. 84−85.

技术体系的成本。[1]

言而总之，公立医院苦运营管理久矣，但所幸提高运营管理质量并非孤掌难鸣之事。尤其是在目前的实践中已经有社会资本合作参与运营管理公立医院的优秀案例，后文将举例展开详解。笔者相信，双力合璧助力医院运营管理总体而言是度势而动、多方共赢的举措。

第三节　案例分析一：人工智能推动医院安保改革及风险防控

目前国内医院安保要求不断提高，应用人工智能推动医院安保改革具有重要意义。本节从现实和政策角度分析医院对人工智能安保的需求，总结归纳现阶段人工智能推动医院安保改革的实践类型，对医院采用人工智能安保的风险进行评估，发现医院人工智能安保存在的伦理风险、隐私风险、合规风险等问题。现阶段医院进行人工智能安保改革有重要现实意义，但仍需要对存在的风险进行防控。

一、现阶段医院对人工智能安保的需求分析

近年来，一些医院内治安事件的发生使医疗卫生行业不得不重视医院的安保工作，严防重大治安事件和安全事故。为患者和医护人员提供安全、高质量的医疗环境成为医院治安防控的一项重点工作。以北京市为例，自 2020 年 7 月 1 日起，北京市医院统一建立安保制度，在预警方面将人防和技防建设相结合，采用部分人工智能安全防护设备和监控设备，在重点区域入口进行安全检查，严防各类禁止、限制类物品进入医院。目前，北京市部分医院已经展开利用人工智能助推医院治安管理的实践探索。

（一）医院安保措施落后，不能满足现实需求

医院作为开放式的公共场所，人员流动量大，对安全性要求高。但传统的医院安保模式侧重对安保公司和安保人员的要求，极少采用智能化的安保设备，难以为医院的整体安全保驾护航。

部分大型医院采用了半人工智能化的安防系统。这类安防系统的建设包

---

〔1〕　孙虹等："基于社会技术资源的医院后勤专业化管理"，载《中国医院管理》2015 年第 1 期。

括周界防护系统、主/被动报警系统、门禁系统、对讲系统等安防子系统和视频监控系统、智能图像分析系统等系统。将这些安防子系统进行简单堆砌，靠最原始的人工分析将安防系统上报的安全/突发事件与监控系统的现场画面联系起来，监控人员的劳动强度大，工作效率低[1]，难以满足现实需要。

（二）政策导向

政策导向是安保产业发展的重要影响因素，人工智能安保的发展与国家宏观经济形势密切相关。近年来，我国从中央到地方都出台了相关文件鼓励医院构建安全防范系统，加强安保建设，逐步推动医院人工智能安保建设。安保行业的发展也将为医院安保全面升级为规模化、自动化、智能化的产业夯实基础。

通过对近年来关于加强医院安保的政策进行梳理，笔者发现从2013年到2020年我国从中央到地方乃至行业协会都出台了相关文件来鼓励提高人工智能安保水平。2020年，北京市人民代表大会常务委员会发布了《北京市医院安全秩序管理规定》，山西省公安厅与山西省卫生健康委员会联合发布了《关于依法严厉打击涉医违法犯罪 维护医院安全秩序的通告》，山东省卫生健康委员会等11个部门联合发布了《关于进一步做好新形势下医疗纠纷综合处置工作的意见》……从2013年开始，我国虽然规定医疗机构要根据需要在医院入口处或重点区域入口处进行安全检查，严防管制器具、易燃易爆等禁限物品进入医院，拒不接受安检的，医院可拒绝其进入，但实施效果并不理想，医院内安全事件仍有发生。这反映出我国目前的医院安保对危险因素的识别和控制能力仍十分有限，需要进一步提高医院安保的智能化水平，用技术手段减少医院的不安全因素。

二、人工智能推动医院安保改革的探索

将人工智能安防应用到医院安全保障中是让科技造福于国计民生的重大举措。现阶段人工智能推动医院安保的探索主要包括身份验证、差异化安检、异常行为识别三大类型。

---

[1]　卫玲："以人工智能推进'一带一路'建设的提质升级——基于马克思政治经济学的思考"，载《西北大学学报（哲学社会科学版）》2019年第3期。

（一） 身份验证

目前医院的人工智能安保系统在技术上可以实现身份验证功能，即在医院主要入口处安装人工智能人脸识别摄像头，把流动人员分为若干类别，如有犯罪前科人员、潜在纠纷人员、非重点关注人员等。可以通过人脸识别技术对进入医院的各类人员进行实时识别，对重点关注人员进行预警，对潜在纠纷人员进行关怀问诊、跟随陪诊，降低医患纠纷风险。还可以通过医院内的视频监控，实现对重点关注人员的路径跟踪、异常行为识别分析，以及运用黑名单技术，对进入医院的敏感人群进行实时识别和预警。敏感人群可由医院保卫部门根据工作需要自行定义，如"号贩子"、小偷或者是医院需要重点关注的其他人员[1]。人工智能身份验证技术集"探温、消毒、人脸识别"于一体，可以提高防控工作效率，降低人群密集度，减少交叉感染。身份验证功能的运用可以更好地保障医院的安全，但是否符合新实施的《中华人民共和国个人信息保护法》的规定，是否会对个人的隐私安全造成更大的挑战则需要进一步讨论。

（二） 差异化安检

近年来，随着医院人流量逐年增大，医院安检压力也明显增大，但真正具有危险性的重点关注人员却是少数。医院先对进入医院的人员进行分类，依据人员分类针对性地采取繁简不同的安检措施，可以节约医院有限的安保资源。经人工智能身份验证的重点关注人员，需要通过太赫兹人体安检门，被全面查验随身携带的物品。而非重点关注人员可通过普通安检设备进入医院。基于人工智能的新安检测温门具有热成像测温、人体安检、潜在敏感人员识别报警等多种功能，能有效防止携带管制器具和易燃易爆、有毒有害等危险品的人员进入医院，能实时报警，及时发现和消除安全隐患。差异化安检通过技术手段对进入医院的人员进行分类，显然需要行政主体收集相关人员的身份信息。行政机关依照法定权限、程序收集个人信息后如何授权给医院使用，如何把握行政机关履行法定职责所必需的范围和限度，是医院安保改革应当重点关注的风险之一。

（三） 异常行为识别

人工智能异常行为识别可通过移动人脸识别记录仪和固定监控两种途径

---

〔1〕 师博："人工智能助推经济高质量发展的机理诠释"，载《改革》2020年第1期。

实现。移动人脸识别记录仪通过移动设备，如 4G 高清工作记录仪、对讲机等，对进入医院的人员进行异常行为智能识别，针对异常行为，如徘徊、打架、聚集、入侵等，提醒后台人员重点关注，必要时可快捷报警。固定监控即从通道准入、流量统计、身份识别、行为分析等方面实现视频智能识别。

目前，人工智能安检可从人脸识别安检门、多台联网、数据服务、智能违禁品登记系统等方面对人员的异常行为进行智能识别。人工智能深度学习与神经网络、云计算、大数据的结合，可使人工智能借助技术外溢效应为其他领域的各种创新赋能[1]。

此外，医院还可以采用具有一定智能化水平的防盗报警系统，对镜头捕捉到的画面进行分析、判断和实时监控。现代化的医院安防系统还可融合更多的科技元素，如监控无需人员值守，视频监控结合空气温度、空气湿度、电压等环境监测，在特殊病房采用指纹识别技术和门禁联动图像抓拍技术来控制人员进出等。这些智能化安保设置可以大幅度降低人力成本，使医院对异常行为快速做出反应，提高医院安保工作质量。

三、人工智能应用于医院安保改革的风险及防控

(一) 伦理风险及防控

运用人工智能加强医院安保对于潜在的犯罪分子具有震慑作用，在一定程度上可以保护医务人员、普通患者及家属的人身安全，维护医院内部的整体治安。但大部分到医院的人员是身患疾病的普通患者及家属，进入医院之前要通过人工智能安保系统接受重重安检，会导致患者就医感受不佳，且存在耽误患者治疗的可能性，有引发医患矛盾的风险。

医患矛盾的发生有技术原因，也有服务原因。医疗技术的提升受制于科学技术的进步，不可能一蹴而就，因此当前医院必须大力提升服务水平。一方面要提高安保人员的职业道德水平，另一方面要完善相关规章制度来提升安保人员的服务水平，要让新时代的安保教育思想深入到每个人内心，根据医院的实际情况开展安保工作培训，让安保人员的理念和能力同步提升[2]。

---

〔1〕 舒艾香、尹文："以人工智能助推社会治理能力现代化"，载 http://news.cnhubei.com/content/2020-08/05/content_ 13251922.html，最后访问日期：2022 年 10 月 6 日。

〔2〕 田卫国："论医院行政管理安保工作升级措施"，载《智库时代》2020 年第 15 期。

具体而言，在人工智能安保工作中，应当首先优化流程，落实责任，制定合理的奖惩机制[1]。比如安排专门的人员向患者和家属介绍目前医院采用的人工安保系统，对系统识别的潜在纠纷人员进行关怀疏导，通知具体责任人员本着认真负责的态度及时查明真相，分清责任；安排专门部门接待患者或家属的投诉，利用相关政策文件或专家答复，用通俗易懂的语言向患者说明情况；若患者提出无理要求则应当坚持原则，必要时通知公安机关介入。同时，社会也应当对患者和家属进行宣传教育，提倡采用合理、合法方式解决医患纠纷，谴责和惩罚暴力伤医行为。

（二）隐私风险及防控

人工智能应用于医院安保改革不可避免地要运用人脸识别系统，所有进入医院的人员都会被收集到包括肖像在内的个人信息，但这些信息的最终获得者和用途却没有明确。人脸识别在安全和隐私方面带来的隐患和挑战集中表现在活体检测漏洞、系统本身识别率不足百分之百、人脸数据存储安全性这三个方面[2]。由于这些个人信息的获取并不需要本人同意和配合，被识别人在无意识情况下就会被采集各种隐私信息，将引发各种隐私方面的风险。有专家学者曾大力反对这种无差别化的人脸信息识别技术，认为其不仅侵犯公民个人的隐私权，更关乎社会的基本走向[3]。目前，医院利用的人工智能安防技术由于在收集个人信息时具有无意识性、非接触性、侵入性等特点，对个人隐私权的挑战极大。个人医疗记录、日常行踪等信息的泄露将危害个人信息安全、财产安全，甚至人身安全。

我国于2021年11月1日正式施行《中华人民共和国个人信息保护法》，该法规定处理个人信息应当遵循合法、正当、必要、诚信、目的明确、最小必要、公开透明等原则，明确了公共场所监控设备的使用规则和限制性规定，即在公共场所安装图像采集、个人身份识别设备必须出于维护公共安全的目的并且设置显著的提示标志。该法从法律层面赋予了个人信息主体对其个人

---

〔1〕 晏合虎、陈虹全："浅析医院安全保卫工作影响因素及应对措施"，载《办公室业务》2020年第17期。

〔2〕 安鑫："AI赋能 技术革新推动安防迈向智能化时代——专访北京汉王智远董事长兼总经理黄磊"，载《中国安防》2021年第Z1期。

〔3〕 劳东燕："潜在风险与法律保护框架的构建"，载http://newspaper.jcrb.com/2020/20201012/20201012_004/20201012_004_2.htm，最后访问日期：2022年10月6日。

信息的收集与处理享有知情权、决定权、查阅权、复制权，以及限制或者拒绝他人对其个人信息进行处理的权利；从平台角度规定了个人信息处理者的安全保障、合规审计、个人信息影响评估等义务。医院作为人工智能安保的实施者，运用人脸识别等科技时不可避免地将收集和使用个人信息，因此在进行收集和使用之前必须遵循一定的规则。具体而言，其一，收集个人信息只能出于提前预警以维护医院治安的目的而不能是其他目的；其二，应当在安装图像采集、个人身份识别设备的公共场所设置显著的提示标志，提醒进入医院的人员即将被采集个人信息；其三，为了保障个人信息主体的知情权、决定权、查阅权、复制权，收集个人信息之前应当取得进入医院人员的明确同意，同意可以以口头、书面或者电子等形式作出。有学者指出，智能媒体数据使用的伦理规范应建立在用户授权的基础之上，在授权范围内对数据进行合理的使用[1]，所以医院在识别个人信息之后，对于没有危险因素的信息应当及时删除，禁止信息被检索和访问，以此保障信息处理、存储的安全。

（三）合规风险及防控

人工智能安保措施中涉及对"潜在纠纷人员"进行关怀问诊、跟随陪诊以及随身物品检查等行为，对公民的人身自由造成了一定限制且缺乏法律依据。根据《中华人民共和国立法法》的规定，限制人身自由的强制措施只能根据全国人民代表大会及其常务委员会制定的法律来执行。虽然我国早在2017年便出台了《严密防控涉医违法犯罪维护正常医疗秩序的意见》，要求二级以上医院（含妇幼保健院）应当在公安机关指导下开展安检工作，安装符合标准要求的监控设备，2020年7月1日施行的《北京市医院安全秩序管理规定》也明确进入医院的人员有接受安检的义务，要求医院应当建立安全检查制度，但这类意见和规定的效力层级较低，不属于全国人民代表大会及其常务委员会制定的法律规定，不能成为医院可能限制公民人身自由的法律依据。《中华人民共和国民法典》规定，非法搜查他人身体的，受害人有权依法请求行为人承担民事责任。人工智能安保中对"潜在纠纷人员"的随身物品进行检查等行为可能侵害他人的合法权益，这也是医院人工智能安保亟需解决的问题。

---

[1]　廖秉宜、姚金铭、余梦莎："智能媒体的伦理风险与规制路径创新"，载《中国编辑》2021年第2期。

因此，在立法层面应当完善医院采用人工智能加强安保的法律依据，对医院的法律地位、行为的法律属性以及法律责任的确定等方面进行明确规定，使医院的行为有法可依，保障医院的安全和秩序。同时，医院在获得法律授权或委托之前不能擅自采用人工智能安保措施，可以由医院的安保人员协助公安机关派驻的公安干警共同安检。公安机关可以根据现场情况和治安管理办法采取医院不能采取的安检措施，如采取强制措施或者对违禁物品进行收缴；医院安保人员可以协助公安干警进行技术性操作[1]。警察和安保人员协同合作的方式可以借鉴国外的经验，如建立以医院保卫处为依托，以派驻医院警员为中心，多方主体互相沟通、共同治理的多方主体合作工作模式[2]。为了防止医院利用人工智能安保侵害相关人员的合法权益，医院安保部门应当尊重个人对个人信息的知情权、决定权；行政机关应当加大对违法处理个人信息行为的惩戒力度，根据《中华人民共和国个人信息保护法》对侵权行为设置不同梯度的行政处罚，对违法处理个人信息的应用程序可以责令医院暂停或者终止其使用。医院安保部门加强与公安机关的联动，可以充分发挥医院安保部门的主观能动性，实现医院人员和设备的全面升级，进一步提高医院自身防控能力，排除安全隐患，保障医院安全。

科技的进步和社会的现实需要使医院安保面临新的挑战，要不断进行智能化改革以满足现实需要。目前，医院加强人工智能安保防控是保障医务人员和患者安全的重要举措。医院和相关部门在运用人工智能加强医院安保的同时要防范各类风险，逐步建立安全高效、依法合规的人工智能安全保障系统。

第四节　案例分析二：医疗废物溯源管理系统的应用与风险防控

近年来，针对医疗废物流入市场的乱象，相关政府机构纷纷出台管理条例和政策予以规范，越来越多的医疗机构也开始引入医疗废物管理信息化系统，以提高医疗废物管理水平，规范业务操作能力。医疗废物溯源管理系统的建立也是为了响应国家的号召，如 2020 年 4 月国家发展和改革委员会等部

---

〔1〕 沈超、张军："探讨医院保卫工作中预防性安保对策"，载《医学食疗与健康》2020 年第 16 期。

〔2〕 牟中伟："美国医院警察制度及启示"，载《湖北警官学院学报》2019 年第 3 期。

门联合发布的《医疗废物集中处置设施能力建设实施方案》中强调，建立医疗废物信息化管理平台是当前国家在专项整治医疗废物处置过程中的主要任务之一。方案指出，2021年底前，要建立全国医疗废物信息化管理平台，覆盖医疗机构、医疗废物集中贮存点和医疗废物集中处置单位，实现信息互通共享，及时掌握医疗废物产生量、集中处置量、集中处置设施工作负荷以及应急处置需求等信息，提高医疗废物处置现代化管理水平。

本文将具体分析医疗废物溯源信息化管理的优势、风险，助力医院更好地应对其到来。

一、较传统手段优势明显

（一）传统医疗废物处置过程中存在各种弊端

第一，医疗废物处置过程受人为因素影响较大。医疗废物的转运过度依赖转运专员的自觉性，操作随意性较大；签字确认过程繁杂，依从率较低；交接单、登记单手工书写，准确性不高。

第二，医疗机构无法实现实时监控，监督缺失。医院管理部门对医疗废物的具体数量、科室分布、收运时间、收运质量等数据无法实时准确掌握和分析；传统监督检查模式存在瞬时性和偶然性，无法全面、科学地分析医疗废物管理情况；医疗废物管理环节出现问题导致医疗废物流失时，缺乏强有力的追溯管理手段。

（二）医疗废物溯源管理系统的建立可以带来诸多便利

医疗废物溯源管理系统用信息化技术将整个医疗废物处置流程实时监管起来，对医疗废物的收集、转运、销毁过程都进行信息化管理，为医疗机构实现对医疗废物处置实时、准确监控提供了便利；实现医疗废物从收运到分检、处理、处置、利用全过程跟踪智能管理，可以降低废物流向管理统计工作的强度，提高统计数据的科学性和准确性；使医疗废物管理工作进一步规范化和信息化，提高医疗废物的监管水平，也为相关部门实现医疗废物处理过程的全程监管提供了基础的信息支持和保障。

（三）具体优势

1. 有助于实现医疗废物处置的全方位监控

医疗机构可以随时随地登录系统查询本单位任何时段的医疗废物产生量和处理量，并为以后的收集分类提供依据。焚烧中心可以方便地了解每天医疗废物的收运数量及重量，可以高效地进行运输、焚烧等相应的工作安排。

2. 提高医疗废物处置整体管理效率

医疗废物回收方面，其一，通过手机提交医疗废物信息。每个科室都有属于自己的标识，回收员通过二维码扫描即可迅速定位，并且可以根据具体的数量进行核实，提高其效率。其二，智能记录、杜绝遗漏。追溯管理系统自带的运算可以智能化地记录录入信息，再根据所需要的数据进行运算，大大简化了人工的统计运算，提高了效率。其三，信息化管理。追溯管理系统能快捷便携式地录入、存储信息，彰显智能化的管理平台。

3. 减少工作人员受感染风险

对医疗废物处置的直接工作人员，信息化的处理可以减少其相互间的直接接触，通过远距离、免接触、自动化的方式实现对数据的采集，降低受感染风险。

4. 防止人为因素对处置流程的干扰

传统系统里，医疗废物交接凭据为纸质联单，需要人工填写完成，而这个过程存在严重的不可控性。并且在工作过程中，人为有意无意的疏忽、遗漏等错误，都可能造成医疗废物信息管控困难。而一旦发生医疗废物污染事件，由于过程数据混乱，医院难以快速溯源，找出最急迫的病毒控制点和管理点。信息化系统的建立很好地规避了这些问题。

二、更好地应用信息化系统

各医疗机构是医疗废物管理信息化系统的直接使用主体，若要医疗废物管理信息化系统更好地发挥其用，医疗机构处于关键地位。具体来说，医疗机构可以从以下几个方面来更好地运用医疗废物管理信息化系统。

(一) 完善医院医疗废物组织机构建设，明确各部门职责

一是明确第一责任人，引导各部门各司其职。各医院需要根据人事变动，调整医院医疗废物管理领导小组及科室管理工作小组，进一步明确医疗废物管理责任，实行多部门协作机制，确保医疗废物的管理落实到位。二是制订医院医疗废物流失、泄漏、扩散和意外事故的应急方案。

(二) 配备医疗废物管理硬件、软件设施，实行全过程监控

闭环管理的工作人员可通过信息系统平台实时查看医疗废物回收小车运行轨迹，跟踪查看操作人员回收路线是否符合要求，每日对各病区医疗废物

回收重量、种类等情况进行查看，及时发现未按要求交接、回收的科室或回收科室种类异常等问题。科室负责人也可以定期查看本科室医疗废物回收重量、种类、交接人员等情况，有效解决日常监管困难的问题。

（三）对工作人员进行上线前培训，强化医疗废物管理信息化宣传

由于工勤人员普遍年长，文化程度偏低，而信息管理系统需要利用电子设备，对回收录入程序进行扫描、确认，医院需要加强对工勤人员的培训及对其使用情况的跟踪，保证信息系统的正常运行。医疗废物信息管理系统上线前，医院应组织所有病区护士长和工勤人员分别进行上线前的培训，培训内容包括医疗废物信息管理系统功能、流程的介绍和使用关键点讲解，并现场示范和答疑。

三、社会资本的机遇与风险防控

（一）诱人的机遇

1. 医疗废物处理能力缺口明显，医疗废物处理行业发展空间极大

从长远来看，医疗废物信息化处理的行业前景较为广阔。中国医疗废物处理市场具有巨大潜力，但由于国内医疗废物处置项目投资成本高等问题，龙头企业迟迟没有出现。

从我国生态环境部的数据可知，各地区间医疗废物处置能力水平不一，全国各省市均存在不同程度的医疗废物处置能力不足的问题。故针对不同地区情况，《医疗废物集中处置设施能力建设实施方案》提出了不同的实施目标（1—2 年内）。这些缺口意味着在未来 1—2 年内，全国各省市及基层地区的政府将在医疗废物处理方面集中发力，建设相应的处置设施，各类医疗废物处置设备或其他相关需求会呈现爆发式增长态势，所涉及的行业将迎来发展风口。

2. 信息化管理需求更加突出

针对我国医疗废物处理信息化建设的覆盖范围及流程，《医疗废物集中处置设施能力建设实施方案》要求：①做到区域全覆盖：建立全国医疗废物信息化管理平台，覆盖医疗机构、医疗废物集中贮存点和医疗废物集中处置单位；②做到处置全流程：实现信息互通共享，及时掌握医疗废物产生量、集中处置量、集中处置设施工作负荷以及应急处置需求等信息，提高医疗废物处置现代化管理水平。

《医疗废物集中处置设施能力建设实施方案》使医疗废物处理的信息化进程大大加快，信息化平台的搭建将迎来增长，拥有更加智能化、数字化医疗废物处理技术的企业会在竞争中掌握更多的主动权。

3. 基层地区成为中小企业下一个追逐点

从我国国情来看，我国人口较少的县（市）、乡镇、农村等地区一直以来都是医疗废物处理建设过程中较为薄弱的环节，产量小、收集转运难、风险大、成本大、储存时间长等问题限制了基层地区医疗废物处置的发展。

对于社会资本方来说，若欲加入医疗废物处置的行列，其可以通过构建一个完备的医疗废物管理信息化系统，来更好地进行医疗废物的处置。

（二）医疗废物处置信息化风险防控管理

1. 投资风险

医疗废物处置信息化管理对各企业提出了较高层次的要求。企业需坚持以医疗废物信息化管理的规范、便捷、安全为主导，提供性价比优越的医疗废物信息化服务，满足客户的需求。所以在这一行业中，企业投入的研发成本极高，并且每一个环节都不能出现纰漏。从这个角度来看，社会资本方应当事先就预测好投资风险，尽量不要出现差错，以免投入的巨额资金落空。

2. 政策风险

目前，国家对于医疗废物处置的信息化管理并没有出台相关政策进行详细规划。医疗废物处置信息系统的应用在我国还不是一项成熟的技术，有待各社会资本方在实践中不断摸索和探寻。各企业需要实时关注国家相关部门的报告和讲话，深入领会国家各级各部门所要传达的精神并予以落实，响应国家的号召，按照国家的有关规定来进行医疗废物的处置管理。

3. 法律风险

目前，有关医疗废物的管理、处置的法律规范主要有：《医疗废物管理条例》《医疗卫生机构医疗废物管理办法》《医疗废物管理行政处罚办法》《医疗废物分类目录》《中华人民共和国固体废物污染环境防治法》《中华人民共和国传染病防治法》。

医疗废物处置信息化主要面临以下风险。

（1）法律缺失

与医疗废物处置信息化管理相配套的法律法规尚不健全，亟需有关部门完善立法予以规制。因此，相关企业在顺应时代潮流、响应并利用国家有关医疗废物处置信息化的利好政策的同时，还要注意相关法律法规的约束，严守法律红线，规避可能发生的法律风险。与此同时，国家应当发布各种法规、规章来完善信息化的发展制度，保障各信息化系统开发企业的投资安全，并结合全国固体废物信息系统统一管理，实现信息一致、信息同步、信息共享。

（2）合规能力不足

危险废物经营许可证、医疗废物应急处理资质、排污许可证等都是企业获得准入资格的门槛。在经营过程中，一要明晰医疗废物的范围，切不可在对医疗废物的定义尚不明确的情况下就确定处置方案；二要明确医疗废物处置的第一责任人，以免事故发生后无法确定责任主体；三要汲取以往各医疗机构和医疗废物处置中心的违法违规行为的经验，避免这些行为的发生。

医疗废物逐年增长，医疗废物信息化管理已是趋势。随着国家各项鼓励政策的相继出台以及市场对于提升医疗废物处理能力需求的提升，医疗废物处理信息化行业将吸引更多社会投资者进入其中，与国家一同提升我国的医疗废物处置能力。

第五节　案例分析三：县级城市推进中医药信息化建设

近年来，传统中医药行业逐步复兴，而互联网技术和人工智能的发展则为中医药的传承与创新带来了一种全新的可能。国家对此高度重视，出台了一系列政策和法律法规予以支持引导，力求通过中医药信息化、智能化建设，打破原有中医药行业环境信息孤岛及中医药资源分配不合理的局面，以期中医药行业更好地服务于民众健康。借助这一东风，浙江省海盐县自 2009 年开始中医智能化建设。近十年来，海盐县坚持"中西医并重"方针，积极构建中医智能化发展平台，创新研发中医智能化系统，全面推进中医智能化建设，经过中医基层化、基层信息化、应用智能化的层层部署，发展成为全国基层中医药工作先进县，全县中医药社区卫生服务覆盖率和一体化率达到100%，县内九个乡镇卫生院及街道社区卫生服务中心均已经建立了规范化、标准化的独立中医药服务区。海盐县在全国率先部署了覆盖全县域的中医智能诊疗系统，中医智能化建设取得了显著成果。笔者将介绍海盐县中医智能化建设模式的具体内容，以此分析海盐县如何通过智能化建设来应对传统的基层中医药行业面临的问题，并研究其模式的借鉴意义。

一、基层中医化、应用智能化的"海盐模式"分析

海盐县依托杭州聪宝科技提供的系统和技术支撑，以区域中医智能医联体云平台为核心部署基层中医化、应用智能化建设，将中医和人工智能相结合，创新中医药发展模式。其分别通过政策保障、升级硬件、建设中医药信息平台、推广中医药应用、应用中医智能化系统、创新人才培养机制、建立区域医联体等多种举措全面推进中医智能化建设。

（一）加强政策保障，营造有利于中医智能化发展的政策环境

海盐县先后制定出台《关于进一步促进中医药事业发展的意见》《海盐县医疗机构使用中医药考核管理办法》《海盐县中医药事业发展"十三五"规划》，把中医药事业纳入全县发展规划，并在全省率先设立专门的中医药工作管理机构——中医科，配置专人统筹协调全县中医药工作。海盐县每年的中医药事业经费实行年度财政预算单列制度，并确保中医药经费占卫生投入的10%以上。一系列政策组合为海盐县的中医药发展搭建了坚实的保障平台，营造了有利的政策环境。

（二）强化硬件设施，为中医药发展提供充足载体

海盐县构建以县中医院为龙头，县人民医院中医科为重要力量，社区卫生服务中心（卫生院）服务站为基础的中医药服务体系。自2009年以来，海盐县政府共投入数亿资金，以加强县、镇、村（社区）三级医疗卫生服务机构的规范化、标准化建设，并通过县中医院搬迁改造项目增加业务用房面积和核定床位数。此外，县中医院设立中医药诊疗区、名医堂等专区，建立辐射全县的中医药养生保健中心、中医药技术培训与推广中心。同时，海盐县中医院自被浙江省立同德医院全面托管后，依托优势建立的"浙北中西医结合消化病诊疗中心"和"浙北中西医结合肿瘤诊疗中心"有效提升了海盐县的中医药服务能力。最后，海盐县在各镇（街道）医疗机构设立了中医药诊疗区，全县95个社区卫生服务站设立中医诊疗室（角），实现了中医药社区卫生服务100%全覆盖，一体化管理率达到100%。

（三）加强中医药信息平台建设

海盐县先后投入700余万元，成立县卫生信息中心，成功开发功能比较齐全、运行稳定、安全高效的卫生信息化系统，建立居民电子健康档案和电子病历数据库，整合区域内卫生信息资源，促进跨地区、跨部门、跨领域的

信息资源共享与交换，做到与人口健康信息平台纵向贯通、横向互通，实现中医药数据中心之间、中医药数据中心与中医药机构之间、中医药机构之间的互联互通，进而推进中医药信息高效、快捷和安全传输。2015 年起，该县积极探索"互联网+中医"模式，在全国县域中率先建立中医智能云系统，构建中医临床"病—症—法—方"数据模型，自动将诊断、处方、用药等临床数据上传至平台云端并进行集成化管理，可以有效规范临床诊疗行为，为开展中医科研、医院管理、疾病防控宣传等提供数据支撑，同时通过中医病例的收集与保存推动中医药的传承与发展。

（四）利用补贴机制推广中医药应用

海盐县明确对全县公立医疗机构采用普通针刺、灸法等传统中医非药物治疗手段的服务项目，按每门诊人次 10 元的标准给予补助。截至目前，作为浙江省唯一提供此项财政专项补贴政策的地区，海盐县传统中医非药物治疗补助、中药饮片补助累计达 2500 余万元，充分发挥了中医非药物治疗在防治常见病、慢性病中的优势。此外，海盐县鼓励医务人员运用中医药技术治疗群众的常见病和多发病，对县级医院提高中药饮片使用比例进行奖励，"冬病夏治"的医疗理念辐射到社区卫生服务站。

（五）推广中医智能化系统，解决基层中医药应用难题

第一，完善中医智能开方系统。海盐县将县中医院和三个镇（街道）医疗机构作为中医智能开方系统的首批试点单位，逐步推广应用。2017 年，海盐县在智能开方的基础上开始应用基于国医大师王琦大师临床经验研发的辅诊机器人，将病人具体症状输入后即可自动生成饮片处方、相应的非药物治疗方案以及名老中医常用的参考处方等，使中医药执业人员开具规范有效的中医处方成为可能，进一步规范了基层中医师的执业行为，大大提升了基层医疗机构的服务和医疗水平。

第二，建立中医智能诊间系统。中医智能诊间系统以中医智能诊疗系统为核心，将 TMT 医用红外热成像、熏蒸仪、中心药房等设备连接起来，连接检查和干预设备，实现中医从诊断到治疗、干预的可视化。借助中医智能诊间系统，诊疗地点不再局限于中医院，乡镇卫生院与村卫生室同样可以进行有效诊疗，由此建立起了县、镇、村三级的中医智能诊疗体系，形成一个基层中医医联体非药物诊疗智能模式，解决了基层医疗机构非药物疗法人才匮乏的问题，有力提升了基层非药物诊疗能力。

第三，建立中医互联网诊间。中医智能云系统开发了"互联网诊间——在线特需服务"功能，患者只需用手机通过海盐县中医院的合作平台预约全国知名专家和对症的名中医，随后到海盐县中医院的"互联网诊间"，接受该院门诊医生的望闻问切，海盐县中医院医生会将详细的就诊数据上传至合作平台，携手名老中医对患者进行会诊。联络医生会根据专家的方案，帮助患者完成检查、治疗和配药等一系列工作，真正实现"不出家门，看全国名医"。

第四，推进中医药大数据应用。笔者通过对 2016 年度全县 26 个基层医疗机构、140 名中医师、9777 名患者和 17 416 诊疗人次的全部诊疗数据进行采集和专业分析，获得了县域中医药大数据，清楚展示了该县居民的疾病发生率、发病规律和中医药发展的真实情况。

（六）拓宽中医药人才培养渠道

一方面，中医智能辅助诊疗系统所具备的临证学习功能可以为临床中医师提供国医名师医案，帮助基层中医师学习名家经验开方选药，提高自身诊疗水平；另一方面，借助"互联网诊间"，基层中医师可与中医专家在线沟通交流，接受其知识经验的传授，创新了中医师承模式，为中医药传承发展拓宽了有效的人才储备途径。

（七）建立区域"1+1+9"中医药联合体

依托浙江省立同德医院全面托管海盐县中医院优势，海盐县建立了以县中医院为核心、九家基层医疗机构为基础的中医药医联体，大力发展中医远程医疗、移动医疗等新型医疗服务模式，加强以中医电子病历和医院管理为重点的信息系统建设，加强基层医疗卫生机构中医馆（国医堂）等中医综合服务区健康信息云平台建设。同时，医联体探索实行"中心大药房"机制，实现县域中药饮片快速周转与同质化管理，规范中药饮片采购、使用、储存行为，保障饮片采购质量及用药安全。另外，杭州聪宝科技助力海盐县中医智能医联体与中央药房联动，建立区域共享智能中药房，为全县卫生服务机构提供中药饮片统一配送服务，实现全县的中医药一体化。

二、"海盐模式"的重要借鉴和推广意义

（一）深化医改，符合建设健康中国的战略方向

第一，为相关政策出台提供参考。海盐县中医智能化建设是落实《中医

药信息化发展"十三五"规划》的良好范例，同时也为国务院办公厅出台《关于促进"互联网+医疗健康"发展的意见》提供了现实参考。

第二，促进区域医联体、医共体建设，带动分级诊疗。海盐县通过区域中医智能医联体云平台和中医智能辅助诊疗系统，将中医专家经验、技术下沉到基层，突破原有上级医师需到基层医疗机构坐诊的医联体模式，实现名家经验的快速复制，优化了医疗资源配置，使民众在基层即可享受到优质的中医诊疗服务，有利于患者分流，缓解大医院的压力。

第三，响应国家振兴发展中医药事业的号召。海盐县在通过互联网技术和人工智能有效传承中医药文化的同时，建立了中医药发展新模式，全面提升中医药信息化水平，以信息化驱动中医药现代化，在继承中发展创新。

第四，为其他基层地区中医药信息化建设提供范例。海盐县中医智能化建设的成功给浙江省永康市带来了启发。目前，永康市也在探索建立基层中医智能化发展模式，并与杭州聪宝科技合作，在全市部署中医智能云系统，以期推动永康市基层中医药智能化发展。此外，海盐县在自身发展的同时，还对口帮扶四川省屏山县基层中医智能化发展，使其成功模式得以推广，给其他地区带来借鉴意义。

（二）全方位提高医疗机构的医疗水平和服务能力

第一，人才方面。其一，通过中医智能辅助诊疗系统，尤其是中医智能开方的学习平台，青年中医师可借鉴已有的病例治疗方案，学习名家经验开方选药，从而提高中医医师的诊疗水平和专业素养。其二，中医智能云系统的部署和应用也拓宽了中医药人才培养的渠道，创新了人才培养机制，中医师承制度得以完善。院校教育和实践基地结合的培养模式还丰富了中医药人才的培养途径。其三，人工智能系统的高效便捷有效缓解了基层中医药专业人员紧缺的局面，节约了大量人力成本。

第二，管理方面。一方面，政府设立中医科作为专门的中医药管理机构有利于对基层中医药医疗机构的专业集中化管理；另一方面，医疗机构利用互联网技术、大数据分析等技术实现了对医院信息的有效管理，为医院考核、强化医疗质量管理、优化医院收入结构等提供数据支撑。

第三，医疗服务能力方面。其一，中医智能诊间系统促进了针灸、刮痧、熏蒸等非药物疗法在基层医疗机构的应用，提升了基层医疗机构的综合服务能力。其二，中医辨证论治智能辅助诊疗系统、国医大师智能专病辅助诊疗系统的应用，提升了基层医师的辨证水平，进而提高了基层中医诊疗服务能力。其三，海盐县应用的独立于西医电子病历系统的中医辅助开方平台，矫正了中医电子病历西医化发展的不良趋势，通过规范病历和处方的书写促进了基层中医诊疗行为的规范，提升了基层中医师的整体业务水平和基层医疗机构的医疗服务能力。

（三）满足民众中医药健康需求，缓解"看病难、看病贵"的问题

海盐县中医药智能化建设的一切举措，根本的出发点和立足点都是人民群众的利益。落后的基层中医医疗服务模式难以满足民众日益多样化的健康养生需求，在此基础上寻求改变，衍生出了"中医基层化、应用智能化"的"海盐模式"。无论是改善中医药信息化基础设施，还是中医智能云系统的应用，其根本目的都是提高基层中医药服务能力，扩大中医药服务覆盖人群，提高人民群众对中医药服务的获得感和认可度，使人民群众在基层也能享受优质、均等的中医药服务，而不必聚集在大医院徒增看病压力，同时提高全民健康水平，推动健康中国战略的实现。

第六节　案例分析四：第三方医学检验纳入医保提升医院医学检验效率与水平

随着现代医疗技术的快速发展及分级诊疗和医保控费政策的引导，近年来第三方医学检验市场年均复合增速超过30%。其发展不仅能提升基层医疗机构服务能力，助力分级诊疗制度的建设，更能促进医疗卫生资源均衡化，助力优质高效医疗卫生服务体系的建立。

然而目前我国第三方医学检验行业仍处于发展的起步阶段，市场渗透率不足5%，远低于发达国家的市场占有率，仍具有广阔的发展前景。同时，受制于目前的医保政策，很多地区第三方医学检验尚未被纳入医保，这在一定程度上限制了第三方医学检验机构的发展，也不利于诊断疾病和减轻患者负担。

一、第三方医学检验纳入医保的必要性

近年来，国家层面出台了一系列有关第三方医学检验纳入医保的支持政策。2017年4月国务院颁发的《关于推进医疗联合体建设和发展的指导意

见》将区域检验中心作为医联体的重要组成部分，并明确要求在加强医疗质量控制的基础上，各医联体内医疗机构间互认检查检验结果。

2018年9月，国家卫生健康委员会卫生发展研究中心在第三方医学实验室效果评估及经验总结项目的报告中指出，第三方医学检验等新型医疗机构完全可以成为促进医与保、医与防之间的枢纽和桥梁，可先行试点监测，在医保以价值为导向的战略性购买框架下，将定点医疗机构委托第三方医学检验费用纳入医保支付。

在地方层面，许多省市也出现了相关第三方医学检验纳入医疗保险支付的政策试点。以德阳市为例，该市《关于将基层定点医疗机构委托第三方医学检验费用纳入基本医疗保险支付的通知》中明确规定："已纳入我市基本医疗保险协议管理的乡镇卫生院（以下简称送检机构）根据参保患者住院治疗需要，可委托第三方医学检验机构（以下简称承检机构）进行医学检验。检验费用按规定纳入基本医疗保险基金支付。"

从经济学视角深入剖析，在保证质量的前提下，第三方医学实验室通过集约化可降低成本、优化利用多元化资源。医学检验早期由医院的检验科和病理科承担，三级医院可检测项目通常在300—500项，基层医疗机构有十余项，而大型第三方医学实验室可检测项目数已有2000多项。

在保证质量的同时，第三方医学实验室降低成本的优势十分明显。国家卫生健康委员会卫生发展研究中心以2016年为基数推算，2016—2020年间第三方医学检验机构可为医院节省的检验花费依次为104亿元、137亿元、176亿元、221亿元、274亿元。假设2016—2020年间的医保支出额以每年3%的速度匀速增长，第三方医学检验每年可为医保省下近1%的花费。

当前，三级医院检验科购置了大型仪器设备、配备了相应技术人员，却往往因为标本数量有限而造成资源闲置。而二级医院仪器设备相对前者并不面面俱到，虽然基本上能够满足临床的需求，但对于少见的项目和特殊的项目，往往因人才、设备的制约而未能开展。乡镇卫生院、社区医院、民营医院、个体诊所等受规模、地理位置、人才、仪器设备等因素的制约，往往只能开展一些简单的常规项目检测。

第三方医学实验室的检验项目是医院检验科的有益补充，可以弥补医院检验科在资源配置上的不足。它能提供的项目覆盖各级医院检验科的各个项目，因此能减少仪器的重复购置，让资源得到更充分的利用。

此外，随着分级诊疗的逐步推行，诊疗量下沉，目前我国基层医疗机构检验样本增加，资金预算有限和人员配备不足的问题严重制约了基层医疗机构接诊能力的提高。第三方医学检验机构纳入医保后能有效解决基层成本控制和诊疗专业化的问题，起到降本增效的作用，有助于推进分级诊疗的建设。

二、第三方医学检验纳入医保的实施探索

第三方医学检验纳入医保的实施操作中涉及多方配合与紧密合作，应着重关注政策规范、费用结算、服务模式、人才供应、监督管理等方面的细化工作。

（一）政策规范

第三方医学检验纳入医保是对医保提升治理体系和治理能力的实践与探索。以成都市人力资源和社会保障局发布的《关于将基层定点医疗机构委托第三方医学检验费用纳入医保支付的通知》为例，在将第三方医学检验纳入医保的具体实施过程中应对如下相关流程与细节作出规定。

首先，明确实施范围。取得基本医疗保险定点资格的医院等送检机构根据参保患者住院治疗需要，委托行政区域内的第三方医学检验机构进行医学检验，检验费用按规定纳入基本医疗保险基金支付。

其次，规定外检项目。送检机构应当根据自身服务能力，以疾病分析和治疗为目的，在规定的外检项目目录内合理确定送检项目，并报送检机构所在地医疗保险经办机构进行审定。在送检项目经当地医疗保险经办机构审定后，送检机构不得再开展与送检项目相同的检验项目，且不得随意更改送检项目。确需调整的，应及时到医疗保险经办机构办理变更手续。

最后，确定收费标准。目前，国家发展和改革委员会不对民营机构自行开展的检测项目进行认价，同时，由于缺乏患者充分的信任，第三方医学检验机构自行认定的价格也常常不能被患者接受。未来，将第三方医学检验机构纳入医保的实施过程中，应严格把控送检机构外送检验的收费标准，使其不得高于当地物价部门规定的医学检验服务项目标准。若送检机构与承检机构约定的收费标准低于物价部门规定的价格，送检机构以约定价格向参保人员收费，医疗保险经办机构按约定价格作为报销基数。

（二）费用结算

检验费用的结算流程涉及送检机构、当地医疗保险经办机构、承检机构

的多方职能配合。送检医学检验费用先由送检机构与承检机构结算，再由送检机构按照基本医疗保险基金结算规定与当地医疗保险经办机构结算。未来，承检机构应按照医疗保险经办机构的要求开发信息网络管理系统，并与医疗保险经办机构信息系统实现联网，将送检机构的送检项目和电子试验单及时上传医疗保险经办机构，作为与送检机构之间医疗服务的依据，接受医疗保险经办机构审核。

（三）服务模式

目前，第三方医学检验机构服务模式主要有以下三种：对三级甲等医院的互助协同服务模式；对社区百姓的快速便捷服务模式；对城乡一体化检验的支持服务模式。

第三方医学检验机构纳入医保的措施和第三方医学实验室与社区合作共建的方式可以加强人才培养，提高社区的卫生服务水平，有助于政策的落地与第三方医学检验的推广。这一服务模式已经在广州、深圳、海南等地进行了成功实践。

（四）人才培养

专业人才培养质量水平在很大程度上制约着第三方检验机构的服务水平。2015年，教育部、国家发展和改革委员会、财政部发布了《关于引导部分地方普通本科高校向应用型转变的指导意见》，明确了适应经济发展新常态、人才供给与需求关系变化，培养用得上、信得过的应用型人才的发展方向。第三方医学检验机构可以与高校医学院建立校企合作。以第三方医学实验室运行较为成功的广东省为例，目前，广东省多家大型第三方医学检验机构已与南方医科大学第一临床医学院（南方医院）建立了良好的教学、科研合作机制，并成为检验系的教学实习单位。"医企联合"的培养模式打破了传统的培养模式，不仅有利于全面提高培训对象的综合素质和实践技能，而且有利于第三方医学实验室获得高素质、适用的专业人才，从而提升第三方医学实验室的人才培养效率。

（五）严格监督管理

纳入医疗保险制度后，严格和细致的监督监管是持续发挥第三方医学检验机构作用的重要保障。送检机构与承检机构签订的检验服务协议应报送检机构所在的地医疗保险经办机构备案，医疗保险经办机构认为该协议内容违反医疗保险相关法律、法规和政策的，不予备案。

严格规范标准认证的方式可以成都为例。目前承检机构首先应通过 ISO15189 标准认证，再与送检机构签订检验服务协议。送检机构不得与未通过 ISO15189 标准认证的承检机构签订检验服务协议。

此外，承检机构应当严格按照卫生行政部门的规定开展检验服务，在卫生行政部门许可的范围内接受送检机构的委托，严格执行国家有关医学检验质量管理的规定，建立健全试剂、耗材进销存及财务管理制度，积极配合人力资源和社会保障行政部门、卫生行政部门的监督稽核工作。

三、第三方医学检验纳入医保的实施建议

对第三方医学检验机构而言，首先应规范检验流程、加强质量控制，建立样本分析前、中、后三个环节的质量保证体系，从人员、仪器、试剂、方法、环境、样本、溯源等七个方面做好质量控制，同时做好室内质控和室间质评，把好质量监督关，定期进行质量改进。医学实验室之间应避免恶性的低价竞争，否则会导致检验质量降低，检验结果不可靠，贻误患者的诊治。为了保证检验结果的准确性，第三方医学检验机构需统一行业规范，进行质量监督，定期考核。同时，第三方医学检验机构要注重提升检验人员素质、优化检验人员结构。医学独立实验室的检验人员不仅检验技术要过硬，能为临床提供准确及时的检验报告，还要有能力为患者提供检验结果的解释。此外，第三方医学检验机构应充分提升信息化水平，充分利用网络技术，建立高效信息系统，使医院能与第三方检验机构实时对接，既能减少医院与检验机构对接时因手工录入而产生的错误，又可以使临床医生和患者更及时地了解检测结果，使医疗工作更加高效便捷。

第三方医学检验机构应主动融入分级诊疗和医联体的建设之中，打造区域检验医疗中心和区域临检中心协同医疗平台，重点以县域医共体为单位作为公立医疗服务体系的有益补充，提升基层检验检查能力，促进医疗卫生资源均衡化。

对行政部门而言，一是应加强统筹规划，积极引导第三方医学检验机构参与分级诊疗和医联体建设，通过整合优质医学检验资源，促进优质医学检验、诊断和临床在县域内深度融合。二是，行政部门应逐步完善独立实验室的准入标准，以更高的门槛和严格的验收制度作为规范独立实验室的方式，从而保障医疗服务的质量，避免医疗资源的重复配置。三是，行政部门应落

实监督职能，将独立实验室的日常质量控制纳入其监管范围之内，开展不定期现场抽检，发挥行业监督的作用。相关部门还要掌握独立实验室的质量运行情况，严格监督检查，从严惩处违规违法行为，确保检查检验质量，对不合格的实验室严格执行退出机制。

四、第三方医学检验纳入医保的预期成效

近年来，随着我国多种形式医联体建设的快速推进，医疗卫生服务体系重构，第三方医学实验室的服务模式也发生了一些变化。这些多元的服务模式包括区域集中送检，如青岛"医保+医检"的整合服务模式；以区域核心医院为龙头组建的区域检验专科医联体，如广州从化妇幼检验医联体等；第三方医学检验室与医联体牵头医院共建的区域检验中心，如河北省邢台市威县区域检验中心、四川省资阳市雁江区区域检验中心等；与三级医院互补协作共建的区域精准医学中心，如广东省清远人民医院精准医学中心；以及远程病理协作网为例的远程医疗协作模式等。

第三方医学检验纳入医保后，必将使其得到进一步推广普及，使基层医疗机构享有三级甲等医院同等水平的检验专业人员、先进的仪器设备和严格的质控标准，为完善供给不足的医疗服务提供有力支持，解决基层检验能力不足问题，打通"最后一公里"。

近几年，随着互联网的发展，第三方医学实验室也开展了 B2C 业务。将"互联网+"与第三方医学检验结合，必将进一步简化患者的就诊流程，缩短看诊时间，相较于传统检验体验将有显著提升。

面临突发公共卫生事件时，第三方医学检验机构可以迅速响应国家号召，配合政府调动和管理，在短时间内调动人员、物流、技术、产能等，配合医疗卫生系统积极科学地应对，控制、降低突发事件对公共卫生造成的冲击，为公众健康保驾护航。

未来，第三方医学检验纳入医保后，可以进一步发挥其应急储备资源的作用。作为医疗服务体系中重要的社会力量，第三方医学实验室在公共卫生体系中发挥应急储备资源的角色将逐渐凸显。

第七节 案例分析五："互联网+"医保服务中的规制缺陷和综合治理

随着我国医疗机构信息化、智能化快速发展，"互联网+医疗健康"也迎来快速发展。"互联网+"医保服务是"互联网+医疗健康"的关键点，更是形成"互联网+医疗+医药+医保"的"三医联动"中的关键一环。本节将梳理近几年与"互联网+"医保服务相关的国家政策，分析"互联网+"运用于医保领域的应用前景和潜在风险，并讨论综合治理办法。

一、"互联网+"医保服务的政策文件梳理

自 2018 年以来，我国密集出台了互联网诊疗领域的相关政策（见表 12-1），进一步优化线上医保服务，从互联网医院的准入、运营规则、支付标准和支付方式等方面，推动了"互联网+"医保服务的发展。

表 12-1 国家出台的"互联网+"医保服务相关的政策

时间	文件名称	主要内容
2018 年 4 月	《关于促进"互联网+医疗健康"发展的意见》	支持医疗卫生机构、符合条件的第三方机构搭建互联网信息平台，开展部分常见病、慢性病远程医疗；完善"互联网+医疗健康"支撑体系，跟进相关的政策和技术支撑
2018 年 7 月	《互联网诊疗管理办法（试行）》《互联网医院管理办法（试行）》《远程医疗管理服务规范（试行）》	明确了互联网诊疗的定义，对互联网诊疗活动的准入、执业规则、监督管理等方面做出了基本规定
2019 年 8 月	《关于完善"互联网+"医疗服务价格和医保支付政策的指导意见》	要求完善"互联网+"医疗服务价格项目管理，健全"互联网+"医疗服务价格形成机制，明确"互联网+"医疗服务的医保支付政策
2019 年 8 月	《中华人民共和国药品管理法》（2019 修订）	规定线上、线下药品销售标准相同，医药企业需遵循药品经营相关规定，做好药品追溯系统

续表

时间	文件名称	主要内容
2019 年 8 月	《促进健康产业高质量发展行动纲要（2019—2022 年）》	积极发展"互联网+药品流通"，支持在线开具处方的第三方配送药品，加快医药电商发展
2019 年 9 月	《医疗保障信息平台云计算平台规范》《医疗保障信息平台应用系统技术架构规范》《医疗保障信息平台用户界面规范》	指导和规范各地医疗保障信息化建设，建成全国统一、高效、兼容、便捷、安全的医疗保障信息平台

2019 年 9 月，《银川市医疗保险门诊大病互联网医院服务管理办法（试行）》出台，明确当地取得高血压、糖尿病等门诊大病待遇资格的参保人员，可自主选择一家互联网医院签约就医。患者在线上看病后，费用实时结算，只需支付本人应自付费用部分。此外，江苏、上海、浙江等多地也都已经将互联网医疗服务和诊疗项目纳入了医保支付。

二、"互联网+"医保服务的应用价值分析

（一）对传统医疗服务流程进行优化

线上医保支付系统与医保实名认证平台对接，可以简化门诊流程，实行网上预约挂号、缴费、查看检验检查报告，线上支付医保费用，丰富患者取药途径，为患者提供智慧门诊服务，从而优化患者的就医体验感。

（二）发展远程医疗，缓解医疗资源配置失衡

新医改提出的目标之一是"强基层"，而发展互联网医疗可以提升基层医疗机构服务水平。在有条件的贫困地区，将互联网诊疗服务纳入医保支付范围，可以让贫困地区群众不出远门也能享受到方便、便宜、放心的医疗服务。同时，"互联网+"医保服务利用信息化的功能完善了国家异地就医结算系统，简化了纸质审批的烦琐流程，为参保患者减轻了经济负担并节省了时间。

（三）有利于完善医保支付方式

随着全民医保时代的到来，各类云计算、互联网、大数据新技术在医疗保险业务领域中的应用将进一步促进医疗保险精准服务、精确管理和科学决策。以卫宁健康的"云险"业务为例，其参与国家医疗保障局信息化平台建设项目，承接基金运行与审计监管、多元支付方式管理监督和医保智能监控

等系统开发。发展"互联网+"医保服务时，可以利用大数据等信息技术获得患者就诊的碎片化信息，这有利于支持医保支付方式改革，支持医保药品、诊疗项目等项目的调整，也有利于医保项目定价和支付标准的制定，以及单病种、按疾病诊断相关分组等医保付费的科学测算。

三、"互联网+"医保服务运行规制存在的缺陷

"互联网+医保"的建设，有赖于"互联网+医疗"和"互联网+药学服务"的发展。但"互联网+"与医疗、医药和医保相结合是新兴产物，具有参与主体多、涉及领域广、隐私风险高等特点。因此，需要分析"互联网+"医保服务中政策、法律和监管存在的问题，以便后续进行完善。

（一）政策规定较笼统

互联网医疗产业的发展需要政策的支持，将互联网医疗纳入医保支付范围至关重要。现在相关政策较为宽松，允许将部分远程医疗纳入医保支付范围，且在探索放开首诊和预约分诊服务。但目前政策上缺少可操作的细节，不仅医保支付的实时结算需要政策的支持，还需要考虑将哪些互联网医药服务纳入医保范围并制定合理的支付标准和支付方式。

（二）法律规定不严密

我国针对医疗保险的全国性法律有《中华人民共和国社会保险法》，且对于"互联网+"医药方面也有相应的管理条例。但对于"互联网+"医保服务的法律体系总体较散乱，没有与互联网快速发展相适应的医疗保险管理法律体系，因此无法发挥医保制度对医疗服务的约束作用和激励作用。

"互联网+"医保服务与医药电商、电子处方流转外配等息息相关，由于法律法规存在滞后性，缺少关于电子处方的真实性、适应性和合理性的认定和相关权责界定，且在互联网电商平台是否可以宣传、出售处方药，是否可以销售医保目录外的药品问题上存在矛盾或不足，医保基金的监管缺少有力的法律依据。

另一个问题是医疗纠纷责任划分问题。因为"互联网+医疗"相关的法律法规还不完善，对互联网医药平台、医生、实体医疗机构、药店等主体责任不清晰，当发生医疗纠纷时，不利于保护患者权益。

因此，若发展"互联网+"医保服务而缺少完善的法律体系，可能会引发为伪造报销凭证、违规使用个人账户、过度检查和过度医疗等违法行为，不

利于保障患者的切身利益以及医保制度的可持续发展。

（三）监管体系不完善

关于"互联网+"医保服务的政策正在从机构准入、运营规则、技术标准等方面逐步完善。但医保监管难度较大，监管体系不完善，监管容易出现交叉缺失，监管方法没有创新，降低了医保基金监管的效率。

根据《互联网医院管理办法（试行）》的规定，互联网医院必须有实体医疗机构作为线下支撑，互联网医院所能开展的科室设置和诊疗科目也不得超出其依托的实体医疗机构的科目范围。但爆发式增长的互联网医药领域主体多且杂，提供的服务同质化严重。同时，从业人员的准入由第三方平台进行验证，而第三方平台在信息辨别真伪方面不具备公正特质，存在冒名顶替或职称不符等问题。

由于网络虚拟性、隐蔽性的特点，"互联网+"医保服务中容易出现混淆身份、滥用他人的医保基金，甚至借此牟利等问题，加大了对医保监管的难度。

此外，随着全民医保的实现，医保费用移动支付的需求日益凸显，但医保结算涉及医保、医院、药店、患者信息等多方系统对接，各平台对于医保患者的确认机制不完善，且存在数据壁垒。其中，电子处方的真实性、签名留样的可靠性认定困难，难以辨别医保使用者与医保持有者是否匹配。

四、"互联网+"医保服务运行中潜在的风险

（一）网络环境的安全隐患

在现如今的大数据背景下，全面应用信息技术提升医保服务监管效率与质量已成为对医保监管的基本要求。但在实际操作中，在监管措施不到位或网络环境安全意识不强的情况下，"互联网+医保"存在较大的隐私安全隐患，患者的身份注册信息和问诊记录等相关隐私数据可能会泄露。第三方平台的互联网医疗服务，存在利用患者的忽视或隐私意识不强等漏洞，保留了将患者信息单独用于其他用途的权利的问题。这些问题反映出"互联网+"模式下，患者隐私的安全性存在较为严重的风险。

（二）服务普及度有待提高

现行"互联网+"医保服务重点将常见病、慢性病纳入了医保范围，但需要互联网复诊、续方的人群多为老年人，且大部分中老年人群因知识水平有

限不会上网寻求医药服务。因此，通过网络信息平台传播医保信息，需要在形式上简洁明了，使广大参保人员看得懂、易操作，这更加需要医保信息管理的人性化、便捷化，提高推广人群的针对性、改善推广途径，提高慢性病医保服务的满意度。

五、"互联网+"医保服务综合治理对策

未来，"互联网+"医药服务可能成为常态，解决老年患者在常见病、慢性病复诊上的需求，给群众购药提供便利，并提供病情咨询、分诊分流的服务。因此，医保部门需要配合"互联网+"医药服务的发展，将"互联网+"医保服务科学、合理地融入"互联网+"医疗和医药中，形成有序的"三医联动"，构建"互联网+医保"的多主体协同监管模式。

（一）政府层面：完善"互联网+医保"的顶层设计

近年，部分省市积极探索医保线上支付，将远程医疗服务"临时"纳入医保。而线上、线下的医疗需求具有差异性，需要明确互联网医疗服务的必要性，论证其可行性。

首先，要总结各地、各省市提供的网上问诊、就诊和复诊服务项目的经验，规范可纳入医保的互联网医疗服务经营范围、医疗行为等，为"互联网+"医疗的分诊和预约机制奠定基础。

其次，规范互联网医疗服务定价和医保支付，推动医保支付方式改革。医保部门作为支付方，在放开互联网医保后将迎来医保基金支付大幅增长的局面，需要协调医保在线支付所涉及的多方和不同地区的报销比例。例如，银川市互联网医疗职工报销75%、城乡居民分档报销；福建省将远程会诊30%收费标准纳入医保支付范围，并设定了价格上限；天津市则规定了医保报销定额。因此，价格主管部门应根据医疗系统的复杂性，规范互联网项目、收费标准、医保报销比例和实现途径等，创新定价机制，平衡好医疗机构诉求和医保基金承受能力，尽量缩小矛盾。

最后，完善"互联网+"医保服务监管法律体系也刻不容缓。我国医疗保险制度在监管方面存在很大的困难，需要针对医保完善法律体系来提高医保基金的安全性和监管的规范性，引导互联网医疗行业的良性发展。因此，政府需要将医保管理法与药品管理法和医药电商管理结合、跟进，发挥"智慧医保"的约束和激励作用。一方面，要规范上述不同组织形式的互联网医药

服务平台和医药电商，依法规定其准入资质、经营范围和权责边界，并规范宣传处方药的信息和广告，完善诊疗过程和销售处方药的追溯机制；另一方面，为了加强医保基金监管和打击骗保行为，应当加大对骗保行为的惩罚力度，对患者、医院和药店都严格建立与管理服务绩效挂钩的激励约束机制。

（二）监管层面：完善"互联网+"医保服务监管体系

第一，完善联合监管体系。监管部门应以国家医疗保障局的成立为契机完善医保监管体系建设，逐渐统一各地区之间的医保制度，建立并完善部门间相互配合、协同监管的综合监管机制，提高医保基金监管效能。一是按照联合监管的需求和医保监管的特点，明确监管部门的职能和职责，建立和完善绩效考核和责任追究机制，保障相关部门履职尽责。二是加强部门间信息共享和互联互通，建立联合监管、协同执法工作机制，及时沟通情况。三是创新监督管理机制，不仅在于规范各种监督检查项目和对象，更重要的是机制创新，使各种检查方式相互补充、相互促进。

第二，运用信息技术，加强全程监管。2019年，国家医疗保障局选取32个地区作为医保智能监控示范点。未来应吸取试点工作中的经验和教训，重点利用大数据等技术创新医保基金监管手段，从以往被动监管、事后监管向主动监管、事前监管转变，确保基金的稳健运行。

（三）责任主体层面：明确各主体职责

医疗机构应当根据"互联网+医疗"的需要来设立相关的医疗质量管理部门、药学服务部门和医药信息技术部门等部门参与到线上医疗的管理全过程，提升线上医疗的准确性，加强电子处方流转管理和药品管理等。医疗机构还应加强线上诊疗的处方医生和执业药师的培训、资质审查和监管，规范医师开具处方行为，加强处方合法性、规范性和适宜性的审核，对电子处方的流转和外配实施线上、线下一致管理，限定电子处方的范围和有效期，并且规范处方保存。

对于技术平台，一是加强平台信息技术，与不同层次的医疗机构合作，整合优质的医疗资源。二是完善平台的技术建设，将互联网医院平台与医疗机构系统、社会药店系统、当地医保部门、当地药品监督管理部门实现信息对接，使各方能准确分享数据。三是完善全流程可追溯机制，在患者准入、医师诊疗、开方、审方、调配药品、医保支付、配送药品等互联网诊疗的全流程采取电子签名等留痕方式，保障各方权益和医保支付安全。四是提高患者体验感，针对不同的服务人群设计"互联网+医疗+医药+医保"平台，尤其要提高老年患者复诊、续方的可及性。例如，山东省互联网医保大健康服务平台特别开通了人工客服热线，拨打热线电话就能获得复诊购药、医保统筹账户和个账在线实时结算的服务，自付部分由配送员上门收取。

定点药店要确保药品供应和药品质量，所购入药品应在采购、储存、销售、运输等环节采取有效的质量控制措施，建立药品追溯系统，避免医药纠纷。同时应以患者为中心提供药学服务，按相关要求为患者调配、核对处方，发放正确的药品，并且提供用药指导、健康咨询等优化服务。

（四）社会层面：共同监管，助力行业发展

互联网与医保服务相结合是对智慧服务医保参保人员的探索，需要健全公众参与机制。一是鼓励公众参与"互联网+"医保服务监管，实现参保人员与医保监管部门、经办机构实时互动。参保群众可以及时了解医保政策、业务办理和宣传咨讯，依法依规行使权利，从而使医保监管部门和经办机构可以及时解决问题。二是邀请专家学者、医疗服务提供方、医生、参保患者等多主体开展听证会，将"互联网+"医保服务的便利落到实处，提高互联网诊疗的可及性、可操作性，提高医保支付效率和就医体验。三是加大资金、人才的投入，促进"互联网+医疗+医药+医保"模式的建立和完善，满足群众多元化的医药服务需求，从而提高患者对"互联网+医疗健康"的满意度，使其符合时代发展趋势。

第八节　案例分析六：职业陪诊服务缓解就医难题

随着人口老龄化不断加剧和独居青年数量的不断上升，职业陪诊行业正悄然兴起。职业陪诊行业在患者、家庭、医院、社会层面发挥着积极作用，但是仍然存在从业人员准入门槛低、主体权责边界不明、市场不规范和信息不对称等诸多问题。对此，政府应当加强职业陪诊行业规范，畅通消费者投诉举报渠道，推动形成行业自治，实现职业陪诊行业的综合治理。

未来，随着"互联网+医疗"的不断发展，智慧医疗、网络就诊、居家就诊等形式将大大减轻公民就诊的难度，以简单"跑腿"作为主要业务的职业陪诊服务也将顺应时代而面临转型的挑战。

一、职业陪诊解决就医需求

职业陪诊就是陪同患者前往医院就诊，提供诊疗向导、代替排队、领取药品、陪伴交流以及交通就餐等相关服务的职业。其主要客户是独立就医困难的患者，包括老年人、孕妇、残障人士以及独居人士等，其中老年人占六成以上。数据显示，过去一年有 2.6 万人在淘宝搜索"陪诊"相关关键词，淘宝、京东等电商平台上提供陪诊服务的店铺超过 500 家，部分店铺月销量多达上千单，市场上还出现了专门提供陪诊服务的网络平台。

悄然兴起的职业陪诊行业在患者、家庭、医院、社会各个方面发挥作用。

在患者方面，职业陪诊能满足其提高问诊效率、简化手续、缓解孤独等需求。目前我国有大量的独居人士，民政部数据显示，截至 2018 年，我国单身成年人口达 2.4 亿人，其中超过 7700 万成年人处于独居状态，预计该数据仍会持续上升。独居人士在生病就医时因缺乏陪护而面临各种难题，此时职业陪诊就能为其提供极大便利。一名陪诊人员表示，在其经手的针对年轻人的陪诊业务中，最多的是做胃镜。这些年轻人只身在外，一方面不愿意麻烦朋友陪护，另一方面也不希望家人知晓担心，因此在需要打麻醉或者必须有人陪同的情况下，花钱请陪诊是最佳选择。此外，人们在患病时最容易产生孤独感，而职业陪诊可以通过陪护和交流填补这种孤独。在异地就诊的情况中，职业陪诊的优势更为突出。患者为追求更佳的治疗手段涌向一线城市的大医院，对于新的就诊环境完全陌生，而异地陪诊服务可以帮助患者高效完成挂号、缴费、取药、手术等流程，避免耽误最佳诊疗时机，减轻治疗费用、住宿成本等各方面的经济负担。

在家庭方面，职业陪诊可以充分协调家庭成员的时间。随着我国老龄人口的逐年增多和医疗系统智能化技术的广泛使用，老年人就诊愈发困难。第七次人口普查结果显示，我国 60 岁及以上人口超 2.64 亿，占总人口 18.7%，与第六次人口普查结果相比上升 5.44%。同时，医院科室分类不断细致化，挂号、缴费等程序逐步网络化，老年人在就医时通常需要他人全程解释和协助。在老人的子女或其他家人工作繁忙或难以脱身时，职业陪诊可解燃眉之急。此外，如果家庭中有孕妇等行动不便又时常赴医的成员，他们对于职业陪诊服务也有较大需求。

在医院方面，职业陪诊可以在一定程度上提高诊治效率和服务质量。部分陪诊人员曾任医院护士、保险公司理赔员等职务，对于医疗领域比较熟悉，可以成为医院和患者之间沟通的桥梁。比如，陪诊人员可更具针对性地了解患者的情况，在问诊时帮助其准确描述，提醒患者用药时间和注意事项，及时提醒患者复诊，不仅让患者省力省心，也让医生能高效问诊。职业陪诊还可引导患者到正规医疗机构就诊，降低患者被欺骗的风险，并能识别不当医疗，通过监督等方式提高医疗服务质量、推动医疗行业发展。

在社会方面，职业陪诊有利于缓和医患关系，营造和谐社会氛围。等待时间长、与医生交流障碍、误解医生态度等是形成医患矛盾最常见的原因，而职业陪诊可以替代患者排队，处理费时费力的烦琐之事，同时帮助患者理解医生，缓和医患矛盾，客观上起到了降低医患矛盾发生率、维护社会稳定的作用。

二、职业陪诊存在隐患

我国职业陪诊行业正处于萌芽状态，仍然存在诸多隐患。

第一，职业陪诊从业人员准入门槛低。当前陪诊机构平台大概可以分为两种运营模式。第一种是公司招聘陪诊人员，统一培训、分配工作、发放酬劳。此种规范的内部规章和人员招聘流程为服务质量提供了一定的保障。第二种是类似外卖平台的"O2O模式"，即开放平台供陪诊人员注册，在该平台上自主接单。该模式下，陪诊人员无论是否具备相关职业技能，只需在平台注册就能够从事职业陪诊，而且大部分是兼职陪诊，不能真正提供就医便利，反而可能加重患者负担。

第二，职业陪诊主体权责边界不明。我国法律中尚无针对职业陪诊的专门规定，实践中亦未形成成熟的行业惯例，在患者和职业陪诊人不签订书面合同或仅成立格式合同的情况下，患者、职业陪诊员和医院之间权利义务划分并不明确。比如，患者在就诊过程中受到损害，可能因为难以分辨是医院诊疗失误还是职业陪诊员传达失误，导致维权难度加大。再如，患者面临信息泄露风险。在接受陪诊服务时，患者需将身份证件、就诊信息、联系方式、住址等个人信息告知服务提供者，职业陪诊员若不受保密条款的约束，极有可能泄漏患者信息，甚至通过售卖隐私信息谋取非法利益，从而对患者私人生活造成侵扰。

第三，职业陪诊市场不规范、信息不对称。当前，家政服务公司、陪诊

App、二手平台、社交 App、网购平台等多渠道皆可订购陪诊服务，虽内容相似，但服务的价格相差巨大，有的低至 50 元，有的却高达 600 元。服务价格一般根据诊疗的难易程度和时间长短进行调整，相较于时间的清楚界定，"难易程度"却难以量化，全由服务提供方开价，消费者再与其协商。可见，定价权完全掌握在运营者手中。大平台可以利用自己的强势地位进行恶性竞争，控制服务价格，让消费者处于劣势地位。此外，各平台无须相关资格证书即可经营，管理标准不一，行业规范阙如。

三、职业陪诊乱象的治理对策

职业陪诊行业关系到患者的生命权、健康权、隐私权等关键权益，亟需规范治理以保障公民的合法权益。

第一，加强职业陪诊行业规范。其一，构建职业陪诊企业认证与资质管理机制，明确行政监管主体，着重从职业技能培训、服务收费标准、服务质量标准等方面进行规范。比如设立专业培训机构，规定相关职业考试，要求从业人员具有医药、急救等方面的专业技能，强化从业人员的道德观念。其二，设立一定的准入门槛，对从业者的教育水平、职业经历作出规定。对此可以借鉴韩国经验，其首都首尔"一人户"的比例高达 34.9%，首尔便推出"安心就医"服务，市民就医前可以通过电话申请，在办理挂号、缴费、住院和出院等手续时享受专业陪同服务。其三，提供服务的人员需要经过专门机构的筛选和审核，通过人员专业性的保障促进陪诊行业的有序发展。

第二，畅通消费者投诉举报渠道。市场监管部门已经将原来各领域的消费者维权平台整合为全国 12315 平台，通过 PC 端、移动端、微信小程序、支付宝小程序等入口提供"7×24 小时"服务，消费者可以通过该平台随时随地提出投诉举报。提供职业陪诊服务属于经营行为，应当完善陪诊行业的投诉流程，引导和鼓励患者在其合法权益受到侵害后，通过消费者维权平台进行投诉举报，维护自身合法权益，净化行业生态环境，提高职业陪诊平台的服务质量。

第三，推动形成行业自治。加强行业自治不仅能减少政府行政监管的压力，也能减少职业陪诊与医疗机构之间的摩擦，通过市场发展、政策引导"两只手"推动职业陪诊行业良性发展。行业协会应当充分发挥自身的积极作用，通过出台人员任职标准、陪诊标准等相关规范，维护市场竞争秩序，鼓励职业陪诊平台加强规范、不断创新。对此可以借鉴日本养老介护服务的经验。目前日本三大养老公司贝内斯控股、日医学馆、损保控股争相在服务标准、员工水平以及硬件设备上不断升级，同时通过合理的价格吸引顾客。三家公司的良性竞争逐渐形成了日本高水准的介护行业，提供了优质的陪诊服务以及其他周到的养护服务。同时，应鼓励职业陪诊员主动提高自身职业、道德水平，加强对于患者隐私的保密意识，积极学习相关的医疗知识，深入了解医院的科室结构和就诊流程，真正成为患者和医生之间的沟通桥梁。

第四，多举措缓解就医难问题。职业陪诊乱象高发于医疗资源紧张的地区，患者在无法通过正常渠道获得医疗救助时病急乱投医，让缺乏专业能力甚至意图非法牟利的职业陪诊人有空可钻。因此，如果能进一步改善就医难的现状，职业陪诊乱象即可得到一定程度的缓解。"十四五"规划提出优质医疗资源扩容，解决优质医疗资源不均、异地就医难题，同时强化基层公共卫生体系。在地方的"十四五"规划中，北京、福建、贵州等地提出了远程医疗、"互联网+医疗健康"等措施，以解决就医"最后一公里"的问题。政府应当加快完善公共服务体系，尤其是完善老年医疗护理服务体系，加强对不法诊疗行为和不规范医疗平台的监管和整治。同时，政府还应鼓励医院通过提供上门就诊、实现患者分流、增加职业人员数量、提高行政管理效率、提供网络就诊等方式提高自身的医疗服务能力。

第十三章
新政策下社会资本自主发展之路：
投资新建新型医疗健康类机构

第一节　投资新建第三方医学检验中心

在国家的支持和推动下，我国第三方医学检验中心正在迅速发展。第三方医学检验中心与医院建立业务合作，集中收集并检测合作医院采集的样本，检验后将检验结果送至医院，并应用于临床。我国第三方医学检验中心虽然起步较晚，但由于市场需求和技术发展，很多不具有检验能力的医院不得不将一些检验项目外包，从而推动了第三方医学检验行业的快速发展。自 2017 年以来，全国医学检验和病理诊断独立实验室数量迅猛增加。目前，我国第三方检验市场已呈现蓬勃发展的态势。

一、第三方医学检验需求端难题

我国基层临床服务能力，特别是医学检验能力并不乐观，目前分级诊疗制度和医联体的建设在基层医院面临很多挑战。

（一）病理人才缺口大

据国家卫生健康委员会的统计数据，全国有执照的病理医生近 100 000 人，全国平均每百张病床病理医师数为 0.52 人。按照每 100 张病床配备 1—2 名病理医师计算，缺口高达 9 万人。

此外，我国病理医师资源分布不均。全国执业病理医师 70% 集中在城市的公立二、三级医疗机构，高水平病理医师集中在大城市、大型医疗机构，在县、乡镇等基层地区病理医师十分缺乏，并且检验科还存在检验人员业务素质偏低的现象，如检验人员标本采集安全意识不强、生物安全意识薄弱等。

（二）基层医院诊断质量低

在诊断质量方面，城乡之间、不同地区之间的病理诊断质量与水平存在很大差异，优质资源集中于大、中城市，县、乡镇及农村等基层医疗资源明显不足，并且区域检验资源不能共享。有数据显示，县级医院疑难病例初诊符合率只有26%。

（三）基层综合资源无法匹配新要求

病理技术的发展及临床诊疗水平的提升，对病理综合服务能力提出越来越高的要求，如快速冰冻、疑难会诊、免疫组化、分子病理等。

此外，原国家卫生和计划生育委员会办公厅在2016年发布《关于印发县医院医疗服务能力基本标准和推荐标准的通知》，标志着县医院医疗服务能力基本要求的提高。该通知明确了县医院的诊疗服务功能定位，对临床诸多疾病（如血液病等）的诊断和治疗能力提出了标准要求。

然而，对于这些高要求，很多基层医院目前是无法满足的。基层医院想满足这些要求，不仅需要投入大量的资金和人力，而且能力重复、建设效益低下，使用共享的方式则可用最小的成本实现效益的最大化。

二、第三方医学检验四大作用

我国基层临床服务中存在病理人才缺乏、区域医疗资源分布不均、基层医院诊断质量不足以及综合服务能力不足等问题，给分级诊疗制度和医联体在基层医院的建设造成了困难，而第三方医学检验中心为这些困难的解决提供了一种出路。

第三方医学检验中心对于县、乡镇等基层医院面临的人才缺乏和资源、能力有限等问题的解决起到一定的作用，更重要的是，其每年可为医保省下超百亿元费用。

（一）实现县域内医疗资源共享

第三方医学检验中心能够助力区域检验中心的建立和发展。

比如四川省资阳市雁江区区域医学检验中心的成立，将区域内4个社区卫生服务中心、8个中心卫生院、12个乡镇卫生院联合在一起，实现了区域内医疗资源的共享，促进了医疗卫生资源均衡化，助力优质高效医疗卫生服务体系的建立。

（二）提升县域医疗机构服务能力

2018 年，国家卫生健康委员会、国家中医药管理局发布《关于进一步改革完善医疗机构、医师审批工作的通知》，阐述了县医院能力建设与第三方医学检验的关系，即在保障质量前提下，允许医疗机构委托第三方提供检验和病理诊断服务，可用协议作为诊疗科目的登记依据。

借助第三方医学检验中心的医疗资源（如远程病理协作网、国内外顶级专家和疾病联盟资源等），能提升县域医疗机构的检验能力、病理诊断能力，同时也能助力县域专科建设达标，助力疾病筛查在公共卫生领域的发展等。

（三）推进分级诊疗，实现大病不出县

提高基层医疗机构的检验能力对于推进分级诊疗有着非常重要的作用，而第三方医学检验中心的建设是目前帮助基层医疗机构提升检验能力最为便捷的方法。

（四）降低成本

根据原国家卫生和计划生育委员会卫生发展研究中心在 2018 年发布的我国第三方医学实验室效果评估及经验总结项目报告，第三方医学检验在降低成本方面有着明显的优势。据测算，其每年可为医保省下超百亿元的花费。

三、第三方医学检验政策支持升级

2012 年，国务院办公厅发布《关于县级公立医院综合改革试点的意见》，标志着我国开始探索建立第三方医学检验实验室。2015 年，国务院办公厅发布《关于推进分级诊疗制度建设的指导意见》，进一步鼓励探索设置独立的区域医学检验机构、病理诊断机构等。2017 年，国务院办公厅发布《关于推进医疗联合体建设和发展的指导意见》，继续鼓励医联体内建立医学检查检验中心。2019 年 1 月，全国医疗管理工作会议确定，在 2019 年建设 100 个城市医疗集团和 500 个县域医疗共同体试点。我国的第三方医学检验行业进入快速发展的阶段。

四、小结

新建第三方医学检验中心对于基层临床服务能力的提升有着重大意义。随着国家对分级诊疗制度建设、医联体建设等的推进，支持发展专业的第三方医学检验愈发重要。第三方医学检验中心的发展也是对我国《关于推进分级诊疗制度建设的指导意见》和《关于推进医疗联合体建设和发展的指导意见》等政策的积极响应。

第二节　投资新建健康体检中心

随着经济的发展、生活水平的提高，人们更加关注对自身健康情况的提前判断，"有病早治、无病预防"的健康理念逐渐深入人心。据统计，2014年，我国健康体检行业市场交易规模达到 749 亿元，市场容量达 4.02 亿人次。从 2009 年到 2014 年，市场交易规模年复合增长率超过 20%，其中高端消费市场以每年 30% 的速度递增。

一、健康体检行业市场规模

2002 年，国内第一家专业体检机构成立，此后健康体检发展迅速，越来越多的专业体检机构在国内大、中城市迅速建立。有数据显示，我国健康管理（体检）机构每年以 25% 的速度增长，2005 年为 2000 余家，2009 年达到近 7000 家，2011 年发展到 8000 多家，市场发展前景广阔。国内知名私立体检机构有爱康国宾、国药阳光、美年大健康、瑞慈体检等。

目前国内的体检市场主要有四个主体，分别为医院、疗养院、门诊部和健康体检中心。在很多医疗机构中，健康体检中心是创收重点和新的经济增长点。

未来，我国健康体检服务仍有巨大的市场潜力，约有一半参与体检的消费者存在进行细分领域体检的需求，而这也将成为民营机构争夺的下一个新蓝海。

与公立三级甲等医院相比，健康体检中心可在专业和深度上有所作为，因为目前体检中心普通体检和特需高端深度体检都不是三级甲等医院的业务重点。

二、健康体检行业投资火热

从 2009 年开始，国家陆续下发多个支持性政策文件，各地也出台了鼓励支持投资新建健康体检中心的政策。健康体检产业具有"低竞争、低风险、高利润、稳发展"的特点，获得了越来越多投资机构的青睐，近年业内扩张、兼并趋势明显。2004 年 10 月，鼎晖国际投资控股有限公司投资慈铭体检；2011 年 7 月，浙江迪升投资有限公司以 1 亿元的金额投资北京现代阳光健康科技有限公司；2012 年，中国医药集团投资北京现代阳光健康科技有限公司，并成立国药阳光健康科技集团；2013 年 9 月，美年大健康获得了中国平安保险、凯雷投资集团、凯辉中法基金三家联合战略投资 3 亿元；2014 年 11 月，美年大健康以 36 亿元的价格直接收购了当时行业排名在其前一位的慈铭体检；2015 年，爱康国宾加快布局全国二、三线市场，包括红鬃马等多家体检中心均加盟爱康国宾；2016 年 7 月，美年大健康收购了境外公司新新健康 100% 股权，间接控股了京、沪两地的美兆体检。

三、专业体检行业四大竞争格局

目前，专业体检行业主要有以下四个竞争特点。

一是专业体检机构已经从"单点业态模式"演变为"连锁业态模式"，从"区域性竞争"演变为"跨区域竞争"。美年大健康、爱康国宾等机构均在全国范围内布局，爱康国宾积极抢占二、三线城市市场的态度已经十分明确。

二是专业体检机构的竞争模式已经从初期的"价格竞争"逐步过渡到"品牌竞争"。消费者开始关注体检质量而不仅是价格。具有市场先发优势、规模优势、注重体检质量的专业体检机构的市场竞争力和品牌优势明显增强。

三是专业体检机构主要以常规体检为主（占业务收入 85%），辅之以疾病筛查服务（占业务收入 8%）和其他增值服务（占业务收入 7%）。

四是社会资本投资新建健康体检中心竞争的主要对手是公立医疗机构。体检市场的主要业务仍在公立医疗机构，第三方体检中心的市场份额十分有限。

四、行业短板发展空间

（一）吸纳专业人才

医学专业人才是医疗服务行业的核心资源，是专业体检机构的核心竞争力。我国优秀的医学专业人才主要集中在大型医院和科研院所，如何提供有竞争力的条件吸引优秀人才，是进入健康体检行业首要考虑的问题。

（二）提升管理水平

健康体检行业主要采用连锁化经营以实现快速发展，这就要求企业具备较高的管理能力，要在发展实践中结合自身管理经营特点，建立适合自身发展的管理模式。

因此，社会资本方在投资新建健康体检中心时，要充分考虑管理经营中可能遇到的问题，并应当为探索管理模式所需投入的时间和经济成本做好相应的准备。

（三）持续资金投入

健康体检行业对资金需求较高。以新设一家 1500 平方米左右的体检中心测算，设备、器材、场所方面的资金投入大约需要 1500 万元。在运营过程中，人才积累、体检管理系统建设、市场培育和品牌创建等方面也需要持续的资金投入。这就要求健康体检行业的新进入者在资金方面具有较强的实力。

（四）制定专业标准

目前，我国健康体检方案存在专业性不够、性价比不高，体检诊断和建议模糊，体检结果不准确，随之产生延误诊疗以及医疗过度的问题，同时也存在临床医疗不认同体检项目检查，以及放射性检查较为随意等问题。

因此，必须制定专业的体检标准，提高体检行业的专业性和规范性。

五、国家相关支持性政策

表 13-1　国家支持新建健康体检中心相关政策文件

时间	政策性文件	主要内容
2009 年	《关于深化医药卫生体制改革的意见》	提出我国医疗体系要注重"预防、治疗、康复"三者相结合
2013 年	《关于促进健康服务业发展的若干意见》	到 2020 年，我国基本建立覆盖全生命周期的健康服务业体系，包括健康体检、咨询管理和体质测定在内的多样化健康服务得到较大发展
2017 年	《关于深化"放管服"改革激发医疗领域投资活力的通知》	国家卫生和计划生育委员会〔1〕将再制定独立设置的健康体检中心等机构的基本标准及管理规范，拓展社会投资领域

六、小结

健康体检中心发展的主流仍然是重资产经营模式，其积累的海量用户大数据还未被充分开发利用，如这些大数据能够变现，与医疗行业、制药行业、保健品行业以及养老行业真正融为一体，其产生的价值要远比现在所收的体检费用大得多。

---

〔1〕 现已改为国家卫生健康委员会。

随着健康体检市场的发展，现有的专业体检机构格局将被打破，专业健康体检市场将会横向整合、重新洗牌，从而形成真正意义上具有网络优势的龙头企业。同时，成熟的专业体检机构将会进一步开发客户资源，提供更加多样化和差异化的服务，向更深入的健康管理、增值服务等领域全方位发展。

虽然国家及地方层面就发展健康体检中心发布了鼓励政策，但各地落实情况不一，配套措施的着力点也不尽相同。因此，在制定具体的投资策略时，应当对当地的政策进行针对性研究。

同时，健康体检产业还应与基础医疗服务结合，甚至整合基础医疗服务。因为目前国内只有不到10%的体检服务由民营机构提供，大部分体检服务由医疗服务机构，尤其是基层医疗机构提供，国家在鼓励社会资本投资健康体检中心的同时，也在大力推动基础医疗服务和基层医疗机构的发展，而基础医疗的崛起可能会改变目前健康体检中心的运营模式。

此外，健康体检产业还应考虑与保险公司合作，通过优质的体检服务，赢得与健康险合作的机会，通过健康保险获得更多顾客来源。

第三节　投资新建医学影像中心

由于市场中存在大量未满足的需求，加上政策的大力支持，社会资本得以把握机会涌入医学影像检查领域。近几年来独立（第三方）医学影像领域大热，吸引了诸多投资者。那么，医学影像行业有哪些特点呢？社会资本又应从哪些角度切入呢？

一、第三方医学影像"蛋糕"有多大

（一）未满足的需求巨大

我国医学影像检查目前存在诸多弊端：基层医院开展医学影像检查项目少、检查能力有限、医师资源不足、标准不统一、结果不能互认，无法满足患者的需求；大型公立医院虽然设备先进、医师资源丰富，但存在人满为患、患者排队时间过长等问题。

大量未满足需求的患者会从基层医院流出，而大型公立医院的服务也无法满足部分患者的高端体检需求。这样的现状给了社会资本投资新建第三方医学影像中心发展机会。

国金证券报告显示，目前国内医学影像检查市场规模为 2000 多亿元，省会城市的医学影像中心规模为 250 亿元—300 亿元，县级市的医学影像中心规模为 300 多亿元。第三方医学影像市场规模预测为 500 亿元，且在稳步增长中，市场前景广阔。

美国的第三方医学影像市场的发展，对评估我国医学影像市场前景具有一定的参考意义。根据弗若斯特沙利文咨询公司披露的数据，2009—2015 年，美国医疗影像诊断市场从 46.6 亿美元扩张到 87.1 亿美元，几近翻倍。其中 60% 的市场贡献来自医疗机构，剩余 40% 的市场贡献来自第三方独立影像中心。

（二）政策红利持续发放

国家和地方政府相关政策的出台，为社会资本挖掘独立影像中心市场提供了新的契机。

自 2013 年起，国家出台多项鼓励、支持第三方医学影像诊断中心的相关政策，旨在通过成立独立影像中心，实现区域内资源共享，避免重复建设的浪费。同时，成立独立影像中心能够实现医疗专家远程会诊，推进实行分级医疗，以缓解大医院"看病难"的现状。

国家出台一系列政策鼓励和支持独立医学影像诊断中心（表 13-2）。这些政策不仅为医学影像诊断中心的发展开辟了新的路径，也为社会资本投资新建独立医学影像诊断中心提供了政策依据。2016 年国家卫生和计划生育委员会发布的《医学影像诊断中心基本标准（试行）》和《医学影像诊断中心管理规范（试行）》更是明确了监管的标准，为社会资本方制定和落实具体投资方案提供了依据。

表 13-2　第三方影像中心相关的国家政策文件

时间	政策文件	主要内容
2013	《关于促进健康服务业发展的若干意见》	大力发展第三方服务，引导发展专业的医学检验中心和影像中心
2015	《关于积极推进"互联网+"行动的指导意见》	支持第三方机构构建医学影像、健康档案、检验报告、电子病历等医疗信息共享服务平台
2015	《关于推进分级诊疗制度建设的指导意见》	探索设置独立的区域医学检验机构、病理诊断机构、医学影像检查机构、消毒供应机构和血液净化机构

续表

时间	政策文件	主要内容
2015	《全国医疗卫生服务体系规划纲要（2015—2020 年）》	支持发展专业的医学检验机构和影像机构，逐步建立大型设备共用、共享、共管机制，建立区域医学影像中心
2015	《关于促进社会办医加快发展的若干政策措施》	鼓励公立医疗机构与社会办医疗机构开展合作，实现医学影像、医学检验等结果互认和医疗机构消毒供应中心（室）等资源共享
2016	《医疗机构设置规划指导原则（2016—2020 年）》	探索设置独立的区域医学检验机构、病理诊断机构、医学影像检查机构、消毒供应机构和血液净化机构，逐步实现区域医疗资源共享
2016	《医学影像诊断中心基本标准和管理规范（试行）》	明确医学影像诊断中心对推进分级诊疗的重要作用；制定医学诊断中心基本标准和管理规范；鼓励医学影像诊断中心集团化、连锁化发展
2016	《"健康中国 2030"规划纲要》	引导发展专业的医学检验中心、医疗影像中心、病理诊断中心和血液透析中心等
2017	《关于支持社会力量提供多层次多样化医疗服务的意见》	支持社会力量举办独立设置的医学检验、病理诊断、医学影像、消毒供应、血液净化、安宁疗护等专业机构，面向区域提供相关服务

随着国家政策的出台，鼓励发展独立影像中心的政策在一些地方也得到了落实。

从政策性文件可以看出，多地在支持、鼓励发展区域性医学影像中心的同时，也积极推广"基层医疗卫生机构检查、医院诊断"的服务模式。由此可见，发展区域性医学影像中心与提高基层医疗机构医学影像和检查检验服务能力并不矛盾。

二、社会资本如何介入

（一）三类现有医学影像经营模式

目前区域医学影像中心联合模式主要有以下三类。

第一类是"医联体"影像中心模式。其针对省、市、区（县）各个不同的行政区域，建设符合各地区的"医联体"影像中心，形成"省—市—区

（县）"一体化影像中心网络。这种模式以层层递进的方式共享省、市医疗诊断资源。虽然这不属于独立第三方影像中心，但是其庞大的联合一旦完成对接，将会对整个医疗影像行业产生影响。

第二类是"集团医院"影像中心模式。其是以提高医院医疗资源利用率和经济效益、提高核心竞争力为导向，以发展集团医院高端医疗影像设备服务为契机，针对公立、私立和学校等不同类型的集团医院打造的。这类联合模式与"医联体"极为类似，规模也很大，不过不是以不同级别的行政区域划分，而是以医院集团核心与分支划分。

第三类是"第三方独立"影像中心模式。其引入第三方投资商，整合各方专家资源，构建对外运营服务的第三方独立影像中心，各医疗机构、健康服务机构等按需购买服务，从而提高影像诊断水平。第三方运营商的引入会使医疗影像行业更具活力，各类医疗机构可轻装上阵，按需购买服务，灵活调整发展战略。

（二）避开短板，差异化定位

第三方医学影像中心的投入主要包括固定资产投资（影像设备、信息化系统等）、医用耗材（包括每年设备检修费用）、场地租赁、人力成本等。国金证券以一个普通县级市（人口50万）为例预测单个第三方医学影像中心的成本及收入：假设第三方医学影像诊断的市场规模与人口成正比，50万人口的县级市第三方医学影像诊断的市场规模约为1200万元，预计单个医学影像中心每年利润约为500万元。

巨大的机会吸引着各路资本纷纷涌入，近几年诸多资本方相继在独立影像中心领域投资（见表13-3）。

表13-3　近年社会资本投资第三方影像中心的项目

时间	公司（合作公司）	第三方医学影像进展
2013年	中国泰和诚医疗集团有限公司和通用电气（GE）	在上海新虹桥国际医学中心建立独立的医学影像中心
2014年10月	一脉阳光	已完成21家医学影像中心建设（包括自建、共建、托管）

续表

时间	公司（合作公司）	第三方医学影像进展
2015 年 6 月	广宇集团股份有限公司和上海世正医疗科技集团股份有限公司	设立杭州德康医学影像诊断中心，定位于高端影像检查服务
2016 年 3 月	华润万东医疗装备股份有限公司和阿里健康科技（北京）有限公司	未来将提供影像读片分析服务，开展 2B、2C 远程医学影像诊断及相关服务，构建医学影像大平台
2016 年 7 月	深圳市尚荣医疗股份有限公司和上海联影医疗科技有限公司	双方将共建医学影像诊断中心及医院影像中心
2016 年 10 月	恒康医疗集团股份有限公司	收购 PRP70% 股权，共同发展澳大利亚医疗影像业务
2016 年 12 月	美年大健康产业控股股份有限公司和西门子医疗系统有限公司	将在上海设立医学影像中心
2017 年	中国平安保险（集团）股份有限公司	成立了平安好医重庆医学影像中心
2017 年	上海全景医学影像科技股份有限公司和广宇集团股份有限公司	成立了杭州全景医学影像诊断中心
2018 年	沈阳开普医疗影像技术有限公司	新建了 10 个医学影像中心
2018 年	一脉阳光	发力影像中心建设和市场的开发

然而，目前社会资本投资新建独立影像中心要面对以下几个短板。

1. 模式不确定

无论是重资产模式还是轻资产模式，发展独立影像中心都需要充分利用互联网云端服务功能。而云行业刚刚兴起，相关公司的模式正在拓展当中，模式和结果具有不确定性。

2. 人才招聘难

影像医师和技师仍然存在心理上的惰性，短期内重资产医学影像中心的人才供给和学科发展受到限制。人力资源是目前医学影像学发展的瓶颈，人难招、人难用、人难留是一个长期的现实问题。不过第三方医学影像中心实施远程影像诊断的轻资产模式可以一定程度弥补单体医疗机构影像诊断医师的缺口，不失为一种多、快、好、省的替代方案。

3. 业务流量难以得到充足保证

许多医疗机构这些年购置了大量医学影像设备，招聘了大批医学影像医师和技师，但医院难以在短时间消化和分流这些设备和人员。在药品和耗材零差价政策实施后，医学影像科已经成为医疗机构的主要收入来源之一，而有的医疗机构仍然存在设备闲置率较高、收入低的问题，医疗机构管理者不可能坐视本院病人影像检查单外流。

因此，社会资本方在投资新建独立医学影像诊断中心时，应当有明确的发展定位，实现与公立医疗机构的协同发展。大城市的独立影像中心需要与大医院进行差异化定位，通过提供更先进的设备和更好的读片服务，切入更高端的市场，做公立医院的互补服务。县级市的独立影像中心需要整合公立医院的影像业务，提供更有效率、成本更低的服务，提升公立医院的服务能力。

第四节　投资新建中医网约护士服务平台

一、中医网约护士服务概念及研究意义

"互联网+护理服务"是指医疗机构利用在本机构注册的护士，依托互联网等信息技术，以"线上申请、线下服务"的模式为主，为出院患者或罹患疾病且行动不便的特殊人群提供的护理服务[1]。现实中，人们形象地称之为网约护士服务。中医网约护士服务则是以传统中医护理为内容的"互联网+护理服务"。

近年来，网约护士服务在市场上逐渐兴起并在 2019 年初伴随着《"互联网+护理服务"试点工作方案》的出台被纳入国家监管之下。而中医护理在护理领域有其天然的优势和政策支持，"互联网+中医护理"既是现实所需也是政策所向。目前其在我国正处于起步阶段，还未形成较为固定的发展机制，

---

〔1〕 医政医管局："国家卫生健康委办公厅关于开展'互联网+护理服务'试点工作的通知"，载 http://www.nhc.gov.cn/yzygj/s7657g/201902/bf0b25379ddb48949e7e21edae2a02da.shtml，最后访问日期：2022 年 5 月 20 日。

存在一定的风险。因此对于"互联网+中医护理"服务模式的研究与相关风险及防控机制的探索对于中医网约护士服务行业的发展和相关制度的完善具有一定的现实意义。

二、中医网约护士服务模式解析

中医网约护士服务模式不是中医护理与互联网信息平台的简单组合。从系统理论角度来看，其需要中医医疗机构、护理工作人员、互联网信息平台、政府部门等主体多元联动，是保险、监管等各种机制共同协调的结果。关于中医网约护士的具体模式解析如下（见图13-1）。

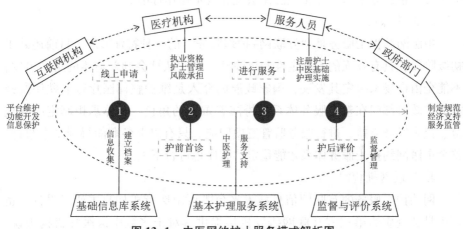

图 13-1　中医网约护士服务模式解析图

（一）服务主体及职能分析

1. 医疗机构

按照政策要求，开展中医网约护士服务的主体为中医医疗机构，即各级中医、中西医结合、民族医医院、门诊部和诊所[1]，并应同时具备三个基本条件：取得医疗机构执业许可证，已具备家庭病床、巡诊等服务条件，具备或已依托可提供中医网约护士服务的互联网信息平台。中医医疗机构是中医网约护士服务的核心提供者，在整个服务体系中承担着派出人员岗前培训与

---

〔1〕　张清林、胡孔法："中医医疗机构信息化现状分析研究"，载《时珍国医国药》2019 年第 2期。

监督管理、软硬件设施供给与维护、医疗责任风险承担等职责。

2. 服务人员

中医网约护士服务具体应由中医医疗机构派出的注册护士提供。派出护士应当具备下述基本条件：有 5 年以上临床护理工作经验和护师以上技术职称、能够在全国护士电子注册系统中查询到其信息、接受上岗相关培训并获得合格证明。由于中医护理属于专科护理，中医网约护士还应当接受过系统的中医知识和技能培训——即毕业于中医药院校或中医护理专业；或毕业于西医药院校，3 年内接受中医药知识和技能岗位培训时间大于等于 100 小时〔1〕。派出护士最核心的职能就是保障患者生命健康安全，这要求其在整个护理过程中要严格遵守中医护理相关法律法规和技术操作标准。

3. 政府部门

中医网约护士服务是"互联网+护理服务"的一种特殊形态，目前还处于初级阶段，具有较强的不确定性和风险性。因此从社会利益整体的角度出发，不能全由市场来决定其发展，国家政府的介入是维护整体医疗行业秩序所必需的。政府部门在整个服务体系中扮演着重要的角色，具体承担制定服务规范、提供经济支持、进行服务监管三项职能。只有以上各职能得到基本履行，整个中医网约护士服务体系才能稳定、有序地进行下去。

4. 互联网机构

网约护士服务的互联网信息技术平台既可由医疗机构自主研发设计，也可由具备资质的第三方互联网研发机构提供。对于多数中医医疗机构来说，其信息化建设尚不成熟，寻找第三方合作比自行研发更加方便可行。因此，第三方互联网机构也将成为中医网约护士服务的重要主体。第三方互联网机构应当具备开展中医网约护士服务所要求的设备设施、信息技术、技术人员、信息安全系统等条件，在整个服务中承担平台信息技术维护、新功能开发、信息数据管理等职能，其中特别需要注意的是个人信息安全保护工作。

（二）服务对象及项目内容

1. 服务对象

据国家统计局统计，我国患有慢性病的老年人近 1.5 亿，占老年人总数

---

〔1〕 中华中医药学会护理专业委员会："《中医医院中医护理工作指南（试行）》发布"，载《中国护理管理》2010 年第 4 期。

的 65%，失能、半失能老年人约有 4000 万，老年人上门护理服务的需求激增。为了推动健康老龄化的发展，"互联网+护理服务"试点应主要聚焦在这些高龄的失能、半失能老人的医疗护理需求上。此外，康复期患者也是中医网约护士服务的重要对象。中医护理以整体观为指导，结合膳食、保健、康复等措施进行综合护理，对康复期患者的效果显著。除了上述两类人群，对上门中医护理服务有需求的出院患者、孕产妇、残疾人和临终患者等行动不便的人群均是中医网约护士服务的对象。

2. 服务项目

"辨证论治"是中医护理应当遵守的基本原则。因此中医网约护士的服务项目也应以"辨证论治"为指导，针对不同患者、不同病证实施个性化的护理服务。平台项目在设计时也应当考虑到中医护理的此种特殊性。[1] 此外，由于家庭医疗设施的缺乏以及护士本身专业能力的限制，上门护理服务相较于院内发生危险的可能性更高。因此除了"辨证论治"以外，服务项目还应当遵守"风险低、易操作"的原则。试点地区在调查研究、充分评估风险的基础上，可通过使用"正面清单"和"负面清单"相结合的方式明确服务项目，[2] 切实保障医疗服务的质量和安全。

目前，广东省、江苏省、浙江省均以"正面清单"的形式将中医护理纳入了整个服务项目体系中。其中，浙江省《"互联网+护理服务"服务项目》颁布时间最晚，但规定的中医护理服务项目最多，包括：刮痧、拔罐、麦粒灸、隔物灸、悬灸、穴位敷贴、中药涂药、中药热熨敷、中药离子导入、穴位注射、耳穴贴压、经穴推拿、中药灌肠等。[3] 综合各省的中医护理服务项目可以看出，试点省对于中医网约护士服务采取了较为谨慎的态度，但随着时间的推移呈现出放宽的趋势。

（三）平台功能及护理流程

1. 平台功能

一是基础数据库系统。数据库是服务的前提，患者进入平台的前置环节

---

〔1〕 王晋芳等："中医开业护士培养的必要性及可行性分析"，载《中医教育》2019 年第 1 期。

〔2〕 王振宇等："医疗技术临床应用'负面清单'管理制度的建立与实施"，载《江苏卫生事业管理》2018 年第 4 期。

〔3〕 俞琪："规范'网约护士'我省这样做"，载《浙江老年报》2019 年 5 月 17 日，第 a0014 版。

是信息的上传。该信息的重点在于患者目前的疾病情况以及治疗经历，方便护士了解患者、辨证施护。而且每一次护理服务在平台都会留下相应的数据，久而久之便可依托平台为每一位患者建立电子健康档案。

二是基本护理服务系统。根据用户需求量，平台可选取日常服务量大的护理项目设置基本护理服务板块，如为用户提供推拿按摩、拔火罐、刮痧等公众接受度较高的护理服务，方便用户直接从平台上找到相应的服务。

三是服务监督和评价系统。参照目前的网购物流系统，可将服务情况分为申请中、未分派、派出中、服务中、服务后评价等状态，患者及其家属可以清楚地了解到服务进行的情况，而医疗机构也可以通过这种方式对工作人员进行过程监督。

2. 服务流程

一是网上申请。患者注册平台账号进行基本信息填写后，即可进入服务流程选择服务进行申请。服务既可由患者自行申请，也可由家属代为申请，有签约家庭医生（团队）的用户也可由家庭医生（团队）代为申请和管理。

二是护前首诊。医疗机构在接到用户申请后、提供居家护理服务前应对申请者进行首诊，由中医医生对其疾病状况、健康需求等情况进行综合评估。经评估认为可以提供中医护理服务的，可签订格式化服务协议，下达护理服务医嘱，并派出具备相应资质和技术能力的护士提供相关服务。

三是派出护士。护士接到任务后准备好相应医疗用具即可前往用户住所。此时系统会显示为派出中，并且可以利用 GIS 系统和 GPS 系统与用户共享位置信息，对护士到家时间做基本预判。

四是护后评价。每次服务结束后，服务对象可以对派出的护理人员进行满意度评价，作为护理人员工作考核标准之一。护理人员也可对服务对象进行安全性评价，为医疗机构安排后续服务提供参考。

三、风险及应对机制

中医网约护士服务体系目前处于起步阶段，虽具有良好的发展前景，但是现实中不可避免地存在一些风险。

（一）医疗安全风险

《"互联网+护理服务"试点工作方案》的核心原则是"以人民健康为中心"，服务的质量与安全是决定"互联网+护理服务"发展的关键因素，也是民众关心的首要问题。中医网约护士服务的服务场所一般为患者住所，缺乏相应的医疗设施，如果护理中发生意外，护士能够利用的应急设施较少。为了尽可能降低危及患者生命安全的医疗风险，可采取如下措施：其一，护前首诊必不可少。某些平台为了减少麻烦往往省略该环节，这样会增加发生意外的可能性。其二，保障患者的知情权和同意权。医疗机构实施服务前，应当与服务对象签订协议，并在协议中告知患者服务内容、流程、双方的责任和权利以及可能出现的风险等事项。其三，进行岗前应急培训。医疗机构应当在派出护士前进行相关紧急情况的应对培训，以在意外发生时尽可能降低对患者生命健康造成的损害。

（二）护士安全及积极性

护理人员是服务的直接实施者，他们的安全和积极性直接影响着服务的安全和质量。目前医患关系较为紧张，而护士群体主要为女性群体，发生人身安全事故的风险较高。人身安全得不到保障连带地会对护士外出服务的积极性造成打击。针对此种风险，可尝试采取以下措施：其一，禁止护士以个人名义接单，必须由试点医疗机构依托互联网信息技术平台，派出本机构注册护士提供"互联网+护理服务"。其二，医疗机构或互联网信息技术平台应当为护士提供执行职务相应的条件与保障。包括但不限于为护士提供手机APP定位追踪系统，配备一键报警装置，购买责任险、医疗意外险和人身意外险等。其三，合理制定服务价格与护理人员的福利机制。制定服务价格要发挥市场议价机制，参照当地医疗服务价格收费标准，综合考虑交通成本、信息技术成本、护士劳务技术价值和劳动报酬等因素合理定价。[1]

（三）责任分配问题

中医网约护士服务体系涉及了多个主体，多主体的存在导致了现实中医疗纠纷情况的复杂性。因此，对于医疗事故责任分配问题的解答将是现实所必需，可探索如下机制：其一，通过合作协议的形式明确医疗机构和第三方平台的责任关系。试点医疗机构与第三方互联网信息技术平台应当签订合作协议，并在合作协议中明确各自在医疗服务、信息安全、隐私保护、护患安

---

〔1〕 浙江省卫生健康委员会："浙江省'互联网护理服务'服务项目和专业资质要求"，载 ht-tps://wsjkw.zj.gov.cn/art/2019/3/12/art_ 1229123474_ 468557.html，最后访问日期：2022 年 5 月 20日。

全、纠纷处理等方面的权责利。其二，通过格式服务合同明确医疗机构和患者之间的权利义务关系。试点医疗机构在提供"互联网+护理服务"前，应与服务对象签订格式化服务协议，在协议中明确双方权利义务关系，签订知情同意书。其三，设定网约服务的医疗纠纷处理机构。试点地区应当建立"互联网+中医护理"纠纷投诉处理机制，指定卫生监督部门或相关职能部门负责调查核实纠纷情况，妥善处理医疗纠纷。

第五节　投资新建连锁中医馆

2017 年 5 月，国家发展和改革委员会负责人在《关于支持社会力量提供多层次多样化医疗服务的意见》答记者问中就意见重点引导和支持社会力量提供哪些医疗服务的问题作出了"全面发展中医药服务，促进有实力的社会办中医诊所和门诊部（中医馆、国医堂）等机构做大做强，实现跨省市连锁经营、规模发展"的回答。2018 年 3 月 5 日，国务院总理李克强代表国务院向第十三届全国人民代表大会第一次会议作政府工作报告，报告中再次强调要"支持中医药事业传承发展"。据统计，截至 2016 年，社会上各种独立的、不同体制的中医馆总数已有 4000 多家。[1]

一、社会资本投资中医馆所涉法律政策与发展现状

（一）相关法律政策

1. 国家层面的法律政策

2007 年，科学技术部、卫生部、国家中医药管理局等颁布《中医药创新发展规划纲要（2006—2020 年）》，这是中国政府全面推进中医药发展的一项重要举措。2015 年 4 月，国务院办公厅印发《中医药健康服务发展规划（2015—2020 年）》，明确了鼓励社会力量提供中医医疗服务的方针，鼓励有资质的中医专业技术人员，特别是名老中医开办中医诊所，允许药品经营企业举办中医坐堂医诊所。2016 年 2 月，国务院印发《中医药发展战略规划纲要（2016—2030 年）》，对社会资本举办只提供传统中医药服务的中医门诊部、诊所，医疗机构设置规划和区域卫生发展规划不作布局限制，保证社会

---

〔1〕 李樊荣："中医馆发展现状的思考"，载《中医药管理杂志》2017 年第 22 期。

办和政府办中医医疗机构在准入、执业等方面享有同等权利，进一步放开了中医馆创办的条件。2016 年 10 月，中国共产党中央委员会、国务院发布《"健康中国 2030"规划纲要》，提出要在乡镇卫生院和社区卫生服务中心建立中医馆、国医堂等中医综合服务区，推广适宜技术，所有基层医疗卫生机构都能够提供中医药服务。2017 年 5 月，国务院办公厅发布《关于支持社会力量提供多层次多样化医疗服务的意见》，要求促进有实力的社会办中医诊所和门诊部（中医馆、国医堂）等机构做大做强，实现跨省市连锁经营。2017 年 7 月，《中华人民共和国中医药法》生效，第 13 条规定："国家支持社会力量举办中医医疗机构。社会力量举办的中医医疗机构在准入、执业、基本医疗保险、科研教学、医务人员职称评定等方面享有与政府举办的中医医疗机构同等的权利。"2017 年 12 月，国家卫生和计划生育委员会颁布的《中医诊所备案管理暂行办法》生效，再次明确举办中医诊所的，只要向相关中医药主管部门备案就可以开展执业活动。

从以上政策可以总结出在国家大力支持中医药发展的大背景下促进中医馆发展的四点重大措施：一是扩大主体范围。国家不仅明确鼓励社会资本举办中医诊所、中医馆，同时鼓励中医专业技术人员，特别是名老中医开办中医诊所，允许药品经营企业举办中医坐堂医诊所，并且鼓励其实现跨省市连锁经营、规模发展。二是备案制，简化中医诊所、中医馆创办的手续。三是保证社会办和政府办的中医诊所、中医馆各方面的权利同等。四是不限制社会办中医诊所、中医馆的布局。

2. 地方性的法律政策

在国家层面的法律、政策的推动下，各地方积极响应，因地制宜制定了促进当地中医药发展的相关政策。经检索，广东省、北京市等共 28 个省、自治区以及直辖市已制定并发布了地方政策。其中广东省、深圳市发布实施的政策数量最多，也最具代表性。因此，本部分将以介绍广东省及深圳市政策为主。

2010 年 4 月，深圳市人民代表大会通过了《深圳经济特区中医药条例》，正式提出"中医馆"这个名称。该条例明确了设置中医馆的条件，这是新医改实施后我国的第一部地方性中医药法规。2011 年 2 月，深圳市卫生和计划生育委员会印发《深圳市中医馆和中医坐堂医诊所的基本标准》，在全国率先开展"中医坐堂医诊所"试点工作，率先启动中医馆的准入标准。2016 年 6

月，广东省发布《广东省促进社会办医加快发展实施方案》，鼓励兼职执业医师开办诊所、中医馆、中医坐堂医诊所。2017 年 2 月，深圳市卫生和计划生育委员会为贯彻落实《"健康中国 2030"规划纲要》，发布了《深圳市 2017 年卫生计生工作要点》，再次强调促进中医馆和名中医诊疗中心建设。

由上可以看出，地方省市大多依据国家已发布的法律政策等，根据本地情况细化制定实施细则，推动中医馆健康发展。

（二）社会资本投资中医馆的发展现状

在这些政策的推动下，中医药行业投资并购案例不断增加。行业中，君和堂中医馆在 2016 年宣布已完成 5000 万人民币的 B 轮融资。以深圳为例，截至 2012 年底，深圳有中医馆 32 家，但到 2016 年底，民营中医馆多达 130 余家。2016 年 6 月，深圳发起中医馆企业联合，并由深圳和顺堂、深圳市老中医协会等企业联合主办了全国首届中医馆发展论坛。2017 年 6 月 24 日，第二届全国中医馆发展论坛再次在深圳举行。

但在这些繁荣的数据下，一些风险正在朝不可控的方向发展。民间调查机构发现在深圳的 130 余家民营中医机构中，近八成处于盈亏线上下，有的不断扩张，有的关门撤资，整个行业呈现严重两极分化的经营态势。其他城市中医馆的情况也是如此。在社会资本集中投资中医馆、中医馆数量不断增加的同时，很多中医馆被空置、闭馆。因此，在投资中医馆的过程中，要理智谨慎地观察投资对象，找到其中的风险，再做投资决定。

二、社会资本投资新设中医馆中的法律风险及风险防控

虽然国家大力支持中医馆的建设，但是其中的政策、法律风险绝不能忽视。此外，中医馆属于医药行业，有其自身行业属性，涉及人身健康，关乎生死，其中的法律风险具有特殊性。

（一）行政审批手续方面

其一，在中医诊所、中医馆方面可能存在以下两个问题。一是未经备案即开业。有些投资人急功近利，在备案手续未完成的情况下就开始营业。这种情况一经发现，就会受到相关部门的严厉惩罚。二是在备案时提供虚假材料。在条件不完全具备的情况下，有的投资人为了获得备案证，会选择提交虚假备案材料取得中医诊所备案证。这种行为一经发现，行政部门就会根据法律规定进行相关处罚。其二，在医务人员方面，有的中医馆负责人存在侥

幸心理，招聘没有相应资格的医生或药师。如某中医馆使用未取得处方权的医师独立开具处方，遭罚款三千元。其三，对多点执业备案不重视也会增加受到行政处罚的风险。《医师执业注册管理办法》明确规定多点执业需要申请备案。

针对以上问题，笔者建议投资人应当根据国家法律政策以及地方法律政策的规定，准备好真实、完整的资料，及时办理相关手续，减少未来经营中面临行政处罚的风险。在投资中医馆之后，投资人不能忽视相关人员法律素质的提高。在日常的工作中要依照卫生行政部门颁布的法规及规章制度进行，依法执业、依法行医。同时要提升医技人员的业务水平，规范诊疗行为。医疗服务是关乎人生命权和健康权的特殊服务，因此医技人员在提升自身诊疗技术的同时应当谨慎行医，在对待任何患者时都应当尽到妥善处理的义务，同时按照规范行医，以免造成医疗事故纠纷。[1]

（二）经营管理方面

一是虚构债权债务。有些中医馆负责人法律意识淡薄或者过于追求利益，在开办中医馆过程中可能会冒着违法的风险去获利。有的中医馆中，尤其是在采购这一环节，存在返利的情形，例如，开票价格与实际价格不一致，日后再用其他的方式将返利回流到中医馆。这样虚构的债权债务对日后上市很可能构成实质性阻碍，严重时还可能触犯刑法。二是超出备案范围开展医疗活动。中医馆的医疗活动只能限于备案范围，超出备案范围开展医疗活动会面临行政处罚。如2015年某中医馆超出核准登记的诊疗科目开展针灸科诊疗活动，被罚款两千元。三是虚假、夸大宣传。《中华人民共和国中医药法》严格规定医疗机构发布中医医疗广告必须经过相关部门审查批准。发布的中医医疗广告内容应当与经审查批准的内容相符合，并符合《中华人民共和国广告法》的有关规定。日前，某公司在其官网上标注其是"上海最好的中医门诊"，涉及虚假宣传，被罚款人民币三万元。四是互联网违规售药。在互联网时代，中医馆也开始利用互联网进行发展，例如，在互联网上销售处方药（比如中药饮片、中药配方颗粒、中成药等）。由于药品的特殊性，互联网售药受到政府的严格管制。2017年11月，国家食品药品监督管理总局办公厅发

---

[1]　王戈："社会资本投资医疗机构的法律问题研究——以国药控股投资医疗机构为例"，上海交通大学2012年硕士学位论文。

布公开征求《网络药品经营监督管理办法（征求意见稿）》意见的公告，该办法详细地规定了网络售药的条件及注意事项，如第 8 条第 3 款规定："网络药品销售者为药品零售连锁企业的，不得通过网络销售处方药、国家有专门管理要求的药品等。"第 11 条第 2 款规定："销售对象为个人消费者的，还应当展示《执业药师注册证》。"可见对网络售药监管的严格程度。该办法给准备网络售药的中医馆提供了很大的政策风险评估参考价值。

对此，中医馆应依法依规开展经营，在药品采购过程中，严格依法签订购销合同，开票价格应与实际价格一致，不得借此谋取不正当利益；在诊疗活动中，及时对诊疗项目进行备案，并严格依照备案范围开展医疗活动；在发布医疗广告时，要坚持实事求是，遵守《中华人民共和国中医药法》和《中华人民共和国广告法》有关医疗广告的规定，并做好广告发放前的审核工作，避免夸大和虚假宣传；在互联网售药方面，中医馆应时时关注政策动向，当政策发生变化时，及时调整自身经营行为，确保行为合法合规。

三、社会资本投资并购中医馆中的法律风险及防范

（一）目标中医馆的诉讼纠纷问题

一是劳动纠纷，主要涉及赔偿与工资弥补以及面临劳动执法部门的行政处罚的问题。此外，未全额缴纳社保和公积金的问题在很多中医馆中都存在，这些问题很容易被投资者忽视，对此可能会面临补全社保、公积金甚至受到行政部门处罚的风险。二是医患纠纷。随着人民法律素质的提升，其维权意识也在不断增强。中医馆在药材质量、治疗效果方面极易产生医患纠纷。医患纠纷一旦产生，就会对中医馆造成负面影响。三是重要股东问题，要明确其是否存在影响中医馆发展的隐患。例如，按照《中华人民共和国民法典》婚姻家庭编及其司法解释，婚后的投资以及股权分红属于婚后共有财产，作为股东配偶的一方是有权分割的，如果重要股东的婚姻状况不稳定，则可能影响目标中医馆股权结构的稳定性。

对此，社会资本方在投资中医馆前，应委托独立的律师或者律师事务所对目标中医馆进行法律尽职调查。法律尽职调查的内容主要包括目标中医馆的历史沿革、股东、资产情况、重大诉讼、仲裁、行政处罚文件、劳务用工情况等，其主要目的是了解中医馆现存的主要问题，发现潜在的法律风险，帮助交易双方了解投资活动本身的法律障碍，以及帮助风险投资机构了解被

投资方未了结的或潜在的诉讼。[1]经调查发现目标中医馆存在诉讼纠纷的，投资方要时刻关注法律纠纷或仲裁的进展，努力通过协商或者其他合法措施解决这些纠纷或仲裁。同时，投资者还应对中医馆是否有潜在的重大诉讼进行评估，对于将来可能会发生的纠纷或仲裁，在交易文件中约定免责条款。

（二）目标中医馆的权利瑕疵问题

1. 股权瑕疵

社会资本投资中医馆通常会在投资后获得一定比例的股份，并进行股权安排。股权存在瑕疵会对股权安排产生很大的影响，如已出质的股权进行了转让但没有质权人的同意文件。股权转让未得到质权人的同意或者解除相应股权质押，可能构成出质股权的违规转让。股权受让中的风险点和问题比较多，是否对被转让的股权具有完全、合法的处分权，是否已履行法定程序、获得相关授权或者批准等问题都是顺利获得股权需要关注的问题。

对此，社会资本方应提前对中医馆的股权结构和股权上是否有权利负担进行调查，确保股东对转让的股权具有完全、合法的处分权。对于已经发现的权利瑕疵，社会资本方应要求中医馆在一定时期内尽快消除；对于已出质股权的转让，社会资本方应要求中医馆提供质权人的同意文件。

2. 债务瑕疵

在债务瑕疵中分为已有债权和负债。在已有债权上，目标中医馆的长期借款中若无证明材料，则"坏账"风险增加，可能造成损失。在负债上，目标中医馆存在对外收购项目收购款尚未全额支付、未提供代扣代缴原个人转让方出让所得对应之所得税完税证明的风险。最容易被忽略的是目标中医馆的或有债务。或有债务具有偶发性，其是否发生很难控制。例如，在合作协议中约定目标中医馆非法经营导致相关方的名誉损失，相关方有权单方面解除协议，并要求目标公司赔偿。当或有债务发生时，目标中医馆对外偿债，将影响受让股权的价值。

对此，投资方应提前对中医馆的债权债务关系进行法律尽职调查。对无证明材料的长期借款，要求借款人及时清偿或出具证明材料。对于已有负债，可与中医馆在交易文件中明确约定损失由中医馆及现有股东实际承担。对于或有债务，双方可以在交易文件中列明被收购方的保证清单，收购方通过保

---

[1] 刘文："风险投资尽职调查研究"，载《中国商贸》2014年第31期。

证清单确保自己获得预期的收购对象，确保所承担的责任等不利因素限于合同明确约定之部分，即锁定风险。或者协议预留部分股权受让款，在规定的期间内，如果产生了债务，则用预留的款项承担。

3. 租赁瑕疵

《中华人民共和国土地管理法》第4条第4款规定："使用土地的单位和个人必须严格按照土地利用总体规划确定的用途使用土地。"部分中医馆租用的地块为工业用地或办公用地，不符合法律规定的用地性质。同时，社会资本方要注意目标中医馆是否提供租赁登记备案。此外，有的中医馆在房屋租赁合同中承租人签章由他人代行，但未提供授权委托书，这种情况也是需要投资人重点关注的。

对此，投资方应对中医馆所占土地的土地使用权证中载明的土地用途进行考察，对不符合《中华人民共和国土地管理法》规定的，及时要求中医馆或出租人办理土地使用权变更手续。同时，投资方应要求中医馆提供房屋租赁合同和租赁登记备案证明文件，对其中发现的问题要求中医馆及时消除。

4. 保险瑕疵

中医馆作为具有诊疗作用的医疗机构，医保定点资质对于其经营有很大的助力。但各地医保政策差别较大，有的地区门诊不能参与统筹报销。除了医保，中医馆还有一些应该具备的商业保险，如雇主责任险和医疗责任险。不过有些目标中医馆虽已购买雇主责任险和医疗责任险等险种，但并未涵盖全部下属门店，这样会面临发生事故时可能无法理赔的风险。

对于该问题，投资方应提前了解中医馆所在地区的政策文件规定，向社保经办机构的工作人员咨询医保定点和统筹报销等问题。同时，对已购买雇主责任险和医疗责任险等商业保险但并未涵盖全部下属门店的中医馆，投资方应要求中医馆及时补全，或者采取其他措施避免事故发生时面临无法理赔的风险。

最后，对于无法预知的风险，投资方可在交易文件中要求目标中医馆及现有股东连带陈述和保证，产生任何损失由目标中医馆及现有股东实际承担，与投资方无关。同时投资方可在与目标中医馆共同签署的责任协议中建立具体的防范措施条款，在协议中标明未披露事项带来的损失由目标中医馆负责，避免承担对方未披露事项带来的损失。

第六节　投资新建医养结合综合体

随着老龄化进程的加快，医养结合愈发成为我国养老产业发展的大趋势。

据第四次国家卫生服务调查报告显示，我国近 50% 的老年人患有各种慢性病，65 岁以上老人耗费了近 30% 的医疗总费用。面对老年人口数量众多、病况不容乐观的情况，传统的养老机构却只能提供基本的生活照料服务，医疗服务能力薄弱。特别是随着我国家庭结构和规模的转变，传统家庭照看功能不断弱化，难以满足老人的健康保障需求，老人对养老机构的依赖性加强。

为满足此种现实需求，国家先后制定了相应政策。自 2013 年起，国务院陆续颁布了有关推进医疗卫生与养老服务相结合的指导性文件，自上而下、由原则到具体规范地为医养结合的发展制定了明确的规划。本节将结合实例对老年社区及康复医院两种主流模式进行分析、探讨，以期能够为其发展提供法治策略。

一、上海某老年社区医养结合模式

（一）上海某老年社区医养结合创新模式

上海某老年社区集团以养老行业"创新者"的身份，积极探索出以会员制为载体、融居家养老为一体的全新养老模式，为医养结合型养老机构探索出一条可行路径。该模式主要有以下两方面创新。

1. 养老服务产品提供

（1）坚持医养结合原则，提供专业医疗服务

该老年社区内配备全科医生进行健康管理，为老人提供全方位的健康服务，同时自有的医院可提供专科服务，满足社区内老人的基本医疗需求。此外，社区护理院可提供护理服务，打造全方位的健康医疗服务，实现社区内健康医疗模式。社区在提供基本养老服务的基础上，针对老年人需求提供专业的医疗服务，能够治疗老年人的常见病，实现"就医不出门"。社区整合养老、医疗、护理团队，为客户提供"预防—治疗—康复—长期护理"为一体的整合型医养服务，突破了传统医疗、养老分割的商业模式，实现多学科整合的医养融合，最大程度满足了老年人养老和医疗的需求。

（2）坚持全方位服务原则，追求居家养老体验

上海某老年社区将居家式养老和机构式养老结合，老人以家庭为单位入住养老社区进行养老，体现"居家"理念。社区坚持把对老人的生活照料、提供健康医疗、丰富文化生活等方面融入整个服务中，集娱乐、酒店式服务、生活护理和医疗护理为一体，提供从退休到临终关怀的一站式养老服务，结合医疗服务、老年大学、互助社区管理，解决与养老有关的专业医疗、护理服务问题。老人只需住在社区，即可同时满足各种需求。社区还突出"家"的理念，在社区营造大家庭的氛围。该社区集团在软件、硬件设施上进行完善，为老人提供影厅、音乐室、卡拉OK厅、摄影室、图书馆、书画室、钓鱼塘、门球场等各种娱乐休闲设施，老人们可参与各种娱乐活动，组织多彩多样的文化活动，满足其精神文化需求。这些场地和设施也为老人们的社交活动提供了平台，满足了其社交需求。

（3）坚持人性关怀原则，突出尊严养老理念

传统养老机构把老人当作病人来对待，进行"管理"而不是"服务"，忽视了老人对自由、尊严和隐私的需求，使老人难以实现"有尊严的养老"。而该老年社区把"尊重"理念融入服务中，以"服务"代替"管理"，给予老人最大的自由。例如，连廊设计保证老人在多雨的南方也能够在户外活动自如，无障碍设施也为老人提供了便利。该社区的设计细节处处为老人考虑，保证了老人最大的自由，也体现了对老人的尊重。社区通过自有平台，建立智能化管理体系。每位老人持有一张智能通行卡，可凭此卡享受社区内包括吃饭、健身、读书、看报、医疗等所有服务。

2. 机构经营模式

该老年社区创造性地推出会员制经营模式，客户可选择A卡和B卡两种形式。A卡为永久卡，持卡人可转让和继承；B卡是终身卡，有效期至老人生命终结。不论是选择A卡还是B卡，持卡老人都有很强的归属感和主人翁意识，能够把社区当作家来居住。同时，在会员制模式下，客户需要一次性支付一定的会费才能取得在社区居住的资格，后期只需要每年缴纳金额不高的服务费。社区利润主要来自每年收取的服务费，包括物业、健康管理等服务项目。此种模式使得该老年社区能够在较短时间内收回投资成本，解决养老投资回报周期长的问题，同时契合中国老人和家庭一次性支付能力强、持续性支付能力弱的特点。永久卡还具有传承功能，有较强流动性，老人过世后

可将该卡传承给家属，既满足了中国家庭传承的需求，又使整个项目可持续发展。

（二）　上海某老年社区医养结合发展困境

1. 相关部门职责模糊影响项目推进效率

医养结合模式发展首先面临的困境是相关部门职责不明确。

首先，医养结合型养老机构涉及多个行政管理部门的监管，其中医疗服务由卫生健康部门主管，养老服务由民政部门管理，医保由医保部门管理，另外还涉及税收、发展和改革等行政部门。各部门的权力责任不明确不利于医养结合项目的发展。

其次，当下各部门认定标准不一也不利于医养结合。养老机构提供医疗服务还需得到卫生健康部门的行政许可，医疗机构提供养老服务也需要民政部门进行审批，申请医保定点又受到医保部门的管理。由于各部门认定标准不一，职责管辖的分割使得"医"和"养"不能够有效结合。

最后，各部门配合协调不畅增加了项目的时间成本。在目前的审批体制下，新设立养老项目需要向民政部门报批，但是民政部门一般会要求当地政府同意，而当地政府则要求其取得职能部门的同意。可见，各部门在配合协调方面存在工作缺陷，容易导致项目审批陷入循环反复的困境，甚至导致项目停滞。

2. 医保定点范围过窄，难以支撑医养结合实践需求

能否纳入医保定点范围对医养结合单位至关重要，如顺利纳入医保定点范围，客户即可得到医保资金支持，支付能力大大提高。但是，由于医养结合型养老机构处于医院和养老院之间的位置，对于其能否纳入医保定点的问题，各地做法不同，政策和标准也尚未统一。目前大多数养老机构没有将内设机构纳入医保定点范畴。同时，在护理服务付费上，医保支付只覆盖了老年护理院，而养老机构和居家护理费均未覆盖，为老年人提供生活护理、医疗护理的机构很难纳入到医保定点范围，导致老人在医养结合型养老机构接受医疗服务的费用无法通过医保报销。同时，大部分医保基金也较难直接与养老机构内设的医疗机构进行结算，严重制约了此类机构发展。

3. 旧有准入和评估机制不利于医养结合机构发展创新

我国对于传统养老机构的准入、评估有一整套评价体系，但这与以上海某老年社区为代表的现代化养老机构存在很多矛盾之处，形成与建设更优质

养老机构目标之间的壁垒。在上海某老年社区中，老人以户为单位入住公寓，每户配置厨房、卫生间、客厅、卧室、阳台、室内装配先进的智能报警系统，每栋楼底层配置公共卫生间，园区内配套大、小餐厅，设有智能总控机房。但是其相关设施却不符合上海市地方标准《养老机构设施与服务要求》中养老机构"每个楼层应设置照护站，并配置呼叫信号装置和满足照护工作需求的橱柜；每个楼层应设置含有餐饮功能的区域；每个楼层应设置一个公用卫生间"的规定。事实上，该老年公寓宜老设施配置入户、医护设施及智能化系统均优于现有行政管理规定的要求。因此，现有的养老机构准入和评估机制在一定程度上与以医养结合模式为代表的养老机构创新升级发展的实际不相适应，若依然采取旧有评价体系进行评价，无可避免地会导致很多创新型养老机构面临合法性考验，影响市场创新发展。

4. 融资政策难落实让机构陷入资金短缺困境

医养结合型养老机构除应具备养老设施、设备外，还需购置大量医疗设施、设备，并建立专业服务队伍，需要大量资金投入，仅依靠自有资金很难进行规模扩张和发展。因此，医养结合型养老机构需要大量社会资本支持，有很大融资需求。2013年国务院《关于加快发展养老服务业的若干意见》提出了完善养老服务业投融资的相关政策，引导金融机构关注医养结合领域。但实际上，医养结合型养老机构仍然很难获得相应的融资支持。银行一般不接受养老、医疗类的房产抵押，也缺少对养老企业或养老项目进行贴息贷款积极性，导致医养结合型养老机构难以获得银行资金支持。另外，"养老专项债券及养老企业债"在实际发行过程中面临的限制条件较多，大多只有国资背景企业才可发行成功。

二、康复医院模式

（一）康复医院概念

康复医院是集保健、医疗、康复、家庭护理于一体的医疗机构。其一，在科室的设置上，其不仅设有承担基本医疗职能的消化科、心血管科、呼吸科、神经科、肾病内分泌科、骨科、妇科、急诊科等基本科室，还设有康复诊疗中心、中医康复中心等承担康复职能的科室。其二，在专业人员的配备上，除精通诊疗的医生队伍外，还具有专业水平极强的护理人员队伍，可有效承担起照顾老人、帮助老人预防慢性病等工作。其三，康复医院承担的医疗工作较少，通常承担一些住院周期较长的患者的康复工作，其较为安静的医院环境更适合老年人的身心特点，更有利于老年人的康复和养老。

（二）典型例证

康复医院自身独特的优势不仅恰到好处地迎合了老年人就诊和康复的特点，也巧妙地解决了医养分离所带来的诸多难题，能直击养老市场存在的诸多痛点，有效满足市场的需求。

例如，重庆青杠老年护养中心就把养老、医疗和护理结合在了一起，实行医疗资源的合理配置，实现了养老与医疗、护理以及康复的结合，满足老年人的现实需求，使老人可以在一个地方实现养老和康复的无缝对接。由于依托重庆医科大学附属第一医院，重庆青杠老年护养中心可以充分利用医院的各项医疗设施和资源，包括医疗、护理、康复和人才等资源，满足老人养老和康复的需求。同时，通过与医保的对接，重庆青杠老年护养中心把医疗和康复与国家医保结合起来，老人的大部分医疗和康复的费用都能够实现报销，大大降低了老人的医疗开支。

北京光熙康复医院（以下简称"光熙康复医院"）则采取不同的模式，由万科集团和北京控股集团联合设立运营。光熙康复医院是一家二级综合性康复医院，其与邻近的北京万科怡园光熙长者公寓连接在一起，组成一个整体的医养结合中心。依托万科集团的老年人公寓，光熙康复医院建立在长者公寓旁边，把养老和康复结合在一起，满足城市人群现实的需要。在运营管理方面，万科集团成立独立的医院管理和医疗团队，输入管理和服务标准，保障光熙康复医院的日常运营。北京控股集团也将国企的管理和资源优势引入光熙康复医院，确保医院向公益、惠民、服务方向良性发展。同时，在业务方面，光熙康复医院从细分领域入手，以盆底康复治疗为主要特色和基础，全力提升盆底康复治疗服务。在此基础上，光熙康复医院开始发展其他领域的康复业务，开展骨科康复、运动康复、神经康复等特色专科，逐渐发展成全方位的康复医院。光熙康复医院是万科集团在医养结合养老领域的特色，客户以护理型老人为主，满足对护理有专业需求的老人的养老需要。

（三）康复医院模式的挑战

1. 融资

当前，康复医院要建立医养结合的养老模式，筹集资金以提升软件和硬件水平是第一任务。除传统的商业贷款外，康复医院也可根据自身的实际情况探寻多种渠道解决融资问题。比较可行的一种融资途径是与实力比较雄厚的投资公司建立战略投资关系以引进资金，从而为引进核心管理团队和专家队伍，优化现有康复器械和设备，提高康复医院现有技术和能力，建立基本的平台架构提供基础。目前在投资康复医院方面做得比较好的有广州中博医院投资管理有限公司，其已与济南慈仁康复医院建立了战略投资关系。

除此之外，在公立医院没有足够能力进行投资的情况下，可以通过引入民间资本进行投资的方式建立医养结合康复医院。例如，公安县首家与养老深度对接的康复医院——公安屠陵康复医院就是引入民营资本建设的，由广东省梅州华南康复医疗集团有限公司进行投资建设和运营。

2. 设备采购

目前康复医院硬件设备不足，康复医院若要建立医养结合的养老模式，就需要充分配置相关设施。康复医院原则上应采用招标的方式规范采购，也可根据具体情况制定不同的限额标准分别对待。例如规定三十万以上的设备委托代理机构公开招标；五成以下常规急需设备由采购例会货比三家讨论比较后确立品牌及价格，再上报院领导审批后执行；五万至三十万的设备可采用院内招标。然后由设备部综合市场调查及临床意见制定标书，在设备购置与管理委员会领导下由委员及相关科室专家组成五人以上单数评委，对入围的公司实行邀请招标，由各公司分别简单介绍产品并答辩后统一报价，评委综合评分最高的中标。经市场调查，同档次参与竞争的公司只有两家时，可采取竞争性谈判方式采购。对确属独家经销产品的，可通过谈判采用单一来源方式采购。

3. 人才提升

高质量的专业医护人员是康复医院发展过程中最活跃的因素。解决人才问题，可借鉴广州中博医院投资管理有限公司的"中博模式"——以"送出去+请进来+循环轮修"的方式提升康复医院医护人员的业务水平。具体来说，医院一方面定期组织现有医护人员轮流到知名医院、养老院与专业医疗、护理人员学习医疗、护理等实践技能，逐步提升现有医护人员的实操水平；另一方面则要与现有护理专科学校及普通医学本科院校签署订单协议，为医院引入优秀的康复师。

康复医院还要加强对医护人员的再教育、再培训，邀请专家组和特邀的专家顾问组定期为院内青年医生、康复师进行培训。一方面，要进行基本功的培训，以中青年专家和特邀的专家顾问组进行案例分析等方式，带动院内青年医生，帮助他们尽快提高业务能力和诊疗水平；另一方面，要请中青年专家为院内医护人员介绍国内、国际最新的康复医疗和护理知识及动向，让青年医生及时了解新的技术和康复方法，不断增强医护人员的医疗、护理、康复服务技能，适应不同老年人对康复服务的不同需求。

4. 市场开拓

持续稳定的老年患者客源是康复医院发展的保障。康复医院探索建立医养结合的养老模式的初期可能会面临病源稀少、市场狭窄等一系列问题，对此可借鉴济南慈仁康复医院的做法。为赢得老年患者的信赖，医院初期可从免费的健康体检切入市场，然后逐步推广康复医院的康复服务，包括提供特色康复疗法及康复顾问全程服务等，如济南慈仁康复医院凭借其特色的水疗康复疗法打开了市场。

为体现康复医院浓厚的人文关怀，在为老年人提供出色的诊疗、康复服务之外，医院还应辅之以心理辅导，做到身心同调，满足老年人的身心需求。在医患关系上，医院要有诚信意识，努力保护老人隐私；在康复环境上，医院要积极营造适合老年人身心特点的清静、宜居的养老环境；在康复治疗费用上，医院要严格按物价与卫生行政管理部门制定的收费标准执行，减少不必要的检查、不合理的用药。

总之，医院要以优质的服务和合理的价格赢得老年患者的认可，从而打开市场。

5. 运营管理

院企联合是康复医院高效运营管理的不错选择。一方面，目前康复医院缺乏创建科室的经验和资源；另一方面，社会企业在科室运营管理方面，整合了国内众多优秀康复医学科的发展及管理经验，形成了一整套建设和运营康复医学科的成熟模式，院企联合、整合资源、各取所长，定能走出一条康庄大道。具体说来，运营管理应注意以下几个方面。

第一，战略管理。一是要选择 SWOT、PEST 和雷达图等战略分析工具，开展全面战略分析，以明确发展环境、优势、劣势、机会、挑战等因素，趋利避害。二是根据康复医院的总体任务、周边社会需要、自身特点、区位情况等因素，形成科学战略定位，制定战略目标和发展规划，形成医院短、中、长期的目标体系。三是要注意科学的战略管理应根据国家政策、经济环境、社会环境、技术环境等适时调整，与时俱进。

第二，人力资源管理。一是明确各岗位工作职责和任务。各科室人员要最大限度地实现科学配置，提升内部竞争活力，形成高效、良性的工作循环机制。二是开展全方位绩效考核。绩效考核应坚持奖勤罚懒原则，按照职工能力、经验、贡献度、创收效益、业务能力等进行多维度、全方位考核。三是注重领军人物的管理和培养。应加大学科带头人等领军人物的引进和培养力度，建立稳定的人才培养、流动、考评和职称晋升机制，培养一批具有优良素质的康复团队核心成员，强化医院发展的持续动力。

第三，经济运营管理。一方面要坚持市场化的运作模式，把康复医院推向市场，适应市场竞争的环境；另一方面，康复医院要设置独立经济管理部门，推行全成本核算及考核，注重机构综合利益及长远效益。医院在运营管理中应适应新医改的总体目标，争取物价、医保、工伤等政策支持，使更多医疗康复项目纳入城乡基本医疗保障范围之内。

第四，设备资产管理。要抓住设备的"采购、使用、养护"三个关键环节，多层面开展新设备采购论证，确保新购设备实用性、适宜性、先进性、效益性；加强设备使用率管理，充分整合、利用全部设备资源，使设备发挥最大效益；注重设备维修保养，院、科两级均应设置专门的设备维护规章与奖惩制度，督促全体员工养成正确使用设备的习惯，确保设备长期良性运转。

第五，财务管理。一是要加强财务预算管理，提高资金使用有效性，确保现金流稳定。二是要实施全成本核算，建立科学规范的成本核算信息系统，做好运营成本分析。三是要严格按照国家要求及卫生行业财务标准进行管理，确保财务管理合法合规。

6. 品牌声誉

良好的品牌声誉是康复医院巨大的无形资产和提升竞争力的关键。康复医疗市场竞争的焦点在于：通过营销获取知名度、通过极佳服务获取口碑、通过宾馆式的康复治疗环境提升患者的满意度。

在营销战略上，济南复元康复医院通过网络进行营销，目前已取得了一定的效果，在市场上获得了一定的知名度。而济南慈仁康复医院前期通过为抗战老兵、英雄烈士及其家属提供免费的康复医疗服务，获得了社会的认同，提高了其知名度。同时，医院在社区进行康复医疗宣传，举办康复知识讲座，起到了一定的宣传效果，在此类人群当中积累了很好的美誉度。

在康复服务上，济南复元康复医院注重医疗服务细节和患者隐私的保护，推行人文化的服务模式，推行"人文医疗"。而济南慈仁康复医院更注重不同老人的多层次、多元化需求，在基本的医养结合养老服务外，提供医养结合的中高端养老服务，开展 VIP 病房、出诊服务、家庭医生、假日医疗等多层次、多元化的服务，满足不同人群的不同需求，不断扩大医疗市场份额，获得了极佳的口碑。

7. 对外拓展

进行适度的对外拓展是康复医院发展壮大的重要途径。对此可借鉴现有康复医院的经验。上海烽康医疗投资有限公司与奉化康复医院探索"医养结合"养老新模式，构建以康复医院为核心，联合基层医疗卫生服务机构、养老机构等机构的医疗联合体，同时引入上海、南京、杭州等地的高端医疗资源，搭建远程医疗平台，探索建立分级诊疗制度，旨在将康复医院打造成以"医养结合"为特色的二级甲等康复专科医院。同时，该医院以康复医疗为核心，发展健康管理、血液透析、中医、妇产等科室，实现大专科、小综合办医模式，打造康复、养老产业服务一条街，成为浙江省"医养结合"示范项目。

三、多途径化解医养结合难题的对策探讨

（一）加强部门协同配合、推动政策落地落实

地方要领会国家关于加快发展养老服务业、推进医养融合的文件精神，保障医养结合模式的实施和康复养老产业的发展。在具体操作上可考虑以地方政策的形式，将医养融合、医疗服务、医保定点等养老服务中涉医服务的具体事项作出规定，解除制度藩篱，形成医养结合发展的政策保障。地方还要简化医养结合机构设立流程，实行"一个窗口"办理制度。目前医养结合受到卫生行政部门、民政部门、人力资源和社会保障部门等多部门的管理，影响其发展速度。因此，要健全政府管理机制，加强各部门之间的协调，民政、卫生、社会保障、财政、发展和改革等多个部门需要统筹联动，做好医疗、养老的衔接工作。

其一，相关部门应加强合作，协同制定相应的配套政策，建立统一、完善的养老和医疗服务标准，规范医疗护理行为，满足老人的养老和医疗需求。其二，在发展规划方面，发展和改革、卫生健康、民政、住房城乡建设等部

门要加强合作，在协调各方职能的基础上科学谋划、合理布局，共同合作推动医养结合机构的落地发展，切实保障医养结合机构在发展过程中的用地、用人及建设方面的需求。比如，可以设立高一级的统筹协调部门，在管辖范围内协调各部门合作，合理分配医疗养老资源，减少医养结合机构发展过程中的行政负担。其三，要确保养老政策的落地落实。目前国家层面制定了大量鼓励医养结合机构发展的政策，但实际执行过程中还没有得到很好的落实。因此要落实责任制度，明确每一个政策的主要负责和执行机构。

（二）完善医保支付制度，扩大医保定点范围

相关部门要以老年人利益为重点，完善多元化的医保制度。相关部门可以探索老年病病种付费的方式，减少报销手续，厘清基本养老和基本医疗的责任界限，在规范医保资金监督管理的基础上，进一步完善医保结算方式，将养老护理费用适度纳入医保范围。当前很多医养结合型养老机构无法纳入医保定点范围，使很多老年人无法选择医养结合型养老机构的服务。因此，相关部门需要打通医保和养老机构之间的障碍，尽快把医养结合型养老机构纳入医保定点单位，实现养老机构内置的医疗机构与医保的对接，把此类符合条件的内置医疗机构也纳入医保定点范围，使入住的老年人在养老机构内使用医疗服务时也能够享受医保待遇，切实解决部分高龄老人、失能老人、半失能老人、长期患有慢性病老人经济负担较重的实际问题，让更多的老人看得起病、养得起老。

一是要协调民政部门、卫生行政部门和医保部门之间的工作，简化医养结合型养老机构在医保定点单位审批方面的手续并减少相关的限制，同时整合民政部门、卫生部门和医保部门的相应资金，形成统一的支付体系，对医养结合型养老机构给予整体的资金扶持。二是建立长期护理保险制度，促进长期护理保险与医疗保险政策的衔接，把病后护理、慢性病护理等护理服务也纳入医保范围，使更多老年人可以享受到相应护理服务。三是充分发挥商业保险的风险分担作用，设计开发适应医养结合需要的商业护理保险，健全寿险、健康险、意外险等多种人身保险险种，为老年人提供多样化的选择。四是改革传统医保支付模式，通过行政手段指定民众可以享受医保支付的医疗养老服务机构，给予公众充分自主权，允许公众选择适合自己的医疗养老服务，利用市场规律对医疗养老服务机构进行筛选，保障市场健康发展。

（三）建立负面清单制度，加强事中和事后监管

传统的监管模式是医养分开、各有各的标准条件，而医养结合是一个新兴事物，在旧有模式上有很多创新。当前，社会资本必然会朝着规模化、智能化和集约化方向发展，服务方式、服务内容和服务效率都与传统模式有着很大的不同，这也导致这些创新在传统的监管下难以开展。只有给予足够的自由，医养结合行业才能真正健康发展。基于此，要推进医养结合政策的落地实施，就必须在制度上进行松绑，给予其充分的发展自由。对此，建议相关部门在监管层面上进行一定的创新，实行负面清单模式。相关部门对于养老服务、医疗服务的准入不能设立过多烦琐的条条框框，而是应该从大方向上进行把握，通过负面清单制度对服务机构进行限制，而在负面清单之外的机构和模式要给予充分的自由，鼓励创新。

"医养结合"是一种新的养老模式，要制定建设标准和收费标准，对设备配置、医疗水平等方面要有明确要求。还要建立退出机制，健全等级评定制度、评估制度、奖惩制度等，推动形成差异化的服务层次，让不同需求的老人都能享受到医养结合养老模式的优质服务。在赋予老人一定的自主选择的前提下，相关部门无需对服务机构进行过度限制，而是由消费者进行投票，不符合社会需求的机构自然无法发展下去。

（四）健全融资制度，增强财政支持力度

针对医养结合型养老机构融资难的问题，卫生健康等部门发布的政策为其提供了方向。现实中，一些地方还为医养结合型养老机构提供一次性政府补贴和贷款优惠，对于促进地方医养结合型养老机构发展起到了重要作用。以Z市L机构为例，Z市颁布了《关于资助社会办养老机构管理办法（试行）》，在通过民政部门审批的前提下，民办养老机构可享受一次性建设补贴、运营补贴、培训补贴和用工补贴。L机构将政府的补贴政策适当地加以利用，再结合当地民办养老机构享受申请小额贷款与按揭贷款贴息的优惠政策待遇，减轻了后期经营负担。由此可见，政府补贴、金融贷款是医养结合型养老机构重要的融资来源。完善融资制度一方面需要政府部门积极建立并落实相关补贴优惠制度，另一方面也需要医养结合型养老机构适当地运用政策优惠和多种融资手段。

第七节　投资运动医学产业

一、运动医学概念

运动医学是医学与体育运动相结合的一门基础和临床多学科综合性应用的医学学科，在临床上以治疗膝、肩、肘、髋、踝关节运动伤病为主体，开展较大规模的各类关节镜和切开手术。运动医学产品主要分为关节镜系统和植入物，其中关节镜系统包括关节镜、动力系统和辅助设备等，是运动医学相关疾病必备的检查和治疗工具；植入物则包括固定装置、软组织重建物和相关配套工具等。

二、运动医学发展背景及现状

国金证券研究报告显示，全球医疗器械以 5%—6% 的年复合增速稳健增长，其中骨科占据约 9.8% 的市场份额。而这之中运动医学占比约 11%，是骨科第五大细分领域。

数据显示，2018 年全球运动医学市场规模接近 60 亿美元，同比增长 8%，高于传统骨科市场规模 5% 左右的增速，预计 2024 年全球运动医学市场规模将超过 90 亿美元，未来有望成为骨科市场增长最快的细分领域。2018 年，中国骨科市场总值为 262 亿人民币，其中创伤骨科、关节骨科和脊柱骨科市场规模均在 70 亿人民币以上。其中，2018 年中国运动医学市场规模超过 20 亿元，2015 年至 2021 年运动医学市场规模年均复合增长率达 23.4%，相较创伤、脊柱等骨科传统领域，增速位居第一。

与该高速增长相对的是相当有限的供给量。我国关于运动医学的研究起步较晚，在少数开设了独立的运动损伤科室的医院，病人数量趋于饱和。目前单独开设运动医学科室的医院仅有北京大学第三医院、北京积水潭医院、上海市第六人民医院、复旦大学附属华山医院等医院，其他一些医院仅在骨科下面设立了运动损伤的亚专业。相关数据显示，北京大学第三医院运动医学研究所目前年门诊量达 10 万余人次，年手术量 7500 余例并逐年增长，仅前交叉韧带重建手术每年已经超过 3500 例，居全国首位。运动医学领域"供不应求"的情况展现出了极为广阔的投资前景。

2021 年起，运动医学领域呈现出一派欣欣向荣的景象。在运动医学领域的上、下游产业链中，三个月内确定交易、半年一轮融资的案例屡见不鲜。2021 年至少七家同类企业获得了总额不低于 5 亿元的多轮融资，投资方包括高瓴资本、君联资本等知名机构。2022 年初，运动医学器械企业北京天星博迈迪医疗器械有限公司（以下简称"北京天星"）已获得数亿元的 B 轮融资。

目前，国内相关企业正积极布局运动医学领域。得益于国内医保限价和国家战略大力发展国产医疗器械的支持，国产骨科产品正逐渐取代进口品牌，创伤领域国产品牌销售份额已经实现反超，国产器械的发展势头迅猛。其中，上市公司主要包括上海凯利泰医疗科技股份有限公司（以下简称"凯利泰"）、大博医疗科技股份有限公司（以下简称"大博医疗"）、北京市春立正达医疗器械股份有限公司（以下简称"春立医疗"）、威高集团有限公司（以下简称"威高"）等，其中凯利泰产品线较全。非上市公司主要有北京德益达美医疗科技有限公司（以下简称"德美医疗"）、杭州锐健医疗股份有限公司（以下简称"杭州锐健"）、北京天星等。从产品注册证数量及产品线完整度来看，凯利泰、德美医疗、北京天星、杭州锐健暂列国内运动医学企业第一梯队。在此赛道上的国内企业还有依靠传统骨科发展运动医学的大厂，如春立医疗、威高、大博医疗、纳通医疗集团，以及运怡（北京）医疗器械有限公司、青岛九远医疗科技有限公司、北京中安泰华科技有限公司、北京瑞朗泰科医疗器械有限公司等新兴企业。

三、运动医学发展环境

（一）政策环境

我国运动康复产业发展趋势持续向好，民营运动康复医疗机构的政策环境持续宽松利好。

表 13-4　民营运动康复医疗机构相关支持政策

年份	文件名称	政策内容
2013	《关于促进健康服务业发展的若干意见》	形成公立医疗机构为主导、非公立医疗机构共同发展的多元办医格局。康复等服务业快速增长。各地加快落实对非公立医疗机构和公立医疗机构在各方面同等对待的政策

年份	文件名称	政策内容
2014	《关于加快发展体育产业促进体育消费的若干意见》	促进康体结合,推广"运动处方"。大力发展运动医学和康复医学,积极研发运动康复技术,鼓励社会资本开办运动康复等各类机构
2016	《关于加快发展健身休闲产业的指导意见》	推动"体医结合",积极推广覆盖全生命周期的运动健康服务。促进健身休闲与文化、养老、健康等产业融合发展
2016	《"健康中国2030"规划纲要》	加强非医疗健康干预,推动形成体医结合的疾病管理与健康服务模式。加强康复等接续性医疗机构建设,培育体育医疗康复产业
2016	《关于新增部分医疗康复项目纳入基本医疗保障支付范围的通知》	将医保康复报销项目从9个增加到29个,使更多社会办医疗机构进入基本医保和异地结算定点
2017	《关于深化"放管服"改革激发医疗领域投资活力的通知》	鼓励社会力量举办康复医疗机构,打通专业康复医疗服务向社区和居家康复延伸的"最后一公里"
2017	《康复医疗中心基本标准(试行)》	明确鼓励康复医疗中心集团化、连锁化经营,建立规范、标准的管理与服务模式
2017	《关于支持社会力量提供多层次多样化医疗服务的意见》	加快打造一批具有竞争力的品牌服务机构。促进体育与医疗融合,支持社会力量兴办以科学健身为核心的体医结合健康管理机构
2019	《关于实施健康中国行动的意见》	推动健康服务供给侧结构性改革,提供系统连续的预防、治疗、康复、健康促进一体化服务
2019	《体育强国建设纲要》	建立运动处方数据库,培养运动医生和康复师。完善赛事科研医疗保障工作机制,提升赛时科研医疗保障服务水平
2019	《关于促进全民健身和体育消费推动体育产业高质量发展的意见》	推动体医融合发展,鼓励医院培养和引进运动康复师,推动形成体医融合的疾病管理和健康服务模式

(二)经济环境

中国的医疗健康消费水平与发达国家相比尚处于初级阶段。国际发展经验表明,当人均可支配收入超过某个"临界点"时,医疗健康消费会呈现加速发展态势。

据统计，在 2019 年居民消费支出中，人均医疗保健消费支出为 1902 元，占人均消费支出的 8.8%，较去年增长 12.9 个百分点。由此可以看出我国居民在医疗保健中的消费投入占据不小的比例，同时也有一定的上升空间，消费潜力较大。

（三）社会环境

其一，随着居民收入的提高，一线、二线城市居民的消费观念、健康认知逐步向发达国家靠拢，全国居民人均医疗健康消费逐年提升。其二，大众生活方式与工作环境的改变为运动康复产业发展奠定了基础。随着社会竞争压力加大，生活与工作节奏越来越快，亚健康状态人群有所扩大。其三，在老龄化以及医疗消费升级两方面因素影响下，我国社会医疗健康需求将在可预期的未来呈现总量快速增长的趋势，呈现出多元化、结构化、动态化的格局。

（四）技术环境

远程医疗系统可以针对每个患者的独特需求制定个性化康复计划，并配有生物特征数据监控、多渠道患者教育等功能。全民健康信息平台可以提供患者的疾病数据、体质数据、就诊数据、手术数据，为康复治疗师制定康复方案提供重要参考依据。

在全球新一轮科技革命与产业变革日益加快的背景下，国务院《关于加快发展康复辅助器具产业的若干意见》的发布，使人工智能、脑机接口、虚拟现实等新技术为运动康复产业提供了技术支持与驱动。外骨骼康复机器人、仿生义肢、虚拟现实康复设备等产品的研发使一批高科技智能水平的康复器械进入市场，民营运动康复机构可以使用这些先进医疗设备为患者提供高质量、高体验的运动康复服务。

四、运动医学市场投资六大风险

作为新兴行业，除了巨大的市场潜力，在运动医学市场"入局者"显著增加的背后，市场投资隐患也不应被忽视。其中主要包括六大风险：政策风险、法律风险、人才风险、投资风险、利润分配和退出风险以及群众风险。

（一）政策风险

我国早期的康复医疗服务大多以外资在国内发达城市设立的独立医疗机

构形式存在，随后公立医疗机构开始设置康复科门诊，但提供的服务内容距离高水平康复治疗有差距且大多数康复科有名无实。2015 年之后，民间资本开始大规模投入康复行业，投资康复综合医院或运动医学诊所等独立民营医疗机构，专注于以运动系统康复为主、部分心肺或神经康复为辅的业务范围，并有意识地按照国际性标准进行机构筹建、产品打造、队伍建设，涌现出一批可圈可点的康复医疗机构。医疗行业涉及的监管机构很多，虽然当前政策环境和导向支持社会资本举办非营利性医院，但是操作层面上，具体该如何办理、如何审批，各地都尚未出台具体的操作流程和引导措施，所以在投资过程中存在政策风险。

（二）法律风险

我国运动康复市场还处于发展阶段，各方面法律法规尚不健全，各种经营形式与不规范经营现象也屡见不鲜。许多健身俱乐部、美容美体中心等不具备医疗资质的商业机构也打着运动康复的旗号宣传推广，使本来就不被熟知的运动康复概念在大众心目中愈发混乱，加重了真正的运动康复机构教育消费者的工作负担。

此外，由于相关法律尚未出台，运动医学市场在投融资过程中极易出现资金纠纷，目前来看只能参考《中华人民共和国民法典》的相关法律精神，遵循自愿、平等、诚实信用等基本原则加以解决。而对于运动医学领域影响品牌形象、融资规模、医患纠纷等关键问题，国内并没有足够的法律条文作为保障。

（三）人才风险

我国目前康复领域从业人员学历以本科和专科及以下为主，缺乏高层次的专业人才。每年医学院校培养的康复治疗师约 700 人，但硕士及以上学历人数只有几十人，远远满足不了社会需求。

究其背后原因，其一，我国在康复人才的培养层次、模式、目标和专业细分等方面缺乏顶层设计，不利于尽快培养高素质的康复人才。其二，运动康复治疗师数量、质量及稳定性不尽如人意。多数管理人员从事医疗行业经验有限，兼顾医疗与管理能力的复合型人才缺乏。其三，运动康复师在医疗系统内没有处方权，其社会地位和收入都与医生差距较大，许多运动康复师因为得不到足够的重视和合理的收入而离开运动康复行业。其四，运动康复师不仅需要掌握医学知识，更要了解运动科学，但中国大部分运动康复师为体育院校运动康复、运动人体科学专业出身，而医学院出身的康复师又对体育运动了解不深，复合型人才稀缺。

（四）投资风险

医院属于重资产、重技术的行业，从前期建立医院到成功运营一家医院，成本非常高且需要长期持续投入。医院品牌的建立主要依靠技术力量，越有资源，时间越长，越能做出名气、打响品牌。要控股现有医院，投资人需要在短时间内投入大量资金，这也是一个较高的门槛。而与此相对应的是，我国运动康复行业发展还处于初级阶段，大量患者在遇到肌肉、骨骼问题时往往会直接求助于医院骨科而鲜少考虑康复科，再加上大众对于民营医疗机构的信任度较低，民营运动康复机构发展任重道远。

（五）利润分配和退出风险

根据当前规定，非营利性医疗机构所得收入除规定的合理支出外，只能用于医疗机构的继续发展。从目前社会资本投资的利润分配模式来看，利润主要从药品集中采购取得差价、收取医院管理费来实现，退出途径尚没有成熟的模式可供借鉴。

在投资并购过程中，财务风险必须引起重视。由于相当多的医疗机构长期运行于非市场体制下，管理水平参差不齐，其业务及财务系统、日常经营和财务信息，以及相关管理人员的技能及经验可能难以完全满足投资人投前评估及投后管理的需求。此外，某些医疗机构的财务信息还可能存在不符合财务规范，甚至人为修饰的情况，不能完整表现出医院的真实运营情况。投资方需要在投资前进行充分的尽职调查以识别潜在风险。

并购整合需要大量的资金支持，不论是企业自有资金还是融资所得，企业都需要时刻关注自身的资金链。资金链紧张，影响的不仅是投资并购活动，还关系到企业的存亡。

（六）群众风险

第一，我国大众康复意识普遍淡薄，主要关注医疗体系中的急性期，而没有意识到手术成功并不代表功能恢复。康复医学的意义长期得不到应有的重视，直接导致了康复医疗机构盈利困难。

第二，部分民营医疗机构广告中存在虚假信息，夸大治疗效果。这种过分注重短期经济回报而不维护长期企业形象的违规经营行为，透支了大众对民营机构的信任。

第三，健身俱乐部、美容美体中心等机构造成消费人群分流的同时，也可能使真正需要运动康复的患者贻误了病情，错失了真正接触运动康复的机会，而其中部分患者也将对周围人群传播有关运动康复的不良口碑。

五、运动医学发展对策

从行业发展角度，运动医学应加强人才引进培养、内部投资管理、商业模式搭建。

从人才角度，现阶段龙头医疗机构资深康复专家大多来自外聘，企业内部的康复治疗师以国内各大体育院校、医学院运动康复系相关专业的大学生为主，这些毕业生目前缺乏实践经验。基于此，成立俱乐部等相关组织用于进一步高效聚集行业人群，可以为自身人才储备提供支持并探索依靠优势人力资源驱动运动康复行业发展的模式。

从投资者角度，其需要加强内部投资管理，尤其是资金管理与风险管理。资金管理要符合企业战略和行业环境，否则只会增加资金的机会成本；要保持合理的资产结构，保持充裕的资金流，通过资产管理来避免外部影响，如利率变动等。风险管理由组织、人和制度构成。企业要成立风险职能部门，由风险管理的专业人士担任风险经理，建立完善的风险管理制度。风险管理的机制与体系可能帮助企业及早发现并成功规避风险。

从商业模式角度，我国康复医疗机构商业模式包括专业性康复医疗机构和综合性医院康复科。结合我国运动健康管理行业处于初创期、消费者教育不够深入等特点，我国的运动医学机构必须注重康复服务产品化，树立品牌意识，加强与医院联动，践行推动三级康复医疗服务体系、完善人才培养体系、落地社区合作、开发康复衍生产品服务等策略。

面对机遇与挑战并存的运动康复行业，行业各方仍需持续努力。随着政策的进一步支持和各类运动康复医疗机构的妥善经营，运动康复行业在健康中国的大背景下会获得良好发展。

第十四章

公立医院等主体与社会资本合作代表性
司法裁判案例分析

＊◆＊

第一节　黔南布依族苗族自治州人民医院与北京力天斯瑞国际
投资集团有限公司合同纠纷案

审 理 法 院：贵州省高级人民法院

案　　　　号：（2018）黔民初49号

裁 判 日 期：2019.07.17

案　　　　由：民事＞合同、准合同纠纷＞合同纠纷

原　　　　告：黔南布依族苗族自治州人民医院（以下简称"黔南州医院"）

被　　　　告：北京力天斯瑞国际投资集团有限公司（以下简称"斯瑞公司"）

一、案件概述

原告黔南州医院因与被告斯瑞公司合同纠纷一案，于2017年11月2日向贵州省都匀市人民法院起诉。2017年12月14日，本院受理斯瑞公司诉黔南州医院、第三人贵州元程瑞康医疗投资管理有限责任公司（以下简称元程公司）股东出资纠纷一案［案号：（2017）黔民初167号］。都匀市人民法院认为，本案与本院受理的（2017）黔民初167号案件是基于同一事实引发，黔南州医院向都匀市人民法院起诉要求解除合同，而斯瑞公司向本院起诉要求继续履行合同，合同涉及标的金额上亿，且该案影响较大，为妥善解决纠纷，2018年3月26日，经黔南州中级人民法院层报至本院，请求本院提级审理。本院认为，本案与本院受理的（2017）黔民初167号案件系争事由同一，且当事人在两案中所涉部分诉讼请求相互抵触，为便于案件的正确处理，维护

当事人合法权益，依照《中华人民共和国民事诉讼法》（2017年修正）第38条第2款规定，本院于2018年4月8日作出（2018）黔民辖8号裁定，裁定本案由本院审理。本院于2018年4月18日立案后，依法适用普通程序，公开开庭进行了审理。本案现已审理终结。

黔南州医院向本院提出诉讼请求：①判令解除原、被告双方于2014年6月19日签订的《黔南州人民医院新院招商引资项目投资协议》（以下简称《投资协议》）；②诉讼费用由被告承担。

二、事实和理由

（一）事实陈述

随着黔南州社会经济的发展，为了满足广大人民群众健康医疗需求，依据黔南州医疗卫生区域规划，黔南州医院拟在都匀经济开发区进行"黔南州人民医院异地扩建"。经黔南州政府研究同意，黔南州发展和改革委员会批准立项，随后经黔南州规划局、都匀经济开发区建设局等相关部门审核，黔南州医院取得了建设项目选址意见书、建设用地规划许可证、建设工程规划许可证等相关批准文件。在项目"可研"批复之后，为减轻投资压力，黔南州医院通过招商引资的方式，与斯瑞公司洽谈共同投资、建设、经营一所新医院。2014年6月19日，黔南州医院、斯瑞公司双方签订了《投资协议》，约定：黔南州医院、斯瑞公司双方按20%：80%比例投资、建设、经营"黔南州人民医院新院"，双方按此比例投入，确保第一期工程的建设完成。同时双方共同组建元程公司，具体实施对新院的投资与管理。公司为股份制，注册资本1.5亿元人民币，黔南州医院出资3000万元人民币（股比20%），斯瑞公司出资1.2亿元人民币（股比80%），后续按20%：80%比例增资和出资。由元程公司投资新建的"黔南州人民医院新院"，其债权债务与黔南州医院无关。《投资协议》签订后，在项目的实施过程中，斯瑞公司的违约行为使项目建设无法推进，同时遇国家政策的调整，致使原协议的合同目的不能实现。

第一，黔南州医院、斯瑞公司双方按20%：80%出资实施项目建设，而斯瑞公司在履行《投资协议》过程中存在以下根本违约行为：截至起诉时，黔南州医院实际投入建设项目资金已经达到9527万元人民币，超出现阶段主体工程约定的20%投入，而斯瑞公司实际投入该项目建设资金初步统计仅为10 241万元人民币，远达不到80%。从元程公司账户的资金来看，斯瑞公司投资有 20 212 万元人民币，但是其中有 9971 万元人民币在没有支付依据的情况下，被非正常支付到了斯瑞公司方的关联公司等非合同账户，其中 2016 年 7 月以来陆续向北京中鑫宇瑞建设工程有限公司（系斯瑞公司出任元程公司董事文某的控股公司，以下简称"中鑫宇瑞公司"）非正常转款 4471 万元人民币，向北京峰之峰装饰工程有限公司（以下简称"峰之峰公司"）非正常转款 5500 万元人民币。由于斯瑞公司未履行其出资义务，项目主体建设阶段农民工欠薪事件屡发，项目建设被叫停，不能如期完工，合同目标不能实现。

第二，在《投资协议》的履行过程中，斯瑞公司利用大股东控股的权利，操纵合股公司，侵害黔南州医院的合法利益。本案争议的医院建设项目（综合医院）由黔南州医院和元程公司共同进行双业主招标，但斯瑞公司无视黔南州医院的权利，避开黔南州医院，单独与中标方私下洽谈签订合同，甚至强制施工方与斯瑞公司关联企业签订分包合同，并进行不合常规、常理的巨额款项预付。斯瑞公司虚假出资，做虚其投资额，同时要求黔南州医院按照其虚假出资额进行公司注资的配比投入。斯瑞公司还不顾黔南州医院的再三阻止，安排施工单位、施工队强行施工所谓"C 栋"，最终被住建部门叫停，认定为违法建筑。斯瑞公司以虚假注资、关联交易等违法行为，不按《投资协议》履行自己的出资义务，拖欠工程款，引发农民工欠薪，从 2015 年至 2017 年，总计发生了五次农民工欠薪事件，给社会带来了不稳定因素。斯瑞公司这一系列违法、违反合作信用的行为损害了黔南州医院利益，导致双方的合作信用丧失，合作的目的无法实现。

第三，2014 年《投资协议》约定，双方共同建设经营"黔南州人民医院新院"，这是黔南州医院、斯瑞公司合作的目的。这一"合同目的"包含了双方各自的重大利益。2016 年 3 月 22 日，黔南州医院向黔南州卫生和计划生育委员会递交设立"黔南州人民医院新院"申请，黔南州卫生和计划生育委员会根据国家卫生和计划生育委员会《关于公立医疗机构改制后名称核定有关问题的批复》（国卫医函〔2015〕280 号），作出了《关于对黔南州人民医院新院设置的批复》（黔南卫计复〔2016〕10 号），明确元程公司举办的新医疗机构不能使用"黔南州人民医院新院"名称，即"黔南州人民医院新院"是政府举办的公立性医院的专属用名，黔南州医院、斯瑞公司双方入股的元程公司举办的新医疗机构不能注册使用。至此，黔南州医院、斯瑞公司双方约定的共同投资建设经营"黔南州人民医院新院"的合同目的已经无法实现。

对此情况黔南州医院已多次向斯瑞公司进行函告，但协商无果。

综上所述，斯瑞公司不履行合同义务的行为不仅让双方的合作关系逐渐恶化，还造成双方合作项目被责令叫停，导致合作目的无法实现。同时黔南州医院、斯瑞公司《投资协议》共同建设、经营的"黔南州人民医院新院"因政策原因也已无法实现。

（二）申辩理由

1.《投资协议》合法有效

斯瑞公司辩称：《投资协议》合法有效，不存在解除合同的约定条件以及法定条件，黔南州医院的诉讼请求应当予以驳回。《投资协议》系双方真实意思表示，合法有效，双方应当根据诚实信用原则履行协议约定以及法定义务。

首先，该协议的签订对推动黔南州区域医疗卫生事业发展具有重大意义。随着黔南州社会经济的发展，其现有的医疗卫生服务机构无法满足当地人民群众健康医疗的要求。依据黔南州医疗卫生区域规划，黔南州医院拟在都匀经济开发区进行黔南州人民医院异地扩建。但是仅靠政府和医院自身投入难以完成建设，必须引进社会资本参与合作，建立股份制医院。经黔南州政府研究同意，黔南州发展和改革委员会批准立项，黔南州医院通过招商引资的方式与斯瑞公司洽谈共同投资、建设、经营新医院，并于2014年6月19日签订《投资协议》。该股份制医院的建立，缓解了政府财政压力，弥补了黔南州优质医疗资源不足的问题，兼顾了社会效益，保证了广大人民群众的健康医疗服务。双方签订《投资协议》之后，通过股权转受让方式，使黔南州医院持有元程公司20%股权，斯瑞公司持有该公司80%股权。2015年1月28日，元程公司与都匀经济开发区管理委员会签订《招商投资协议书》以及补充协议，约定：元程公司在都匀经济开发区投资建设黔南州人民医院异地扩建项目——黔南州人民医院新区医院项目。该项目一期工程包括门诊楼、住院楼、医技楼、综合楼等，二期工程包括住院楼以及配套设施、医疗培训中心、医疗养老、专家公寓、职工宿舍、商场、生活区，三期工程包括医疗商业用地开发、商住地开发。

其次，该协议约定双方权利义务，各方应当按照协议约定履行相应义务。

最后，该项目合法、合规，黔南州人民政府对此予以肯定与支持。其一，该项目合法、合规。目前全国现状为医疗资源总量不足、质量不高、结构不足不合理，为此，国务院办公厅颁发了《全国医疗卫生服务体系规划纲要

（2015—2020）》《关于进一步鼓励和引导社会资本举办医疗机构的意见》
《关于支持社会力量提供多层次多样化医疗服务的意见》等文件，国务院印发
了《关于加快发展养老服务业的若干意见》《关于促进健康服务业发展的若干
意见》等法律规范及政策规定，明确支持社会化力量办好多层次多样化医疗
服务，鼓励公立医院与其他机构建立协作关系。其二，该项目符合黔南州政
策，黔南州人民政府对此大力肯定。2014 年 7 月 8 日，黔南州人民政府召开
"关于研究加快州人民医院和州中医院异地扩建项目建设专题会议"并形成黔
南府专议〔2014〕70 号会议纪要。该会议纪要明确黔南州医院与斯瑞公司签
订框架协议，由双方出资组建新医院，开发医疗市场，增加医疗资源，建立
股份制医院。2014 年 9 月 29 日，黔南州人民政府第十三届第三十四次常务会
议（黔南府常议〔2014〕11 号）第十八议题决议同意黔南州医院引进社会资
本在都匀经济开发区新建立股份制医院，按照公益性和营利性双轨模式运营。

2. 黔南州医院在履行该协议过程中存在严重违约行为

其一，黔南州医院未能如约履行出资义务。根据协议约定，黔南州医院
应当履行人民币 3000 万元的出资义务，但截至 2015 年 12 月 4 日，其实际出
资人民币 2200 万元，尚欠出资人民币 800 万元。且在前述项目进展过程中，
因项目推进之需求，斯瑞公司又实际投资人民币 8377.65 万元，而黔南州医
院未能按照其持股比例追加投资。其二，《投资协议》第 9 条明确约定："黔
南州人民医院处理立项、医疗科室设置、医用设备配置证等审批事项和与州
政府各部门的协调工作。在一年内完成新院所需各项审批手续。"但是该院未
能按照前述协议之约定履行办理新医院各项证件审批义务，致使医院延迟运
营，给项目运行造成巨大经济损失。其三，黔南州医院以小股东身份四处发
函，要求停止修建"C 栋儿科楼"，并且通过欺骗手段向政府骗取相关审批手
续，在都匀经济开发区 12 号路东侧另行修建了一栋儿科楼，违背《投资协
议》第 9 条"黔南州人民医院不再成立新医疗机构，保证病人入住率"之
约定。

3. 斯瑞公司在履行合同过程中不存在违约

第一，根据双方协议约定，斯瑞公司持有元程公司 80% 股权，出资额为
1.2 亿元。贵州善美智企业管理咨询有限公司出具的注册资本到账情况说明足
以体现斯瑞公司已经足额履行出资义务。且在施工过程中，斯瑞公司为保证
该项目一期工程及时完成，追加投资人民币 8377.65 万元。

第二，黔南州医院所称"斯瑞公司非正常支付关联公司等非合同账户"与事实不符。其一，双方合作协议签订后，双方积极开展建设工作。黔南州医院、元程公司与中信国际招标有限公司（以下简称"中信公司"）于2014年7月23日、2014年11月24日、2014年11月27日分别签订三份《招标代理合同》，委托其进行工程招标事宜。因此招聘委托系黔南州医院、元程公司共同委托，招标代理机构系委托方共同选定。其二，七冶建设有限责任公司（以下简称"七冶公司"）及北京城建道桥建设集团有限责任公司（以下简称"北京城建公司"）通过第三方中信公司正常合法的招投标程序分别于2015年5月22日、2015年4月20日中标。七冶公司及北京城建公司中标后分别于2015年9月3日、2015年12月28日与黔南州医院以及元程公司签订了《建设工程施工合同》。由于北京城建公司与七冶公司仅具有对土建主体工程承建的能力，其将部分零星工程分包给峰之峰公司及中鑫宇瑞公司，并于2015年签订了装饰装修及安装工程施工合同。峰之峰公司于2015年11月26日与元程公司签订了《装饰装修、零星工程及安装工程施工合同》以表备案，中鑫宇瑞公司分别于2015年11月28日、2016年3月31日与元程公司签订《装饰装修、零星工程及安装工程施工合同》《园林绿化、照明及零星总承包合同》《室外管网、污水处理、垃圾、车道及零星工程总承包合同》以表备案。峰之峰公司和中鑫宇瑞公司在施工过程中工程质量合格，经核算工程量准确，其工程单价低于中标单价，打款流程合法。综上，元程公司向峰之峰公司和中鑫宇瑞公司转款具有法律及事实依据，且合同主体以及付款主体系元程公司，因此不存在斯瑞公司以股东身份擅自向非合同主体非正常支付工程款的行为。其三，2016年2月26日，都匀市公安局出具了关于黔南州医院新院建设项目资金管理有关问题的调查情况报告，其中载明："黔南州医院新院建设项目中，项目总承包方七冶公司将项目的部分工程承包给中鑫宇瑞公司，七冶公司按照合同约定将工程预付款人民币30 000 000元支付给中鑫宇瑞公司等过程中，暂未发现违法犯罪行为。"

第三，黔南州医院认为：斯瑞公司不顾其反对强行施工建设的"C栋儿科楼"为违章建筑，无任何依据。斯瑞公司承建的该儿科楼是依据医院提供的工程图纸施工，且办理了相关建设用地规划许可证（地字第520000201422981）、建筑工程规划许可证（建字第520000201433099）等证照，属于合法建筑而非医院所称违章建筑。医院作为元程公司的股东之一，本应该维护公司利益，为公司谋求发展，但其于 2017 年 9 月 28 日通过欺骗手段向政府骗取相关建设施工证照并在位于都匀经济开发区 12 号路东侧建设了一栋与由斯瑞公司施工建设的相同的儿科楼，此行为不仅严重违约，而且已经违反竞业禁止规定，属于严重侵权行为。

4. 黔南州医院提出解除合同于法无据

第一，本案合同目的明确。根据前述协议以及黔南州人民政府和其他机关的文件足以表明合同目的为：双方共同出资成立元程公司，以此为平台实现黔南州医院异地扩建项目；引进社会资本参与合作，投资、建立、经营股份制医院；项目一期工程包括门诊楼、住院楼、医技楼、综合楼等，二期工程包括住院楼以及配套设施、医疗培训中心、医疗养老、专家公寓、职工宿舍、商场、生活区，三期工程包括医疗商业用地开发、商住地开发。

第二，本案不存在解除合同的约定条件。双方合同仅第 9 条体现约定解除合同条件："若遇不可抗力或国家政策调整致使本协议不能正常履行，双方本着尽可能减少双方损失的原则，协商妥善处理相关事项。"项目推进至今未出现前述解除合同的约定条件。

第三，本案不存在解除合同法定条件。根据原《中华人民共和国合同法》第 94 条规定，结合合同实际履行情况与前述合同目的分析，双方合同目的完全能够实现，不存在解除合同的法定条件。

第四，黔南州医院方声称由于新医院冠名"人民医院"无法得到相关行政主管部门审核通过，导致合同目的无法实现，不能作为解除合同的条件。其一，该项目目前基本建设完成，新医院名称尚未申报、审批，且是否能够命名"人民医院"系行政管辖范畴，不是本案审理范围；其二，根据前述合作目的系建立股份制医院，合作的范围涉及医疗培训以及其他商业，而非注册使用某医疗机构名称来看，即使新医院无法使用"人民"二字也不影响合同目的的实现。其三，原国家卫生计划生育委员会《关于公立医疗机构改制后名称核定有关问题的批复》（国卫医函〔2015〕280 号）载明：政府办公立医疗机构改制为股份制医疗机构的，不应继续使用"人民医院""中心医院"及"某某市"等含有行政区划名称的机构名称。而本案中的"黔南州人民医院新院"并不属于该批复中所述改制情形，而是合作组建的医疗机构。

5. 合同解除将产生恶劣的社会影响

根据合同履行情况来看，本案项目投资巨大，合同目的基本已经实现，该合同无法解除。若解除合同必然致使双方皆承受巨大经济损失，而且在当地产生极其恶劣的社会影响。

第一，双方签署《投资协议》后为了表达合作诚意，在《投资协议》签订后 15 个工作日内，双方共同开设专用账户，医院方注资 520 万元人民币，斯瑞公司注资 2080 万元人民币，作为履约保证金，双方确认合作事项达成后，转为双方可用资金。履约保证金到达专用账户，报黔南州人民政府审批后，双方组成联合工作小组（对外以黔南州医院名义开展工作），负责元程公司成立前的相关工作，适时在黔南州内注册具有独立法人资格的企业机构（包括办理工商营业执照，国、地两税税务登记证等），暂定名"元程瑞康医疗投资管理有限公司"。公司成立后，全面接管联合工作小组的工作。

第二，涉案项目投资巨大且已经基本完成。《投资协议》约定投资额达 15 亿元人民币，几年来斯瑞公司履行投资协议，投资建成标的物价值达近 8 亿元人民币，项目建设已基本完成，仅小部分装修完成后就可以开业经营。

第三，本案项目是由黔南州人民政府同意、黔南州发展和改革委员会批准立项，并享受贵州省及黔南州人民政府招商引资优惠政策的涉及民生的重大项目。该股份制医院的建立，缓解了政府财政压力，弥补了黔南州优质医疗资源不足的问题，兼顾了社会效益，保证了广大人民群众的健康医疗服务需求。因此，解除协议停止项目，不仅给双方造成极大经济损失，而且严重破坏了黔南州招商引资政策，严重影响当地经济发展，激化了黔南州医疗资源总量不足、质量不高、结构不足不合理的矛盾。

第四，双方皆为元程公司股东，前期合作深入而愉快，因双方工作方式不同致使沟通不畅等误解，此为股东之间的矛盾，完全可以通过协商方式予以解决。

6. 违背诚实信用原则

双方投资的新医院即将运营，项目将产生巨大收益，黔南州医院恶意不履行双方约定的义务，系为独占收益，违背诚实信用原则。

（三）证据研究

当事人围绕诉讼请求依法提交了证据，本院组织当事人进行了证据交换。

第一，在 2018 年 9 月 27 日的证据交换中，黔南州医院共出示十二组证据。斯瑞公司对第一组至第四组证据的真实性、合法性、关联性无异议，但不认可第四组证据的证明目的；对第五组证据中的 1 号证据，仅认可汇入元程公司 2020 万元人民币打款凭证的真实性，对 1 号证据涉及的其余款项的真实性无法核实，对第五组证据中其余证据的真实性均认可，但对证明目的有异议；对第六组证据中的 1 号证据的真实性、合法性、关联性无异议，但对证明目的有异议，对该组 2 号证据的三性均不予认可；对第七组、第八组、第九组、第十组、第十一组证据的真实性、合法性、关联性无异议，对证明目的有异议；对第十二组证据的三性均不予认可。对上述斯瑞公司对真实性无异议的证据，本院对其真实性予以确认；对第五组证据中的 1 号证据，本院对斯瑞公司无异议的 2020 万元人民币款项予以认定；对第十二组证据，元程公司资产统计表系打印件，未加盖印章，工作量产值说明不属于经双方委托产生的审计报告，询问笔录中证人未出庭作证，且斯瑞公司对本组证据的三性均不认可，故本院对第十二组证据的真实性不予确认。对斯瑞公司对证据证明目的提出异议的证据，本院结合双方诉辩情况予以认定。

第二，在 2018 年 9 月 27 日的证据交换中，黔南州医院另补充出示四组证据。斯瑞公司对第一组证据的证据三性均不予认可；对第二组证据中的《州医院建设项目（综合医院）施工图审查合格书》，其认为是复印件，对证据三性不予认可，对本组其他证据的真实性无异议；对第三组证据的真实性无异议，但认为达不到证明目的；对第四组证据，其认为与斯瑞公司无关联性。本院认为，第一组证据因系打印件，未经双方当事人的共同确认，故本院对其真实性不予确认。第二组证据中的《州医院建设项目（综合医院）施工图审查合格书》系复印件，对其真实性不予确认，对本组其他证据的真实性予以确认。对第三组、第四组证据的真实性予以确认。对此四组证据是否能达到证明目的、是否与本案具有关联性，本院结合双方诉辩情况予以认定。

第三，2018 年 10 月 29 日，黔南州医院提交八组证据。斯瑞公司对此八组证据的真实性均无异议，但对证明目的均提出异议，认为该八组证据达不到黔南州医院的证明目的。鉴于双方对此八组证据的真实性均无异议，本院对其真实性予以确认，对斯瑞公司对证明目的提出的异议，本院结合双方的诉辩情况予以认定。

第四，2019 年 4 月 15 日的法庭调查中，黔南州医院出示五组证据。斯瑞公司对第一组证据的真实性无异议，对证明目的有异议，对第二组、第三组、第四组、第五组证据的三性均不予认可。第一组证据因双方对真实性无异议，本院对该组证据的真实性予以确认；第二组证据系原黔南州卫生和计划生育委员会出具的说明，本院对其真实性予以确认，但该证据仅能证明双方发生分歧；第三组证据系 6 份双方的往来函件，但函件为复印件或者无送达记录，本院对其真实性不予确认；第四组证据系原黔南州卫生和计划生育委员会 2014 年 11 月 23 日作出的黔南卫计议〔2014〕1 号会议纪要和黔南州人民政府于 2015 年 12 月 11 日作出的〔2015〕78 号会议备忘录，因该组证据系行政机关作出的文书，内容系各方协调涉案项目事宜，本院对其真实性予以确认；第五组证据系黔南州医院自行制作的财务报表，因该证据系其单方制作，且斯瑞公司不予认可，本院对其真实性不予确认。

第五，在 2018 年 9 月 27 日的证据交换中，斯瑞公司共提交七组证据。黔南州医院质证认为，对第一组证据的真实性、合法性、关联性无异议，但对证明目的有异议；对第二组证据中的到账情况、情况说明的证据三性均不予认可，对本组其余证据的真实性无异议，但对证明目的提出异议；对第三组证据的真实性、合法性、关联性无异议，但对证明目的有异议；对第四组证据的真实性无异议，但对证明目的有异议，认为部分合同重复分包，斯瑞公司抽逃出资；对第五组、第六组证据的真实性、合法性、关联性无异议，但对证明目的有异议；对第七组证据的真实性无异议，但认为与本案无关。对上述黔南州医院对证据的真实性无异议的证据，本院对证据的真实性予以确认；对证据的关联性、合法性以及证明目的，本院结合双方诉辩情况予以认定。第二组证据中的到账情况、情况说明，因到账情况的出具主体无证据证明其具有合法主体资格，本院对该证据的真实性不予确认；对情况说明，因系元程公司对股东注资的说明，本院对其真实性予以确认。

第六，在 2018 年 9 月 27 日的庭审中，斯瑞公司提交两组证据，黔南州医院对证据的真实性均无异议，但认为达不到证明目的。本院对此两组证据的真实性予以确认，对证明目的，本院结合双方的诉辩情况予以认定。

三、经审理查明

（一）协议约定内容

2013 年 11 月 4 日，黔南州发展和改革委员会向黔南州卫生局发出《关于同意州人民医院异地扩建项目开展前期工作的函》（黔南发改函〔2013〕3 号），该函内容为："为推进黔南州人民医院异地扩建项目建设，改善医疗条件，提升医疗服务水平，原则同意州人民医院开展异地扩建项目建设前期工作。"

2014 年 6 月 19 日，黔南州医院作为甲方，斯瑞公司作为乙方，双方签订《投资协议》，主要内容为：根据国务院《医疗机构管理条例》《关于进一步鼓励和引导社会资本举办医疗机构的意见》《关于加快发展养老服务业的若干意见》《关于促进健康服务业发展的若干意见》等法律法规及政策规定，本着互惠平等、充分享受贵州省及黔南州人民政府招商引资优惠政策的原则，经甲乙双方友好协商，就双方共同在贵州省某经济开发区科教城规划区内投资新建"黔南州人民医院新院"，达成如下协议。

第 1 条，双方出资。双方共同出资组建"元程瑞康医疗投资管理有限公司"，注册资金 15 000 万元人民币。其中甲方（含关联单位）出资 3000 万元人民币，出资比例 20%；乙方（含关联企业）出资 12 000 万元人民币，出资比例 80%。甲乙双方后续增资按 20%∶80% 固定比例对应增资，并按该比例出资确保新院一期内容建设完成。根据新院建设进度，双方按该出资比例进行付款。办理土地使用手续、取得土地使用权的相关费用，由双方按约定出资比例支付。甲方已经支付的土地征用费，在办理土地使用权证后，冲抵甲方按出资比例应付费用。甲方已经支付的前期项目费用（除土地征收费外）列入新院建设成本，在双方注资到位后，由双方共同账户支付给甲方。甲方积极申请国家发展和改革等有关配套资金，以本项目在建设期申请的所有配套资金作为甲方投入资金。

第 2 条，工作安排。①甲乙双方签署《投资协议》；②为了表达合作诚意，在《投资协议》签订后 15 个工作日内，甲乙双方共同开设专用账户，甲方注资 520 万元人民币，乙方注资 2080 万元人民币，作为履约保证金，双方确认合作事项达成后，转为双方可用资金；③履约保证金到达专用账户，甲方报黔南州人民政府后，甲乙双方组成联合工作小组（对外以黔南州医院名义开展工作），负责元程公司成立前的相关工作；④适时在黔南州内注册具有独立法人资格的企业机构（包括办理工商营业执照，国、地两税税务登记证等），暂定名"元程瑞康医疗投资管理有限公司"；⑤元程公司成立后，全面接管联合工作小组的工作。

第 3 条，投资项目基本情况。①项目概况：本项目含 1200 张床位的三级甲等综合医院、800 张床位的专科医院（含妇幼保健院、儿童医院、肿瘤医院、传染病医院）、疗养院及康复医院。疗养院及康复医院建设规模由联合工作小组报有关部门审批确定。建设内容、建设标准、科室设置、人员设备配备依照有关标准、规范执行。②实施进度：本项目分两期建设，建设进度配合匀东新区的整体市政建设，整体思路是启动早、速度快，力争提早完成工期，医院开业，同时避免投资闲置。第一期为1200张床位的综合医院的建设，在不受外来因素及不可抗拒因素影响的前提下，原则上确保于2016年8月8日前建成。第二期为专科医院、疗养院及康复医院的建设，根据国家发展和改革项目资金投向等确定。③总投资：本项目土建总投资估算约15亿元人民币。其中一期1200张床位的综合医院投资约8.88亿元人民币；其他配套设备、设施根据需要投入。

第4条，项目用地。①用地位置及面积：该项目用地位于都匀经济开发区某地块，总用地面积为692亩，其中建设用地面积为492亩，储备用地200亩。用地性质为综合用地，最终用地性质、规模和规划指标等以规划、国土等相关部门确认为准。②供地方式：该项目建设实行整体规划、分步实施的原则。土地使用权的获得采取项目整体打捆，由都匀经济开发区国土部门以项目带规划整体挂牌出让、划拨等方式，分两期供地，一期供地492亩。甲方负责协调办理相关手续。

第5条，黔南州人民医院新院管理。新院管理由甲乙双方共同承担，双方共同制定新院章程，新院管理委员会为最高决策机构。新院管理委员会成员由甲乙双方根据出资比例委任派驻。新院高管任命由医院管理委员会决定，同时报黔南州卫生行政主管部门备案。新院医疗质量管理和财务管理在政府相关职能部门指导监管下进行，并严格遵守国家相关法律法规。

第6条，人力资源。乙方协助甲方自美国约翰霍普金斯医院、宾夕法尼亚大学医学院、美国费城儿童医院、北京天坛医院、北京阜外医院、第三军医大学、四川大学、重庆医科大学、贵阳医学院附属医院、四川省肿瘤医院等知名大学和医疗机构引进30名左右高端人才作为学科带头人，同时协助甲方招聘引进部分中层骨干人才，人才引进直接费用计入新院成本。甲方负责中层及基础医护人员的招聘、轮训和进修。甲方派驻新院的职工编制、身份不变，工资待遇由财政负责。中层骨干人才送往国内知名医疗机构进修一年以上。直接的招聘、进修费用计入新院成本并折算为甲方出资。

第7条，新院债务、债权及处理。元程公司为独立法人，其发起建设的新院债权、债务全部由元程公司独立承担，与黔南州医院无关。

第8条，结余及分配。新院定位为非营利性医疗机构，享受非营利性医院享受的相关政策。新院以向元程公司借款的形式进行建设。新院经营产生的结余，逐年向元程公司归还，再由元程公司按比例分配至甲乙双方。

第9条，甲方的责任和义务。①严格执行本协议的全部责任和义务。②按项目约定的投资内容、建设时间、投资额度完成全部投资建设。③人力资源和管理责任。④处理立项、医疗科室设置、医用设备配置证等审批事项和与黔南州人民政府各部门的协调工作。甲方在一年内完成新院所需各项审批手续。⑤新院建成后，甲方对外进行积极正面宣传。甲方不再成立新的医疗机构，保证甲方的内、外、妇、儿科室进入新院，病人入住率50%。⑥经过甲乙双方友好协商，甲乙双方可以调整出资比例。

第10条，乙方的责任和义务。①严格执行本协议的全部责任和义务；②乙方协助甲方与国际、国内知名的三级甲等医院或医疗机构签订战略合作协议，确保合作方给予本项目以技术和人才支撑；③按项目约定的投资内容、建设时间、投资额度完成全部投资建设；④协助甲方争取国家有关资金支持。

第11条，违约责任。①若甲方违反上述约定，给乙方造成损失的，则甲方赔偿乙方相应损失；若乙方违反上述约定，给甲方造成损失的，则乙方赔偿甲方相应损失。②若遇不可抗力或国家政策调整，致使本协议不能正常履行的，双方本着尽可能减少双方损失的原则，协商妥善处理相关事项。

（二）政策情况

2014年7月7日，黔南州人民政府作出黔南府专议〔2014〕70号《关于研究加快州人民医院和州中医医院异地扩建项目建设的专题会议纪要》，纪要主要内容为：支持黔南州医院与斯瑞公司合作，通过引进社会资本参与合作，建立股份制医院，弥补黔南州优质医疗资源不足的问题，兼顾社会责任和效益，并要求新医院于2016年8月建成。纪要要求黔南州医院争取国家项目资金支持，作为黔南州医院对新院建设的投入。

2014年9月12日，黔南州人民政府作出黔南府常议〔2014〕11号《常务会议纪要》，其中包括：同意黔南州医院引进社会资本在都匀经济开发区新建股份制医院……同意股份制医院按公益性和营利性双轨模式运营，并在黔南州卫生和物价部门监督下开展医疗服务。

（三）协议履行情况

2014年8月1日，元程公司成立，斯瑞公司系唯一股东。2014年11月27日，元程公司作出股东会决议，内容为经全体股东研究，斯瑞公司同意将拥有的元程公司100%股权转让20%的股权给黔南州医院。元程公司与黔南州医院在此股东会决议上均加盖了印章。

2014年12月8日，斯瑞公司与黔南州医院签订《股权转让协议》，约定："元程公司于2014年8月1日在贵州省某市成立，由斯瑞公司全额出资成立并经营，注册资金15 000万元。斯瑞公司愿将占该公司20%的股权作价3000万元转让给黔南州医院，黔南州医院分期向斯瑞公司支付股份转让金，第一期支付520万元，余款在本协议书生效之日起一年内支付给斯瑞公司，股份转让金可直接支付给元程公司……"

2014年12月8日，元程公司修订其公司章程，规定公司注册资本15 000万元人民币，斯瑞公司以货币出资12 000万元人民币，出资比例80%，黔南州医院以货币出资3000万元人民币，出资比例20%。斯瑞公司、黔南州医院的法定代表人均在章程上签名，并加盖了斯瑞公司、黔南州医院的印章。2014年12月10日，元程公司的股权变更完成工商变更登记。

2015年1月28日，都匀经济开发区管理委员会作为甲方，元程公司作为乙方，双方签订《招商引资协议书》，约定："为充分利用黔南地区优势资源，推动区域医疗卫生事业快速发展，提供就医方便，本着互惠互利、共同发展的原则，甲乙双方在自愿、平等、互利的基础上，就乙方在都匀经济开发区投资建设黔南州人民医院新区医院项目相关事宜达成如下协议，供双方共同遵守执行。

"第1条，项目基本情况。①项目名称：黔南州人民医院异地扩建项目。②项目建设内容：建设非营利性床位2000张，建设集医疗、保健、预防、康复为一体的综合医院及相关配套设施。其中一期建设1200张床位，二期建设800张床位。③项目地点：项目拟选址于都匀经济开发区大坪镇大坪村（具体位置以项目红线图为准）。④项目占地：项目占地约692亩（其中200亩为预留用地，具体以勘测面积为准）。⑤项目总投资：项目总投资约21亿元人民币，投资强度为每亩300万元人民币以上，资金来源为乙方自筹、引资及银行贷款。⑥建设周期：项目规划设计和投建资格的申报工作，自项目用地交付完成之日起力争9个月内完成，其中申报工作进度由甲方负责协调。项目一期工程预计投资 7 亿元人民币，占地面积 240 亩，建设内容包含 1200 张床位的门诊楼、住院楼、医技楼、综合楼等，在规划设计和投建资格的申报工作完成后 30 个月内建成并投入使用；项目二期工程预计投资 7 亿元人民币，占地 252 亩，建设内容包含建设 800 张床位的住院楼及配套设施设备、医疗培训中心、医疗养老、专家公寓、职工宿舍、生活区、商场等，在项目一期工程完成后 36 个月内建成并陆续投入运营；项目三期工程预计投资 7 亿元人民币，占地 200 亩，建设内容包含医疗商业用地开发、商住用地开发，在项目二期工程完成后 24 个月内建成并投入使用。⑦经济和社会效益：项目建成后，解决就业 3000 人，为当地周边群众提供更好的医疗服务平台。

"第 2 条，项目用地及管理。①项目用地性质：本项目用地中，240 亩为医疗卫生用地，252 为医疗商业用地，200 亩为商住用地。未经甲方批准，乙方不得转让土地使用权或改变土地用途。②供地方式：甲方根据开发区土地利用指标，及时启动挂牌程序，按土地评估价依法通过"招拍挂"程序出让土地使用权，乙方必须依法参与竞拍。乙方在依法获得该宗土地使用权后，须在本协议规定的期限内建设。③项目用地管理：乙方应按《招商引资协议书》约定时限和建设内容按时完成投资。④手续办理：乙方负责提供相关资料，甲方负责按有关规定为乙方办理用地规划及土地使用等相关手续，相关税费由乙方负责。

"第 3 条，付款方式及土地交付。①征地费用：黔南州医院前期已汇入甲方指定财政专户的 2500 万元人民币作为本协议中乙方支付的前期征地费用，不计利息。以上款项在（首期）土地挂牌后、缴纳保证金之日前 7 个工作日内，甲方应返还乙方，用于缴纳土地保证金。②土地交付：甲方在收到本项目征地费用后，立即组织征地拆迁工作组，在本协议规定时间内完成项目用地的征地工作，将土地交付乙方，并在该区域土地经批准转为国有建设用地的前提下，依法分批次出让。乙方按相关规定和程序依法取得土地使用权后，须按时足额缴纳土地出让金及相关税费。③土地出让时序：其一，首期医院项目建设用地为 300 亩（其中 200 亩为医疗用地，100 亩为商住用地），在该地块符合挂牌出让条件的前提下，于 2015 年 3 月 31 日前依法挂牌出让。如该项目地块在 2015 年 3 月 31 日前符合挂牌出让条件，但因甲方导致该地块不能按期挂牌出让的，由甲方承担相应赔偿责任。其二，自乙方依法取得首期项目用地使用权后 6 个月内，甲方依法挂牌出让二期 292 亩项目用地。其三，剩余100亩预留项目用地由甲方在乙方依法取得二期项目用地使用权后6个月内挂牌出让。如该项目用地因相关政策障碍不能按期挂牌出让，则甲方不承担任何责任。

"第4条，优惠扶持政策。①乙方在黔南州享受国家、省、州及都匀经济开发区的相关最新优惠政策；②甲方负责办理土地证、规划证、建设许可证等相关证书给元程公司……"

2015年1月28日，都匀经济开发区管理委员会作为甲方，元程公司作为乙方，双方签订《招商引资协议书补充协议》，约定如下。

第一，甲乙双方约定，乙方项目用地共692亩，甲方按评估价依法进行挂牌出让。为支持乙方项目建设，甲方按以下方式给予扶持：①乙方实际以土地成本价获得医疗卫生用地使用权。②自甲方交付医疗卫生用地之日起，乙方可立即开工建设。如因违法用地被处罚，由甲方自行负责。③医疗商业用地由甲方按评估价挂牌出让。乙方按实际挂牌成交价足额交纳土地出让金后，甲方将乙方交纳土地出让金超出土地成本价的溢价部分分三次给予乙方扶持，用于乙方项目范围内基础设施建设及专业医疗设备配置。医院建设项目一期完成场平后30日内，甲方按溢价部分的20%给予乙方扶持；医院建设项目一期完成主体工程50%工程量后30日内，甲方再按溢价部分的50%给予乙方扶持；余下30%溢价部分甲方在医院建设项目一期开始装修后30日内给予乙方扶持。④商住用地由甲方按评估价挂牌出让。乙方按实际挂牌成交价足额交纳土地出让金后，甲方将乙方交纳土地出让金超出土地成本价的溢价部分分三次给予乙方扶持，用于乙方项目范围内基础设施建设及专业医疗设备配置。医院建设项目一期完成场平后30日内，甲方按溢价部分的20%给予乙方扶持；医院建设项目一期完成主体工程50%工程量后30日内，甲方再按溢价部分的50%给予乙方扶持；余下30%溢价部分甲方在医院建设项目一期开始装修后30日内给予乙方扶持。⑤本项目用地的土地评估价，由乙方自行确定有资质的评估单位根据使用地块用地性质进行评估，评估结果须报甲方审定同意后执行。

第二，由甲方相关部门收取的规费能免则免、能减则减，在不能免收的相关规费中，按最低标准收取。

第三，甲方保证在开发区得到土地用地指标后，将本合同项下土地优先挂牌。

第四，甲方将医院建设用地交付乙方后，乙方即可启动医院项目建设。甲方相关职能部门积极配合乙方解决医院项目建设过程中的困难和问题。

第五，此补充协议为《招商引资协议书》不可分割的组成部分，与《招商引资协议书》具有同等的法律效力。

（四）项目业主变更情况

2014 年 12 月 19 日，黔南州卫生和计划生育委员会向黔南州发展和改革委员会发出黔南卫计函〔2014〕10 号《关于同意黔南州人民医院变更医院建设项目及地下停车场建设项目业主单位的函》，内容为：经请示黔南州人民政府同意，将黔南州人民医院建设项目及地下停车场建设项目业主单位由黔南州医院变更为元程公司。

2015 年 1 月 15 日，黔南州发展和改革委员会作出黔南发改函〔2015〕3 号《关于变更黔南州人民医院建设项目及地下停车场建设项目业主单位的函复》，内容为：同意将黔南州人民医院建设项目及地下停车场建设项目业主单位由黔南州医院变更为新组建的元程公司。

（五）医院名称问题

经查，根据《医疗机构管理条例实施细则》第 41 条规定："医疗机构的命名必须符合以下原则……③名称必须名副其实……⑤各级地方人民政府设置的医疗机构的识别名称中应当含有省、市、县、区、街道、乡、镇、村等行政区划名称，其他医疗机构的识别名称中不得含有行政区划名称……"《卫生部关于医疗机构审批管理的若干规定》（卫医发〔2008〕35 号）第（九）条规定："进一步规范医疗机构命名。核定医疗机构名称必须符合《医疗机构管理条例》《医疗机构管理条例实施细则》等有关规定，遵循名副其实，名称与类别、诊疗科目相适应等命名基本原则，做到医疗机构命名准确、规范、合理。要规范使用医疗机构通用名称，不得擅自增加、更改；要准确核定医疗机构识别名称，不得核定可能产生歧义或误导患者的医疗机构名称；不得核定利用谐音、形容词等模仿或暗示其他医疗机构的名称；难以判断识别名称或不能把握的，要请示上级卫生行政部门。含有'中心''总'字样的医疗机构名称必须同时含有行政区划名称或者地名；'人民医院''中心医院''临床检验中心'等名称由各级人民政府或卫生行政部门设置的医疗机构使用。"

2015 年 8 月 17 日，国家卫生和计划生育委员会作出《关于公立医疗机构改制后名称核定有关问题的批复》（国卫医函〔2015〕280号），内容为：其一，根据《医疗机构管理条例》及《医疗机构管理条例实施细则》有关医疗机构命名原则，各级地方人民政府设置的医疗机构的识别名称中应当含有省、市、县、区、街道、乡、镇、村等行政区划名称，其他医疗机构的识别名称中不得含有行政区划名称。按照原卫生部《关于印发〈卫生部关于医疗机构审批管理的若干规定〉的通知》（卫医发〔2008〕35号）有关规定，"人民医院""中心医院""临床检验中心"等名称由各级人民政府或卫生行政部门设置的医疗机构使用。因此，政府办公立医疗机构改制为股份制医疗机构的，不应继续使用"人民医院""中心医院"及"某某市"等含有行政区划名称的机构名称。其二，公立医疗机构改制后，要按照《事业单位登记管理暂行条例》有关规定向事业单位登记管理机关申请注销登记，并按照《医疗机构管理条例》《民办非企业单位登记管理暂行条例》《中华人民共和国公司法》等有关规定进行重新登记或变更登记。

2016年3月28日，在黔南州医院将"黔南州人民医院新院"的名称报黔南州卫生和计划生育委员会审批的过程中，黔南州卫生和计划生育委员会向黔南州医院作出黔南卫计复〔2016〕10号《关于对黔南州人民医院新院设置的批复》，内容为：你院报来《关于新院医疗机构设置的请示》（黔南州医呈〔2016〕9号）收悉。根据《医疗机构管理条例》《医疗机构管理条例实施细则》、原卫生部《关于印发〈卫生部关于医疗机构审批管理的若干规定〉的通知》（卫医发〔2008〕35号）及贵州省卫生和计划生育委员会转发《国家卫生计生委关于〈公立医疗机构改制后名称核定有关问题的批复〉的通知》（黔卫计办函〔2015〕183号）等文件有关规定，各级地方人民政府设置的医疗机构的识别名称中应当含有省、市、县、区、街道、乡、镇、村等行政区划名称，其他医疗机构的识别名称中不得含有行政区划名称，"人民医院"等名称由各级人民政府或卫生行政部门设置的医疗机构使用。因此，除各级地方人民政府设置的医疗机构外，其他医疗机构不得使用行政区划名称和"人民医院"等字样来命名医疗机构。请你院按照国家、省有关文件精神，进一步规范并核定新院医疗机构的命名后，再次向我委提交申报材料。

（六）关于元程公司违法建设问题

2017年9月20日，黔南州住房和城乡建设局向黔南州人民政府作出黔南住建呈〔2017〕96号《黔南州住房和城乡建设局关于州人民医院新院建设项目处置协调情况报告》，内容为：黔南州人民医院新院总建设项目共由四个项目构成，分别为黔南州人民医院建设项目及黔南州人民医院建设项目地下停车场、黔南州人民医院全科医生培训基地建设项目、黔南州人民医院儿科建设项目。其中黔南州人民医院建设项目及黔南州人民医院建设项目地下停车场的建设单位为元程公司，黔南州人民医院全科医生培训基地建设项目的建设单位为黔南州医院。此外，黔南州人民医院儿科建设项目于2014年11月26日通过了黔南州发展和改革委员会黔南发改社发〔2014〕495号文件的立项审批，建设单位为黔南州医院，总建筑面积24 000平方米，项目估算总投资9600万元。2016年9月13日，黔南发改社发〔2016〕403号文件中，黔南州人民医院儿科建设项目异址获批，该项目分别于2016年9月27日、9月28日、9月29日取得建设项目选址意见书（编号：选字第520000201609643）、建设用地规划许可证（证号：地字第520000201615402）、建设工程规划许可证（证号：建字第520000201615407）。2016年12月7日，黔南州人民医院儿科建设项目土建工程（二次）标段通过公开招标，确认中标单位为黔南州建筑工程有限公司，并于2016年12月28日取得建筑工程施工许可证（编号：522701201612280701）。目前该项目未发生民工欠薪事件。

2014年11月26日，黔南州发展和改革委员会黔南发改社发〔2014〕495号文件中明确黔南州人民医院儿科建设项目的建设单位为黔南州医院（至今未进行建设单位变更）。因黔南州人民医院儿科建设项目作为中央预算内投资项目，需进行单独招标，黔南州医院于2015年6月30日起多次函告元程公司，在未进行招标投标程序前，不允许进场施工。2016年9月13日，黔南州人民医院儿科建设项目异址获批（黔南发改社发〔2016〕403号），并于2016年12月7日进行公开招标，而元程公司、北京城建公司、贵州丰岩建筑工程劳务有限公司已于2016年3月强行进场，在黔南州人民医院儿科建设项目原址进行C栋楼（总建筑面积24 000平方米）的施工（2017年4月该项目主体完工）。在此期间，贵州丰岩建筑工程劳务有限公司收到元程公司、北京城建公司支付的工程款（包含民工工资）250万元。2017年1月至今，黔南州建筑工程质量安全生产监督管理站对该项目共计下发了三次停工通知，但均未能阻止其继续施工。由元程公司实施的黔南州人民医院"C栋"建设项目，违反国家基本建设程序，无国家发展和改革项目审批手续，未能提供项目招投标证明材料，项目建设过程无相关监管部门参与，我局认为，黔南州人民医院"C栋"建设项目属违法建筑……

下步处理建议：一是建设单位黔南州医院、元程公司应积极筹措项目资金，加紧组织项目建设，减少由停工造成的各种不良影响及损失。由于建设单位拖欠施工单位工程款而造成的拖欠民工工资，建设单位同时应积极配合施工单位，做好民工工资的偿付工作。二是建设单位、施工总承包单位及劳务分包单位认真进行工程量核对，为下一步的工程款的拨付提供真实可靠的依据。对存在较大分歧的工程项目，由有资质的第三方对工程量进行核验，避免矛盾双方因各执一词而引起更大规模的欠薪事件发生。三是由元程公司组织实施的"C栋"违法建设项目，建议根据国家相关法律法规，按照属地管理原则交由都匀经济开发区城乡建设规划管理局进行查处。

2018年5月8日，都匀经济开发区规划建设局向元程公司发出区建函〔2018〕39号《都匀经济开发区规划建设局关于致黔南州人民医院异地扩建项目建设单位的函》，要求元程公司停止从事黔南州人民医院异地扩建项目业务楼（A栋、B栋及其地下室、C栋及其地下室）的违法建设行为。

2018年5月9日，黔南州城乡建设和规划委员会向元程公司作出黔南建委罚决字〔2018〕1号《黔南州城乡建设和规划委员会关于黔南州人民医院建设项目业务楼处罚决定书》，内容为：元程公司修建黔南州人民医院建设项目业务楼A栋、B栋及其地下室、C栋及其地下室的行为，违反《中华人民共和国建筑法》（2011年修正）第7条、第64条，《建设工程质量管理条例》（2017年修订）第57条，《建筑工程施工许可证管理办法》第12条之规定，属违法建筑，责令立即停止建设，接受处理。

（七）黔南州医院支付款项的情况

2016年12月27日，黔南州卫生和计划生育委员会向元程公司发出《关于切实做好州人民医院新院建设项目民工工资发放的函》，要求元程公司做好民工工资发放工作。根据黔南州医院出示的由原黔南州卫生和计划生育委员会、案涉施工企业、农民工代表、黔南州劳动监察部门等签署的《关于解决黔南州人民医院建设项目民工欠薪事宜备忘》《关于解决黔南州人民医院新院综合院区农民工欠薪事宜备忘》，北京城建公司以及七冶公司于2017年1月19日向黔南州医院出具的《暂借工程款申请》，七冶公司于2017年1月19日出具的《说明》，可认定案涉工程施工过程中，黔南州医院为元程公司垫付了部分工程款，用于解决农民工工资等问题。黔南州医院在2019年4月23日向本院出具的《黔南州医院及斯瑞公司对新院建设的实际投资情况说明》中，陈述因"数次农民工集体讨薪突发事件处置，黔南州医院代元程公司直接向施工方（北京城建公司和七冶公司）支付了 4600 万元"。在此说明中，黔南州医院另陈述，为新院建设，黔南州医院另投入前期费用 2669 万元。

（八）元程公司发包工程问题

案涉工程施工过程中，元程公司与中鑫宇瑞公司、云南艺海装饰公司签订《装饰装修、零星工程及安装工程施工合同》，元程公司与中鑫宇瑞公司、福建建坤工程公司签订《园林绿化、照明及零星工程总承包合同》《室外管网、污水处理、垃圾、车道及零星工程总承包合同》，元程公司与峰之峰公司、盛世东方（北京）建筑装饰工程公司签订《装饰装修、零星工程及安装工程施工合同》。上述合同签订后，元程公司按照约定支付了部分款项。

2016 年 2 月 26 日，都匀市公安局出具《关于州医院新院建设项目资金管理有关问题的调查情况报告》，主要内容为：根据 2016 年 2 月 1 日黔南州医院向我局反映关于黔南州人民医院新院建设项目资金管理相关问题，接报后按照都匀市公安局及经济开发区分局主要领导指示，我局经侦大队派员与经济开发区分局组成工作组对元程公司在新院建设项目的资金运行管理可能涉嫌违法的行为进行调查。现将调查情况报告如下。

项目建设基本情况：项目名称为黔南州人民医院新院，地点为都匀经济开发区某地块。一期为 1200 张床位的综合医院，二期为专科医院、疗养院及康复医院。黔南州人民医院新院建设项目以引入社会资本合作的方式进行，由黔南州医院与斯瑞公司合资建设，双方于 2014 年 6 月 19 日签订《投资协议》并成立元程公司，由该公司负责新院建设，斯瑞公司占股 80%，黔南州医院占股 20%。为表达合作诚意，协议签订的 15 天之内，双方共同开设专用账户，黔南州医院注资 520 万元人民币，斯瑞公司注资 2080 万元人民币，作为履约保证金，双方确认合作事项后，转为双方可用资金。新院标段经招标，中标单位为七冶公司和北京城建公司，其中七冶公司获得的新院行政楼 D 栋、B 栋及地下室工程总价值 3.6 亿元人民币。工程自 2015 年开工以来，9 万方主体工程已封顶。七冶公司将 D 栋、E 栋及地下室装修及建筑材料的工程转包给中鑫宇瑞公司，并签订《装饰装修及安装工程施工合同》。

经查，2015 年 12 月 18 日，黔南州医院入股元程公司，公司设立董事会。斯瑞公司指派李某军、刘某、文某、陈某练、张某阳，黔南州医院指派付某伦、况某组成元程公司董事会，董事长由李某军担任。截至 2016 年 2 月，黔南州医院共向元程公司注资人民币 2258 万元；斯瑞公司截至 2016 年 1 月 29 日，向元程公司账户注资人民币 2080 万元，向元程公司基本账户注资人民币 7960 万元；黔南州医院独立支付土地征拨款人民币 2500 万元，儿科、全科项目（发展和改革项目）工程款等人民币 1152 万元，此款从黔南州医院账户上支出，按照黔南州医院与斯瑞公司的《投资协议》建设完成后再作为医院投资进入元程公司。

七冶公司与元程公司于 2015 年 9 月 3 日签订建设工程施工合同，工程面积 93 114 平方米，暂定合同价为 3.6 亿元人民币（包含土建工程及安装包干结算）。2015 年 12 月 23 日，元程公司从共管账户支付给七冶公司 300 万元人民币；2016 年 1 月 1 日至 1 月 28 日，元程公司从基本账户支付给七冶公司 3500 万元人民币，共计 3800 万元人民币。2016 年 1 月 19 日，七冶公司按照合同约定支付给中鑫宇瑞公司工程款 3000 万元人民币。

经询问七冶公司相关负责人，七冶公司在与元程公司承包工程时，在元程公司的斯瑞方面董事文某的要求下，将总包 3.6 亿元人民币中的 2.34 亿元人民币装修及建筑材料分包给指定公司中鑫宇瑞公司，合同中有支付预付款 3000 万元人民币的条款。

七冶公司提供了与中鑫宇瑞公司签订的《装饰装修及安装工程施工合同》复印件，合同内容为：黔南州人民医院新院项目 D 栋、E 栋及地下室装修及建筑材料，中鑫宇瑞公司包工、包料；工程价款 2.3466 亿元人民币，双方签订合同后 1 个月内预付工程款 3000 万元人民币，余款两年内分期支付。（另据全国企业信用信息公示系统显示，中鑫宇瑞公司股东为文某雨、杨某、华宇盛世公司；华宇盛世公司法定代表人暨唯一股东为文某。）

综上所述，黔南州人民医院新院建设项目中，项目总承包方七冶公司将项目的部分工程承包给中鑫宇瑞公司、七冶公司按照合同约定将工程预付款 3000 万元人民币支付给中鑫宇瑞公司等过程中，暂未发现违法犯罪行为。

（九）黔南州医院与社会资本合作办医的资金、人员问题

1. 第一次咨询

2018 年 10 月 24 日，黔南州医院向黔南州发展和改革委员会发出咨询函：为了提高黔南州医院的医疗服务能力，2013 年经黔南州人民政府批准，我院启动了"黔南州人民医院异地扩建"建设项目。2014 年 5 月，我院以"黔南

州人民医院建设项目"申请了中央预算内投资，2015 年 7 月获得批复，项目资金 5600 万元人民币同年底已到位。

现我院向贵委咨询：①我院可否使用该中央预算内投资项目资金与社会资本合作建设其他医疗机构；②我院参股的股份制医院，可否申请中央预算内投资给予支持。

黔南州发展和改革委员会答复如下。

第一，关于"我院可否使用该中央预算内投资项目资金与社会资本合作建设其他医疗机构"的问题。根据国家发展和改革委员会《中央预算内投资补助和贴息项目管理办法》（中华人民共和国国家发展和改革委员会令第 45 号，2017 年 1 月 5 日起实施）中第 17 条"使用投资补助和贴息资金的项目，应当严格执行国家有关政策要求，不得擅自改变主要建设内容和建设标准，严禁转移、侵占或者挪用投资补助和贴息资金"的规定和中华人民共和国国家发展和改革委员会令第 3 号（2013 年 7 月 15 日起实施，2017 年 1 月 5 日废止）中第 18 条的规定，你院不能使用该中央预算内投资项目资金与社会资本合作建设其他医疗机构。

第二，关于"我院参股的股份制医院，可否申请中央预算内投资给予支持"的问题。国家发展和改革委员会《中央预算内投资补助和贴息项目管理办法》中第 8 条规定："申请投资补助或者贴息资金的项目，应当列入三年滚动投资计划，并通过投资项目在线审批监管平台（以下简称'在线平台'）完成审批、核准或备案程序（地方政府投资项目应完成项目可行性研究报告或者初步设计审批），并提交资金申请报告。"第 11 条规定："项目汇总申报单位应当对资金申请报告的下列事项进行审核，并对审核结果和申报材料的真实性、合规性负责。①符合本办法规定的资金投向和申请程序；②符合有关专项工作方案或管理办法的要求；③项目的主要建设条件基本落实；④项目已经列入三年滚动投资计划，并通过在线平台完成审批（核准、备案）。"另外，《中央预算内投资补助地方医疗卫生领域建设项目管理办法》（发改办社会规〔2016〕2056 号），明确规定申报使用国家发展和改革委员会安排的中央预算内投资建设项目必须是列入国家发展规划和本地基本医疗服务建设规划并进入项目储备库的项目。因此，你院参股的股份制医院，不能申请中央预算内投资给予支持。

2. 第二次咨询

2018 年 10 月 24 日，黔南州医院向黔南州财政局发出咨询函：为了提高黔南州医院的医疗服务能力，2013 年经黔南州政府批准，我院启动了"黔南州人民医院异地扩建"建设项目。

2014 年 6 月我院与斯瑞公司签订《投资协议》引入社会资本合作，双方成立元程公司，帮助我院共同建设、经营、管理"黔南州人民医院新院"。《投资协议》约定我院出资 20%的建设资金，约需 1.77 亿元人民币，并且由财政支持我院派驻新院人员的工资。现股份制的新医院不能注册为"黔南州人民医院新院"，为此，原建设项目的建设目标——"黔南州人民医院新院"（公立性）须变更为"元程瑞康某某医院"（私立性）。

在此情况下，我院向贵委提出政策咨询：原建设项目的建设目的由"黔南州人民医院新院"变更为"元程瑞康某某医院"，为此，我院可否以"元程瑞康某某医院"项目建设申请获得黔南州财政的建设资金支持？我院派驻"元程瑞康某某医院"人员的工资可否由黔南州财政负担？

黔南州财政局答复如下。

第一，关于"建设项目改变后，政府是否会对元程瑞康某某医院建设给予出资"的问题。黔南州人民医院建设项目原为"黔南州人民医院新院"，为公立性的医院，现变更为"元程瑞康某某医院"，为非公益性医院，政府没有出资责任，主要原因是项目性质已改变。

第二，关于"黔南州医院派驻元程瑞康某某医院人员工资可否由财政承担"的问题。财政部门保障的人员工资为行政事业单位在编、在册、在岗和退休人员的工资。黔南州医院为差额拨款的事业单位，城市公立医院改革前州级财政按照一定比例承担在编、在册、在岗和退休人员工资。城市公立医院改革后，黔南州政府出台了《黔南州城市公立医院综合补偿办法（试行）》，将财政补助方式由原来对人员的差额补助改为了床位定额补助和专项定额补助，不具体到人员，财政部门不再另外安排其他资金。根据政策规定，对黔南州医院与其他合作单位所作的任何承诺，财政部门没有承担责任。

3. 第三次咨询

2018 年 10 月 24 日，黔南州医院向黔南州卫生和计划生育委员会发出咨询函：为了提高黔南州医院的医疗服务能力，2013 年经黔南州政府批准，我院启动了"黔南州人民医院异地扩建"建设项目。2014 年 6 月我院与斯瑞公司签订《投资协议》引入社会资本合作，双方成立元程公司共同建设、经营、管理"黔南州人民医院新院"。现股份制的新医院不能注册为"黔南州人民医院新院"，为此，新建设医疗机构将不是黔南州人民医院新院。

在此情况下，我院向贵委提出咨询：由于"黔南州人民医院异地扩建"不能完成，按照区域卫生规划要求，元程公司新建的医疗机构可否替代"黔南州人民医院异地扩建"区域卫生规划目标？

黔南州卫生和计划生育委员会答复：黔南州区域卫生规划是指在本州内对全州医疗卫生资源的总体布局安排。目前全州州级总体医疗资源配置不足，黔南州政府正在统筹安排，积极投入建设，提高公立医院的服务能力，完成州级公立医院卫生规划发展目标，同时也鼓励社会办医。政府举办的公立医院与社会办医是规划中的两个方面的内容，并不相互替代。黔南州人民医院异地扩建符合黔南州州级公立医院卫生规划发展目标，元程公司举办医疗机构黔南州卫生和计划生育委员会也会从区域卫生规划方向给予支持，但社会办医不是对区域卫生规划公立医院发展目标的替代。

4. 另查明事项

首先，在本院庭审中，经向双方释明，如果判决解除协议，双方有何种主张，对此双方确认将在另案中解决合同解除后的事宜。

其次，在本院审理的（2017）黔民初 167 号案件中，元程公司出具一份《关于元程公司股东出资情况的说明》，内容为：股东斯瑞公司自 2014 年 7 月 15 日至 2018 年 7 月 27 日，投入公司现金 204 086 500.5 元人民币，其中注册资金全额到位 1.2 亿元人民币，其余投入系借款。股东黔南州医院自 2014 年 8 月 15 日至 2016 年 1 月 30 日共投入公司现金 22 581 653 元人民币，尚欠注册资金 7 418 347 元人民币。对此，黔南州医院认可直接支付到元程公司的资金是 22 581 653 元人民币，但认为其总共为元程公司支付的资金是 9527 万元人民币，认为斯瑞公司的注资是虚假的，没有实际用于案涉项目的建设。

最后，斯瑞公司与黔南州医院共同确认，案涉项目第一期的主体工程完工。

四、争议焦点

本院认为，本案的争议焦点为：《投资协议》是否应当解除。

在 2018 年 9 月 27 日的庭审中，黔南州医院陈述其行使的是合同的法定解除权，理由是：斯瑞公司根本违约，使黔南州医院的合同目的不能达到，且政策变化因素使《投资协议》不能履行。结合黔南州医院的起诉理由、法庭辩论意见，黔南州医院认为斯瑞公司存在没有实际履行出资义务、抽逃出资、拖欠农民工工资、操纵元程公司违法施工、修建"C栋"违章建筑等违约行为，致使黔南州医院的合同目的不能实现。另外，由于政策变化因素，案涉医院不能使用"黔南州人民医院新院"的名称，导致黔南州医院不能实现合同目的，构成情事变更。根据黔南州医院提出的解除合同的理由，本院评判如下。

（一）斯瑞公司是否存在根本违约行为，使黔南州医院不能实现合同目的

在本案中，黔南州医院认为斯瑞公司存在没有实际履行出资义务的行为，在出资后将相应资金非正常转走，并且黔南州医院实际投入资金9527万元人民币，但斯瑞公司并未按照双方约定的20%：80%的比例投入相应资金。

经查，《投资协议》第1条约定，双方共同出资组建"元程瑞康医疗投资管理有限公司"，注册资金15 000万元人民币。其中甲方（含关联单位）出资3000万元人民币，出资比例20%；乙方（含关联企业）出资12 000万元人民币，出资比例80%。甲乙双方后续增资按20%：80%固定比例对应增资，并按该比例出资确保新院一期内容建设完成。根据新院建设进度，双方按该出资比例进行付款。2014年12月8日，元程公司修订其公司章程，规定公司注册资本人民币15 000万元，斯瑞公司以货币出资人民币12 000万元，出资比例80%，黔南州医院以货币出资人民币3000万元，出资比例20%。根据元程公司出具的《关于元程公司股东出资情况的说明》，斯瑞公司自2014年7月15日至2018年7月27日，投入公司现金204 086 500.5元人民币，其中注册资金全额到位1.2亿元人民币，其余投入系借款。黔南州医院自2014年8月15日至2016年1月30日共投入公司现金22 581 653元人民币。从上述情况看，斯瑞公司的出资符合《投资协议》及公司章程的约定，其已经履行了《投资协议》约定的出资义务。黔南州医院认为斯瑞公司在出资后将相应资金非正常转到关联公司账户，导致实际投入项目建设的资金不足，对此，本院认为，根据《中华人民共和国公司法》（2018年修正）第3条第1款规定："公司是企业法人，有独立的法人财产，享有法人财产权。公司以其全部财产对公司的债务承担责任。"根据原《中华人民共和国民法总则》第57条规定："法人是具有民事权利能力和民事行为能力，依法独立享有民事权利和承担民事义务的组织。"元程公司作为具有独立法人资格的民事主体，其与其他民事主体签订装修、装饰合同，工程承包合同等行为均属基于其自身的商业判断

作出的行为，风险自担，且相应的合同均约定了合同各方的权利和义务，元程公司签订相应的合同，履行了义务，也享有相应的权利。元程公司的这些行为与作为股东的斯瑞公司并无直接的利害关系，且根据2016年2月26日都匀市公安局出具的《关于州医院新院建设项目资金管理有关问题的调查情况报告》，并未发现其中有违法犯罪现象。根据《中华人民共和国公司法》（2018年修正）第21条规定："公司的控股股东、实际控制人、董事、监事、高级管理人员不得利用其关联关系损害公司利益。违反前款规定，给公司造成损失的，应当承担赔偿责任。"在本案中，黔南州医院并未举证证明斯瑞公司实施了《中华人民共和国公司法》（2018年修正）第21条规定的行为且该行为损害了元程公司的利益。

此外，黔南州医院直接投入元程公司的资金自2014年8月15日至2016年1月30日为22 581 653元人民币，并没有达到投资协议和公司章程规定的3000万元人民币。虽然黔南州医院认为其支付了与土地相关的款项，以及垫付了大额的农民工工资，实际出资达9527万元人民币，但上述除了22 581 653元人民币外的款项一方面并没有通过元程公司经手，另一方面，由于与斯瑞公司已经发生纠纷，双方失去信任，合作陷入停滞，黔南州医院不能再以双方发生分歧后，其实际支出部分斯瑞公司并没有按照20%：80%的比例作相应的投入为由主张斯瑞公司构成根本违约。

对于黔南州医院提出的元程公司拖欠农民工工资、违法施工、修建"C栋"违章建筑等行为，根据原《中华人民共和国民法总则》第57条规定："法人是具有民事权利能力和民事行为能力，依法独立享有民事权利和承担民事义务的组织。"拖欠农民工工资、违法施工、修建"C栋"违章建筑等行为的主体是元程公司，相应的责任主体亦为元程公司，与作为元程公司股东的斯瑞公司并无直接的关联。

根据本案的情况，《投资协议》约定了成立元程公司，以及公司成立后的运营等涉及双方其他权利义务的诸多事项。在元程公司成立后，斯瑞公司、黔南州医院成为元程公司的股东，双方作为股东的身份实施的相应行为应在公司法的范围内进行法律评价，不能将双方作为股东实施的行为全部纳入《投资协议》的范围内适用合同法进行法律评价。斯瑞公司与黔南州医院均为元程公司的股东，如黔南州医院认为斯瑞公司作为股东实施了损害元程公司或者黔南州医院的行为，其可以根据《中华人民共和国公司法》（2018年修正）第 20 条等法律规定的救济途径主张其权利。如黔南州医院认为其与斯瑞公司彼此失去信任，作为元程公司的股东丧失了人合性，其亦可以根据《中华人民共和国公司法》（2018 年修正）第 180 条、182 条，《最高人民法院关于适用〈中华人民共和国公司法〉若干问题的规定（二）》（2014 年修正）第 1 条等法律、司法解释的规定寻求救济。

原《中华人民共和国合同法》第 94 条第 4 项规定："有下列情形之一的，当事人可以解除合同……④当事人一方迟延履行债务或者有其他违约行为致使不能实现合同目的。"《投资协议》签订后，斯瑞公司并无根本违约行为，黔南州医院认为斯瑞公司根本违约，使黔南州医院的合同目的不能达到的行使合同法定解除权的理由不能成立，本院不予支持。

（二）本案是否出现情势变更，即因政策变化，案涉医院不能使用"黔南州人民医院新院"的名称，导致黔南州医院不能实现合同目的

黔南州医院主张，2015 年 8 月 17 日，国家卫生和计划生育委员会作出《关于公立医疗机构改制后名称核定有关问题的批复》（国卫医函〔2015〕280 号），原黔南州卫生和计划生育委员会根据该批复的规定不准许案涉医院使用"黔南州人民医院新院"的名称，故因政策变化，《投资协议》约定的共同建设经营"黔南州人民医院新院"的合同目的不能实现，构成情势变更。

经查，《医疗机构管理条例实施细则》第 41 条规定："医疗机构的命名必须符合以下原则……③名称必须名副其实……⑤各级地方人民政府设置的医疗机构的识别名称中应当含有省、市、县、区、街道、乡、镇、村等行政区划名称，其他医疗机构的识别名称中不得含有行政区划名称……"原卫生部《关于医疗机构审批管理的若干规定》（卫医发〔2008〕35 号）第（九）条规定："进一步规范医疗机构命名。核定医疗机构名称必须符合《医疗机构管理条例》《医疗机构管理条例实施细则》等有关规定，遵循名副其实，名称与类别、诊疗科目相适应等命名基本原则，做到医疗机构命名准确、规范、合理。要规范使用医疗机构通用名称，不得擅自增加、更改；要准确核定医疗机构识别名称，不得核定可能产生歧义或误导患者的医疗机构名称；不得核定利用谐音、形容词等模仿或暗示其他医疗机构的名称；难以判断识别名称或不能把握的，要请示上级卫生行政部门。含有'中心''总'字样的医疗机构名称必须同时含有行政区划名称或者地名；'人民医院''中心医院''临床检验中心'等名称由各级人民政府或卫生行政部门设置的医疗机构使用。"

上述规定均在双方签订《投资协议》之前既已经实施，"'人民医院''中心医院''临床检验中心'等名称由各级人民政府或卫生行政部门设置的医疗机构使用"作为部门规章的规定，与本案《投资协议》约定的内容密切相关，合同当事人均应履行必要的注意义务知悉相应情况。《投资协议》首部亦约定："根据国务院《医疗机构管理条例》《关于进一步鼓励和引导社会资本举办医疗机构的意见》《关于加快发展养老服务业的若干意见》《关于促进健康服务业发展的若干意见》等法律法规及政策规定……"可见缔约双方对相关规定和政策作了相应了解，应预见上述规定对缔约带来的影响或者风险。原国家卫生和计划生育委员会作出的《关于公立医疗机构改制后名称核定有关问题的批复》（国卫医函〔2015〕280号）内容为："根据《医疗机构管理条例》及《医疗机构管理条例实施细则》有关医疗机构命名原则，各级地方人民政府设置的医疗机构的识别名称中应当含有省、市、县、区、街道、乡、镇、村等行政区划名称，其他医疗机构的识别名称中不得含有行政区划名称。按照原卫生部《关于印发〈卫生部关于医疗机构审批管理的若干规定〉的通知》（卫医发〔2008〕35号）有关规定，'人民医院'、'中心医院'、'临床检验中心'等名称由各级人民政府或卫生行政部门设置的医疗机构使用。因此，政府办公立医疗机构改制为股份制医疗机构的，不应继续使用'人民医院'、'中心医院'及'某某市'等含有行政区划名称的机构名称。"该批复的依据为《医疗机构管理条例实施细则》、原卫生部《关于医疗机构审批管理的若干规定》（卫医发〔2008〕35号）等在《投资协议》签订之前既已经实施的部门规章，且批复的内容亦未超出上述规定的范围，即"人民医院"的名称由各级人民政府或卫生行政部门设置的医疗机构使用的政策并没有发生改变。因此，在双方签订《投资协议》之后，国家关于医院名称的政策规定并没有发生任何变化。原《最高人民法院关于适用〈中华人民共和国合同法〉若干问题的解释（二）》第26条规定："合同成立以后客观情况发生了当事人在订立合同时无法预见的、非不可抗力造成的不属于商业风险的重大变化，继续履行合同对于一方当事人明显不公平或者不能实现合同目的，当事人请求人民法院变更或者解除合同的，人民法院应当根据公平原则，并结合案件的实际情况确定是否变更或者解除。"根据此规定，《投资协议》成立后，关于医院名称使用的客观情况并没有发生任何变化，国家的政策也没有发生变化，因此，黔南州医院提出的因政策变化，案涉医院不能使用"黔南州人民医院新院"的名称，导致黔南州医院不能实现合同目的的主张没有事实依据，不能成立。本院不予支持。

（三）关于《投资协议》的目的

《投资协议》首部约定："根据国务院《医疗机构管理条例》等法律法规及政策规定，本着互惠平等、充分享受贵州省及黔南州人民政府招商引资优惠政策的原则，经甲乙双方友好协商，就双方共同在贵州省某经济开发区科教城规划区内投资新建'黔南州人民医院新院'，达成如下协议……"从上述约定看，《投资协议》的目的为投资新建"黔南州人民医院新院"。但结合《投资协议》约定的内容以及元程公司与都匀经济开发区管理委员会签订的《招商引资协议书》来看，黔南州医院与斯瑞公司实际上还通过成立元程公司，双方作为元程公司的股东通过元程公司进行了其他项目的合作。对《投资协议》目的的理解并不能局限于该协议本身，还应联系与该协议密切相关的元程公司与都匀经济开发区管理委员会签订的《招商引资协议书》进行解释。因此，《投资协议》的目的并不仅局限于投资新建"黔南州人民医院新院"。一方面，双方设立的医院即便不能使用"人民医院"的名称，也并不等同于《投资协议》约定的全部内容均不能履行；另一方面，更为重要的是，上文已述，根据《医疗机构管理条例实施细则》第41条、原卫生部《关于医疗机构审批管理的若干规定》（卫医发〔2008〕35号）第（九）条之规定，"人民医院"的名称只能由各级人民政府或卫生行政部门设置的医疗机构使用。

2014年12月19日，黔南州卫生和计划生育委员会向黔南州发展和改革委员会发出黔南卫计函〔2014〕10号《关于同意黔南州人民医院变更医院建设项目及地下停车场建设项目业主单位的函》，内容为：经请示黔南州政府同意，将黔南州人民医院建设项目及地下停车场建设项目业主单位由黔南州医院变更为元程公司。2015年1月15日，黔南州发展和改革委员会作出黔南发改函〔2015〕3号《关于变更黔南州人民医院建设项目及地下停车场建设项目业主单位的函复》，内容为："黔南州人民医院：你院报来《关于变更医院建设项目及地下停车场建设项目业主单位的请示》（黔南州医呈〔2014〕81号）收悉……同意将黔南州人民医院建设项目及地下停车场建设项目业主单位由黔南州医院变更为新组建的元程公司。"在案涉项目业主单位由黔南州医院变更为元程公司后，案涉项目的性质即已经实质性地发生变化，即在项目业主变更为元程公司后，双方欲设立的新医院不能使用"黔南州人民医院新院"的名称。原《中华人民共和国民法总则》第 142 条规定："有相对人的意思表示的解释，应当按照所使用的词句，结合相关条款、行为的性质和目的、习惯以及诚信原则，确定意思表示的含义。无相对人的意思表示的解释，不能完全拘泥于所使用的词句，而应当结合相关条款、行为的性质和目的、习惯以及诚信原则，确定行为人的真实意思。"根据合同双方约定《投资协议》的内容，以及黔南州医院为履行《投资协议》而向黔南州发展和改革委员会发出《关于变更医院建设项目及地下停车场建设项目业主单位的请示》等系列"行为的性质和目的"，黔南州医院明知项目业主变更后不能使用"黔南州人民医院新院"的名称，但仍履行《投资协议》的约定，积极申请变更项目业主，因此可视为黔南州医院接受元程公司成为项目业主之后新设医院名称变化带来的相应后果。根据原《中华人民共和国民法总则》第 7 条规定："民事主体从事民事活动，应当遵循诚信原则，秉持诚实，恪守承诺。"黔南州医院在申请变更项目业主，使案涉项目性质改变之后，再以案涉项目性质变化，不能使用"黔南州人民医院新院"作为新院名称，不能实现合同目的为由，要求解除《投资协议》，违背诚实信用原则的精神。

人民医院是我国发展医疗卫生事业的中坚力量，"人民医院"的名称既担保了医疗机构的公益性质，又肩负了公众对医疗机构的信任和信赖，肩负着人人享有基本医疗卫生服务的社会责任。因此，"人民医院"的名称只能由各级人民政府或卫生行政部门设置的医疗机构使用。黔南州医院原本就不能将"人民医院"的名称作为投入的资本与社会资本合作成立一所非公立医院。案涉项目性质的变化并非自不能使用"人民医院"的名称时才开始，"黔南州人民医院新院"的项目业主变更为元程公司后，即不能设立一所"人民医院"。元程公司设立的医院名称无论是否有"人民医院"的名字，其本质均非公立的人民医院。相反，如果"人民医院"的名称能使用，则会误导公众。黔南州医院诉称其不能参股股份制医院，或者无意愿与履行能力同斯瑞公司设立一所股份制医院，但如上文所述，在案涉项目业主单位由黔南州医院变更为元程公司后，该医院即便能使用"黔南州人民医院新院"的名称，亦不能改变其为非公立医院的本质属性，反而名不副实，损害患者利益。因此，元程公司举办的医疗机构本就不能使用"黔南州人民医院新院"的名称。

另外，黔南州医院亦认为在名称变更后，其不能使用申请的中央预算内资金。对此，《投资协议》第 1 条约定："黔南州医院积极申请国家发展和改革等有关配套资金，以本项目在建设期申请的所有配套资金作为投入资金。"可见获得中央资金支持并非黔南州医院履行《投资协议》的前提，而只是争取获得支持。当医院的名称不能使用"人民医院"后，黔南州医院申请的中央预算内资金使用的合法性将受到影响，但黔南州医院与斯瑞公司经营股份制医院，黔南州医院的资金来源问题并不在本院判断投资合同应否解除中予以法律评价。至于能否再继续使用中央预算内资金、该项目已经投入的资金如何处理的问题，亦不属于本院判断投资协议能否解除应当纳入法律评价的因素。

（四）关于公立医院与社会资本合作的问题

坚持公有制为主体、多种所有制经济共同发展是我国的基本经济制度。国家保护个体经济、私营经济等非公有制经济的合法权利和利益。国家鼓励、支持和引导非公有制经济的发展。公立医院与社会资本并非水火不容，我国长期存在优质医疗资源不足的问题，二者合作，可以优势互补，推进我国医疗卫生事业的进步。我国目前并无法律、行政法规禁止公立医院与社会资本合作举办非营利性医疗机构。相反，国务院办公厅发布的《全国医疗卫生服务体系规划纲要（2015—2020年）》（国办发〔2015〕14号）规定："鼓励公立医院与社会力量以合资合作的方式共同举办新的非营利性医疗机构，满足群众多层次医疗服务需求……"国务院办公厅《关于支持社会力量提供多层次多样化医疗服务的意见》（国办发〔2017〕44号）规定："允许公立医院根据规划和需求，与社会力量合作举办新的非营利性医疗机构。鼓励公立医院与社会办医疗机构在人才、管理、服务、技术、品牌等方面建立协议合作关系……"从上述政策立场看，我国支持公立医院与社会力量合作举办非营利性医疗机构。案涉《投资协议》第8条约定："新院定位为非营利性医疗机构，享受非营利性医院享受的相关政策。"此约定与国家政策相互吻合，并未违反法律、行政法规的禁止性规定。因此，黔南州医院与斯瑞公司可在法律、行政法规允许的范围内合作建设一所非营利性的医疗机构，从而逐步实现《投资协议》的目的。

黔南州人民政府作出的黔南府专议〔2014〕70号《关于研究加快州人民医院和州中医医院异地扩建项目建设的专题会议纪要》内容显示："由双方出资组建公司共同建设新院和开发医疗市场，增加医疗资源，在保障好广大人民群众基本健康服务的同时，满足州内外不同层次的医疗需求……弥补了我州优质医疗资源不足。"上述纪要为双方的缔约背景，双方的合作可以为黔南州医疗事业的发展做出贡献。在黔南州医院与斯瑞公司签订《投资协议》后，双方组建的元程公司还与都匀经济开发区管理委员会签订《招商引资协议书》，案涉项目的合作经过了黔南州人民政府、发展和改革委员会、原卫生和计划生育委员会等部门的反复论证和推进，黔南州人民政府多次召开会议支持并推进项目的实施。斯瑞公司作为民营企业，其通过当地政府的一系列行为，有正当理由可以合理期待、信赖当地政府经过多次商讨决定的招商引资计划能顺利实施。斯瑞公司为此亦投入了资金，且案涉项目一期主体工程已经完工，斯瑞公司对《投资协议》享有相应的信赖利益。

诚然，在医疗卫生事业发展过程中，出现过不少损害患者利益，引发公众对医疗机构、医疗卫生事业发展的担忧和焦虑的不良现象，但改革创新是推进医疗卫生事业发展的动力，公立医院与社会资本合作属于探索中的新生事物，不应因出现困难而全盘否定，终止探索。

综上，本院认为，秉持对《投资协议》进行诚信解释的合同解释原则，以及从双方利益衡量、风险分配的角度，结合国家对公立医院与社会资本合作办医的政策立场，黔南州医院要求解除《投资协议》的理由不能成立，本院不予支持。根据原《中华人民共和国民法总则》第7条、原《中华人民共和国合同法》第94条第4项、原《最高人民法院关于适用〈中华人民共和国合同法〉若干问题的解释（二）》第26条、《中华人民共和国民事诉讼法》（2017年修正）第64条、第142条之规定，本院判决如下。

第一，驳回黔南州医院的诉讼请求。

第二，案件受理费50元，由黔南州医院负担。

如不服本判决，当事人可以在判决书送达之日起十五日内，向本院递交上诉状，并按对方当事人的人数或者代表人的人数提出副本，上诉于中华人民共和国最高人民法院。

审 判 长：杨　锐

审 判 员：范淑婷

审 判 员：罗　宁

二〇一九年七月十七日

法官助理：敖丽丹

书 记 员：黄　义

第二节　北京力天斯瑞国际投资集团有限公司与黔南布依族苗族 自治州人民医院合同纠纷案

审理法院：贵州省高级人民法院

案　　号：（2017）黔民初 167 号

裁判日期：2019.07.17

案　　由：民事>合同、准合同纠纷>合同纠纷

原　　告：北京力天斯瑞国际投资集团有限公司（以下简称"斯瑞公司"）

被　　告：黔南布依族苗族自治州人民医院（以下简称"黔南州医院"）

第 三 人：贵州元程瑞康医疗投资管理有限公司（以下简称"元程公司"）

一、案件概述

原告斯瑞公司与被告黔南州医院、第三人元程公司合同纠纷一案，本院于 2017 年 12 月 14 日立案后，依法适用普通程序，公开开庭进行了审理。本案现已审理终结。

斯瑞公司向本院提出诉讼请求：①确认原、被告双方签订的《黔南州人民医院新院招商引资项目投资协议》（以下简称《投资协议》）合法有效；②判令被告按照前述协议之约定完成新医院如下审批手续：土地使用权证、建设工程施工许可证及医院开业的相关证照，并向原告支付延迟办理前述手续的违约金人民币 61 132 950.2 元及损失人民币 9 000 000 元，共计人民币 70 132 950.2 元；③判令被告停止违约修建儿科楼的行为（该楼位于都匀经济开发区东侧）；④判令本案诉讼费由被告承担。

二、事实及理由

（一）事实陈述

2014 年 6 月 19 日，原、被告双方签署《投资协议》，因该项目为黔南州委员会和黔南州政府招商引资重点项目，故又于 2015 年 1 月 28 日与都匀经济开发区管理委员会签订《招商引资协议》。原、被告双方在《投资协议》中约定：其一，双方共同出资组建"元程瑞康医疗投资管理有限公司"，注册资

金 15 000 万元人民币，其中原告出资人民币 12 000 万元，持股比例为 80%，被告出资人民币 3000 万元，持股比例为 20%。其二，为确保合作项目如期完成，根据项目进展需要，双方根据其持股比例付款、追加投资。其三，合作项目规模以及内容包含 1200 张床位的三级甲等综合医院、800 张床位的专科医院（含妇幼保健院、儿童医院、肿瘤医院等）、疗养院及康复医院，项目预计投资人民币 15 亿元。其四，被告负责立项、医疗科室设置、医用设备配置证等审批事项，以及与黔南州政府各部门的协调工作。被告在一年内完成新院所需各项审批手续。其五，任何一方若违反上述约定给另一方造成损失，违约方赔偿守约方相应损失。若遇不可抗力或国家政策调整致使本协议不能正常履行，双方本着尽可能减少双方损失的原则，协商妥善处理相关事项。

协议签订之后，原告依约履行出资义务，实缴注册资本金人民币 12 000 万元，而被告未按协议约定履行出资义务，仅仅实缴注册资本金人民币 2020 万元，迄今尚欠 980 万元人民币未缴。前述项目进展过程中，因项目推进之需求，原告又实际投资人民币 8277.65 万元，而被告未能按照其持股比例追加投资。且被告未能按照前述协议之约定履行办理新医院各项证件审批义务，致使医院延迟运营，给原告造成巨大经济损失。而后被告又以小股东身份四处发函，要求停止修建"C 栋儿科楼"，并且通过欺骗手段向政府骗取相关审批手续，在都匀经济开发区东侧另行修建了一栋儿科楼。

（二）申辩理由

1. 黔南州医院辩称：黔南州医院不存在违反《投资协议》约定的行为

（1）黔南州医院已履行出资义务

黔南州医院就合作项目的实际投入已经远远超过《投资协议》约定的 20% 的投资义务，超过认缴注册资本金和斯瑞公司所称的"后续投资"。截至斯瑞公司提起本次诉讼，黔南州医院目前已实际投入合作项目建设资金人民币 9527 万余元，含黔南州医院支付的出资款、土地出让金、代元程公司支付的工程款等款项。虽然斯瑞公司及元程公司未向黔南州医院开具出资证明文件，但并不能改变黔南州医院实际出资的事实。而斯瑞公司声称其投入人民币 20 267 万元（注册资本金加后续投资），但实际用于现阶段项目主体工程相关支付的仅为 6172 万元人民币，其余约 1.4 亿元人民币资金是其以虚假合同形式进行的虚假出资。黔南州医院的实际出资占目前双方项目实际投入的 60%，远超过《投资协议》约定的 20% 投资义务。由此可见，不存在黔南州医院未履行出资义务的情形，斯瑞公司关于要求黔南州医院补缴投资款的诉讼请求无事实依据。

（2）黔南州医院已按《投资协议》比例匹配注册资本金

从目前双方在合股公司的注册资本金的匹配来看，黔南州医院在元程公司注资2258万元人民币，而斯瑞公司在元程公司的投资款为10 425万元人民币，其余资金往来均是借款，而不是投资。双方注资比例基本达到20%∶80%。事后斯瑞公司补认了2025万元人民币借款为投资款，而对黔南州医院已实际用于项目建设的资金出具出资证明的请求却不予确认，显然这是斯瑞公司利用大股东权利为争取诉讼利益作出的不正当行为。如按不同的时间段来分析，双方于2014年12月8日签订《股权转让协议书》，截至2016年1月，即协议签订后一年，斯瑞公司的注册资本金投入并未达到协议约定的12 000万元人民币。此后黔南州医院对项目的巨额投入款之所以未走元程公司账户，是因为双方合作产生了严重矛盾、已丧失了基本信任以及处理农民工讨薪事件等因素。无论从《投资协议》签订后一年的时间点，还是现阶段注册资金投入双方匹配的角度来看，黔南州医院出资的注册资本金已达到《投资协议》约定的20%比例，斯瑞公司就此提出黔南州医院支付违约金和利息的诉讼请求，既缺乏事实基础，又缺乏约定和法定依据。

（3）黔南州医院没有办理土地审批、建设工程施工许可及医院开业等证照的合同义务

斯瑞公司诉请的办理土地审批、建设工程施工许可及医院开业等均属于行政许可范畴，黔南州医院不具备审批前述行政许可的行政职能和职权。双方的合作项目在元程公司成立后，就已是以元程公司的名义进行申报和实施。根据行政许可的法定原则，斯瑞公司诉请行政许可事务的法定申请办理主体为元程公司，而非黔南州医院。另，根据黔南州医院与斯瑞公司签订的《投资协议》第9条第4项，甲方的责任和义务是"处理立项、医疗设备配置证等审批事项和州政府各部门的协调工作"，可见黔南州医院仅仅负有协调办理的合同义务，而不是斯瑞公司诉请的申办义务。再者，黔南州医院在协调工作上已尽到相应义务，如"黔南州人民医院新院"名称注册问题由于政策变化的因素导致不能获批设立，黔南州医院函告斯瑞公司后，斯瑞公司至今未作出任何回应，也未提出解决方案。故斯瑞公司关于要求黔南州医院完成诉争行政许可事务并支付违约金的诉讼请求显然缺乏约定及法定依据。

2. 由于斯瑞公司的根本性违约行为等综合因素导致双方签订的《投资协议》已经不能继续履行

（1）双方签订的是《投资协议》，投资是斯瑞公司的合同根本义务

斯瑞公司目前对现阶段项目建设必需资金仅实际投入6172万元人民币，而黔南州医院实际投入合作项目建设资金已有9527万余元人民币，斯瑞公司实际投资远达不到《投资协议》约定的80%投资额。在《投资协议》的履行过程中，斯瑞公司利用大股东控股的优势操纵项目公司——元程公司的巨额资金支出和使用，在后期追加投资中利用虚假合同、关联交易等方式进行虚假出资，未将资金实际投入在建工程进度中，拖欠施工单位工程进度款，不仅严重损害了黔南州医院的合法利益，还多次引发欠薪事件，导致项目建设无法正常推进，合作项目建设停滞。

（2）双方合作目的无法实现

《投资协议》约定，合作项目"原则上确保于2016年8月8日前建成"，作为当年州庆献礼工程。但合作的过程中，斯瑞公司不仅不实际出资投入在必需的工程建设中，造成合作项目建设进度滞缓，不能如期完工，还不遵循工程建设相关法律法规的规定，不顾黔南州医院的再三致函劝阻，违法操控项目建设。斯瑞公司的种种行为，最终导致合作项目被迫停建，至今只完成主体框架结构，双方的合作目的无法实现。

（3）斯瑞公司利用决策优势损害黔南州医院权益

在黔南州医院与斯瑞公司合作期间，斯瑞公司利用元程公司控股股东的决策优势，置黔南州医院的合理要求与权益于不顾。主要行为包括：公司内部管理混乱，重大事项的决策完全回避黔南州医院，双业主招标项目却只其单方与施工方谈判、签署合同；项目预算报价虚高；强令中标施工方进行关联交易，将项目违法分包给其关联企业北京中鑫宇瑞建设工程有限公司（以下简称"中鑫宇瑞公司"）；违规进行项目分包及巨额资金转款，以损害黔南州医院的利益来牟取其非法利益。双方矛盾经卫生主管部门等相关部门多次协调均无果。由于斯瑞公司的失信行为，双方合作信用丧失，合作无法继续进行，合同目的难以实现。

由于斯瑞公司根本性违约行为等综合因素，其要求继续履行《投资协议》的行为显然已丧失必要性，双方的合作目的已无法实现。黔南州医院认为，双方签订的《投资协议》已经缺乏继续履行的法定条件。

3. 情势变更导致双方合作目的无法实现

2014 年 6 月，双方签订《投资协议》，合作的目的是在黔南州建设、经营名为"黔南州人民医院新院"的一所股份制医疗机构。约定的这一机构名称，其中包含了重大的无形资产价值，也包含了黔南州医院履行政府建设公立性医疗机构的一项重要社会任务。《投资协议》签订后，2015 年 8 月，国家卫生和计划生育委员会下发《关于公立医疗机构改制后名称核定有关问题的批复》（国卫医函〔2015〕280 号），明确股份制医疗机构不得使用"黔南州""人民医院"字样命名。在申请新医疗机构注册过程中，卫生主管部门就此也给出明确批复，"黔南州人民医院新院"名称未能通过审核。至此，《投资协议》共建共管"黔南州人民医院新院"的合同目的因政策因素而不能实现。黔南州医院事后多次致函斯瑞公司，均未得到回复。

4. 法律关系错乱

从本案的立案案由来看，本案系股东出资纠纷，审理对象为股东是否履行出资义务。但斯瑞公司在该案中诉请黔南州医院停止修建儿科楼的行为与《投资协议》并无关联，案由上也属于侵权纠纷，加之黔南州医院实施的建设项目系依法批准的独立在建项目，故斯瑞公司该项诉讼请求明显缺乏事实和法律依据。

综上所述，黔南州医院依约履行了合作项目的投资义务，并无违约。斯瑞公司前述根本性违约行为、相关政策因素变更等综合原因致使双方的合作目的已无法实现，加之斯瑞公司种种不诚信行为使双方合作信用基础丧失，原《投资协议》已难以继续履行，如勉强维系，只会不断扩大双方的投资损失，必使今后双方的纠纷更为复杂，处理更为困难。所以黔南州医院请求人民法院依法驳回斯瑞公司无事实和法律依据的全部诉讼请求。

（三）证据研究

当事人围绕诉讼请求依法提交了证据，本院组织当事人进行了证据交换。

第一，在 2018 年 9 月 27 日的证据交换中，斯瑞公司共提交七组证据。黔南州医院对第一组证据的真实性、合法性、关联性无异议，但对证明目的提出异议；对第二组证据中的到账情况、情况说明的证据三性均不予认可，对本组其余证据的真实性无异议，但对证明目的有异议；对第三组证据的真实性、合法性、关联性无异议，但对证明目的有异议；对第四组证据的真实性无异议但对证明目的有异议，认为部分合同重复分包，斯瑞公司抽逃出资；

对第五组、第六组证据的真实性、合法性、关联性无异议，但对证明目的有异议；对第七组证据的真实性无异议，但认为与本案无关。

对上述黔南州医院对证据的真实性无异议的证据，本院对证据的真实性予以确认，对证据的关联性、合法性以及证明目的，本院结合双方诉辩情况予以认定。对第二组证据中的到账情况、情况说明，因到账情况的出具主体无证据证明其具有合法主体资格，本院对该证据的真实性不予确认；对情况说明，因系元程公司对股东注资的说明，本院对其真实性予以确认。

元程公司对七组证据的三性均无异议。

第二，在2018年9月27日的庭审中，斯瑞公司提交了两组证据。黔南州医院对证据的真实性均无异议，但认为达不到证明目的。元程公司对此两组证据的三性均无异议。本院对此两组证据的真实性予以确认，对证明目的，本院结合双方的诉辩情况予以认定。

第三，在2018年9月27日的证据交换中，黔南州医院共出示十二组证据。斯瑞公司对第一组至第四组证据的真实性、合法性、关联性无异议，但不认可第四组证据的证明目的；对第五组证据中的1号证据，仅认可汇入元程公司2020万元人民币打款凭证的真实性，对1号证据涉及的其余款项的真实性无法核实，对第五组证据中其余证据的真实性均认可，但对证明目的有异议；对第六组证据的1号证据的真实性、合法性、关联性无异议，但对证明目的有异议，对该组2号证据的三性均不予认可；对第七组、第八组、第九组、第十组、第十一组证据的真实性、合法性、关联性无异议，对证明目的有异议；对第十二组证据的三性均不予认可。

元程公司的质证意见与斯瑞公司的质证意见基本一致，对部分证据的证明目的、关联性提出异议，对第十二组证据不予质证。

对上述斯瑞公司、元程公司对真实性无异议的证据，本院对其真实性予以确认；对第五组证据中的1号证据，本院对斯瑞公司无异议的2020万元人民币款项予以认定；对第十二组证据，元程公司资产统计表系打印件，未加盖印章，工作量产值说明不属于经双方委托产生的审计报告，询问笔录中证人未出庭作证，且斯瑞公司对本组证据的三性均不认可，故本院对其真实性不予确认。对斯瑞公司、元程公司对证据证明目的或者关联性提出异议的证据，本院结合双方诉辩情况予以认定。

第四，在2018年9月27日的证据交换中，黔南州医院另补充出示四组证据。斯瑞公司对第一组证据的证据三性均不予认可；对第二组证据中的《州医院建设项目（综合医院）施工图审查合格书》认为是复印件，对证据三性不予认可，对本组其他证据的真实性无异议；对第三组证据的真实性无异议，但认为达不到证明目的；对第四组证据认为与斯瑞公司无关联性。元程公司对第一组、第二组证据的三性不予认可；第三组证据除对会议纪要的真实性不认可外，对其余证据的真实性认可；第四组证据不认可询问笔录的三性，对其余证据的真实性、合法性无异议，对证明目的不发表意见。

本院认为，第一组证据因系打印件，未经双方当事人的共同确认，故本院对其真实性不予确认；第二组证据中的《州医院建设项目（综合医院）施工图审查合格书》系复印件，对其真实性不予确认，对本组其他证据的真实性予以确认；对第三组证据的真实性予以确认；对第四组证据中除询问笔录外的证据的真实性予以确认。对此四组证据是否能达到证明目的、是否与本案具有关联性，本院结合双方诉辩情况予以认定。

第五，2018年10月29日，黔南州医院提交八组证据。斯瑞公司、元程公司对此八组证据的真实性均无异议，但对证明目的均提出异议，认为该八组证据达不到黔南州医院的证明目的。鉴于双方对此八组证据的真实性均无异议，本院对其真实性予以确认，对斯瑞公司、元程公司对证明目的提出的异议，本院结合双方的诉辩情况予以认定。

第六，在2019年4月15日的法庭调查中，黔南州医院出示五组证据。斯瑞公司、元程公司对第一组证据的真实性无异议，对证明目的有异议；对第二组证据、第三组证据、第四组证据、第五组证据的三性均不予认可。

第一组证据因双方对真实性无异议，本院对该组证据的真实性予以确认。第二组证据系原黔南州卫生和计划生育委员会出具的说明，本院对其真实性予以确认，但该证据仅能证明双方发生分歧。第三组证据系六份双方的往来函件，但函件为复印件或者无送达证据，本院对其真实性不予确认。第四组证据系原黔南州卫生和计划生育委员会2014年11月23日作出的黔南卫计议〔2014〕1号会议纪要、黔南州人民政府于2015年12月11日作出的〔2015〕78号会议备忘录，因该组证据系行政机关作出的文书，内容系各方协调涉案项目事宜，本院对其真实性予以确认。第五组证据系黔南州医院自行制作的财务报表，因该证据系其单方制作，且斯瑞公司、元程公司不予认可，本院对其真实性不予确认。

第七，在 2019 年 4 月 15 日的法庭调查中，元程公司出具一份落款时间为 2018 年 10 月 9 日的《关于元程公司股东出资情况的说明》，内容为：股东斯瑞公司自 2014 年 7 月 15 日至 2018 年 7 月 27 日，投入公司现金 204 086 500.5 元人民币，其中注册资金全额到位 1.2 亿元人民币，其余投入系借款。股东黔南州医院自 2014 年 8 月 15 日至 2016 年 1 月 30 日共投入公司现金 22 581 653 元人民币，尚欠注册资金 7 418 347 元人民币。对此，斯瑞公司认可该证据的三性，黔南州医院对此证据的真实性不予认可。黔南州医院认可直接支付到元程公司的资金是 22 581 653 元人民币，但认为其总共为元程公司支付的资金是 9527 万元人民币，而斯瑞公司进入元程公司的资金大部分没有实际用于案涉项目的建设，是虚假的注资。本院认为，此说明系公司提供的股东出资的情况说明，能证实股东在相应期限内注资的情况，本院对其真实性予以确认。

三、经审理查明

（一）协议约定内容

2013 年 11 月 4 日，黔南州发展和改革委员会向黔南州卫生局发出《关于同意州人民医院异地扩建项目开展前期工作的函》（黔南发改函〔2013〕3 号），该函内容为："为推进黔南州人民医院异地扩建项目建设，改善医疗条件，提升医疗服务水平，原则同意州人民医院开展异地扩建项目建设前期工作。"

2014 年 6 月 19 日，黔南州医院作为甲方，斯瑞公司作为乙方，双方签订《投资协议》，主要内容为：根据国务院《医疗机构管理条例》《关于进一步鼓励和引导社会资本举办医疗机构的意见》《关于加快发展养老服务业的若干意见》《关于促进健康服务业发展的若干意见》等法律、法规及政策规定，本着互惠平等、充分享受贵州省及黔南州人民政府招商引资优惠政策的原则，经甲乙双方友好协商，就双方共同在贵州省都匀经济开发区科教城规划区内投资新建"黔南州人民医院新院"，达成如下协议。

第 1 条，双方出资。双方共同出资组建"元程瑞康医疗投资管理有限公司"，注册资金 15 000 万元人民币。其中甲方（含关联单位）出资 3000 万元人民币，出资比例 20%；乙方（含关联企业）出资 12 000 万元人民币，出资比例 80%。甲乙双方后续增资按 20%∶80% 固定比例对应增资，并按该比例出资确保新院一期内容建设完成。根据新院建设进度，双方按该出资比例进行付款。办理土地使用手续、取得土地使用权的相关费用，由双方按约定出资比例支付。甲方已经支付的土地征用费，在办理土地使用权证后，冲抵甲方按出资比例应付费用。甲方已经支付的前期项目费用（除土地征收费外）列入新院建设成本，在双方注资到位后，由双方共同账户支付给甲方。甲方积极申请国家发展和改革等有关配套资金，以本项目在建设期申请的所有配套资金作为甲方投入资金。

第2条，工作安排。①甲乙双方签署《投资协议》；②为了表达合作诚意，在《投资协议》签订后15个工作日内，甲乙双方共同开设专用账户，甲方注资520万元，乙方注资2080万元，作为履约保证金，双方确认合作事项达成后，转为双方可用资金；③履约保证金到达专用账户，甲方报黔南州人民政府后，甲乙双方组成联合工作小组（对外以黔南州医院名义开展工作），负责元程公司成立前的相关工作；④适时在黔南州内注册具有独立法人资格的企业机构（包括办理工商营业执照，国、地两税税务登记证等），暂定名"元程瑞康医疗投资管理有限公司"；⑤元程公司成立后，全面接管联合工作小组的工作。

第3条，投资项目基本情况。①项目概况：本项目含1200张床位的三级甲等综合医院、800张床位的专科医院（含妇幼保健院、儿童医院、肿瘤医院、传染病医院）、疗养院及康复医院。疗养院及康复医院建设规模由联合工作小组报有关部门审批确定。建设内容、建设标准、科室设置、人员设备配备依照有关标准、规范执行。②实施进度：本项目分两期建设，建设进度配合匀东新区的整体市政建设，整体思路是启动早、速度快，力争提早完成工期，医院开业，同时避免投资闲置。第一期为1200张床位的综合医院的建设，在不受外来因素及不可抗拒因素影响的前提下，原则上确保于2016年8月8日前建成。第二期为专科医院、疗养院及康复医院的建设，根据国家发展和改革项目资金投向等确定。③总投资：本项目土建总投资估算约15亿元人民币。其中一期1200张床位的综合医院投资约8.88亿元人民币；其他配套设备、设施根据需要投入。

第4条，项目用地。①用地位置及面积：该项目用地位于都匀经济开发区某地块，总用地面积为692亩，其中建设用地面积为492亩，储备用地200亩。用地性质为综合用地，最终用地性质、规模和规划指标等以规划、国土等相关部门确认为准。②供地方式：该项目建设实行整体规划、分步实施的原则。土地使用权的获得采取项目整体打捆，由都匀经济开发区国土部门以项目带规划整体挂牌出让、划拨等方式，分两期供地，一期供地 492 亩。甲方负责协调办理相关手续。

第 5 条，黔南州人民医院新院管理。新院管理由甲乙双方共同承担，双方共同制定新院章程，新院管理委员会为最高决策机构。新院管理委员会成员由甲乙双方根据出资比例委任派驻。新院高管任命由医院管理委员会决定，同时报黔南州卫生行政主管部门备案。新院医疗质量管理和财务管理在政府相关职能部门指导监管下进行，并严格遵守国家相关法律法规。

第 6 条，人力资源。乙方协助甲方自美国约翰霍普金斯医院、宾夕法尼亚大学医学院、美国费城儿童医院、北京天坛医院、北京阜外医院、第三军医大学、四川大学、重庆医科大学、贵阳医学院附属医院、四川省肿瘤医院等知名大学和医疗机构引进 30 名左右高端人才作为学科带头人，同时协助甲方招聘引进部分中层骨干人才，人才引进直接费用计入新院成本。甲方负责中层及基础医护人员的招聘、轮训和进修。甲方派驻新院的职工编制、身份不变，工资待遇由财政负责。中层骨干人才送往国内知名医疗机构进修一年以上。直接的招聘、进修费用计入新院成本并折算为甲方出资。

第 7 条，新院债务、债权及处理。元程公司为独立法人，其发起建设的新院债权、债务全部由元程公司独立承担，与黔南州医院无关。

第 8 条，结余及分配。新院定位为非营利性医疗机构，享受非营利性医院享受的相关政策。新院以向元程公司借款的形式进行建设。新院经营产生的结余，逐年向元程公司归还，再由元程公司按比例分配至甲乙双方。

第 9 条，甲方的责任和义务。①严格执行本协议的全部责任和义务。②按项目约定的投资内容、建设时间、投资额度完成全部投资建设。③人力资源和管理责任。④处理立项、医疗科室设置、医用设备配置证等审批事项和与黔南州人民政府各部门的协调工作。甲方在一年内完成新院所需各项审批手续。⑤新院建成后，甲方对外进行积极正面宣传。甲方不再成立新的医疗机构，保证甲方的内、外、妇、儿科室进入新院，病人入住率 50%。⑥经过甲乙双方友好协商，甲乙双方可以调整出资比例。

第 10 条，乙方的责任和义务。①严格执行本协议的全部责任和义务；②乙方协助甲方与国际、国内知名的三级甲等医院或医疗机构签订战略合作协议，确保合作方给予本项目以技术和人才支撑；③按项目约定的投资内容、建设时间、投资额度完成全部投资建设；④协助甲方争取国家有关资金支持。

第 11 条，违约责任。①若甲方违反上述约定，给乙方造成损失的，则甲方赔偿乙方相应损失；若乙方违反上述约定，给甲方造成损失的，则乙方赔偿甲方相应损失。②若遇不可抗力或国家政策调整，致使本协议不能正常履行的，双方本着尽可能减少双方损失的原则，协商妥善处理相关事项。

（二）政策情况

2014 年 7 月 7 日，黔南州人民政府作出黔南府专议〔2014〕70 号《关于研究加快州人民医院和州中医医院异地扩建项目建设的专题会议纪要》，纪要主要内容为：支持黔南州医院与斯瑞公司合作，通过引进社会资本参与合作，建立股份制医院，弥补黔南州优质医疗资源不足的问题，兼顾社会责任和效益，并要求新医院于 2016 年 8 月建成。纪要要求黔南州医院争取国家项目资金支持，作为黔南州医院对新院建设的投入。

2014 年 9 月 12 日，黔南州人民政府作出黔南府常议〔2014〕11 号《常务会议纪要》，其中包括：同意黔南州医院引进社会资本在都匀经济开发区新建股份制医院……同意股份制医院按公益性和营利性双轨模式运营，并在黔南州卫生和物价部门监督下开展医疗服务。

（三）协议履行情况

2014 年 8 月 1 日，元程公司成立，斯瑞公司系唯一股东。2014 年 11 月 27 日，元程公司作出股东会决议，内容为经全体股东研究，斯瑞公司同意将拥有的元程公司 100%股权转让 20%的股权给黔南州医院。元程公司与黔南州医院在此股东会决议上均加盖了印章。

2014 年 12 月 8 日，斯瑞公司与黔南州医院签订《股权转让协议》，约定："元程公司于 2014 年 8 月 1 日在贵州省某市成立，由斯瑞公司全额出资成立并经营，注册资金 15 000 万元。斯瑞公司愿将占该公司 20%的股权作价 3000 万元转让给黔南州医院，黔南州医院分期向斯瑞公司支付股份转让金，第一期支付 520 万元，余款在本协议书生效之日起一年内支付给斯瑞公司，股份转让金可直接支付给元程公司……"

2014 年 12 月 8 日，元程公司修订其公司章程，规定公司注册资本 15 000 万元人民币，斯瑞公司以货币出资 12 000 万元人民币，出资比例 80%，黔南州医院以货币出资 3000 万元人民币，出资比例 20%。斯瑞公司、黔南州医院的法定代表人均在章程上签名，并加盖了斯瑞公司、黔南州医院的印章。

2014 年 12 月 10 日，元程公司的股权变更完成工商变更登记。

2015 年 1 月 28 日，都匀经济开发区管理委员会作为甲方，元程公司作为乙方，双方签订《招商引资协议书》，约定："为充分利用黔南地区优势资源，推动区域医疗卫生事业快速发展，提供就医方便，本着互惠互利、共同发展的原则，甲乙双方在自愿、平等、互利的基础上，就乙方在都匀经济开发区投资建设黔南州人民医院新区医院项目相关事宜达成如下协议，供双方共同遵守执行。

"第 1 条，项目基本情况。①项目名称：黔南州人民医院异地扩建项目；②项目建设内容：建设非营利性床位 2000 张，建设集医疗、保健、预防、康复为一体的综合医院及相关配套设施。其中一期建设 1200 张床位，二期建设 800 张床位。③项目地点：项目拟选址于都匀经济开发区大坪镇大坪村（具体位置以项目红线图为准）。④项目占地：项目占地约 692 亩（其中 200 亩为预留用地，具体以勘测面积为准）。⑤项目总投资：项目总投资约 21 亿元人民币，投资强度为每亩 300 万元人民币以上，资金来源为乙方自筹、引资及银行贷款。⑥建设周期：项目规划设计和投建资格的申报工作，自项目用地交付完成之日起力争 9 个月内完成，其中申报工作进度由甲方负责协调。项目一期工程预计投资 7 亿元人民币，占地面积 240 亩，建设内容包含 1200 张床位的门诊楼、住院楼、医技楼、综合楼等，在规划设计和投建资格的申报工作完成后 30 个月内建成并投入使用；项目二期工程预计投资 7 亿元人民币，占地 252 亩，建设内容包含建设 800 张床位的住院楼及配套设施设备、医疗培训中心、医疗养老、专家公寓、职工宿舍、生活区、商场等，在项目一期工程完成后 36 个月内建成并陆续投入运营；项目三期工程预计投资 7 亿元人民币，占地 200 亩，建设内容包含医疗商业用地开发、商住用地开发，在项目二期工程完成后 24 个月内建成并投入使用。⑦经济和社会效益：项目建成后，解决就业 3000 人，为当地周边群众提供更好的医疗服务平台。

"第 2 条，项目用地及管理。①项目用地性质：本项目用地中，240 亩为医疗卫生用地，252 为医疗商业用地，200 亩为商住用地。未经甲方批准，乙方不得转让土地使用权或改变土地用途。②供地方式：甲方根据开发区土地利用指标，及时启动挂牌程序，按土地评估价依法通过"招拍挂"程序出让土地使用权，乙方必须依法参与竞拍。乙方在依法获得该宗土地使用权后，须在本协议规定的期限内建设。③项目用地管理：乙方应按《招商引资协议书》约定时限和建设内容按时完成投资。④手续办理：乙方负责提供相关资料，甲方负责按有关规定为乙方办理用地规划及土地使用等相关手续，相关税费由乙方负责。

"第3条，付款方式及土地交付。①征地费用：黔南州医院前期已汇入甲方指定财政专户的2500万元人民币作为本协议中乙方支付的前期征地费用，不计利息。以上款项在（首期）土地挂牌后、缴纳保证金之日前7个工作日内，甲方应返还乙方，用于缴纳土地保证金。②土地交付：甲方在收到本项目征地费用后，立即组织征地拆迁工作组，在本协议规定时间内完成项目用地的征地工作，将土地交付乙方，并在该区域土地经批准转为国有建设用地的前提下，依法分批次出让。乙方按相关规定和程序依法取得土地使用权后，须按时足额缴纳土地出让金及相关税费。③土地出让时序：其一，首期医院项目建设用地为300亩（其中200亩为医疗用地，100亩为商住用地），在该地块符合挂牌出让条件的前提下，于2015年3月31日前依法挂牌出让。如该项目地块在2015年3月31日前符合挂牌出让条件，但因甲方导致该地块不能按期挂牌出让的，由甲方承担相应赔偿责任。其二自乙方依法取得首期项目用地使用权后6个月内，甲方依法挂牌出让二期292亩项目用地。其三剩余100亩预留项目用地由甲方在乙方依法取得二期项目用地使用权后6个月内挂牌出让。如该项目用地因相关政策障碍不能按期挂牌出让，则甲方不承担任何责任。

"第4条，优惠扶持政策。①乙方在黔南州享受国家、省、州及都匀经济开发区的相关最新优惠政策。②甲方负责办理土地证、规划证、建设许可证等相关证书给元程公司……"

2015年1月28日，都匀经济开发区管理委员会作为甲方，元程公司作为乙方，双方签订《招商引资协议书补充协议》，约定如下。

第一，甲乙双方约定，乙方项目用地共692亩，甲方按评估价依法进行挂牌出让。为支持乙方项目建设，甲方按以下方式给予扶持：①乙方实际以土地成本价获得医疗卫生用地使用权。②自甲方交付医疗卫生用地之日起，乙方可立即开工建设。如因违法用地被处罚，由甲方自行负责。③医疗商业用地由甲方按评估价挂牌出让。乙方按实际挂牌成交价足额交纳土地出让金后，甲方将乙方交纳土地出让金超出土地成本价的溢价部分分三次给予乙方扶持，用于乙方项目范围内基础设施建设及专业医疗设备配置。医院建设项目一期完成场平后30日内，甲方按溢价部分的20%给予乙方扶持；医院建设项目一期完成主体工程 50% 工程量后 30 日内，甲方再按溢价部分的 50% 给予乙方扶持；余下 30% 溢价部分甲方在医院建设项目一期开始装修后 30 日内给予乙方扶持。④商住用地由甲方按评估价挂牌出让。乙方按实际挂牌成交价足额交纳土地出让金后，甲方将乙方交纳土地出让金超出土地成本价的溢价部分分三次给予乙方扶持，用于乙方项目范围内基础设施建设及专业医疗设备配置。医院建设项目一期完成场平后 30 日内，甲方按溢价部分的 20% 给予乙方扶持；医院建设项目一期完成主体工程 50% 工程量后 30 日内，甲方再按溢价部分的 50% 给予乙方扶持；余下 30% 溢价部分甲方在医院建设项目一期开始装修后 30 日内给予乙方扶持。⑤本项目用地的土地评估价，由乙方自行确定有资质的评估单位根据使用地块用地性质进行评估，评估结果须报甲方审定同意后执行。

第二，由甲方相关部门收取的规费能免则免、能减则减，在不能免收的相关规费中，按最低标准收取。

第三，甲方保证在开发区得到土地用地指标后，将本合同项下土地优先挂牌。

第四，甲方将医院建设用地交付乙方后，乙方即可启动医院项目建设。甲方相关职能部门积极配合乙方解决医院项目建设过程中的困难和问题。

第五，此补充协议为《招商引资协议书》不可分割的组成部分，与《招商引资协议书》具有同等的法律效力。

（四）项目业主变更情况

2014 年 12 月 19 日，黔南州卫生和计划生育委员会向黔南州发展和改革委员会发出黔南卫计函〔2014〕10 号《关于同意黔南州人民医院变更医院建设项目及地下停车场建设项目业主单位的函》，内容为：经请示黔南州人民政府同意，将黔南州人民医院建设项目及地下停车场建设项目业主单位由黔南州人民医院变更为元程公司。

2015 年 1 月 15 日，黔南州发展和改革委员会作出黔南发改函〔2015〕3 号《关于变更黔南州人民医院建设项目及地下停车场建设项目业主单位的函复》，内容为：同意将黔南州人民医院建设项目及地下停车场建设项目业主单位由黔南州医院变更为新组建的元程公司。

（五）医院名称问题

经查，《医疗机构管理条例实施细则》第 41 条规定："医疗机构的命名必须符合以下原则……③名称必须名副其实……⑤各级地方人民政府设置的医疗机构的识别名称中应当含有省、市、县、区、街道、乡、镇、村等行政区划名称，其他医疗机构的识别名称中不得含有行政区划名称……"《卫生部关于医疗机构审批管理的若干规定》（卫医发〔2008〕35号）第（九）条规定："进一步规范医疗机构命名。核定医疗机构名称必须符合《医疗机构管理条例》《医疗机构管理条例实施细则》等有关规定，遵循名副其实，名称与类别、诊疗科目相适应等命名基本原则，做到医疗机构命名准确、规范、合理。要规范使用医疗机构通用名称，不得擅自增加、更改；要准确核定医疗机构识别名称，不得核定可能产生歧义或误导患者的医疗机构名称；不得核定利用谐音、形容词等模仿或暗示其他医疗机构的名称；难以判断识别名称或不能把握的，要请示上级卫生行政部门。含有'中心''总'字样的医疗机构名称必须同时含有行政区划名称或者地名；'人民医院''中心医院''临床检验中心'等名称由各级人民政府或卫生行政部门设置的医疗机构使用。"

2015年8月17日，国家卫生和计划生育委员会作出《关于公立医疗机构改制后名称核定有关问题的批复》（国卫医函〔2015〕280号），内容为：其一，根据《医疗机构管理条例》及《医疗机构管理条例实施细则》有关医疗机构命名原则，各级地方人民政府设置的医疗机构的识别名称中应当含有省、市、县、区、街道、乡、镇、村等行政区划名称，其他医疗机构的识别名称中不得含有行政区划名称。按照原卫生部《关于印发〈卫生部关于医疗机构审批管理的若干规定〉的通知》（卫医发〔2008〕35号）有关规定，"人民医院""中心医院""临床检验中心"等名称由各级人民政府或卫生行政部门设置的医疗机构使用。因此，政府办公立医疗机构改制为股份制医疗机构的，不应继续使用"人民医院""中心医院"及"某某市"等含有行政区划名称的机构名称。其二，公立医疗机构改制后，要按照《事业单位登记管理暂行条例》有关规定向事业单位登记管理机关申请注销登记，并按照《医疗机构管理条例》《民办非企业单位登记管理暂行条例》《中华人民共和国公司法》等有关规定进行重新登记或变更登记。

2016年3月28日，在黔南州医院将"黔南州人民医院新院"的名称报黔南州卫生和计划生育委员会审批的过程中，黔南州卫生和计划生育委员会向黔南州医院作出黔南卫计复〔2016〕10号《关于对黔南州人民医院新院设置的批复》，内容为：你院报来《关于新院医疗机构设置的请示》（黔南州医呈

〔2016〕9 号）收悉。根据《医疗机构管理条例》《医疗机构管理条例实施细则》、原卫生部《关于印发〈卫生部关于医疗机构审批管理的若干规定〉的通知》（卫医发〔2008〕35 号）及贵州省卫生和计划生育委员会转发《国家卫生计生委关于〈公立医疗机构改制后名称核定有关问题的批复〉的通知》（黔卫计办函〔2015〕183 号）等文件有关规定，各级地方人民政府设置的医疗机构的识别名称中应当含有省、市、县、区、街道、乡、镇、村等行政区划名称，其他医疗机构的识别名称中不得含有行政区划名称，"人民医院"等名称由各级人民政府或卫生行政部门设置的医疗机构使用。因此，除各级地方人民政府设置的医疗机构外，其他医疗机构不得使用行政区划名称和"人民医院"等字样来命名医疗机构。请你院按照国家、省有关文件精神，进一步规范并核定新院医疗机构的命名后，再次向我委提交申报材料。

（六）关于元程公司违法建设问题

2017 年 9 月 20 日，黔南州住房和城乡建设局向黔南州人民政府作出黔南住建呈〔2017〕96 号《黔南州住房和城乡建设局关于州人民医院新院建设项目处置协调情况报告》，内容为：黔南州人民医院新院总建设项目共由四个项目构成，分别为黔南州人民医院建设项目及黔南州人民医院建设项目地下停车场、黔南州人民医院全科医生培训基地建设项目、黔南州人民医院儿科建设项目。其中黔南州人民医院建设项目及黔南州人民医院建设项目地下停车场的建设单位为元程公司，黔南州人民医院全科医生培训基地建设项目的建设单位为黔南州医院。此外，黔南州人民医院儿科建设项目于 2014 年 11 月 26 日通过了黔南州发展和改革委员会黔南发改社发〔2014〕495 号文件的立项审批，建设单位为黔南州医院，总建筑面积 24 000 平方米，项目估算总投资 9600 万元。2016 年 9 月 13 日，黔南发改社发〔2016〕403 号文件中，黔南州人民医院儿科建设项目异址获批，该项目分别于 2016 年 9 月 27 日、9 月 28 日、9 月 29 日取得建设项目选址意见书（编号：选字第 520000201609643）、建设用地规划许可证（证号：地字第 520000201615402）、建设工程规划许可证（证号：建字第 520000201615407）。2016 年 12 月 7 日，黔南州人民医院儿科建设项目土建工程（二次）标段通过公开招标，确认中标单位为黔南州建筑工程有限公司，并于 2016 年 12 月 28 日取得建筑工程施工许可证（编号：522701201612280701），目前该项目未发生民工欠薪事件。

2014 年 11 月 26 日，黔南州发展和改革委员会黔南发改社发〔2014〕495

号文件中明确黔南州人民医院儿科建设项目的建设单位为黔南州医院（至今未进行建设单位变更）。因黔南州人民医院儿科建设项目作为中央预算内投资项目，需进行单独招标，黔南州医院于 2015 年 6 月 30 日起多次函告元程公司，在未进行招标投标程序前，不允许进场施工。2016 年 9 月 13 日，黔南州人民医院儿科建设项目异址获批（黔南发改社发〔2016〕403 号），并于 2016 年 12 月 7 日进行公开招标，而元程公司、北京城建公司、贵州丰岩建筑工程劳务有限公司已于 2016 年 3 月强行进场，在黔南州人民医院儿科建设项目原址进行 C 栋楼（总建筑面积 24 000 平方米）的施工（2017 年 4 月该项目主体完工）。在此期间，贵州丰岩建筑工程劳务有限公司收到元程公司、北京城建公司支付的工程款（包含民工工资）250 万元。2017 年 1 月至今，黔南州建筑工程质量安全生产监督管理站对该项目共计下发了三次停工通知，但均未能阻止其继续施工。由元程公司实施的黔南州人民医院"C 栋"建设项目，违反国家基本建设程序，无国家发展和改革项目审批手续，未能提供项目招投标证明材料，项目建设过程无相关监管部门参与，我局认为，黔南州人民医院"C 栋"建设项目属违法建筑……

下步处理建议：一是建设单位黔南州医院、元程公司应积极筹措项目资金，加紧组织项目建设，减少因停工造成的各种不良影响及损失。由于建设单位拖欠施工单位工程款而造成的拖欠民工工资，建设单位同时积极配合施工单位，做好民工工资的偿付工作。二是建设单位、施工总承包单位及劳务分包单位认真进行工程量核对，为下一步的工程款的拨付提供真实可靠的依据。对存在较大分歧的工程项目，由有资质的第三方对工程量进行核验，避免矛盾双方因各执一词而引起更大规模的欠薪事件发生。三是由元程公司组织实施的"C 栋"违法建设项目，建议根据国家相关法律法规，按照属地管理原则交由都匀经济开发区城乡建设规划管理局进行查处。

2018 年 5 月 8 日，都匀经济开发区规划建设局向元程公司发出区建函〔2018〕39 号《都匀经济开发区规划建设局关于致黔南州人民医院异地扩建项目建设单位的函》，要求元程公司停止从事黔南州人民医院异地扩建项目业务楼（A 栋、B 栋及其地下室、C 栋及其地下室）的违法建设行为。

2018 年 5 月 9 日，黔南州城乡建设和规划委员会向元程公司作出黔南建委罚决字〔2018〕1 号《黔南州城乡建设和规划委员会关于黔南州人民医院建设项目业务楼处罚决定书》，内容为：元程公司修建黔南州人民医院建设项目业务楼 A 栋、B 栋及其地下室、C 栋及其地下室的行为，违反《中华人民共和国建筑法》（2011 年修正）第 7 条、第 64 条，《建设工程质量管理条例》（2017 年修订）第 57 条，《建筑工程施工许可证管理办法》第 12 条之规定，属违法建筑，责令立即停止建设，接受处理。

（七）黔南州医院支付款项的情况

2016 年 12 月 27 日，黔南州卫生和计划生育委员会向元程公司发出《关于切实做好州人民医院新院建设项目民工工资发放的函》，要求元程公司做好民工工资发放工作。根据黔南州医院出示的由原黔南州卫生和计划生育委员会、案涉施工企业、农民工代表、黔南州劳动监察部门等签署的《关于解决黔南州人民医院建设项目民工欠薪事宜备忘》《关于解决黔南州人民医院新院综合院区农民工欠薪事宜备忘》，北京城建公司以及七冶公司于 2017 年 1 月 19 日向黔南州医院出具的《暂借工程款申请》，七冶公司于 2017 年 1 月 19 日出具的《说明》，可认定案涉工程施工过程中，黔南州医院为元程公司垫付了部分工程款，用于解决农民工工资等问题。黔南州医院在 2019 年 4 月 23 日向本院出具的《黔南州医院及斯瑞公司对新院建设的实际投资情况说明》中，陈述因"数次农民工集体讨薪突发事件处置，黔南州医院代元程公司直接向施工方（北京城建公司和七冶集体）支付了 4600 万元"。在此说明中，黔南州医院另陈述，为新院建设，黔南州医院另投入前期费用人民币 2669 万元。

（八）元程公司分包工程问题

案涉工程施工过程中，元程公司与中鑫宇瑞公司、云南艺海装饰公司签订《装饰装修、零星工程及安装工程施工合同》，元程公司与中鑫宇瑞公司、福建建坤工程公司签订《园林绿化、照明及零星工程总承包合同》《室外管网、污水处理、垃圾、车道及零星工程总承包合同》，元程公司与北京峰之峰公司、盛世东方（北京）建筑装饰工程公司签订《装饰装修、零星工程及安装工程施工合同》。上述合同签订后，元程公司按照约定支付了部分款项。

2016 年 2 月 26 日，都匀市公安局出具《关于州医院新院建设项目资金管理有关问题的调查情况报告》，主要内容为：根据 2016 年 2 月 1 日黔南州医院向我局反映关于黔南州人民医院新院建设项目资金管理相关问题，接报后按照都匀市公安局及经济开发区分局主要领导指示，我局经侦大队派员与经济开发区分局组成工作组对元程公司在新院建设项目的资金运行管理可能涉嫌违法的行为进行调查。现将调查情况报告如下：

项目建设基本情况：项目名称为黔南州人民医院新院，地点为都匀经济开发区某地块。一期为 1200 张床位的综合医院，二期为专科医院、疗养院及康复医院。黔南州人民医院新院建设项目以引入社会资本合作的方式进行，由黔南州医院与斯瑞公司合资建设，双方于 2014 年 6 月 19 日签订《投资协议》并成立元程公司，由该公司负责新院建设，斯瑞公司占股 80%，黔南州医院占股 20%。为表达合作诚意，协议签订的 15 天之内，双方共同开设专用账户，黔南州医院注资 520 万元人民币，斯瑞公司注资 2080 万元人民币，作为履约保证金，双方确认合作事项后，转为双方可用资金。新院标段经招标，中标单位为七冶公司和北京城建公司，其中七冶公司获得的新院行政楼 D 栋、B 栋及地下室工程总价值 3.6 亿元人民币。工程自 2015 年开工以来，9 万方主体工程已封顶。七冶公司将 D 栋、E 栋及地下室装修及建筑材料的工程转包给中鑫宇瑞公司，并签订《装饰装修及安装工程施工合同》。

经查，2015 年 12 月 18 日，黔南州医院入股元程公司，公司设立董事会。斯瑞公司指派李某军、刘某、文某、陈某练、张某阳，黔南州医院指派付某伦、况某组成元程公司董事会，董事长由李某军担任。截至 2016 年 2 月，黔南州医院共向元程公司注资人民币 2258 万元；斯瑞公司截至 2016 年 1 月 29 日，向元程公司账户注资人民币 2080 万元，向元程公司基本账户注资人民币 7960 万元；黔南州医院独立支付土地征拨款人民币 2500 万元，儿科、全科项目（发展和改革项目）工程款等人民币 1152 万元，此款从黔南州医院账户上支出，按照黔南州医院与斯瑞公司的《投资协议》建设完成后再作为医院投资进入元程公司。

七冶公司与元程公司于 2015 年 9 月 3 日签订建设工程施工合同，工程面积 93 114 平方米，暂定合同价为 3.6 亿元人民币（包含土建工程及安装包干结算）。2015 年 12 月 23 日，元程公司从共管账户支付七冶公司 300 万元人民币；2016 年 1 月 1 日至 1 月 28 日，元程公司从基本账户支付七冶公司 3500 万元人民币，共计 3800 万元人民币。2016 年 1 月 19 日，七冶公司按照合同约定支付给中鑫宇瑞公司工程款 3000 万元人民币。

经询问七冶公司相关负责人，七冶公司在与元程公司承包工程时，在元程公司斯瑞方面董事文某的要求下，将总包 3.6 亿元人民币中的 2.34 亿元人民币装修及建筑材料分包给指定公司中鑫宇瑞公司，合同中有支付预付款 3000 万元人民币的条款。

　　七冶公司提供了与中鑫宇瑞公司签订的《装饰装修及安装工程施工合同》复印件，合同内容为：黔南州人民医院新院项目D栋、E栋及地下室装修及建筑材料，中鑫宇瑞公司包工、包料；工程价款为2.3466亿元人民币，双方签订合同后1个月内预付工程款3000万元人民币，余款两年内分期支付。（另据全国企业信用信息公示系统显示，中鑫宇瑞公司股东为：文某雨、杨某、华宇盛世公司；华宇盛世公司法定代表人暨唯一股东为文某。）

　　综上所述，黔南州人民医院新院建设项目中，项目总承包方七冶公司将项目的部分工程承包给中鑫宇瑞公司、七冶公司按照合同约定将工程预付款3000万元人民币支付给中鑫宇瑞公司等过程中，暂未发现违法犯罪行为。

　　（九）黔南州医院与社会资本合作办医的资金、人员问题

　　1. 第一次咨询

　　2018年10月24日，黔南州医院向黔南州发展和改革委员会发出咨询函：为了提高黔南州医院的医疗服务能力，2013年经黔南州人民政府批准，我院启动了"黔南州人民医院异地扩建"建设项目。2014年5月，我院以"黔南州人民医院建设项目"申请了中央预算内投资，2015年7月获得批复，项目资金5600万元人民币同年底已到位。

　　现我院向贵委咨询：①我院可否使用该中央预算内投资项目资金与社会资本合作建设其他医疗机构；②我院参股的股份制医院，可否申请中央预算内投资给予支持。

　　黔南州发展和改革委员会答复如下。

　　第一，关于"我院可否使用该中央预算内投资项目资金与社会资本合作建设其他医疗机构"的问题。根据国家发展和改革委员会《中央预算内投资补助和贴息项目管理办法》（中华人民共和国国家发展和改革委员会令第45号，2017年1月5日起实施）中第17条"使用投资补助和贴息资金的项目，应当严格执行国家有关政策要求，不得擅自改变主要建设内容和建设标准，严禁转移、侵占或者挪用投资补助和贴息资金"的规定和中华人民共和国国家发展和改革委员会令第3号（2013年7月15日起实施，2017年1月5日废止）中第18条的规定，你院不能使用该中央预算内投资项目资金与社会资本合作建设其他医疗机构。

　　第二，关于"我院参股的股份制医院，可否申请中央预算内投资给予支持"的问题。国家发展和改革委员会《中央预算内投资补助和贴息项目管理

办法》中第 8 条规定："申请投资补助或者贴息资金的项目，应当列入三年滚动投资计划，并通过投资项目在线审批监管平台（以下简称'在线平台'）完成审批、核准或备案程序（地方政府投资项目应完成项目可行性研究报告或者初步设计审批），并提交资金申请报告。"第 11 条规定："项目汇总申报单位应当对资金申请报告的下列事项进行审核，并对审核结果和申报材料的真实性、合规性负责。①符合本办法规定的资金投向和申请程序；②符合有关专项工作方案或管理办法的要求；③项目的主要建设条件基本落实；④项目已经列入三年滚动投资计划，并通过在线平台完成审批（核准、备案）。"另外，《中央预算内投资补助地方医疗卫生领域建设项目管理办法》（发改办社会规〔2016〕20162056 号），明确规定申报使用国家发展和改革委员会安排的中央预算内投资建设项目必须是列入国家发展规划和本地基本医疗服务建设规划并进入项目储备库的项目。因此，你院参股的股份制医院，不能申请中央预算内投资给予支持。

2. 第二次咨询

2018 年 10 月 24 日，黔南州医院向黔南州财政局发出咨询函：为了提高黔南州医院的医疗服务能力，2013 年经黔南州政府批准，我院启动了"黔南州人民医院异地扩建"建设项目。

2014 年 6 月我院与斯瑞公司签订《投资协议》引入社会资本合作，双方成立元程公司，帮助我院共同建设、经营、管理"黔南州人民医院新院"。《投资协议》约定我院出资 20% 的建设资金，约需 1.77 亿元人民币，并且由财政支持我院派驻新院人员的工资。现股份制的新医院不能注册为"黔南州人民医院新院"，为此，原建设项目的建设目标——"黔南州人民医院新院"（公立性）须变更为"元程瑞康某某医院"（私立性）。

在此情况下，我院向贵委提出政策咨询：原建设项目的建设目的由"黔南州人民医院新院"变更为"元程瑞康某某医院"，为此，我院可否以"元程瑞康某某医院"项目建设申请获得黔南州财政的建设资金支持？我院派驻"元程瑞康某某医院"人员的工资可否由黔南州财政负担？

黔南州财政局答复如下。

第一，关于"建设项目改变后，政府是否会对元程瑞康某某医院建设给予出资"的问题。黔南州人民医院建设项目原为"黔南州人民医院新院"，为公立性的医院，现变更为"元程瑞康某某医院"，为非公益性医院，政府没有出资责任，主要原因是项目性质已改变。

第二，关于"黔南州医院派驻元程瑞康某某医院人员工资可否由财政承担"的问题。财政部门保障的人员工资为行政事业单位在编、在册、在岗和退休人员的工资。黔南州医院为差额拨款的事业单位，城市公立医院改革前州级财政按照一定比例承担在编、在册、在岗和退休人员工资。城市公立医院改革后，黔南州政府出台了《黔南州城市公立医院综合补偿办法（试行）》，将财政补助方式由原来对人员的差额补助改为了床位定额补助和专项定额补助，不具体到人员，财政部门不再另外安排其他资金。根据政策规定，对黔南州医院与其他合作单位所作的任何承诺，财政部门没有承担责任。

3. 第三次咨询

2018 年 10 月 24 日，黔南州医院向黔南州卫生和计划生育委员会发出咨询函：为了提高黔南州医院的医疗服务能力，2013 年经黔南州政府批准，我院启动了"黔南州人民医院异地扩建"建设项目。2014 年 6 月我院与斯瑞公司签订《投资协议》引入社会资本合作，双方成立元程公司共同建设、经营、管理"黔南州人民医院新院"。现股份制的新医院不能注册为"黔南州人民医院新院"，为此，新建设医疗机构将不是黔南州人民医院新院。

在此情况下，我院向贵委提出咨询：由于"黔南州人民医院异地扩建"不能完成，按照区域卫生规划要求，元程公司新建的医疗机构可否替代"黔南州人民医院异地扩建"区域卫生规划目标？

黔南州卫生和计划生育委员会答复：黔南州区域卫生规划是指在本州内对全州医疗卫生资源的总体布局安排。目前全州州级总体医疗资源配置不足，黔南州政府正在统筹安排，积极投入建设，提高公立医院的服务能力，完成州级公立医院卫生规划发展目标，同时也鼓励社会办医。政府举办的公立医院与社会办医是规划中的两个方面的内容，并不相互替代。黔南州人民医院异地扩建符合黔南州州级公立医院卫生规划发展目标，元程公司举办医疗机构黔南州卫生和计划生育委员会也会从区域卫生规划方向给予支持，但社会办医不是对区域卫生规划公立医院发展目标的替代。

4. 另查明事项

首先，关于案涉项目土地使用权证、建设工程施工许可证及医院开业的相关证照问题。根据 2019 年 6 月 28 日本院对斯瑞公司的调查笔录、2019 年 7 月 1 日本院对黔南州医院的调查笔录以及黔南州医院同日向本院提交的《关于斯瑞公司诉我院违约的答辩意见》，本院查明：一是案涉项目目前没有取得土地使用权证。2015 年 1 月 28 日都匀经济开发区管理委员会与元程公司签订的《招商引资协议书》第 2 条约定："项目用地及管理……②供地方式：甲方根据开发区土地利用指标，及时启动挂牌程序，按土地评估价依法通过'招拍挂'程序出让土地使用权，乙方必须依法参与竞拍。乙方在依法获得该宗土地使用权后，须在本协议规定的期限内建设。③项目用地管理：乙方应按《招商引资协议书》约定时限和建设内容按时完成投资。④手续办理：乙方负责提供相关资料，甲方负责按有关规定为乙方办理用地规划及土地使用等相关手续……"第 4 条约定："优惠扶持政策：①乙方在黔南州享受国家、省、州及都匀经济开发区的相关最新优惠政策。②甲方负责办理土地证、规划证、建设许可证等相关证书给元程公司……"二是案涉项目建设工程没有办理施工许可证。斯瑞公司、黔南州医院一致认可案涉项目目前没有办理建设工程施工许可证。三是医院开业的相关证照问题。斯瑞公司陈述相关证照指医疗机构执业许可证。

其次，关于违约金的问题。2019 年 6 月 28 日，斯瑞公司在本院调查时向本院陈述：违约金"请依法裁判，没有详细的计算方式和数据依据"。

最后，关于儿科楼的问题。根据 2019 年 6 月 28 日本院对斯瑞公司的调查笔录、2019 年 7 月 1 日本院对黔南州医院的调查笔录、黔南州医院同日向本院提交的《关于斯瑞公司诉我院违约的答辩意见》以及 2017 年 9 月 20 日黔南州住房和城乡建设局向黔南州人民政府作出的黔南住建呈（2017）96 号《黔南州住房和城乡建设局关于州人民医院新院建设项目处置协调情况报告》，本院查明：黔南州人民医院儿科建设项目于 2014 年 11 月 26 日通过了黔南州发展和改革委员会黔南发改社发〔2014〕495 号文件的立项审批，建设单位为黔南州医院，总建筑面积 24 000 平方米，项目估算总投资 9600 万元人民币（至今未进行建设单位变更）。2016 年 7 月 22 日，黔南州人民政府州长办公会议作出《重大项目调度会议纪要》（黔南府议〔2016〕10 号），对儿科楼的规划进行调整，将儿科楼建设项目调至都匀经济开发区东侧地块修建。2016 年 9 月 13 日，在黔南发改社发〔2016〕403 号文件中，黔南州人民医院儿科建设项目异址获批。该项目分别于 2016 年 9 月 27 日、9 月 28 日、9 月 29 日取得建设项目选址意见书（编号：选字第 520000201609643）、建设用地规划许可证（证号：地字第 520000201615402）、建设工程规划许可证（证号：建字第 520000201615407）。2016 年 12 月 7 日，黔南州人民医院儿科建设项目土建工程（二次）标段通过公开招标，确认中标单位为黔南州建筑工程有限公司，并于 2016 年 12 月 28 日取得建筑工程施工许可证（编号：522701201612280701）。

斯瑞公司、黔南州医院一致认可，目前修建的儿科楼没有独立法人资格，其建设单位为黔南州医院。

四、争议焦点

本院认为，本案的争议焦点为：①《投资协议》的效力；②黔南州医院是否具有办理新院的土地使用权证、建设工程施工许可证及医院开业的相关证照的义务，以及违反此义务应当承担何种违约责任；③黔南州医院是否应停止修建儿科楼的行为。

（一）关于《投资协议》的效力问题

《投资协议》系在黔南州人民政府为引进社会资本支持当地医疗卫生事业建设的背景下，由黔南州医院与斯瑞公司签订。该协议在签订前经过地方政府多次研究，认为其内容并没有违反法律、行政法规的强制性规定，且意思表示真实。《投资协议》自签订后就开始实际履行，目前，《投资协议》约定的案涉第一期项目的主体工程已经完工。该协议签订后，经黔南州医院的申请，案涉项目的项目业主已经变更为元程公司，本院已经在（2018）黔民初 49 号判决书中阐明。在项目业主变更后，双方设立一所由元程公司举办的医院。

我国目前并无法律、行政法规禁止公立医院与社会资本合作举办非营利性医疗机构。相反，国务院办公厅发布的《全国医疗卫生服务体系规划纲要（2015—2020 年）》（国办发〔2015〕14 号）规定："鼓励公立医院与社会力量以合资合作的方式共同举办新的非营利性医疗机构，满足群众多层次医疗服务需求……"国务院办公厅《关于支持社会力量提供多层次多样化医疗服务的意见》（国办发〔2017〕44 号）规定："允许公立医院根据规划和需求，与社会力量合作举办新的非营利性医疗机构。鼓励公立医院与社会办医疗机构在人才、管理、服务、技术、品牌等方面建立协议合作关系……"从上述政策立场看，我国支持公立医院与社会力量合作举办非营利性医疗机构。案涉《投资协议》第 8 条约定："新院定位为非营利性医疗机构，享受非营利性医院享受的相关政策。"此约定与国家政策相吻合，并未违反法律、行政法规的禁止性规定。因此，黔南州医院与斯瑞公司可在法律、行政法规允许的范围内合作建设一所非营利性的医疗机构，从而逐步实现缔约的目的。

原《中华人民共和国民法总则》第 143 条规定："具备下列条件的民事法律行为有效：①行为人具有相应的民事行为能力；②意思表示真实；③不违反法律、行政法规的强制性规定，不违背公序良俗。"案涉协议符合上述有效民事法律行为的规定，并不存在原《中华人民共和国合同法》第 52 条规定的合同无效的情形。因此，《投资协议》有效，斯瑞公司的诉讼请求成立，本院予以支持。

（二）关于黔南州医院是否具有办理新医院的土地使用权证、建设工程施工许可证及医院开业的相关证照的义务，以及违反此义务应当承担何种违约责任的问题

《投资协议》第 4 条约定，黔南州医院"负责协调办理相关手续"，第 9 条约定，黔南州医院"处理立项、医疗科室设置、医用设备配置证等审批事项和与黔南州人民政府各部门的协调工作。甲方在一年内完成新院所需各项审批手续"。本案案涉项目的业主为元程公司，故办理相关证照和手续的主体也为元程公司，黔南州医院作为元程公司的股东，在客观上仅能起到协助、协调的作用，其非项目业主，客观上并不能绝对掌控办理手续的进程，因此黔南州医院客观上并不能绝对担保"在一年内完成新院所需各项审批手续"。本案中黔南州医院已履行了向黔南州卫生健康委员会提交办理医院名称的申请等协助义务。根据元程公司与都匀经济开发区管理委员会签订的《招商引资协议》来看，都匀经济开发区管理委员会履行相应义务后，元程公司可根据约定依法获得土地使用权证。此外，斯瑞公司要求黔南州医院承担没有办理相关手续的违约金 61 132 950.2 元及损失 9 000 000 元，共计 70 132 950.2 元，黔南州医院无相应违约行为，违约金数额亦无事实根据。故对此诉讼请求，本院不予支持。

（三）关于黔南州医院是否应停止修建儿科楼的行为的问题

《投资协议》第 9 条约定："新院建成后……甲方不再成立新的医疗机构。"一方面，双方的合作陷入停滞后，新院未建成，该条件目前并未成就。另一方面，案涉儿科楼项目的项目业主为黔南州医院，儿科建设项目于 2014 年 11 月 26 日通过了黔南州发展和改革委员会黔南发改社发〔2014〕495 号文件的立项审批，建设单位为黔南州医院（至今未进行建设单位变更）。2016 年 7 月 22 日，黔南州人民政府州长办公会议作出《重大项目调度会议纪要》（黔南府议〔2016〕10 号），对儿科楼的规划进行调整，将儿科建设项目调至

都匀经济开发区东侧地块修建。2016年9月13日，在黔南发改社发〔2016〕403号文件中，黔南州人民医院儿科建设项目异址获批。该项目分别于2016年9月27日、9月28日、9月29日取得建设项目选址意见书（编号：选字第520000201609643）、建设用地规划许可证（证号：地字第520000201615402）、建设工程规划许可证（证号：建字第520000201615407）。2016年12月7日，黔南州人民医院儿科建设项目土建工程（二次）标段通过公开招标，确认中标单位为黔南州建筑工程有限公司，并于2016年12月28日取得建筑工程施工许可证（编号：522701201612280701）。黔南州医院是项目业主和建设单位，所有证照、手续齐全、合法，其有权修建儿科楼。故对此项诉讼请求，本院不予支持。

综上，斯瑞公司的诉讼请求部分成立，部分不能成立。依照原《中华人民共和国民法总则》第143条，原《中华人民共和国合同法》第52条，《中华人民共和国民事诉讼法》（2017年修正）第64条、第142条之规定，本院判决如下。

确认《投资协议》有效。

驳回斯瑞公司的其余诉讼请求。

案件受理费斯瑞公司预交573 578.54元，因在本案诉讼中其撤回部分诉讼请求，故退还其撤回的诉讼请求对应的诉讼费181 113.79元。案件受理费392 464.75元，由斯瑞公司负担392 364.75元，黔南州医院负担100元。

如不服本判决，当事人可以在判决书送达之日起十五日内，向本院递交上诉状，并按对方当事人的人数或者代表人的人数提出副本，上诉于中华人民共和国最高人民法院。

审 判 长：杨　锐
审 判 员：范淑婷
审 判 员：罗　宁
二〇一九年七月十七日
法官助理：敖丽丹
书 记 员：黄　义

第三节　滨州市妇幼保健院与滨州市生殖医学医院
有限公司公司解散纠纷案

审理法院：山东省滨州市中级人民法院

案　　号：（2020）鲁16民初329号

裁判日期：2021.03.24

案　　由：民事>与公司、证券、保险、票据等有关的民事纠纷>与公司
有关的纠纷>公司解散纠纷

原　　告：滨州市妇幼保健院（滨州市儿童医院）

被　　告：滨州市生殖医学医院有限公司

第　三　人：石某

一、案件概述

原告滨州市妇幼保健院（滨州市儿童医院）与被告滨州市生殖医学医院
有限公司及第三人石某公司解散纠纷一案，本院于2020年12月21日立案后，
依法适用普通程序，于2021年1月15日公开开庭进行了审理。本案现已审理
终结。

原告滨州市妇幼保健院（滨州市儿童医院）向本院提出诉讼请求：①依
法判令解散滨州市生殖医学医院有限公司；②本案诉讼费由被告承担。

二、事实和理由

（一）事实陈述

2015年4月16日，原告与第三人为开展"人类辅助生殖技术"项目成立
被告滨州市生殖医学医院有限公司，原告及第三人均为被告的股东，分别占
股51%、49%。公司成立后，因"人类辅助生殖技术"政策的变化，被告开
展"人类辅助生殖技术"项目无法获得批准，公司一直没有对外开展经营。
2020年6月《卫健法》颁布实施，根据该法第40条第3款的规定，政府举办
的医疗卫生机构不得与社会资本合作举办营利性医疗卫生机构。基于以上情
况，被告成立并经营的基础已经不存在。针对被告公司的经营管理，作为股

东的原告与第三人之间一直无法达成有效意见，被告的经营管理已经发生严重困难，继续存续会使股东利益受到重大损失。但作为股东的第三人不同意解散公司，原告穷尽其他途径仍不能解决，现依据《中华人民共和国公司法》（2018 年修正）第 182 条和《最高人民法院关于适用〈中华人民共和国公司法〉若干问题的规定（二）》第 1 条之规定，请求依法支持原告诉讼请求。

（二）申辩理由

其一，被告滨州市生殖医学医院有限公司辩称，《滨州市生殖医学医院有限责任公司合作协议》第 1 条第 1 项约定，非不可抗力或双方一致同意解散，不得解散公司。而自被告成立至今未出现合作协议约定的解散事由，即未有被告必须解散的不可抗力出现，原告也未与第三人石某形成一致意见。其二，《滨州市生殖医学医院有限公司章程》第五章第 8 条规定由公司股东会对公司解散作出决议，现被告未召开关于公司解散的股东会，也未形成解散公司的股东会决议。其三，《卫健法》的相关规定并不是公司解散的法定事由，被告不存在法律规定解散的情形。其四，股东行使解散公司请求权的法定条件包括两个必要条件及一个限制条件，三个条件兼具，方可成为解散公司的充分条件。原告并未提供任何证据证明被告出现了必须解散的两个必要条件，而且被告在此期间还正常召开股东会并形成了有效的股东会决议，原告仅是因为自身原因就诉请解散公司，有滥用诉权之嫌，同时损害了其他股东的权益。而对于限制条件，即公司的经营管理出现问题，是公司内部的事情，应当先由公司内部解决。如果通过自力救济、行政管理、仲裁等手段能够解决公司经营管理过程中出现的严重困难，公司则无须解散。其五，原告作为被告股东之一，没有按照《滨州市生殖医学医院有限公司章程》规定按期足额缴纳出资，现原告诉请解散公司，目的是消灭被告的主体资格，逃避自己缴纳出资的义务。

第三人石某述称，与被告意见相同。

（三）证据研究

当事人围绕诉讼请求依法提交了证据，本院组织当事人进行了证据交换。

原告滨州市妇幼保健院（滨州市儿童医院）围绕其诉讼请求向本院提交了七项证据。证据一：《滨州市生殖医学医院有限公司章程》一份，证明原告提起本案诉讼主体适格。原告与第三人成立被告公司的主营项目是试管婴儿项目。证据二：《滨州市生殖医学医院有限责任公司合作协议》一份，证明原告与第三人成立被告公司的目的是开展试管婴儿项目（人类辅助生殖技术）。证据三：原国家卫生和计划生育委员会《关于印发人类辅助生殖技术配置规划指导原则（2015 版）的通知》一份，证明辅助生殖技术配置应当从当地经济社会发展和医疗供需实际出发，体现社会公益性，严禁商业化和产业化。被告公司作为商业化运营的营利性机构，不能获得人类辅助生殖技术项目的批准。证据四：原山东省卫生和计划生育委员会《关于印发山东省人类辅助生殖技术和人类精子库配置规划（2016—2020）的通知》（鲁卫妇幼发〔2016〕1 号）一份，证明根据第 5 条"配置数量及要求"，在滨州医学院附属医院已有该项目的情况下，被告公司已不能获得人类辅助生殖技术项目的批准。证据五：2020 年 6 月 23 日《滨州市生殖医学医院有限公司股东会议纪要》一份，证明被告公司至今未进行实际经营。以上证据二至证据五共同证明被告公司的经营管理已发生严重困难，继续存续会使股东利益受到重大损失，原告穷尽其他途径仍不能解决。证据六：苏州弘健生物技术有限公司与台州弘正投资有限公司等公司解散纠纷案例一份，证明被告公司业务经营发生严重困难，符合强制解散的构成要件。证据七：2018 年 7 月 5 日《滨州市生殖医学医院有限公司股东会决议》一份，证明原告与第三人成立被告公司的经营项目就是人类辅助生殖技术，被告公司从未进行经营。

经质证，被告对证据一的真实性无异议，但认为公司章程中的经营范围包括妇产科、外科、麻醉科等多项经营范围及项目，不仅是试管婴儿项目。被告对证据二的真实性无异议，但认为从合作协议的宗旨看，双方合作的目的是带动和培训原告的生殖医学技术，争取完成试管婴儿的项目准备工作，不仅仅是开展试管婴儿项目，还包括其他的业务和项目开展，同时第三人以人类辅助生殖技术作为技术出资也不代表其除了该技术之外不能开展或从事其他业务。被告对证据三的真实性无异议，但认为合作协议及实际操作中已明确是由原告申请该项目，申请成功后由被告实际运作，不存在项目不能获得批准的结果。被告对证据四本身无异议，但认为该项目的申请主体是原告，而且通知只作了原则性规定。根据实际情况来看，聊城已设置了两家相关机构。被告对证据五的真实性有异议，对该证据内容不予认可。同时，被告认为证据二到证据五无法证明被告公司的经营已发生困难。对证据六被告认为与本案无关。被告对证据七的真实性无异议，但认为该证据涉及的是被告公司的审计整改方案及财务管理制度的审议通过，表明公司是在正常运营，生殖技术（人工授精）的运行资质取得与否不会影响被告依据章程所确定的经营范围从事相关经营活动。第三人对证据一的真实性无异议，但认为项目表述为试管婴儿不准确，应该是人类辅助生殖技术及不孕不育。第三人对证据二的真实性无异议，但认为其目的是给滨州市的不孕不育患者提供服务，培养滨州市妇幼保健院（滨州市儿童医院）的相关人才队伍。第三人对证据三的真实性无异议，但认为国内很多社会资本举办的营利性医院也获得了这个项目，而且该项目是以原告为主体申报，被告负责运作的。第三人对证据四没有异议，认为虽然滨州医学院附属医院已有该项目，但市级医院是没有的。第三人对证据五有异议，认为股东会纪要最后的修订稿是原告律师修改的。第三人不同意解散公司不是因为补偿问题，而是其想根据原有协议，把营利性质改成非营利性质，只要投资到位即可经营，继续存续对股东也没有重大利益损失。第三人对证据六认为与本案没有借鉴意义。第三人对证据七不认可，认为从事人类辅助生殖技术需要一系列基础性技术作支撑，被告在未获得该技术之前想开展对不孕不育患者进行治疗的基础性技术，但因原告没有按协议进行投资，所以工作才无法开展。

被告滨州市生殖医学医院有限公司围绕其诉讼请求向本院提交了三项证据。证据一：《滨州市生殖医学医院有限责任公司合作协议》一份，证明公司成立至今未出现合作协议约定的解散事由；证据二：《滨州市生殖医学医院有限公司章程》一份，证明公司成立至今未召开关于公司解散的股东会，也未形成解散公司的股东会决议；证据三：2017年9月21日、2018年7月5日《滨州市生殖医学医院有限公司股东会决议》两份，证明公司能正常召开股东会且能形成有效的股东会决议。

经质证，原告对证据一、证据二的真实性无异议，但认为双方合作的真实目的是开展人类辅助生殖技术，没有开展其他业务的合意；对证据三的真实性无异议，但原告要求解散公司的事由是公司业务经营困难，而非公司僵局，同时两份股东会决议也证明被告公司至今未进行经营。第三人对证据一、证据二、证据三均无异议。

本院认为，除原告提交的证据六外，原告与被告提交的证据客观真实，与本案待证事实相关联，依法予以确认。原告提交的证据六与本案无关，依法不予认可。

三、经审理查明

根据当事人陈述以及经审查确认的证据，本院认定事实如下：2015 年 4 月 16 日，原告与第三人成立被告滨州市生殖医学医院有限公司，原告、第三人为股东，分别占股 51%、49%。

被告滨州市生殖医学医院有限公司经营范围：妇产科（妇科专业、生殖健康与不孕症专业、优生学专业、计划生育专业）、外科（泌尿外科专业）、麻醉科、医学检验科（临床体液、血液专业，临床微生物学专业，临床生化检验专业，临床免疫、血清学专业，临床细胞分子遗传学专业）、医学影像科（X 线诊断专业、超声诊断专业、心电诊断专业）。

《滨州市生殖医学医院有限责任公司合作协议》约定的经营方式和宗旨：双方密切配合，通力合作，积极筹备，争取尽快完成试管婴儿项目验收前的准备工作。原告以货币和设备出资，第三人以技术和其他方式出资，技术指人类辅助生殖技术。

原山东省卫生和计划生育委员会《关于印发山东省人类辅助生殖技术和人类精子库配置规划（2016—2020）的通知》中相关技术的配置数量及要求：600 万人口以下的市（……滨州）原则上设置 1 家……根据原国家卫生和计划生育委员会《人类辅助生殖技术配置规划指导原则（2015）版》，严格控制我省辅助生殖机构数量，防止盲目建设，避免无序竞争。设置辅助生殖机构数量达到规划数量上限后，我省将停止批准筹建新的机构。滨州市范围内，滨州医学院附属医院已获得人类辅助生殖技术批准，滨州市生殖医学医院有限公司未获得批准。

本院另查明，被告滨州市生殖医学医院有限公司系营利性机构，未进行实际经营。

本院认为，《卫健法》第 40 条第 3 款规定："政府举办的医疗卫生机构不得与其他组织投资设立非独立法人资格的医疗卫生机构，不得与社会资本合作举办营利性医疗卫生机构。"本案中，原告滨州市妇幼保健院（滨州市儿童医院）与第三人石某合作成立的滨州市生殖医学医院有限公司系营利性医疗卫生机构，且滨州市生殖医学医院有限公司成立至今一直未开展经营活动，因此，被告滨州市生殖医学医院有限公司的存续已不能实现双方合作经营的目的，公司的业务经营也发生严重困难，原告主张解散被告滨州市生殖医学医院有限公司，本院予以支持。

综上，依照《卫健法》第40条、《中华人民共和国公司法》（2018年修正）第183条之规定，本院判决如下。

第一，解散被告滨州市生殖医学医院有限公司。

第二，案件受理费100元，由被告滨州市生殖医学医院有限公司负担。

如不服本判决，当事人可以在判决书送达之日起十五日内，向本院递交上诉状，并按对方当事人或者代表人的人数提出副本，上诉于山东省高级人民法院。

审 判 长：景晨光

审 判 员：王　杰

审 判 员：邵佳宁

二〇二一年三月二十四日

法官助理：刘　秀

书 记 员：王　哲

第四节　辽宁大型钢管有限公司与辽阳市太子河区卫生健康局、辽阳市太子河区人民政府合同纠纷案

审理法院：辽宁省辽阳市中级人民法院

案　　　号：（2020）辽10民初6号

裁判日期：2021.03.15

案　　　由：民事>合同、准合同纠纷>合同纠纷

原　　　告：辽宁大型钢管有限公司（以下简称"钢管公司"）

被　　　告：辽阳市太子河区卫生健康局（以下简称"太子河区卫健局"）

被　　　告：辽阳市太子河区人民政府（以下简称"太子河区政府"）

第 三 人：辽阳市中心医院

一、案件概述

原告钢管公司与被告太子河区卫健局、被告太子河区政府、第三人辽阳

市中心医院合同纠纷一案，本院于 2020 年 3 月 17 日受理后，依法组成合议庭，于 2020 年 5 月 11 日、12 月 14 日、12 月 24 日，2021 年 1 月 15 日公开开庭进行了审理。本案现已审理终结。

钢管公司向本院提出诉讼请求：①确认钢管公司与太子河区卫健局（原辽阳市太子河区卫生和人口计划生育局）于 2014 年 3 月 24 日签订的《辽阳市太子河区医院建设及经营托管协议》（以下简称《托管协议》）无效。2020 年 6 月 23 日，钢管公司变更该项诉讼请求为解除《托管协议》。2020 年 12 月 24 日，钢管公司明确要求一并解除太子河区政府、钢管公司、辽阳市中心医院三方签订的《合作协议书》（以下简称《三方协议》）中关于太子河区医院的合作关系（不包括涉及辽阳市中心医院部分）。②判令二被告共同返还钢管公司借款 3900 万元，并赔偿钢管公司利息损失 1580.1 万元，合计 5480.1 万元。2020 年 5 月 11 日，钢管公司变更该项利息损失部分的诉讼请求为从 2010 年 10 月 19 日起算至被告全部付清之日止，计算标准按银行同期贷款利率计算。③判令二被告共同返还钢管公司对太子河区医院固定资产建设投资款 10 338 658 元。④判令二被告赔偿钢管公司经营期间损失 225.26 万元。⑤案件受理费等一切诉讼费用由二被告承担。

二、事实与理由

（一）事实陈述

2014 年 3 月 24 日，钢管公司与太子河区卫健局签订《托管协议》一份，协议约定的主要内容为：其一，新建太子河区医院预计总投资为 8600 万元，其中主体工程建设投资 4600 万元，由太子河区政府和钢管公司共同出资；装修及购买设备投资 4000 万元，由钢管公司出资。其二，太子河区政府向钢管公司借款 2500 万元作为太子河区医院主体工程建设投资，利用国债资金 2100 万元。太子河区医院为公立非营利性医院，承担非营利性医院的各项义务。其三，太子河区医院建成后委托钢管公司全权负责经营管理，管理期限为二十年，发生医疗事故、医疗纠纷由钢管公司承担全部民事、刑事责任，独立核算、自负盈亏。钢管公司经营期间负责为太子河区医院职工发放工资及福利待遇，具体包括职工养老、医疗、失业、生育及工伤保险，取暖费及工会经费等税费。

协议签订后，钢管公司按约定为太子河区医院固定资产建设（装修等）

投资 10 338 658 元、购买全部医疗设备投资 2769.45 万元。太子河区政府于
2010 年 10 月太子河区医院项目筹建至 2016 年 2 月太子河区医院建设完成期
间累计向钢管公司借款 3900 万元，钢管公司为该借款共计支付利息 1580.1 万
元。2016 年 1 月，太子河区医院交付使用并开诊营业，钢管公司取得经营管
理权后按《托管协议》的约定及时、足额为职工发放工资及各项福利待遇，
从未拖欠。此外，钢管公司为太子河区医院在职职工增发职业年金 104.6818
万元，又为太子河区医院原病休人员支付工资、保险金、取暖费及工伤补贴
合计 120.5781 万元。太子河区医院职工认为：太子河区卫健局与钢管公司签
订《托管协议》未经太子河区医院全体职工代表大会讨论和通过，违反民主
议事程序和原则。太子河区医院为公立非营利性医疗机构，负责全区人民的
医疗公益服务，职工享受事业单位编制人员一切福利待遇，太子河区卫健局
将太子河区医院"托管"给民营企业经营管理违反法律规定，《托管协议》
无效。且太子河区医院自"托管"至今连年亏损，职工住房公积金至今无人
缴纳。

　　钢管公司认为，其一，钢管公司与太子河区卫健局于 2014 年 3 月 24 日签
订的《托管协议》，违反法律、行政法规强制性规定，《托管协议》无效。理
由是：钢管公司为工业生产企业，经营范围不包括医疗领域，不具备医疗机
构经营管理能力，在未取得医疗机构执业许可证的情况下，经营管理太子河
区医院并使用太子河区医院的医疗机构执业许可证对外开展诊疗活动，其行
为属借用医疗机构执业许可证，违反了国务院《医疗机构管理条例》（2016
年修订）第 15 条规定的"医疗机构执业，必须进行登记，领取《医疗机构执
业许可证》"，第 23 条第 1 款规定的"《医疗机构执业许可证》不得伪造、
涂改、出卖、转让、出借"及第 24 条规定的"任何单位和个人，未取得《医
疗机构执业许可证》，不得开展诊疗活动"。太子河区医院为国有公立医院，
具有公益性，太子河区卫健局明知钢管公司不具备医疗机构经营管理能力，
未取得医疗机构执业许可证，仍与钢管公司签订《托管协议》，将太子河区医
院托管给钢管公司经营管理，让钢管公司使用太子河区医院的医疗机构执业
许可证对外开展诊疗活动。太子河区卫健局的行为属变相出借公立医院医疗
机构执业许可证，损害社会公共利益，违反国务院《医疗机构管理条例》
（2016 年修订）第 23 条规定和原《中华人民共和国合同法》第 52 条规定：
"有下列情形之一的，合同无效……④损害社会公共利益；⑤违反法律、行政

法规的强制性规定。"所以，钢管公司与太子河区卫健局于 2014 年 3 月 24 日签订的《托管协议》无效。其二，太子河区卫健局及太子河区政府应共同承担返还钢管公司原物和赔偿损失的责任。依据《托管协议》的约定，太子河区政府和钢管公司共同投资 4600 万元建设太子河区医院主体工程，太子河区政府向钢管公司借款 2500 万元，太子河区医院所有权归太子河区国有资产管理办公室所有。《托管协议》履行过程中，太子河区政府实际向钢管公司借款 3900 万元，有太子河区财政局出具的收款收据为证。上述事实足以证明太子河区政府为《托管协议》的实际履行主体，承担《托管协议》约定的权利和义务，应为本案被告，与太子河区卫健局共同承担返还钢管公司原物和赔偿损失的责任。太子河区卫健局为医疗卫生行业管理机构，明知《托管协议》违反法律、行政法规的强制性规定，仍与钢管公司签订《托管协议》，其行为属主观故意，应对《托管协议》无效负主要过错责任，对钢管公司的损失承担主要赔偿责任。综上，《托管协议》违反法律、行政法规的强制性规定，损害社会公共利益，应依法确认《托管协议》无效。太子河区卫健局和太子河区政府应返还钢管公司借款 3900 万元，并赔偿利息损失；返还固定资产投资款 10 338 658 元；赔偿经营期间损失 225.26 万元；同时承担案件受理费等一切诉讼费用。如果人民法院审理认为合同不存在无效情形，钢管公司请求解除案涉合同。合同解除后，给钢管公司造成的损失仍按起诉状中第 2—5 项及当庭明确的诉讼请求主张。钢管公司在本案诉讼中陈述，其要求返还的固定资产建设投资款 10 338 658 元没有使用辽阳市中心医院投资；要求返还的经营期间损失 225.26 万元与辽阳市中心医院无关。

（二）申辩理由

1. 不存在无效情形

太子河区卫健局、太子河区政府辩称，双方签订的《托管协议》并未违反法律、行政法规的强制性规定，不属于原《中华人民共和国合同法》第 52 条的无效情形。《托管协议》约定将太子河区医院托管给钢管公司经营管理，但实际上仍是以该院名义、该院资质、该院人员开展诊疗活动，并未变更机构名称，且并未改变医院独立开展医疗经营活动的本质，不属于借用医疗机构执业许可证的情形，未违反国务院《医疗机构管理条例》（2016 年修订）第 23 条规定和原《中华人民共和国合同法》第 52 条的相关规定，不具备无效合同的情形。

2. 借款尚未到期，无需提前清偿

钢管公司请求太子河区卫健局、太子河区政府偿还其借款 3900 万元及利息损失 1580.1 万元。该笔借款尚未到期，太子河区卫健局、太子河区政府无需提前清偿。《托管协议》第 2 款第 2 项和第 3 款约定，经营托管期限为 20 年且还款方式为经营托管期满后分三年还清，因此钢管公司主张的该笔借款尚未到期，清偿条件尚未成就。

3. 钢管公司无权要求返还投资款

钢管公司请求太子河区卫健局、太子河区政府返还其对太子河区医院固定资产建设的投资款 10 338 658 元。钢管公司无权要求太子河区卫健局、太子河区政府返还该笔投资款。《托管协议》第 2 款第 5 项约定，太子河区医院的装修、设备购置等费用由乙方支付，经营期满后设备经双方协商按相关规定提取折旧后的净值由太子河区卫健局、太子河区政府收购。因此在经营期满前，钢管公司无权请求太子河区卫健局、太子河区政府返还固定资产建设投资款。

4. 请求赔偿损失无依据

钢管公司请求太子河区卫健局、太子河区政府赔偿其经营期间的损失 225.26 万元，该主张无事实及法律依据。根据《托管协议》中对于钢管公司权利与义务的约定，在经营期间钢管公司应实现独立核算并自负盈亏，故钢管公司无权就经营期间的损失向太子河区卫健局、太子河区政府索赔，太子河区卫健局、太子河区政府无需赔偿该笔损失。

综上，钢管公司与太子河区卫健局、太子河区政府签订的《托管协议》系双方真实意思表示，合法有效，且就合同的履行并不存在违约事由，钢管公司的主张于法无据。太子河区卫健局、太子河区政府要求继续履行合同。如果法院判决解除案涉合同，太子河区卫健局、太子河区政府则要求钢管公司返还双方协议的标的物。

辽阳市中心医院述称，太子河区政府、钢管公司、辽阳市中心医院三方签订《三方协议》以及辽阳市中心医院与钢管公司签订《合资协议书》的前提和基础为太子河区卫健局（原辽阳市太子河区卫生和人口计划生育局）对钢管公司引进辽阳市中心医院共同经营太子河区医院并设立辽阳市康复医院申请的批复、辽阳市政府业务会纪要（第 20 期）及《托管协议》，上述批复、会议纪要、《托管协议》均明确规定了辽阳市中心医院对太子河区医院参与经营管理的内容，《三方协议》《合资协议书》同时明确约定合资前提系太子河区卫健局（原辽阳市太子河区卫生和人口计划生育局）与钢管公司签订有《托管协议》。根据托管协议，太子河区卫健局（原辽阳市太子河区卫生和人口计划生育局）委托钢管公司建设辽阳市太子河区医院新址，并委托钢管公司经营二十年。在此基础上，辽阳市中心医院与钢管公司合资经营太子河区医院及设立辽阳市康复医院。现钢管公司诉讼要求解除《托管协议》，将对履行《三方协议》和《合资协议书》产生重大影响。因合资经营太子河区医院及设立辽阳市康复医院与刚刚系经政府会议研究决定，故对钢管公司诉讼要求解除《托管协议》的情况，辽阳市中心医院将向政府汇报，待请示政府后发表意见。此外，辽阳市中心医院与钢管公司合资经营太子河区医院、合资设立辽阳市康复医院，投资 1750 万元均经过职工代表大会通过，对于目前诉讼状况的处理，辽阳市中心医院须经职工代表大会讨论通过后决定。辽阳市中心医院要求钢管公司明确：辽阳市中心医院按合资协议已投资 1750 万元，按协议约定该投资款用作购置医疗器械、流动性资金使用，钢管公司本次诉讼要求返还的固定资产建设投资款 1033.8658 万元、经营期间损失 225.26 万元是否使用辽阳市中心医院投资、是否包括辽阳市中心医院投资。

三、经审理查明

2014 年 3 月 24 日，太子河区卫健局与钢管公司签订《托管协议》一份，协议约定的主要内容为：新建太子河区医院预计总投资为 8600 万元，其中主体工程建设投资 4600 万元（由政府和钢管公司共同出资），装修及设备投资约 4000 万元（由钢管公司出资）。钢管公司协议借给太子河区 2500 万元（不付利息），利用国债资金 2100 万元。经营期满后，太子河区卫健局偿还钢管公司前期借款，还款额为 2500 万元。如医院建设资金不足，由钢管公司继续补充的资金额一并等额返还给钢管公司（不付利息）。新建区医院产权全部归太子河区国有资产管理办公室所有。太子河区医院新址主体建成后，装修、设备购置等费用由钢管公司支付，经营期满后，设备经双方协调按相关规定提取折旧后的净值由太子河区卫健局收购或由医院后续承包方收购，装修不得拆动。经营托管期限自医院新址建成具备经营条件开始计算。钢管公司承担非营利性医院的各项义务，在经营管理期间实行独立核算，自负盈亏，按规定及时缴纳职工养老、医疗、失业、生育及工伤保险，及时支付职工个人取暖费等福利待遇。

2014 年 10 月 14 日，太子河区政府（甲方）与钢管公司（乙方）、辽阳市中心医院（丙方）签订《三方协议》。甲、乙、丙三方根据《托管协议》、关于《辽宁大型钢管有限公司引进辽阳市中心医院共同经营太子河区医院并设立辽阳市康复医院申请书》的批示、《关于太子河区医院建设与管理相关问题市政府业务会议纪要》精神，经充分协商，就太子河区医院建设、托管经营及合作成立辽阳市康复医院事宜达成如下协议。

太子河区医院新址位于辽阳市太子河区北侧，主体地上九层，地下一层，附属用房四层……经营性质为国有非营利性医院。

投资方式、经营期限及资产处理方式：乙方钢管公司借贷给甲方太子河区政府人民币 2500 万元（不计利息），利用中央投资资金 2100 万元，计划固定资产建设总投资 4600 万元，用于建设辽阳市太子河区医院新址（具体内容按 2014 年 3 月 24 日太子河区卫健局与钢管公司签订的《托管协议》执行），该投资包括医院新建病房综合楼和附属用房建设，不包括综合病房楼和附属用房装修及设备购置费用。基础装修费用由乙方承担。购置医疗设备资金、经营流动资金由乙方及丙方投入，乙方出资 60%，丙方出资 40%（其中 35% 为货币出资，5% 为知识产权出资）。

新建辽阳市太子河区医院经营托管期限的确定方式为：以乙方主体工程建设出资 2500 万元、经营托管期限为 20 年作为基数，如乙方主体工程出资不足 2500 万元，每少 125 万元相应减少一年期限，每多 125 万元相应增加一年期限，自太子河区医院建成具备经营条件开始计算托管年限。

乙方、丙方在经营托管期内，行使对新建太子河区医院的经营管理权、固定资产的使用权，对新建太子河区医院全部房屋、土地等资产无权处置。如必须处置，乙方、丙方需提请太子河区国有资产管理办公室审批后方可处置。原太子河区医院离退休人员的工资由区保险中心直接拨付给钢管公司，由钢管公司代付，今后同类离退休人员同此办理。政策规定的应由钢管公司承担的取暖费等福利待遇由钢管公司承担并及时足额发放给离退休人员。

丙方的权利义务：乙方委托丙方负责新建太子河区医院的经营管理。丙方、乙方负责招聘医院全面业务管理团队，院长人选由丙方确定，乙方一般不参与太子河区医院的医疗管理。在医院建设过程中，丙方为医院相关设施布局、建设及设备的采购等方面提供专业支持。乙方以承担医院购置医疗设备资金、经营流动资金的 60% 的投资额入股太子河区医院，占 60% 股份；丙方以承担医院购置医疗设备资金、经营流动资金的 40%（其中 35% 为货币出资，5% 为知识产权出资）的投资额入股太子河区医院，占 40% 股份。丙方有按比例享受分红利的权利。

太子河区政府（收款方为太子河区财政局）向钢管公司的借款情况为：2010 年 10 月 19 日借款 500 万元；2013 年 6 月 28 日借款 200 万元；2014 年 5 月 22 日借款 300 万元；2014 年 10 月 15 日借款 300 万元；2014 年 11 月 11 日借款 300 万元；2015 年 3 月 3 日借款 300 万元；2015 年 5 月 20 日借款 300 万元；2015 年 6 月 4 日借款 100 万元；2015 年 6 月 23 日借款 300 万元；2015 年 8 月 15 日借款 400 万元；2015 年 10 月 15 日借款 300 万元；2015 年 11 月 4 日借款 300 万元；2016 年 2 月 4 日借款 300 万元。共计 13 笔，合计 3900 万元。

2020 年 8 月 25 日，钢管公司申请对太子河区医院固定资产建设投资数额进行司法鉴定。2020 年 11 月 11 日，辽宁天亿会计师事务所有限责任公司作出辽宁天亿会鉴〔2020〕第 574 号鉴证意见书，鉴定意见为：固定资产投资 1 263 650 元，在建工程投资 9 075 142.46 元，合计 10 338 792.46 元。

上述事实，有《托管协议》《三方协议》、收款收据、资金往来结算票据、发票、鉴证意见书等证据及当事人的陈述予以证明。上述证据经庭审质证，可以采信。

本院认为，钢管公司与太子河区卫健局签订的《托管协议》及与太子河区政府、辽阳市中心医院签订的《三方协议》中有关托管太子河区医院的协议，系各方当事人的真实意思表示，不违反法律、行政法规的强制性规定，各方当事人应受上述协议的约束。

四、争议焦点

（一）关于本案所涉协议及相关条款解除的问题

钢管公司主张，2020 年 6 月 1 日实施的《卫健法》第 40 条第 3 款规定的"政府举办的医疗卫生机构不得与其他组织投资设立非独立法人资格的医疗卫生机构，不得与社会资本合作举办营利性医疗卫生机构"，导致其与太子河区卫健局、太子河区政府签订《托管协议》及《三方协议》的营利目的不能实现，因此诉请解除合同。本案《托管协议》及《三方协议》相关条款，虽有托管新建太子河区医院为非营利性的表述，但亦有自负盈亏的约定，故本案所涉协议尚不具备因不能实现合同目的而解除的条件。综合分析本案钢管公司和太子河区卫健局、太子河区政府的诉辩主张及案涉事实，本院认为，太子河区卫健局、太子河区政府要求钢管公司继续履行案涉协议，对钢管公司显失公平，且钢管公司不存在恶意违约的情形，太子河区卫健局、太子河区政府拒绝解除协议，违反诚实信用原则。故钢管公司主张解除《托管协议》及《三方协议》中关于太子河区医院合作关系（不包括辽阳市中心医院部分）的诉讼请求部分，本院予以支持。

（二）关于案涉 3900 万元借款及利息的问题

太子河区卫健局、太子河区政府对案涉借款 3900 万元本金数额没有异议，案涉协议解除时，该借款应当归还。故对钢管公司主张太子河区卫健局、太子河区政府返还案涉借款 3900 万元诉讼请求，本院予以支持。因双方约定协议履行期间的借款不计利息，故本院对钢管公司主张协议解除前所涉借款本金的利息不予支持，利息应从合同解除之日起计算，即自本判决生效之日起计算。太子河区卫健局、太子河区政府应归还钢管公司上述借款的相应利息。

（三）关于钢管公司主张返还对太子河区医院固定资产建设投资款的问题

钢管公司诉请太子河区卫健局、太子河区政府返还钢管公司对太子河区医院固定资产建设投资款 10 338 658 元。因钢管公司与太子河区卫健局、太子河区政府、辽阳市中心医院之间的协议及相关条款解除，依照协议约定和法律规定，该固定资产建设投资所形成的相应"固定资产"和"在建工程"，随案涉房屋和土地一并归太子河区卫健局及太子河区政府所有，而太子河区卫健局及太子河区政府应返还钢管公司对该固定资产建设的投资款。辽宁天亿会鉴〔2020〕第 574 号鉴证意见书的鉴定意见为：固定资产投资 1 263 650 元，在建工程投资 9 075 142.46 元，合计 10 338 792.46 元。鉴定意见的数额高于钢管公司诉请的数额，故本院对钢管公司主张太子河区卫健局、太子河区政府返还对太子河区医院固定资产建设投资款 10 338 658 元的诉讼请求，予以支持。

（四）关于案涉协议所涉房屋及土地（包括钢管公司投资形成的相应"固定资产"和"在建工程"部分）返还的问题

前节已论述案涉协议解除及太子河区卫健局、太子河区政府返还钢管公司对太子河区医院固定资产建设投资款 10 338 658 元的问题，太子河区卫健局、太子河区政府庭审中亦辩称"如果法院判决解除案涉合同，要求钢管公司返还双方协议的标的物",故《托管协议》《三方协议》中关于太子河区医院权利义务部分条款所涉房屋及土地(包括钢管公司投资形成的相应"固定资产"和"在建工程"部分),钢管公司应返还给太子河区卫健局、太子河区政府。

另,案涉协议履行期间,涉及太子河区医院离退休人员的工资发放相关问题发生的纠纷,可另行解决。钢管公司的其他诉讼请求,因缺乏事实和法律依据,太子河区卫健局、太子河区政府亦不予认可,本院不予支持。

本案经本院多次调解,各方当事人不能达成协议。

综上,钢管公司的诉讼请求部分成立,本院相应予以支持。依照《最高人民法院关于适用〈中华人民共和国民法典〉时间效力的若干规定》第1条第2款,原《中华人民共和国合同法》第44条、第97条、第110条,《中华人民共和国民事诉讼法》(2017年修正)第64条第1款、第134条第1款、第148条第1款之规定,本院判决如下。

第一,解除钢管公司与太子河区政府签订的《托管协议》;解除太子河区政府、钢管公司、辽阳市中心医院三方签订的《三方协议》中太子河区政府与钢管公司之间涉及太子河区医院权利义务的条款。

第二,太子河区政府、太子河区卫健局于本判决生效之日起30日内共同返还钢管公司借款3900万元及利息(自本判决生效之日起按同期全国银行间同业拆借中心公布的贷款市场报价利率计算至借款全部付清之日止)。

第三,太子河区政府、太子河区卫健局于本判决生效之日起30日内共同返还钢管公司固定资产建设投资款10 338 658元。

第四,钢管公司于本判决生效之日起30日内向太子河区政府、太子河区卫健局返还《托管协议》《三方协议》中关于太子河区医院权利义务条款所涉房屋及土地(包括本判决第三项钢管公司投资形成的相应"固定资产"和"在建工程"部分)。

第五,驳回钢管公司的其他诉讼请求。

如果未按本判决指定的期间履行给付金钱义务,义务人应当依照《中华人民共和国民事诉讼法》(2017年修正)第253条规定,加倍支付迟延履行期间的债务利息。

案件受理费378 762元(钢管公司预交),由太子河区政府、太子河区卫健局共同承担277 256元,钢管公司承担101 506元。鉴定费40 000元(钢管公司预

交），由太子河区政府、太子河区卫健局共同承担 32 750 元，钢管公司承担
7250 元。

如不服本判决，当事人可以在判决书送达之日起十五日内，向本院递交
上诉状，并按对方当事人的人数提出副本，上诉于辽宁省高级人民法院。

审 判 长：吴某某强

审 判 员：侯冀宁

审 判 员：高　鹏

二〇二一年三月十五日

法官助理：尚莉莉

书 记 员：宫从颜

第五节　宁波兴合医疗投资管理有限公司与
安丘市中医院联营合同纠纷案

审理法院：山东省潍坊市中级人民法院

案　　　号：（2021）鲁 07 民终 3995 号

裁判日期：2021.10.29

案　　　由：民事>与公司、证券、保险、票据等有关的民事纠纷>与企业
有关的纠纷>联营合同纠纷

上诉人（原审被告）：宁波兴合医疗投资管理有限公司（以下简称"兴
合公司"）

被上诉人（原审原告）：安丘市中医院

一、案件概述

上诉人兴合公司因与被上诉人安丘市中医院联营合同纠纷一案，不服山
东省安丘市人民法院（2020）鲁 0784 民初 5797 号民事判决，向本院提起上
诉。本院立案后，依法组成合议庭进行了审理。本案现已审理终结。

兴合公司上诉请求：①撤销一审判决，依法改判，即驳回被上诉人一审
中的全部诉讼请求；②由被上诉人承担本案一审、二审的诉讼费用。

二、上诉理由

(一) 一审法院事实认定错误

一审法院认定"安丘市中医院、被告再继续履行《磁共振临床科研诊断中心合作协议书》(以下简称《合作协议》),势必违反法律的强制性规定",属于事实认定错误。《合作协议》的履行不违反《卫健法》第40条第3款"政府举办的医疗卫生机构不得与其他组织投资设立非独立法人资格的医疗卫生机构,不得与社会资本合作举办营利性医疗卫生机构"的规定。

1. "磁共振中心"不属于"医疗卫生机构"

涉案《合作协议》中涉及的"磁共振临床科研诊断中心"(以下简称"磁共振中心")不属于《卫健法》第40条第3款规定的"医疗卫生机构"。根据《卫健法》第107条"本法中下列用语的含义……②医疗卫生机构,是指基层医疗卫生机构、医院和专业公共卫生机构等。③基层医疗卫生机构,是指乡镇卫生院、社区卫生服务中心(站)、村卫生室、医务室、门诊部和诊所等。④专业公共卫生机构,是指疾病预防控制中心、专科疾病防治机构、健康教育机构、急救中心(站)和血站等"可知,《卫健法》对于什么是"医疗卫生机构",专门制定了条款进行解释,应当根据其规定进行认定。根据《医疗机构管理条例》(2016年修订)及《医疗机构管理条例实施细则》的规定,医疗机构是依据该条例和实施细则的规定,经登记取得医疗机构执业许可证的机构。除此之外,医疗机构还应有与其开展的业务相适应的经费、设施、设备和专业卫生技术人员,有相应的规章制度并能够独立承担民事责任。《医学影像诊断中心基本标准(试行)》规定:医学影像诊断中心指独立设置的应用X射线、CT、磁共振(MRI)、超声等现代成像技术对人体进行检查,出具影像诊断报告的医疗机构,不包括医疗机构内设的医学影像诊断部门。本案所谓的"磁共振中心",只是被上诉人在自行购置高端磁共振检查设备后,将该设备放置在医院影像科室内的磁共振机房,为配合该设备的高端属性而自定的名义概念,其本质就是医院影像科统一管理的一个核磁共振检查机房,并非医学影像诊断科室,更非《卫健法》中的"医疗卫生机构"。

2. "法人"与"其他组织"概念有别

《卫健法》中,"法人"与"其他组织"是两个概念,上诉人系"法人",并非第40条第3款规定的"其他组织"。虽然《卫健法》对于"其他组织"

未直接定义，但从《卫健法》第 12 条"国家鼓励和支持公民、法人和其他组织通过依法举办机构和捐赠、资助等方式，参与医疗卫生与健康事业，满足公民多样化、差异化、个性化健康需求"的规定可以看出，在《卫健法》中，"法人"与"其他组织"是两个概念。此外，《最高人民法院关于适用〈中华人民共和国民事诉讼法〉的解释》（2020 年修正）第 52 条"民事诉讼法第四十八条规定的其他组织是指合法成立、有一定的组织机构和财产，但又不具备法人资格的组织"，也对"法人"与"其他组织"作出了明确区分。《卫健法》并未禁止政府举办的医疗卫生机构与法人以各种形式设立独立或非独立法人资格的非营利性医疗卫生机构，更不禁止其自行以融资租赁形式购置大型检查设备并委托第三方运营管理该设备（及设备所在机房）的行为。

3. "合作行为"与"投资设立""合作举办"之区分

本案当事人的"合作行为"并非《卫健法》第 40 条第 3 款中的"投资设立""合作举办"。政府举办的非营利性医疗机构"投资"的资金只能是医疗服务所得收益，而本案中，磁共振设备的资金来源是融资租赁公司，租金支付的法定债务人是被上诉人，但被上诉人又通过签订委托管理合同将此债务的实际偿还义务转移给了上诉人。言下之意，被上诉人并未实际拿出资金进行"共同投资"。从汉语中的意思来看，"合作举办"更倾向于"投资合作、共同设立"。《卫健法》中将"合作举办"与"投资设立"放到一起，也说明"合作举办"应该是共同投资开办，而不是单纯的业务合作。上诉人之所以参与本案磁共振设备的运营管理工作，是因为双方约定了上诉人要对医院日常运营中的某项业务提供专业化管理服务，与"投资设立""合作举办"都具有本质的区别。其行为更倾向于以自身专业特长提供对口技术服务，并获取合理的服务费或管理费，性质同被上诉人与其他第三方签订的管理协议，如医疗废物回收协议、安保协议、医药和卫生物品配送协议等相类似。

4. 磁共振设备运营管理范围之争议

涉案磁共振设备的日常运营管理工作虽然委托上诉人进行，但此项工作也仅仅是限于针对磁共振设备本身的日常使用和保养、相关技术和学术支持及工作量登记等范围。磁共振检查的工作流程、质量管理和收费标准仍然按公立医院管理标准由被上诉人统一管理执行，磁共振设备的运营收入扣除必要的运营成本支出（即约定的运营管理费）后，全部用于弥补医院自身的医疗服务成本，始终与公立医院非营利性保持一致，并非《卫健法》第 40 条第

3 款所述的"营利性"。合作协议存续期间，磁共振设备相关的医技人员编制、工作流程、质量管理、规章制度、收费标准等全部由被上诉人按公立医院统一标准独立完成。协议约定的"收入减开支以后的项目利润按约定比例分配"指的是医院财务科对磁共振设备的运营收支进行二级核算后计算应付的第三方管理服务费（即应付融资租金和设备运营成本），以保证第三方有基本的财务来源支持日常管理工作支出并代医院偿还融资租金。如果医院没有第三方管理服务，这些运营成本同样会发生，一般情况下会更高。所以，案涉所谓的"项目利润分配"，实为"运营成本支出"，这与医院财务账册上支出的科目也相符。

本案系列合同的签订及磁共振设备的运营始终是按国家行业管理政策要求合法合规进行的，否则，根据 2000 年发布的《关于城镇医疗机构分类管理的实施意见》中关于政府不得投资举办营利性"科室""病区""项目"的规定，其应该停办或经卫生行政部门和财政部门等部门批准转为独立法人单位。案涉磁共振设备委托管理合同能一直正常履行至今，原因之一也正是其符合公立医院的非营利性属性。

另外，一审判决在认定事实部分，认定"磁共振临床科研诊断中心"性质为双方共同出资、出力建立的医院内部独立核算的经营单位。关于该认定，上诉人在一审庭审中就提出异议：《合作协议》虽将"磁共振临床科研诊断中心"的性质书面表述为双方共同出资、出力建立的医院内部独立核算的经营单位，但实际并未按约履行。在实际履行时，被上诉人并未出资，双方也并未按约建立该独立单位。一审法院却无视上诉人的异议及上述事实，简单地将《合作协议》并不存在的书面表述作为无异议的证据用以事实认定。这一事实的认定，也是一审判决最终作出双方继续履行协议"势必违反法律的强制性规定"的错误认定的原因之一。

综上，上诉人是根据双方约定对涉案磁共振设备（即所谓的磁共振中心）进行约定范围内的运营管理，所谓的磁共振中心也并非《卫健法》所规定的医疗卫生机构。被上诉人支付给上诉人的款项是医院使用该设备必然要发生的运营成本支出，并非收益分配。根据上述法律、行政法规、各类规范的规定以及对各法律概念的解释，再结合本案履行的事实，可知，磁共振设备的运营管理主体、双方履行的权利义务、是否为营利性等对应的特征均不符合《卫健法》第 40 条第 3 款规定，《合作协议》的履行并不违反《卫健法》。

（二）一审法院"解除合同"法律适用错误

一审法院认定"安丘市中医院、被告再继续履行《合作协议》，势必违反法律的强制性规定。因此，《合作协议》（依据原《中华人民共和国合同法》第94条）应当自2020年6月1日予以解除"存在多处法律适用错误。

1. 以"违反强制性规定"认定适用原《中华人民共和国合同法》第94条错误

"违反强制性规定"适用的是认定合同无效情形，一审法院以"违反强制性规定"适用原《中华人民共和国合同法》第94条解除合同属于法律适用错误。纵观原《中华人民共和国合同法》全文，关于"违反强制性规定"仅出现在第52条，而该条款的适用仅用以认定合同效力。原《中华人民共和国民法总则》关于"违反强制性规定"出现在第143条、第153条第1款，分别用以认定民事法律行为有效和无效。现行《中华人民共和国民法典》关于"违反强制性规定"的内容完全采纳原《中华人民共和国民法总则》的规定，也出现在第143条、第153条第1款，分别用以认定民事法律行为有效和无效。而在关于合同解除的法定情形的条款中，《中华人民共和国民法典》、原《中华人民共和国合同法》、原《中华人民共和国民法总则》都没有涉及违反强制性规定。本案所有系列合同，从签订时起履行至今（包括之前已履行完毕的、尚未履行完毕目前正在履行的和被上诉人拒绝履行的民事法律行为），均未违反法律、行政法规的强制性规定，自始至终都是合法有效的。一审法院确认《合作协议》及其他系列合同均为有效合同，又以《合作协议》继续履行势必违反强制性规定，判决《合作协议》应当自2020年6月1日予以解除，前后矛盾。

2. 适用《卫健法》第40条错误

《卫健法》第40条第3款虽然是法律的强制性规定，但该强制性规定仅仅是规制实施该行为其中一方（即被上诉人一方）的主体资格，并不禁止该行为及双方履行（目前案涉系列合同剩余的）权利义务的民事法律行为本身，也不否定该行为及双方剩余权利义务履行的效力，属于主体资格规范的管理性强制性规定，违反该强制性规定不导致该民事法律行为无效。事实上，本案《合作协议》及系列合同均合法有效，且合同的继续履行不仅对被上诉人有益，更是对广大群众有益；反之，如果解除合同，不仅严重损害上诉人的合法权益，还显失公平，违反平等主体之间公平交易的原则，同时也违反鼓励交易的立法宗旨。

《卫健法》第 100 条规定："违反本法规定，有下列行为之一的，由县级以上人民政府卫生健康主管部门责令改正，没收违法所得，并处违法所得二倍以上十倍以下的罚款，违法所得不足一万元的，按一万元计算；对直接负责的主管人员和其他直接责任人员依法给予处分：①政府举办的医疗卫生机构与其他组织投资设立非独立法人资格的医疗卫生机构；②医疗卫生机构对外出租、承包医疗科室；③非营利性医疗卫生机构向出资人、举办者分配或者变相分配收益。"而对于违反第 40 条第 3 款后半句"不得与社会资本合作举办营利性医疗卫生机构"的行为，《卫健法》没有规定相应的法律责任。第 100 条第 1 项的重点在于，若政府举办的医疗卫生机构与其他组织投资设立非独立法人资格的医疗卫生机构，则需要承担相应的法律后果；与之相反，其他医疗卫生机构，如非政府举办的医疗卫生机构与其他组织投资设立非独立法人资格的医疗卫生机构，则不需要承担该法律后果。也就是说"设立非独立法人资格的医疗卫生机构"的行为并非法律所禁止，而是对实施该行为的其中一方主体有要求。即，法律并不禁止该行为本身，而只是规范行为的主体。这就表明，《卫健法》第 40 条第 3 款的强制性规定意在加强行政管理，而非否定私法行为的效力。其所规制的主体是合同履行的前提条件，而非合同行为本身。

原《最高人民法院关于适用〈中华人民共和国合同法〉若干问题的解释（二）》第 14 条规定："合同法第五十二条第（五）项规定的'强制性规定'，是指效力性强制性规定。"此后，最高人民法院《关于当前形势下审理民商事合同纠纷案件若干问题的指导意见》进一步提出了"管理性强制性规定"的概念。2017 年的《中华人民共和国民法总则》和现行的《中华人民共和国民法典》均在第 153 条第 1 款规定："违反法律、行政法规的强制性规定的民事法律行为无效。但是，该强制性规定不导致该民事法律行为无效的除外。"原《中华人民共和国民法总则》制定过程中，一度采纳了有关"效力性强制性规定"的概念，《中华人民共和国民法总则（草案）》（三次审议稿）第 155 条规定："违反法律、行政法规的效力性强制规定或者违背公序良俗的民事法律行为无效。"但有意见认为"效力性强制性规定"的概念比较模糊，建议换一种更加明确的方式，因此才有了第 153 条第 1 款。该条前半句的强制性规定，违反的后果是民事法律行为无效，其性质上属于效力性规定；

后半句的但书限制了该前半句规定的适用，也就是说如果该强制性规定不导致该民事法律行为无效的，则不能以此认定民事法律行为无效，这类强制性规定就是指管理性强制性规定。

此外，一审法院不顾上诉人前期投入的运营管理成本和代为偿还的设备融资成本［包括青岛阳光世纪数字医疗设备有限公司（以下简称"青岛阳光医疗公司"）和上诉人替被上诉人归还的1200万元的设备融资款及相应五年期的融资利息，前期虽由青岛阳光医疗公司归还，但上诉人根据转让合同支付了转让款］，随意解除合同，导致上诉人前期投入的人力、物力、财力都无法在后期进行弥补，违背了鼓励交易的立法宗旨和公平交易原则。双方约定的合作期限为12年，之所以有如此长的合作期限，是因为上诉人需要在整个合作期内不断投入运营管理所需的资金、人力、物力并承付设备的全额融资成本，所有这些支出需要在合作后期才有可能收回。根据设备运营的实际情况，上诉人有可能在合作后期获得一定的经营收益，但也有可能因设备工作量有限或管理不当而发生经营亏损。上诉人在合作期内进行的持续性投入，包括长期派驻专业团队对核磁共振设备进行日常操作维护、组织专家对医院医技人员进行设备操作和读片技术的培训、对医院各临床科室进行不定期的磁共振检查临床应用学术交流等，提升了磁共振设备的运营效益，并间接提升了医院的综合市场竞争力和整体诊疗水平（即医院的无形资产），其带来的整体效益不能简单通过单台设备的经济效益来衡量。合作期间及期满后，上诉人给医院带来的上述无形资产以及该设备所产生的经济效益最终全部归医院所有。上诉人在与被上诉人签订相关合同时，只能根据合作期内可能实现的工作量和发生的收支情况来预测委托管理可能获得的管理效益。一般情况下，上诉人所期望实现的该管理效益在合同期满之前是无法实现的。上诉人在被上诉人综合性二级甲等医院统一的管理体系范围内，履行合同义务，支出相应的管理成本，被上诉人理应按合同约定及时足额支付相应的管理服务费。本案合同依法有效，无法定及约定的解除条件，应当继续履行，而被上诉人在合同履行后期设备运营进入良性循环的状态后提出解除，完全损害了上诉人的合法权益。鼓励交易一直是原《中华人民共和国合同法》以至现行的《中华人民共和国民法典》的立法宗旨，《全国法院贯彻实施民法典工作会议纪要》第6条也规定："当事人对于合同是否成立发生争议，人民法院应当本着尊重合同自由，鼓励和促进交易的精神依法处理。"一审法院在审查本合同纠纷时，应当通盘考虑本案所有合同，除了已履行完毕的各种法律关系，还应充分考虑剩余民事法律行为的有效性。由此应当可以看出，本案的合同不能以一般的简单交易合同来判断，而是需要考虑上诉人约定的综合成本开支和合理管理报酬，在能够继续履行，且实际上也在继续履行的情况下，不应该判决解除合同。

综上，《卫健法》的该条规定仅仅是对一方当事人主体资格的强制性规定，对于合同内容的履行，国家法律是允许的。《卫健法》鼓励、引导社会力量举办医疗卫生机构，并支持其与政府举办的医疗卫生机构开展多种类型的医疗业务、学科建设、人才培养等合作。即便是早年的《关于城镇医疗机构分类管理的实施意见》，也对政府举办的医院投资举办营利性"科室""病区""项目"持宽容态度，允许停办或经卫生行政和财政等部门批准转为独立法人单位，而不是完全否定该民事法律行为的效力。因此，即便是认定《合作协议》违反该强制性规定，也不会导致本案系列民事法律行为无效。一审法院在认定本案系列合同为有效合同的同时，又认定履行内容包含本案其他多个合同、涉及多个民事法律关系的《合作协议》违反法律的强制性规定，完全不考虑上诉人前期投入的大量成本，随意判令解除，严重损害了上诉人一方的合法权益，也导致《合作协议》所涉及的其他有效合同的履行出现了争议或者障碍。

3. 存在事实认定错误兼法律认定错误情形

一审判决以原《中华人民共和国合同法》第94条为由判决解除合同，既有事实认定错误，也有法律适用错误。本案《合作协议》不存在法定解除的事由，原《中华人民共和国合同法》第94条的五种情形均不适用：第5种为兜底性条款，主要指各类有名合同，如买卖合同、租赁合同、承揽合同、委托合同等的解除权行使；第2—4种情形，结合本案案情，有权行使解除权的是上诉人，而非被上诉人；第1种"因不可抗力致使不能实现合同目的"情形，本案也不符合。如前文所述，《合作协议》不违反《卫健法》第40条第3款规定，可以继续履行，即便被认定违反该条，但法律关于不可抗力的定义是指不能预见、不能避免并不能克服的客观情况。如果当事人在订立合同时，以其承担的合理注意义务可以预见到某种客观情况，则其通常不构成合同履行中的不可抗力事件。《卫健法》该条款的颁布是完全可以预见的，而该条款的颁布，也并未致使合同目的无法实现，故不适用不可抗力条款解除合同。

（1）金钱债务和履行行为不存在不可抗力

《合作协议》约定的被上诉人主合同义务为金钱给付，货币不会发生不可替代的灭失，金钱债务的履行行为不存在不可抗力。从《合作协议》内容可以看出，被上诉人将其自行购买的磁共振设备交给专业的第三方运营管理，而被上诉人自己主要承担运营管理成本的支出义务，负责办理各项行政、安全、环保、技术、使用审批手续以及负责接待上级部门检查并协调解决等确保合同正常、合法履行的附随义务。但被上诉人在《卫健法》施行前就开始拒不支付自 2020 年 4 月起的应付款。《卫健法》施行后，即使磁共振设备运营管理行为违反其规定，货币的高度可替代性及流通性也决定了金钱债务的标的（货币）是不可能发生不可替代的灭失的。在上诉人仍然实际提供该设备的运营管理服务的前提下，合同履行中所获得的所有经济效益均归于被上诉人，其应当按约定支付履行合同过程中产生的成本和管理费。

（2）《卫健法》第 40 条第 3 款的颁布可被预见

《卫健法》第 40 条第 3 款的颁布，早在 2000 年《关于城镇医疗机构分类管理的实施意见》下发、涉案《合作协议》签订之前就能被预见。被上诉人作为当地政府举办的公立医院，应当知道《关于城镇医疗机构分类管理的实施意见》中有关禁止性规定的内容并对该意见的主旨精神有深刻的解读，对《卫健法》上述条款的颁布是完全可以预见的。并且，不可抗力只有达到继续履行的条件不再具备、合同目的无法实现的地步，才能解除合同。本案中《卫健法》该条的颁布，并未导致不能实现合同目的，合同尚能并且实际也在继续履行。

第一，《关于城镇医疗机构分类管理的实施意见》第一部分第 1 条就指出："非营利性医疗机构是指为社会公众利益服务而设立和运营的医疗机构，不以营利为目的，其收入用于弥补医疗服务成本，实际运营中的收支结余只能用于自身的发展，如改善医疗条件、引进技术、开展新的医疗服务项目等。营利性医疗机构是指医疗服务所得收益可用于投资者经济回报的医疗机构。政府不举办营利性医疗机构。"故政府举办的医疗卫生机构为非营利性医疗机构，其收入用于弥补医疗服务成本，实际运营中的收支结余只能用于自身的发展，如改善医疗条件、引进技术、开展新的医疗服务项目等。但不管是何种形式的自身发展，都"不以营利为目的"。由此可知，政府举办的医疗卫生机构当然不能与社会资本合作举办营利性医疗卫生机构（即《卫健法》第 40

条第 3 款）。

第二，从《关于城镇医疗机构分类管理的实施意见》第三部分第 7 条"政府举办的非营利性医疗机构不得投资与其他组织合资合作设立非独立法人资格的营利性的'科室''病区''项目'。已投资与其他组织合资合作举办营利性的'科室''病区''项目'的，应停办或经卫生行政和财政等部门批准转为独立法人单位"可以看出，在 2000 年，国家就对政府举办的非营利性医疗机构与其他组织设立独立法人单位的行为持赞成态度。即，政府举办的医疗卫生机构与其他组织投资设立非独立法人资格的医疗卫生机构是不行的（即《卫健法》第 40 条第 3 款），但投资设立独立法人资格的医疗卫生机构是可以的。

第三，新法律的颁布不属于政府行为，不属于不可抗力范围。在我国法理及司法实践中，一般认为不可抗力包括自然因素和社会因素两个方面，前者主要为自然灾害，后者主要包括社会异常事件和政府行为。政府行为是行政机关代表国家，运用国家权力的行为，是一种行政行为，而《卫健法》的颁布是立法机关的立法行为，两者的实施主体不同，内容不同，具有本质区别。可见，立法行为不包括在不可抗力范围（政府行为）中。即便认为其包括在政府行为中，政府行为是否构成不可抗力在实践中也颇具争议。普遍观点认为政府行为不是在任何时候都构成不可抗力，因为政府行为出现次数过于频繁，均认定为不可抗力，容易导致对不可抗力制度的滥用，从而严重影响经济秩序，腐蚀契约精神。同时，政府行为的范围涉及国家政治、社会、经济、文化管理等各个领域，其形式表现为行政法规、规章等规范性文件及各项政策，在合同当事人的订约与履约过程中必然已经渗透。当事人自协商订立合同之日起，就无时无刻不在受到政府行为的管理与调控。政府行为的连贯性使其具有可预知性。

第四，不可抗力只有达到继续履行的条件不再具备、合同目的无法实现的地步，才能解除合同。比如租赁合同期间发生了自然灾害，租赁标的物损毁、灭失导致无法租赁，合同履行的目的无法实现，只能解除合同。而即便扩大解释，将颁布《卫健法》的立法行为认定为政府行为，也构成不可抗力，那么是否构成继续履行的条件不再具备、合同目的无法实现呢？上文已列明，《卫健法》对于违反第 40 条第 3 款前半句的行为的处罚，仅仅是行政处罚（责令改正、没收违法所得、罚款、处分），而对于违反第 40 条第 3 款后半句

"不得与社会资本合作举办营利性医疗卫生机构"的行为未作任何法律责任的规定，双方完全可以将现有的管理行为以托管或联营协议的形式继续履行下去。不可抗力与合同目的不能实现存在因果关系，虽然发生了不可抗力事件，但并未因此导致合同目的不能实现，此时当事人不享有法定解除权。而本案的事实是：《合作协议》在《卫健法》施行后，双方至今仍按照托管运营的模式继续履行，且双方均未收到安丘市卫生健康局相应的处罚或通知。这也直接证明了《合作协议》的履行并未违反《卫健法》的规定，也不存在所谓的不可抗力致使合同目的无法实现。

（三）解除《合作协议》的判决错误

案涉设备相关的《医疗设备购销合同》《融资租赁合同》《合作协议》《医疗合作项目转让合同书》以及上诉人在履行合同过程中所签订的各类关联合同为系列合同，内容涉及多种民事法律关系，且部分内容已经履行完毕。一审法院确认系列合同为有效合同，却没有将《合作协议》所涉各民事法律关系、已履行和正履行的民事法律行为细化分类，而是笼统地判令解除《合作协议》，此种做法是错误的。

第一，本案《医疗设备购销合同》和《融资租赁合同》为当事人双方真实意思表示，为合法有效的合同，并且根据合同约定由当事人实际履行。被上诉人提交的《补充协议》中关于磁共振设备的合同及协议，仅以《合作协议》为准，其他任何与之类似，包括但不限于《医疗设备购销合同》等均不具有法律效力的约定与事实并不相符，应认定该约定涉及的条款为无效条款。在一审庭审质证过程中，上诉人就提出过上述异议，但一审法院却认定被上诉人提交的证据《补充协议》真实有效并将其内容作为认定事实的依据，属于事实认定错误。

第二，目前《医疗设备购销合同》和《融资租赁合同》已经履行完毕，其中包含上诉人替被上诉人归还的四期融资租金（2016 年 1 月 27 日履行完毕），即《医疗合作项目转让合同书》第 3 条："租金偿还责任自 2015 年 11 月 1 日起，至租金偿还结束止，由丙方（即上诉人）承担。"上述合同内容均合法有效且已履行完毕，不能解除。剩余的《合作协议》和《医疗合作项目转让合同书》均在履行中，主要涉及设备的日常运营管理，包括上诉人按合同约定指派专业的管理团队进行设备的日常维护、技术支持和学术推广，并支付相应的人力费用及设备维护费用。这些民事法律行为具体涉及的主要民事法律关系除了项目管理合同之外，还包括履行这些合同过程中必须发生的劳务派遣、设备保修合同等民事法律关系。《合作协议》与其他关联合同密不可分，整个项目并非只有《合作协议》，而是跟《医疗设备购销合同》《融资租赁合同》《医疗合作项目转让合同书》所包含的多个法律关系相关联。一审法院应当对《合作协议》所涉及的各种民事法律关系的效力进行分类分析并依法作出判定，考虑所有合同的连贯性，而不是直接简单地判令解除《合作协议》，置其他已履行完毕和尚在履行过程中的有效合同于自相矛盾的境地。

本案包含多个合同，当事人对各合同的履行从整体来看性质类似于联营合同的履行。司法实践中类似联营合同纠纷的案例，法院均认定双方之间的合同不违反法律、行政法规的强制性规定，也不损害社会公共利益，依法合法有效，而对于联营一方因政府或上级部门原因以不可抗力或情势变更为由解除或终止合同的行为不予支持。

（四）一审法院事实认定错误，作出错误判决

一审法院认定"安丘市审计局系国家行政机关，其出具的审计报告，对于本案具有证明的效力"，从而判决上诉人返还被上诉人多分配的款项 2 163 977.18 元，属于对事实认定错误而作出的错误判决。

1. 审计报告结果与涉案合同履行无关且真实性存疑，被上诉人以该报告要求返还其按收支结算表支付的款项，没有事实及法律依据

《合作协议》第 5 条明确约定了设备运营收支情况的组成和计算方式，不涉及将医保扣款作为收支核算。自《合作协议》履行以来，每月的结算款均由被上诉人根据合同约定进行核算，并在双方对收支情况表签字确认后支付给上诉人。经双方签字确认的收支情况表具有法律效力。审计报告结果与涉案合同履行无关且真实性存疑，被上诉人以该报告要求返还其按收支结算表支付的款项，没有事实及法律依据。

（1）《合作协议》约定内容不涉及将医保扣款作为收支核算

《合作协议》约定，磁共振中心的经营收入包括磁共振设备的全部检查收入（包括但不限于各项检查收入、配套耗材收费和相关服务费收入）以及合作期内乙方可能引进的其他磁共振设备的全部检查收入。磁共振中心的经营成本包括胶片费、造影剂及针筒等专用耗材、维修费、管理费、中心员工奖金、水电费。中心医师、护士工资由乙方自行确定和承担，甲方招聘的技术

员和市场推广人员工资由甲方自行确定和承担。所有工资支出不列入中心成本。双方不得列支其他任何费用进入中心经营成本范围内。中心业务净利润＝中心的经营收入－中心的经营成本。合作期内，甲乙双方根据需要免收的检查收入由免收方从各自应分配利润中扣除，自行承担。

上述约定明确了设备运营收支情况的组成和计算方式，不涉及将医保扣款作为收支核算。如果医保不能报销，被上诉人应该向病人收取费用（自费），而不是将医保扣款而病人处又无法追收的损失没有依据地转嫁给上诉人。作为第三方管理者，上诉人只是根据实际的工作量获取约定比例的劳务费，合情合理。双方在履行过程中对每月的收支情况表进行核算后签字确认，并由被上诉人支付款项给上诉人，上诉人根据《合作协议》约定及被上诉人要求开具相应发票及收据。被上诉人院方各人员均在收支情况表及发票上签字确认，履行至今对于每期的款项均予支付并无异议。签字确认后的收支情况表具有法律效力，被上诉人应该按签字确认后的收支情况表支付相应金额款项给上诉人，上诉人也有权取得该款项。

（2）单方提供的审计报告不能作为审计结果

被上诉人单方提供的审计报告与本案没有直接关联性，其结果不能作为双方公认的涉案合同的审计结果。况且，被上诉人提交的审计报告非完整版本，审计项目是原院长韩某伟同志任期经济责任履行情况审计，属于离任经济责任审计，是国家行政机关对企事业单位的法定代表人或经营承包人在任期内或承包期内应负的经济责任的履行情况进行的审查、评价和鉴证活动，是对其特定的公务人员进行监督的行政行为，审计内容及审计方式均有其特定性。该审计报告的证据属性为书证而非司法机关委托审计部门出具的鉴定结论，且该审计报告亦未能直接、充分地证明被上诉人的主张，不能直接作为定案依据。而涉案《合作协议》是平等经济主体之间所签，双方对于合同履行过程中的项目核算内容及方式均与审计报告不同，双方的核算应依照《合作协议》约定进行。

（3）审计数据真实性存疑

审计报告中的审计数据均为单方制作的表格，无相关凭证佐证，真实性存疑。即使该数据真实，该数据与本案是否具有关联性尚无定论。2 163 977.18元是否确实无法报销，该款项是否仅是涉案磁共振设备检查项目无法报销的款项，其中是否包含了其他影像学检查医保款项，以及其中是否包括了整个医院检查的医保款项，被上诉人均未提供相关材料证明。

（4）医保无法报销的原因未明

医保无法报销，是否为被上诉人没有遵守医保管理部门相关规定，部分项目收费超范围或超额所导致的惩罚性结果？或是因为被上诉人未在规定时间内进行报销，导致部分款项超期无法报销？又或者是单纯的报销时限未到，医保款项尚未报下来？不同的情况应当进行不同处理。

（5）"上诉人方所派财务人员未按照会计制度规定记账"并无任何依据

上诉人已获得的所有款项是由被上诉人医院人员计算，数据经核算正确并经医院各领导审批后由院方支付的，并不存在计算错误或所谓的多分配。上诉人接管后，并无安排任何"财务人员"记账核算。上诉人一方的设备操作人员负责将每月的工作量和收入按实际发生的数据（该数据也是医院方提供的真实发生的数据）上报给医院财务和经济管理部门，所有的数据均由院方自行计算，最终审核和分配给上诉人的款项也均由医院相关部门审核认定并报院领导审批签字。双方经核算并签字确认的收支核算表已履行完毕，合法有效。故，被上诉人主张"上诉人方所派财务人员未按照会计制度规定记账"并无任何依据。

（6）被上诉人主张款项的诉讼时效已过

2 163 977.18 元的诉讼时效已过，被上诉人无权主张。

2. 一审法院程序违法

一审法院在审计报告存在上述众多疑问的情况下，直接将其作为定案依据，程序违法。根据《中华人民共和国民事诉讼法》（2017 年修正）第 63 条第 2 款，证据必须查证属实，才能作为认定事实的根据。虽然根据《最高人民法院关于适用〈中华人民共和国民事诉讼法〉的解释》（2020 年修正）第 114 条的规定，国家机关或者其他依法具有社会管理职能的组织在其职权范围内制作的文书所记载的事项具有较高的证明力，但该证据材料最后能否采纳仍需要人民法院依照诉讼法和司法解释的相关规定，通过质证、认证等程序作出最后判断。相关案例也表明，审计报告不得直接作为定案依据，在双方合同对项目结算有相关约定的情况下，应从其约定。

（五）一审法院判决《合作协议》于 2020 年 6 月 1 日解除没有事实及法律依据

即便涉案《合作协议》必须解除，一审法院判定合同自 2020 年 6 月 1 日解除也是错误的。《中华人民共和国民法典》第565条第2款规定："当事人一方未通知对方，直接以提起诉讼或者申请仲裁的方式依法主张解除合同，人民法院或者仲裁机构确认该主张的，合同自起诉状副本或者仲裁申请书副本送达对方时解除。"本案被上诉人于2020年11月2日提起诉讼，要求确认《合作协议》无效，后于2021年2月2日第一次开庭庭审中变更诉讼请求，要求解除《合作协议》（自2020年6月1日起解除）。故上诉人提出解除《合作协议》在《中华人民共和国民法典》施行后，应按《中华人民共和国民法典》第565条第2款判决《合作协议》在上诉人当庭提出解除合同的诉讼请求时，即2021年2月2日解除。一审法院判决《合作协议》于2020年6月1日解除没有事实及法律依据。

（六）一审判决书格式及内容不合规范

此外，一审判决书格式及内容（包括对证据及事实的认定、说理部分）均不符合最高人民法院印发的《人民法院民事裁判文书制作规范》。规范第三部分第5条第7款规定："对有争议的证据，应当写明争议的证据名称及人民法院对争议证据认定的意见和理由；对有争议的事实，应当写明事实认定意见和理由。"第10款规定："认定的事实，应当重点围绕当事人争议的事实展开。按照民事举证责任分配和证明标准，根据审查认定的证据有无证明力、证明力大小，对待证事实存在与否进行认定。要说明事实认定的结果、认定的理由以及审查判断证据的过程。"第11款规定："认定事实的书写方式应根据案件的具体情况，层次清楚，重点突出，繁简得当，避免遗漏与当事人争议有关的事实。一般按时间先后顺序叙述，或者对法律关系或请求权认定相关的事实着重叙述，对其他事实则可归纳、概括叙述。"而一审法院仅以"当事人围绕诉讼请求依法提交了证据，本院组织当事人进行了质证，对当事人无异议的证据本院予以认定，并在卷佐证"草草结束，并未对双方存有巨大争议的审计报告等相关证据的证明力、证明力大小，以及待证事实存在与否进行阐述。在事实认定方面，一审法院既未围绕当事人争议的事实展开，也未写明认定的理由，反而以"势必违反法律的强制性规定"这样猜测性的文字作为结论。

综上所述，一审法院认定事实、适用法律存在错误，导致其作出了错误判决，侵犯了被上诉人的合法权益。

三、被上诉人辩护理由

被上诉人辩称，案涉《合作协议》如果继续履行将违反《卫健法》第3条第2款"医疗卫生事业应当坚持公益性原则"及第39条、第40条的效力性强制性规定，而作为行政机关的安丘市审计局出具的审计报告具有公信力，应当作为案件审理的有效证据，一审判决认定事实清楚，适用法律正确，应当依法驳回上诉人的上诉请求。

（一）上诉人背景介绍及相关陈述明显失实

本案上诉人与被上诉人属于投资合作关系，而非上诉人所称的托管运营关系，上诉人所谓的背景介绍及相关陈述明显失实。

本案相关事实如下：案涉合作协议是双方的真实意思表示，完整反映了双方共同投资合作建立"磁共振中心"的意愿，并约定了设备的所有权及利润分配方式等。双方的合作协议签订后，青岛阳光医疗公司为降低投资风险，提议双方签订虚假的《医疗设备购销合同》，由被上诉人与日立租赁公司（以下简称"日立公司"）签订《融资租赁合同》，日立公司先期支付青岛阳光医疗公司1200万元设备投入款，再由青岛阳光医疗公司按期（每期248 000元，60期，共1488万元）支付日立公司设备租赁款。其目的是让青岛阳光医疗公司可以直接回收1200万元，然后从双方合作经营的"磁共振中心"项目中获得分成款后，再支付融资租赁款，降低了青岛阳光医疗公司资金使用及合作的风险。被上诉人一审时提交的《补充协议》中的约定可以对上述事实予以认证。2015年11月9日，上诉人、被上诉人、青岛阳光医疗公司三方签订《医疗合作项目转让合同书》，约定由上诉人承接《合作协议》中青岛阳光医疗公司的全部权利与义务。2020年6月1日，《卫健法》正式实施，被上诉人基于双方之间的《合作协议》出现了法律上的不能履行，于2020年9月8日向上诉人发出《关于磁共振合作项目的答复函》，终止双方之间的合作，解除《合作协议》。上诉人于2020年10月16日向宁波市江北区人民法院提起诉讼，请求确认合作终止的行为无效。鉴于此，被上诉人向一审法院提起诉讼，请求解除《合作协议》，并于2020年11月2日正式立案。上诉人起诉的案件经宁波市江北区人民法院审查后，将案件移交至先立案的一审法院审理，后因上诉人未交诉讼费而撤诉。一审法院经开庭审理本案后，依法判决双方之间的《合作协议》于2020年6月1日解除，并由上诉人返还被上诉人多分配的款项2 163 977.18元。

上诉人与被上诉人之间是投资合作关系。《合作协议》第一段中约定,双方合作建立"磁共振临床科研诊断中心"。第1条约定"磁共振中心"的性质为甲乙双方共同出资、出力建立的乙方内部独立核算的经营单位。第2条约定由甲方负责投入主设备、配套设施,总投资价值1200万元。设备安装必需的场地改造和其他必要配套设施由乙方出资完成。第3条约定"磁共振中心"的管理机构和人员编制,双方各派工作人员数名。第4条约定"磁共振中心"的合作经营期限为12年。第5条约定"磁共振中心"的收支核算和利润分配。第7条约定合作期满财产的处理。第9条约定磁共振成像系统设备的所有权属于甲方(上诉人)。第11条约定由双方按收益比例共同承担磁共振成像系统设备的灭失和毁损风险。第12条约定乙方(被上诉人)不得以任何方式安装或使用其他磁共振系统、不得分流磁共振检查业务,以此来保障甲方的收益。《医疗合作项目转让合同书》第3条也对项目收益分配问题进行了约定。从《合作协议》中的上述约定可以看出,"磁共振中心"由双方共同出资出力投入建设,并约定了合作经营期限、人员编制及管理、利润分配、设备的所有权属于上诉人、双方按收益比例共同承担设备的灭失和毁损风险等,且该"磁共振中心"从2012年1月开始按月向青岛阳光医疗公司及上诉人支付了利润分配款,证明双方是投资合作经营关系,而不是上诉人所称的托管运营关系。

上诉人称案涉系列合同中的《医疗设备购销合同》为有效合同,且为一审法院所确认,属于歪曲事实。其一,《合作协议》的内容为双方合作建立"磁共振中心",由青岛阳光医疗公司负责投入磁共振设备;《医疗设备购销合同》为磁共振设备买卖合同,由青岛阳光医疗公司将磁共振设备卖给被上诉人。这两个合同一个是投资合同,一个是买卖合同,是互相对立的,只能有一个真实有效,上诉人却称两个都是有效的,并且均已履行,显然自相矛盾。其二,上诉人称一审法院确认系列合同为有效合同也为无中生有。一审判决书中并未确认《医疗设备购销合同》为有效合同。其三,被上诉人与青岛阳光医疗公司于2011年7月1日签订的《补充协议》约定:"安丘市中医院与青岛阳光医疗公司签署的一切关于1.5T核磁共振设备的合同及协议,仅以2011年5月5日双方签订的《合作协议》为准,其他任何与之类似,包括但不限于2011年5月16日签订的《医疗设备购销合同》(即以融资租赁方式购买1.5T核磁共振设备)均不具有法律效力,仅为双方办理相关手续及相关检查之用。此协议由安丘市中医院与青岛阳光医疗公司共同签订，并承诺共同遵守之。"该《补充协议》为双方真实意思表示，而双方以虚假意思表示签订的《医疗设备购销合同》所实施的行为应当无效。上诉人在背景介绍以及上诉状中以虚假的《医疗设备购销合同》为基础为其虚假陈述辩护，属于歪曲事实。其四，上诉人、被上诉人、青岛阳光医疗公司三方于2015年11月9日签订的《医疗合作项目转让合同书》中并未涉及《医疗设备购销合同》，表明《医疗设备购销合同》并非双方的真实意思表示。其五，被上诉人按照《合作协议》中约定除每月按照全部收入的40%（包含维修费、管理费、员工奖金）列支经营成本支付上诉人，还要将70%—80%的利润支付给上诉人，也就是说，"磁共振中心"全部经营收入的近九成都支付给了上诉人，不可能只是托管运营。

（二）一审法院根据《卫健法》第40条的强制性规定解除协议正确

《卫健法》第3条第2款规定："医疗卫生事业应当坚持公益性原则。"一审法院认定案涉《合作协议》违反《卫健法》第40条的强制性规定，并依法判令解除，事实认定清楚，适用法律正确。

1. "磁共振中心"是独立运营的、非法人资格的营利性医疗卫生机构

从组织形式及实际运营情况考虑，"磁共振中心"是一个独立运营的、非法人资格的营利性医疗卫生机构。其一，案涉"磁共振中心"的全称为"磁共振临床科研诊断中心"，具有临床诊断功能。《合作协议》第1条就约定了"磁共振中心"为双方共同出资、出力建立的乙方内部独立核算的经营单位（非独立法人资格），专门为广大病患和其他社会人员提供磁共振医学检查。其二，"磁共振中心"按照《合作协议》第3条约定设有独立的编制，设立由4人组成的"磁共振中心"管委会，由甲方委派2人，乙方委派2人。由管委会任命一名"磁共振中心"主任，全面负责中心日常管理。配置医师2名、护师1名、技师2名、业务代表1—2名，财务人员1名。该约定表明"磁共振中心"是独立运营的，且不具备法人资格。其三，双方在《合作协议》的第5条第3款中约定了利润分配方式及比例，并从2012年1月开始按月向青岛阳光医疗公司及上诉人支付利润，表明"磁共振中心"是营利性的。其四，上诉人在上诉状陈述其对"磁共振中心"的投入及付出时称其"负责磁共振设备的日常操作和工作量登记，设备相关技术支持和临床应用学术推广、运营管理工作"，"长期派驻专业团队对核磁共振设备进行日常操作维护、组织

专家对医院医技人员进行设备操作和读片技术培训、组织医院各临床科室进行不定期的磁共振检查临床应用学术交流"。上诉人的陈述显示"磁共振中心"是一个双方按照《合作协议》约定，共同出资、出力合作建立并独立经营的从事检查、诊断的医疗卫生机构。而上诉人在上诉状否定"磁共振中心"为医疗卫生机构时又称其只是影像科内的一个机房，明显自相矛盾。而事实是，"磁共振中心"并非被上诉人内部影像科下设的机房，被上诉人内部也并没有设置影像科这一部门。这表明上诉人只是根据其需要给"磁共振中心"任意作定义。其五，上诉人一审中在援引2000年颁布的《关于城镇医疗机构分类管理的实施意见》进行答辩时，也间接认可了"磁共振中心"为营利性的医疗卫生机构。

综上，"磁共振中心"是双方按照《合作协议》的约定合作投资建设、独立运营的为城乡居民等公众提供诊断、检查等服务的专业医疗卫生机构，设有独立的编制、管理委员会、医护人员、业务代表、财务人员等，既是非独立法人资格的，又是营利性的。

2. "磁共振中心"是法律规定的医疗卫生机构

案涉"磁共振中心"是专业提供检查与诊断的医学影像诊断中心，是法律规定的医疗卫生机构。其一，2016年7月20日，国家卫生和计划生育委员会《关于印发医学影像诊断中心基本标准和管理规范（试行）的通知》第2条规定："医学影像诊断中心属于单独设置的医疗机构，为独立法人单位，独立承担相应法律责任，由设区的市级及以上卫生计生行政部门设置审批。"从该通知内容可以看出：一是，类似"磁共振中心"这样的医学影像诊断中心是国家卫生管理部门定义的标准医疗卫生机构；二是，类似上诉人的社会资本可以单独设立磁共振中心这样的医疗机构，为独立法人单位，独立承担法律责任。但上诉人以投资的形式与被上诉人合作经营"磁共振中心"，违背了国家的政策，更违反了2020年6月1日实施的《卫健法》第39条、第40条的强制性规定。其二，从立法的本意和目的来看，国家所禁止的是公立医院与社会资本合作举办为社会公众提供专业诊断、治疗的营利性、非独立法人的医疗机构。案涉"磁共振中心"无论从《合作协议》的约定还是实际运营的功能来看，都具备营利性医疗机构的属性，且是非独立法人，继续运营将严重损害社会公共利益，正是国家立法所禁止的。其三，2000年由卫生部等四部委联合公布的《关于城镇医疗机构分类管理的实施意见》第3条第7款规定："政府举办的非营利性医疗机构不得投资与其他组织合资合作设立非独立法人资格的营利性的'科室''病区''项目'。"该实施意见属于部门规章或规范性文件，对合同的效力不具有强制力。国家为重视医疗卫生事业，保障公民的健康，把医疗卫生相关的行政法规、部门规章、规范性文件等进一步上升到法律的高度，并于2020年6月1日正式实施《卫健法》。该法第40条第3款的规定对应的就是《关于城镇医疗机构分类管理的实施意见》第3条第7款的规定。非独立法人资格的医疗卫生机构、营利性医疗卫生机构，就是指该实施意见中的非独立法人资格的营利性的"科室""病区""项目"。由此可以看出，案涉"磁共振中心"无论是作为"科室""病区"还是"项目"，都属于《卫健法》第40条第3款规定的医疗卫生机构。上诉人的民事上诉状也提到将部门文件上升到法律法规层面，与被上诉人的观点一致。其四，《合作协议》约定"磁共振中心"为被上诉人内部独立核算的经营单位，而被上诉人本身为医疗卫生机构，作为被上诉人内部单位的"磁共振中心"，自然也是医疗卫生机构。其五，《医疗机构管理条例》（2016年修订）第24条规定："任何单位或者个人，未取得《医疗机构执业许可证》，不得开展诊疗活动。"而案涉"磁共振中心"能正常经营八年多，正是因为其为被上诉人内部独立核算的经营单位，使用的是被上诉人的医疗机构执业许可证。这足以显示案涉"磁共振中心"为医疗卫生机构，且是非独立法人资格的营利性医疗卫生机构。

综上，由双方合作建立的"磁共振中心"既是非独立法人资格的医疗卫生机构，又是营利性的医疗卫生机构，双方的《合作协议》违反了《卫健法》第40条第3款的规定。

3. 《合作协议》违反效力性强制性规定，应依法解除

案涉《合作协议》违反的是法律的效力性强制性规定，形成了法律上的不能履行，应当依法解除。其一，医疗卫生机构具有社会公益性质，《卫健法》第40条第3款的禁止性规定是效力性强制性规定。《卫健法》的立法本意是发展医疗卫生与健康事业，保障公民享有基本医疗卫生服务，提高公民健康水平，并且坚持公益性原则，这在《卫健法》总则中作了明确规定。《卫健法》第40条第3款规定："政府举办的医疗卫生机构不得与其他组织投资设立非独立法人资格的医疗卫生机构，不得与社会资本合作举办营利性医疗卫生机构。"《卫健法》作为一部事关全民健康的法律，对合作设立具有社会

公益属性的医疗卫生机构作出的禁止性规定，应当是效力性强制性规定。《最高人民法院关于适用〈中华人民共和国民事诉讼法〉的解释》（2020 年修正）第 52 条对"其他组织"的解释仅是对《中华人民共和国民事诉讼法》第 48 条规定的关于诉讼当事人除"法人"之外的组织做出的解释，而《卫健法》第 40 条第 3 款的"其他组织"指的是"政府举办的医疗卫生机构"之外的组织，两者不能互相适用，上诉人此处故意混淆概念。如果按照上诉人的理解，政府举办的医疗卫生机构可以与其他的法人等单位成立"非独立法人资格的医疗卫生机构"，则完全违背了《卫健法》的立法精神。其二，《卫健法》的出台与实施是双方在签订《合作协议》时不能预见的，给双方之间的合作造成了法律和事实上的不能履行，导致合同目的不能实现，属于不可抗力，应当依法解除。案涉"磁共振中心"是为安丘市城乡居民等公众提供诊断、检查等服务的专业医疗卫生机构，如果继续履行《合作协议》，将损害社会公共利益，违反《卫健法》第 40 条第 3 款的强制性规定。上诉人所称的《关于城镇医疗机构分类管理的实施意见》只是原卫生部等部门制定的规范性文件，而《卫健法》是全国人民代表大会制定的狭义上的法律，被上诉人无法、也不可能预知全国人民代表大会什么时候制定什么样的法律。所以，《卫健法》的出台与实施，是被上诉人不能预见、不能避免且不能克服的，属于不可抗力。此外，《合作协议》第 15 条约定，如遇国家政策调整或因乙方（被上诉人）主管部门原因导致合同无法履行，乙方可购买甲方所有的设备。该条约定表明，国家政策调整或被上诉人主管部门原因可能会导致合同无法履行。其三，最高人民法院公报案例（2019）最高法民再 246 号民事判决书认为："因国家法律、法规及政策出台导致当事人签订的合同不能履行，以致一方当事人缔约目的不能实现，该方当事人请求法院判决解除合同的，人民法院应予支持。"其四，上诉人称被上诉人 2021 年 2 月 2 日才主张解除《合作协议》与事实不符。被上诉人于 2020 年 9 月 8 日给上诉人发出《关于磁共振合作项目的答复函》，明确表示"磁共振合作项目自 2020 年 9 月 1 日终止，请贵公司及时安排项目清算事宜"。上诉人向宁波市江北区人民法院起诉的（2020）浙 0205 民初 4479 号案件的起诉状中明确提到其收到了该答复函。

（三）《合作协议》违反《卫健法》第 39 条、第 40 条之规定

案涉"磁共振中心"是依照《合作协议》约定由双方合作投资建立的，被上诉人按照协议约定向上诉人支付了投资收益。但《卫健法》于 2020 年 6

月 1 日实施后，被上诉人如果再继续履行《合作协议》，向投资人即上诉人支付"磁共振中心"的投资收益，不但违反《卫健法》第 40 条第 3 款规定，也违反了《卫健法》第 39 条规定：非营利性医疗机构不得向出资人、举办者分配或变相分配收益。

（四）一审判决上诉人返还多分配款项正确

上诉人应返还不当得利。上诉人在合作过程中多分配了 2 163 977.18 元合作款项，应当作为不当得利返还被上诉人。一审判决上诉人返还上述款项，事实认定清楚。

1. 被上诉人所提交审计报告有效

安丘市审计局作为国家行政机关，具有较强的公信力，其出具的安审委办报〔2020〕12 号审计报告是其依法独立作出的，合法有效。被上诉人在一审时提交了完整的审计报告，应当依法采纳。

2. 上诉人所提交审计报告不具有参考性

上诉人提及的案例中所涉审计报告与本案审计报告性质截然不同，不具有参考性。本案的审计报告并未对"磁共振中心"经营过程中发生的成本、费用及人员费用进行审计，而是经审计发现上诉人所派财务人员将无法到医保部门报销结算的部分的 3 186 352.42 元也记入收入，导致"磁共振中心"在分配合作款时按照错误的记账收入进行了分配，多支付了青岛阳光医疗公司 529 718.81 元和上诉人 2 163 977.18 元合作款。上诉人应当将超额支付的款项作为不当得利返还给被上诉人。案涉安审委办报〔2020〕12 号审计报告是对"磁共振中心"项目进行的全面审计，是在对大量材料、数据全面核实、核算的基础上得出的结论（审计报告所附有关"磁共振中心"的审计汇总、明细表格及数据等一审均已提交），合法有效，应当依法采纳。

3. 上诉人称协议约定内容不涉及将医保扣款作为收支核算明显失实

《合作协议》第 5 条中"磁共振中心"的经营收入包括："甲方投入的 1.5T 核磁共振设备的全部检查收入，包括但不限于各项检查收入、配套耗材收费和相关服务费收入。"该全部检查收入应当包括向病人收取的费用以及医保报销的费用。甚至《合作协议》第 5 条第 1 款第 2 项又约定，"合作期内乙方（被上诉人）可能引进的其他磁共振设备的全部检查收入"也属于磁共振中心的经营收入。作为甲方的上诉人为了保证其利润最大化，将被上诉人自己花钱引进的其他设备收入都要约定记入检查收入内，不可能不将医保报销的部分记入全部检查收入当中。如果如上诉人所称，全部检查收入不包括医保这部分收入，那之前已报销的医保收入中已经向上诉人按比例返还的这部分款项，上诉人是否也应该返还？由此可以看出，上诉人的陈述自相矛盾，只是为了维护其主张，属于随意曲解、定义。

4. 诉讼时效起算认定

法律规定的诉讼时效是自权利人知道或者应当知道权利受到损害之日起计算。具体到本案，上诉人所派"磁共振中心"财务人员记账错误，导致多分配给上诉人合作款项，被上诉人并不知情，直到 2020 年 5 月审计时才发现，因此，被上诉人请求上诉人返还多分配款项并没有超过诉讼时效，且上诉人在一审期间并未以诉讼时效进行抗辩，二审不应支持。

综上所述，依据《合作协议》《补充协议》的约定及实际运营情况，上诉人与被上诉人之间是投资合作经营关系，如果继续履行并向上诉人分配利润，不但违反 2020 年 6 月 1 日实施的《卫健法》第 39 条、第 40 条的强制性规定，也违反了《卫健法》第 3 条第 2 款规定的"医疗卫生事业应当坚持公益性原则"这一规定。由正式审计机关安丘市审计局出具的审计报告认定被上诉人向上诉人多支付了分配款项 2 163 977. 18 元，上诉人应当予以返还。一审判决解除《合作协议》并由上诉人返还被上诉人多分配的款项 2 163 977. 18 元的判决，事实认定清楚，适用法律正确，依法应予维持。

安丘市中医院向一审法院起诉请求：①解除《合作协议》（自 2020 年 6 月 1 起解除）；②判令兴合公司返还安丘市中医院超额支付的款项 2 693 695. 99 元；③判令兴合公司返还安丘市中医院应缴纳的税款 3 012 638. 22 元；④本案诉讼费等费用由兴合公司承担。

四、经审理查明

一审法院认定事实：2011 年 5 月 5 日，安丘市中医院（乙方）与案外人青岛阳光医疗公司（甲方）签订《合作协议》一份，约定双方合作建立"磁共振临床科研诊断中心"，性质为双方共同出资、出力建立的原告内部独立核算的经营单位，合作经营期限 12 年。利润分成的方式为，第 1—5 年甲方净利润分成比例 80%，乙方净利润分成比例 20%；第 6—10 年甲方净利润分成比例 70%，乙方净利润分成比例 30%；第 11—12 年甲方净利润分成比例 60%，乙方净利润分成比例 40%。《合作协议》还对管理机构和人员管理、合作期满后的财产处理、违约责任等内容进行了约定。

2011 年 7 月 1 日，安丘市中医院与青岛阳光医疗公司签订《补充协议》一份，内容为："安丘市中医院与青岛阳光医疗公司签署的一切关于 1.5T 核磁共振设备的合同及协议，仅以 2011 年 5 月 5 日双方签订的《合作协议》为准，其他任何与之类似，包括但不限于 2011 年 5 月 16 日签订的《医疗设备购销合同》（即以融资租赁方式购买 1.5T 核磁共振设备）均不具有法律效力，仅为双方办理相关手续及相关检查之用。此协议由安丘市中医院与青岛阳光医疗公司共同签订，并承诺共同遵守之。"

2015 年 11 月 9 日，安丘市中医院（甲方）、青岛阳光医疗公司（乙方）、兴合公司（丙方）三方签订《医疗合作项目转让合同书》一份，主要内容为："其一，甲、乙、丙三方一致同意，自 2015 年 11 月 1 日开始，由丙方接管乙方履行《合作协议》约定的全部乙方权利和义务，直至合同结束。其二，甲、乙、丙三方一致同意，截止到 2015 年 10 月 31 日，甲方和乙方在履行《合作协议》过程中一切形式的应收应付款均由甲、乙双方根据约定原则在本备忘录签订后自行结算完成，合作过程中遗留的其他问题也与丙方无涉，均由甲、乙双方根据约定原则协商解决。甲、乙双方确保项目转让后《合作协议》的正常履行不受转让之前其他遗留问题的影响。其三，甲、乙、丙三方一致同意，自 2015 年 11 月 1 日（项目交接日）开始，甲方和丙方在履行《合作协议》过程中的一切形式的应收应付款均由甲、丙双方根据合同原则完成结算，合作过程中出现的其他问题也由甲、丙双方根据合同原则协商解决，而与乙方无涉。项目 2015 年 10 月的收益分配，公司应分配款项收益权归乙方；项目 2015 年 11 月的收益分配，公司应分配款项收益权归丙方；公司的租金偿还责任自 2015 年 11 月 1 日起至租金偿还结束止，由丙方承担。其四，本合同书属于《合作协议》不可分割的组成部分，具有完全的法律效力。如有异议，各方同意友好协商解决，协商不成时任何一方均可向所在地人民法院提起诉讼。"

上述协议签订后，各方均按照协议的约定履行权利义务。2012 年 1 月至 2020 年 3 月，安丘市中医院共计向青岛阳光医疗公司和兴合公司支付分配款项 27 370 515.31 元，其中向青岛阳光医疗公司支付 10 219 566.58 元，向兴合公司支付 17 150 948.73 元。2020 年上半年，安丘市委审计委员会办公室、安丘市审计局依职权对安丘市中医院进行了全面审计，并于 2020 年 10 月 30 日制作审计报告（安审委办报〔2020〕12 号）。该报告认定：安丘市中医院违规设立、运营磁共振临床科研诊断中心合作项目。2012年1月至2020年3月，安丘市中医院累计支付青岛阳光医疗公司和兴合公司磁共振项目27 370 515. 31元，付款时未剔除每月磁共振医保报销结算差额，造成多付青岛阳光医疗公司和兴合公司2 693 695. 99元，该差额应予收回。多付的2 693 695. 99元经计算，其中2015年11月至2020年3月向兴合公司多支付2 163 977. 18元。

法院另查明，安丘市中医院系政府开办的事业单位法人。

一审法院认为，安丘市中医院与案外人青岛阳光医疗公司签订的《合作协议》《补充协议》以及安丘市中医院、兴合公司与青岛阳光医疗公司签订的《医疗合作项目转让合同书》是当事人的真实意思表示，且不违反法律、行政法规的规定，应确认为有效合同。2020年6月1日，《卫健法》颁布实施，该法第40条第3款明确规定："政府举办的医疗卫生机构不得与其他组织投资设立非独立法人资格的医疗卫生机构，不得与社会资本合作举办营利性卫生机构。"在上述法律颁布实施后，安丘市中医院、兴合公司再继续履行《合作协议》，势必违反法律的强制性规定。因此，《合作协议》应当自2020年6月1日予以解除。关于安丘市中医院要求兴合公司返还多支付的2 693 695. 99元分配款项问题，安丘市审计局系国家行政机关，其出具的审计报告对于本案具有证明的效力。该报告认定安丘市中医院向青岛阳光医疗公司和宁波兴合公司多付2 693 695. 99元。后经计算，其中向兴合公司多支付2 163 977. 18元，向青岛阳光医疗公司多支付529 718. 81元，一审法院予以确认。但安丘市中医院、兴合公司与青岛阳光医疗公司三方签订的《医疗合作项目转让合同书》明确约定："截止到2015年10月31日，甲方（安丘市中医院）和乙方（青岛阳光医疗公司）在履行《合作协议》过程中一切形式的应收应付款均由甲、乙双方根据约定原则在本备忘录签订后自行结算完成，合作过程中遗留的其他问题也与丙方（兴合公司）无涉，均由甲、乙双方根据约定原则协商解决。"因此，兴合公司仅对其多收取的2 163 977. 18元负有返还义务，对安丘市中医院向青岛阳光医疗公司多支付的529 718. 81元不负返还义务。故安丘市中医院要求兴合公司返还2 163 977. 18元分配款的诉讼请求，一审法院予以支持，对超出部分，一审法院不予支持。关于安丘市中医院要求兴合公司返还应缴纳税款3 012 638. 22元的诉讼请求，因安丘市中医院未在一审法院指定的期间预交诉讼费用，一审法院不予理涉。

综上所述，依照原《中华人民共和国合同法》第94条，《卫健法》第40

条第 3 款,《最高人民法院关于适用〈中华人民共和国民法典〉时间效力的若干规定》第 1 条之规定,判决:①安丘市中医院与兴合公司履行的《合作协议》于 2020 年 6 月 1 日解除;②兴合公司返还安丘市中医院多分配的款项 2 163 977.18 元,于判决生效之日起十日内履行完毕;③驳回安丘市中医院的其他诉讼请求。案件受理费 28 350 元,由安丘市中医院负担 5670 元、兴合公司负担 22 680 元。

本院二审期间,当事人围绕上诉请求依法提交了证据。本院组织当事人进行了证据交换和质证。安丘市中医院提交了两组证据,第一组为《关于磁共振合作项目的答复函》、宁波市江北区人民法院(2020)浙 0205 民初 4479 号民事裁定书和民事起诉状各一份。证据内容为:被上诉人向上诉人发出《关于磁共振合作项目的答复函》,该答复函明确表示"磁共振合作项目自 2020 年 9 月 1 日终止,请贵公司及时安排项目清算事宜"。上诉人在宁波市江北区人民法院的民事起诉状及(2020)浙 0205 民初 4479 号民事裁定书内容显示,上诉人已于 2020 年 9 月 8 日收到该答复函。由此可以证明,被上诉人于 2020 年 9 月 8 日就已向上诉人发出终止合作的通知,并非上诉人所称的 2021 年 2 月 2 日才主张解除《合作协议》。第二组证据为上诉人公函一份,证据内容为:上诉人在公函中表示,"自 2020 年 4 月开始,贵院即单方停止了《合作协议》约定的项目收支的正常核算和利润分配"。由此证明,2020 年 4 月前,被上诉人一直向上诉人进行利润分配。

兴合公司质证称,对两组证据的真实性无异议,但是证明内容不认可。关于答复函,其落款时间为 9 月 8 日,但兴合公司此后仍一直在履行,直到 2021 年 4 月。2021 年 4 月以后,被上诉人一年多没有将应该支付的费用支付给上诉人,导致该项目面临无法继续维持的问题,在这种情况下,上诉人发函给被上诉人,请求等到该合同是否解除确定后再按生效文书继续执行。落款为 9 月 8 日的答复函要求 9 月 1 日终止本身就不符合实际情况,所以并不像被上诉人所述其在 9 月 8 日就提出双方解除合同。被上诉人所述是因为兴合公司财务的原因导致合作的医保款多付给上诉人,这也不是事实。在 9 月 8 日发给兴合公司的答复函中,被上诉人认为医保款算错是上诉人的原因,是兴合公司派遣的财务人员造成的,然而兴合公司并未派遣财务人员,具体履行的部分仅限于上诉状中陈述的部分。

对于上述证据,兴合公司对证据真实性无异议,本院予以采信。

二审查明：案涉《合作协议》第 15 条第 4 款约定："如遇国家政策调整或因乙方及乙方主管部门原因导致合同无法履行，安丘市中医院需按购买设备时的价格……"

二审查明的其他事实与一审法院认定的事实一致，予以确认。

五、争议焦点

本院认为，本案双方当事人争议的焦点问题，一是案涉《合作协议》的效力以及该协议是否应予解除，二是案涉审计报告的证明力问题。

（一）案涉《合作协议》的效力以及该协议是否应予解除

对于第一个焦点问题，案涉《合作协议》签订时，《卫健法》并未施行，该协议并不违反当时法律、行政法规的效力性强制性规定，应属有效协议。案涉《合作协议》中明确约定成立的"磁共振中心"性质为双方共同出资、出力建立的安丘市中医院内部独立核算的经营单位，同时协议还约定了利润分成的方式，故一审认定该"磁共振中心"系非独立法人资格的营利性医疗卫生机构正确。2020 年 6 月 1 日开始施行的《卫健法》第 40 条第 3 款规定："政府举办的医疗卫生机构不得与其他组织投资设立非独立法人资格的医疗卫生机构，不得与社会资本合作举办营利性医疗卫生机构。"该规定系效力性强制性规定，案涉《合作协议》因违反了该项规定而在事实上无法继续履行。同时，案涉《合作协议》第 15 条第 4 款约定："如遇国家政策调整或因乙方及乙方主管部门原因导致合同无法履行，安丘市中医院需按购买设备时的价格……"说明双方在订立合同时，已经约定了在本案情形下合同不能履行时的处理方式。本案中，安丘市中医院有权依据双方协议中的安排，要求解除《合作协议》，且该协议应自实际不能履行之日解除。又因根据上述约定，可以看出双方实际在订立合同时已经预见到了可能会因政策调整等因素导致合同无法履行的情形，故《卫健法》的颁布与施行，对于双方不属于不可抗力，一审以原《中华人民共和国合同法》第 94 条的规定为依据，适用法律不当，但处理结果正确，二审予以维持。

兴合公司主张案涉协议中所谓的"项目利润分配"实为"运营成本支出"，即安丘市中医院向其支付的款项为保证其有基本的财务来源支持日常管理工作支出并代医院偿还融资租金，属于医院应当支付的运营成本的范畴。对此，根据《合作协议》的内容，双方在利润分成之外已经约定了应当向其列支的经营成本的项目与计算方式，故协议约定的利润分成并非运营成本，其该项主张与实际约定不符，不予支持。

兴合公司还主张，一审判决未将案涉《合作协议》相关的《医疗设备购销合同》《融资租赁合同》《医疗合作项目转让合同书》以及在履行合同过程中所签订的各类关联合同进行细化分类，笼统地解除案涉《合作协议》属于错误做法。对此，根据案涉《补充协议》，双方之间的权利义务关系仅以案涉《合作协议》为准，"其他任何与之类似，包括但不限于 2011 年 5 月 16 日签订的《医疗设备购销合同》（即以融资租赁方式购买 1.5T 核磁共振设备）均不具有法律效力，仅为双方办理相关手续及相关检查之用"。该事实说明确定双方权利义务的仅为案涉《合作协议》，一审未对兴合公司主张的其他合同予以处理并无不当。

（二）案涉审计报告的证明力问题

对于第二个焦点问题，即一审法院系依据安丘市审计局作出的审计报告认定兴合公司应当返还款项的金额的问题，安丘市审计局作为国家行政机关，所作的审计报告与案涉《合作协议》所涉的相关账目有直接的关联性，具有证明力，同时兴合公司亦未提供相反的证据推翻该审计报告，故一审以该审计报告作为认定案件事实的依据并无不当。

另外，兴合公司关于一审判决书格式及内容均不符合最高人民法院印发的《人民法院民事裁判文书制作规范》的上诉理由不能成立，本院对此不予支持。

综上所述，兴合公司的上诉请求不能成立，应予驳回；一审判决认定事实清楚，结果正确，应予维持。依照《中华人民共和国民事诉讼法》（2017年修正）第 170 条第 1 款第 1 项规定，本院判决如下。

驳回上诉，维持原判。

二审案件受理费 24 112 元，由上诉人兴合公司负担。

本判决为终审判决。

审判长：李　霞

审判员：尹臣正

审判员：丁　岩

二〇二一年十月二十九日

书记员：吕晓帅

第六节　宋某琳与西安美新君成医疗科技有限责任公司、西安美新君成医疗科技有限责任公司雁塔诊所合伙协议纠纷案

审理法院：陕西省西安市雁塔区人民法院

案　　　号：（2021）陕 0113 民初 413 号

裁判日期：2021.12.25

案　　　由：民事>合同、准合同纠纷>合同纠纷>合伙合同纠纷

原告：宋某琳

被告：西安美新君成医疗科技有限责任公司雁塔诊所（以下简称"西安美新君成雁塔诊所"）

被告：西安美新君成医疗科技有限责任公司（以下简称"西安美新君成公司"）

一、案件概述

原告宋某琳与被告西安美新君成雁塔诊所、西安美新君成公司合伙协议纠纷一案，本院受理后，依据全国人民代表大会常务委员会《关于授权最高人民法院在部分地区开展民事诉讼程序繁简分流改革试点工作的决定》，适用普通程序。本案现已依法审理终结。

二、诉讼理由

原告诉称，2019 年 1 月，被告西安美新君成雁塔诊所找到原告，称被告西安美新君成雁塔诊所内开设口腔科，希望原告能够经营管理口腔科业务。原告和被告西安美新君成雁塔诊所协商后，在 2019 年 2 月 3 日签订书面的《合作经营协议》，约定：原、被告合作期限两年，自 2019 年 2 月 20 日起至 2021 年 2 月 20 日止。原告向被告西安美新君成雁塔诊所交纳 30 000 元押金后协议生效。双方约定协商口腔收费项目，所有耗材和药品由被告采购，原告可提供采购渠道。被告对原告的医疗和管理进行监督、审核，口腔科挂号、缴费全部由被告西安美新君成雁塔诊所负责办理，原告不得私自收费。协议还约定了原、被告根据月营业额分配口腔科收益利润分成以及经营期间的违

约责任等合作条款。

《合作经营协议》生效后，原告与被告西安美新君成雁塔诊所按照协议约定的内容共同经营、利润共享。但自 2020 年 6 月开始，被告西安美新君塔诊所未按照约定将利润分成转至原告账户，原告多次要求被告西安美新君成雁塔诊所支付合作利润分成，但被告找各种借口不支付。2020 年 8 月，被告西安美新君成雁塔诊所未经原告同意擅自给口腔科玻璃门张贴"暂停营业"标志并告知原告其决定撤销口腔科，要求原告停止经营。因双方的合作尚未到期（合作期限截止到 2021 年 2 月 20 日），被告西安美新君成雁塔诊所未和原告协商就擅自单方面决定撤销口腔科，违反了《合作经营协议》第 6 条："本协议的任何一方违反本协议的约定、擅自决定终止本合同或严重损害到对方的利益，即为违约。违约方需要赔偿守约方 10 万元整。"和第 11 条："若在合同生效期间，甲、乙双方任何一方有意向和对方解除合同，需要提前 3 个月与对方进行沟通并书面告知及签订协议解除合同。"随后，原告多次找被告西安美新君成雁塔诊所协商，但被告西安美新君成雁塔诊所一直拒绝处理。因被告西安美新君成雁塔诊所系被告西安美新君成公司的分公司，根据《中华人民共和国公司法》（2018 年修正）第 14 条规定："公司可以设立分公司……分公司不具有企业法人资格，其民事责任由公司承担。"原告将被告起诉至法院，请求判令：①确认原告与被告西安美新君成雁塔诊所于 2019 年 2 月 3 日签订的《合作经营协议》予以解除；②被告退还原告押金 30 000 元；③被告支付原告合作分红（利润分成）款 80 245.09 元；④被告赔偿原告违约金 100 000 元；⑤本案诉讼费由被告承担。

被告西安美新君成雁塔诊所、西安美新君成公司共同辩称，原告与被告西安美新君成雁塔诊所签订的《合作经营协议》，暂定试运行期为两年，如有违反医疗合作协议内容的情况，及时停止执业行为，确保医疗安全。原告在西安美新君成雁塔诊所执业期间，违反协议内容，注册口腔科负责人无一日在岗，原告作为助理医师独自执业，并私自带领无证人员为患者治疗。被告发现后提出管理意见，原告拒不改正。2020 年 4 月，被告西安美新君成雁塔诊所就合作事宜与原告协商终止，原告均以协议期未满为由拒绝。2020 年 5 月，西安美新君成公司决定在此地址开设社区服务站，被告再三劝说原告终止口腔科业务，原告仍拒不执行。2020 年 8 月，西安美新君成雁塔诊所强行关闭口腔科，停止原告的非法执业的行为。原告与被告西安美新君成雁塔诊所签订的《合作经营协议》，违反了《卫健法》第39条第4款"医疗卫生机构不得对外出租、承包医疗科室"这一规定，属于无效合同，因此自始不产生效力，被告不应按照协议约定向原告分配利润及承担违约金。现原告带走的医疗材料价值40 000余元，已超过被告收取的押金，因此被告也不应退还押金。原告离开时带走的病人医疗资料，也应该予以返还。原告不具备执业医师的资格，不能独立进行治疗，因此，其也不能获得相应的报酬，故被告请求驳回原告的诉讼请求。

三、经审理查明

本院经审理查明，原告宋某琳（乙方）与被告西安美新君成雁塔诊所（甲方）于2019年2月3日签订《合作经营协议》，约定：

甲、乙双方为更好地促进甲方的经营与发展，以满足口腔特色专科需求，就甲方运营达成以下协议。

第一，经营模式。甲方提供位于雁塔区金地西沣公元西安美新君成诊所一楼四十五平方米（以实际测量为准）的场所，由乙方经营诊所，设立口腔科。

第二，双方权利与义务。其一，甲方权利与义务：甲方提供开展口腔相关医疗业务的场所及现有装修、装饰、医疗设备、办公设施配置；所有口腔科的收费项目，包括药品的价格、治疗费等，由甲、乙双方协商制定；所有耗材和药品由甲方负责采购，采购渠道可由乙方提供；甲方对乙方经营期间的医疗和管理进行监督、审核。其二，乙方权利与义务：乙方应遵守国家相关法律和规章制度进行合法经营。乙方确保拥有卫生和计划生育委员会[1]对开展口腔诊疗服务要求具备的相关资质，如口腔执业医师资格证等，否则自行办理租证、挂证手续及涉及的全部费用。乙方全权负责该口腔科日常经营管理及顾客问题的咨询与解释，保持设施、设备良好状态。乙方在运营过程中，需要对场所进行再装修或添置医疗设备及办公家具的，乙方自行负责并承担相关费用。但乙方装修前应书面通知甲方，经甲方同意后方可实施。乙方负责与其设立的口腔科的各类各级人员，包括医生、护士、管理和检验人员等建立劳动、劳务等关系，并按月支付其工资及各项相关费用。本条所述

---

〔1〕　现改为卫生健康委员会。

人员因任何原因向甲方或（和）西安美新君成雁塔诊所主张任何权利的，乙方负责处理，由此给甲方或（和）西安美新君成雁塔诊所造成任何损失的，乙方承担全部赔偿责任。乙方涉及口腔的所有诊疗服务及收费须在西安美新君成诊所进行挂号和缴费，不得私自收费。否则，每发现一次，扣除当月营业分成。若多次故犯，甲方有权解除协议。协议自解除通知送达乙方之日解除，乙方应赔偿由此给甲方造成的损失，并按照10万元支付违约金。乙方应遵守甲方相关规章制度，接受甲方统一管理，诊疗行为的开展符合卫生和计划生育委员会〔1〕相关法律法规。

第三，收益分配及对账结算。自协议签订之日起，甲方收取乙方押金30000元整，合同终止时退还。在收益分配方面，双方同意按照营业额扣除药品、耗材、牙具加工及甲方两台牙椅设备折旧费用后按照以下方式分配收益：若扣除上述费用后，月营业额达不到20 000元的，甲方收取5000元，剩余归乙方所有；若扣除上述费用后，月营业额在20 000元以上（含本数）的，甲方收取30%，乙方收取70%。两台牙椅每年每台的折旧费用为2000元，折算至每月，每台牙椅每月折旧费用为167元。在对账与结算方面，结款方式为月度结算。每月轧账后，双方开始对账，对账无异议后，甲方于次月15日将收益分成转至乙方指定银行账户。涉及划卡医保费的，按照医保付款给诊所的时间给予支付结算。

第四，其他约定事项。其一，甲方已有的设备或甲方购买的设备归甲方所有，乙方具有使用权。在运营过程中新添置的设备归出资方所有。所有新添置的设备应建立完整的清单手续，经甲、乙双方签字确认有效。其二，协议期内，诊所的水、电、网络、空调、电话、物业、卫生等相关费用由甲方承担。

第五，违约责任。本协议的任何一方违反本协议的约定、擅自决定终止本合同或严重损害到对方的利益，即为违约。违约方需要赔偿守约方100 000元整。

第六，不可抗力。因不可抗力因素（如自然灾害、战争、国家政策变动等）导致不能履行本协议时，双方互不承担责任。双方损失各自承担。

第七，合作期限。合作期限为自本协议生效之日起两年（自2019年2月20日开始两年）。

---

〔1〕 现改为卫生健康委员会。

第八，本协议期满后，双方根据经营情况决定是否继续合作。在同等条件下，乙方拥有优先租赁、承包及合作权。

第九，合同终止时（无论是协议期满还是双方提解合同），双方需要根据投资清单及新增设备清单划分医药设备物品及办公用品所属权限。凡不可拆卸建筑设施及会对建筑主体造成影响的所有附属物归属甲方所有。

第十，若在合同生效期间，甲、乙双方任何一方有意向和对方解除合同，需要提前 3 个月与对方进行沟通并书面告知及签订协议解除合同。

同日，被告西安美新君成雁塔诊所负责人、被告西安美新君成公司的法定代表人收取原告支付的押金 30 000 元，并向原告出具收条，载明："今收到宋某琳承包合作西安美新君成雁塔诊所口腔科押金 30 000 元整，收款人：张某峰。"

庭审中，原告提交其与被告西安美新君成雁塔诊所负责人、被告西安美新君成公司的法定代表人张某峰的微信聊天记录，证明被告西安美新君成雁塔诊所单方解除协议应当承担违约责任，并提交医疗处方及收据证明共收益 105 138 元，被告拖欠原告收益分成 56 003.79 元及垫付材料费 24 241.3 元。被告认可总收益 105 138 元及垫付的材料费，但其以协议无效为由对原告分成未予认可。被告提交退费单据，证明经原告确认产生的退费为 5783 元。原告仅认可退费为 4175 元。另查，西安美新君成公司于 2018 年 11 月 19 日登记设立被告西安美新君成雁塔诊所。庭审中，因原、被告双方各执己见，调解无效。

上述事实，有《合作经营协议》、收条、转账凭证、微信聊天记录、处方、收据、出库单、退费单及庭审笔录等相关证据在卷佐证，并经当庭核对无误，可以作为认定本案事实的依据。

四、法院观点

本院认为，原《中华人民共和国合同法》第 52 条规定："有下列情形之一的，合同无效：①一方以欺诈、胁迫的手段订立合同，损害国家利益；②恶意串通，损害国家、集体或者第三人利益；③以合法形式掩盖非法目的；④损害社会公共利益；⑤违反法律、行政法规的强制性规定。"本案中，原告与被告西安美新君成雁塔诊所签订的《合作经营协议》，显系双方对被告西安美新君成雁塔诊所的医疗卫生机构承包及医疗机构执业许可证的有偿出借达成的合意。该协议明显违反《卫健法》第 39 条关于"国家对医疗卫生机构实行分类管理。医疗卫生机构不得对外出租、承包医疗科室。非营利性医疗卫生机构不得向出资人、举办者分配或者变相分配收益"的强制性规定，显属无效。民事法律行为无效、被撤销或者确定不发生效力后，行为人因该行为取得的财产应当予以返还。《合作经营协议》签订后，原告向被告西安美新君成雁塔诊所的负责人交纳押金 30 000 元，现因《合作经营协议》无效，被告西安美新君成雁塔诊所应当向原告返还押金 30 000 元。公司可以设立分公司，分公司不具有企业法人资格，其民事责任由公司承担。被告西安美新君成雁塔诊所系西安美新君成公司设立的分支机构，故对于原告要求被告西安美新君成雁塔诊所、被告西安美新君成公司返还押金 30 000 元的诉讼请求，于法有据，本院依法予以支持。违约责任的承担应以协议合法有效为前提条件，本案所涉协议因违反法律禁止性规定而无效，故原告向被告主张违约金，于法无据，本院依法不予支持。

《医疗机构管理条例》（2016 年修订）第 23 条第 1 款规定："《医疗机构执业许可证》不得伪造、涂改、转让、出借。"第 46 条规定："违反本条例第二十三条规定，出卖、转让、出借《医疗机构执业许可证》的，由县级以上人民政府卫生行政部门没收违法所得，并处以 5000 元以下的罚款；情节严重的，吊销其《医疗机构执业许可证》。"本案中，原告要求被告支付合作分红（利润分成）款 80 245.09 元，但原、被告的行为明显违反《医疗机构管理条例》（2016 年修订）的规定，原告所诉款项显系违法所得，应由县级以上人民政府卫生行政部门予以没收，原告要求被告支付该款于法无据。

综上所述，依据《最高人民法院关于适用〈中华人民共和国民法典〉时间效力的若干规定》第 1 条，原《中华人民共和国合同法》第 52 条，《卫健法》第 39 条，《医疗机构管理条例》（2016 年修订）第 23 条、第 46 条，《中华人民共和国民事诉讼法》（2017 年修正）第 64 条，《最高人民法院关于适用〈中华人民共和国民事诉讼法〉的解释》（2020 年修正）第 90 条之规定，本院判决如下。

第一，原告宋某琳与被告西安美新君成雁塔诊所于 2019 年 2 月 3 日签订的《合作经营协议》无效。

第二，西安美新君成雁塔诊所、西安美新君成公司应于本判决生效之日起十日内向原告宋某琳返还押金 30 000 元。

如果未按照本判决指定的期间履行金钱给付义务，义务人应当依照《中华人民共和国民事诉讼法》（2017 年修正）第 253 条之规定，加倍偿付迟延履行期间的债务利息。

第三，驳回原告其余诉讼请求。

本案案件受理费 4499 元，由原、被告各半承担。因原告已预交，被告在支付上述款项时将其承担的诉讼费用一并支付原告。

如不服本判决，当事人可在判决书送达之日起十五日内向本院递交上诉状，并按对方当事人的人数提交副本，上诉于陕西省西安市中级人民法院。

审判员：马　婳

二○二一年十二月二十五日

书记员：温　溪

第七节　枣庄市皮肤病性病防治院、褚某宁等确认合同效力纠纷案

审理法院：山东省滕州市人民法院

案　　号：（2022）鲁 0481 民初 410 号

裁判日期：2022.06.14

案　　由：民事>合同、准合同纠纷>合同纠纷>确认合同效力纠纷

原告：枣庄市皮肤病性病防治院（枣庄市立第四医院）

被告：褚某宁

被告：张某群

被告：滕州市嘉之会物业管理有限公司（以下简称"嘉之会公司"）

一、案件概述

原告枣庄市皮肤病性病防治院与被告褚某宁、张某群、嘉之会公司确认合同效力纠纷一案，本院于 2022 年 1 月 12 日立案后，依法适用普通程序，公开开庭进行了审理。本案现已审理终结。

原告枣庄市皮肤病性病防治院向本院提出诉讼请求：①请求法院确认原、被告于 2017 年 8 月 6 日签订的《协议书》第 2 条、第 3 条及 2018 年 11 月 30

· 535 ·

日签订的《医疗康复合作补充协议书》无效；②请求法院确认原、被告于2017年8月6日签订的《协议书》第1条、第4条、第5条、第6条、第7条、第8条、第9条、第10条合法有效并继续履行；③请求法院判决被告连带返还使用金110 251.2元及利息；④请求法院判决被告连带赔偿实际经济损失2622元，并从2021年12月28日起至被告将南五楼第3层房屋实际交付给原告之日止按每天212.8元连带赔偿原告经济损失；⑤本案诉讼费用由被告承担。

二、诉讼理由

（一）原告方诉讼理由

原告称：枣庄市皮肤病性病防治院又名枣庄市立第四医院，2017年8月6日，原告枣庄市立第四医院与被告褚某宁签订《协议书》，由被告张某群和嘉之会公司提供担保；2018年11月30日，原告枣庄市立第四医院与被告褚某宁又签订《医疗康复合作补充协议书》，由被告张某群和嘉之会公司提供担保。《协议书》第2条、第3条及《医疗康复合作补充协议书》因违反法律强制性规定未实际履行，而《协议书》第1条、第4条、第5条、第6条、第7条、第8条、第9条、第10条并不违反法律规定。《协议书》第1条约定被告将滕州市学院中路2188号院舍南五层楼第二层至第五层交由原告按实际需求使用，使用期十年，使用金每日每平方米0.5元，据实结算。原告预付使用金120万元人民币，不足或剩余使用金待使用期满一次性结清。协议签订后，原告按照《协议书》第1条约定支付了120万元的使用金，并按照实际需要使用了南五层楼的第三层（面积为425.6平方米）和第五层（面积为425.6平方米）房屋。2021年4月29日，被告因需要收回第五层房屋，相应的使用金没有返还。此后，原告一直正常使用南五层楼第三层房屋。近期，被告通过封堵通道、停水、停电的方式要求原告搬离南五层楼的第三层房屋，严重违反约定，给原告造成较大的经济损失。因此，原告为维护自己的合法权益，根据我国法律规定，特向法院提起诉讼，请求法院依法支持原告的诉讼请求。

（二）被告方申辩理由

被告褚某宁辩称：其一，我方与原告签订的《协议书》及《医疗康复合作补充协议书》真实有效，且被告并不存在违反合同约定拒不履行合同义务的客观情况。其二，在合同成立后，原告基于各种原因未履行相关合同义务，存在部分违约情形，而且双方合同约定的第 2 条、第 3 条系有效条款。其三，原告所主张的返还使用金与事实不符，原告应该按照合同约定履行合同义务。我方未违反合同约定，不应承担违约责任或者损失的赔偿责任，原告主张的损失不能成立。

被告张某群、嘉之会公司辩称：合同签订后原告并未按照合同约定履行相关义务，被告张某群在 2020 年 11 月 2 日向原告发出告知函，希望原告可以履行合同约定，并于 2020 年 11 月 6 日向原告发出解除合同通知书。因原告是根本性违约，符合合同解除的条件，该份协议已经实际解除。原、被告之间签订的房屋租赁合同系医疗机构与私人签订的联营合同，医疗机构系非营利性法人，不得对外分配利益，故双方之间签订的合同无效。

三、经审理查明

2000 年 2 月 3 日，枣庄市北坦皮肤病防治院更名为枣庄市皮肤病性病防治院，并挂"枣庄市立第四医院"的牌子，经营性质为非营利性（政府办）。

2017 年 8 月 6 日，褚某宁（甲方）、张某群、嘉之会公司（甲方担保人）与枣庄市立第四医院（乙方）签订《协议书》一份。2018 年 11 月 30 日，原、被告签订《医疗康复合作补充协议书》一份，内容为：甲方褚某宁，乙方枣庄市立第四医院，根据 2017 年 8 月 6 日签订的《协议书》（以下简称"原协议"）第 3 条约定，本着互惠共赢、优势互补的原则，建立以康复、医养结合为特色的医疗科室，经过双方友好充分协商，在平等自愿的基础上签订本协议作为原协议的补充，具体约定如下。

第一，合作模式。甲方以场所、符合经营用途的房屋使用权出资。乙方以资质、符合经营用途的设备等作为出资。

第二，合作管理。乙方负责医疗人员、技术、设备的提供和组织宣传、管理等。甲方负责财务管理、账务支出核算、物业等。联合诊疗经营产生的各项费用，都由乙方开具正规单据，按政策在收费处统一收取。收据底联作为双方结算的依据，由甲方签字确认。原协议及本协议未尽事宜由双方协商决定。

第三，合作期限。合作期限以原合同设定时间为准。

第四，业务效益及分配。联合经营的业务独立核算，甲方每月 25 号出具该项目财务报表，上月业务总收入核算由双方签字确认。甲方以该项目净利润的 50% 计算按月取得利润分配，并提供符合财务法规要求的票据进行结算。甲乙双方在经营过程中产生的固定资产折旧各自承担。维修等其他一切经营费用支出列入核算。

第五，甲乙双方权利义务。其一，甲方权利义务：①甲方应保证房屋、场地使用权在合作期间没有争议。如有争议，由甲方负责处理并保证正常使用。②在双方合作经营期间，属于甲方负责维护和协调的关系，由甲方实际履行责任，保证乙方经营正常开展。③甲方享有本合同约定的利润分配权和法定的权利。其二，乙方权利义务：①乙方应确保医疗手续齐全合法，保证医护人员医疗行为符合诊疗规范规定，并不断创新医疗服务和技术。②乙方保证科室患者能够按政策使用医保，按国家法规政策开展工作。③科室应购买医疗商业保险。如出现医疗纠纷，由乙方负责，甲方协助处理。④乙方负责人事、管理和运营，相关规定可参照医院制度执行。乙方使用的设备、器械自己负责，所有权归乙方。⑤乙方享有本合同约定的利润分配权和法定的权利。

第六，双方认定需要约定的其他事项。具体包括：严控成本核算，减少开支；科室业务中药品等有优惠让利的部分应纳入科室核算，自收款全额纳入科室核算，共收款按 40% 纳入科室毛利润核算（合作科室收入另议）；双方共同招聘人员，共同解聘人员，共同承担相关责任。

第七，违约责任。乙方应每月支付甲方一次应得分配利润，否则除支付利润外还应按银行同期贷款利息支付违约金。合作期间双方不得以任何理由或形式提前终止协议，否则违约方应向守约方赔偿经济损失。在合作期间内，任何一方不得解除合同，如需解除本合同，需征得另一方同意。

第八，争议的解决方式。若是因为不可抗力的因素和政策因素导致协议不能履行的，双方协商处理，合同自动解除，双方互不承担责任。合同期满再续合作的，乙方在同等条件下有优先权。未尽事宜应协商解决，本补充协议与原合同具有同等法律效力。履行本合同产生的一切争议由双方协商解决，协商不成可向滕州市人民法院起诉。

第九，合同文本。本合同一式三份，甲乙双方各执一份，自三方签字或盖章后生效，具有同等法律效力。

本协议为 2017 年 8 月 6 日签订的补充协议，与原协议具有同等法律效力，变更部分以本协议为准。甲方处褚某宁签字捺印，甲方担保人处张某群签字捺印、嘉之会公司加盖公章，乙方处枣庄市立第四医院加盖公章。

2021年4月29日，枣庄市立第四医院（乙方）与张某群、嘉之会公司（甲方担保方）签订《协议书》一份，内容为：甲方褚某宁，甲方担保人张某群、嘉之会公司，乙方枣庄市立第四医院。根据甲方申请，甲方所属翰林宾馆五层楼的第五层因作他用，拟不再租用给乙方。经乙方研究同意，乙方自2021年5月1日起不再续租。本协议一式三份，甲乙双方各执一份，担保方一份。三方签字盖章后生效。甲方担保人处张某群签字，盖有嘉之会公司公章。乙方处盖有枣庄市立第四医院公章。该协议书记载甲方为褚某宁，但褚某宁未在协议书上签名。

2021年12月1日，嘉之会公司与新华人寿保险股份有限公司枣庄中心支公司签订《房屋租赁合同》一份，将南五层楼第三层房屋出租给新华人寿保险股份有限公司枣庄中心支公司使用。

庭审中，褚某宁对与原告签订《协议书》的事实无异议，主张双方签订《协议书》及《医疗康复合作补充协议书》均为有效，亦同意继续履行，认可已将租赁房屋第三层和第五层实际交付原告使用。原告对褚某宁实际交付第三层和第五层使用的事实无异议。

张某群主张，2010年1月1日，褚某宁向张某群出具委托书一份，内容为：今委托张某群为我的代理人，全权代表我办理位于滕州市房产的租赁及使用的相关事宜。特此委托。委托人处褚某宁签字，被委托人处张某群签字。

张某群依据委托书于2020年11月2日向枣庄市立第四医院发出《告知函》一份，内容如下。

张某群作为褚某宁（委托人）的代理人，就委托人与贵单位签订的医疗康复合作合同履行之相关事宜，郑重向贵单位致函。双方事前经过友好协商，本着互惠共赢的原则，于2017年8月6日和2018年11月30日分别签订《协议书》和《医疗康复合作补充协议书》各一份，对双方医疗项目合作的权利和义务均作了明确约定。合同签订后贵单位一直未履行相关义务，致使合作项目空置至今，严重损害了委托人的权益。依据本所律师意见，贵单位与委托人签订的合同合法有效，根据《中华人民共和国合同法》（现已失效）的相关规定及合同的相关约定，贵单位无视合同约定，拒不履行合同的行为构成合同违约，给委托人造成了经济损失。结合前述情况，本着友好协商的态度，本人受委托人之委托函告如下：自收到本函之日起的三个工作日内，请贵单位依照合同约定履行合作义务或者主动提出解除合同。若贵公司积极配合，委托人将不再追究贵公司的法律责任。如收函后贵公司未依委托人的诉求履行义务，本所将根据委托人的委托采取诉讼或仲裁的方式追究贵单位的法律责任。本所采取的法律措施必将会对贵单位的正常经营、社会信誉造成严重的负面影响。万望贵单位从大局出发，高度重视委托人的诉求，以免事态扩大给贵单位造成不必要的损失。望贵公司在收函后三日内，就有关事项作出明确答复。

2020 年 11 月 6 日，张某群向枣庄市立第四医院发出《解除合同通知书》一份，内容如下。

双方事前经过友好协商，本着互惠共赢的原则，于 2017 年 8 月 6 日和 2018 年 11 月 30 日分别签订《协议书》和《医疗康复合作补充协议书》各一份，对双方医疗项目合作的权利和义务均作了明确约定。合同签订后贵单位一直未履行相关义务，致使合作项目空置至今，严重损害了合作人的权益。合作人委托代理人于 2020 年 11 月 2 日向贵单位发出《告知函》，要求贵单位履行或者解除合同，并要求三日内答复，贵单位并未按期回复。现依据相关合作协议和《告知函》，通知贵单位解除合同，同时保留进一步追究贵单位违约责任的权利。特此通知。

此外，张某群还提交了一份与原告方工作人员的通话录音，证明已向原告发出《解除合同通知书》并送达。原告辩称通话录音自始至终没有认可收到《合同解除通知书》，不能证明通知书已经送达给原告。褚某宁辩称，其对张某群解除合同的主张不知情、不认可。对原告与张某群、嘉之会公司于 2021 年 4 月 29 日签订的《协议书》质证意见为：其对该《协议书》不知情，在未与其协商一致的情况下，该协议对其不发生效力。褚某宁对张某群出具的委托书的质证意见为：委托书为 2010 年出具，用于工行租赁有关事宜的委托，本案诉争的是 2017 年的协议，并不是该授权委托书所委托的内容。

四、法院观点

本院认为，原、被告对 2017 年 8 月 6 日签订的《协议书》及 2018 年 11 月 30 日签订的《医疗康复合作补充协议书》的真实性无异议，对于两份协议书形式上的真实性本院予以确认。

《卫健法》第 39 条第 3 款和第 4 款规定："以政府资金、捐赠资产举办或者参与举办的医疗卫生机构不得设立为营利性医疗卫生机构。医疗卫生机构不得对外出租、承包医疗科室。非营利性医疗卫生机构不得向出资人、举办者分配或者变相分配收益。"第 40 条第 3 款规定："政府举办的医疗卫生机构不得与其他组织投资设立非独立法人资格的医疗卫生机构，不得与社会资本合作举办营利性医疗卫生机构。"原告与被告褚某宁签订的《协议书》第 2 条、第 3 条及《医疗康复合作补充协议书》均对合作项目的利润分配作出明确约定，原告是政府举办的医疗机构，此举违背了公立医院的服务宗旨，损害了社会公共利益，符合原《中华人民共和国合同法》第 52 条第 4 项的规定，应属无效。原告诉请确认 2017 年 8 月 6 日签订的《协议书》的第 2 条、第 3 条及 2018 年 11 月 30 日签订的《医疗康复合作补充协议书》无效的请求，于法有据，本院予以支持。2017 年 8 月 6 日签订的《协议书》的其他条款并不违反法律、行政法规的强制性规定，应为有效，原告、被告应依约定继续履行合同。

被告褚某宁将位于南五层楼房的第三层和第五层房屋交付原告，履行了合同义务，原告亦依合同约定支付 120 万元的租金，褚某宁在履行合同过程中并无违约行为。张某群主张其依据褚某宁向其出具的授权委托书取得了褚某宁的授权，享有合同解除权的行使等相关权利，对此褚某宁予以否认。委托书出具于签订《协议书》之前，且张某群在原告与褚某宁签订的《协议书》中的身份系担保人。该《协议书》系褚某宁与原告方签订，在签订协议时并无对张某群的授权，张某群在《协议书》中的担保人身份已经固化。据此，对张某群在《协议书》签订及合同履行过程中取得褚某宁授权的辩解，本院不予支持。

依据原告提交的 2021 年 4 月 29 日的《协议书》，该《协议书》并无褚某宁的签名，其效力不及于褚某宁，应系原告与张某群、嘉之会公司达成的合意。2021 年 12 月 1 日嘉之会公司与新华人寿保险股份有限公司签订的租赁协议亦与褚某宁无法律上的关联。褚某宁在履行《协议书》关于房屋租赁的约定中并无违约行为，原告诉讼要求褚某宁支付租赁费及其他损失无事实和法律依据，本院不予支持。

综上，依照《最高人民法院关于适用〈中华人民共和国民法典〉时间效力的若干规定》第 1 条第 2 款，原《中华人民共和国合同法》第 44 条、第 52 条第 4 项和第 5 项、第 60 条，原《中华人民共和国担保法》第 2 条，《中华人民共和国民事诉讼法》（2021 年修正）第 67 条之规定，本院判决如下。

第一，确认原告枣庄市皮肤病性病防治院与被告褚某宁、张某群、嘉之会公司于 2017 年 8 月 6 日签订的《协议书》第 2 条、第 3 条无效，于 2018 年 11 月 30 日签订的《医疗康复合作补充协议书》无效。

第二，确认原告枣庄市皮肤病性病防治院与被告褚某宁、张某群、嘉之会公司于 2017 年 8 月 6 日签订的《协议书》第 1 条、第 4 条、第 5 条、第 6 条、第 7 条、第 8 条、第 9 条、第 10 条合法有效并继续履行。

第三，驳回原告枣庄市皮肤病性病防治院的其他诉讼请求。

案件受理费 2599 元，由原告枣庄市皮肤病性病防治院负担 1599 元，被告褚某宁、张某群、嘉之会公司负担 1000 元。

如不服本判决，当事人可以在判决书送达之日起十五日内，向本院递交上诉状，并按照对方当事人或者代表人的人数提出副本，上诉于山东省枣庄市中级人民法院，也可以在判决书送达之日起十五日内，向山东省枣庄市中级人民法院在线提交上诉状。

审　判　长：赵曰涛

人民陪审员：李维宪

人民陪审员：王友贞

二〇二二年六月十四日

书　记　员：杨　敏

第八节　浙江中健医院投资管理有限公司与睢宁天虹医院合同纠纷案

审理法院：江苏省睢宁县人民法院

案　　号：（2020）苏 0324 民初 3826 号

裁判日期：2021.06.30

案　　由：民事>合同、准合同纠纷>合同纠纷

原告（反诉被告）：浙江中健医院投资管理有限公司（以下简称"中健公司"）

被告（反诉原告）：睢宁天虹医院（以下简称"天虹医院"）

一、案件概述

原告（反诉被告）中健公司与被告（反诉原告）天虹医院合同纠纷一案，本院于 2020 年 7 月 3 日立案受理后，依法先适用简易程序，后转为普通程序，公开开庭进行了审理。本案现已审理终结。

原告中健公司向本院提出诉讼请求：①判令被告向原告支付欠款 933 375 元及滞纳金（以 933 375 元为基数，自 2019 年 4 月 1 日起至实际履行之日止，按年利率 24% 计算）；②本案的诉讼费用由被告负担。

二、诉讼理由

原、被告双方签订《骨科诊疗中心技术协作协议书》，约定自 2018 年 9 月 1 日至 2028 年 8 月 31 日，中健公司在天虹医院内设置骨科诊疗中心，双方按合同第 7 条约定的绩效方案分配收入。双方应在每月 5 日前结算一次，被告应在 15 个工作日内将原告应得投资分红收入汇入指定账户，且被告无故拖欠款项不结时，应自当月 21 日起向原告支付应结款总额千分之二每日的滞纳金。自 2018 年 10 月起，原告按照合同约定运营骨科诊疗中心，但被告一直无故拖欠款项，至今应付未付款总额为 933 375 元。为了维护原告的合法权益，原告特提起本案诉讼，请求支持原告诉讼请求。

被告天虹医院辩称：①2018 年原告和被告签订《骨科诊疗中心技术协作协议书》，合同的目的为在被告医疗机构内组建骨科诊疗中心。合同生效后，天虹医院已经履行了相关义务，提供了医疗场所等，但中健公司迟迟不履行约定义务，派遣的 4 名工作人员，其中有 2 名不具备执业医师资质，有 1 名因违法被睢宁县卫生主管部门作出行政处罚，中健公司构成违约。②中健公司主张的欠款数额与事实不符，实际数额为 55 004.11 元。③中健公司负有先履行义务。根据协议第 11 条约定，中健公司应付天虹医院押金 50 万元，但该项押金一直未支付，天虹医院有权要求中健公司先履行上述款项，所以中健公司的滞纳金请求不能成立。

被告天虹医院向本院提出反诉请求：①判令中健公司赔偿违约金及经济损失 90 万元；②确认《骨科诊疗中心技术协作协议书》无效；③本案诉讼费由被告负担。理由为，2018 年 8 月，天虹医院和中健公司签订《骨科诊疗中心技术协作协议书》，但中健公司迟迟未履行约定义务，包括延迟派遣医生、不履行支付押金 50 万元、派遣的医生有 2 名不具备医师资质、拖欠医生工资等，中健公司构成根本违约，造成天虹医院直接经济损失 40.7 万元，预期损失 290 万元，总损失 330.7 万元，且应赔偿天虹医院违约金 50 万元。《骨科诊疗中心技术协作协议书》的内容与 2020 年 6 月 1 日施行的《卫健法》第 39 条第 4 款"医疗卫生机构不得对外出租、承包医疗科室。非营利性医疗卫生机构不得向出资人、举办者分配或者变相分配收益"的规定相抵触，违反法律规定，应认定为无效。

原告中健公司辩称，涉案合同合法有效，双方应共同遵守。在合作期间，中健公司不存在违约行为，天虹医院的违约行为是合同解除的真正原因，中健公司不承担违约责任。

三、经审理查明

本院经审理查明，2018 年 8 月、9 月，原告（反诉被告）中健公司与被告（反诉原告）天虹医院签订《骨科诊疗中心技术协作协议书》一份，协议书载明：为了促进天虹医院骨科医疗服务技术与管理水平的提高，天虹医院（甲方）与中健公司（乙方）就骨科专业进行技术合作，经双方协商，达成如下协议。

第一，合作范围。在甲方的基础上成立骨科，科室命名为"骨科诊疗中心"。

第二，合作方式。骨科诊疗中心作为甲方一级科室，在甲方的统一领导下开展工作。由乙方推荐有资质的医师，经医务处审核备案后在医院开展业务，并为骨科增添部分基本手术医疗器械及康复设备。

第三，合作期限。本协议合作期为十年，自 2018 年 9 月 1 日至 2028 年 8 月 31 日。

第四，双方责任和义务。甲方责任和义务为：①完善设立骨科诊疗中心专业的条件；②提供病区所需的基本医疗和办公用房以及现有的所有治疗设备给骨科使用；③提供手术室用房、现有基础医疗设备及开展工作的必备条件……乙方责任和义务为：①按照国家法律法规、上级文件精神以及甲方相关管理规定，在服从甲方整体管理的前提下，负责骨科的管理和运营；②根据骨科具体情况制定其规划、建设及业务的开展；③专业技术人员在医院开展专科业务，必须符合国家有关法律法规的规定，由甲方根据法律法规对引进的人才进行资质审查与把关后予以聘用……

第五，绩效方案。骨科收入包括骨科产生的直接收入（床位收入、诊察收入、手术收入、治疗收入、一般材料收入、护理收入、输氧收入）和间接收入（使用甲方仪器设备等所产生的检查收入、化验收入、放射收入按35%计算收入）。甲方保证乙方所需药品的及时供应，药品收入、专科特殊耗材收入不纳入骨科收入中。由乙方采购的耗材，甲方按收入分配方案比例提取。骨科成本包括骨科人员工资、绩效，办公费，病区水、电、暖气费等。手术及麻醉成本按照臂丛麻醉100元/台、硬膜外麻醉150元/台、全麻150元/台列支，每台手术给予手术室150元，除此不再承担手术室其他任何费用。

第六，收入分配方法。甲乙双方合作期限为10年，第一年至第三年甲方按骨科的界定收入提取11%作为医院的收入，剩余部分归乙方支配；第四年至第六年按骨科的界定收入提取13%作为医院的收入，剩余部分归乙方支配；第七年至第十年按骨科的界定收入提取15%作为医院的收入，剩余部分归乙方支配。骨科中心产生的药品利润，双方另行约定。

第七，结算方式。甲乙双方每月5日前结算一次，在扣除甲方所得、代发人员工资和奖金及其他费用后，甲方凭乙方提供的手续齐全的正规发票将乙方应得的投资分红在15个工作日之内汇入乙方指定账户。甲方无故拖欠款项不结的，应自当月21日起，支付乙方应结款总额千分之二每日的滞纳金。对医保、农保病人产生的所有费用，甲方在扣除医保中心、农合办对甲方扣除的医保、农保款项后，其余费用在产生额明确一个月后如数结清给乙方。

第八，医疗纠纷的处理。骨科病人如发生医疗纠纷、差错、事故，应纳入医院的统一处理程序进行处理。甲乙双方有义务共同努力将事件危害降到最低，事后按照事件的原因进行相应的处罚和赔偿，赔偿部分由乙方全权承担。

第九，押金。为了减少甲方开展骨科医疗服务的风险，乙方支付甲方押金五十万元整。乙方月分配收入大于五十万之后，甲方返还乙方押金。

合同还对其他事项进行了约定。

合同订立后，天虹医院骨科诊疗中心于2018年10月15日开科，双方合作至2019年3月下旬。后中健公司从天虹医院撤场，双方不再合作。

本院另查明，中健公司共向天虹医院派驻4名人员，其中刘某、吴某礼具有执业医师资格，邓某、邓某俊无执业医师资格。刘某曾向中健公司的法定代表人张某声发送微信索要2个月工资，张某声回复："你愿意找郭某光把钱给你，我也同意。"2019年4月25日，天虹医院向中健公司派驻医生刘某账户汇款 52 000 元，注明为刘某、邓某 2 月至 3 月的工资。

2019 年 8 月，天虹医院与患者倪某洋在睢宁县医患纠纷调解委员会达成医疗纠纷调解协议书，协议书中载明：倪某洋因左手不慎被电锯切割受伤，于 2018 年 11 月 9 日入住医方进行手术治疗，术后一个月拆石膏，经徐州仁慈医院检查诊断为"左手长伸肌修复后再断裂"，并于 2019 年 1 月 11 日经徐州仁慈医院再次手术后好转出院。患方认为医方诊疗有过错，要求赔偿相应损失 30 000 元。经调解，双方自愿达成协议，医方自愿一次性补偿患方 13 500 元，于 2019 年 8 月 20 日前付清，患方自愿放弃其余主张。患方不再提出其他主张和要求，此纠纷处理终结。当日，天虹医院向倪某洋账户转账 13 500 元。

2019 年 5 月 22 日，睢宁县卫生健康委员会向天虹医院开具睢卫医罚〔2009〕026-1 号行政处罚决定书，载明：你单位于 2018 年 10 月下旬至 2019 年 3 月下旬使用邓某俊开展诊疗活动，经睢宁县卫生健康委员会医政科在全国医师联网注册系统查询，无邓某俊的注册信息。依据《医疗机构管理条例》（2016 年修订）第 48 条、《医疗机构管理条例实施细则》第 81 条之规定，本机关决定对你单位作出责令立即改正，并处罚款人民币 3000 元整的行政处罚。2019 年 5 月 28 日，天虹医院向睢宁县卫生健康委员会缴纳罚款 3000 元。

2019 年 8 月 12 日，睢宁县卫生健康委员会向邓某俊发出睢卫医延罚〔2009〕001 号分期缴纳罚没款批准书，载明：邓某俊，2019 年 6 月 14 日，本机关对你发出睢卫医罚〔2009〕026-2 号行政处罚决定书，作出了对你处以罚款人民币 13 000 元整行政处罚的决定，由于你逾期至 2019 年 8 月 8 日未缴纳罚款，加处罚款人民币 13 000 元整。现根据你的申请，本机关依据《中华人民共和国行政处罚法》第 52 条的规定，同意你分期缴纳罚款。第一期至 2019 年 8 月 13 日前，缴纳罚款人民币 20 000 元整。此外，尚有未缴纳的罚款人民币 6000 元整，在 2019 年 10 月 30 日前缴纳。2019 年 8 月 6 日，天虹医院向刘某账户汇款 25 000 元，刘某出具收条一份，载明：今从天虹医院收到 25 000 元整用于交纳睢宁县卫生健康委员会处罚邓某俊无证行医的罚金。

本院还查明，在中健公司提起本次诉讼前，其向天虹医院发出账目明细表一份，加盖中健公司印章。该账目表载明：总收入 1 556 534.56 元，医保总额 813 009.58 元，目前已返 301 707.85 元，待返 511 301.73 元，住院已结款 1 030 232.83 元，人员开支 166 452 元（172 202 元−1 1500 元＊0.5），水电暖费 55 000 元（每月按 1 万计算），麻醉费 3000 元，手术室成本 22 500 元，材料开支 24 313 元，病人减免费 4241.2 元，药品收入 76 903.6 元，辅助检查收入 54 243.4 元，界定收入 885 531.63 元，甲方所得 97 408.48 元（界定收入 * 11%），乙方所得 541 171.15 元（界定收入－人员开支－水电暖费－麻醉费－手术室成本－甲方提成）。账目表还备注，待医保返回余款，结清乙方余额 388 429.17 元。

本案审理过程中，根据合作协议第 7 条绩效方案，中健公司明确 2018 年 10 月至 2019 年 3 月骨科界定收入为：病区收入 1 541 534.56 元+门诊收入 15 000 元－药品收入 114 066.46 元－材料开支 36 062.04 元－检查收入 80 195.96 元（123 378.4 元 * 0.65）＝ 1 326 210.1 元；天虹医院明确界定收入为：病区收入 1 539 479.11 元－5 个病人借住在骨科的收入 24 539.5 元+门诊收入 10 221.7 元－药品收入 114 066.46 元－材料开支 36 062.04 元－检查收入 80 195.96 元（123 378.4 元 * 0.65）＝ 1 294 836.85 元。关于骨科成本，中健公司仅认可：护理人员开支 166 452 元，水电暖费 55 000 元，麻醉费 3000 元，手术室成本 22 500 元；天虹医院则认为包括：护理人员工资 178 239.4 元，水电暖费 130 000 元，麻醉费 3000 元，手术室成本 22 500 元，病人减免费 4241.2 元，代发刘某工资 52 000 元，住院病人伙食补贴 10 897 元，与倪某洋医疗纠纷赔款 13 500 元，卫生健康委员会罚款 3000 元，卫生健康委员会罚款（邓某俊）25 000 元，代付的宣传费用 140 750 元。天虹医院向本院提交了该院 2018 年 10 月至 2019 年 3 月 25 日的病区收入表，其中骨科病区收入为 1 539 479.11 元，门诊收入 10 221.7 元，另提供了护理人员工资明细及付款凭证，拟证明该期间骨科人员工资支出为 178 239.4 元。中健公司与天虹医院均认可病区收入中包含医保待返款。天虹医院表明病区收入中尚有 484 132 元的医保待返款未返还，亦不会再返还。

本院还查明，2018 年 12 月 3 日，张某声向天虹医院郭某光院长发送微信，索要押金账号，郭某光回复"好"后无下文。

上述事实，有当事人的陈述、《骨科诊疗中心技术协作协议书》、微信聊天记录、工资发放明细、账目明细表、行政处罚决定书及交款收据等证据在卷证实，本院予以确认。

四、法院观点

本院认为，中健公司与天虹医院签订的《骨科诊疗中心技术协作协议书》

系双方真实意思表示，内容不违反法律、行政法规的强制性规定，合法有效。天虹医院辩称，根据《卫健法》第 39 条的规定，合作协议无效。本院认为，从合作协议内容可以看出，骨科诊疗中心系依托天虹医院设立，运营前提是服从天虹医院的整体管理，医师人员由天虹医院审核，护理人员、场地、设备由天虹医院提供，中健公司的经营范围仅包括医院投资管理等。双方合作的目的是提高天虹医院的骨科诊疗水平和能力，故天虹医院与中健公司系合作关系，而非天虹医院将骨科诊疗中心出租或承包给中健公司，天虹医院关于合作协议无效的观点不能成立。

就本案本诉部分，本院认为，中健公司与天虹医院从 2018 年 10 月至 2019 年 3 月存在合作关系，根据合作协议的约定，天虹医院应向中健公司分配该期间的利润。根据合作协议第 7 条，本院现就合作期间的界定收入和成本作如下认定。

关于界定收入的构成，天虹医院和中健公司对于其中病区收入与门诊收入不能达成一致意见，本院认为，天虹医院向本院提交了该院 2018 年 10 月至 2019 年 3 月 25 日的病区收入表，其中骨科病区收入为 1 539 479.11 元，门诊收入 10 221.7 元，中健公司无相反证据予以反驳，故本院对天虹医院的主张予以认定。但天虹医院要求从该收入中扣除 5 个病人借住在骨科的收入 24 539.5 元，未提供充分证据，中健公司不予认可，本院故不予认定。鉴于双方对于药品收入、材料开支、检查收入数额意见一致，本院认为，界定收入应为：病区收入 1 539 479.11 元+门诊收入 10 221.7 元-药品收入 114 066.46 元-材料开支 36 062.04 元-检查收入 80 195.96 元 = 1 319 376.35 元。关于医保未返款问题，天虹医院主张 484 132 元尚未返还，而中健公司在本次诉讼前发送给天虹医院的账目明细中认可医保未返款 51 万余元，故本院对医保未返款部分认定为 484 132 元。目前其尚未返还，故不具备分配条件。如该部分款项后续再有返还，中健公司可另行主张。故可分配的界定收入为 835 244.35 元（1 319 376.35元-484 132 元）。

关于成本，对于双方争议部分，本院分述如下：人员工资，天虹医院主张该期间护理人员工资支出 178 239.4 元，有人员工资明细和银行付款凭证为证，本院予以认定。中健公司认可的人员工资 166 452 元系从 172 202 元的总额中扣除 10 月份半个月的工资 11 500 元 * 0.5 计算得来，本院认为，虽然骨科医院 10 月中旬开科，但是前期筹备需要人员劳动，从成本中扣除半个月的人员工资并不合理，故人员工资本院认定为 178 239.4 元。关于水电暖费用，中健公司按照每月 1 万元计算 5.5 个月，共计 55 000 元；天虹医院按照病区分布计算为 130 000 元。对此项目，本院已无法鉴定和审计，在双方不能达成一致的情况下，从公平角度及为减少双方讼累，本院酌定为 10 万元。关于天虹医院主张的病人减免费 4241.2 元，中健公司在明细表中已经认可该部分费用，应予扣除。关于天虹医院支付的倪某洋医疗纠纷赔款 13 500 元、卫生健康委员会罚款 3000 元，有医疗调解协议书、行政处罚决定书和收款收据为证，作为双方合作期间产生的支出，应纳入成本计算。关于天虹医院转账给刘某的卫生健康委员会罚款（邓某俊）25 000 元，被处罚人为邓某俊，天虹医院代交该罚款无法定事由，本院不予认定。关于天虹医院主张的住院病人伙食补贴10 897 元、代付的宣传费用 140 750 元，因其未提供证据证实，本院不予认定。综上，界定成本应为：护理人员工资 178 239.4 元，水电暖费 10 万元，病人减免费 4241.2 元，医疗纠纷赔款 13 500 元，卫生健康委员会罚款 3000 元，麻醉费 3000 元，手术室成本 22 500 元，合计 324 480.6 元。

根据合作协议约定，天虹医院提取骨科的界定收入的 11% 应为 91 876.87元（835 244.35 元 * 11%），剩余部分扣除成本后应归中健公司所有，为418 886.88元（835 244.35 元-91 876.87 元-成本 324 480.6 元）。因天虹医院代发刘某、邓某 2 月至 3 月工资 52 000 元，有转账记录为证，且该部分医生工资确发生在双方合作期间，故可从应付中健公司的款项中扣除，天虹医院还应支付中健公司 366 886.88 元（418 886.88 元-52 000 元）。中健公司从 2019年 4 月 1 日起主张的滞纳金，本院认为，双方合作协议约定每月 5 日前结算一次，但双方确实未在每月结算，数额也不确定。中健公司离场后，在提起本案诉讼之前，向天虹医院发出了对账明细，彼时医保数额已经基本确定。本院认为，从原告中健医院提起诉讼之日起计算滞纳金较为合理，但原告主张的标准过高，本院调整为按照同期全国银行间同业拆借中心公布的贷款市场报价利率计算。

关于本案反诉部分，反诉原告天虹医院认为反诉被告中健公司延迟派遣医生、不履行支付押金 50 万元、派遣的医生有 2 名不具备医师资质、拖欠医生工资等行为构成根本违约，要求赔偿违约金及损失 90 万元，本院认为，双方并未明确约定押金支付时间，且中健公司于 2019 年 12 月向天虹医院的郭某光院长索要账号支付押金时，天虹医院未给付账号，天虹医院以此认为中健公司存在根本违约，不能成立。关于派遣医生的问题，根据协议约定，中健公司推荐的有资质的医师还需经天虹医院医务处审核备案，也就是说，天虹医院对于邓某、邓某俊的执业资质负有审核义务，二人并无资质却在天虹医院开展诊疗活动，天虹医院亦具有过错。现天虹医院以此主张中健公司存在违约行为，本院认为不能成立。天虹医院要求确认《骨科诊疗中心技术协作协议书》无效的诉讼请求，本院已经阐述，该协议合法有效。综上，天虹医院的反诉请求均不能成立。

据此，依照原《中华人民共和国合同法》第 8 条、第 109 条、第 113 条，《中华人民共和国民事诉讼法》（2017 年修正）第 64 条之规定，本院判决如下。

第一，被告（反诉原告）天虹医院于本判决发生法律效力之日起十日内给付原告（反诉被告）中健公司 366 886.88 元及滞纳金（以 366 886.88 元为基数，按照同期全国银行间同业拆借中心公布的贷款市场报价利率从 2020 年 7 月 3 日计算至实际履行之日）。

第二，驳回原告（反诉被告）中健公司的其他诉讼请求。

第三，驳回被告（反诉原告）天虹医院对原告（反诉被告）中健公司的诉讼请求。

如果义务人未按本判决指定的期间履行给付金钱义务，其应当依照《中华人民共和国民事诉讼法》（2017 年修正）第 253 条之规定，加倍支付迟延履行期间的债务利息。

本诉部分案件受理费 13 134 元，由原告中健公司负担 6331 元，被告天虹医院负担 6803 元；反诉部分案件受理费 6400 元，由被告天虹医院负担。

如不服本判决，当事人可在判决书送达之日起十五日内向本院递交上诉状，并按对方当事人的人数提出副本，上诉于江苏省徐州市中级人民法院。

审　判　长：张志瑶

审　判　员：张园园

人民陪审员：徐瑞芹

二〇二一年六月三十日

法 官 助 理：吴皓月

书　记　员：李雪子

第九节　上海颐渊科贸有限公司与周口民生医院服务合同纠纷案

审理法院：河南省周口市川汇区人民法院

案　　　号：（2021）豫 1602 民初 10422 号

裁判日期：2022.02.28

案　　　由：民事>合同、准合同纠纷>合同纠纷>服务合同纠纷

原告：上海颐渊科贸有限公司

被告：周口民生医院

一、案件概述

原告上海颐渊科贸有限公司诉被告周口民生医院服务合同纠纷一案，本院于 2021 年 12 月 7 日受理后，依法适用简易诉讼程序公开开庭进行了审理。本案现已审理终结。

原告上海颐渊科贸有限公司向本院提出诉讼请求：①请求依法判令被告支付所欠营业费用 436 606.16 元及违约金（从 2019 年 4 月 1 日起至欠款全部履行完毕时止，按合同约定所欠总金额的每日万分之三计算）；②请求依法判决被告承担诉讼费用。

二、诉讼理由

2017 年，原、被告双方为了在周口市川汇区民生医院拓展医疗服务领域的技术合作事务，开展康复医疗合作，并签订《周口民生医院技术合作合同》。合同条款中设备投入、人员管理、收入分配、支付方式、违约责任等都有明确约定。协议签订后，前期被告还是按照约定履行，但到了后期，被告开始不按照约定给原告打款，而是以经营没有费用为名把经营所得挪作他用，一直拖延不履行法定义务。原告无奈，与被告在 2019 年 4 月解除合同，科室解散。经双方结算，从 2017 年 7 月 1 日开始合作到 2019 年 4 月 1 日合同解除，被告尚欠原告 436 606.16 元。经原告多次催要，被告仍然以没有钱为由搪塞，拖延至今，时间已经两年之久。被告的违约经营行为已经严重侵害了原告的合法权益，原告为维护自己的权益，特依据《中华人民共和国民法典》

第 509 条、第 563 条、第 566 条、第 585 条、第 884 条之规定向法院提起诉讼，以求得到法院的公平、公正处理。

被告周口民生医院答辩意见如下。

第一，原、被告双方签订的《周口民生医院技术合作合同》实属医院科室外包，因违反法律强制性规定应依法认定合同无效。根据《卫健法》第 39 条第 3 款"医疗卫生机构不得对外出租、承包医疗科室。非营利性医疗卫生机构不得向出资人、举办者分配或者变相分配收益"之规定，《医疗机构管理条例》（2016 年修订）第 24 条"任何单位或者个人，未取得《医疗机构执业许可证》，不得开展诊疗活动"之规定及原卫生部《关于对非法采供血液和单采血浆、非法行医专项整治工作中有关法律适用问题的批复》（卫政法发〔2004〕224 号）第 1 条"有下列情形之一的，按照《医疗机构管理条例》第 44 条规定予以处罚……⑤非本医疗机构人员或者其他机构承包、承租医疗机构科室或房屋并以该医疗机构名义开展诊疗活动的"，第 2 条"医疗机构将科室或房屋承包、出租给非本医疗机构人员或者其他机构并以本医疗机构名义开展诊疗活动的，按照《医疗机构管理条例》第四十六条规定予以处罚"之规定，涉案《周口民生医院技术合作合同》属无效合同。

第二，因涉案合同违背法律强制性规定，原告所主张的营业费用属非法所得，不受法律保护。因无效合同具有不履行性，原告也无权主张违约金，故应依法驳回诉讼请求。《卫健法》第 100 条规定："违反本法规定，有下列行为之一的，由县级以上人民政府卫生健康主管部门责令改正，没收违法所得，并处违法所得二倍以上十倍以下的罚款，违法所得不足一万元的，按一万元计算；对直接负责的主管人员和其他直接责任人员依法给予处分：①政府举办的医疗卫生机构与其他组织投资设立非独立法人资格的医疗卫生机构；②医疗卫生机构对外出租、承包医疗科室；③非营利性医疗卫生机构向出资人、举办者分配或者变相分配收益。"依次规定，原告承包被告康复科室的行为是违法行为，其所主张的营业费用属于违法所得，应由卫生健康主管部门予以没收，并处以罚款。因无效合同不受法律保护和认可，对双方当事人不具有法律约束力，原告诉请支付违约金的理由亦不能成立。

第三，被告已按照双方结算金额以现金或转账方式向原告进行全部回款，被告不欠原告款项。原告提交的周口民生医院账款明细认可被告回款金额 594 476. 81 元。另外，被告 2018 年 1 月至 2019 年 12 月转账支付以工资形式回款金额合计 245 009 元，2018 年 4 月、5 月、6 月、7 月以现金发放工资形式分别回款 52 304 元、53 923 元、53 923 元、60 323 元，合计 220 473 元，被告实际已向原告合计回款 594 476. 81 元+245 009 元+220 473 元＝1 059 958.81元。按照原告提交的双方结算金额 1 031 080. 97 元，被告已全部进行回款，并不欠原告款项。故原告诉请被告支付 436 604. 16 元无事实依据。

第四，原告违规经营科室，给被告造成重大损失，应依法承担赔偿责任。2018 年 1 月 8 日，因原告开设的康复理疗科未向医保经办机构备案和存在挂床住院现象，部分患者白天做治疗，夜晚不在院，周口市社会医疗生育保险中心对被告作出行政处罚，限期整改一个月，整改期间关停医保网络，造成被告 2018 年 1 月 9 日至 2018 年 2 月 8 日一个月时间无法接收病人，损失几十万元，对此被告保留该诉讼权利。

综上，原告诉请被告支付下欠营业费用 436 604. 16 元及违约金无事实和法律依据，应依法驳回原告诉讼请求。

三、经审理查明

当事人围绕诉讼请求依法提交了证据，本院组织当事人进行了证据交换和质证。对当事人无异议的证据，本院予以确认并在卷佐证。本院经审理认定事实如下。

2017 年 6 月 6 日，原告（乙方）与被告（甲方）就联合开展康复医疗合作事宜签订《周口民生医院技术合作合同》，约定：

第一，康复医疗临床合作方面：①甲方为乙方提供医疗场所以及医疗所需调价，如非政策原因医保不得限额。②在甲方医院设康复门诊及病房，甲方提供门诊诊室。③门诊和病房收费由甲方统一负责，乙方单独核算。项目收费按国家规定的标准收取，乙方不得私自收费。如乙方发生私自收费行为，甲方对其进行十倍处罚。属医保所得收入的，甲方在医保汇款后七个工作日内结清；属自费收入的，每月结算一次，甲方将收入款项按时转入乙方账户。④乙方派出医疗人员并提供医疗技术的，须是有执业资格的医生和护士。所聘用人员的工资、福利及各项保险由乙方负责。⑤乙方在诊疗过程中，严格遵守甲方规章制度，若发生医疗纠纷，甲方协助调解，乙方承担法律及经济责任。若出现重大医疗事故，给医院造成其他经济损失，乙方还应承担这部分经济损失。⑥乙方如有需要可以以甲方名义对外宣传招聘（事前经甲方同意）。

第二，收入分配方面：①甲乙双方统一管理科室，独立核算。检查项目按营业额的 30% 计入科室收入，西药按营业额的 10% 计入科室收入，中药按营业额的 20% 计入科室收入。日常办公用品、耗材、电话费、电费及其他费用计入科室成本。治疗费、床位费、护理费按营业额的 87% 计入科室收入。②甲方必须按约定方案，按时支付乙方科室收入，以利于乙方资金周转。若甲方超过 15 天不按时付款，甲方需按拖欠的总金额的每日万分之三支付乙方违约金。

协议签订后，原告按约向被告投入人员、提供服务，并获得了被告支付的部分收益。后经原、被告协商一致，双方于 2019 年 4 月解除了涉案的《周口民生医院技术合作合同》。现原告以合作协议有效提出诉讼请求，请求被告支付下欠的营业费用及违约金。

本院另查明，原告为有限责任公司，经营范围为：三类医疗器械经营，一类医疗器械、二类医疗器械、金属制品……从事生物科技领域内的技术开发、技术咨询、技术服务、技术转让，健康咨询（不得从事诊疗活动、心理咨询），自有设备租赁等，不具有医疗机构执业许可证。被告为非营利性的医疗机构，属事业法人。

四、法院观点

本院认为，本案中，原、被告签订的《周口民生医院技术合作合同》，系由原告在被告医疗机构执业许可范围内开展诊疗服务，独立承担医疗事故责任，并由被告按一定比例向原告支付分成收入的约定，可认定该合同名为合作合同，实为变相对外承包科室。该行为属于变相出借医疗机构执业许可证，违反了国务院《医疗机构管理条例》（2016 年修订）第 23 条中禁止伪造、涂改、出卖、转让、出借医疗机构执业许可证的强制性规定以及《卫健法》中第 39 条第 4 款"医疗卫生机构不得对外出租、承包医疗科室。非营利性医疗卫生机构不得向出资人、举办者分配或者变相分配收益"的强制性规定。因此，该合同违反法律、行政法规强制性规定，依法应当认定为无效。原、被告虽已协商解除合同，但无效的合同自始没有法律效力，原告据此合同主张被告支付下欠的营业费用及违约金属于非法利益，不能得到法律保护。故原告的该项诉请，无法律依据，本院不予支持。

为此，依照《最高人民法院关于适用〈中华人民共和国民法典〉时间效力若干问题的规定》第 1 条第 2 款，原《中华人民共和国合同法》第 52 条、

第56条、第58条,《卫健法》第39条,《最高人民法院关于适用〈中华人民共和国民事诉讼法〉的解释》（2020年修正）第90条之规定,本院判决如下。

第一,驳回原告上海颐渊科贸有限公司的诉讼请求。

第二,案件受理减半收取3924.55元,由原告上海颐渊科贸有限公司承担。

如不服判决,当事人可在判决书送达之日起十五日内向本院递交上诉状,并按对方当事人或代表人的人数提交副本,上诉于河南省周口市中级人民法院。

审判员：付春旺

二〇二二年二月二十八日

书记员：靳一凡

第十节　湖南省中晟医疗器械有限公司与宜章县中医医院合同纠纷案

审理法院：湖南省郴州市苏仙区人民法院

案　　号：（2021）湘1003民初1405号

裁判日期：2021.08.25

案　　由：民事>合同、准合同纠纷>合同纠纷

原告：湖南省中晟医疗器械有限公司（以下简称"中晟公司"）

被告：宜章县中医医院（以下简称"中医院"）

一、案件概述

原告中晟公司与被告中医院合同纠纷一案,本院立案后,依法适用简易程序,公开开庭进行了审理。本案现已审理终结。

原告中晟公司向本院提出诉讼请求：①判令被告赔偿原告投资损失3 463 000元（诉讼中变更为170万元）；②判令被告支付原告2018年10月至2019年5月服务费用307 302元,并承担违约金92 536.31元（自2019年6月26日起,按每日万分之五计算,到被告支付全部服务费用之日止,暂计算

· 555 ·

到 2021 年 2 月 8 日）；③判令被告支付原告可得利益损失 3 341 909.25 元 [诉讼中变更为 460 953 元（307 302 元÷8 个月×12 个月）]；④判令被告支付原告诉讼律师费支出 9 万元；⑤本案诉讼费由被告承担。

二、诉讼理由

原告称，2018 年 8 月 20 日，原、被告签订《宜章县中医医院体检中心建设与服务能力提升项目服务协议》，协议约定，合作年限为八年，自 2018 年 9 月 1 日起至 2026 年 8 月 31 日止。合作内容为，原告筹措不超过 500 万元的资金按设备升级购置清单购置设备，帮助被告体检中心提升服务能力，被告免费提供体检中心场地、病床、软件及必需的设施、设备，并安排人员配合原告。服务费用及支付方式为，被告按共建体检中心每月体检收入的 87%向原告支付设备垫付款等相关费用，于每月 15 日核算，于每月 20 日前支付至原告指定账户。违约责任约定为，如被告延迟向原告支付设备垫付款超过 5 日，被告按照逾期金额的每日万分之五向原告支付延迟付款的违约金。争议解决方式为，如双方协商不成，由原告到所在地有管辖权的法院通过诉讼解决。协议签订后，原告按照被告的指示及体检中心的需要购置了相关设备，履行了出资义务。但是体检中心经营八个月以后，被告借口政策改变单方解除了服务协议，并停止了体检中心的运营。原告多次与被告沟通后续事宜，包括要求被告支付原告设备垫付款及赔偿损失。截至 2019 年 5 月，被告应支付给原告的费用为 307 302 元，但被告一直未支付。原告认为，被告单方解除合同已构成根本违约，严重侵犯了原告的合法权益，鉴于双方无法协商解决，为了维护原告的合法利益，特诉至法院，请求判如所请。

被告中医院辩称，第一，原告要求被告返回投资款没有事实及法律依据。其一，被告并未收取原告投资款。其二，原告在诉状中陈述"上述服务协议签订后，原告按照被告的指示及体检中心的需要购置了相关设备，履行了相关出资义务"与事实不符。被告系事业单位，购置设备需依据政府采购的相关法律法规，经过招投标、信息公告等法定程序进行集中采购，其购置设备并不是受被告人的指示。被告虽与原告在协议中约定了原告拟购置设备的清单，但原告并未将其购置的设备通知被告并进行查验交接，也没有向被告提供该批设备的购置发票及原始进货单据。被告除经原告同意使用了原告购置的一台 B 超机以外，对于其他未交付给被告的设备，被告从未使用过。其三，清单中 50 万元的"医院核磁共振软件升级"并未实际履行。上述事实充分说明，被告对原告是否按设备清单购置了设备、具体购置了哪些设备及设备的价值是多少并不清楚，同时原告购买设备后并未通知被告查验，因此原告要求被告返还投资款没有事实及法律依据，依法应不予以支持。

第二，原告要求被告支付服务费、违约金、可得利益损失、律师费的诉请，依法不应当支持。其一，原告诉状中所称体检中心经营了八个月不是事实。被告与原告签订《宜章县中医医院体检中心建设与服务能力提升项目服务协议》后，因国家法律、法规、政策调整及卫生行政主管部门的严厉禁止，双方并没有实际经营体检中心，同时原告在设备购买后其精力主要用于发展业务方面，并没有实际经营及使用设备。2018 年 10 月，被告因 B 超设备出现故障，经原告同意使用了其购买的 B 超机。原告对 B 超机的使用记录进行了系统联网，双方发生纠纷后，原告就强行将被告使用其 B 超机取得的诊疗收入认定为经营体检中心所得。被告认为，双方并未实际合作经营体检中心，所以原告向被告主张服务费及违约金没有事实依据。其二，《宜章县中医医院体检中心建设与服务能力提升项目服务协议》名为双方开展合作，实际上是原告利用被告医院的相关资质开展经营活动获取利益。该协议违反了《卫健法》第 38 条第 2 款"医疗机构依法取得执业许可证。禁止伪造、变造、买卖、出租、出借医疗机构执业许可证"及《医疗机构管理条例》（2016 年修订）第 23 条第 1 款"《医疗机构执业许可证》不得伪造涂改、出卖、转让、出借"的规定，同时也违背公立医院的设立宗旨，损害了社会公共利益。因此，被告认为该协议无论是目的还是内容均与法律和行政法规的强制性规定相悖，依法应当认定为无效合同。既然合同无效，原告自然不能依据协议向被告主张服务费及违约金，也不能向被告主张可得利益的损失。其三，合作项目的终止并非被告的过错，而是国家政策、法规及法律的强制性规定出现变化导致的，同时律师费也并非原告必然发生的损失。因此，原告要求被告支付律师费的诉讼请求既无事实依据，也无法律依据。

综上所述，原告的请求没有事实和法律依据，请人民法院查明事实，驳回原告的诉讼请求。

三、证据研究

原告中晟公司就其诉讼请求向本院提交以下证据。

证据一是被告中医院登记注册信息，拟证明被告主体资格。被告质证无异议。

证据二是《宜章县中医医院体检中心建设与服务能力提升项目服务协议》及附件宜章县中医医院体检中心设备清单，拟证明：①2018 年 8 月 20 日，原、被告签订《宜章县中医医院体检中心建设与服务能力提升项目服务协议》，对双方合作年限、合作内容、服务费用及支付方式、双方权利义务、违约责任、争议解决等进行了明确约定；②原告按照双方确认的设备清单依约购置了设备，并由被告投入使用，故原告圆满完成了出资义务。被告质证认为，该协议名为合作，实为原告利用被告医院的相关资质开展经营活动获取利益。协议违反了相关法律法规的规定，同时也违背公立医院的设立宗旨，损害了公共利益，依法属于无效合同。此外，被告对设备清单内容与事实是否相符及证明方向有异议。设备清单列明了设备的种类、生产企业、规格型号、数量、单价，但原告并未按照要求采购、交付设备。

证据三是体检科 B 超机使用结算单，拟证明经被告单方结算，2018 年 10 月至 2019 年 5 月，被告使用原告的设备，应支付原告服务费用 307 302 元。被告对证据的合法性及证明方向提出异议，质证认为，其一，《宜章县中医医院体检中心建设与服务能力提升项目服务协议》违反了法律法规的强制性规定，系无效合同，因此不能依据该协议的结算条款进行结算。其二，根据《卫健法》第 39 条之规定，被告作为非营利性机构，不得向出资人、举办者分配或者变相分配收益。该结算清单明显具有商业逐利性，违背了医院非营利性质的公益性原则以及设立目的。其三，体检中心实际并未投入经营，原告要求支付服务费没有事实依据。

证据四是《民事委托代理合同》、律师服务发票及相关单据，拟证明被告的行为导致原告提起本案诉讼，支出律师费 9 万元。被告质证认为，合同并未约定债权人实现债权时，可以向债务人请求支付实现债权的费用，同时法律上也没有规定律师费需要被告承担。

证据五是原告购买设备相关的合同、转账凭证、发票及单据，拟证明原告按照协议及附件的约定购置了相关的设备交付被告，被告予以接收并未提出异议，原告方履行了出资义务。其一，彩色多普勒超声诊断系统（合同价格 60 万元）。原告提交了中晟公司与武汉凯瑞医疗器械有限公司（以下简称"凯瑞公司"）签订的购销合同、凯瑞公司与湖南科技发展有限公司（以下简称"至诚汇鑫公司"）签订的销售合同及凯瑞公司支付至诚汇鑫公司60万元货款的银行汇款单。被告质证认为，货款是凯瑞公司支付的，原告未提供原告支付设备货款的转账凭证及发票，其对该组证据的真实性存有异议。其二，全自动生化检测系统（合同价格145 000元）。原告提交了销售合同及银行转账回单佐证。被告质证认为，销售合同载明全自动生化分析仪与原告存放在医院的全自动生化分析仪型号相符，均为BS-450，与附件清单型号相符，其对该组证据无异议。其三，全自动五分类血细胞分析仪（合同价格52 000元）。被告质证认为，销售合同载明的全自动血细胞分析仪与原告存放在医院的全自动血细胞分析仪型号相符，为BC-5120，但与附件清单型号BC-5000不符。其四，数字式十二道心电图机（合同价格9300元）。被告质证认为，销售合同上载明采购的数字式十二道电子心电图机的生产企业是深圳迈瑞，而原告存放在被告医院的心电图机生产企业是深圳理邦，而且型号（SE-1200）与附件清单约定的型号（SE-1201）不符。其五，电子阴道镜检测系统（合同价格28 000元）。被告质证认为，原告存放在被告医院的电子阴道镜的生产企业是深圳理邦，而销售合同采购的电子阴道镜的生产企业是深圳迈瑞，而且型号是C3，与服务协议约定型号C3A不符。其六，医用全自动电子血压仪（合同价格8000元）。原告提交了合同、发票、转账凭证佐证。被告质证认为，原告存放在被告医院的电子血压仪的型号是YXY-61，与合同采购的型号（YXY-61P）以及服务协议约定的型号（YXY611）均不符，故对原告提供的电子血压仪的价格有异议。其七，超声身高体重计。被告认为原告未提供该设备。其八，动脉硬化检测仪（合同价格5万元）。被告质证认为，合同约定及发票载明的动脉硬化检测仪型号是DAS-1000，而存放在医院的动脉硬化检测仪型号是DAS-100，故对原告提供的动脉硬化检测仪的价格有异议。其九，人体成分分析仪（合同价格31 000元）。被告质证认为，合同中采购的人体成分分析仪与原告存放在医院的人体成分分析仪型号及生产企业相同，对其价格的真实性无异议，但型号是DBA-310，与服务协议约定的型号DBA-210不符。其十，肺功能检查仪（合同价格25 000元）。原告提交了合同、转账凭证佐证。被告对该组证据的真实性无异议，对关联性有异议，认为合同订购的肺功能仪型号是AS-507，但服务协议约定的型号是AS-501。其十一，经颅多普勒血流分析仪（合同价格26 000元）。原告提交了《销售合同》、发票、账户交易单佐证。被告质证认为，合同采购的经颅多普勒血流分析仪与存放在被告医院的经颅多普勒血流分析仪型号（KJ-2VOM）相同，但与服务协议约定的型号 KJ-V6M 不符。

证据六是体检中心房屋改扩建项目。其一，空调 33 700 元。原告提交报价单、转账凭证、发票佐证。被告对该组证据无异议。其二，空调铜管 10 340 元。原告提交一份银行转账回单佐证。被告对该组证据的真实性、关联性提出异议，认为无法证实该转账系空调铜管的支出。其三，办公桌椅 12 180 元。原告提交兴文家具店物品清单、银行转账回单佐证。被告质证认为，清单所列物品与原、被告 2021 年 5 月 21 日共同清点的存放在被告处的家具不符，对该证据的真实性、关联性不予认可。其四，电脑及工作站电脑和打印机共 3110 元。原告提交物品清单、销售出库单、银行转账回单、收据佐证。被告质证认为，原、被告共同清点的物品里没有电脑设备，对该证据的真实性、关联性不予认可。其五，工作站软件及 B 超图像采集卡 6500 元。原告提交两份农行转账单佐证，转账金额 6500 元，转账说明是体检中心工作站软件款、高清采集卡款，转账时间为 2018 年 9 月 18 日、11 月 19 日。被告对该组证据的真实性、关联性有异议，认为被告未使用过原告所主张的软件。其六，人员工资（护士）及卫生费 33 300 元。被告质证认为，原告未提供任何证据，且被告体检科的人员工资均是被告承担的。其七，体检中心工程 321 620元。原告提交郴州市联升广告公司经营部出具的宜章中医院体检中心工程表明细佐证。被告对该组证据的真实性、合法性、关联性均提出异议，认为：①郴州联升广告公司的经营范围不包括建筑工程项目及装修，广告公司没有建筑资质；②这是一份 2019 年 12 月 14 日开的单，根据原告诉状中陈述，2019 年 5 月双方已终止合作，不可能再建设活动板房；③没有相关付款凭证及发票予以证明。其八，设计图纸 1500 元。原告提交了微信转账记录佐证。被告质证认为，该证据无法证明转账人、转账目的，与本案无关联。其九，板房员工过夜付款、B 超室窗帘、B 超室枕头、员工休息室床，费用合计 1025 元。被告质证认为，原告未提供证据证明，对该费用不予认可。其十，德晟康公司工商注册代理费、德晟康公司备案公章及公司章费用、税控盘费用、德晟康公司 2019 年和 2020 年会计费用，合计 6880 元。被告对原告提交的收据、发票、转账等证据的真实性、合法性、关联性均有异议，认为原告提供的上述证据均是德晟康公司的事务，与本案无任何关联性。其十一，变压器 144 408 元。原告提交转账凭证佐证。被告对证据的真实性无异议，但认为，该款并不是原告一方承担的，血液透析项目合作方何某已承担了一半的费用。这一事实原告在庭审中已承认。其十二，李某祥工资及房租、体检中心人员工资，共计 21 370 元。被告对该组证据的真实性、关联性有异议，认为李某祥并未到被告处工作，而体检中心人员的工资均是被告承担的。其十三，体检中心宣传册、手写板、复印纸、垃圾桶、早餐费用和开卡费，共计4572 元。被告对该组证据的真实性、关联性有异议，认为与本案无关。其十四，电脑打印机 4500 元。原告提供转账回单佐证，转账金额 4500 元，转账附言是体检中心电脑打印机，转账时间为 2019 年 12 月 16 日。被告质证认为，原告并未将电脑打印机存放在被告医院。

四、经审理查明

根据原、被告举证、质证，结合法庭陈述，本院确认如下事实。

2018 年 8 月 20 日，原告中晟公司（乙方）与被告中医院（甲方）签订《宜章县中医医院体检中心建设与服务能力提升项目服务协议》，协议主要约定如下。

第一，本着"发挥优势、合作共赢"的原则，乙方利用资金、设备、技术及成熟的运营模式等资源优势帮助甲方提升体检中心科室医疗服务能力并建立良性的管理运营体系，满足本地人民群众的健康管理需求，实现医院的社会效益和经济效益双丰收。

第二，合作年限八年，从 2018 年 9 月 10 日起至 2026 年 8 月 31 日止。合作期限届满且双方按照协议约定履行义务的，本协议终止，乙方购置的设备无偿移交甲方使用。

第三，合作内容。乙方整合资金、设备、管理模式及技术等资源帮助甲方体检中心提升服务能力：①乙方筹措不超过 500 万元的资金按照甲、乙双方商定的体检中心扩建方案免费为甲方扩建体检中心，扩建后面积约 350 平方米。②甲、乙双方参照上级医院体检中心设备配置情况，结合科室发展规划制定详细的设备升级、购置清单。甲方无需一次性投入设备款，由乙方筹措资金购置甲方现阶段没有的设备。③乙方为甲方输出整套成熟的管理运营模式并整合管理营销团队，指导甲方建立良性运营体系，并支持甲方开展渠道建设、健康管理讲座、学术会等各项品牌推广活动，以健康管理教育为核心，引导群众建立科学的健康管理理念。甲方负责：①免费提供体检中心场地、病床、软件及必要的设施、设备。②安排 1—2 名院方领导作为体检中心的管理指导顾问，确保各项工作顺利开展。

第四，服务费用及支付方式。①服务费用计算：甲方按照体检中心每月体检收入的相应比例向乙方支付设备垫付款等相关费用。②费用支付比例：甲方自留 13%，支付乙方 87%，用于支付乙方设备垫付款、设备相关耗材、管理营销人员工资、技术人员工资、水电费和服务费用。③核算时间：每月15 日核算科室综合月收入并完成确认。④支付要求：甲方每月 20 日前将相关分配费用统一汇至乙方指定账户。

第五，双方权利义务。

第六，违约责任。①甲方延迟向乙方支付设备垫付款超过 5 日的，甲方应该按照逾期金额的每日万分之五向乙方支付延迟付款的违约金。甲方延迟付款超过 30 日的，除上述违约金外，乙方有权单方面解除本协议，所产生的法律后果及其影响由甲方承担。②乙方在扩建体检中心验收完毕后，10 日内将设备购置资金准备到位，并且启动采购程序。如果乙方逾期，乙方应该按照设备款的每日万分之五向甲方支付违约金。超过 30 日资金未能到位的，甲方有权单方面解除协议。

第七，争议解决。

第八，合同生效及其他条款。体检中心共建期间，如果遇到医疗政策调整，甲方收回项目独立运行，甲方需要一次性向乙方支付已投入的设备垫付款，并赔偿相应的损失。

协议附件宜章县中医医院体检中心设备清单的内容是：①彩色多普勒超声诊断系统，生产企业为深圳开立，型号为 P50 增配型（四把探头），数量 1 台，单价 165 万元；②全自动生化检测系统，生产企业为深圳迈瑞，型号为BS-450，数量 1 台，单价 32.5 万元；③全自动五分类血细胞分析仪，生产企业为深圳迈瑞，型号为 BC-5000，数量 1 台，单价 12.8 万元；④数字式十二道心电图机，生产企业为深圳理邦，型号为 SE-1201，数量 1 台，单价 2.5 万元；⑤电子阴道镜检测系统，生产企业为深圳理邦，型号为 C3A，数量 1 台，单价 7.2 万元；⑥医用全自动电子血压计，生产企业为北京东华原，型号为YXY611，数量 2 台，单价 3.6 万元；⑦超声身高体重计，生产企业为北京东华原，型号为 UHM-101，数量 1 台，单价 4.5 万元；⑧动脉硬化检测装置，生产企业为北京东华原，型号为 DAS-1000，数量 1 台，单价 20 万元；⑨人体成分分析仪，生产企业为北京东华原，型号为 DBA-210，数量 1 台，单价 6.6

万元；⑩肺功能仪，生产企业为北京芯瑞康，型号为 AS-501，数量 1 台，单价 4.8 万元；⑪经颅多普勒血流分析仪，生产企业为南京科进，型号为 KJ-V6M，数量 1 台，单价 4.8 万元；⑫医院核磁共振软件升级 50 万元；⑬体检中心房屋改扩建项目（含装修、家具、电器、空调、电脑等）32 万元，共计 349.9 万元。

合同签订后，截至 2018 年 12 月，原告中晟公司将清单所列设备除第 7 项超声身高体重计外，陆续送到被告中医院，但未商请中医院验收设备。合同约定由原告中晟公司投资 50 万元为被告中医院进行核磁共振软件升级未履行。2021 年 5 月 21 日，原告中晟公司与被告中医院共同对原告提供的设备进行清点，其中附件协议所列设备有：①彩色多普勒超声诊断系统，生产企业为深圳开立，型号为 P50，合同价格 600 000 万元；②全自动生化检测系统，生产企业为深圳迈瑞，型号为 BS-450，合同价格 145 000 元；③全自动五分类血细胞分析仪，生产企业为深圳迈瑞，型号为 BC-5120（附件清单型号为 BC-5000），合同价格 52 000 元；④数字式十二道电子心电图机，生产企业为深圳理邦（合同生产企业为深圳迈瑞），型号为 SE-1200（附件清单型号为 SE-1201），合同价格 9300 元；⑤电子阴道镜检测系统，生产企业为深圳理邦（合同生产企业为深圳迈瑞），型号为 C3（附件清单型号为 C3A），合同价格 28 000 元；⑥医用全自动电子血压计，生产企业为吉林东华原（附件清单生产企业为北京东华原），型号为 YXY-61（合同型号为 YXY-61P、附件清单型号为 YXY611），合同价格 8000 元；⑦动脉硬化检测装置，生产企业为吉林东华原，（附件清单生产企业为北京东华原），型号为 DAS-100（合同及附件清单型号均为 DAS-1000），合同价格 50 000 元；⑧人体成分分析仪，生产企业为吉林东华原（附件清单生产企业为北京东华原），型号为 DBA-310（附件清单型号为 DBA-210），合同价格 31 000 元；⑨肺功能检查仪，生产企业为日本 MINATO（附件清单生产企业为北京芯瑞康），型号为 AS-507（附件清单型号为 AS-501），合同价格 25 000 元；⑩超声经颅多普勒血流分析仪，生产企业为南京科进，型号为 KJ-2V6M（附件清单型号为 KJ-V6M），合同价格 26 000 元。另有附件清单以外的医疗设备：医用离心机一台、UYite-180 尿液分析仪一台、阴道炎五联检仪器一台、电热恒温水浴箱一台、药品阴凉柜一台、生化分析超纯水设备一台、医用生物数码显微镜一台、幽门螺杆菌测试仪（单通道）一台、血红蛋白分析仪一台。另有不间断电源一台、UPS 电源（内置电池）一台、佳能 iP2700 打印机一台、格力 2P 柜式空调二台、格力 3.5P 柜式空调一台、格力挂式空调十台、床头柜五个、诊断床五张、办公桌八张、办公椅二十张、大沙发二张、小沙发四张、前台一张。

合同履行期间，郴州市卫生健康局二级机构执法监督局于 2019 年 5 月到被告中医院进行检查，发现被告中医院与原告中晟公司的合作关系，要求被告中医院予以整改。2019 年 5 月 26 日，被告中医院就体检中心 2018 年 10 月至 2019 年 5 月期间使用原告中晟公司彩色多普勒 B 超机按协议比例进行了结算。在此期间，体检中心使用彩色多普勒 B 超机检查 2690 人次，收入 366 603元，协商按 36 万元计算收入，支出 76 698 元（包含被告中医院自留 13% 比例的 46 800 元），原告中晟公司按比例分得 307 302 元。被告中医院时任院长、副院长、体检中心主任、财务科主任在结算单上签名。2020 年 5 月，该局再次到被告中医院执法检查，指出《卫健法》将要实施，禁止非营利性医院与第三方开展任何形式的承包和合作，责令被告中医院限期整改。2020 年6 月，经被告中医院请求，原告中晟公司在一份终止协议上盖章并交给被告中医院。

原告中晟公司与被告中医院就设备收购、损失赔偿、收入结算事宜多次协商，未能达成协议。

五、争议焦点

本院认为，原、被告签订的《宜章县中医医院体检中心建设与服务能力提升项目服务协议》，实质是由原告中晟公司提供医疗设备，被告中医院提供医疗资质，按比例分配经营收益的合作经营关系。

本案争议焦点是：①合同是否有效，被告是否有权解除合同；②被告是否应当向原告支付设备款、分配经营收益；③原告能否要求被告赔偿可得利益损失、律师费，并支付违约金。

（一）关于合同的效力及被告是否有权解除合同的问题

《宜章县中医医院体检中心建设与服务能力提升项目服务协议》为双方当事人的真实意思表示，内容不违反合同订立时的法律、法规的强制性规定，属有效合同。在合同履行期间，《卫健法》颁布，其中明确规定非营利性医疗卫生机构不得向出资人、举办者分配或者变相分配收益，案涉合同内容违反了法律的该强制性规定。法律的强制性规定具有普遍的约束力，对原、被告而言系不可抗力的因素，该不可抗力将致使合同的目的无法实现。在此情况下，被告请求解除合同符合法律的规定和合同关于政策调整的解除条件，对此，原、被告双方均无过错。

（二）关于被告是否应当向原告支付设备款及分配经营收益的问题

原《中华人民共和国合同法》第98条规定："合同的权利义务终止，不影响合同中结算和清理条款的效力。"案涉合同约定"体检中心共建期间，如果遇到医疗政策调整，甲方收回项目独立运行，甲方需要一次性向乙方支付已投入的设备垫付款"，该约定是原、被告双方真实意思表示，不违反法律规定，不损害国家、集体、个人的合法利益，原告在合同解除后有权要求被告依照合同的约定予以结算。

第一，关于医疗设备。根据双方约定，合同解除后，被告应向原告支付已投入的设备垫付款，但设备应仅限于合同附件清单范围内的设备。对于超出清单以外原告存放在被告处的设备，因无合同约定，被告无支付该设备价款的义务，应由原告自行取回。同时，附件清单设备应按实际购买价格据实核计，分类处理：一是实物与附件清单以及购销合同的设备名称、型号、生产企业相符的设备。对于该类设备，被告应当按原告购买价格向原告支付货款。其中彩色多普勒超声诊断系统600 000万元，全自动生化检测系统145 000元，合计745 000元。二是实物与购销合同的设备名称、型号、生产企业相符，与附件清单设备名称相同，仅型号或生产企业不符，属履约瑕疵，可由被告按购买价格向原告支付设备价款。其中全自动五分类血细胞分析仪52 000元、人体成分分析仪31 000元、肺功能检查仪25 000元、超声经颅多普勒血流分析仪26 000元，合计134 000元。三是实物与合同所购设备的生产企业、型号不符。其中数字式十二道电子心电图机、电子阴道镜检测系统、医用全自动电子血压计、动脉硬化检测装置，因购销合同中设备的生产企业及型号与实物不符，故原告提供的购销合同及其转账凭证对实物价格不具有证明力。原告要求被告按合同价格给付设备款，无法律和事实依据，原告举证不能，应当自行取回设备。

第二，关于体检中心扩建项目。一是空调33 700元、空调铜管10 340元、办公室桌椅12 180元、打印机4500元，合计60 720元。以上投入，原告提交了物品清单、转账凭证、发票等证据，且有实物印证，本院予以确认。二是变压器费用144 408元。案外人已负担了变压器的50%费用72 204元，应在扣减该部分后由被告给付原告 72 204 元。三是原告主张的人员工资等，系营运必要的支出，且包含在原告 87% 的分配比例费用范围内，不应重复计付。四是体检中心活动板房。原告未提交相关建设合同及工程费用支付凭据佐证，故对原告主张的费用不予采信。

第三，关于合作收益分配。按照合同约定，被告应将体检中心每月体检收入的 87% 支付给原告，用于设备垫付款、设备相关耗材、管理营销人员工资、技术人员工资、水电费和服务费。2019 年 5 月 26 日，被告已就 2018 年 10 月至 2019 年 5 月期间彩色多普勒 B 超机使用收入按合同比例作了结算，确认原告可分配 307 302 元。原告对结算结果认可，且该收益产生在《卫健法》实施以前，根据"法不溯及既往"的原则，原告分得该收益系合法取得。原告要求被告照此结算给付，本院予以支持。

（三）关于可得利益损失、违约金、律师费的问题

原《中华人民共和国合同法》第 117 条规定："因不可抗力不能履行合同的，根据不可抗力的影响，部分或者全部免除责任……"案涉合同因违反法律关于"禁止非营利性医疗机构向出资人、举办者分配或者变相分配收益"的规定，已无继续履行的可能。合同不能履行系不可抗力，被告并无过错，故原告以被告违法解除合同为由主张可得利益损失赔偿，本院不予支持。关于原告要求被告承担延迟支付合作收益的违约责任的问题，给付合作收益是履行合同终止后的结算义务，该项义务不因合同解除而终止，被告不及时结算存在过错，应当承担迟延支付的违约责任。被告主张合同约定的违约金过高，请求调减，本院予以支持，从每日万分之五调减至每日万分之三。至于原告主张的律师费，无法律规定和合同依据，本院不予支持。

综上所述，本院依照《最高人民法院关于适用〈中华人民共和国民法典〉时间效力的若干规定》第 1 条第 2 款，原《中华人民共和国合同法》第 94 条第 1 项、第 96 条第 1 款、第 97 条、第 98 条、第 117 条的规定，判决如下。

第一，被告中医院给付原告中晟公司医疗设备款 879 000 元、体检中心建设费用 132 924 元、合作收益 307 302 元及延迟支付违约金 54 761.22 元（自 2019 年 6 月 26 日至 2021 年 2 月 8 日共计 594 天，以 307 302 元为基数，按每日万分之三计付，后段另行计付至该款付清之日止），合计 1 373 987.22 元。

第二，驳回原告中晟公司的其他诉讼请求。

以上第一款给付金钱，限于本判决生效后三十日内履行，如义务人未按

判决履行给付义务，其应当按照《中华人民共和国民事诉讼法》（2017 年修正）第 253 条之规定，加倍支付迟延履行期间的债务利息。

本案受理费 28 006.33 元，减半收取 14 003.17 元，由原告中晟公司、被告中医院各负担 7001.59 元。

如不服本判决，当事人可在判决书送达之日起十五日内向本院递交上诉状，并按对方当事人的人数提交副本，上诉于湖南省郴州市中级人民法院。

审 判 员：莫卫民

二〇二一年八月二十五日

法官助理：张琼元

书 记 员：秦丽霞

第十一节　息县中心医院、息县第一医疗健康服务集团等医疗服务合同纠纷案

审理法院：河南省息县人民法院

案　　　号：（2021）豫 1528 民初 4499 号

裁判日期：2022.01.10

案　　　由：民事>合同、准合同纠纷>合同纠纷

原告：息县中心医院

被告：息县第一医疗健康服务集团（以下简称"息县第一医疗集团"）

被告：息县小茴店镇中心卫生院（以下简称"小茴卫生院"）

一、案件概述

原告息县中心医院与被告息县第一医疗集团、小茴卫生院合同纠纷一案，本院于 2021 年 7 月 15 日立案受理后，依法适用普通程序，公开开庭进行了审理。本案现已审理终结。

息县中心医院向本院提出诉讼请求：①判令被告支付因违约给原告造成的损失，包括从 2020 年 6 月 1 日起每月 10 万元的经营损失，造成的移机费、防护和屏蔽费用 30 万元，由违约造成的设备金额 20% 的违约金 83.2 万元；

②本案的诉讼费用及其他费用由被告承担。

二、诉讼理由

原告称，2016年5月11日，原、被告为推进县域医药卫生体制改革，双方经过充分协商，签订了《医疗联合协议书》及《息县第二人民医院医疗联合补充协议书》（以下简称《补充协议书》），协议约定有效期为5年。协议约定，自协议签订之日起至2021年5月11日止，由原告在被告处安装、配置"医疗联合"远程影像、检验诊断中心等相关设备，并对被告进行指导、培训，以提高被告的医疗服务能力。双方对具体的结算方式也进行了约定。后原告发函给被告，询问其是否愿意继续履行双方签订的医疗联合相关协议，被告回函称，2019年息县县域医药卫生体制改革后，原告隶属于息县第二医疗健康服务集团（以下简称"息县第二医疗集团"），被告隶属于息县第一医疗集团，双方不属于同一个集团，因此其决定与原告终止医疗联合协议，并建议原告拉走设备。原告认为，合同签订后，双方应该按照约定履行，但是被告拒绝履行约定，且其行为不符合解除的条件，如果解除合同，则构成了违约，依法应当承担违约责任并赔偿原告损失。为维护原告的合法权益，原告特具状起诉。

为证明其诉讼主张，原告息县中心医院提交如下证据。

证据一，《医疗联合协议书》和《补充协议书》。拟证明原、被告双方存在医疗联合协议，原告给被告安装机房。

证据二，息县中心医院关于继续履行《医疗联合协议书》及《补充协议书》的函，拟证明被告终止与原告的联合，存在违约行为。

证据三，小茴卫生院核磁收入明细单六份，拟证明被告的违约行为给原告造成的损失截至2020年5月底为535 134元。

证据四，息县中心医院磁共振屏蔽和移机合同，拟证明因被告的违约，设备的移机和屏蔽工程需要的费用为260 000元。

证据五，原告购买设备的合同和票据，拟证明因被告违约，息县中心医院有权追究被告设备金额两倍的违约金。原告要求被告支付设备金额20%的违约金未超过法律规定，应当依法予以支持。

息县第一医疗集团辩称，第一，息县第一医疗集团是公益一类事业单位，隶属于息县卫生健康委员会。原告因与小茴卫生院医疗联合合作协议纠纷一案将答辩人列为被告，其所诉主体明显有误。2019年11月22日，息县县委机构编制委员会根据息卫〔2019〕155号文，经县委机构编制委员会研究，下发了息编〔2019〕62号文：同意设立息县第一、第二医疗健康服务集团，均为公益一类事业单位，不核定机构规格、人员编制和领导职数，隶属于息县卫生健康委员会。其主要职责是负责集团内部具体事务，建立整合型医疗服务体系，负责辖区范围内医疗服务、公共卫生服务等。

2019年8月，答辩人息县第一医疗集团运行后，依法履行职责，在对集团各成员单位依法执业情况进行检查时，发现小茴卫生院核磁检查存在以下问题：小茴卫生院从事核磁检查的工作人员无相关资质证书；无法提供核磁相关证书，经调查为第三方投放，属于科室承包；无健康检查和教育培训相关记录；无相关从业人员职业健康体检报告；有营利性收益分配，严重违法。因此，息县第一医疗集团于2020年5月停止小茴卫生院核磁共振检查项目，并责令小茴卫生院立即与投放单位联系，限期迁走非法投放的医疗设备。目前该检查设备仍存放在小茴卫生院。后经息县第一医疗集团调查，小茴卫生院核磁检查设备来源于息县第二人民医院（现息县中心医院），其于2016年12月与小茴卫生院签订核磁共振检查协议，小茴卫生院每月根据核磁收入费用，按协议向息县第二人民医院（息县中心医院）账户汇款，参与利益分成。《卫健法》第39条第4款明确规定："医疗卫生机构不得对外出租、承包医疗科室。非营利性医疗卫生机构不得向出资人、举办者分配或者变相分配收益。"医疗机构将本机构的部分房屋交与非本机构人员，同意其在本医疗机构内设立相应科室，或者同意其以本医疗机构名义在本医疗机构外设立相应医疗科室，自主营业，并以本医疗机构名义开展诊疗活动的模式本质上应属于出租、出借医疗机构执业许可证的行为，医护人员的执业注册、执业地点、人事关系、劳动或劳务关系也均无相关资质。《卫健法》第100条规定："违反本法规定，有下列行为之一的，由县级以上人民政府卫生健康主管部门责令改正，没收违法所得，并处违法所得二倍以上十倍以下的罚款，违法所得不足一万元的，按一万元计算；对直接负责的主管人员和其他直接责任人员依法给予处分：①政府举办的医疗卫生机构与其他组织投资设立非独立法人资格的医疗卫生机构；②医疗卫生机构对外出租、承包医疗科室；③非营利性医疗卫生机构向出资人、举办者分配或者变相分配收益。"答辩人责令下属单位停止法律明确禁止的违法经营行为，是依法履行自己的监督管理职责，没有任何不当。况且，答辩人是公益事业单位，是代表政府对下辖卫生院行使监督管理职责，其所有经费主要来源于国家财政预算，不是独立核算的企业法人。原告以此为由，将答辩人列为被告，主体明显不适格。否则，其也无权以原告名义起诉，只有息县第二医疗集团才有资格起诉。

第二，原告身为公立非营利性医院，以营利为目的，违法在院外建立"医疗联合"远程影像、检验诊断中心，违反法律强制性规定，其与小茴卫生院所签《医疗联合协议书》是无效合同，其所得利益应依法追缴。

第三，原告应向法院出示其在院外投放大型医疗设备的合法批文和设置"医疗联合"远程影像、检验诊断中心的主管机关批文，否则，其应承担举证不能的法律后果。

小茴卫生院辩称，第一，原、被告所签《医疗联合协议书》及《补充协议书》违反法律强制性规定，依法应当认定为无效合同。根据《卫健法》第39条第4款规定，原、被告所签协议名为医疗联合，实为对外出租和承包医疗科室。从协议内容可以明显看出，原告出资在小茴卫生院投放大型医疗设备，设立影像科室，提供医疗技术人员和网上诊断服务，轻症在答辩人处治疗，重症直接转入原告医院治疗。收入分成为原告80%，被告20%。原告对其投放在被告处的医疗设备负责监督管理、维护保养。小茴卫生院身为公立医疗机构，将本机构的部分房屋交与非本机构人员，同意其在本医疗机构内设立相应科室（医学影像科），是一种对外出租科室行为。而原告身为县级公立医院，利用资源优势，同意小茴卫生院以本医疗机构名义在本医疗机构外投放大型医疗设备，变相设立相应医疗科室，自主营业，并以本医疗机构名义开展诊疗活动。该模式表面上是一种承包科室行为，而本质上应归属于变相出租、出借医疗机构执业许可证的行为，是法律明令禁止的，故双方所签合同无效。

第二，原告在其院外投放大型核磁共振设备，与被告联合成立"医疗联合"远程影像、检验诊断中心，未经职能部门批准，是一个非法科室，已经被依法取缔。现原告仍诉求赔偿损失，依据不足。截至目前，原告仍未出具其合法购买并将核磁共振设备投放在答辩人处的相关依据及核磁共振设备的产品质量合格证。

第三，原告单位相关人员已涉玩忽职守，造成国有资产损失。按照原告单位陈述，该投放设备价值400万元。截至目前，设备已停放近两年，其身为设备所有人，对此放任不管，不维护和保养，导致设备已近报废，造成国有资产流失，且数额巨大，已涉嫌犯罪。本案应中止审查，移交监察机关立案审查。

第四，双方所签合同不能履行除所签合同自身无效外，另一个主要原因是政府行为，答辩人对此没有任何过错，不应承担任何损失和费用。依据中国共产党息县县委机构编制委员会文件息编〔2019〕62号文，原告隶属息县第二医疗集团，答辩人隶属于息县第一医疗集团，原、被告主体均不适格。

三、经审理查明

2016年5月11日，息县第二人民医院（现息县中心医院）作为甲方与乙方小茴卫生院签订了《医疗联合协议书》及《补充协议书》。《医疗联合协议书》就组织管理、技术指导、医院宣传、人才培养、双向转诊、资源共享等方面进行了约定，并约定本协议有效期为5年，自协议签订之日起至2021年5月11日止。《补充协议书》主要内容包括以下三个部分。

第一，甲、乙双方职责。其一，甲方负责承担乙方不能开展的检查、检验项目。其二，甲方免费为乙方配置安装一台核磁共振机器，该机器的运营及管理权归甲方所有。乙方在使用该设备期间不重复购买同类设备。乙方免费提供机房，装修费从运营收入支出。其三，甲方检验、影像、病理等医技中心负责乙方的检验、影像、病理等质控工作，并对检验、影像、病理等工作进行指导，逐步为医疗联盟成员单位开通便捷的服务终端。其四，凡经上级行政部门质控中心公布认可的检验项目在医疗联盟内互认。其五，患者的检查费按甲方80%，乙方20%进行分配，决算日为每月25日。双方于每月5日前结算上月收入，由乙方将甲方的应得收入汇入甲方账户。其六，甲方负责培训乙方临床医师，让乙方临床医师能够熟知大型影像检查设备的适应症状及患者的检查需求，确保做到合理利用大型检查设备。乙方若不能做到，甲方有权停止与乙方的合作。

第二，违约责任与争议解决。本协议经双方签字盖章后即产生法律效力。本协议签订后，双方应严格诚信履行协议中双方约定的各项条款，当乙方终止或不能履行本合同条款时，甲方将追究乙方设备金额两倍的违约金。

第三，本合同一式四份，甲乙双方各执一份，报息县卫生和计划生育委员会〔1〕一份、息县农合办一份。合同自双方签字盖章之日起生效,有效期为8年,自2016年6月6日起至2024年6月6日止。

合同签订后,息县中心医院出资416万元从河南医为尚商贸有限公司购置一套核磁共振设备投放在小茴卫生院,并与之按照合同约定进行合作,检查结果互认,检查费用收益按照合同约定的8:2进行分成。

2019年5月31日,息县公立医院管理委员会发布息医管委〔2019〕1号文件,主要内容为:息县公立医院管理委员会经全体成员会议研究后,决定成立息县两个医疗健康服务集团,息县第一医疗集团由息县人民医院牵头,息县中医院参与,由包括小茴店镇在内的12个乡镇(中心)卫生院(社区卫生服务中心)组成。集团本部设在息县人民医院。息县第二医疗集团由息县第二人民医院牵头,息县妇幼保健院参与,由商务中心区街道办事处社区卫生服务中心等11个乡镇(中心)卫生院(社区服务中心)组成。集团本部设在息县第二人民医院。

后息县中心医院发函给小茴卫生院要求继续履行双方签订的医疗联合相关协议,小茴卫生院在该函签署意见:小茴卫生院隶属于息县第一医疗集团,集团决定终止跨集团业务,建议息县中心医院拉走设备。双方合作至2020年5月终止。现息县中心医院以小茴卫生院违约侵犯其合法权益诉至本院。

本院另查明,小茴卫生院在息县事业单位登记管理局办理了事业单位法人登记。2021年12月24日,息县卫生健康委员会向小茴卫生院作出卫生监督意见书,认定其与息县中心医院签订《补充协议书》违反2020年6月1日施行的《卫健法》第39条规定,责令立即改正。

上述事实,有《医疗联合协议书》《补充协议书》、息医管委〔2019〕1号文件、当事人陈述等证据在卷佐证。

四、法院观点

本院认为,根据国务院办公厅《关于推进分级诊疗制度建设的指导意见》、国家卫生健康委员会与国家中医药管理局联合印发的《医疗联合体管理办法(试行)》等文件精神,国家鼓励和支持医疗联合体建设规范有序发展,对于医疗联合体建设的基本原则是:一是坚持政府主导;二是坚持政府办医

---

〔1〕 现改为息县卫生健康委员会。

主体责任不变；三是坚持医疗、医保、医药联动改革，引导医联体内建立完善分工协作与利益共享机制；四是应当坚持以人民健康为中心，引导优质医疗资源下沉，推进疾病预防、治疗、管理相结合，逐步实现医疗质量同质化管理。

根据国务院《医疗机构管理条例》（2016 年修订）规定，息县中心医院和小茴卫生院均是经息县人民政府卫生行政部门批准设立并已办理登记取得医疗机构执业许可证的医疗机构，能够独立承担民事责任，必须按照人民政府或者物价部门的有关规定收取医疗费用，详列细项，并出具收据。息县中心医院与小茴卫生院在平等自愿、协商一致的基础上签订的《医疗联合协议书》及《补充协议书》，双方意思表示真实，内容并未违反法律、法规强制性规定，应为合法有效。并且在合同签订后，双方一直在履行。被告关于上述合作协议因对外出租科室违反法律强制性规定应属无效的辩称理由，与事实不符，本院不予采纳。

《中华人民共和国民法典》第 465 条第 1 款规定："依法成立的合同，受法律保护。"当事人应当按照合同约定全面履行自己的义务，非因法定事由当事人不得擅自解除合同。小茴卫生院以其隶属关系改变为由终止合作即解除合同，息县中心医院不予认可。因隶属关系改变并不直接影响案涉合作协议的履行以及小茴卫生院作为独立事业单位法人独立承担民事责任的能力，故该理由不符合《中华人民共和国民法典》第 563 条规定的法定解除合同情形，属于违约解除合同。合同因违约解除的，当事人可以请求违约方承担违约责任。《中华人民共和国民法典》第 577 条规定：当事人一方不履行合同义务或者履行合同义务不符合约定的，应当承担继续履行、采取补救措施或者赔偿损失等违约责任。"2020 年 6 月，小茴卫生院单方面全面终止医疗联合协议并停运案涉核磁设备，按照合同约定应当承担违约责任。《中华人民共和国民法典》第 585 条第 1 款和第 2 款规定："当事人可以约定一方违约时应当根据违约情况向对方支付一定数额的违约金，也可以约定因违约产生的损失赔偿额的计算方法。约定的违约金低于造成的损失的，人民法院或者仲裁机构可以根据当事人的请求予以增加；约定的违约金过分高于造成的损失的，人民法院或者仲裁机构可以根据当事人的请求予以适当减少。"第 591 条第 1 款规定："当事人一方违约后，对方应当采取适当措施防止损失的扩大；没有采取适当措施致使损失扩大的，不得就扩大的损失请求赔偿。"息县中心医院要求小茴卫生院支付由违约造成的设备金额的 20% 的违约金过分高于造成的损失，应予以调整。综合双方合作收益、时间以及小茴卫生院终止合同时间等因素考量，本院酌定按设备金额的 10%，即 41.6 万元计算违约金。

关于息县中心医院要求被告赔偿从 2020 年 6 月 1 日起每月 10 万元的经营损失的诉讼请求，因息县卫生健康委员会已初步认定案涉合同自 2020 年 6 月 1 日起违法，本院暂不予支持。

关于息县中心医院要求被告支付移机费、防护和屏蔽费用 30 万元的诉讼请求，因证据不足且移机行为尚未实际发生，具体费用不明确，本院暂不予支持，可待实际发生后另行主张。

息县第一医疗集团非案涉合同当事人，不应承担责任。

综上，依照《中华人民共和国民法典》第 465 条、第 502 条、第 509 条、第 563 条、第 577 条、第 585 条，《中华人民共和国民事诉讼法》（2017 年修正）第 67 条规定，本院判决如下。

第一，被告小茴卫生院于本判决生效之日起十五日内向原告息县中心医院支付违约金 416 000 元。

第二，驳回原告息县中心医院的其他诉讼请求。

如果未按照本判决指定的期间履行给付金钱义务，义务人应当按照《中华人民共和国民事诉讼法》（2017 年修正）第 253 条规定，加倍支付迟延履行期间的债务利息。

本案案件受理费 15 888 元。由被告小茴卫生院负担 5365 元，原告息县中心医院负担 10 523 元。

如不服本判决，当事人可在判决书送达之日起十五日内，向本院递交上诉状，并按对方当事人人数提出副本，预交上诉费，上诉于河南省信阳市中级人民法院。

审　判　长：李　欣

人民陪审员：王　娟

人民陪审员：杨　倩

二〇二二年一月十日

法官　助理：陈文英

书　记　员：周　飞

第十二节　任某武、天津国联医药发展有限公司等合同纠纷案

审理法院：天津市第二中级人民法院

案　　号：（2021）津 02 民终 7154 号

裁判日期：2021.12.03

案　　由：民事>合同、准合同纠纷>合同纠纷

上诉人（原审原告）：任某武

被上诉人（原审被告）：天津国联医药发展有限公司（以下简称"国联医药"）

被上诉人（原审被告）：郭某铭

原审第三人：天津河东沐良医院（以下简称"沐良医院"）。

一、案件概述

上诉人任某武因与被上诉人国联医药、郭某铭及原审第三人沐良医院合同纠纷一案，不服天津市河北区人民法院（2021）津 0105 民初 3765 号民事判决，向本院提起上诉。本院于 2021 年 9 月 9 日立案后，依法组成合议庭，经过阅卷、询问当事人，依据法律规定，不开庭进行了审理。本案现已审理终结。

任某武上诉请求：①依法撤销一审判决书，查清事实后改判；②一审、二审诉讼费用由被上诉人承担。

任某武向一审法院起诉请求：①判令国联医药、郭某铭因违约向任某武支付赔偿费用 41 871.9 元；②诉讼费用由国联医药、郭某铭承担。

二、诉讼理由

上诉人称，原判决认定事实错误。涉案《协议》是平等主体之间设立、变更、终止民事权利义务关系的协议，是依法成立并生效的合同，这在天津市河东区人民法院（2021）津 0102 民初 898 号民事判决书中已经有相关论述。这部分内容虽不是判决主文，但是法院的观点是判决结果的重要依据，具有约束力。原审判决忽视已生效法律文书的意见，明显违法违规。涉案《协议》约定国联医药将执行款项放弃部分给付任某武，不能认定为变相分配

沐良医院的财产，因为任某武是沐良医院的法定代表人，对于沐良医院如何经营具有一定的决策权。国联医药为了达到让任某武撤诉的目的，并对任某武出现的损失给予部分补偿，主动草拟涉案协议，随后拿着盖章的协议主动与任某武协商，最终双方达成合意。原审判决所述的可能涉嫌规避法律、损害其他债权人利益，没有明确论述，只是主观推测，不能作为定案依据，认定合同条款无效明显依据不足。原审判决涉及的销售折让款，在医药行业是普遍存在的，在天津市东丽区人民法院（2021）津 0110 民初 3459 号判决书中也有双方存在支付返利的交易习惯的论述，说明销售折让款应当被认定为合法存在，原审判决对其论述不符合事实情况。

国联医药、郭某铭辩称，认可一审判决，请求驳回上诉，维持原判。

沐良医院述称，同意任某武上诉请求及理由。

三、经审理查明

一审法院认定，沐良医院系非营利性医疗机构。天津市河东区人民法院于 2019 年 9 月 26 日立案受理了国联医药与沐良医院买卖合同纠纷一案，案号为（2019）津 0102 民初 9488 号。国联医药提出诉讼请求：①判令沐良医院向国联医药支付货款 200 000 元及违约金 40 000 元；②诉讼费、保全费、保全保险费、律师费由被上诉人负担。2019 年 12 月 6 日该院作出民事判决，沐良医院向国联医药支付货款 200 000 元、违约金 40 000 元、律师费 5000 元，并驳回国联医药其他诉讼请求。沐良医院不服，向天津市第二中级人民法院提起上诉。在上诉审理期间，2020 年 6 月 30 日，沐良医院作为甲方、国联医药作为乙方签订《协议》一份，内容如下。

沐良医院与国联医药买卖合同纠纷一案，由天津市河东区人民法院受理，并于 2019 年 12 月 6 日作出（2019）津 0102 民初 9488 号判决。沐良医院不服，于 2019 年 12 月 29 日上诉至天津市第二中级人民法院，因疫情中止审理，至今未开庭。2020 年 5 月 12 日，国联医药业务员文某致电沐良医院法定代表人任某武："受国联医药法定代表人郭某铭委托提出：希望沐良医院在天津市第二中级人民法院撤诉，上诉费用由国联医药承担。国联医药只收取药款人民币 154 480 元，放弃天津市河东区人民法院判决书中的其他判决内容。"后经双方电话反复沟通，在沐良医院作出部分妥协的情况下，双方达成如下约定。

第一，沐良医院到天津市第二中级人民法院撤诉，上诉的费用人民币4900元待撤诉成功后由国联医药（郭某铭）以现金的形式给付任某武，任某武出具收据证明收到该笔款项。如果天津市第二中级人民法院退回部分上诉费，国联医药则须补齐整体费用人民币4900元的差额部分。

第二，待沐良医院在天津市第二中级人民法院撤诉成功后，沐良医院、国联医药双方均确认天津市河东区人民法院作出的（2019）津0102民初9488号判决书准确无误，且愿严格遵照判决书内容执行。具体款项为：药款人民币200 000元，违约金人民币40 000元，律师费人民币5000元，诉讼费人民币2450元，保全费人民币1788元，合计金额为人民币249 238元。由天津市河东区人民法院执行。

第三，在天津市河东区人民法院将判决书中规定的款项执行到天津市河东区人民法院账户后一周内，国联医药（郭某铭）必须以现金的形式一次性给付任某武人民币88 020元整，任某武出具收条证明收到该笔款项。国联医药向沐良医院承诺，国联医药只收取执行款中的药款人民币154 480元，律师费人民币2500元，诉讼费人民币2450元，保全费人民币1788元，共计为人民币161 218元。执行款的剩余部分（合计为人民币88 020元），国联医药（郭某铭）自愿放弃，并由国联医药（郭某铭）以现金的形式一次性给付任某武。

第四，在天津市河东区人民法院执行完款后一周内，如果国联医药（郭某铭）将双方约定的所有款项未一次性给付任某武，任某武在一周后有权起诉至任某武本人户籍所在地的人民法院，并要求以下权利：其一，要求国联医药（郭某铭）支付天津市河东区人民法院判决书中规定的全款（合计为人民币249 238元）的50%作为违约的补偿，合计为人民币124 619元；其二，因沐良医院在天津市第二中级人民法院已撤诉，沐良医院无法再针对该案进行上诉，故国联医药必须放弃对天津市河东区人民法院判决书规定内容的权利。否则，沐良医院有权要求国联医药对天津市河东区人民法院（2019）津0102民初9488号判决书中的总款项给予双倍的赔偿。

第五，双方再次一致重申，天津市河东区人民法院作出的（2019）津0102民初9488号判决书有效，并自愿严格按照该判决书的内容履行。否则，违约方愿承担由违约造成的该协议第四项中规定的违约赔偿。

第六，此协议为双方经过商讨达成的一致约定，为双方真实意愿的体现。

故双方均应严格遵守，并自愿承担由违约造成的该合同当中规定的违约条款的执行……

2020 年 7 月 13 日，沐良医院就该案向天津市第二中级人民法院申请撤回上诉，天津市第二中级人民法院于同日作出（2020）津 02 民终 2604 号民事裁定："准许上诉人沐良医院撤回上诉。一审判决自本裁定书送达之日起发生法律效力。二审案件受理费 4900 元，减半收取 2450 元，由上诉人沐良医院负担。"2020 年 7 月 23 日，天津市第二中级人民法院向沐良医院退还案件受理费 2450 元。2020 年 9 月 1 日，天津市河东区人民法院从沐良医院账户中扣划了 252 877 元，其中 3639 元是执行费。2020 年 9 月 2 日，沐良医院的法定代表人任某武将天津市河东区人民法院扣划款项的情况告知了国联医药。2020 年 9 月 7 日，国联医药的员工郭某转账给任某武 40 000 元。2020 年 9 月 22 日，该公司员工郭某给任某武 20 000 元。2020 年 9 月 27 日，天津市河东区人民法院把扣划的款项发放给了国联医药。2020 年 9 月 28 日，国联医药员工郭某转账给任某武 28 020 元。沐良医院就剩余的 2450 元及违约金在 2021 年 1 月 19 日向天津市河东区人民法院提起诉讼，该院于 2021 年 3 月 11 日作出（2021）津 0102 民初 898 号民事判决，判决国联医药给付沐良医院上诉费 2450 元，没有支持违约赔偿金，以主体不适格为由驳回。2021 年 3 月 31 日，国联医药的员工郭某转账给任某武 2450 元。

一审庭审中，任某武陈述：其一，在沐良医院对（2019）津 0102 民初 9488 号民事判决上诉期间，国联医药与任某武联系，要求沐良医院撤诉，郭某铭提出希望任某武认可天津市河东区人民法院的判决。其二，销售折让款是给付沐良医院的销售人员个人的。其三，任某武也有损失。郭某铭自愿放弃违约金，并一次性给付任某武个人，该笔款项与沐良医院无关。其四，签订《协议》时，国联医药已将沐良医院的账户冻结了。该账户后来也被其他案件冻结过。

国联医药、郭某铭陈述：执行款剩余的 88 020 元是指（2019）津 0102 民初 9488 号民事判决认定的违约金、保全费、律师费部分，国联医药予以放弃。另一部分是销售折让款，该款应该给付沐良医院，把钱转给任某武个人的原因是沐良医院的账户已被冻结。

本院二审期间，任某武、沐良医院提交证据：借款凭证。该证据是任某武爱人向沐良医院转款三笔共 39 万元，用于沐良医院周转的凭证，用以证明国联医药查封沐良医院账户的行为给任某武本人造成了损失。如果他们没有查封沐良医院的账户，沐良医院可以将这 39 万元返还。

国联医药、郭某铭质证认为，其对该证据的真实性认可，但该证据与本案没有关联性。任某武主张因为国联医药、郭某铭没有按时履行协议，才有了之前的两个案件，但实际上沐良医院欠国联医药费用在先。

本院经审查认为，任某武提交的证据缺乏与本案的关联性，不予采信。

本院二审查明，国联医药、郭某铭主张自身不存在违约行为。若法院认定存在违约，则其认为违约金标准过高。国联医药、郭某铭认可按照没有给付部分的款项的 20% 作为违约金。

四、法院观点

一审法院认为，沐良医院系非营利性医疗机构。《关于城镇医疗机构分类管理的实施意见》规定，非营利性医疗机构是指为社会公众利益服务而设立和运营的医疗机构，不以营利为目的，其收入用于弥补医疗服务成本，实际运营中的收支结余只能用于自身的发展，如改善医疗条件、引进技术、开展新的医疗服务项目等。《卫健法》第 39 条规定，非营利性医疗卫生机构不得向出资人、举办者分配或者变相分配收益。天津市河东区人民法院作出的（2019）津 0102 民初 9488 号民事判决认定，沐良医院应向国联医药支付货款200 000 元、违约金 40 000 元、律师费 5000 元，共计 245 000 元。根据沐良医院与国联医药达成的《协议》，国联医药只收取前述款项中的 161 218 元，剩余部分国联医药自愿放弃，并由国联医药（郭某铭）以现金的形式一次性给付任某武。沐良医院与国联医药达成的《协议》针对的是如何履行天津市河东区人民法院作出的（2019）津 0102 民初 9488 号民事判决，如果国联医药放弃其中的部分款项，其可与沐良医院在执行阶段达成和解，由法院直接扣划 161 218 元，也可在法院扣划并发放完全部款项后，将其放弃部分给付沐良医院。现《协议》约定，国联医药在法院扣划完执行款项后再将其放弃的执行款项部分直接给付沐良医院的法定代表人任某武个人，此举显然将会导致沐良医院的财产减少，减损沐良医院的利益，影响沐良医院自身的发展，不符合《关于城镇医疗机构分类管理的实施意见》及《卫健法》的相关规定。任某武陈述国联医药放弃违约金并将违约金给其个人的原因是其个人也有损失，但其并未提供证据予以证实。

关于销售折让款，任某武陈述该款应由国联医药给付沐良医院的销售人员个人。如其陈述属实，该销售折让款则具有回扣性质，属于违法。二被上诉人陈述，销售折让款应给付沐良医院。如果二被上诉人陈述属实，则销售折让款系国联医药给予沐良医院的销售折让，该笔款项应属于沐良医院的财产或收益，如果将其直接给付个人，显然会减少沐良医院的财产，属于变相分配沐良医院的财产。根据双方陈述，在达成涉案《协议》时，沐良医院的账户已被法院冻结，如果国联医药将执行款项放弃部分直接给付任某武个人，此举亦可能涉嫌规避法律，损害其他债权人利益。沐良医院与国联医药达成的《协议》将应属于沐良医院的财产直接给付个人，导致沐良医院财产减少，违反法律规定，且可能涉嫌损害其他债权人利益，《协议》中关于国联医药将其放弃的执行款部分给付任某武的约定属于无效。任某武要求判令二被上诉人因违约向任某武支付赔偿费用 4 1871.9 元的诉讼请求，法院应当不予支持。天津市河东区人民法院作出（2021）津 0102 民初 898 号民事判决虽然认定涉案《协议》依法成立生效，但该认定存在于判决书的说理部分，并非判决主文，对本案并不具有羁束力。

综上，依照《最高人民法院关于适用〈中华人民共和国民法典〉时间效力的若干规定》第 1 条第 2 款，原《中华人民共和国合同法》第 52 条第 5 项，《最高人民法院关于适用〈中华人民共和国民事诉讼法〉的解释》（2020 年修正）第 90 条第 1 款规定，一审法院判决：驳回任某武的诉讼请求。一审案件受理费 423 元，由任某武负担。

而二审法院认为，国联医药、沐良医院签订的《协议》约定将国联医药从沐良医院扣划的部分款项支付给沐良医院的法定代表人任某武，该约定并未违反法律、行政法规强制性规定，各方应按约履行。《协议》第 4 条违约责任中载明国联医药向任某武支付款项的时间为"在天津市河东区人民法院执行完款后一周内"，国联医药主张该时间应为执行款项发还给国联医药之时起算一周，而任某武认为应自款项被扣划到执行法院之时起算一周。对此，二审法院认为，该条约定了违约责任的承担。而《协议》第 3 条为给付款项的方式，载明"在天津市河东区人民法院将判决书中规定的款项执行到天津市河东区人民法院账户后一周内，国联医药（郭某铭）必须以现金的形式一次性给付任某武"，故"在天津市河东区人民法院执行完款后一周内"的时间节点应该理解为款项自被扣划到执行法院之时起算一周，更符合合同本义。一

审查明，2020 年 9 月 1 日，法院从沐良医院账户中扣划了 252 877 元，2020
年 9 月 2 日，沐良医院的法定代表人任某武将扣划款项的情况告知了国联医
药。故，国联医药应在之后一周内给付任某武款项。国联医药于 2020 年 9 月
7 日转账给任某武 40 000 元符合约定，而 2020 年 9 月 22 日国联医药给任某武
20 000 元、2020 年 9 月 28 日国联医药给任某武 28 020 元、2021 年 3 月 31 日
国联医药给任某武 2450 元，三笔款项合计 50 470 元，未在约定期限内给付，
国联医药构成违约。国联医药主张《协议》约定"全款（合计为人民币
249 238 元）的 50% 作为违约的补偿"标准过高且同意按未给付部分的款项
20% 作为违约金，经计算该数额为 10 094 元。

综上，任某武的上诉请求部分成立，因二审期间出现新的证据及事实，
本院对一审判决予以调整。依照《最高人民法院关于适用〈中华人民共和国
民法典〉时间效力的若干规定》第 1 条第 2 款、原《中华人民共和国合同法》
第 114 条、《中华人民共和国民事诉讼法》（2017 年修正）第 169 条第 1 款、
第 170 条第 1 款第 2 项规定，本院判决如下。

第一，撤销天津市河北区人民法院（2021）津 0105 民初 3765 号民事
判决。

第二，被上诉人国联医药自本判决生效之日起十日内支付上诉人任某武
违约金 10 094 元。

第三，驳回上诉人任某武的其他诉讼请求。

如果未按本判决指定的期间履行给付金钱义务，义务人应当依照《中华
人民共和国民事诉讼法》（2017 年修正）第 253 条规定，加倍支付迟延履行
期间的债务利息。

一审案件受理费 423 元，由任某武负担 321 元，国联医药负担 102 元；二
审案件受理费 846 元，由任某武负担 642 元，国联医药负担 204 元。

本判决为终审判决。

审判长：郭秀红

审判员：吴晓勇

审判员：岳文君

二〇二一年十二月三日

书记员：单 珊

结　论

---------------◆◆---------------

第一节　研究结论

本书将实地调研案例和学术理论研究相结合，对通过医疗 PPP 项目、特许经营、委托管理、混合所有制改革、股权投资并购和科室合作共建等模式开展的公立医院与社会资本合作进行研究，最终得出如下结论。

（一）当前有关公立医院与社会资本合作的规范性文件有待细化完善

目前，中央和地方出台了系列政策鼓励、支持公立医院与社会资本合作办医，但是在具体实际操作层面，许多事项仍有待规范和细化，如合作的基本原则、操作流程、政府监管事项等。本书沿着政策导向，认为公立医院与社会资本合作办医应坚持如下基本原则：公益性原则、国有资产保值增值原则和政府监管原则。公立医院与社会资本合作过程中，应遵循"合作前考察评估—报批合作项目—明确合作协议"的流程。政府有关部门在合作的整个过程中要发挥监管作用，保障合作合法顺利开展。

（二）医院 PPP 项目操作复杂，需要对宏观和微观等多方面细节予以重视

医院 PPP 项目在实践中争议较多，本书对此种合作模式予以重点关注。本书认为此种模式在解决融资问题、提高医疗服务供给效率等方面具有一定的优势，具有可行性。在实际操作中，准入的社会资本应具有合法的法人主体资格，财务状况良好，具备资金实力、运营能力和技术能力，满足规定的资质和业绩要求。医院 PPP 项目选择要素模型主要有医院产权属性、医院项目类型、运营结构安排和投资市场热度四类。医院 PPP 项目主要有"识别—准备—采购—执行—移交"五个流程。在实际操作中，要特别关注法律规范和政策性文件的适用、项目实施方案的编制和审核评估、对投标人范围的限

制、国有资产产权的处理等问题，同时要对项目全生命周期的成本进行监测，建立医院 PPP 项目绩效评价制度。

医院 PPP 项目中的各种合同是明确各方法律关系、保证合作顺利的重要依据。医院 PPP 项目模式下，主要涉及 PPP 项目合同、股东协议、履约合同、融资合同、保险合同以及其他合同。宏观方面，在起草和签订合同时要注意主合同与补充合同的协调，处理好民事合同与行政合同的关系。微观方面，合同重要条款的审慎约定是成功合作的关键。要聘请专业律师对公私部门风险配置条款，退出机制及项目移交条款，项目工期延误条款，项目资产权属，回报机制条款，项目提前终止条款，项目合同变更、展期、改扩建条款，违约处理、替代机制条款和合同解除条款予以严格把关。

当前，医院 PPP 项目的监管缺失，亟需利用行政监管、法律监管、公众监管等多手段加强监管，重构行政监管实施主体，确定项目监管程序内容，保证监管措施权责对等性以完善监管权责体系。同时，健全的法律是监管的前提和依据，应加快 PPP 顶层法律建设，加强监管政策区域化对接，从而在法律层面提升监管能力。此外，还可以加强信息平台监管流程化建设，通过信息平台落实公众参与监管机制，加强信息公开，促进监管有效性提升。

畅通的融资渠道是推动合作顺利开展的血液。医疗 PPP 项目的融资难问题可采取创新融资担保方式、建立医疗 PPP 项目产业基金、增加融资工具种类、发挥资产证券化的作用、利用股债结合模式进行融资、建立全国统一的医疗 PPP 项目资源电子交易平台等措施解决。

（三）特许经营模式若要顺利实施，配套措施有待完善

特许经营模式下，公立医院与社会资本的合作程度较低，但能充分盘活公立医院品牌、专利和专有技术等资源。当前，医院授权主体合法性阙如，增加了特许经营的潜在风险。受细则匮乏等因素影响，医师多点执业尚在路上。加之医疗政策弹性大、投资回报无稳定预期、无形资产评估标准不一等因素，特许经营模式要顺利落地还存在诸多阻碍。

针对上述困境，国家应完善特许经营立法，使公立医院这一授权主体满足合法性；采取多种措施，化解执业医师的"单位人"身份，激励公立医院释放医师资源；明确无形资产评估标准，建立稳定投资预期机制。

在具体实操中，应由卫生部门和财政部门进行授权和监督，对资产进行评估，开展可行性论证。尤其要注意保证被特许医院的医疗质量，明确责任

承担和特许经营费用等问题。此外，公立医院特许经营中品牌使用的法律监管是特许经营模式实践中较为常见的问题。为有效监管，国家应完善医院品牌使用立法体系，改良评估方式，合理评估医院品牌价值。医院需建立专门的知识产权部门，建立事后评价监管体系。

（四）委托管理模式争议较小，但风险尚存

委托管理模式能够全面提升被托管医院医疗技术和医疗服务，实现政府、受托方、被托管医院以及百姓四方多赢，并且不涉及产权这一敏感问题，在实践中争议较小。但是，其仍然面临着来自委托管理、营利模式、职工融合、医疗责任等方面的风险。美国、英国、德国、新加坡等国家均进行了类似我国委托管理模式的探索与实践，其积累的经验值得借鉴。

在实际操作中，公立医院与社会资本方要坚持统一管理、管办分开、资源共享、财务独立的合作思路。实行托管合作的双方要在严格把关对方资质的基础上坚持共赢原则，增强医院以及职工的凝聚力，充分协商一致，同时也要明确双方各自的权利与义务，对托管费用、医疗纠纷责任承担等问题在遵守法律规定的前提下约定明晰，做到产权清晰、各方权责明确，完善监督机制，加强质量管理，防控合作风险。

（五）混合所有制改革顺应国家政策，社会效益明显

混合所有制改制模式符合全面深化改革的当下提出的"积极发展混合所有制经济"的要求，能在一定程度上解决"看病难、看病贵"等问题。在实际操作过程中，双方应坚持合作共赢，促进发展；依法自主，公正公开；产权明晰，提高能力；政策宽松，公益不变的原则。社会资本方要对医院情况做好尽职调查，按比例设置股权结构，做好财务清理、清产核资、不良资产处置及资产评估等工作，达成资本合作框架协议并形成最终方案。值得注意的是，混合所有制改制经常面临职工反对，因此，做好职工安置工作尤为重要。改制方案不仅要在职工大会和国有资产监督管理委员会或相关主管部门得到通过，改制过程中还要重点做好人员安置，对在职在编职工、劳动合同制职工、在职时在编的离退休人员等安置的原则、具体办法都要做出明确安排，做好改制后医院的管理准备，注重医院文化建设，凝聚职工力量。

（六）股权投资并购逐渐推开，但其中风险不可小觑

股权投资并购模式能极大调动社会资本的积极性，在实践中备受青睐。但是医院股权投资并购模式还面临诸多风险。企业方面，并购主体多元化，

医院并购市场鱼龙混杂，收购对象与投资模式选择不当、投资前调查评估和投后管理不到位都可能会导致竹篮打水一场空。医院方面，公立医院管理体制不健全、医院职工反对等均可能导致医院并购项目流产。政府方面，医疗监管存在政策变动风险，土地有偿使用方式存在实际操作风险。针对上述风险，医院并购中各参与方可采取如下风险规避对策：企业应明确"优先专科、兼取综合"的并购战略，做好尽职调查等充分准备，加强与各方的沟通，改善投资后的运营管理。政府应细化鼓励企业参与公立医院改制的政策措施，消除企业疑虑，处理好与医院的关系，推动建立产权明晰的现代医院制度，防止国有资产流失。

第二节　研究的局限与后续研究方向

一、研究的局限

在本书研究过程中，笔者竭尽所能，但受制于自身知识、能力和资料等方面的限制，本书难免存在研究局限，主要表现在以下几方面。

第一，研究内容方面。一是本书以应用性研究为导向，理论深度有所欠缺，对核心概念的把握还不够精准。二是本书选取的案例多具有复合性，不能与学理上的模式完全对应，因此研究的案例尚不够具有针对性。三是本书仅选取医院PPP、特许经营、委托管理、混合所有制改革、股权投资并购等几种模式进行研究，对其他模式，如公私医联体合作、医疗集团、医院管理外包等模式则没有进行专门探讨。

第二，研究方法方面。本书重点采取了实证分析法和多学科文献研究法，比较研究法虽有涉及，但运用较少。本书更加侧重管理学分析法，经济学理论分析法运用不充分。研究方法方面的不足使研究结论的说服力欠佳。

二、后续研究方向

随着社会资本与公立医院合作的领域不断扩展、深度不断加深、需求不断变化和升级，国家相关法律和政策的不断出台和变动，以及相关研究的局限等，本书的研究结论面临越来越多的挑战。笔者只能竭力依据现有调研和研究成果提出一些解决对策，还未能对一些问题展开深入研究，例如：

如何从法治建设层面提出营利性医院与非营利性医院转换方案；如何构建一套激励约束机制来促进社会资本积极参与到公立医院改革浪潮中；社会资本参与公立医院改革后如何开展实施效果评价；社会资本参与公立医院改革的约束监管体系、风险分担机制、违约救济与惩治机制如何构建等。

　　上述诸多问题都有望成为今后该领域进一步深入研究的方向。

后 记

————— ◆◆ —————

一叶落知天下秋，转眼已是壬寅虎年的秋天，正是五谷丰登、硕果累累的丰收时节。我在 2016 年中标主持的国家社科基金课题《公立医院和社会资本合作模式运行中面临的问题与对策研究报告》（项目编号：16CGL064）于 2019 年顺利结题，并于 2022 年获得北京中医药大学"双一流"专著出版基金立项资助。本书在之前课题结题报告的基础上，数易其稿，不断丰富和完善，最终得以顺利出版。

作为国家社科基金课题项目主持人，我高度重视和珍惜此项研究，充分利用国家社科这一顶层平台资源优势，组建了精干的课题研究队伍，多次召开课题研讨会，分工负责，落实任务，开展田野式调研访谈。研究期间，我们利用周末和寒暑假，深入全国各地开展广泛、深入的课题调研和访谈，利用大学教师+执业律师的双重身份，在一个个项目入手实操中，发现真问题、展开深研究，以多学科理论视角分析论证公立医院和社会资本合作过程中所涉政策、法律和经济等实践问题，为国家出台相关法律和政策提供智力支持。

本课题组成员在全国 13 个省市先后调研了 15 家开展公私合作的代表性医院，比如北京友谊医院 PPP 项目、北京安贞医院特许经营项目、湖北省宜昌市妇幼保健院托管项目、贵阳市第六人民医院改制项目、湖南中医药大学附属岳麓医院股权合作投资项目、浙江省长兴县人民医院 PPP 项目、江苏省盱眙县中医院混合所有制改革项目和湘雅常德医院托管项目等，获得了相应公私合作办医的项目实施方案、合作协议、法律意见书等充实的资料，发放了 3 千份问卷调研，开展了 30 余场次的调研访谈，获得了相应调研统计数据，为本课题研究报告的撰写奠定了坚实的基础。课题研究期间，本课题组成员共公开发表学术论文 34 篇，其中中文/科技核心期刊 16 篇，涉及公立医院与社会资本合作项目 6 项。从社会影响和效益方面而言，我先后在国家卫生健康委员会、北京市卫生健康委员会、河北省卫生健康委员会、海南省卫生健康委员会等处作了 15 场次实务性报告，累计培训各级医院院长 3 千余人，在《健康报》《医药经济报》刊发 9 篇评论，以兼职律师身份实操公立医院与社会资本合作项目 6 项，代表性的有首都机场集团委托北京大学第三医院经营机场医院项目，研究报告总计 24 万余字（申报时计划撰写 8 万字），本书稿最终根据后续的相关研究内容等增补至 50 万余字。谨以上述研究成果献于我此前六年的风华岁月。

当然，本研究也存在不足与欠缺之处，希望读者朋友们不吝赐教并多多包涵。随着社会资本与公立医院合作的领域不断扩展、深度不断加深、需求不断变化和升级以及国家相关法律和政策的不断出台和变动，本项目研究的标准也不断提高，并遇到了不少挑战。同时，受限于项目经费、研究期限等因素，我们只能竭力依据现有调研和研究成果提出一些解决实践问题之路径、经世济用之对策，还未能对如何解决医院 PPP 项目落地难、融资难等问题，如何从法治建设层面提出营利性医院与非营利性医院转换方案问题，社会资本方投资公立医院如何获得合法、合规、合理投资回报问题，政府在公私合作办医过程中如何发挥引导监管等问题提出完美无瑕的解决方案，这些均需要我们后续继续深入调研、实践和研究。热烈欢迎对此研究感兴趣的社会各界同仁和本人联系（E-mail：dengyong8211@163.com）。

最后，本书能够顺利付梓，得益于 2022 年北京中医药大学"双一流"专著出版基金立项资助。在此，我们对参与本项目评审的专家表示诚挚的感谢！本书的最终出版还得到了诸多领导、专家、学者和同学们的支持和帮助，特别是要感谢本课题组全体成员的认真研究；感谢北京中医药大学医药卫生法学专业学生张玉鹏、生杰元、王新喜、彭瑶、郑豪、侯艺林、匡悦、周仪昭参与了课题调研和统计分析等工作；感谢我指导的硕士研究生朱谢君、鲁萍、刘开莹、林俊英、郭庆、章梦琪、王哲、施然、何东森、赵天娇、吴雨桐、胡佳同学参与了本书稿的校对等工作；感谢我校外带教的实习生或学生清华大学的袁学亮、中国人民大学的张静和董万元、中国政法大学的杨茂峰、黑龙江大学的戴闻萱参与了本书所涉项目的实操；感谢校外专家学者和实务界人士河南省审计厅王耀庆处长、贵州省高级人民法院敖丽丹法官、华泰紫金投资大健康投资负责人张泉源、北京大学第三医院机场院区王鹏院长、北京大学第三医院体检中心吴迪、延安医疗集团洛川分院（洛川县医院）白茫茫院长参与了本项目的研究与实操。此外，更要感谢中国政法大学出版社的郭丽萍编辑，她出色的编辑工作为本书迅速出版提供了强有力的支持。大家辛苦了！

祥云飘四方，荣耀传天下。真心祈愿公立医院与社会资本在《中华人民共和国基本医疗卫生与健康促进法》等法律、法规和政策的规范与指引下，能合法合规开展形式多样的合作与改革，为人民健康谋求最大福祉，为公立医院发展壮大添砖加瓦，践行"健康中国"伟大战略！

2022 年 10 月 18 日
于北京中医药大学良乡校区刺猬河畔